青山学院大学総合研究所叢書

風説書研究会編

# オランダ別段風説書集成

吉川弘文館　刊行

# 序にかえて

片桐一男

## 「風説書」の必要

江戸幕府は、キリスト教の厳禁、貿易の管理・独占を謀った。そのため、宣教師の流入、日本人の海外渡航を厳禁、来航する外国船に極度な制限を加えた。

長崎港を、唯一の国際貿易港と認め、唐・オランダ商船に限って、毎年、定期の来航・入津を許し、その他の国の船は異国船として長崎入港を拒絶した。

右の体制を維持・存続させていくために、海外情勢を恒常的に知っておく必要があった。そこで、毎年、定期に来航する唐・オランダ商船に、海外情報の提供を求めた。両国商船は、対日貿易の継続を求めて、一船ごとに海外情報の提供に応じた。

唐船によってもたらされた海外情報を「唐風説」と呼び、オランダ船によってもたらされた海外情報を「オランダ風説」と呼んでいる。

唐風説はアジア地域を主とする情報であり、オランダ風説は、ヨーロッパからオランダ東インド会社の商館が点在する東南アジアを含み、極東に至るまで広範囲を包含する情報であった。

流動・変化する海外情報を報じる〝風説〟を、通訳官・貿易官であった唐通事・阿蘭陀(オランダ)通詞の翻訳によって成った「唐風説書」と「オランダ風説書」を長崎奉行から呈上させて、幕閣たちは対外政策を検討する資とした。風説書は、幕府の対外政策の検討・決定の重要資料の一つになっていたということである。

## 風説書調査・研究の嚆矢

風説書、ことにオランダ風説書の重要性に着目して、調査と研究をはじめ集成刊行をもって、広く研究者の利用に供しようとされたのが板澤武雄博士であった。

日本語訳文と対照すべきオランダ語原文の比較的多く存在する時代の風説書を選んで刊行された。すなわち、オランダ国立文書館 Het Algemeen Rijks Archief に所蔵される出島の「オランダ商館長日記」からオランダ語原文を抽出して訳出・注記を施し、学習院大学図書館に所蔵される箕作阮甫が編集書写させた「荷蘭上告文」を邦文風説書の底本とし、「通航一覧」などによって校合・追加され、『阿蘭陀風説書の研究』を昭和十二年（一九三七）に日本古文化研究所より出版された。

かくて、刊本に収められたところは、オランダ商館が平戸より長崎の出島に移転して間もない正保元年（一六四四）分の風説書より八代将軍吉宗の将軍職を退いた延享二年（一七四五）のそれに至る一五七通を算え、元禄四年（一六九二）の参考史料一通を加えられた。

巻頭には、次の「阿蘭陀風説書解題」が掲げられている。

一　阿蘭陀風説書の名称
二　海外情報機関としてのオランダ人
三　長崎入津のオランダ船
四　阿蘭陀風説書の目的及び起原
五　現存阿蘭陀風説書の年代及び数量
六　阿蘭陀風説書の内容
七　阿蘭陀風説書の作成手続
八　阿蘭陀風説書の信用程度
九　阿蘭陀風説書の利用
一〇　阿蘭陀風説書研究の意義

これをみると、長年にわたる調査研究の成果を添えて、広くオランダ語原文と邦文を比較のうえ、研究をすすめて欲しい著者の意図が読み取れる。

## 法政蘭学研究会

板澤武雄博士は、晩年オランダ風説書の集大成を企画され、その史料収集と編集作業を法政蘭学研究会に依嘱された。メンバーは、全国各地に出張して、公・私立の図書館・博物館・研究機関や、ときには個人の篤志家について風説書写本の在否を探し求め、書写・撮影に努めた。

風説書の行われた全年度の写本を博捜収集して、調査研究の完成を意図しておられた板澤博士であったが、病魔が冒すところとなって、昭和三十七年（一九六二）七月逝去されてしまった。

法政蘭学研究会のメンバーにとっては指針を失う痛恨事であった。そこで、かねてより、この調査と研究に好意を示され、援助を惜しまれなかった岩生成一博士に指導を仰ぎ、昭和三十八年秋に、熟議のうえ、調査・研究の発端・原点に溯って、徹底的に行って完成を期すこととした。その頃のメンバーはいずれも職を得て勤務先を異にしていたため会合も作業も困難を極めた。岩生博士も、オランダなどヨーロッパ諸国に出張された途次ごとに、オランダ国立文書館などからオランダ語風説書原文を調査・収集してきてくださり、休日の会合・作業にも常に参加し、指導してくださった。

たまたま、昭和五十年一月十日に日蘭学会が創立され、初代理事長に岩生成一博士が就任された。

オランダ風説書の内容が、全く四百年ちかい日蘭親交の絆をなしていることに鑑み、日蘭学会の学術叢書の一つに加え、吉川弘文館から、『和蘭風説書集成』上下二巻の刊行ができた。

収録年度は、寛永十八年（一六四一）より安政四年（一八五七）に及んでいる。岩生博士のオランダ語原文の補充を得て、全三一八点及び参考史料二〇点を加えている。上巻には安岡昭男氏の作成にかかる原本・写本・刊本所在目録と伝存オランダ風説書に関する年表を掲げ、筆者の「和蘭風説書集成解題」を掲載することができた。

この解題をみると、板澤博士の採訪・収載・研究の方針を、岩生成一博士をはじめとする研究会がよく引き継いでいることが読み取れる。板澤博士の掲げられた解題の諸項目を増補することに努めているが、新たな解題項目としては、別段風説書、和蘭風説書の終焉、和蘭風説書の漏洩、伝播の諸項目を増補したにすぎない。しかし、風説書に関する調査・研究が、板澤博士から法政蘭学研究会へと、一貫しており、一体とみなしてもよいと思われる。

## 風説書調査研究の影響

『阿蘭陀風説書の研究』と『和蘭風説書集成』の影響は、次の二点において大きかったといえる。

(1) 個別の調査研究の続出

風説書について、年度別写本の発見報告にはじまり、各種の個別問題について研究報告が続出し、いまに続いている（列挙は割愛）。

(2) 歴史学の研究に取り込む

風説書の研究成果を歴史学の研究に取り込んで、評価し直そうという新動向がみられるようになって、これも、いまに続いている（具体的列挙は割愛）。

## 風説書呈上の制度化・簡略化

宣教師乗船の異国船が来航するおそれが薄れ、無事を保って年久しく推移すると、風説書の呈上が制度化をみ、簡略化の傾向がみられるようになった。通詞らの訳も仕来りを踏襲して簡略となっていった。風説書の提出が、来航船が執る入津手続の一環として、来航船に対する検閲制度の一環とも思えるように推移していた。

## アヘン戦争情報と別段風説書

このような傾向のすすむなかで、隣国で起きた「アヘン戦争」の情報が入ってきた。

薬用に限定されていたアヘンが、大規模に商品として生産・販売されるようになったのは、イギリス東インド会社が活動を展開している頃であった。インドから輸出されるアヘンの約八五%は中国へ、あとの一五%はペナン・シンガポールを経てオランダの植民地インドネシアなどへ転売されたといわれる。

人民の健康生活をそこない、社会問題を引き起こすアヘン貿易。輸入に反対の清朝の欽差大臣林則徐が外国商人のアヘンを没収したことに端を発したアヘン戦争であった。その結果、一八四二年、南京でイギリスと清国の間で締結されたのが南京条約で、香港の割譲、広東（カントン）・厦門（アモイ）・福州・寧波（ニンポー）・上海の開港、賠償金の支払いなどが盛り込まれている。

鎖国体制を維持する日本にとっての衝撃は大きかった。にわかに　アヘン戦争の推移を含む海外の詳報を求める必要に迫られた。

ここにおいて、それまでの通常の風説書は蘭船入港手続きの一環として、とりあえずの提出を、続いてアヘン戦争情報を中心にした詳報の提出が行われるようになった。これを apart nieuws 別段風説書と呼び、これまでの風説書を gewoon nieuws 通常の風説書と呼び分けるようになった。アヘン戦争が終結しても継続され、安政六年（一八五九）まで続いた。

板澤博士の調査研究段階では、通常の風説書と別段風説書が区別されることもなく調査研究されていたのは、右の推移・事情による。法政蘭学研究会としては、通常の風説書集成に続いて、別段風説書の集成を企図として、その準備をすすめていたものであった。

右のようななかで、別段風説書の解題を予定されていた安岡昭男氏によって報告されたのが「和蘭別段風説書とその内容」（『法政大学文学部紀要』一六号、一九七一年）であった。

## 風説書、調査研究の拡大・深奥化

難解なオランダ語を身につけ、オランダの国立文書館 Nationaal Archief やインドネシアの国立文書館 Arsip Nationaal Republik Indonesia に風説書についての調査範囲を広げ、呈上の発端から終焉に至るまでの各年度に検討を加えて、研究の深奥化に努められたのが松方冬子氏で、以来斯界を牽引されている。

松方氏の成果は『オランダ風説書と近世日本』に結実している。続いて、語学に堪能な数人の研究者を糾合して、別段風説書オランダ語原文の翻訳と研究にも挑戦された。その成果が『別段風説書が語る一九世紀―翻訳と研究―』である。本書は一八四〇年から一八五七年に及ぶ別段風説書オランダ語原文の現代日本語訳を紹介されたものである。一般読書界に向けては現代日本語訳による紹介で十分その役割を果たしていると思われる。しかし、研究者が原文と比較し、検討しようとしたとき、もちろん、個別の初出論文にさかのぼってみればよいわけであるが、初出論文がなく、新稿で発表されている部分もあるので、やはり研究者としてみた場合、一冊のなかで原文と訳文が対照できたほうがのぞましかったのではないか、と思われる。ことに、編者が、読みやすく、手を加えられた部分があると述べられているから、その感を深くする。

## 風説書、調査研究の困難性

風説書と別段風説書の調査研究の現段階をみると、大きな困難性に直面していることに気付かされる。三点に要約しておきたい。

### 1　オランダ語の要求

オランダ語、それも古いオランダ語の読解力が要求される。オランダの出版界では、オランダ語による出版物が減少し、英語で出版する書籍が増大の傾向である。日本でも同じ傾向である。オランダ語を教える大学や団体もほとんどみられない。

ところが日本の近世史を学び、近世文化の形成を探究しようとしたとき、蘭学の発達とそれに伴う古いオランダ語の必要が痛感させられる。風説書の調査研究においても一層その感を深くする。

2　調査範囲の拡大

イ　風説書の調査研究において、研究がオランダ語史料にのみ片寄れば、その研究がオランダ史か、ヨーロッパ史か、と思わせられる。

ロ　オランダ東インド会社が設置した東南アジア三十数ヶ所の商館を通じて広く情報が集められていることを知ると、地名・人名をはじめとして、東洋史の枠を超えた知識が要求されることが判明する。

ハ　日本の古文書史料に頼りすぎると、日本の国内政治史に特化し過ぎてしまうきらいが顕著になってしまう。従来の大学教育における、日東西すなわち日本史・東洋史・西洋史の分け方をはるかに超えた広範囲に及ぶ課題となっている。ことに別段風説書の調査研究においてその感が強い、と痛感させられる。

3　調査研究費の高額化

板澤博士の調査研究も、岩生博士の追加・補充も、松方氏の調査研究の拡大・深奥化に伴って、風説書・別段風説書の調査・研究が多額の調査研究費を必要とする段階に至っている、と痛感させられる。

宮内省在外研究員制度が設けられ（中略）院長に恐る恐る御伺いして見ると、国史のものなど西洋に行って何をするというわけだ。（中略）いろいろ尽力して下さった結果、学習院五十年史を編纂せよ、その慰労の意味を加えて出してやろうということになり、本紀を書き上げて洋行することになった（後略）

右は、板澤博士が学習院大学在職中に在外研究員の機会を得られた頃の述懐である。いま、日本学士院図書室に架蔵されている「オランダ商館長日記」の写本をみると、板澤博士の指示による写字生数人の筆跡や点検の跡、調査・研究の計画の跡を確かめることができる。当初の長文な別段風説書には、それまで通詞が見分したこともないような事柄が多く混入している。それらの文章・条約文には、未知の地域における人名・地名をはじめとする異文化への理解が求められ、日本語でどのように表記したらよいか、戸惑いの連続であったにちがいない。松方氏も似た経験をされたことと察せられる。

松方氏の近著・編著の「序文」「あとがき」をみると、次々に、魅力的な研究題目を掲げて調査・研究を推進し、成果を挙げられている様子がわかる。それらの機会を活用して、別段風説書の調査・研究を進められていることもわかる。

翻訳・注記・解説・紹介に際して、得られた協力者の広範囲に及んでいることにも目を見張るものがある。このような多額の調査研究費を要する調査・研究が　好意ある便法によって支えられたり、他の名目や、研究テーマの追究の機会に、その延長作業として続けられてきたことに気付かされる。

日・東・西の学問分野の枠を超え、このような多額の資金を要する調査・研究はもはや個人の力で賄えられるような段階ではないことが明白になった。今後は公的機関か国家が真っ向から向かい合い取り組むべき研究課題といえよう。

アヘン戦争が終結し、当初、必要とされたアヘン戦争情報を中心とする別段風説書の呈上は、その役割を終えたかにみえた。しかし、他の海外情報を盛り込んで、継続され、開国後の安政六年（一八五九）にまで及んだ。

現状では、オランダ語原文の現代日本語訳の紹介が目的とされていたため、別段風説書写本の調査・研究に主眼が置かれず、見逃されてしまった観点もあると見受けられる。

通常の風説書 gewoon nieuws の呈上が一六四一〜一八五八年の長期間とするならば、別段風説書 apart nieuws の呈上は一八四〇年から一八五七年までの一八ヶ年度の短期間であるにもかかわらず、その情報内容は多岐にわたり、長文となっている、という特徴をもつ。かつ、その写本が数えきれないほど多く散在している。それは、別段風説書を利用・活用した人びとが各層にわたっているからであったと考えられる。利用・活用の仕方も千差万別である。

したがって、通常の風説書と同じ手法で調査研究をすすめることが困難である。例えば、すべての写本を集め得て、一定時間内で、校合作業を加えるなどということは到底不可能である。万一、できたとして、はたして時間と労力をかけて得る点が、どれくらいあるのか、とさえ思われる。

風説書の調査研究のはじまったそもそもの出発点が、海外情報がいかに活用され、利用されたかを検証する問題に発していたことを想起すると、右の感が大きい。

この厖大な写本数を抱え、長文・多岐内容にわたる別段風説書の調査・研究は、今後、その方法論において、大いに議論の余地があるように思われる。そのためにも、風説書と別段風説書を揃えて検討する必要があるだろうと痛感した。

もはや高齢に及び、個人の調査・研究で責めを全うすることは不可能な段階に至ってしまった。そこで、青山学院の情報史に関心の深い大学教授岩田みゆき氏と、青山学院高等部教諭佐藤隆一氏に諮って、引き継いでもらうことができた。両氏は授業や繁忙な校務・研究の時間のなかで、研究所が定めている限られた期間内に、各地・各所に出張して、別段風説書写本の再調査に取り組み、分析・集計を重ねてくださった。

風説書・別段風説書の研究がすすみ、拡大・深奥化を来している現今において、あえて「別段風説書集成」を青山学院大学総合研究所のプロジェクトに加え企画してもらったのはそういう理由からである。集成作業の目的は次の二点にかかっている。

(1) 通常の風説書集成に続いて別段風説書集成を、将来的には蘭文も含めて揃えて利用・活用してもらいたいと思ったからである。そのうえで風説書・別段風説書が抱えている諸問題を検討してもらいたい、と思ったからにほかならない。これは板澤武雄博士が一貫して希望されていた点にも合致すると考えられる。

(2) 従来の歴史学の分野の枠を超えた問題を含んでいる題材であることが明確となった現状において、より広範囲の、できれば公的機関による調査・研究の体制ができないか、と提案したいためでもある。

風説書・別段風説書をめぐって、解明したい課題は、政治史的にも、科学技術史的にもまだまだ数多くのこされている。大方のご理解のうえにたって、活用と検討がすすめられることを期待してやまない。

# 凡例

一、文字について

①助詞など

「て」は、而はそのまま活かし、あとはすべて平仮名の「て」に直した。

「に」は、原文書に「尓」「ニ」「に」とあるものについてはそのまま活かし、あとはすべて「に」とした。

「は」は、「者」「者」「ハ」はそのまま活かし、「盤」などの変体仮名はすべて「は」とした。助詞以外の「者」はすべて「は」とした。

「と」は、「与」「ト」はそのまま活かし、それ以外の変体仮名は「と」とした。

「ゟ」は、そのまま活かした。

「江」「茂」「而已」はそのまま活かした。

「江」「茂」「而已」「与」「者」「尓」「ニ」「而」「ニ而」は、小さく右寄せにした。

上記以外の変体仮名は、すべて平仮名に直した。

②漢字は、原則として新字体を用い、新字体のないものは旧字体を用いた。

③略字・異体字・連体字は、できるだけ現行の字体に改めた。

④諸写本では、正字・略字などが混用されているが、原則としてすべて正字を使用した。誤字・異字・略字であることが明瞭であるが、史料中慣用されているものはそのまま使用した。

⑤漢字の繰り返しは「々」、平仮名の繰り返しは「ゝ」で統一した。

二、原文書に句読点は無いが、適宜読点を記入した。
三、できるだけ史料の雰囲気を損なわないように努め、段落は原文書に従って改行した。
四、仮名づかい・送り仮名の表記および誤字・脱字・当字・衍字などは、原則として史料のままとした。ただし、明らかに誤りと思われる文字は正しい文字を（　）で横につけた。また、史料中で誤字を訂正している場合には、史料通りに記載した。
五、他の写本との照合の結果、大きな欠落がある場合には、【　】で補充したところがある。
六、翻訳文なので意味が通らないところがあるが、そのまま史料通りに掲載した。
七、頭註があるものについては、該当する箇所に（番号）を付し、史料の最後にまとめて掲載した。
八、同一文書中に、同じ国名・地名・人物・事項などが複数回記載され、それぞれ異なった表記がみられる場合でも、統一せずに史料のままとした（例：エゲレスとエケレス、など）。
九、カタカナ表記の場合、「シとレとンと」、ヲとラとテ、ポとボ、ソとリとワ、ユとエとコ、ヱとエなどに混用が多くみられるが、史料通りとした。

# 目次

総論一

# オランダ別段風説書解説

佐藤隆一

## 一　オランダ別段風説書の成立

日本とオランダとの友好関係の幕開けは、オランダ船リーフデ号が豊後国佐志生に漂着した慶長五年（一六〇〇）であった。その後、幕府が推進するキリシタン禁教政策のもとでスペイン・ポルトガルが排除されイギリスが撤退して行くなかで、キリスト教の布教は決して行わず、海外情報を提供することを条件としたオランダ人が幕府の信頼のもとでヨーロッパ人として対日貿易を独占することになった。

ポルトガル人の来航を禁止した翌々年の寛永一八年（一六四一）に平戸にあったオランダ商館を長崎の出島に移し、以来安政元年（一八五四）にペリー率いるアメリカ艦隊が再来し日米和親条約を締結するまでの約二一〇年間は一般に鎖国時代と呼ばれ、幕府がキリスト教の布教と日本人の海外渡航を厳しく禁止した時代である。しかし、四つの口と呼ばれる松前口（対アイヌ）、対馬口（対朝鮮）、薩摩口（対琉球）、長崎口（対オランダ・清）の四か所で、実際に通交や交易が展開されていた。

オランダ東インド会社を組織し、ジャワ島のバタヴィアをアジアの根拠地として通商を展開していたオランダ人は、長崎に来航した時にはヨーロッパやアジア各地を中心とする海外情報を伝えていた。

これは、長崎出島のカピタン部屋において、新旧カピタン（商館長）・次席商館員・船長・出島乙名・通詞目付・大小通詞らが立ち会い、海外の主なニュースを日本語に翻訳し、オランダ風説書という日本語の文書を作成し、その清書を通詞が長崎奉行に提出し、これを厳重な管理のもとで江戸の幕府に送るというものであった。今日まで通常のオランダ風説書として残存するものは、出島にオランダ商館が移された寛永一八年から幕末期の開港を目前にした一八五七年（安政四）までの二一六年にわたった。これらの風説書は当時の海外情報を短文にまとめた書付で、しだいに形式化・制度化される性格をもっていた。

一方、清国の商船も一七世紀前半以来続々と長崎に来航し、唐人屋敷を居住区として交易を展開し、長崎奉行の管理下のもとで唐通事が中国人から海外情報を聴取して唐風説書を作成し、これを長崎奉行が江戸の幕閣に提出することを定例化していた(1)。よって、幕府は長崎に来航するオランダ人と清国人の双方から海外情報を報告させていたのである。

さて、天保一〇年（一八三九）にイギリス・清両国間にアヘン戦争が発生し、広州近海における九竜（きゅうりゅう）沖砲撃戦や川鼻（せんび）海戦でイギリス軍が高性能の軍艦や西洋砲を駆使して清国軍に大損害を与え、圧倒的な勝利を収めた。このイギリスの軍事的脅威に危機感を深めたオランダ人は、翌一一年より通常の風説書に加え、長文の極めて詳細な内容を網羅したものをオランダ別段風説書として提出するようになる。別段風説書の内容はあらかじめバタヴィアのオランダ総督が新聞記事等を主な情報源として詳細に文書を作成し、長崎で提出したものをここでオランダ通詞が翻訳をし、これを長崎奉行が江戸の幕府に送り、老中ら幕閣が閲覧したものである。

そもそも、このオランダ別段風説書が作成され提出された要因として、幕府とオランダ双方の動きが考えられる。

まず、幕府の動きとしては、天文方見習渋川六蔵（敬直（ひろなお））が天保一〇年七月に老中水野忠邦に提出した建白書がある。(2) 渋川はこの建白書で、オランダ風説書の内容が長崎で通詞により内容が削除されたり書き替えられたりする情報操作が行われる実態は不適切であり、今後オランダ人が提出する風説書原文は蘭船入津の当日に印封をし、そのまま長崎奉行へ提出すべきこと。以後諸外国の動静はもちろん、日本に関わる情報も詳細に認め、従来の風説書より具体的かつ詳細な海外情報をもりこむよう長崎奉行からオランダ人へ申し渡すべきことなどを主張している。この建白書は従来の風説書の弊害を的確に指摘した内容であり、別段風説書作成のきっかけの一つとなったと考えられる。渋川自身は忠邦失脚後の弘化二年（一八四五）一〇月に連座して豊後国に配流となり、六年後の嘉永四年（一八五一）七月に失意のうちに病死しており、未詳な点も多い。

一方、オランダにおいては、一八四〇年五月二六日（天保一一年四月二五日）にバタヴィアのオランダ総督により、アヘン戦争の重大性にかんがみ、従来の風説書とは別に広東・シンガポールなどの定期刊行物（英字新聞）を収集させ、別段風説（Apart Nieuws）として日本へ報告するよう指令している。これは、躍進めざましいイギリスの精強な海軍力と豊かな経済力に脅威を抱くオランダ人が、万国対峙の通商条約体制となった後も確固たる対日貿易を維持すべく、刻々と変化する世界情勢を幕府に伝え、改めて信頼関係を築こうとしたことが考えられる。

その約一か月後の天保一一年五月二六日（一八四〇年六月二四日）に幕府は長崎奉行に「阿蘭陀人差出候風説書、

以来は翻訳原文相添え差出さるべく候」と指令した。[3]

こうした幕府の動きに呼応するように、同じ一八四〇年七月七日（天保一一年六月九日）にオランダ船コルネリア・エン・ヘンリエッテ号がバタヴィアを出港し、同月二九日（和暦七月一日）に長崎に入港して、別段風説書蘭文を長崎奉行に提出した。これをオランダ通詞が翻訳して最初のオランダ別段風説書が作成され、蘭文を添えて江戸に提出された。以後、一八五九年（安政六）に至るまで、通常の風説書（一八五七年が最後）に続いて、別段風説書も毎年作成・提出された。

## 二　研究史の流れ

研究史のうえで、オランダ風説書についての実証的な研究は極めて新しい分野であると位置づけることができよう。その先鞭をつけたのは板沢武雄『阿蘭陀風説書の研究』であり、風説書の書誌的な位置づけを行い、注目をされはじめた。[4] これを継承したものが、片桐一男の「阿蘭陀風説書についての一考察」である。[5] また、海防問題や対外問題との関連において実証的に考察したものに佐藤昌介の一連の研究がある。[6] さらに、オランダ語の史料を駆使し国際的な視野からオランダ風説書の歴史的な性格をまとめあげた研究に、松方冬子の『オランダ風説書と近世日本』がある。[7]

さて、オランダ別段風説書に関わる最初の本格的な研究は、安岡昭男「和蘭別段風説書とその内容」である。[8] この論文により、別段風説書の全貌と史料文面の紹介、その写本の保存状況などが明らかにされた。

その後、アヘン戦争情報やペリー来航予告情報などをテーマに、オランダ別段風説書がどのように活用されたかについての実証的研究に、岩下哲典『幕末日本の情報活動「開国」の情報史』をあげることができる。[9] さらに、二〇年余にわたって翻訳・作成されたオランダ別段風説書のオランダ語の原本を丹念に現代の日本語に翻訳した史料集として、松方冬子『別段風説書が語る一九世紀』があげられよう。[10]

以上、オランダ別段風説書についての実証的研究は積み重ねられてきている。しかし、現段階ではその写本の全国的な保存状況すら把握できているとは言えず、今後新しい写本が次々と発掘される余地を残している。また、近年の高度な情報化社会形成にともない、情報問題を扱った研究が続出しているが、これらは開国・開港による国内の公論世界の形成をテーマにしたものがほとんどで、海外情報としての別段風説書が十分に活用されているとは言えない。

## 三 オランダ別段風説書の活用

さて、こうして長崎に来航するオランダ人は、従来の風説書より格段に詳細な情報内容を盛り込んだ蘭文風説を長崎奉行に提出するようになった。

オランダ船は、幕府から蘭文の船員名簿と積荷目録の提出を義務づけられており、別段風説書が加わった天保一一年（一八四〇）以降、オランダ人は①風説書、②船員名簿、③積荷目録の三点の蘭文を、少なくとも風説書最終年度の安政四年（一八五七）まで長崎奉行に提出し続けた。しかし、蘭文の発送先である江戸では比較対象となる江戸訳（司天台訳）の別段風説書が作成されるまでにはかなりの時間がかかり、七年後の弘化四年（一八四七）がその最初のものとなった。[11]

当初は、長崎訳の方が江戸訳よりも和解としての精密さが高い傾向が感じられる。ちなみに、嘉永元年（一八四八）から同五年までの五か年と安政四年のそれぞれの別段風説書写本をかいつまんで照合してみよう。

①嘉永元年（一八四八）……オーストリア支配下のロンバルディアとベネチアの民衆が一揆を起こし、隣国のサルディーニャがこの一揆に加勢したため、オーストリア軍がイタリアの諸市街より追い払われるという事件が記事となっている。この一揆勢の呼称を【長崎訳本第九号―一】は「「ロムバルディ」地名幷「フエ子テイー」ノ土人ハ」と記しているのに対し、【長崎訳本第九号―二】は「「ロムバルジス」及ひ勿溺祭亜の人民等」と記している。ベネチアを示すべき「勿溺祭亜」は、古代地中海東岸にあった地名や民族をさすフェニキア（勿溺斉亜）と混同しやすい記述になっている。

②嘉永二年……【長崎訳本第十号―一】では、オーストリア＝ハンガリーの軍事紛争に対し、「ロシヤ国帝ハ「オーステンレイキ」国帝ニ加勢ノ為セーヘンベルゲン地名ニ軍兵ヲ相集候」とある。【江戸訳本第十号―二】では「魯西亜帝は独逸帝を援けんとて軍兵一隊を「セーヘンベルゲン」山名中へ衝入せしめたり」とある。史実に照らして、当時「独逸帝」という名称・人物は存在せず、明らかに誤りである。

③嘉永三年……【長崎訳本第十一号―一】では、オランダ商館長の署名について、「古カヒタン　ヨフセフヘンリイ＝レヒソン　新カヒタン　スレデレツキユル子ヘリスロフセ」とフルネームで記されている。【江戸訳本第十一号―二】には「和蘭交易　都督レヒソン」の次の行に「某」とあり、但書として次の行に「按尓レヒソン尓並へて名を書セるは新甲必丹なるべし、字体読ミ難けれハ其名を知り難し」とあり、綴りがわからないままになっている。

しかしその後、ペリー来航予告情報がもたらされた嘉永五年の江戸訳本の第十三号―二は記載内容が大分整ってきており、長崎訳本の第十三号―一に対して相変わらず一つ書きの数は少なく書式上は大まかではあるが、内容的にはほとんど遜色のないものになっている。

さらに、安政四年の江戸訳本の第十八号―二は、長崎訳本の第十八号―一と対比して内容的なズレはほとんどなくなってきており、また風説書本文の前の冒頭に、

千八百五十七年第十二月当巳十二月十二日出嶋尓於て此の別段風説書を長崎鎮台江捧し
此の書ハ当夏着手せし故尓猶早く捧へきなり、然る尓事務甚多忙なるを以て大に遅滞せり
日本尓て和蘭の全権
ドンクルキュルシュス
手塚律蔵
市川斎宮
浅井雄三郎
西　周助　謹訳
山内六三郎
木村宗三
安政五戊午年正月

とあるように、和文の翻訳本ができあがるに至る事情が記されるとともに、江戸訳本としては初めて翻訳をした蘭学者の氏名が明記されるようになった。この段階に入り、ようやく江戸詰の蘭学者たちの翻訳能力が充実してきたこと

を物語っていよう。

## 四　アヘン戦争情報としての別段風説書

さて次に、一八年間にわたり翻訳・作成されたオランダ別段風説書の書式と内容はどのようなものであったのかについて見て行きたい。

天保一一年（一八四〇）から弘化二年（一八四五）までのものは（文書番号第一～六号）、標題に「別段風説書」の表示はない。例えば、天保一一年のもの（第一号）には最初の行に「和蘭暦数千八百三十八年天保九戌年ニ当るより四十年迄唐国ニ於てヱケレス人等の阿片商法を停止セん為ニ起りたる著しき事を爰ニ記す」という標題があり、清国における一八三八年（天保九）から一八四〇年（天保一一）にかけてのイギリス人のアヘン密輸に対する取り締まりから起こった事件の数々が列挙されている。以後弘化二年のもの（第六号）まではこの形式の標題が付けられ、通常の風説書とは別のアヘン戦争情報の特報版としての内容が継続された。例えば、アヘン戦争の開始といわれる一九三九年一一月三日の川鼻海戦の模様について、別段風説書（第一号）にはイギリス軍のフリゲート軍艦の前に、旧式のジャンク船に乗り込んだ清軍が散々に敗れ去る様子が克明に記されている。

その後、天保一三年七月二四日（一八四二年八月二九日）に英・清両国が南京条約を締結してアヘン戦争が事実上終結し、さらに一八四三年一〇月八日（天保一四年九月一五日）に虎門寨追加条約を締結して和解の内容が整い、弘化二年の別段風説書（第六号）をもってオランダ人によるアヘン戦争の詳細な報告は終了する。

アヘン戦争の終結により英・清両国の関係が落ち着き、オランダ植民省長官は長崎への別段風説書情報の送付中止を進言した。これを受けて、バタヴィア政庁書記官の手により東インド評議会による審議が行われた。その結果、①別段風説書の送付は当面中止する、②中止はせず内容を幕府の関心に沿うよう世界各地で一年間に起きた事柄をもり込む、という二つの意見が出され、結局②が採用されて別段風説書は継続することとなった。[12] また、文書の標題に「別段風説書」が付けられてそれが定着するのは、前述のように内容が大幅に変更される弘化三年のもの（第七号）からである。

別段風説書が作成される以前からアヘン戦争の時期までの通常の風説書は、①バタヴィアを出港したオランダ船が長崎に入港するまでの発着状況、②オランダ王族の冠婚葬祭などの近況、③各国の動静（イギリス、フランス、ドイツ、ポルトガル、スペイン、ロシア、アメリカ、清など）の三つの内容が基本となっており、これに随時近年発生した枢要な事件の簡略な報道が加えられるのが常であった。

アヘン戦争情報としての別段風説書について、通常の風説書にその趣旨が記してある箇所がある。例えば、弘化元年の通常の風説書の末尾には、

一唐国とエゲレス国との一件、是迄追々申上候末之模様別段相認差上申候

とあり、アヘン戦争のその後の模様については別段風説書で報告する旨が記されている。

しかし、弘化三年以降の通常の風説書②のオランダ王室関係記事は、別段風説書の冒頭記事として毎年記されるようになる。例えば、弘化四年の別段風説書（第八号）の冒頭には「阿蘭陀国王益尊敬せられ親族ニ至迄無恙相暮し申候」とあり、また嘉永五年（一八五二）（第十三号―一）の冒頭には「昨年別段風ニて申上候末、和蘭第八月廿五日和蘭

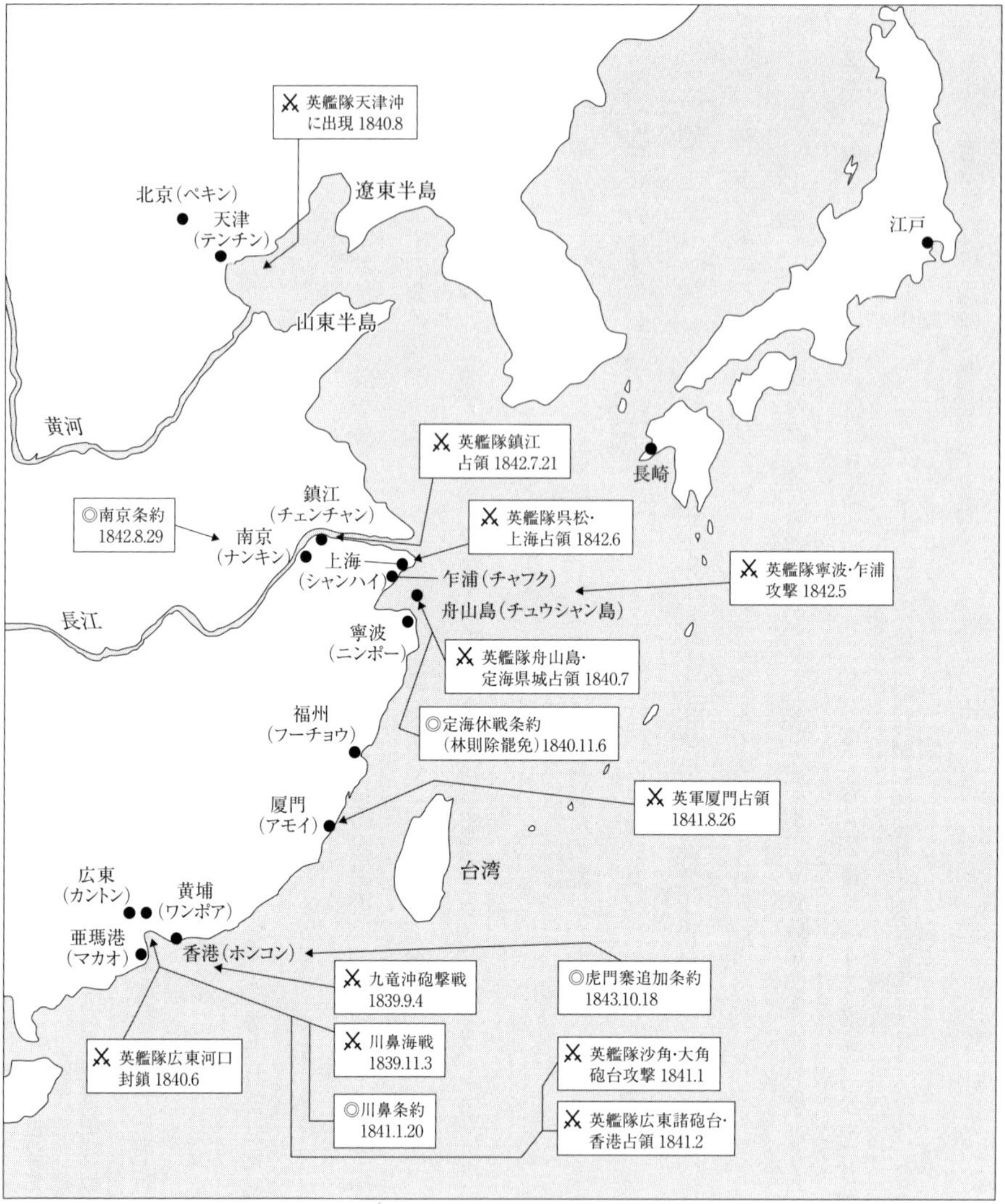
英艦隊天津沖に出現 1840.8
北京(ペキン)
天津(テンチン)
遼東半島
山東半島
黄河
江戸
長崎
英艦隊鎮江占領 1842.7.21
鎮江(チェンチャン)
◎南京条約 1842.8.29
南京(ナンキン)
英艦隊呉松・上海占領 1842.6
上海(シャンハイ)
乍浦(チャフク)
英艦隊寧波・乍浦攻撃 1842.5
舟山島(チュウシャン島)
長江
寧波(ニンポー)
英艦隊舟山島・定海県城占領 1840.7
◎定海休戦条約(林則除罷免)1840.11.6
福州(フーチョウ)
厦門(アモイ)
英軍厦門占領 1841.8.26
台湾
広東(カントン)
黄埔(ワンポアア)
亜瑪港(マカオ)
香港(ホンコン)
九竜沖砲撃戦 1839.9.4
◎虎門寨追加条約 1843.10.18
川鼻海戦 1839.11.3
英艦隊広東河口封鎖 1840.6
英艦隊沙角・大角砲台攻撃 1841.1
◎川鼻条約 1841.1.20
英艦隊広東諸砲台・香港占領 1841.2

図1　アヘン戦争関係図

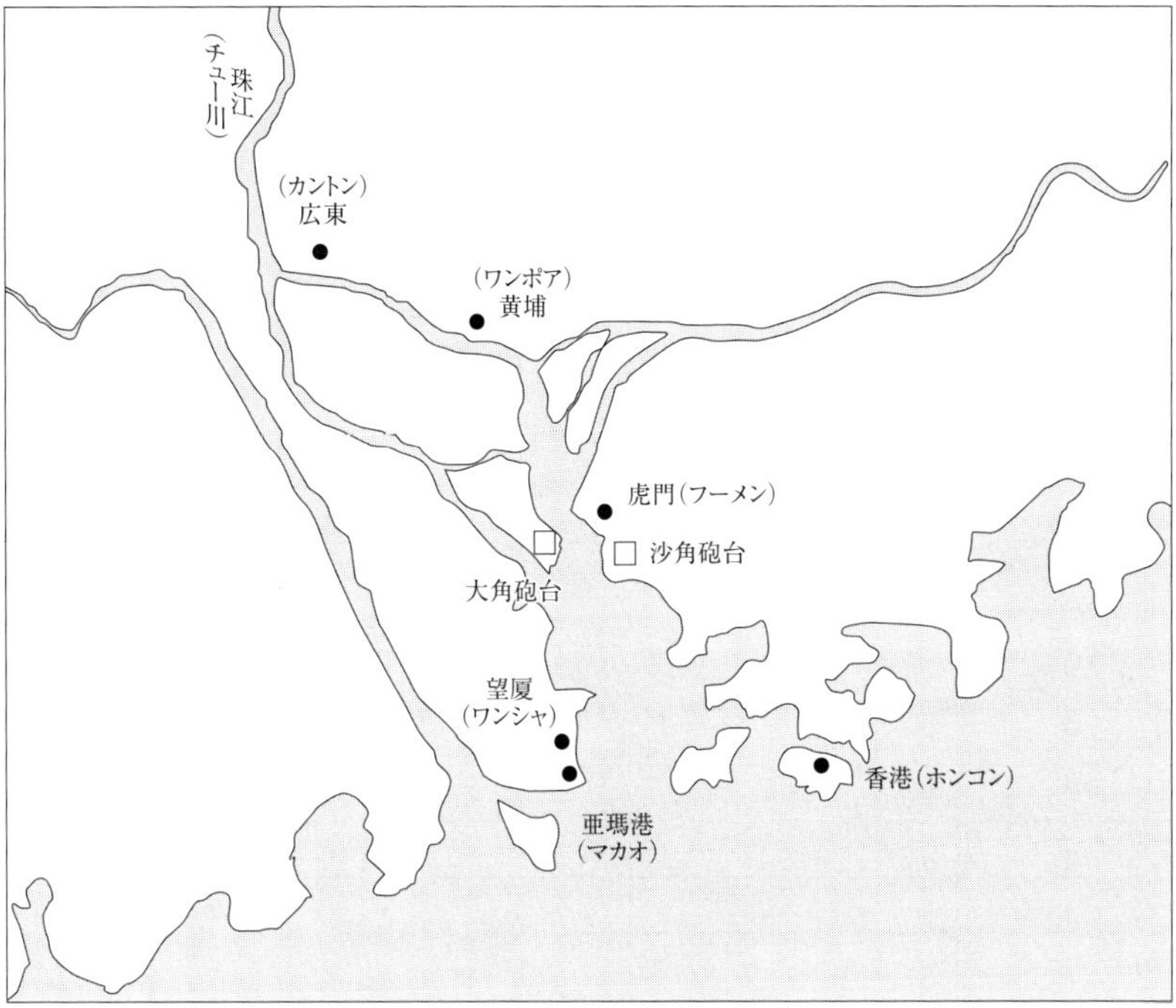
珠江
（チュー川）
（カントン）
広東
（ワンポア）
黄埔
虎門（フーメン）
沙角砲台
大角砲台
望厦
（ワンシャ）
香港（ホンコン）
亜瑪港
（マカオ）

図２　広東・香港付近図

| 5—2 | 6 | 7 | 8 | 9—1 | 9—2 | 10—1 | 備　考 |
|---|---|---|---|---|---|---|---|
| 弘化元(1844) | 弘化2(1845) | 弘化3(1846) | 弘化4(1847) | 嘉永元(1848) | 嘉永元(1848) | 嘉永2(1849) | |
| 長　崎 | 長　崎 | 長　崎 | 長　崎 | 長　崎 | 江　戸 | 長　崎 | |
| ○ | ○ | | | | | | |
| | | | | | | | |
| | | | | | | | |
| | ○ | | | | | | |
| | | ○ | | | | | |
| | | ○ | | | | | |
| | | | ○ | | | | 1847年4月6日 |
| | | ○ | ○ | ○ | ○ | ○ | |
| | | | | ○ | ○ | | |
| | | | | ○ | ○ | ○ | |
| | | | | | | ○ | |
| | | | | | | ○ | |
| | | | | | | | |
| | | | | | | | |
| | | | | | | ○ | |
| | | | | | | | |
| | | | | | | | |
| | | | | | | | |
| | | | | | | | |
| | | | | | | | |
| | | | | | | | |
| | | | | | | | |
| | | | | | | | |
| | | | | | | ○ | |
| | | | | | | | |
| | | | ○ | | | | |
| | | | ○ | | | | |
| | | | | | | ○ | |
| | | | | | | | |

表1　オランダ別段風説書に見える主要な事件の報道記事（その1）

| 〔事　件　名〕 | 文書番号 | 1 | 2 | 3 | 4 | 5—1 |
|---|---|---|---|---|---|---|
| | 元　号（西暦） | 天保11（1840） | 天保12（1841） | 天保13（1842） | 天保14（1843） | 弘化元（1844） |
| | 翻訳地 | 長　崎 | 長　崎 | 長　崎 | 長　崎 | 長　崎 |
| アヘン戦争 | | ○ | ○ | ○ | ○ | ○ |
| 英・清両国の和睦案 | | | ○ | ○ | | |
| 南京条約 | | | | | ○ | |
| 虎門塞追加条約 | | | | | | ○ |
| 清とアメリカとの取極書 | | | | | | |
| 清とフランスとの取極書 | | | | | | |
| 清国奉行とイギリス奉行との取極書 | | | | | | |
| オランダ王室の動静 | | | | | | |
| アメリカ・メキシコ戦争 | | | | | | |
| イギリス海軍の陣容 | | | | | | |
| オランダ海軍の陣容 | | | | | | |
| フランス海軍の陣容 | | | | | | |
| スペイン海軍の陣容 | | | | | | |
| ロシア海軍の陣容 | | | | | | |
| アメリカ海軍の陣容 | | | | | | |
| ポルトガル海軍の陣容 | | | | | | |
| オーストリアとサルデーニャとの戦争 | | | | | | |
| クリミア戦争 | | | | | | |
| 太平天国の乱 | | | | | | |
| アロー戦争 | | | | | | |
| バウリング条約（イギリスとシャム王国） | | | | | | |
| ロンドン万国博覧会 | | | | | | |
| フランスとペルシャとの和親協定 | | | | | | |
| パナマ運河開削計画 | | | | | | |
| 電信機の開発と設置 | | | | | | |
| オランダ領インドより本国へ商品輸送 | | | | | | |
| フランス軍と睒趾国軍（ベトナム）の戦闘 | | | | | | |
| カリフォルニアで金産出 | | | | | | |
| オーストラリアで金産出 | | | | | | |

| 5—2 | 6 | 7 | 8 | 9—1 | 9—2 | 10—1 | 備　　考 |
|---|---|---|---|---|---|---|---|
| 弘化元<br>(1844) | 弘化2<br>(1845) | 弘化3<br>(1846) | 弘化4<br>(1847) | 嘉永元<br>(1848) | 嘉永元<br>(1848) | 嘉永2<br>(1849) | |
| 長　崎 | 長　崎 | 長　崎 | 長　崎 | 長　崎 | 江　戸 | 長　崎 | |
| | | | | | | | |
| | | | | | | | |
| | | | | | | | |
| | | | | | | | |
| | | | | | | | |
| | | | | | | ○ | |
| | | | | | | | |
| | | | | | | | |
| | | | | | | | |
| | | | | | | | |
| | | | | | | | |
| | | | | | | | |
| | | | | | | | |
| | | | | | | | |
| | | | | | | | |
| | | | | | | | |
| | | | | | | | |
| | | | | | | | |
| | | | ○ | | | | |

| 〔事　件　名〕 | 文書番号 | 1 | 2 | 3 | 4 | 5—1 |
|---|---|---|---|---|---|---|
| | 元　号（西暦） | 天保11（1840） | 天保12（1841） | 天保13（1842） | 天保14（1843） | 弘化元（1844） |
| | 翻訳地 | 長　崎 | 長　崎 | 長　崎 | 長　崎 | 長　崎 |
| オーストラリアで銀山発見 | | | | | | |
| コスタリカで石炭・銅・金を算出 | | | | | | |
| アメリカ合衆国が日本との交易を希望 | | | | | | |
| メキシコ南方で金鉱開発 | | | | | | |
| テルナテ（モルッカ諸島）で地震 | | | | | | |
| エジプトでコレラ流行 | | | | | | |
| ヨーロッパでコレラ流行 | | | | | | |
| ペリー来航予告情報 | | | | | | |
| ロシア海軍（プチャーチン）日本来航情報 | | | | | | |
| ロシア兵に赤痢流行 | | | | | | |
| ジャワと周辺でコレラ・麻疹・熱病が流行 | | | | | | |
| クリミア戦争の戦場でコレラ流行 | | | | | | |
| アムボイナと周辺諸島で疱瘡流行 | | | | | | |
| アメリカ合衆国の人口 | | | | | | |
| シンガポールで唐人一揆発生 | | | | | | |
| 蘭領コロートザンギール島で火山噴火 | | | | | | |
| 英領オーストラリアで鉄道敷設 | | | | | | |
| キナ樹（マラリアの特効薬）の栽培 | | | | | | |
| スエズ運河開削計画 | | | | | | |

註　事件名については，現在の歴史的な記述を基本にして記した．

| 13—1 | 13—2 | 14 | 15 | 16 | 17 | 18—1 | 18—2 | 備　　考 |
|---|---|---|---|---|---|---|---|---|
| 嘉永5 (1852) | 嘉永5 (1852) | 嘉永6 (1853) | 安政元 (1854) | 安政2 (1855) | 安政3 (1856) | 安政4 (1857) | 安政4 (1857) | |
| 長　崎 | 江　戸 | 長　崎 | 長　崎 | 長　崎 | 長　崎 | 長　崎 | 江　戸 | |
| | | | | | | | | |
| | | | | | | | | |
| | | | | | | | | |
| | | | | | | | | |
| | | | | | | | | |
| | | | | | | | | |
| | | | | | | | | |
| ○ | ○ | ○ | ○ | ○ | ○ | ○ | ○ | |
| | | | | | | | | |
| ○ | ○ | ○ | ○ | ○ | ○ | ○ | ○ | |
| ○ | ○ | ○ | | ○ | ○ | ○ | ○ | |
| | | ○ | ○ | ○ | ○ | ○ | ○ | |
| | | | | | ○ | ○ | ○ | |
| | | ○ | | | | | | |
| ○ | ○ | ○ | ○ | ○ | ○ | ○ | ○ | |
| | | | ○ | | ○ | | ○ | |
| | | | | | | | | |
| | | ○ | ○ | ○ | ○ | ○ | ○ | |
| | | | | | | ○ | ○ | |
| | | | | | | ○ | ○ | |
| | | | | | ○ | | | |
| ○ | ○ | | | | | | | |
| | | | | | | | | |
| | | ○ | | | | | | |
| ○ | ○ | ○ | ○ | ○ | ○ | ○ | ○ | |
| | | | | | | | | |
| | | | | | | | | |
| ○ | ○ | ○ | ○ | ○ | ○ | | | |
| ○ | ○ | ○ | ○ | ○ | ○ | ○ | ○ | |

表2　オランダ別段風説書に見える主要な事件の報道記事（その2）

| 〔事　件　名〕 | 文書番号 | 10―2 | 11―1 | 11―2 | 12―1 | 12―2 |
|---|---|---|---|---|---|---|
| | 元　号<br>(西暦) | 嘉永2<br>(1849) | 嘉永3<br>(1850) | 嘉永3<br>(1850) | 嘉永4<br>(1851) | 嘉永4<br>(1851) |
| | 翻訳地 | 江　戸 | 長　崎 | 江　戸 | 長　崎 | 江　戸 |
| アヘン戦争 | | | | | | |
| 英･清両国の和睦案 | | | | | | |
| 南京条約 | | ○ | | | | |
| 虎門塞追加条約 | | | | | | |
| 清とアメリカとの取極書 | | | | | | |
| 清とフランスとの取極書 | | | | | | |
| 清国奉行とイギリス奉行との取極書 | | | | | | |
| オランダ王室の動静 | | ○ | ○ | ○ | ○ | ○ |
| アメリカ･メキシコ戦争 | | | | | | |
| イギリス海軍の陣容 | | ○ | ○ | ○ | ○ | ○ |
| オランダ海軍の陣容 | | ○ | ○ | ○ | ○ | ○ |
| フランス海軍の陣容 | | ○ | | | | |
| スペイン海軍の陣容 | | | | | | |
| ロシア海軍の陣容 | | | | | | |
| アメリカ海軍の陣容 | | ○ | ○ | ○ | | |
| ポルトガル海軍の陣容 | | | | | | |
| オーストリアとサルデーニャとの戦争 | | | ○ | ○ | | |
| クリミア戦争 | | | | | | |
| 太平天国の乱 | | | | | | |
| アロー戦争 | | | | | | |
| バウリング条約(イギリスとシャム王国) | | | | | | |
| ロンドン万国博覧会 | | | | | | |
| フランスとペルシャとの和親協定 | | | | | | |
| パナマ運河開削計画 | | ○ | ○ | ○ | ○ | ○ |
| 電信機の開発と設置 | | | | | | |
| オランダ領インドより本国へ商品輸送 | | | | | | |
| フランス軍と跤趾軍(ベトナム)との戦闘 | | | | | | |
| カリフォルニアで金産出 | | ○ | ○ | ○ | ○ | ○ |
| オーストラリアで金産出 | | | | | | |

| 13—1 | 13—2 | 14 | 15 | 16 | 17 | 18—1 | 18—2 | 備　　考 |
|---|---|---|---|---|---|---|---|---|
| 嘉永5(1852) | 嘉永5(1852) | 嘉永6(1853) | 安政元(1854) | 安政2(1855) | 安政3(1856) | 安政4(1857) | 安政4(1857) | |
| 長　崎 | 江　戸 | 長　崎 | 長　崎 | 長　崎 | 長　崎 | 長　崎 | 江　戸 | |
| | | | | ○ | | | | |
| | | | | | ○ | | | |
| ○ | ○ | ○ | | | | | | |
| | | | | | | ○ | ○ | |
| | | | | | ○ | | | |
| | | | | | | | | |
| | | | | | | | | |
| ○ | ○ | ○ | | | | | | |
| | | ○ | | | | | | |
| | | | ○ | | | | | |
| | | | | ○ | ○ | ○ | ○ | |
| | | | | ○ | ○ | | | |
| | | | | | ○ | | | |
| | | | | | | | | |
| | | ○ | | | | | | |
| | | | | ○ | | | | |
| | | | | | ○ | | | |
| | | | | | | ○ | ○ | |
| | | | | | | ○ | ○ | |
| ○ | | | | | | ○ | ○ | |

| 〔事　件　名〕 | 文書番号 | 10—2 | 11—1 | 11—2 | 12—1 | 12—2 |
|---|---|---|---|---|---|---|
| | 元　号<br>(西暦) | 嘉永2<br>(1849) | 嘉永3<br>(1850) | 嘉永3<br>(1850) | 嘉永4<br>(1851) | 嘉永4<br>(1851) |
| | 翻訳地 | 江　戸 | 長　崎 | 江　戸 | 長　崎 | 江　戸 |
| オーストラリアで銀山発見 | | | | | | |
| コスタリカで石炭・銅・金を産出 | | | | | | |
| アメリカ合衆国が日本との交易を希望 | | | ○ | ○ | ○ | ○ |
| メキシコ南方で金山発見 | | | | | | |
| テルナテ(モルッカ諸島)で地震 | | | | | | |
| エジプトでコレラ流行 | | | | | | |
| ヨーロッパでコレラ流行 | | | ○ | ○ | | |
| ペリー来航予告情報 | | | | | | |
| ロシア海軍(プチャーチン)日本来航情報 | | | | | | |
| ロシア兵に赤痢流行 | | | | | | |
| ジャワと周辺でコレラ・麻疹・熱病が流行 | | | | | | |
| クリミア戦争の戦場でコレラ流行 | | | | | | |
| アムボイナと周辺諸島で疱瘡流行 | | | | | | |
| エリオットよりイギリス軍への達 | | | | | | |
| アメリカ合衆国の人口 | | | | | | |
| シンガポールで唐人一揆発生 | | | | | | |
| 蘭領コロートサンギール島で火山噴火 | | | | | | |
| 英領オーストラリアで鉄道敷設 | | | | | | |
| キナ樹(マラリア特効薬)の栽培 | | | | | | |
| スエズ運河開削計画 | | | | | | |

註　報道記事の名称については，現在の歴史的な記述を基本にして記した．

| 5—2 | 6 | 7 | 8 | 9—1 | 9—2 | 10—1 | 備　　考 |
|---|---|---|---|---|---|---|---|
| 弘化元(1844) | 弘化2(1845) | 弘化3(1846) | 弘化4(1847) | 嘉永元(1848) | 嘉永元(1848) | 嘉永2(1849) | |
| 長　崎 | 長　崎 | 長　崎 | 長　崎 | 長　崎 | 江　戸 | 長　崎 | |
| ○ | ○ | ○ | ○ | ○ | ○ | ○ | |
| ○ | ○ | ○ | ○ | ○ | ○ | ○ | |
| | ○ | ○ | ○ | ○ | ○ | ○ | |
| | ○ | | ○ | ○ | ○ | | |
| | | | ○ | ○ | ○ | | |
| ○ | | | ○ | | | | |
| | | ○ | ○ | ○ | ○ | ○ | |
| | | ○ | ○ | ○ | ○ | ○ | 「オーステンレイキ」 |
| | | | ○ | | | | |
| | | | | ○ | ○ | | |
| | | | | ○ | | ○ | 「孛漏生」 |
| | | | | ○ | ○ | | |
| | | | | ○ | ○ | ○ | 「フヲルステン」 |
| | | | | ○ | ○ | ○ | 「弟那瑪尓加」 |
| | | | | ○ | ○ | | 「意太里亜」 |
| | | | | ○ | ○ | ○ | 「斉西里亜」 |
| | | | | ○ | ○ | ○ | 「ナボニー」 |
| | | | | | | ○ | 「翁加里亜」 |
| | | | | ○ | ○ | ○ | 「撤而地泥亜」 |
| | | | | | | | |
| | ○ | | | | | | 「雪際亜」 |
| | | | | | | | |
| | | | | | | ○ | 「フェ子チ」 |
| | | | | | | | 「厄力西亜」 |
| | | | | | | | 「トスカ子」 |
| | | | | | | ○ | |
| | | | | | | | |
| | | | | | | | |
| | | | | | | | |

表3　オランダ別段風説書に見える国名およびその関係記事（その1）

| 〔国　　名〕<br>「風説書上の表記」<br>現在の国名・地名 | 文書番号 | 1 | 2 | 3 | 4 | 5—1 |
|---|---|---|---|---|---|---|
| | 元　号<br>（西暦） | 天保11<br>（1840） | 天保12<br>（1841） | 天保13<br>（1842） | 天保14<br>（1843） | 弘化元<br>（1844） |
| | 翻訳地 | 長　崎 | 長　崎 | 長　崎 | 長　崎 | 長　崎 |
| 「和蘭」「阿蘭陀」　オランダ | | ○ | ○ | ○ | ○ | ○ |
| 「英吉利」「エゲレス」　イギリス | | ○ | ○ | ○ | ○ | ○ |
| 「仏蘭西」「フランス」　フランス | | ○ | | | | ○ |
| 「葡萄牙」「波尓杜瓦尓」　ポルトガル | | ○ | ○ | | | |
| 「伊斯巴尼亜」「イスパニア」　スペイン | | ○ | | | | |
| 「イ丶ルラント」　アイルランド | | | | | | |
| 「ドイツ」　ドイツ | | | | | | |
| 「窩々所徳礼儀」　オーストリア | | | | | | |
| 「スコットランド」　スコットランド | | | | | | |
| 「スウヰツッル」　スイス | | | | | | |
| 「フロイスセン」「プロイス」　プロイセン | | | | | | |
| 「スレースウエイキ」　シュレースヴィヒ | | | | | | |
| 「ホルステイン」　ホルスタイン | | | | | | |
| 「デー子マルク」　デンマーク | | | | | | |
| 「亥太里亜」　イタリア | | | | | | |
| 「シ丶リア」　シチリア | | | | | | |
| 「納波里」「ナープレス」　ナポリ | | | | | | |
| 「ホンガリヤ」　ハンガリー | | | | | | |
| 「サルディニー」　サルデーニャ | | | | | | |
| 「リュクセンビュルク」　ルクセンブルク | | | | | | |
| 「スウエーデ」　スウェーデン | | | | | | |
| 「ノルウェーゲン」　ノルウェー | | | | | | |
| 「ヘ子チヤ」　ベネチア | | | | | | |
| 「厄勤祭亜」「ギリーケン」　ギリシャ | | | | | | |
| 「多斯加能」　トスカーナ | | | | | | |
| 「ローマ」「羅馬」　ローマ | | | | | | |
| 「ブルガリー」　ブルガリア | | | | | | |
| 「ベルギー」　ベルギー | | | | | | |
| 「ハムビュルグ」　ハンブルク | | | | | | |

| 5—2 | 6 | 7 | 8 | 9—1 | 9—2 | 10—1 | 備　考 |
|---|---|---|---|---|---|---|---|
| 弘化元(1844) | 弘化2(1845) | 弘化3(1846) | 弘化4(1847) | 嘉永元(1848) | 嘉永元(1848) | 嘉永2(1849) | |
| 長　崎 | 長　崎 | 長　崎 | 長　崎 | 長　崎 | 江　戸 | 長　崎 | |
| | | ○ | ○ | | | ○ | 「俄羅斯」 |
| | | | ○ | | | | |
| | | ○ | | | | | |
| | | ○ | ○ | | | | |
| | | | | | | | |
| | | | | | | | 「沙吉仙」 |
| | | | | | | | |
| | | | | | | | |
| | | | | | | | |
| | | | | ○ | | ○ | 「ロムバルディ」 |
| | | | | ○ | ○ | | |
| | | ○ | | | | | |
| ○ | ○ | ○ | ○ | ○ | ○ | ○ | |
| ○ | | ○ | ○ | ○ | ○ | ○ | |
| | | | | | | | 「榜葛剌」 |
| | | | | | | | |
| | | ○ | ○ | ○ | ○ | | |
| | | ○ | ○ | | | ○ | 「ボル子ヲプロペル」 |
| | | ○ | ○ | | | ○ | |
| | | | | | ○ | ○ | 「殺古」 |
| | | | | | ○ | | |
| | ○ | ○ | ○ | ○ | ○ | ○ | |
| | | | | | | | |
| | ○ | | | | | | |
| | | | | | | | 「高麗」 |
| | | | | | | | 「ビュルマ」 |
| | | | | | | | |
| | | | | | | | |
| | | ○ | ○ | | | | 「ハルシャ」 |
| | ○ | ○ | | | | ○ | |

| 〔国　名〕「風説書上の表記」現在の国名・地名 | 1 | 2 | 3 | 4 | 5—1 |
| --- | --- | --- | --- | --- | --- |
| 元号（西暦） | 天保11（1840） | 天保12（1841） | 天保13（1842） | 天保14（1843） | 弘化元（1844） |
| 翻訳地 | 長　崎 | 長　崎 | 長　崎 | 長　崎 | 長　崎 |
| 「露西亜」　ロシア | | | ○ | | |
| 「シベリイ」　シベリア | | | | | |
| 「コーカシュス」　コーカサス | | | | | |
| 「ゼーラント」　ゼーラント | | | | | |
| 「コロアチー」　クロアチア | | | | | |
| 「サクセン国」　ザクセン | | | | | |
| 「バーデン国」　バーデン | | | | | |
| 「ラップラント」　ラップランド | | | | | |
| 「ハノーフル国」　ハノーファー | | | | | |
| 「ロムバルデ」　ロンバルディア | | | | | |
| 「ベイエレン」　ベイエレン | | | | | |
| 「日本国」　日本 | | | | | |
| 「清」「唐国」「支那」　中国 | ○ | ○ | ○ | ○ | ○ |
| 「和蘭領東印度」　インドネシア | | ○ | | | |
| 「弁柄」　ベンガル | | | | | |
| 「韃靼」　タタール | | | ○ | ○ | |
| 「跤趾国」　ベトナム | | | | | |
| 「ボル子オ国」　ボルネオ | | | | | |
| 「暹羅国」（シャム）　タイ | | | | | |
| 「都児格」　トルコ（オスマン帝国） | | | | | |
| 「コンスタンティノープル」　イスタンブール | | | | | |
| 「エゲレス領印度」　インド・パキスタンなど | ○ | | | | |
| 「フランス国所領東印度」 | | | | | |
| 「台湾」　中華民国 | | | | ○ | |
| 「朝鮮」　韓国・北朝鮮 | | | | | |
| 「毘尓満」（ビルマ）　ミャンマー | | | | | |
| 「高麗国」 | | | | | |
| 「アツガニストン」　アフガニスタン | | | | | |
| 「波是国」「ペルシー国」　イラン | | | | | |
| 「爪哇」（ジャワ） | | | | | |

| 5—2 | 6 | 7 | 8 | 9—1 | 9—2 | 10—1 | 備　　　考 |
|---|---|---|---|---|---|---|---|
| 弘化元<br>(1844) | 弘化2<br>(1845) | 弘化3<br>(1846) | 弘化4<br>(1847) | 嘉永元<br>(1848) | 嘉永元<br>(1848) | 嘉永2<br>(1849) | |
| 長　崎 | 長　崎 | 長　崎 | 長　崎 | 長　崎 | 江　戸 | 長　崎 | |
| | | | ○ | ○ | | ○ | |
| | | | | ○ | ○ | | |
| | | | | ○ | | | |
| | | | | | | | 「ピリッペイン諸島」 |
| | | | | | | | 「蘇門答剌島」 |
| | | | ○ | | | | |
| | | | ○ | ○ | ○ | | |
| | | | | | ○ | | |
| | | | ○ | | | | |
| | | ○ | ○ | | | ○ | |
| | | ○ | ○ | | | | |
| | | | | ○ | ○ | | 「アルゲリー」 |
| | | | | | | | |
| | ○ | ○ | ○ | ○ | ○ | ○ | 「北亜墨利加合衆国」 |
| | | ○ | | | | | |
| | | ○ | ○ | ○ | ○ | ○ | |
| | | | | | | | 「伯西尔臥亜」 |
| | | | | | | | |
| | | | | | | | |
| | | | | | | | |
| | | | | | | | |
| | | | | | | | 「スパラギュアイン」 |
| | | | | | | | |
| | | | | | | | |
| | | | | | | | |
| | | | | | | | |
| | | | | | | | 「フェ子シューラ」 |
| | | | | | | | |

れた当時「…国」という記載のあるものを選抜した.
在の国名・地名を記した.

| 〔国　　名〕<br>「風説書上の表記」<br>現在の国名・地名 | 文書番号 | 1 | 2 | 3 | 4 | 5—1 |
| --- | --- | --- | --- | --- | --- | --- |
| | 元　号<br>（西暦） | 天保11<br>（1840） | 天保12<br>（1841） | 天保13<br>（1842） | 天保14<br>（1843） | 弘化元<br>（1844） |
| | 翻訳地 | 長　崎 | 長　崎 | 長　崎 | 長　崎 | 長　崎 |
| 「セイロン」　スリランカ | | | | | | |
| 「琉球」　沖縄 | | | | | | |
| 「マラッカ」 | | | | | | |
| 「フィリペイン島」　フィリピン | | | | | | |
| 「シュマトラ」　スマトラ | | | | | | |
| 「ティモル」　ティモール | | | | | | |
| 「シンガボール」　シンガポール | | | | ○ | | |
| 「亜猟皮亜国」　サウジアラビア | | ○ | | | | |
| 「アウスタラリイ」　オーストラリア | | | | | | |
| 「エゲイプテ」「厄日多」　エジプト | | | | | | |
| 「マダガスカル」　マダガスカル | | | | | | |
| 「アルジレル」　アルジェリア | | | | | | |
| 「マロクコー」「マライツコフ」　モロッコ | | | | | | |
| 「亜墨利加」　アメリカ合衆国 | | ○ | ○ | ○ | ○ | |
| 「把那麻」　パナマ | | | | | | |
| 「黙時科」「メキシカー」　メキシコ | | | | | | |
| 「ブラジリー国」「伯西児」　ブラジル | | | | | | |
| 「カナダ」（イギリス領）　カナダ | | | | | | |
| 「コスターリカー」　コスタリカ | | | | | | |
| 「エクアドル」　エクアドル | | | | | | |
| 「アルゲンテイン」　アルゼンチン | | | | | | |
| 「パラキュアイ」　パラグアイ | | | | | | |
| 「ホリフィア」　ボリビア | | | | | | |
| 「ニーウグレナダ」　グレナダ | | | | | | |
| 「ギュアテマラ」　グアテマラ | | | | | | |
| 「ペーリュー」　ペルー | | | | | | |
| 「フェ子シュエラ」　ベネズエラ | | | | | | |
| 「キューバー島」　キューバ | | | | | | |

註　表に掲載した国名は，原則として現在の国家にあたるもの，あるいは風説書に記載さ
〔国名〕の「　」内は，オランダ別段風説書にある記載そのものを表記し，右側は現

| 13—1<br>嘉永5<br>(1852)<br>長　崎 | 13—2<br>嘉永5<br>(1852)<br>江　戸 | 14<br>嘉永6<br>(1853)<br>長　崎 | 15<br>安政元<br>(1854)<br>長　崎 | 16<br>安政2<br>(1855)<br>長　崎 | 17<br>安政3<br>(1856)<br>長　崎 | 18—1<br>安政4<br>(1857)<br>長　崎 | 18—2<br>安政4<br>(1857)<br>江　戸 | 備　考 |
|---|---|---|---|---|---|---|---|---|
| ○ | ○ | ○ | ○ | ○ | ○ | ○ | ○ | |
| ○ | ○ | ○ | ○ | ○ | ○ | ○ | ○ | |
| ○ | ○ | ○ | ○ | ○ | ○ | ○ | ○ | |
| | | | ○ | ○ | ○ | ○ | ○ | |
| ○ | ○ | ○ | ○ | ○ | ○ | ○ | ○ | |
| | | ○ | ○ | ○ | ○ | ○ | ○ | |
| ○ | ○ | ○ | ○ | ○ | ○ | ○ | ○ | |
| ○ | ○ | ○ | | ○ | ○ | ○ | ○ | 「オーステンレイキ」 |
| | | | | | | | | |
| | | | | | | ○ | ○ | |
| | | | ○ | ○ | ○ | ○ | ○ | 「孛漏生」 |
| | | | | | | | | |
| | | | | | | | | 「フヲルステン」 |
| ○ | ○ | | | ○ | ○ | ○ | ○ | 「弟那瑪尓加」 |
| ○ | ○ | ○ | ○ | | ○ | ○ | ○ | 「意太里亜」 |
| ○ | ○ | | | | | | | 「斉西里亜」 |
| | | | | | | ○ | ○ | 「ナボニー」 |
| | | | | | | | | |
| | | ○ | | | | | | 「翁加里亜」 |
| ○ | ○ | | | ○ | ○ | ○ | ○ | 「撒而地泥亜」 |
| | | | | | | | | |
| ○ | ○ | ○ | ○ | ○ | ○ | ○ | ○ | 「雪際亜」 |
| ○ | ○ | ○ | ○ | ○ | ○ | ○ | ○ | |
| ○ | ○ | | | | | | | 「フェ子チ」 |
| | | | ○ | ○ | ○ | ○ | ○ | 「厄力西亜」 |
| | | | | | | | | 「トスカ子」 |
| | | ○ | | | | | | |
| | | | | ○ | | | | |
| | | | | | ○ | ○ | ○ | |

表4　オランダ別段風説書に見える国名およびその関係記事（その2）

| 〔国　　名〕<br>「風説書上の表記」<br>現在の国名・地名 | 文書番号 | 10—2 | 11—1 | 11—2 | 12—1 | 12—2 |
|---|---|---|---|---|---|---|
| | 元　号<br>（西暦） | 嘉永2<br>（1849） | 嘉永3<br>（1850） | 嘉永3<br>（1850） | 嘉永4<br>（1851） | 嘉永4<br>（1851） |
| | 翻訳地 | 江　戸 | 長　崎 | 江　戸 | 長　崎 | 江　戸 |
| 「和蘭」「阿蘭陀」　オランダ | | ○ | ○ | ○ | ○ | ○ |
| 「英吉利」「エゲレス」　イギリス | | ○ | ○ | ○ | ○ | ○ |
| 「仏蘭西」「フランス」　フランス | | ○ | ○ | ○ | ○ | ○ |
| 「葡萄牙」「波尓杜瓦尓」　ポルトガル | | | ○ | ○ | ○ | ○ |
| 「伊斯巴尼亜」「イスパニア」　スペイン | | | ○ | ○ | ○ | |
| 「イヽルラント」　アイルランド | | | | | | |
| 「ドイツ」　ドイツ | | ○ | ○ | ○ | ○ | ○ |
| 「窩々所徳礼儀」　オーストリア | | ○ | ○ | ○ | ○ | ○ |
| 「スコットランド」　スコットランド | | | | | | |
| 「スウキツッル」　スイス | | | | | | |
| 「フロイスセン」「プロイス」　プロイセン | | | ○ | ○ | ○ | ○ |
| 「スレースウエイキ」　シュレースヴィヒ | | ○ | ○ | ○ | ○ | ○ |
| 「ホルステイン」　ホルスタイン | | ○ | ○ | ○ | ○ | ○ |
| 「デー子マルク」　デンマーク | | ○ | ○ | ○ | ○ | ○ |
| 「亥太里亜」　イタリア | | ○ | ○ | ○ | ○ | ○ |
| 「シヽリア」　シチリア | | ○ | ○ | ○ | | |
| 「納波里」「ナープルス」　ナポリ | | ○ | ○ | ○ | | |
| 「モナク」　モナコ | | | | | | |
| 「ホンガリヤ」　ハンガリー | | ○ | ○ | ○ | | |
| 「サルディニー」　サルデーニャ | | ○ | ○ | ○ | ○ | ○ |
| 「リュクセンビュルク」　ルクセンブルク | | | ○ | ○ | ○ | ○ |
| 「スウエーデ」　スウェーデン | | | ○ | ○ | ○ | ○ |
| 「ノルウェーゲン」　ノルウェー | | | ○ | ○ | ○ | ○ |
| 「ヘ子チヤ国」　ベネチア | | ○ | ○ | ○ | | |
| 「厄勤祭亜」「ギリーケン」　ギリシャ | | | ○ | ○ | ○ | ○ |
| 「多斯加能」　トスカーナ | | | ○ | ○ | ○ | ○ |
| 「ローマ国」「羅馬」　ローマ | | ○ | ○ | ○ | ○ | ○ |
| 「ブルガリー」　ブルガリア | | | | | | |
| 「ベルギー」　ベルギー | | | | | | |

| 13—1 | 13—2 | 14 | 15 | 16 | 17 | 18—1 | 18—2 | 備考 |
|---|---|---|---|---|---|---|---|---|
| 嘉永5<br>(1852) | 嘉永5<br>(1852) | 嘉永6<br>(1853) | 安政元<br>(1854) | 安政2<br>(1855) | 安政3<br>(1856) | 安政4<br>(1857) | 安政4<br>(1857) | |
| 長　崎 | 江　戸 | 長　崎 | 長　崎 | 長　崎 | 長　崎 | 長　崎 | 江　戸 | |
| | | | ○ | | | ○ | ○ | |
| ○ | ○ | ○ | ○ | ○ | ○ | ○ | ○ | 「俄羅斯」 |
| | | | | | | | | |
| ○ | ○ | | | | | | | |
| | | | | | | | | |
| | | | | | | | | |
| | | ○ | | | | | | |
| | | | | ○ | | ○ | ○ | 「沙吉仙」 |
| | | | | | | | | |
| | | | | ○ | | | | |
| | | | | | | ○ | ○ | |
| ○ | ○ | | | | | | | 「ロムバルディ」 |
| | | | | ○ | | | | |
| ○ | ○ | ○ | ○ | | | | ○ | |
| ○ | ○ | ○ | ○ | ○ | ○ | ○ | ○ | |
| ○ | ○ | ○ | ○ | ○ | ○ | ○ | ○ | |
| | | | | | | ○ | ○ | 「榜葛剌」 |
| ○ | ○ | | | ○ | | | | |
| | | | ○ | | | | | |
| | | ○ | | | | ○ | ○ | 「ボル子ヲプロペル」 |
| | | | ○ | | | | | |
| ○ | ○ | ○ | ○ | ○ | ○ | ○ | ○ | 「殺古」 |
| | | | | | | | | |
| ○ | ○ | | ○ | | ○ | ○ | ○ | |
| | | | | | | | | |
| | | | | | | ○ | ○ | 「高麗」 |
| | | ○ | ○ | ○ | | | | |
| | | | | | | ○ | ○ | |
| | | | | ○ | ○ | | ○ | 「ハルシャ」 |
| ○ | ○ | ○ | ○ | ○ | ○ | ○ | ○ | |

| 〔国　　名〕<br>「風説書上の表記」<br>現在の国名・地名 | 文書番号 | 10―2 | 11―1 | 11―2 | 12―1 | 12―2 |
|---|---|---|---|---|---|---|
| | 元　号<br>（西暦） | 嘉永2<br>（1849） | 嘉永3<br>（1850） | 嘉永3<br>（1850） | 嘉永4<br>（1851） | 嘉永4<br>（1851） |
| | 翻訳地 | 江　戸 | 長　崎 | 江　戸 | 長　崎 | 江　戸 |
| 「ハムビュルグ国」　ハンブルク | | | | | | |
| 「露西亜」　ロシア | | ○ | ○ | ○ | ○ | ○ |
| 「シベリイ」　シベリア | | | | | | |
| 「コーカシュス」　コーカサス | | | | | | |
| 「ゼーラント」　ゼーラント | | | | | | |
| 「コロアチー」　クロアチア | | ○ | | | | |
| 「モンテネゴロー」　モンテネグロ | | | | | | |
| 「サクセン国」　ザクセン | | | ○ | ○ | | |
| 「バーデン国」　バーデン | | | ○ | | | |
| 「ラップラント」　ラップランド | | | | | | |
| 「ハノーフル国」　ハノーファー | | | | | | |
| 「ロムバルデ」　ロンバルディア | | ○ | ○ | ○ | | |
| 「ベイエレン」　ベイエレン | | | | | | |
| 「日本国」　日本 | | | ○ | ○ | ○ | ○ |
| 「清」「唐国」「支那」　中国 | | ○ | ○ | ○ | ○ | ○ |
| 「和蘭領東印度」　インドネシア | | ○ | ○ | ○ | ○ | ○ |
| 「弁柄」　ベンガル | | | | | | |
| 「韃靼」　タタール | | | | | | |
| 「跤趾国」　ベトナム | | | ○ | ○ | | |
| 「ボル子オ国」　ボルネオ | | ○ | ○ | ○ | ○ | |
| 「暹羅国」（シャム）　タイ | | ○ | ○ | ○ | ○ | ○ |
| 「都児格」（オスマン帝国）　トルコ | | ○ | ○ | ○ | ○ | ○ |
| 「コンスタンティノープル」　イスタンブール | | | | | | |
| 「エゲレス領印度」　インド・パキスタンなど | | ○ | ○ | ○ | ○ | ○ |
| 「フランス国所領東印度」 | | | | | ○ | ○ |
| 「朝鮮」　韓国・北朝鮮 | | | ○ | ○ | | |
| 「毘尓満」（ビルマ）　ミャンマー | | | | | | ○ |
| 「アツガニストン」　アフガニスタン | | | | | | |
| 「波是国」（ペルシャ）「ペルシー」　イラン | | | | | | |
| 「爪哇」（ジャワ） | | ○ | ○ | ○ | ○ | ○ |

| 13—1 | 13—2 | 14 | 15 | 16 | 17 | 18—1 | 18—2 | 備　　考 |
|---|---|---|---|---|---|---|---|---|
| 嘉永5(1852) | 嘉永5(1852) | 嘉永6(1853) | 安政元(1854) | 安政2(1855) | 安政3(1856) | 安政4(1857) | 安政4(1857) | |
| 長　崎 | 江　戸 | 長　崎 | 長　崎 | 長　崎 | 長　崎 | 長　崎 | 江　戸 | |
| | | | | | | ○ | ○ | |
| | | ○ | | | | | | |
| | | | | | | | | |
| | | | | | | | | 「ピリッペイン諸島」 |
| ○ | ○ | ○ | | ○ | | ○ | ○ | 「蘊門答剌島」 |
| | | ○ | ○ | ○ | ○ | ○ | ○ | |
| | | | | | | | | |
| ○ | ○ | ○ | ○ | ○ | ○ | ○ | ○ | |
| ○ | ○ | ○ | ○ | ○ | ○ | ○ | ○ | |
| | | | | | | | | |
| ○ | ○ | | | | | | | 「アルゲリー」 |
| ○ | ○ | | | | | ○ | ○ | 「マラツコフ」 |
| ○ | ○ | ○ | ○ | ○ | ○ | ○ | ○ | 「北亜墨利加合衆国」 |
| | | | | | | | | |
| ○ | ○ | ○ | ○ | ○ | ○ | ○ | ○ | |
| | | | | | | ○ | ○ | 「伯西尓臥亜」 |
| | | | | | | | | |
| | | | ○ | | ○ | ○ | ○ | |
| | | | | | | ○ | ○ | |
| | | | ○ | | | | | |
| | | | | | | ○ | ○ | |
| | | | | | | ○ | ○ | 「スバラギュアイン」 |
| | | | | | | ○ | ○ | |
| | | | | | | ○ | ○ | |
| | | | | | | ○ | ○ | |
| | | | | ○ | | | | 「フェ子シューラ」 |
| | | | | | | ○ | ○ | |
| | | | ○ | | | ○ | ○ | |
| ○ | ○ | | | | | | | |
| | | | | | | ○ | ○ | |

れた当時「…国」という記載のあるものを選抜した.
在の国名・地名を記した.

| 〔国　名〕「風説書上の表記」現在の国名・地名 | 文書番号 | 10—2 | 11—1 | 11—2 | 12—1 | 12—2 |
|---|---|---|---|---|---|---|
| | 元　号（西暦） | 嘉永2（1849） | 嘉永3（1850） | 嘉永3（1850） | 嘉永4（1851） | 嘉永4（1851） |
| | 翻訳地 | 江　戸 | 長　崎 | 江　戸 | 長　崎 | 江　戸 |
| 「セイロン」　スリランカ | | ○ | | | ○ | |
| 「琉球」　沖縄 | | | | | | |
| 「マラッカ」 | | | | | | |
| 「フィリペイン島」　フィリピン | | | | | ○ | |
| 「シュマタラ」(スマトラ) | | | | | | |
| 「シンガボール」　シンガポール | | | | | | |
| 「亜猟皮亜国」　サウジアラビア | | | | | | |
| 「アウストラリイ」　オーストラリア | | | | | | |
| 「エゲイプテ」「厄日多」　エジプト | | ○ | ○ | | ○ | ○ |
| 「マダガスカル」　マダガスカル | | | | | ○ | |
| 「アルジレル」　アルジェリア | | | | | | |
| 「マロクロー」　モロッコ | | | | | | |
| 「亜墨利加」　アメリカ合衆国 | | ○ | ○ | ○ | ○ | ○ |
| 「把那麻」　パナマ | | ○ | ○ | ○ | ○ | ○ |
| 「黙時科」「メキシカー」　メキシコ | | ○ | | | ○ | ○ |
| 「ブラジリー国」「伯西児」　ブラジル | | | ○ | ○ | | |
| 「カナダ」(イギリス領)　カナダ | | | ○ | ○ | | |
| 「コスターリカー」　コスタリカ | | | | | | |
| 「セーリー」　チリ | | | | | | |
| 「エクアドル」　エクアドル | | | | | | |
| 「アルゲンテイン」　アルゼンチン | | | | | | |
| 「パラキュアイ」　パラグアイ | | | | | | |
| 「ユラギュアイ」　ウルグアイ | | | | | | |
| 「ホリフィア」　ボリビア | | | | | | |
| 「ニーウゲレナタ」　グレナダ | | | | | | |
| 「フェ子シュエラ」　ベネズエラ | | | | | | |
| 「ギュアテマラ」　グアテマラ | | | | | | |
| 「ペーリュー」　ペルー | | | | | | |
| 「キューバー」　キューバ | | | | | | |
| 「ホンデュサス」　ホンジュラス | | | | | | |

註　表に掲載した国名は，原則として現在の国家にあたるもの，あるいは風説書に記載さ
〔国名〕の「　」内は，オランダ別段風説書にある記載そのものを表記し，右側は現

国王妻一男を産ミ、国王の親族は勿論惣国中の者共何れも歓喜仕候儀ニ御座候」とある。これらの記事には、オランダ人が王室内部の出来事を積極的に紹介することにより、日本人との親近感を深めるねらいがあったものと考えられる。

表1は天保一一年から嘉永二年（長崎訳）まで、表2は嘉永二年（江戸訳）から安政四年（一八五七）まで、合わせて一八年間にわたり別段風説書の文面に見える主要な事件の報道記事を年代別にまとめたものである。また、同じ年代分けにより、別段風説書の文面に見える国名およびその関係記事を一覧にしたものが表3と表4である。

まず表1を見ると、天保一一年から弘化二年までの七年間は文字通りアヘン戦争関係の内容に終始していることがわかる。表3を見ると、この七年間はイギリス・清両国関係の記事が連綿と続いており、これら両国の交易と戦争、和睦と条約という内容が続いている。オランダについては毎年記事があるが、これは標題や暦あるいは条約文の翻訳・書写のところに形式的な記事があるだけである。また、ポルトガル人（マカオ在住）・スペイン船（清国の港に着岸）・アメリカ船（イギリスとの関係）に関する記事なども散見するが、これらはイギリスと清国との商業的な関係のなかで副次的に記されているに過ぎない。よって、この七年間の別段風説書はオランダ人がアヘン戦争の進行状況に焦点を合わせて構成した、特別報道の記録というべきである。

別段風説書に記されたアヘン戦争関係記事の内容から、清国軍がイギリス軍との各地の戦闘で一方的に敗れ、南京条約など屈辱的な不平等条約を締結するという結果が明らかになり、日本人に大きな衝撃を与え、最新鋭のイギリス海軍の精強さをまざまざと知らされる結果となった。危機感を深めた老中水野忠邦は、天保一三年六月に長崎町年寄高島秋帆に西洋砲術の伝授を公認し、一方で七月二六日に異国船打払令を撤回して薪水給与令を発令した。また、この時期より日本人の間にアヘン戦争で敗れた清国の轍は踏むまいとする意識が強く芽生え、海防論がさかんに議論されるようになった。

## 五　別段風説書の世界情報化

弘化三年（一八四六）（第七号）からは、「別段風説書」という標題が付けられ、内容の大幅な変化がみられる。オランダ王室やオランダ領東インドの情報にはじまり、イギリスと共に清国との貿易を積極的に進めているフランスに関わる記事が多くなってきている。また、南京条約締結後にアメリカが使節を派遣し清国との間に締結した望厦（ぼうか）条約（一八四四年七月三日）、さらにはフランスと清国との間の黄埔（こうほ）条約（同年一〇月二四日）という二つの修好通商条約の内容が翻訳されて記されている。

表3を見ると、弘化三年より別段風説書に記された国名・地名がヨーロッパではドイツ・オーストリア・ロシアなど、アジアでは東南アジア各地やイランなど、アフリカではエジプトなどの各地、アメリカ大陸ではパナマ・メキシコなどがそれぞれ加わり、情報収集の範囲が大きく拡大する傾向がよくわかる。表4を見ると、嘉永三年（一八五〇）からはヨーロッパではイタリア・ギリシャなど地中海沿岸やルクセンブルクなどの内陸地域、スウェーデン・ノルウエーなどの北欧地域が加わり、嘉永五年からは、オーストラリアやラテンアメリカ各地が加わって、まさに世界情報化した姿を見ることができる。

このような別段風説書の内容にともない、通常の風説書にも変化がみられる。当該年度である弘化三年の通常の風説書は、依然として世界各国の情報を含む内容であった。しかし、翌弘化四年の通常の風説書からは世界各国の情報はもりこまれなくなり、以後安政四年（一八五七）のものまで、専らオランダ船の発着状況およびバタヴィアのあるオランダ領東インドについての記述となる。

表1・2に戻ると、嘉永元年の別段風説書（第九号―一・二）からは、清国海岸に寄港するイギリス海軍の軍艦の陣容を詳細に記述するようになり、併せて翌二年からは自国オランダ海軍の陣容も記すようになった。例えば、イギリス海軍についてては船の種類、装備する火砲の数、船号まで具体的に記すようになり、この記事はペリー来航時期の嘉永六・安政元両年を除いて最終の安政四年（第十八号―一・二）まで続けられる。また、フランスについても、嘉永二年、安政二・三・四の各年度の海軍陣容を記している。

そもそも、一七世紀から一八世紀にかけて世界の自由貿易市場で他国をしのぎ優位に立つオランダが、フランス革命とナポレオン戦争を経て衰退に向かい、イギリス・フランス両国が躍進し、オランダは一時期フランスの支配を受ける。文化五年（一八〇八）に長崎で発生したフェートン号事件はこの状況が日本に波及した事件である。それだけに、イギリス・フランス両国の海軍の陣容は日蘭両国にとって脅威であり、オランダ人も毎年入念な情報を長崎に送り続けたものと考えられる。

また、同じ嘉永元年にはアメリカ・メキシコ戦争の経緯とこの戦争で勝利したアメリカがカリフォルニアを割譲されたことについての報道記事もみられる。翌嘉永二年からは、そのカリフォルニアで金鉱が発見された記事が登場し、以後安政三年（一八五六）まで、そのゴールドラッシュの模様が連載されることになる。望厦条約と併せて、アメリカ合衆国に関する本格的な記事が続いている。一方、イギリス領オーストラリアで金鉱が発見された記事も、その翌年にあたる嘉永五年よりほぼ毎年記載された。

嘉永二年（第十号—一・二）からは、世界史のうえでも注目すべき記事が記されはじめる。それは、大西洋と太平洋とを結ぶパナマ運河開削の計画案とその試掘が開始されたという内容である。この運河のプランは一八世紀からたびたび企画され新聞などで話題に上ったが、様々な困難がともないその都度中止された。実際にはアメリカが一九〇四年（明治三七）にその建設に着工し、一九一四年（大正三）に完成した。したがって、この嘉永二年の風説書記事もその試掘段階での報道ではあるが、世界が注目する物流ルート建設プランとしてオランダ人が別段風説書にもりこんだのであろう。

翌嘉永三年（第十一号—一・二）には、アメリカが太平洋を越えて日本との交易を望んでいるとする情報が記され、これは三年後のペリー来航につながる記事として重要である。嘉永元年以降、オランダ人の別段風説書による報道はアメリカ大陸についても本格的に視野に入れるようになった。

嘉永五年は、来日したオランダ商館長ドンケル＝クルティウスが別段風説書（第十三号—一・二）に、バタヴィア総督の公文書と日蘭通商条約草案を加え、長崎にペリー来航予告情報をもたらしている。また、この年の別段風説書には「当年の末ニ於て英吉利と払郎察の間の海峡底を通する「エレキトロ、マグ子チセ」機関の名の合図を以て、速ニ信を通する装置を成し申候」（第十三号—二）として、イギリス・フランス間を例に、ヨーロッパで海底ケーブルを用いた電信機による情報伝達が普及しはじめたことが紹介されている。

嘉永六年は、六月三日にペリー率いるアメリカ東インド艦隊が浦賀水道に来航して、黒船騒動となる。この年の別段風説書（第十四号）には、人口の推移やカリフォルニアにおけるゴールドラッシュの模様、ペリー艦隊の陣容など、アメリカに関する情報がもりこまれている。その一方で、プチャーチンが率いるロシア艦隊来航の予告情報も記されている。この別段風説書には「右趣意はアメリカ海軍の様子を見候心得の様尓有之候」と、ロシア使節来航の目的が明示されている。

安政元年の別段風説書（第十五号）より、内容が国別・項目別の標題を付けて記されるようになり、この書式が表2・表4に見える最後の写本（第十八号―一・二）まで続いている。例えば、この安政元年度は「阿蘭陀国之事」「和蘭支配印度領の事」「エゲレス支配印度領シンガボール地名の事」「ビルマーの事」「アウスタラリーの事」「喜望峯の事」「唐国の事」「大ブリタニヤ及ひイールラント国名の事」「フランス国の事」「ポルトガル国の事」「イタリヤ国の事」「ドイツ国の事」「ギリシヤ国の事」「魯露西亜国トルコ国の事」「スウェーデン国ノールウェーゲン国の事」「亜墨利加州ペーリュー地名の事」「メキシコー地名之事」「エクアドル地名之事」「カリフォルニー地名之事」「テキサス地名之事」「海軍之事」の二〇項目に分けられている。

安政元年以降の別段風説書で、特に詳細な内容が解説されているのがクリミア戦争（一八五三〜一八五六）についての報道記事である。ロシアがその南下政策の一環としてオスマン帝国の支配下にあったバルカン半島諸民族の独立運動を支援して出兵したことに対し、イギリスやフランスがオスマン帝国の側について長期にわたり大規模な攻防が展開されたこの戦争は、参戦した列国勢力が次々と来航して開国をめぐる外交交渉が展開された当時の日本にも、その余波が及ぶことになる。(13) この戦争には直接関わらなかったオランダが積極的に情報を送っているのは、万国対峙の外交関係を築きつつあった日本に、ヨーロッパ諸国の動静を正確に把握させようとするねらいがあったものと考えられる。

世界各地で蔓延するコレラ・赤痢・麻疹・熱病・疱瘡などの疫病の流行や大地震・火山噴火などの災害についての

記事も、嘉永二年以降たびたび記されるようになる。これらは時事的なトップニュースというべきであり、別段風説書が世界情報化したことを何よりも物語っている。

また、安政四年の別段風説書（第十八号―一・二）には、アヘン戦争に続いて清朝を大きく揺るがした太平天国の乱（一八五一～一八六四）とアロー戦争（一八五六～一八六〇）についての報道記事も登場する。これらは近隣の清国で発生した生々しい情報であり、条約締結問題で揺れる幕府や朝廷・諸大名などにとって極めて重要な海外情報となった。

## 六　オランダ別段風説書の終焉

翌安政五年（一八五八）六月一九日に幕府は日米修好通商条約に調印し、七月一〇日には日蘭修好通商条約に調印した。その後もロシア・イギリス・フランスとの間に修好通商条約に調印して、いわゆる安政五か国条約と呼ばれる通商条約体制に入り、西欧諸国の中でのオランダの対日貿易独占の立場は完全に崩れた。

そこで、オランダ人からは通商条約締結により万国対峙の通商体制に入ったのであるから、今後はオランダだけが幕府に風説書を提出するのは列国の嫌疑を招きかねないのでこれを打ち切りたいとの申し出が、同年一二月二九日付の書状で長崎奉行岡部長常に伝えられた(14)。しかしその一方で、オランダ側のこの申し出とほぼ時を同じくするように、蕃書調所頭取の古賀謹一郎は、従来オランダ人が来航とともに長崎奉行に提出し当地で通詞が翻訳していた蘭文風説書は今後は長崎入港後すぐに江戸へ廻して蕃書調所で翻訳を行うようにしたい旨の願書を幕府に提出した(15)。

安政二年八月に洋学所頭取となった古賀謹一郎は、その拡大・発展的組織である蕃書調所頭取となり、ここには語学に優れた多くの人材を教師として集め、幕臣のみならず諸藩士にも門戸を開く方針でオランダ語をはじめとする翻訳機関・語学学校としての充実をはかっていた(16)。それだけに、古賀は従来長崎で行われていた風説書の翻訳・発送業務を新たに江戸の蕃書調所を拠点に行おうとする強い意向があったことがうかがえる。

このオランダ人の風説書廃止の申し出と古賀の風説書継続の意見書は、通商条約締結後の幕府の海外情報収集における基本的な案件となり、幕府内部で審議がなされた。まず勘定奉行土岐朝昌らが評議を行ったが、願書通りにすれば風説書情報が先に江戸に伝達され、長崎における対応が遅れることになりかねないので、却下したいという結論となった。この願書と土岐の評議の結果を記した下札は、その後外国奉行、大目付・目付、勘定奉行・勘定吟味役にそれぞれ回覧され、改めて評議が行われ、様々な意見が噴出した(17)。

まず、翌安政六年二月の外国奉行五名(酒井忠行・水野忠徳・堀利煕(としひろ)・村垣範正(のりまさ)・加藤則著(のりあき))の評議においては、次のような議論を展開した。

①開国によりオランダの対日貿易は商人に任せるかたちとなり、船が寄港する場所も一定せず、かつ他の国々とも条約を締結したうえは、オランダに限り風説書を提出させるのでは各国が嫌疑を抱くこともあり得るので、風説書は提出できない旨を駐日オランダ領事官が申し出ており、他国の船々も海外情報の伝達ができそうなのでこの見解を受け入れるかどうか評議を行った。

②その結果、各国の船々が渡来する以上、オランダによる風説書提出を待たずして海外の動静も明瞭に判明するであろうとの意見はもっともではあるけれども、各国の船々は商売優先に来航するので、元々風聞を伝達しようと

いう意識はなく、わずかに事の一端を伝えているまでのことで、これは問題である。

③もちろん、オランダ領事官の申し立てはあるが、オランダの取り扱いぶりは他の国々とは格別に違うので風説書を提出する意味があり、これも西洋諸国はよく弁えており、オランダに嫌疑がかけられる懸念はない。着船場を定めなくても、旧来の趣意を弁えて手数を加えれば風説書提出の取り計いはいかようにもできるであろう。

④もっとも、各国の船々の渡来を許可する以上は、以前より海外情報はことごとく弁知する必要があり、開港地には諸外国が派遣した領事官がおり、彼らによる評判記・風説書などをこちらで入手すれば問題は解決するかもしれないが、これには追々話し合いをしなければならない。さしあたりオランダ風説書がなくては事の常変を見極める手段はなく、領事官の申し立てではあるけれども、よくよく説得して風説書はこれまでの通り提出するよう申し諭すよう、長崎奉行岡部長常へ命じるべきであるとの結論に達した。

⑤古賀の申し出を勘定奉行の評議では認めてもよいという意向であったが、これを長崎奉行に伝えたところ、長崎で翻訳する以前に蘭文風説を江戸に差し出すのではその対応が遅れることが懸念される旨を主張した。そこで、外国奉行としては神奈川を開港すれば各国の形勢を知るには好都合であり、古賀が申し立てた通りに長崎において風説書蘭文はそのまま江戸へ廻し蕃書調所で翻訳すればよいと考えた。

⑥しかし、長崎は元よりオランダ船渡来の地であり、その対応が遅れてしまうと考えるのも無理のないことで、蕃書調所で翻訳した風説書を長崎表へ廻すのでは日数がかかり過ぎ不都合であり、長崎奉行の申し立て通りにし、古賀の申し出は却下すべきである。

こうして、外国奉行の議論はオランダ風説書を継続したいとする方針に落ち着いた。

次に、同じく二月には勘定奉行（土岐朝昌・立田正明）および勘定吟味役（塚越元邦・勝田充・設楽能清・福田道昌）計六名による評議が行われ、次のような議論があった。

①風説書は廃止し、今後は新聞記事を入手するかまたは自国の重要な情報は自発的に言上させるという領事官の主張は妥当である。

②その理由は、定例に提出しているオランダ風説書にはさしたる緊要な事件はなく、多くは諸外国の国王の死去・代替または王女の婚姻など王室内部の出来事で、その他は一揆・争乱などの記事もあるが、さらに詳しい内容はない。現在は諸外国の船々が渡来し、海外情報も粗々入手できるようになり、風説書を提出させなくてもさしつかえはない[18]。

①と②については、次の点が背景になっていると考えられる。当初はアヘン戦争情報の特報版であった別段風説書が弘化三年より世界情報化し、安政期には江戸訳本の内容も長崎訳本に遜色のないものになった。しかし、安政期に入ると数々の外国新聞が開港地にもたらされ翻訳されて、日本人の一部が閲覧するところとなった[19]。この段階に入ると、作成にかなりの手数と時間を要する一方で、形式化・制度化された前者よりも、リアルタイムのニュースが満載された後者の方が情報量の豊富さ、内容の精緻さが圧倒的に優れたものに感じられたのであろう。よって、勘定方の議論は別段風説書の内容はもはや時代の要請に応えるものではないので廃止し、海外情報収集は外国新聞の入手や入港する諸外国人からの報告により賄うべきであるとする見解であった。

さらに翌三月には、この問題について大目付・目付の評議が行われ、次のような意見が展開された。

①近年海外の形勢は追々変革が進み、日本もこれに対応する必要があるので、海外情報収集は格別に徹底すべきこ

とは自明の理である。しかし、もはやオランダ人から風説書を提出させることはできず、諸外国渡来の船々より報告のある海外情報は兼ねて通詞たちへも申しつけ、船ごとに風説を聞き質し、問題のある項目は書き取らせ、原文とともに提出させるべきである。

②もっとも、神奈川開港のうえは長崎に限らず箱館奉行・外国奉行にもこれを徹底させるべきである。よって、領事官の申し立ては妥当であるので採用し、外国船の入航ごとに通詞たちに申しつけ、海外情報を聞き質して報告する役務を箱館奉行・外国奉行に加えて、大目付・目付にも命じてほしいこと。

③前掲①と②を遂行し、古賀謹一郎には今後風説書を提出させない旨を心得させる。また、今後は諸外国からの来船人が進達した風説書を回覧させることが望ましいと考える。

大目付・目付の議論は、オランダ風説書は廃止し、今後は開港地に入港する諸外国船から海外情報を聞き込むことを主眼とすべきであるという見解であった。

さて、これら幕閣の各部署の論議を受けて江戸老中の結論は、列国のなかでオランダは格別信頼のおける国であり、当面は別段風説書の提出継続を希望するというものであり、これが長崎奉行岡部長常に伝えられた(20)。しかし、通常の風説書の方は安政四年（一八五七）を最後に、これ以降・提出された形跡はない(21)。

一方、別段風説書は安政四年にオランダ人が長崎奉行に提出したものが蘭文風説書の最後のものとなり、これが長崎と江戸で翻訳された（第十八号—一・二）。ただ、バタヴィアの政庁は、蘭文風説書は送付しないものの、幕府がなおも別段風説書の作成を望むのなら長崎で独自に作成せよとする指示を一八五八年七月三〇日（安政五年六月二〇日）付の書記官による書翰で駐日領事のドンケル＝クルティウスに伝えた。これにより、別段風説書作成を希望する幕府の意向を受けて、オランダ領事ドンケル＝クルティウスは外国新聞の記事をもとに一八五九年五月から七月にかけて短文の別段風説書を二度作成し、長崎奉行に提出した[22]。

これが事実上最後の別段風説書となり、その歴史的使命を終えた。海外情報の詳細な報道はいよいよ本格的な外国新聞の入手とその翻訳を中心に展開し、文久二年（一八六二）には蕃書調所が編集したオランダ新聞の翻訳版である『官板バタヴィア新聞』が発行された。維新後の明治三年（一八七〇）には横浜で日本最初の日刊紙である『横浜毎日新聞』が発刊され、以後続々と他の日刊新聞が発刊され、情報メディアの主要な一角を新聞が占めるようになり、今日に至っている。

註

（1）『華夷変態』上冊（東洋文庫、一九五八年）、浦廉一「華夷変態解説」。
（2）『勝海舟全集4』開国起源Ⅳ（勁草書房）、九〜一二頁。
（3）同右、七〜八頁。一方、国史大系四九『続徳川実紀』（第一篇、四〇七頁）には、同様に「蘭人風説書この、ちは翻訳に原文を添へ出すべし」と記されている。
（4）古文化研究所、一九三七年。さらにその延長上で、同氏の蘭学史の総合的な研究をまとめた書として、『日蘭文化交渉史の研究』（吉川弘文館、一九五九年）がある。
（5）片桐一男「阿蘭陀風説書についての一考察」上下（『日本歴史』第二二六・二二七号、一九七六年）。
（6）佐藤昌介『洋学史研究序説』（岩波書店、一九六四年）、同『洋学史の研究』（中央公論社、一九八〇年）。
（7）東京大学出版会、二〇〇七年。
（8）『法政大学文学部紀要』第一六号、一九七〇年。
（9）雄山閣出版、二〇〇〇年。

(10) 東京大学出版会、二〇一二年。

(11) 本書総論二―四「掲載史料の選択基準および各年次別段風説書小解説」第八号。

(12) 松方冬子『オランダ風説書と近世日本』(東京大学出版会、二〇〇七年)、二六一～二六八頁。

(13) 当時、長崎で開国要求の交渉にあたっていたロシア使節プチャーチンの一行は、クリミア戦争に敵国として参戦していたイギリスがロシアを攻撃するために極東に艦隊を差し向けたとする情報に接し、一八五三年一一月二三日に長崎を離れて一時上海に避難したことがあった。その後、イギリス・フランス両海軍が連合し、一八五四年九月にカムチャツカ半島にあるロシアの港湾・要塞ペトロパブロフスク＝カムチャツキーを攻撃したが、ロシア軍の防戦により撤退した。

(14) 長崎歴史文化博物館所蔵「諸上書銘書　従安政四年至慶応二年　諸上書銘書全」。

(15) 東京大学史料編纂所所蔵・外務省引継書類二三「新聞紙事件」。古賀謹一郎の願書の文面は管見の限りでは見出すことができないが、「新聞紙事件」の記事から、古賀の願書提出は安政五年一二月中かあるいはこれに近い時期ではないかと考えられる。

(16) 小野寺龍太『古賀謹一郎』(ミネルヴァ書房、二〇〇六年)一七三～一八八頁。

(17) 以下にあげる外国奉行、大目付・目付、勘定奉行・勘定吟味役の意見書の文面は、いずれも註(15)の史料の内容である。

(18) これについて、註(15)の史料の文面には「定例差出候風説書者、先者為差緊要之事件無之、多くハ諸州国王之死去・代替又者王女婚姻抔ニ而、其余一揆・争乱等之廉も認有之候へ共、更ニ委敷ものも無之、当時之如く諸州之船々渡来、海外之様子も粗御聴ニも入候上者、是迄之風説書を差出不申候とも、敢而御差支も有之間敷候間、長崎奉行申上候趣被御聞置可然哉」とある。

(19) オランダ系新聞を例にとれば、一八五六年八月八日(安政三年七月八日)に長崎に来航したオランダ船メデュサ号船長ファビウスの日記の同年八月三〇日(和暦八月一日)の条には「江戸から引き続きオランダ新聞を求める要請状が届いた」とあり、江戸の幕府有司と思われる人物から長崎出島のオランダ人へ、新しいニュースが満載された自国の新聞を継続して送るようにとの要請があったことが明らかである。また、時間的には別段風説書廃止後になるが、長崎出島駐在のオランダ領事アルベルト＝ボードゥアンの日記の一八六二年六月二一日(文久二年五月二四日)の条には「今回の郵便でＮＲＣ(Nieuwe Rotterdamsche Courant)だけが届き、レフュース(Revues)誌もイリュストラーシー(Illustratie)誌も受け取っていません」とあり、ボードゥアンが出島に駐在しながら定期的にオランダ系新聞三紙を取り寄せていたことがわかる。

(20) 『和蘭風説書集成』下巻。
(21) 前掲「諸上書銘書　従安政四年至慶応二年　諸上書銘書全」。
(22) 松方冬子『オランダ風説書と近世日本』二九一頁。

# 別段風説書写本の所在状況について

岩田みゆき

## 一　はじめに

江戸時代、「鎖国」政策をとっていた幕府が恒常的に入手するもっとも体系的な海外情報は、長崎でオランダ船が入港するたびに提出したオランダ風説書であった。しかし、阿片戦争情報がもたらされると、さらに詳細な海外情報の必要性を感じ、従来の風説書に加えて別に詳細な情報を提出させることにした。これを「別段風説書」と呼び、幕末期の幕府の対外政策や政治判断のための重要な情報として、幕末政治史・情報史・対外交渉史研究などの研究者の間で注目されてきた。しかしながら通常のオランダ風説書については、すでに『和蘭風説書集成』上・下巻[1]が刊行されており利用に供されているが、「別段風説書」についてはいまだに全体を見渡せる史料集が存在しないのが現状であり、この分野の研究者にとって長年の課題となっていた。近年では松方冬子氏らによってオランダ語原本から別段風説書の全文を日本語訳した本が出版され[2]、オランダがもたらした情報の内容についての詳細は明らかになったが、国内で翻訳された「別段風説書」の内容や国内伝播の実態、「別段風説書」の写本の所在状況など、いまだにその全貌が明らかにされていないのが現状である。

そこで、今回その課題を克服するための第一段階として、『和蘭風説書集成』の編纂にも携わった青山学院大学名誉教授片桐一男氏の研究蓄積をもとに調査・研究チームを立ち上げ、『和蘭風説書集成』の続篇にあたる『オランダ別段風説書集成』を編纂する計画を立て、青山学院大学総合研究所プロジェクトとして二年間にわたって調査・研究活動を実施した。ここでは史料調査の方法や、明らかになった写本の所在状況、史料篇に掲載した写本の選択基準、および各年の別段風説書の書誌的特徴等を小解説として述べておきたい。

## 二　所在調査の方法

『オランダ別段風説書集成』を編纂するにあたり、最初にとりかかったのは、今回の青山学院大学総合研究所プロジェクトを計画する契機となった、青山学院大学名誉教授片桐一男氏によって提供された片桐文庫の整理からである。片桐氏は『和蘭風説書集成』上巻・下巻の編纂にも関わり[3]、すでに多くの別段風説書を複写によって収集されており、これらの史料の提供は、別段風説書集成を編集する上で大きな力となった。しかし、『和蘭風説書集成』が出版されてから長い年月が経過しており、史料の公開状況も大きく変化しているため、再度所在確認・所在調査をする必要を感じ、改めて調査を実施することにした。所在調査については、別段風説書の先駆的研究である安岡昭男氏論文所収[4]の付表「オランダ別段風説書写本・刊本一覧」と、初期の別段風説書について詳細に検討を加えた松方冬子氏著書掲[5]

載表5「初期別段風説書諸写本」一覧表を手がかりとし、併せて、『国書総目録』[6]などの目録類・インターネットによる公開目録類の検索も行い、所在調査を行った。

史料調査の方法は、①現地調査、②インターネットによる検索と、デジタルデータの閲覧、③出版物・マイクロフィルムの収集、などで行った。①は都内を中心に、北海道・東北・近畿・九州各県にプロジェクトメンバー三名（片桐・佐藤・岩田）が分担して出張し、所定の手続きを経て複写史料を蒐集した。②は近年デジタルアーカイブとして公開している史料をできるだけ多く閲覧した。③はすでに刊本やマイクロフィルムで入手できるものについてはできるだけ購入し収集した。ただし、今回のプロジェクトは僅か二年という期限の中で進められたものであり、所在調査も一部に限られ、また、すでにその所在を確認しているものでも、今回の報告書に反映できなかったものも多数あり、その成果は十分なものではない。当面は、本書をたたき台にして、さらに全国的な調査・研究が進むことを期待するのみである。

## 三　別段風説書の写本残存状況とその特徴

表1は、一で示した方法で収集した別段風説書写本の一覧である。このうち史料を確認したもの（インターネット上で公開されているデジタル画像を含む）には○、文献や目録上などでのみ確認したものについては▽を付してある。史料番号は史料ごとに付しているが、煩雑さを避けるため、一点ごとの史料の他、同一文書の場合は数点をまとめて一件と数えたり、一点のみの史料も、複数の別段風説書が記載されている叢書などの編纂物でも一編纂物につき一件

| 1<br>天保11<br>長崎訳 | 2<br>天保12<br>長崎訳 | 3<br>天保13<br>長崎訳 | 4<br>天保14<br>長崎訳 | 5-参1<br>弘化元・6月<br>長崎訳 | 5-1<br>弘化元・7月<br>長崎訳 | 5-2<br>弘化元・8月<br>長崎訳 | 6<br>弘化2<br>長崎訳 | 7<br>弘化3<br>長崎訳 | 8<br>弘化4<br>長崎訳 | 8-参<br>弘化4<br>江戸訳 | 9-1<br>嘉永元<br>長崎訳 | 9-2<br>嘉永元<br>江戸訳 | 10-1<br>嘉永2<br>長崎訳 | 10-2<br>嘉永2<br>江戸訳 | 11-1<br>嘉永3<br>長崎訳 | 11-2<br>嘉永3<br>江戸訳 | 12-1<br>嘉永4<br>長崎訳 | 12-2<br>嘉永4<br>江戸訳 | 13-1<br>嘉永5<br>長崎訳 | 13-2<br>嘉永5<br>江戸訳 | 14<br>嘉永6<br>長崎訳 | 15<br>安政元<br>長崎訳 | 16<br>安政2<br>長崎訳 | 17<br>安政3<br>長崎訳 | 18-1<br>安政4<br>長崎訳 | 18-2<br>安政4<br>江戸訳 |
|---|---|---|---|---|---|---|---|---|---|---|---|---|---|---|---|---|---|---|---|---|---|---|---|---|---|---|
| | | | | | | | | | | | | | | | ○ | | ○ | | ○部分 | | ○ | | | | | |
| | | | | | | | | ○ | ○ | | ○ | | ○ | | ○ | | | | ○部分 | | ○ | ○ | ○ | ○ | | |
| | | | | | | | | | | | | | | | | | | | | | | | | ○ | | |
| | | | | | | | | | | | | | | | | | | | | | | | ○ | | | |
| | | | | | | | | | | | | | | | | | | | | | | ○ | | ○ | | ○ |
| | | | | | | | | | | | | | | | | | | | ○部分 | | | ○部分 | | | | |
| | | | | | | | | | | | | | | | | | | | | | ○ | ○ | | | | |
| | ○ | ○ | ○ | | | | | | | | | | | | | | | | | | | | | | | |
| | ○ | ○ | | | | | | | | | | | | | | | | | | | | | | | | |
| | ○ | ○ | ○ | | ○ | ○ | | | | | | | | | | | | | | | | | | | | |
| | | | | | | | | | | | | | | | | | | | ○部分 | | | | | | | |
| | | | | | | | | | | | | | | | ○ | | | | | | | | | | | |
| ○ | ○ | ○ | ○ | | | | | | | | | | | | | | | | | | | | | | | |

表1　別段風説書写本の所在状況

| 史料番号 | 原文書所蔵または保管先［文庫・文書名］ | 写本名(その中の一部の表題) | 写本の編者・作成者 | 掲載番号 |
|---|---|---|---|---|
| 1 | 函館市中央図書館(道立文書館 M)［上原昌邦文書］ | 自嘉永三至安政ニ風説書(嘉永三庚戌別段風説書崎陽和解・別段風説 嘉永辛亥千八百五十一年・嘉永五年 別段風説書之内・嘉永六年 別段風説書) | | |
| 2 | 北海道立文書館(D) | 力石雑記 巻5・19・30・32・48(阿蘭風説 自天保十四年癸卯至嘉永二年己酉・阿蘭風説 自天保十四年癸卯至嘉永二年己酉・弘化四年丁未西洋風説書・嘉永三年庚戌別段風説書和解 御内密申上候風説書・癸丑西洋風説 癸丑別段風説書・安政三 和蘭風説 安政三年丙辰別段風説書・阿蘭風説 自天保十四年癸卯至嘉永二年己酉・阿蘭告密) | 力石勝之助(幕臣 勘定吟味改役 箱館奉行支配組頭 櫨園老人) | |
| 3 | 北海道立文書館［中島良信氏所蔵］ | オランダ別段風説書(阿部伊勢守様御渡 和蘭陀風説書) | 松前藩士 | |
| 4 | 岩手県盛岡市中央公民館(国文学研究資料館 M)［南部家図書］ | 安政二年九月従阿部伊勢守相達候 別段風説書一(別段風説書) | (盛岡藩) | |
| 5 | 岩手県盛岡市中央公民館(国文学研究資料館 M)［南部家図書］ | 別段風説書一・二・三(別段風説書) | (盛岡藩) | |
| 6 | 東北大学附属図書館(M)［狩野文庫］ | 外交雑纂(嘉永五年壬子六月 和蘭告密書御請取始末・別段風説書) | | |
| 7 | 東北大学附属図書館(M)［狩野文庫］ | 書溜草紙第一七冊・三六冊(嘉永七年甲寅七月別段風説書・嘉永六癸丑別段風説書・嘉永癸丑別段風説書) | | |
| 8 | 東北大学附属図書館(M)［狩野文庫］ | 清蘭阿片単報 上・下 | | |
| 9 | 東北大学附属図書館(M)［狩野文庫］ | 御内密申上候別段風説書 | | |
| 10 | 宮城県図書館(D)［伊達文庫］ | 和蘭風説清英戦闘詳記 一～五 | (仙台藩) | |
| 11 | 宮城県図書館(D)［伊達文庫］ | 嘉永壬子和蘭告密書御受取始末 附米利幹渡来記 | (仙台藩) | |
| 12 | 市立米沢図書館［水野家文書］ | 嘉永三年庚戌別段風説書 | 米沢藩医 水野道益 | |
| 13 | 筑波大学附属図書館［渡辺文庫］ | 阿片一件和解書 | | |

| 1 | 2 | 3 | 4 | 5参-1 | 5-1 | 5-2 | 6 | 7 | 8 | 8-参 | 9-1 | 9-2 | 10-1 | 10-2 | 11-1 | 11-2 | 12-1 | 12-2 | 13-1 | 13-2 | 14 | 15 | 16 | 17 | 18-1 | 18-2 |
|---|---|---|---|---|---|---|---|---|---|---|---|---|---|---|---|---|---|---|---|---|---|---|---|---|---|---|
| 天保11 | 天保12 | 天保13 | 天保14 | 弘化元・6月 | 弘化元・7月 | 弘化元・8月 | 弘化2 | 弘化3 | 弘化4 | 弘化4 | 嘉永元 | 嘉永元 | 嘉永2 | 嘉永2 | 嘉永3 | 嘉永3 | 嘉永4 | 嘉永4 | 嘉永5 | 嘉永5 | 嘉永6 | 安政元 | 安政2 | 安政3 | 安政4 | 安政4 |
| 長崎訳 | 長崎訳 | 長崎訳 | 長崎訳 | 長崎訳 | 長崎訳 | 長崎訳 | 長崎訳 | 長崎訳 | 長崎訳 | 江戸訳 | 長崎訳 | 江戸訳 | 長崎訳 | 江戸訳 | 長崎訳 | 江戸訳 | 長崎訳 | 江戸訳 | 長崎訳 | 江戸訳 | 長崎訳 | 長崎訳 | 長崎訳 | 長崎訳 | 長崎訳 | 江戸訳 |
| | | | | | | | | | | | | | | | | | | | | | | | | ○ | | |
| | ▽ | ▽ | | | | | | | | | | | | | | | | | | | | | | | | |
| | | | | | | | | | | | | | | | | | | | | | | | ○ | | | |
| | | | | | | | | | | | | | | | | | | | | | | | | ○ | | |
| | | | | | | | | | | | | | | | | | | | | | | | | | ○ | |
| | | | | | | | | | | | | | | | ○ | | | | | | | | | | | |
| | | | | | | | | | | | | | | | | | | | | | ○ | | | | | |
| | | | | | | | | | | | | ○ | | | | | | | | | | | | | | |
| | | | | | | | | | | | | | | | | | | | | | | | ○ | | | |
| | | | | | | | | | | ◎覚 | | ○ | | | | | | ○ | | | | | | | | |
| | | | | | | | | | ◎ | | | | | | | | | | | | | | | | | |
| | | | | | | | | | | | | | | | | | | | | | | ○ | | | | |
| | | | | | | | | | | | | | | | | | | | | | ○ | | | | | |
| | | | | | | | | | | | | | | | | | | | | | | | ○ | | | |
| | | | | | | | | | | | | | | | | | | | | | | | | ○ | | |
| | | | | | | | | | | | | | | | | | | | | | | | | ○ | | |
| | | | | | | | | | | | | | | | | | | | | | | | | | | ○ |

| 史料番号 | 原文書所蔵または保管先［文庫・文書名］ | 写本名（その中の一部の表題） | 写本の編者・作成者 | 掲載番号 |
|---|---|---|---|---|
| 14 | 筑波大学附属図書館［昌平坂学問所関係文書］ | 別段風説書 | （昌平坂学問所） | |
| 15 | 筑波大学附属図書館 | 阿片一件記 | | |
| 16 | 茨城大学図書館［菅文庫］ | 蘭夷風聞記（別段風説書） | 菅 政友（水戸藩郷士・水戸藩士・学者） | |
| 17 | 茨城県立歴史館［高橋（清）家文書］ | 丙辰風説書（別段風説書） | | |
| 18 | 茨城県立歴史館［高橋（清）家文書］ | 安政四丁巳年和蘭千八百五十七年風説書（丁巳別段風説書） | | |
| 19 | 茨城県立歴史館［長嶋（弥）家文書］ | 嘉永三年六月和蘭人風説書写（嘉永三庚戌年六月別段申上候風説書） | 長島尉信（農政学者 筑波郡小田村名主） | |
| 20 | 茨城県立歴史館［石川（治）家文書］ | 嘉永六年丑六月蘭人風説書（別段風説書） | | |
| 21 | 茨城県立歴史館（国文学研究資料館 M）［土浦大久保家文書］ | 千八百四十八年嘉永元年戊申別段風説書（嘉永元戊申） | 大久保要（土浦藩家老） | |
| 22 | 古河歴史博物館［鷹見家文書］ | 乙卯風説書 上告文 臘月中院（安政二年乙卯 別段風説書） | 鷹見泉石（古河藩家老） | |
| 23 | 古河歴史博物館［鷹見家文書］ | 和蘭内上告 丁未戊申辛亥 | 鷹見泉石（古河藩家老） | |
| 24 | 古河歴史博物館［鷹見家文書］ | 弘化四未年入津之阿蘭陀船 風説書（別段風説書） | 鷹見泉石（古河藩家老） | |
| 25 | 古河歴史博物館［鷹見家文書］ | 甲寅風説書（別段風説書） | 鷹見泉石（古河藩家老） | |
| 26 | 古河歴史博物館［鷹見家文書］ | （別段風説書） | 鷹見泉石（古河藩家老） | |
| 27 | 古河歴史博物館［鷹見家文書］ | （別段風説書） | 鷹見泉石（古河藩家老） | |
| 28 | 古河歴史博物館［鷹見家文書］ | （別段風説書 安政三丙辰年） | 鷹見泉石（古河藩家老） | |
| 29 | 古河歴史博物館［鷹見家文書］ | （別段風説書） | 鷹見泉石（古河藩家老） | |
| 30 | 古河歴史博物館［鷹見家文書］ | （午年別段風説書） | 鷹見泉石（古河藩家老） | |

| 1 | 2 | 3 | 4 | 5-参1 | 5-1 | 5-2 | 6 | 7 | 8 | 8参 | 9-1 | 9-2 | 10-1 | 10-2 | 11-1 | 11-2 | 12-1 | 12-2 | 13-1 | 13-2 | 14 | 15 | 16 | 17 | 18-1 | 18-2 |
|---|---|---|---|---|---|---|---|---|---|---|---|---|---|---|---|---|---|---|---|---|---|---|---|---|---|---|
| 天保11 | 天保12 | 天保13 | 天保14 | 弘化元・6月 | 弘化元・7月 | 弘化元・8月 | 弘化2 | 弘化3 | 弘化4 | 弘化4 | 嘉永元 | 嘉永元 | 嘉永2 | 嘉永2 | 嘉永3 | 嘉永3 | 嘉永4 | 嘉永4 | 嘉永5 | 嘉永5 | 嘉永6 | 安政元 | 安政2 | 安政3 | 安政4 | 安政4 |
| 長崎訳 | 長崎訳 | 長崎訳 | 長崎訳 | 長崎訳 | 長崎訳 | 長崎訳 | 長崎訳 | 長崎訳 | 長崎訳 | 江戸訳 | 長崎訳 | 江戸訳 | 長崎訳 | 江戸訳 | 長崎訳 | 江戸訳 | 長崎訳 | 江戸訳 | 長崎訳 | 江戸訳 | 長崎訳 | 長崎訳 | 長崎訳 | 長崎訳 | 長崎訳 | 江戸訳 |
| | | | | | | | | | | | | | ○ | | ○ | | | | ○部分 | | ○ | | | | | |
| | | | | | | | | | | | | | | | | | | | | | | | ○ | | | |
| | | | | | | | | | | | | | | | ○ | | | | | | | | | | | |
| | | | | | | | | | | | | | | | | | | | | | | ○ | | | | |
| | ○ | ○ | | | | | | | | | | | | | | | | | | | | | | | | |
| | | | | | | | | | | | | | | | | | | | | | | | | | | ◎ |
| | | | | | | | | | | | | | | | | | | | | | | ○ | ○ | | | |
| | | | | | | | | | | | | | ○ | ○ | ○ | ◎ | | | | | | | | | | |
| | | | | | | ○ | | | ○ | | ○ | | | | | | | | | | | | | | | |
| | | | | | | | | | | | | | | | | | | | | | | | | ○ | | |
| | | | | | | | | | | | | | | | | | | | | | | | | | | ○ |
| | | | | | | | | | | | | | ○ | | | | | | | | | | | | | |
| ▽ | ▽ | ▽ | ▽ | | | | | | | | | | | | | | | | | | | | | | | |
| | | | | | | | | | ○ | | ○ | | ○ | | ○ | | ○ | | | | | | | | | |
| | | | | | | | | | | | | | | | | | | | | | ○ | | | | | |
| | | | | | | | | | ○ | | ◎○○ | ◎○ | ◎○○ | ○○○ | ◎○ | ○ | ○○ | | ○○ | ◎○ | ○ | | | | | |

| 掲載番号 | | | |
|---|---|---|---|
| 史料番号 | 原文書所蔵または保管先［文庫・文書名］ | 写本名（その中の一部の表題） | 写本の編者・作成者 |
| 31 | 青山学院大学図書館 | 和蘭襍録 | |
| 32 | 宮内庁書陵部 | 安政二卯年別段風説書 | |
| 33 | 宮内庁書陵部 | 嘉永三庚戌別段風説書（嘉永三年庚戌別段風説書崎陽和解 上書 当戌六月十一日入津之和蘭船より御内密申上候風説書写 御内密申上候風説書） | |
| 34 | 宮内庁書陵部［手島本］ | 甲寅秋和蘭風説書（寅七月渡来阿蘭陀別段風説書） | |
| 35 | 宮内庁書陵部 | 御内密申上候別段風説書 | |
| 36 | 宮内庁宮内公文書館 | 諸外国別段風説書附添書 全（別段風説書） | |
| 37 | 宮内庁書陵部 | 新聞四種 唐山賊乱 清館問畣 1854、1855、密報（別段風説書） | |
| 38 | 宮内庁書陵部 | 荷蘭密報 二（千八百五十年嘉永三年別段風説書・別段申上候風説書 嘉永三年庚戌一八百五十・千八百四十九年別段風説書・別段風説書 嘉永二年己酉） | |
| 39 | 宮内庁書陵部［手島本］ | 風説書 全（本国船ゟ申上候別段風説書但弘化二年巳年・風説書 同別段風説書・嘉永元年戊申風説書 同別段風説書） | |
| 40 | 宮内庁書陵部［手島本］ | 別段風説書 | |
| 41 | 宮内庁書陵部［野宮本］ | 別段風説書 附亜国使節江引会之覚 全 | |
| 42 | 宮内庁書陵部［手島本］ | 別段申上候風説書 | |
| 43 | 宮内庁書陵部［手島本］ | 阿片始末 | |
| 44 | 国立国会図書館憲政資料室［勝海舟文書］ | 和蘭人風説書（弘化四年未六月廿六日ゟ入津阿蘭陀船・風説書・別段風説書・別段申上候風説書・別段風説書・嘉永三年庚戌別段風説書崎陽和解千八百五十年 上書当戌六月十一日入津之阿蘭陀船ゟ御内密申上候風説書写 御内密申上候風説書・別段風説 嘉永四年辛亥千八百五十一年寄訳） | 勝海舟（幕臣） |
| 45 | 国立国会図書館憲政資料室［勝海舟文書］ | 和蘭別段風説書（嘉永六丑年阿部伊勢守殿為心得見置キ候様被仰聞三奉行へ御渡 別段風説書） | 勝海舟（幕臣） |
| 46 | 国立国会図書館憲政資料室 | 石室秘稿（別段風説書・別段申上候風説書・千八百四十八年嘉永元年戊申別段風説書・嘉永元年戊申 御内密別段風説書 別段申上候風説書・嘉永二年己酉御内密別段風説書 別段風説書・千八百四十九年別段風説書・千八百五十年嘉永三年別段風説書） | 市来四郎（薩摩藩士 島津斉彬側近） |

| 1 | 2 | 3 | 4 | 5-参1 | 5-1 | 5-2 | 6 | 7 | 8 | 8-参 | 9-1 | 9-2 | 10-1 | 10-2 | 11-1 | 11-2 | 12-1 | 12-2 | 13-1 | 13-2 | 14 | 15 | 16 | 17 | 18-1 | 18-2 |
|---|---|---|---|---|---|---|---|---|---|---|---|---|---|---|---|---|---|---|---|---|---|---|---|---|---|---|
| 天保11 | 天保12 | 天保13 | 天保14 | 弘化元・6月 | 弘化元・7月 | 弘化元・8月 | 弘化2 | 弘化3 | 弘化4 | 弘化4 | 嘉永元 | 嘉永元 | 嘉永2 | 嘉永2 | 嘉永3 | 嘉永3 | 嘉永4 | 嘉永4 | 嘉永5 | 嘉永5 | 嘉永6 | 安政元 | 安政2 | 安政3 | 安政4 | 安政4 |
| 長崎訳 | 長崎訳 | 長崎訳 | 長崎訳 | 長崎訳 | 長崎訳 | 長崎訳 | 長崎訳 | 長崎訳 | 長崎訳 | 江戸訳 | 長崎訳 | 江戸訳 | 長崎訳 | 江戸訳 | 長崎訳 | 江戸訳 | 長崎訳 | 江戸訳 | 長崎訳 | 江戸訳 | 長崎訳 | 長崎訳 | 長崎訳 | 長崎訳 | 長崎訳 | 江戸訳 |
|  |  |  |  |  |  |  |  |  |  | ○覚 |  |  |  |  |  |  | ○ |  |  |  | ○ | ○ |  |  |  |  |
|  |  |  |  |  |  |  |  | ○ |  |  |  |  | ○ |  |  |  |  |  |  |  |  |  |  |  |  |  |
|  |  |  |  |  |  |  |  |  |  |  |  |  |  |  |  |  |  |  |  |  |  |  |  | ◎ |  |  |
|  |  |  |  |  |  |  |  |  |  |  |  |  |  |  |  |  |  |  |  |  |  |  |  | ○ |  |  |
|  |  |  |  |  |  |  |  |  |  |  |  |  |  |  |  |  |  |  |  |  |  |  |  |  |  | ○ |
|  |  |  |  |  |  |  |  |  |  |  |  |  |  |  |  |  |  |  |  |  |  |  | ○ |  |  |  |
|  |  |  |  |  |  |  |  |  |  |  |  |  |  |  |  |  |  |  |  |  |  |  |  |  |  | ○ |
|  |  |  |  |  |  |  |  |  |  |  |  |  |  |  |  |  |  |  |  |  |  | ○ |  |  |  |  |
|  |  |  |  |  |  |  |  |  |  |  |  |  |  |  |  |  |  |  |  |  |  |  | ○ |  |  |  |
|  |  |  |  |  |  |  |  |  |  |  |  |  |  |  |  |  |  |  |  |  |  |  |  | ○ |  |  |
|  |  |  |  |  |  |  |  |  |  |  |  |  |  |  |  |  |  |  |  |  |  |  |  |  |  | ○ |
| ○ |  |  |  |  |  |  |  |  |  |  |  |  |  |  |  |  |  |  |  |  |  |  |  |  |  |  |
| ◎ | ○ | ○ | ○ |  |  |  |  |  |  |  |  |  |  |  |  |  |  |  |  |  |  |  |  |  |  |  |
| ○ | ○ | ○ | ○ |  |  |  |  |  |  |  |  |  |  |  |  |  |  |  |  |  |  |  |  |  |  |  |
|  |  |  |  |  |  | ○ |  |  | ○ |  | ○ |  | ○ |  | ○ |  |  |  | ○部分 |  |  |  | ○ |  |  |  |
|  |  |  |  |  |  |  |  |  |  |  |  |  |  |  |  |  |  |  | ○部分 |  | ○ |  |  |  |  |  |

| | | | 掲載番号 |
|---|---|---|---|
| 史料番号 | 原文書所蔵または保管先［文庫・文書名］ | 写本名(その中の一部の表題) | 写本の編者・作成者 |
| 47 | 国立国会図書館憲政資料室［箕作家文書］ | 夔菴筆記(丁未八月到着別段申上・長崎より相廻り之別段風説書・嘉永六丑七月 別段風説書・別段風説書) | 箕作阮甫(津山藩医・蕃書和解御用・蕃書調所教授・幕臣) |
| 48 | 国立国会図書館古典籍資料室 | 弊函一掃 八・九(弘化三年丙午 風説書・別段風説書・嘉永二酉年六月廿三日入津和蘭人共ゟ申上候分 別段風説書) | |
| 49 | 国立国会図書館古典籍資料室 | 海外事類雑纂(別段風説書) | 旧幕府引継書 |
| 50 | 国立国会図書館古典籍資料室 | 朝暾集 二十五(別段風説書) | 貴志孫大夫朝暾(幕臣・駿河町奉行) |
| 51 | 国立国会図書館古典籍資料室 | 麗斎叢書十九(別段風説書) | |
| 52 | 国文学研究資料館［陸奥国弘前 津軽家文書］ | (別段風説書) | (津軽藩) |
| 53 | 国文学研究資料館［陸奥国弘前 津軽家文書］ | (安政四年別段風説書) | (津軽藩) |
| 54 | 国文学研究資料館［土浦大久保家文書］ | 寅八月十八日宿次ニ被仰越候 阿蘭陀船ヨリ差出候風説書和解写(別段風説書和解) | 大久保要(土浦藩家老) |
| 55 | 国文学研究資料館［土浦大久保家文書］ | 和蘭かひたんより差出候別段風説書 写(別段風説書) | 大久保要(土浦藩家老) |
| 56 | 国文学研究資料館［土浦大久保家文書］ | 別段風説書 安政三年丙辰十月十三日出ス宿次同廿日到来之節相渡候写(別段風説書) | 大久保要(土浦藩家老) |
| 57 | 国文学研究資料館［土浦大久保家文書］ | 阿蘭陀ヨリ差出候 別段風説書写(別段風説添書) | 大久保要(土浦藩家老) |
| 58 | 国文学研究資料館［土浦土屋家文書］ | 紅夷内風説和解 | 土浦藩土屋家 |
| 59 | 静嘉堂文庫［大槻文庫］ | 阿芙蓉彙聞 四 | 大槻磐渓(仙台藩士・蘭学者) |
| 60 | 静嘉堂文庫［大槻文庫］ | 阿片事件記事 | 大槻磐渓(仙台藩士・蘭学者) |
| 61 | 静嘉堂文庫［大槻文庫］ | 紅毛告密 弘化二年(本国船より申上候別段風説書但弘化二巳年・弘化四年未六月廿六日入津之阿蘭陀船ゟ差越候横文字書簡和解・風説書・別段風説書・嘉永元年戊申風説書 同別段風説書・別段風説書・嘉永三庚戌六月十日崎陽江入津の阿蘭陀船より上書 御内密申上候風説書和解・安政二年別段風説書 和蘭国) | 大槻磐渓(仙台藩士・蘭学者) |
| 62 | 静嘉堂文庫［色川家文書］ | 草廼片葉 十五 十六(嘉永五子年阿蘭陀甲比丹差出候書之事・嘉永六丑年阿蘭陀人差上候風説書) | 色川三中(土浦商人・国学者) |

| 1 | 2 | 3 | 4 | 5-参-1 | 5-1 | 5-2 | 6 | 7 | 8 | 8-参 | 9-1 | 9-2 | 10-1 | 10-2 | 11-1 | 11-2 | 12-1 | 12-2 | 13-1 | 13-2 | 14 | 15 | 16 | 17 | 18-1 | 18-2 |
|---|---|---|---|---|---|---|---|---|---|---|---|---|---|---|---|---|---|---|---|---|---|---|---|---|---|---|
| 天保11 | 天保12 | 天保13 | 天保14 | 弘化元・6月 | 弘化元・7月 | 弘化元・8月 | 弘化2 | 弘化3 | 弘化4 | 弘化4 | 嘉永元 | 嘉永元 | 嘉永2 | 嘉永2 | 嘉永3 | 嘉永3 | 嘉永4 | 嘉永4 | 嘉永5 | 嘉永5 | 嘉永6 | 安政元 | 安政2 | 安政3 | 安政4 | 安政4 |
| 長崎訳 | 長崎訳 | 長崎訳 | 長崎訳 | 長崎訳 | 長崎訳 | 長崎訳 | 長崎訳 | 長崎訳 | 長崎訳 | 江戸訳 | 長崎訳 | 江戸訳 | 長崎訳 | 江戸訳 | 長崎訳 | 江戸訳 | 長崎訳 | 江戸訳 | 長崎訳 | 江戸訳 | 長崎訳 | 長崎訳 | 長崎訳 | 長崎訳 | 長崎訳 | 江戸訳 |
| ○ | | | | | | | | ◎ | ○ | | | | ○ | | ○ | | ○ | | ○○部分 | | | | | | | |
| | | | | | | | | | | | | | | | | | | | | | | | | ○ | | |
| | | | | | | | | | | | | | | | | | | | | | | | | ○ | | |
| | | ○ | | | | | | | | | | | ○ | | | | | | | | | | | | | |
| | | | | | | | | | | | | | | | ○ | | | | | | | | | | | |
| | | | | | | | | | | | | | | | | | ○ | | | | | | | | | |
| | | | | | | | | | | | | | | | | | ○ | | | | | | | | | |
| | | | | | | | | | | | | | | | | | | | ○部分 | | | | | | | |
| | | | | | | | | | | | | | | | | | | | | | | ○ | | | | |
| | | | | | | | | | | | | | | | | | | | | | | | ○ | | | |
| | | | | | | | | | | | | | | | | | | | | | | | | | ◎ | |
| | | | | | | | | | | | | | | | | | | | | | | | | | | ○ |
| | ▽ | ▽ | ▽ | | | | | | | | | | | | | | | | | | | | | | | |
| ▽ | ▽ | ▽ | ▽ | | | | | | | | | | | | | | | | | | | | | | | |

| | | | 掲載番号 |
|---|---|---|---|
| 史料番号 | 原文書所蔵または保管先［文庫・文書名］ | 写本名（その中の一部の表題） | 写本の編者・作成者 |
| 63 | 東京大学史料編纂所 | 洋報彙事　一・二・三（天保十三閏寅年阿蘭陀甲比丹別段申上候書付・弘化三丙午年七月　和蘭加比丹差出別紙・前同年（弘化4）和蘭甲比丹差出候別紙書付和解・嘉永二酉年六月廿三日入津之和蘭陀人共ゟ申上げ候分西吉兵衛名村貞五郎ゟ差出候写　別段申上候風説書　別段風説・嘉永三庚戌別段風説書　崎陽和解　上書当戌六月十一日入津之阿蘭陀船より御内密申上候風説書写　御内密申上候風説書・嘉永四辛意年彼国一千八百五十一年　和蘭別段風説書・嘉永五壬子年六月　和蘭別段風説書・嘉永五壬子年　蘭夷忠告記） | 堀口貞明（緑野村名主　旗本山本氏地代官） |
| 64 | 東京大学史料編纂所 | 米使風聞三（別段風説書） | |
| 65 | 東京大学史料編纂所 | 別段風説書（新聞紙丙辰　別段風説書） | |
| 66 | 東京大学史料編纂所［島津家文書］ | 嘉永雑録 | 薩摩藩島津家 |
| 67 | 東京大学史料編纂所［島津家文書］ | 戌年別段風説書（別段申上候風説書） | 薩摩藩島津家 |
| 68 | 東京大学史料編纂所［島津家文書］ | 風説書（別段風説　嘉永四年辛亥千八百五十一年嵜訳） | 薩摩藩島津家 |
| 69 | 東京大学史料編纂所［島津家文書］ | 別段風説　嘉永四年辛亥千八百五十一年 | 薩摩藩島津家 |
| 70 | 東京大学史料編纂所［島津家文書］ | 子年阿部伊勢より封書ニ而相違候風説書書抜一通（当子年阿蘭陀別段風説書之内） | 薩摩藩島津家 |
| 71 | 東京大学史料編纂所［島津家文書］ | 別段風説書和解 | 薩摩藩島津家 |
| 72 | 東京大学史料編纂所［島津家文書］ | 別段風説書 | 薩摩藩島津家 |
| 73 | 東京大学史料編纂所［島津家文書］ | 安政四年巳閏五月和蘭別段風説書（別段風説書） | 薩摩藩島津家 |
| 74 | 東京大学史料編纂所［島津家文書］ | 別段風説書 | 薩摩藩島津家 |
| 75 | 東京大学史料編纂所［鳥羽文庫旧蔵］ | 阿芙蓉彙聞 | |
| 76 | 東京大学史料編纂所［維新引継本］ | 阿芙蓉彙聞 | |

| 1 | 2 | 3 | 4 | 5-参1 | 5-1 | 5-2 | 6 | 7 | 8 | 8-参 | 9-1 | 9-2 | 10-1 | 10-2 | 11-1 | 11-2 | 12-1 | 12-2 | 13-1 | 13-2 | 14 | 15 | 16 | 17 | 18-1 | 18-2 |
|---|---|---|---|---|---|---|---|---|---|---|---|---|---|---|---|---|---|---|---|---|---|---|---|---|---|---|
| 天保11 | 天保12 | 天保13 | 天保14 | 弘化元・6月 | 弘化元・7月 | 弘化元・8月 | 弘化2 | 弘化3 | 弘化4 | 弘化4 | 嘉永元 | 嘉永元 | 嘉永2 | 嘉永2 | 嘉永3 | 嘉永3 | 嘉永4 | 嘉永4 | 嘉永5 | 嘉永5 | 嘉永6 | 安政元 | 安政2 | 安政3 | 安政4 | 安政4 |
| 長崎訳 | 長崎訳 | 長崎訳 | 長崎訳 | 長崎訳 | 長崎訳 | 長崎訳 | 長崎訳 | 長崎訳 | 長崎訳 | 江戸訳 | 長崎訳 | 江戸訳 | 長崎訳 | 江戸訳 | 長崎訳 | 江戸訳 | 長崎訳 | 江戸訳 | 長崎訳 | 江戸訳 | 長崎訳 | 長崎訳 | 長崎訳 | 長崎訳 | 長崎訳 | 江戸訳 |
| ▽ | ▽ | ▽ | ▽ | | | ▽ | | | | | | | | | | | | | | | | | | | | |
| | ▽ | ▽ | ▽ | | | | | | | | | | | | | | | | | | | | | | | |
| ○ | ○ | ○ | ○ | | | | | | | | | | | | | | | | | | | | | | | |
| | ○ | ○ | ○ | | | | | | | | | | | | | | | | | | | | | | | |
| | ○ | ○ | ○ | | | | | | | | | | | | | | | | | | | | | | | |
| ○ | ○ | ○ | ○ | | | | | | | | | | | | | | | | | | | | | | | |
| | | | | | | | | | | | | | | | | | | | | | | ○ | | | | |
| | | | | | | | | | ○ | | | | | | | | | | | | | | | | | |
| | | | | | | | | | | | | | | | | | | | | | ○ | | | | | |
| | | | | | | | | | | | | | | | | | | | | | | ○ | | | | |
| | | | | | | | | | | | | | | | | | | | | | | | ○ | | | |
| | | | ▽ | | | ▽ | | | | | | | | | | | | | | | | | | | | |
| | ▽ | ▽ | | | | | | | | | | | | | | | | | | | | | | | | |
| | | | | | | ▽ | | | | | | | | | | | | | | | | | | | | |
| | | | | | | | | | | | | | | | | | | | | | | | | ○ | | |
| | | | | | | | | | | | | | | | | | | | | | | | | ○ | | |
| | | | | | | | | | | | | | | | | | | | | | | | | | | ○ |
| | | | | | | | | | | | | | | | | | | | ▽▽部分 | | | | | | | |

掲載番号

| 史料番号 | 原文書所蔵または保管先［文庫・文書名］ | 写本名（その中の一部の表題） | 写本の編者・作成者 |
| --- | --- | --- | --- |
| 77 | 東京大学史料編纂所［謄写本］ | 唐蘭風説書集纂 | |
| 78 | 東京大学附属図書館 | 阿芙蓉彙聞 | |
| 79 | 都立中央図書館［特別買上文庫 中山文庫］ | 清英阿片一件風説書 天 地 人 | |
| 80 | 都立中央図書館［特別買上文庫 中山文庫］ | 阿芙蓉彙聞 | |
| 81 | 都立中央図書館［特別買上文庫 中山文庫］ | 阿芙蓉彙聞 | |
| 82 | 都立中央図書館［特別買上文庫 中山文庫］ | 阿片招禍禄 | |
| 83 | 都立中央図書館［特別買上文庫（近藤海事文庫）］ | 風説書秘録 全（別段風説書） | |
| 84 | 都立中央図書館［特別買上文庫］ | 西変紀聞 完（弘化四年未ノ年和蘭奉ル所ノ別段風説書） | |
| 85 | 都立中央図書館［特別買上文庫（近藤海事文庫）］ | 管見叢話 巻五（嘉永六癸丑年別段風説書） | |
| 86 | 都立中央図書館［特別買上文庫 横山文庫 ］ | 甲寅蘭人風説書 全（別段風説書） | |
| 87 | 都立中央図書館［特別買上文庫 反町文庫］ | 桂園叢書六十三（安政乙卯 別段風説書） | 森田岡太郎 桂園（幕臣 学問所勤務 勘定組頭） |
| 88 | 尊経閣文庫 | 阿芙蓉彙聞 | 加賀藩前田家 |
| 89 | 早稲田大学図書館 | エキレス人日記和解写 | |
| 90 | 早稲田大学図書館 | 阿蘭陀風説書 | |
| 91 | 早稲田大学図書館［大槻文庫］ | 別段風説書 | 大槻磐渓（仙台藩士・蘭学者） |
| 92 | 早稲田大学図書館［大槻文庫］ | 和蘭人より申上候別段風説書 磐渓先生自写（千八百五十年安政三年別段風説書） | 大槻磐渓（仙台藩士・蘭学者） |
| 93 | 早稲田大学図書館［佐倉堀田家文書］ | 別段風説書 廻し 伊賀（別段風説書） | 佐倉藩堀田家 |
| 94 | 徳川林政史研究所 | 阿蘭陀機密風説書（ 別段風説書 当子年阿蘭風説） | （尾張藩） |

| 1 | 2 | 3 | 4 | 5-参-1 | 5-1 | 5-2 | 6 | 7 | 8 | 8-参 | 9-1 | 9-2 | 10-1 | 10-2 | 11-1 | 11-2 | 12-1 | 12-2 | 13-1 | 13-2 | 14 | 15 | 16 | 17 | 18-1 | 18-2 |
|---|---|---|---|---|---|---|---|---|---|---|---|---|---|---|---|---|---|---|---|---|---|---|---|---|---|---|
| 天保11 | 天保12 | 天保13 | 天保14 | 弘化元・6月 | 弘化元・7月 | 弘化元・8月 | 弘化2 | 弘化3 | 弘化4 | 弘化4 | 嘉永元 | 嘉永元 | 嘉永2 | 嘉永2 | 嘉永3 | 嘉永3 | 嘉永4 | 嘉永4 | 嘉永5 | 嘉永5 | 嘉永6 | 安政元 | 安政2 | 安政3 | 安政4 | 安政4 |
| 長崎訳 | 長崎訳 | 長崎訳 | 長崎訳 | 長崎訳 | 長崎訳 | 長崎訳 | 長崎訳 | 長崎訳 | 長崎訳 | 江戸訳 | 長崎訳 | 江戸訳 | 長崎訳 | 江戸訳 | 長崎訳 | 江戸訳 | 長崎訳 | 江戸訳 | 長崎訳 | 江戸訳 | 長崎訳 | 長崎訳 | 長崎訳 | 長崎訳 | 長崎訳 | 江戸訳 |
| | | | | | | | | | | | | | | | | | | | ▽部分 | | | | | | | |
| | | | | | | | | | | | | | | | | ○ | | | | | | | | | | |
| | | | | | | | | | | | | | | | | | ○ | | | | | | | | | |
| | | | | | | | | | | | | | | | | | | | | ○ | | | | | | |
| | | | | | | | | | | | | | | | | | | | | | | | | | ○ | |
| | ▽ | ▽ | ▽ | | | | | | | | | | | | | | | | | | | | | | | |
| | ▽ | | | | | | | | | | | | | | | | | | | | | | | | | |
| | | ▽ | | | | | | | | | | | | | | | | | | | | | | | | |
| | | | ▽ | | | | | | | | | | | | | | | | | | | | | | | |
| | | | | | | | | | | | | | | | | | | | | | | ○ | | | | |
| ▽ | | | ▽ | | | | | | | | | | ▽ | | | | | | | | | | | | | |
| | | | | | | ○ | | | | | | | ○部分 | | ○ | | | | | | | | | | | |
| | | | | | | | | | | | | | | | | | | | | | | | ○ | | | |
| | | | | | | | | | | | | | | | | | | | | | | | | ○ | | |
| | ▽ | ▽ | ▽ | | | | | | | | | | | | | | | | | | | | | | | |
| | ▽ | ▽ | | | | | | | | | | | | | | | | | | | | | | | | |
| | | | | | | | | | | | | | | ◎ | | | | | | | | | | | | |
| | | | | | | | | | | | | | | | ○ | | | | | | | | | | | |
| | | | | | | | | | | | | | | | | | | | | | | ○ | ○<br>○ | ○ | | |

| | | | 掲載番号 |
|---|---|---|---|
| 史料番号 | 原文書所蔵または保管先［文庫・文書名］ | 写本名（その中の一部の表題） | 写本の編者・作成者 |
| 95 | 徳川林政史研究所 | 阿風説（嘉永五年別段風説書抜粋） | （尾張藩） |
| 96 | 神奈川県立歴史博物館［阿部家文書］ | 嘉永三年庚戌 別段風説書 司天台訳 | 福山藩阿部家（幕府老中） |
| 97 | 神奈川県立歴史博物館［阿部家文書］ | 嘉永四年別段風説書 崎陽訳 | 福山藩阿部家（幕府老中） |
| 98 | 神奈川県立歴史博物館［阿部家文書］ | 嘉永五年阿蘭陀別段風説書 司天台訳 | 福山藩阿部家（幕府老中） |
| 99 | 神奈川県立歴史博物館［阿部家文書］ | 別段風説書 | 福山藩阿部家（幕府老中） |
| 100 | 福井県立図書館［松平文庫］ | 阿芙蓉彙聞 | 福井藩松平家 |
| 101 | 長野市立真田宝物館［真田家文書］ | 子丑西洋風説和解極秘書 | 松代藩真田家 |
| 102 | 長野市立真田宝物館［真田家文書］ | 御内密申上候別段風説書 | 松代藩真田家 |
| 103 | 長野市立真田宝物館［真田家文書］ | 御内密申上候別段風説書 | 松代藩真田家 |
| 104 | 静岡県立中央図書館 | 嘉永六寅七月別段風説書 | |
| 105 | 江川文庫 | 御内密申上候別段風説書・別段風説書 | 江川太郎左衛門 |
| 106 | 名古屋市蓬左文庫 | 阿蘭陀風説（和蘭陀別段風説書抜） | 尾張藩 |
| 107 | 名古屋市蓬左文庫 | 和蘭陀別段風説書 | 尾張藩 |
| 108 | 名古屋市蓬左文庫 | 別段風説書 完 | 尾張藩 |
| 109 | 名古屋市蓬左文庫 | 青牖叢書 阿芙蓉彙聞脱漏 | 尾張藩 |
| 110 | 名古屋市蓬左文庫 | 青牖叢書 阿片始末 | 尾張藩 |
| 111 | 彦根城博物館［井伊家文書］ | 嘉永二年己酉御内密別段風説書（千八百四十九年別段風説書） | 彦根藩井伊家 |
| 112 | 彦根城博物館［井伊家文書］ | 嘉永三庚戌年阿蘭陀別段風説書六月（嘉永三年庚戌別段風説書崎陽和解 上書 当戌六月十一日入津之阿蘭陀船より御内密申上候風説書写 御内密申上候風説書） | 彦根藩井伊家 |
| 113 | 滋賀大学経済学部附属史料館［西川吉輔文書］ | 安政二年和蘭別段風説書 小林氏長崎来書摘要・安政二年蘭船別風説・別段風説書（安政三年）・嘉永七年甲寅七月別段風説書 | 西川吉輔（近江八幡肥料商人・国学者） |

| 1 | 2 | 3 | 4 | 5参-1 | 5-1 | 5-2 | 6 | 7 | 8 | 8-参 | 9-1 | 9-2 | 10-1 | 10-2 | 11-1 | 11-2 | 12-1 | 12-2 | 13-1 | 13-2 | 14 | 15 | 16 | 17 | 18-1 | 18-2 |
|---|---|---|---|---|---|---|---|---|---|---|---|---|---|---|---|---|---|---|---|---|---|---|---|---|---|---|
| 天保11 | 天保12 | 天保13 | 天保14 | 弘化元・6月 | 弘化元・7月 | 弘化元・8月 | 弘化2 | 弘化3 | 弘化4 | 弘化4 | 嘉永元 | 嘉永元 | 嘉永2 | 嘉永2 | 嘉永3 | 嘉永3 | 嘉永4 | 嘉永4 | 嘉永5 | 嘉永5 | 嘉永6 | 安政元 | 安政2 | 安政3 | 安政4 | 安政4 |
| 長崎訳 | 長崎訳 | 長崎訳 | 長崎訳 | 長崎訳 | 長崎訳 | 長崎訳 | 長崎訳 | 長崎訳 | 長崎訳 | 江戸訳 | 長崎訳 | 江戸訳 | 長崎訳 | 江戸訳 | 長崎訳 | 江戸訳 | 長崎訳 | 江戸訳 | 長崎訳 | 江戸訳 | 長崎訳 | 長崎訳 | 長崎訳 | 長崎訳 | 長崎訳 | 江戸訳 |
| | ○○ | ○ | ○ | | | ○ | | | ○ | | | | | | | | | | | | | | | | | |
| | ○ | ○ | | | | | | | | | | | | | | | | | | | | | | | | |
| ○ | ○ | ○ | ○ | | | | | | | | | | | | | | | | | | | | | | | |
| | ▽ | ▽ | ▽ | | | | | | | | | | | | | | | | | | | | | | | |
| | ○ | ○ | ○ | | | | | | | | | | | | | | | | | | | | | | | |
| | ▽ | ▽ | | | | | | | | | | | | | | | | | | | | | | | | |
| | ○ | ○ | ○ | | | | | | | | | | | | | | | | | | | | | | | |
| | | | | | | | | | | | | | | ○ | | | | | | | | | | | | |
| | | | | | | | | | | | | | | | | | | | ○部分 | | | | | | | |
| | | | | | | | | ○ | | | | | | | | | | | | | | | | | | |
| | | | | | | | | | | | | | | | ○ | | | | | | | | | | | |
| | | | | | ○ | | | | | | | | | | | | | | | | | | | | | |
| ○ | ◎ | ◎ | ◎ | | ◎ | ◎ | ◎ | | | | | | | | | | ○ | ◎ | | ○ | ○ | ○ | ○ | ○ | | ○ |
| | | | | | | | | | | | | | | | | | | | | | | | | ○ | | |
| | | | | | | | | | | | | | | | | | | ○ | | | | | | | | |
| | ▽ | ▽ | | | | | | | | | | | | | | | | | | | | | | | | |
| | | | | | | | | | | | | | | | | | | | | | | ○ | | | | |
| | | | | | | | | | ○ | | ○ | | ○ | | ○ | | | | | | | ○ | | ○ | | |
| | | | | | | | | | | | | | | | | | ◎ | | ◎ | | ◎ | ◎ | ◎ | | ○ | |
| | | | | | | | | | | | | | | ○ | | | | | | | | | | | | |
| | | | | | | | | | | | ○ | | | | ○ | | | | | | | | | | | |

掲載番号

| 史料番号 | 原文書所蔵または保管先［文庫・文書名］ | 写本名（その中の一部の表題） | 写本の編者・作成者 |
|---|---|---|---|
| 114 | 京都大学附属図書館 | 和蘭風説・咊蘭新聞 | |
| 115 | 京都大学附属図書館 | 御内密申上候別段風説書 | |
| 116 | 京都大学附属図書館 | 和蘭風説 全 | |
| 117 | 京都大学文学部附属図書館 | 阿芙蓉彙聞 | |
| 118 | 杏雨書屋（武田科学振興財団） | 和蘭阿片一件記録 上 下 | |
| 119 | 山口県文書館［毛利家文書］ | 兼重源六持帰之長崎ニ於ケル風説書（御内密申上候別段風説書） | 長州藩毛利家 |
| 120 | 九州大学付属図書館 | 阿芙蓉彙聞 巻四 | |
| 121 | 佐賀県立図書館［鍋島家文庫］ | 阿蘭密報（千八百四十九年別段風説書） | 佐賀藩鍋島家 |
| 122 | 佐賀県立図書館［鍋島家文庫］ | 阿蘭陀差出候書類和解 写 秘冊（別段風説書之内） | 佐賀藩鍋島家 |
| 123 | 佐賀県立図書館［鍋島家文庫］ | 御存寄書写（弘化三午七月別段風説書 写） | 佐賀藩鍋島家 |
| 124 | 佐賀県立図書館［鍋島家文庫］ | 嘉永三年別段風説書（別段申上候風説書） | 佐賀藩鍋島家 |
| 125 | 佐賀県立図書館［鍋島家文庫］ | 弘化元年御内密申上候別段風説書写 | 佐賀藩鍋島家 |
| 126 | 佐賀県立図書館［鍋島家文庫］ | 籌辺新編 蘭人風説一～九 | 佐賀藩鍋島家 |
| 127 | 佐賀県立図書館［鍋島家文庫］ | 別段風説書（安政三年丙辰 別段風説） | 佐賀藩鍋島家 |
| 128 | 佐賀県立図書館［鍋島家文庫］ | 和蘭風声（和蘭風声嘉永四年辛亥） | 佐賀藩鍋島家 |
| 129 | 佐賀県立図書館［蓮池鍋島家文庫］ | 東西報聞 | 佐賀藩蓮池鍋島家 |
| 130 | 佐賀県立図書館［蓮池鍋島家文庫］ | 浦賀丁書続編（秘書 別段風説書） | 佐賀藩蓮池鍋島家 |
| 131 | 長崎歴史文化博物館［青方文書］ | 嘉永七甲寅風説袋天ノ一・二 青方（別段風説書・御内密別段申上候風説書・安政三丙辰年 阿蘭陀別段風説書 別段風説・別段風説書・別段風説書 別段申上候風説書） | 五嶋藩家老 |
| 132 | 長崎歴史文化博物館 | 自嘉永四年至安政四年 風説書 | |
| 133 | 長崎歴史文化博物館 | 天保十四年蘭王尺牘和蘭告密並ニ別段風説書（千八百四十九年別段風説書） | |
| 134 | 長崎歴史文化博物館 | 年々風説留（戌年別段申上候風説書） | |

| 1 | 2 | 3 | 4 | 5-参-1 | 5-1 | 5-2 | 6 | 7 | 8 | 8-参 | 9-1 | 9-2 | 10-1 | 10-2 | 11-1 | 11-2 | 12-1 | 12-2 | 13-1 | 13-2 | 14 | 15 | 16 | 17 | 18-1 | 18-2 |
|---|---|---|---|---|---|---|---|---|---|---|---|---|---|---|---|---|---|---|---|---|---|---|---|---|---|---|
| 天保11 | 天保12 | 天保13 | 天保14 | 弘化元・6月 | 弘化元・7月 | 弘化元・8月 | 弘化2 | 弘化3 | 弘化4 | 弘化4 | 嘉永元 | 嘉永元 | 嘉永2 | 嘉永2 | 嘉永3 | 嘉永3 | 嘉永4 | 嘉永4 | 嘉永5 | 嘉永5 | 嘉永6 | 安政元 | 安政2 | 安政3 | 安政4 | 安政4 |
| 長崎訳 | 長崎訳 | 長崎訳 | 長崎訳 | 長崎訳 | 長崎訳 | 長崎訳 | 長崎訳 | 長崎訳 | 長崎訳 | 江戸訳 | 長崎訳 | 江戸訳 | 長崎訳 | 江戸訳 | 長崎訳 | 江戸訳 | 長崎訳 | 江戸訳 | 長崎訳 | 江戸訳 | 長崎訳 | 長崎訳 | 長崎訳 | 長崎訳 | 長崎訳 | 江戸訳 |
| | | | | | | | | | | | | | | | | | | | | | ○ | | | | | |
| | | | | | | | | | | | | | | | | | | | | | | ○ | | | | |
| | | | | | | | | | | | | ○ | ○ | | ○ | | ○ | | | | ○ | ○ | ○ | ○ | | |
| ▽ | ▽ | ▽ | ▽ | | | | | | | | | | | | | | | | | | | | | | | |
| ○ | | | | | | ○ | | | ○ | | ○ | | ○ | | | | ○○ | | | | ○ | ○ | ○ | ○ | ○ | |
| | | | | | | | | | | | | | | | | | ○ | | | | | | | | | |
| | | | | | | | | | | | | | | | | | | | | | | ○ | | | | |
| | | | | ○ | | | | | | | | | | | | | | | | | | | | | | |
| | | | | | | | | | | | | | ○ | | | | | | | | | | | | | |
| | | | | | | | | | ○ | ○覚 | | | | | | | | | | | | | | | | |
| | | | | | | | | | | | | | | | | | | | | | | | ○ | ○ | | |
| | | | ○ | ◎ | | | | | | | ○ | | ○ | | | | | | ○ | | ○ | | | | | |
| | | | | | | | | | | | | | | | | | | | | | ○ | ○ | ○ | ○ | ○ | ○ |
| 15(5) | 33(15) | 33(15) | 27(12) | 2 | 3 | 10(3) | 1 | 4 | 13 | 覚3 | 11 | 5 | 18(1)・部分1 | 7 | 19 | 3 | 15 | 3 | 5(1)・部分12(2) | 4 | 19 | 22・部分1 | 21 | 24 | 6 | 10 |

で確認．原文書所蔵または保管先欄のDはデジタルアーカイブ，Mはマイクロフィルムを表す．

| | | | 掲載番号 |
|---|---|---|---|
| 史料番号 | 原文書所蔵または保管先［文庫・文書名］ | 写本名（その中の一部の表題） | 写本の編者・作成者 |
| 135 | 長崎大学経済学部図書館（国文学研究資料館 M）［武藤文庫］ | 叢記 六（和蘭陀別段風説書） | |
| 136 | 大分県臼杵市臼杵図書館（国文学研究資料館 M）［稲葉家寄贈文書］ | 別段風説書 | |
| 137 | 『鈴木大雑集四』刊本 | 鈴木大雑集二十六 | 鈴木大（水戸藩士） |
| 138 | 国立公文書館［内閣文庫・静岡学校旧蔵］ | 阿片招禍禄 | |
| 139 | 国立公文書館［内閣文庫］ | 有所不為斎雑録 第二・三集 | 添川廉斎（有所不為斎 小荒井寺町農家兼染物屋 安中藩賓師） |
| 140 | 国立公文書館『内閣文庫所蔵史籍叢刊 3』刊本 | 蠹余一得 | 向山源太夫（幕臣・奥右筆・勘定組頭・箱館奉行支配組頭） |
| 141 | 国立公文書館『内閣文庫所蔵史籍叢刊35』刊本 | 「嘉永雑記 第二冊」p471（別段風説書） | |
| 142 | 国立公文書館『内閣文庫所蔵史籍叢刊34』刊本 | 「天保雑記第56冊」（天保十五年六月 別段風説書） | |
| 143 | 国立公文書館『内閣文庫所蔵史籍叢刊36』刊本 | 「安政雑記」p38（別段風説書 嘉永二酉年） | |
| 144 | 国立公文書館『内閣文庫所蔵史籍叢刊35』刊本 | 「弘化雑記」第11集（燮菴筆記巻五 丁未八月到着別段申上） | 箕作元甫（津山藩医・蕃書和解御用・蕃書調書教授・幕臣） |
| 145 | 国立公文書館［内閣文庫］M | 「文鳳堂雑纂」第59・67 | 文鳳堂山城屋忠兵衛（本屋） |
| 146 | 東京大学史料編纂所『向山誠斎雑記 嘉永・安政編』刊本 | | 向山源太夫（幕臣・奥右筆・勘定組頭・箱館奉行支配組頭） |
| 147 | 『幕末外国関係文書』刊本 | | |
| | 確認史料点数（内▽の点数） | | |

註 ◎掲載史料，○原文書確認，▽松方冬子『オランダ風説書と近世日本』238～239頁表 5 参照および目録等

とするなど、数字は便宜上のものである。こうして刊本も含めて一四七件余の別段風説書および複数の別段風説書を含む文書を確認した。これを別段風説書の年ごとにみてみると、表1下段に示すようになり、現段階で部分も含めると総計三五〇点となった。このほか表に示した以外でもインターネットや目録などで確認できるものも多くあり、今後調査が進めばさらに増加することは間違いない。以下史料に付された数字は表1左端の史料番号を示している。

表1から年ごとの写本残数の特徴をみると、天保十二（一八四一）～十四年には三〇点前後、弘化四年（一八四七）から嘉永年間（一八四八～五四）は一〇点から二〇点、安政元（一八五四）～三年も二〇点を越えており、比較的多く残されているのに対して、弘化二・三年が極端に少ないことがまず指摘できる。弘化二年の別段風説書は、松方冬子氏の研究(7)によって唯一鍋島家文庫『籌辺新編』に収録されていることが明らかにされている。書式上でも、天保年間の別段風説書は形式が揃えられ、多くが編纂物として残されているのに対して、弘化年間になると、数量だけでなく書式にも大きな変化がみられる。特に弘化元年には、七月（一八四四・八・一四）来航のオランダ軍艦パレンバン号が搭載してきたもののほか、その前六月にオランダ国王の書翰を搭載したパレンバン号の来航を予告したものも含めて、六月・七月・八月と数回に分けて別段風説書が翻訳され、その内容・書式も大きく異なっており、ここにひとつ大きな区切りが存在したことが、写本の残り方からも窺うことができる。このうち六月十六日付の別段風説書については、パレンバン号来航予告情報にあたるもので、本来の別段風説書の内容・形式ともに異なっている。安岡氏は、これを「この年度はまだ本格的な別段風説書とはいえない短いもの(8)」として紹介しているが、松方氏の研究により、この年にオランダ側からは南京条約・五港通商章程・虎門寨追加条約などが一体として日本にもたらされていたことが明ら

かにされており、[9]六月のものが通常の風説書を搭載した船がもたらした予告にあたる書簡であることは間違いあるまい。[10]このような例外的な外国書翰を受け取る方便として、幕府が「別段風説書」の方法で受け取ってきたことは、松本氏の論文[11]で文化年間のレザノフ来航予告情報にも存在していたことが明らかにされており、嘉永五年ペリー来航予告情報の受け取りの時でも同様な方法が用いられていることから、[12]本書では、本来の別段風説書とは区別して参考史料として掲載することにした。また、弘化元辰年八月付の別段風説書についても、安岡氏も弘化二年別段風説書として紹介しているが、[13]すでに当時から弘化二年の別段風説書として流布していたことがいくつかの写本から知ることができる。これについては、例えば静嘉堂文庫所蔵大槻文庫「紅毛告密」にみられるように、天文方御書物奉行懸渋川六蔵が翻訳した「和蘭国王書翰幷献上物目録和解、鍵箱之上書和解」「かひたんへ諭書」と、「和蘭国摂政江の御書翰」すなわち漢文で記された弘化二年六月オランダ国王への幕閣からの諭書の写とともにセットで記録されているものが多く、そのため弘化二年のものと間違われて転写されたためではないかと思われる。[14]

弘化四年からはその数は増加するが、この年から長崎訳の他に江戸訳が存在していたことが明らかである。[15]弘化四年については、江戸訳そのものの確認はできていないが、箕作家文書『夔菴筆記』[16]や古河藩家老鷹見家文書[17]の中に江戸訳の覚が記録されていることがわかった。弘化四年江戸訳の覚は、第八号文書の参考史料として掲載している。全体的に江戸訳は、長崎訳に比べて残存量は少ないが、今のところ弘化四年の覚、嘉永元〜五年、安政四年の写本の存在を確認することができた。安政五年正月に提出された安政四年の別段風説書江戸訳は、長崎訳よりも多く写本が残されており、また他の江戸訳と異なり、翻訳者の氏名が明記されているのも特徴の一つである。このころには安政三年洋学所から改称された蕃書調所も軌道にのり、江戸の翻訳体制が整ったことを表していよう。

嘉永期になると点数も増えてきている。嘉永五年の別段風説は、別段風説書の写本本体のほかに、島津家文書にみられるようなペリー来航を極秘で伝える老中阿部伊勢守から送られてきた書状そのものが残されているものや、別段風説書の中のペリー来航予告情報に関する部分が独立して引用され、老中と長崎奉行や海防掛とのやりとりの書状などとともに一冊に編集されたものが残されている。特に後者のペリー来航予告部分のみを引用し、その予告情報を受け取るまでの経過を一冊にまとめた写本が多く残されており、ペリー来航予告情報の入手をめぐる幕府内部の対応が識者の間でも注目されていたことがわかる(18)。

各年の別段風説書の内容の概略については、総論一を参照していただきたいが、嘉永元年からは清国近海のイギリス海軍の軍艦名が記載されるようになり、嘉永二年には「欧羅巴諸洲ヨリ唐国出張の海軍」として英・米・仏の軍艦、嘉永三年には英・米・蘭、嘉永四年は英・蘭、嘉永五年英・蘭・米の軍艦名などが記載され、嘉永六年になると英・仏・魯・蘭・北米など各国の軍艦の詳細が記載されるようになるのも特徴であろう。

安政期になると写本残存数も増加し、内容も安政元年からは国別に見出しがつけられるようになるなど世界情報が整理され、偏りなく、広く伝えられるようになる。幕府内部でも安政三年には公的な伝達ルートが確立し、諸大名にも回覧され、支藩などにも広く情報が提供されたことなどがわかる。詳細は佐藤論文および、後述の各年の小解説・研究篇を参照されたい。

次に、それぞれの写本の作成者・編纂者について簡単にみておきたいが、写本自体がコレクションとして残されているものも多く、大半のものは不明である。断片的に記載があっても誰かわからないものもあり、今後より詳細な検討が必要であるが、現在確認できたものについては表1に掲載した。これによると、幕閣老中を務めた大名家・御三家・幕臣・幕府関係者、学者、医師、諸藩・藩士、民間の知識人など多様であることがわかる。

幕閣老中を務めた家では、福山藩主阿部家・彦根藩主井伊家・佐倉藩堀田家などの諸家文書の中にみられる。表1に記される史料番号96から99は福山藩主で老中を務めた阿部正弘のもとに残された別段風説書である。神奈川県立歴史博物館には嘉永三～五・安政四年の別段風説書が残されており、このうち嘉永三・五年は数少ない江戸浅草の司天台で翻訳されたものである。これらは当時の幕閣を主導する家が残すものとして、大変筋のよい別段風説書である。これについては、嶋村元宏氏が研究篇で詳細に検討している。御三家の中では、尾張藩徳川家について、94・95の徳川林政史研究所に残されているもの、106から110の名古屋蓬左文庫に残されている別段風説書を確認した。前者については研究篇の岩下哲典氏の論考に詳しいので、そちらを参照されたい。

幕臣では、勝海舟をはじめ、勘定吟味役や箱館奉行支配組頭を務めた力石勝之助・貴志朝暾・向山源太夫・森田岡太郎（桂園）、などが収集・記録者としてみられる。勝海舟文書中には、[19]弘化四・五・嘉永二～四年までの長崎訳が収録された44「和蘭人風説書」、嘉永六年の45「和蘭別段風説書」など、嘉永期のものがまとまって残されている。北海道大学のホームページ北方関係史料総合目録で確認できる2『力石雑記』[20]は、「力石勝之助輯」とあり、原本七七冊の嘉永二年から慶応元年にわたる膨大な編纂物である。この中に弘化三年から嘉永三年、嘉永五年から安政三年までの一〇点に及ぶ別段風説書が収められている。編集者の力石勝之助は、幕臣で勘定吟味役や箱館奉行支配組頭を歴任した人物であり、幕末期から積極的に情報を収集していたと考えられる。目録末尾に明治十九年の「櫓園老人」の識語があるので、明治期の編纂物である。50『朝暾集』[21]は、作者は貴志孫太夫忠美（朝暾）で、貴志氏の蔵書印が押されている叢書である。この二五巻に安政三年の別段風説書が記録されている。貴志孫太夫は幕臣で、嘉永六年から安政四年まで駿河町奉行を務め、安政四年三月二十九日に没とあるので、この叢書はまさにその時々の情報の集積であると考えられる。安政三年の別段風説書は、老中から駿府城代・駿河町奉行らに宛てて回覧されたものを記録したものであることが記されている。貴志孫太夫は学者・蔵書家としても名高く、蘭学の素養もあった。学習院大学には貴志孫太夫の『万国国旗図及檣号図』(22)、西尾市岩瀬文庫にも貴志孫太夫関連史料が豊富に収蔵されている(23)。東洋文庫所蔵のプチャーチン来航図の作者としても有名である。

安政二年の別段風説書が収録されている87『桂園叢書』(24)は、幕臣森田岡太郎清行(桂園)によるものである。森田桂園は、文化九年(一八一二)田安家の家臣大城氏に生まれ、その後幕臣森田家の養子となった人物で、天保九年学問所勤番、その後代官を歴任し、安政五年には勘定組頭となっている。万延元年(一八六〇)遣米使節団に随行し「亜行日記」などを残している。文久元年(一八六一)に病気のために亡くなっている。蔵書家だったようで、反町文庫には、森田桂園の蔵書や著作が含まれている。146『向山誠斎雑記』(25)には天保十四・嘉永元・二・五・六年の別段風説書が記録されている。編者の向山源太夫誠斎は、文化七年生まれで、天保三年に奥右筆となり、その後勘定組頭を務める。弘化年間は無役だったが、安政二年五月に箱館奉行支配組頭となり、翌年赴任先の宗谷で没している。向山源太夫は天保年間以降多数の文書・記録類を収集編纂し、著述も多い。嘉永四年別段風説書を収録する140『蠹余一得』(26)も向山源太夫によるものである。このほか韮山代官をつとめた江川家の105江川文庫にも天保十一・十四・嘉永二年の別段風説書が確認できる(27)。このように、勘定方や箱館奉行支配組頭などを勤めた幕臣の家にまとまった海外情報が残されているようである。

また、始めは藩の学者であったがのちに蕃書調所などの幕府機関で働き、その後幕臣にとりたてられた学者もみられる。箕作家文書47『夔菴筆記』巻五には、弘化四年江戸訳覚、嘉永四・六・七年の別段風説書が収録されている。編者の箕作阮甫は、寛政十一年（一七九九）美作国津山藩医の子として生まれ、文政五年（一八二二）に津山藩医、天保十年には小関三英の後任として幕府天文方蕃書和解御用に任命され、嘉永六年には筒井政憲・川路聖謨に随行して長崎にゆきロシア使節プチャーチンの応接、翌年の下田での外交交渉に通詞としてあたった。安政三年に蕃書調所創設にあたり教授となり、文久二年には洋学者として初めて幕臣となった(28)。また薩摩藩の島津斉彬や水戸藩徳川斉昭とも交流があったとされる(29)。この経歴からして、箕作阮甫のもとには、別段風説書がかなり集まっていても不思議ではないが、今のところ『夔菴筆記』にみられる数点にとどまっている。しかし、写本をみると、例えば122鍋島家文庫「阿蘭陀差出候書類和解」所収嘉永五年別段風説書の最後には「此冊嘉永五年子六月渡来商船蘭人ヨリ差出候書類於江戸箕作氏ヨリ田中忠左衛門極内密写取候書を写　嘉永六丑年九月十七日写」とあり、また137水戸藩士鈴木大の『鈴木大雑集26』所収の安政二年別段風説書の最後に「右以箕作氏本校之　安政三年丙辰二月三日夜時鶏鳴成　鈴木大云右ハ薩州日下部伊三次ノ自筆書写ヲ余ニ贈ル所ナリ」とある。また65「新聞紙丙辰　別段風説書」とある安政三年別段風説書には、「美作箕作氏記」の印記があるなど、箕作氏のもとに別段風説書が集まっていたことは確実であり、そこから各所に別段風説書が転写され、あるいは信頼のおける写本として校合に活用されていたことがわかる。また古河藩鷹見家とともに、弘化四年の江戸訳の覚書を残していることも、注目できるであろう。なお、144は47と同じものである。

　以上にみたように、別段風説書が幕閣老中や幕臣・学者の家の史料の中に多く残されていることがわかる。このほか、14昌平坂学問所関係(30)、49旧幕府引継書類、132～134長崎奉行所関係など、多くは散逸してしまったと思われる幕府や奉行所の史料の中に伝存しているものもある。特に長崎歴史文化博物館所蔵の132「自嘉永四年至安政四年　風説書」は、通詞名の後に押印がある別段風説書を収載し、かつ正本と草稿とがセットで綴じられており、長崎訳の別段風説書としてもっとも正本に近いものであると思われる。また14昌平坂学問所関係文書の中の別段風説書には、巻末に「安政三年丙辰十一月御目付中より被為相廻謄写　佐藤新九郎」との記載があり、佐藤一斎の息子佐藤新九郎が謄写したものであることがわかる。なお、後述第十七号文書小解説も参照されたい。

次に、諸藩に残されたものについてみてみたい。諸藩については、佐賀藩主鍋島家（121〜128）・薩摩藩主島津家・仙台藩主伊達家（11・12）・五嶋藩主青方家（131）・福井藩松平家（100）・津軽藩津軽家（52・53）・盛岡藩南部家（4・5）・加賀藩前田家（88）・佐倉藩堀田家（93）・松代藩真田家（101）・長州藩毛利家（119）・岡山藩池田家[31]・土浦藩土屋家（58）など藩主の家文書として伝存するものと、古河藩鷹見家・土浦藩大久保家（21・54〜57）などの家老の家や、松前藩士中島家・島津藩士市来四郎・水戸藩士鈴木大などの家臣筋、学者として藩に仕えた仙台藩大槻家・水戸藩菅家・米沢藩水野家などに伝存しているものがある。今後の調査でさらに多くの別段風説書が見つかることが予測できる。

諸藩で藩主の家文書の中に伝存しているものの中では、島津家文書・鍋島家文庫が群を抜いている。66〜74東京大学史料編纂所島津家文書には天保十三年と、嘉永二年以降は、嘉永六年と安政三年を除く各年の別段風説書が残されている。いずれも長崎訳のみである。佐賀藩鍋島家文庫の中には121〜128の八点、129・130蓮池鍋島家129・130の二点など、別段風説書がまとまって残されている。特に『籌辺新編』には、弘化三〜五、嘉永二・三年を除く全期間の別段風説書が収録されており、佐賀藩が積極的に情報収集を行っていたことを物語っている。編者についてははっきりしないが、松方氏による詳細な研究があり[32]、既述のとおり唯一弘化二年の別段風説書を収録している。かつ後述のごとく他にはみられない異訳も含まれており、その点でも注目される史料である。

22〜30古河藩家老鷹見泉家[33]には、弘化四・五・嘉永四・六・七・安政二〜四年の別段風説書が残されている。特徴的なのは23「和蘭内上告　丁未戊申辛亥」で、江戸訳だけを記録している冊子であり、この中に箕作家と同じ弘化四年の江戸訳の覚も含まれている。

藩士が収集・編纂したものの中で充実しているのは、薩摩藩士市来四郎と、水戸藩士鈴木大によるものであろう。46『石室秘稿』[34]は薩摩藩士市来四郎が収集・編纂した膨大な史料群である。この中には、弘化四年以降嘉永七年までの別段風説書が収録されているが、筆跡の異なる写本が三種類存在し、複数の人間が関わっていたことがわかる。写本は他の写本と校合されており、頭注がつけられているなど、分析・研究の後が窺えるものが多い。初期の別段風説書は無いが、長崎訳と江戸訳が揃っている年が多く、もっとも充実したものである。編者の市来四郎（広貫）政右衛門[35]は、文政十一年鹿児島にて寺師正容の次男として生まれ、天保九年市来家の養子となり、天保十年には造士館に入り、以後砲術・蘭学を学び、弘化四年製薬薬掛、嘉永四年精錬所掛、嘉永七年長崎伝習生、万延元年砲術館・集成館掛などの役職をつとめた。また安政四年には斉彬の密命により琉球に派遣され、フランス人と武器購入の交渉にあたるなど、島津斉彬の側近として活動した人物である。明治になって「順聖公御言行録」編纂や「家記」編纂に従事とあることから、このころの編纂史料として収集・整理されたものであろう。

鈴木大[36]は水戸藩士で会沢正志斎の門弟とされる。鈴木大による丹念な記録・収集した情報は137『鈴木大雑集』として刊行されている。この中には、弘化五年から嘉永四・六・七年・安政二〜四年の別段風説書が収録されている。このうちさきに箕作家のところでみた安政二年別段風説書の最後には「右以箕作氏本校之　安政三年丙辰二月三日夜時鶏鳴成　鈴木大云右ハ薩州日下部伊三次ノ自筆書写ヲ余ニ贈ル所ナリ」とあることから、鈴木大は薩摩の日下部伊三次からこの情報を受け取ったことがわかると同時に、この『鈴木大雑集』が、鈴木大以外の人物によって校合作業が行われていたことも窺える。

このほか北海道立文書館所蔵の中島家文書の中には3安政三年の別段風説書が一点確認できる。ホームページ[37]によると、中島家は松前藩士の家柄であり、中島家文書の中には、松前藩との深い関わりから、中島家由来のものと、松前家由来のものなどが混在しているという。安政三年の別段風説書がどちらの由来のものかは不明である。

藩の学者では、大槻家に関するものが多くみられた。59〜61静嘉堂文庫大槻文庫の中にある『阿芙蓉彙聞　四』『阿片事件記事』は、阿片戦争情報をまとめた天保十一〜十四年の別段風説書集である。このうち前者は水野忠邦の顧問であり文久二年に幕府儒臣となった漢学者塩谷宕陰の編集・著作として知られ、写本が各地に多く残されている。また『紅毛告密』は、弘化元・四・五、嘉永二・三・五（部分）、安政二年を収録した別段風説書集である。また早稲田大学図書館にも大槻文庫があり、91・92安政三年の別段風説書が存在し、大槻磐渓の名がみえている。両者を併せてみても、かなりまとまった情報が大槻家のもとには入っていたと思われる。年代からみても収集・編者は仙台藩儒者大槻磐渓によるものである。大槻磐渓[38]は、享和元年（一八〇一）生まれ、仙台藩蘭学者大槻玄沢の二男で、昌平黌に学び、長崎留学も果たしている。天保十二年高島秋帆の徳丸ヶ原での砲術演習を見学し、西洋砲術を学ぶため江川太郎左衛門に入門、仙台藩士の教練を行った。文久二年には藩校養賢堂の学頭になっている。別段風説書をはじめとする海外情報も積極的に入手していたと考えられる。

以上は、武士階級であり、海外情報については入手しやすい立場にあったものたちであるが、別段風説書の写本は民間から藩士に抜擢されたものや、民間の学者、商人、幕末政治運動に関わったものなどの家々でもみつかっている。

16茨城大学所蔵菅文庫『蘭夷風聞記』には安政二年の別段風説書が収録されている。編者の菅政友[39]は、文政七年水戸町医者菅政則の息子として生まれ、父の後をついで町医者をしていたが、天保十四年水戸藩郷校の暇修館守、郷士となり、後水戸藩士に列され、尊攘運動にも関係した。安政五年水戸藩彰考館員となり、「大日本史編纂」に携わり、洋学も学んだ。維新後は新政府に仕え、国史編纂に携わったとある。19茨城県立歴史館の長島家文書の中に「嘉永三年六月和蘭人風説書」と題した嘉永三年の別段風説書がある。長島尉信[40]は、天明元年（一七八一）筑波郡小田村の小泉吉則の長男として生まれたが、享和元年小田村の名主長島家の養子となり、文化五年には名主となった。その間名主として農政につとめ、隠居後は農政学をはじめ、政治・経済・暦学・天文学・文学などの研究・著作にいそしみ、特に農政改革の著作で水戸藩に認められて御土地方御郡方勤につき、領内の検地を行い、また天保十四年には土浦藩に招かれて土地測量・土浦城の修復・検地などを行ったとある。

139『有所不為斎雑録[41]』は昭和十七年（一九四二）中野同子氏によって自費出版されたもので、原本は残されていないため、刊行物自体が貴重な資料である。この中には、江戸訳はみられないが、天保十二〜十四年、弘化二・三年、嘉永三・五年を除くすべての長崎訳が揃っている。過去に出版されたものの中ではこの『有所不為斎雑録』が最も多くの別段風説書を収録している。編者の添川廉斎（名は完平、別名久利、号廉斎・有所不為斎）は、享和三年小荒井寺町（現在の喜多方市）に、農家兼染物屋の家に生まれたが、勉強好きで、古賀精里・頼山陽・菅茶山らに学び、天保十二年三十九歳の時に安中藩に賓師として招聘されたとある。その後江戸屋敷で漢学・儒学を教授し、安政五年に江

戸安中藩中屋敷で亡くなっている。添川廉斎については、木部誠二氏による膨大な研究がある。(42)

63『洋邦彙事』(43)は、天保十一年、弘化三・四年、嘉永二～五年の長崎訳が揃っており、従来定評のある記録として活用されている。作者は堀口貞明である。堀口貞明(44)は、群馬県藤岡市の農民の出身で、幕末期江戸に出て昌平坂学問所にいた旗本浦上氏の用人となり、その関係から幕府全権の林復斎らからペリー来航に関する情報や、海外情報を得やすかったとされている。62静嘉堂文庫色川文庫には土浦の町人学者色川三中(45)によって収集された嘉永五・六年の別段風説書が残されている。色川家は薬種商、醤油醸造を営む豪商であった。文政八年三中が家督を継ぎ、不振に陥っていた家業を再興させた。天保七年から国学の研究に没頭し、田制・度量衡などの研究、古文書の調査・収集に業績をあげ、著書も多数残している。一貫して在地で学問研究をし、近隣の豪農商等を弟子とし、また平田国学者などとも交流をした。土浦藩士・水戸藩士などとも交流があり、在地にいながらにして多くの情報を収集し『草廼片葉』を編纂して残している。別段風説書もこの中に収録されている。

113滋賀大学経済学部附属図書館所蔵西川吉輔文書(46)には、幕末維新期に西川吉輔が収集した情報が膨大に残されている。その中で、嘉永七年・安政二年が二点、安政三年の四点の別段風説書が確認できる。また、ここでは数に入れなかったが、「五拾壱　嘉永二己酉六月　同　三庚戌六月　同四辛亥七月　同五壬子六月　和蘭人告密言上書」があり、別段風説書の北アメリカの部分だけ抜粋し要約して記録しているものがある。民間人ながら、海外情報を積極的に収集した人物である。西川吉輔(47)は、文化十三年近江国八幡の生まれで、肥料商を営む西川屋善六の七代目である。本家は蝦夷地場所請商人として名を馳せた西川伝右衛門家である。幼少期から学を好み、大国隆正に国学を学び、弘化四年には平田篤胤没後門人となる。権田直助やその私塾である名越舎門人とも交流があった。嘉永元年には自宅に塾を開き、門人も一五〇人を超えたという。安政五年大獄に連座したが、脱出して京都に潜伏し、文久三年足利三代木像梟首事件に関わっている。このように幕末期には国事に奔走し、家業は傾きがちだったという。

145国立公文書館内閣文庫所蔵『文鳳堂雑纂』(48)は全一一七冊に及ぶ叢書で、すでにマイクロフィルムで販売している。この中には、安政二年と三年の別段風説書が収録されている。編者の文鳳堂は江戸で本屋を営む山城屋忠兵衛であり、松浦武四郎・斎藤月岑・深川潜蔵らの学者たちと交流し、各種の珍しい資料や有用な史料を借用・書写して情報を収集していたものと思われる。別段風説書も、そのうちのひとつである。

以上、一部ではあるが、史料収集の過程で、特に関心を持った史料・人物を中心に、現状においてわかる範囲内で概要を記した。別段風説書はある時期までは極秘とされ一部のものにしか伝達されなかったとされるが、幕臣・諸藩士のみならず、民間の知識人の間にも早い段階から広く流布していたことが明らかとなった。それぞれの人物・史料が研究対象となるべき内容をもっており、今後さらに深く研究されることが期待される。

## 四　掲載史料の選択基準および各年次別段風説書小解説

表1からも窺えるように、別段風説書は、一部長崎にあるものを除いて多くが後年の写であり、また編纂されたものである。したがって多くが二次史料・三次史料である。しかも書写の過程で、誤字・脱字・脱漏・誤写があり、特に地名・人名・官名・軍艦名などのオランダ語部分で写本ごとに大きな違いがある。さらに編纂物には、綴じ間違いや年月の違いなどもみられる。したがって別段風説書の内容を正しく理解するためには、まずオランダ語原本を解読

| 嘉永2 (1849) 己酉 | 嘉永3 (1850) 庚戌 | 嘉永4 (1851) 辛亥 | 嘉永5 (1852) 壬子 | 嘉永6 (1853) 癸丑 | 安政元 (1854) 甲寅 | 安政2 (1855) 乙卯 | 安政3 (1856) 丙辰 | 安政4 (1857) 丁巳 | 安政4 (1858) 戊午 |
|---|---|---|---|---|---|---|---|---|---|
| 長崎訳 | 長崎訳 | 長崎訳 | 長崎訳 | 長崎訳 | 長崎訳 | 長崎訳 | 長崎訳 | 長崎訳 | 江戸訳 |
| ヨセフヘンリイ　レヒソン | ヨフセフヘンリイ　レヒソン<br>スレデレッキコルネヘリスロフセ (Frederik Cornelis Rose 1 Nov. 1851 -31 Oct. 1852) | ふれでれつきこるねへりす　ろふせ | ふれでれつきこるねへりす　ろふせ<br>どんくるきゆるしゆす (Jan Hendrik Donker Curtius 1 Nov. 1852 -13 Nov. 1855) | どんくるきゆるしゆす | どんくるきゅるしゆす | とんくるきゆるしゆす (Jan Hendrik Donker Curtius 15 Nov. 1855 -28 Feb. 1860) | | | ドンクルキユルシユス |
| 本木昌左衛門<br>西与一郎 | 本木昌左衛門<br>西与一郎 | | | | | | | | |
| 楢林鉄之助<br>植村作七郎<br>小川慶右衛門<br>西吉兵衛<br>志筑龍太<br>岩瀬弥七郎<br>品川藤次郎<br>名村貞五郎<br>横山又次右衛門<br>森山栄之助<br>楢林定一郎<br>荒木熊八<br>西慶太郎 | 植村作七郎<br>小川慶右衛門<br>西吉兵衛<br>志筑龍太<br>岩瀬弥七郎<br>品川藤次郎<br>名村貞五郎<br>横山又次右衛門<br>森山栄之助<br>楢林定一郎<br>荒木熊八<br>西慶太郎 | 西吉兵衛<br>品川藤兵衛<br>森山栄之助<br>西慶太郎<br>堀達之助<br>本木昌造<br>楢林栄七郎<br>名村五八郎 | 西吉兵衛<br>森山栄之助<br>西慶太郎<br>本木昌造<br>楢林栄七郎 | 西吉兵衛<br>森山栄之助<br>西慶太郎<br>本木昌造<br>楢林栄七郎<br>名村五八郎 | 西吉兵衛<br>志筑龍太郎<br>西慶太郎<br>楢林栄七郎 | 荒木熊八<br>西慶太郎<br>本木昌造<br>楢林栄左衛門<br>西吉十郎<br>猪俣宗七郎<br>北村元七郎 | 品川藤兵衛<br>荒木熊八<br>西慶太郎<br>西吉十郎 | 名村八右衛門<br>楢林栄左衛門<br>荒木熊八<br>西慶太郎<br>西吉十郎 | 手塚律蔵<br>市川斎宮<br>浅井雄三郎<br>西周助<br>山内六三郎<br>木村宗三 |
| 15 | 14 | 8 | 5 | 6 | 4 | 7 | 4 | 5 | 6 |
| 石橋庄五郎 | 本木昌左衛門 | | | | | | | | |

風説書を参照. ＊は署名が一人の写本.

表2　別段風説書　各年次和蘭カピタン・通詞一覧

| | 天保11<br>(1840)<br>庚子 | 天保12<br>(1841)<br>辛丑 | 天保13<br>(1842)<br>壬寅 | 天保14<br>(1843)<br>癸卯 | 弘化元<br>(1844)<br>甲辰 | 弘化2<br>(1845)<br>乙巳 | 弘化3<br>(1846)<br>丙午 | 弘化4<br>(1847)<br>丁未 | 嘉永元<br>(1848)<br>戊申 |
|---|---|---|---|---|---|---|---|---|---|
| | 長崎訳 | 長崎訳 | 長崎訳 | 長崎訳 | 長崎訳 | 長崎訳 | 長崎訳 | 長崎訳 | 長崎訳 |
| カピタン　古<br>(～1855)<br>日本和蘭領事館<br>(1855-1860) | ゑてゆあるとがらんでぞん<br>(Edouard Grandisson 17 Nov. 1838-10 Nov. 1842)) | ゑるてゆあると　からんでそん | ゑでゆあると　がらんでそん | ひいとるあるへるとひつき | ひいとるあるへるとひつき | ひいとるあるへるとびつき | よふせふへんりい　れいそん | よふせふへんりい　れいそん | ヨフセフヘンリイ　レヒソン |
| カピタン　新 | | ひいとるあるへるとひつき<br>(Pieter Albert Bik 10 Nov. 1842-31 Oct. 1845) | ひひとるあるへるとひつき | | | よふせふへんりい　れひそん<br>(Joseph Henrij Levijssohn 1 Nov. 1845-31 Oct. 1851) | | | |
| 通詞目附 | | 西(喜)津太夫<br>本木昌左衛門(通詞頭) | 西(喜)津太夫<br>本木昌左衛門(通詞頭) | 西(喜)津太夫<br>本木昌左衛門 | 本木昌左衛門<br>西与一郎 | 本木昌左衛門<br>西与一郎 | 本木昌左衛門<br>西与一郎 | 本木昌左衛門<br>西与一郎 | 本木昌左衛門<br>西与一郎 |
| 通　　詞 | 中山作三郎<br>石橋助十郎 | 中山作三郎<br>岩瀬弥十郎<br>楢林鉄之助<br>森山源左衛門<br>名村八左衛門<br>植村作七郎<br>石橋助十郎<br>末永七十郎<br>西記志十<br>小川慶右衛門<br>志筑龍太 | 中山作三郎<br>岩瀬弥十郎<br>楢林鉄之助<br>森山源左衛門<br>名村八左衛門<br>植村作七郎<br>石橋助十郎<br>末永七十郎<br>西記志十<br>小川慶右衛門<br>志筑龍太 | 中山作三郎<br>岩瀬弥十郎<br>楢林鉄之助<br>森山源左衛門<br>植村作七郎<br>西記志十<br>小川慶右衛門<br>志筑龍太 | 中山作三郎<br>岩瀬弥十郎<br>楢林鉄之助<br>森山源左衛門<br>植村作七郎<br>西記志十<br>小川慶右衛門<br>志筑龍太 | 楢林鉄之助<br>森山源左衛門<br>植村作七郎<br>小川慶右衛門<br>西記志十<br>志筑龍太<br>岩瀬弥七郎<br>名村貞五郎<br>横山源吾<br>楢林定一郎 | 楢林鉄之助<br>森山源左衛門<br>植村作七郎<br>小川慶右衛門<br>西記志十<br>志筑龍太<br>岩瀬弥七郎<br>名村貞五郎<br>横山源吾<br>楢林定一郎 | 楢林鉄之助<br>森山源左衛門<br>植村作七郎<br>小川慶右衛門<br>西記志十<br>志筑龍太<br>岩瀬弥七郎<br>品川藤次郎<br>名村貞五郎<br>横山源吾<br>森山栄之助<br>楢林定一郎 | 楢林鉄之助<br>植村作七郎<br>小川慶右衛門<br>西吉兵衛<br>志筑龍太<br>岩瀬弥七郎<br>品川藤次郎<br>名村貞五郎<br>横山源吾<br>森山栄之助<br>楢林定一郎<br>荒木熊八<br>西慶太郎 |
| 通詞目附・通詞人数 | 2 | 13 | 13 | 10 | 10 | 12 | 12 | 14 | 15 |
| * | | | | | | | | 石橋庄五郎 | 石橋庄五郎 |

註　カピタン名（蘭文）は，『和蘭風説書集成　下巻』を参照．カピタン名（和名）・通詞名は，各年次別段

し、写本と比較検討し、当時のオランダ通詞の語学力や、使用する辞書、翻訳の苦労などについて、ひとつひとつ具体的に検討する必要がある。また正本がほとんどみつからない中、日本側が別段風説書を正しく理解し情報を共有していたのかという点についても、写本どうしの校合作業は不可欠であったろう。しかし、今回のプロジェクトではこの本来行うべき基本的作業は諸々の事情でほとんど行うことができなかった。幸いにして、松方冬子氏による全期間におけるオランダ語原本の別段風説書の翻訳および解説『別段風説書が語る19世紀　翻訳と研究』[49]において、内容を知ることができ、今回のプロジェクトメンバーの割田聖史氏によって一八四八年革命部分について一八四八・一八四九年の別段風説書についてオランダ語原文・長崎訳・江戸訳の比較検討が試みられている。それにしても、別段風説書がどのように国内において翻訳され、書写され、伝播していったかという問題は、まだ明らかにされていない事実が多くあり、課題は多いように思われる。

このような状況下において、正本の数が極めて少なく、大量に作成された写本の中から、どれを掲載史料として選択するかということは大変困難な作業であった。限られた日時の間に写本どうしを校合し、その書写系統を明らかにしたり、より正本に近いものを厳選し、細かく注をつけて補い、正本に近い形に復元することも可能だったかもしれない。しかし、現段階では不可能であった。したがって、本書では、それぞれの写本の姿をそのまま翻刻したものを掲載し、必ずしも正本の姿に復元することを目的としていない。しかしながら、あえておおよその選択基準を示すと、①できるだけ誤字・脱字・脱漏・誤写などが少ないもの。②年月の記載があるもの。③通詞名の記載があるもの。④通詞の印があるもの。⑤一か所に集中せずできるだけバラエティーをもたせること。ということである。しかし、どれも徹底しておらず、特に⑤については、特定の文書群に頼らざるをえなかったことをお断りしておきたい。

参考までに、表2として各年次ごとの新・古カピタンの名前・オランダ通詞名の一覧を付した。別段風説書の翻訳に携わるオランダ通詞については、嘉永四年（一八五一）あたりから人数に大きな変化がみられ、翻訳体制に大きな変化があったことが窺えるが、まだその詳細は明らかではない。江戸訳については訳者名が示されることはなかったが、安政五年（一八五八）正月に提出された安政四年別段風説書のみ、六名の名前が記されている。安政三年にはそれまでの洋学所を改称して蕃書調所が設立されており、このころ江戸の翻訳体制が整ったのであろう。

各年の、①から⑤などにみられる史料の特徴や、選択理由については、それぞれの小解説を参照されたい。以下小解説を年次ごとに列記しておく。小解説の中の史料番号は表1に対応している。

なお、既述のとおりオランダ語原文の翻訳はすべて松方氏によってなされており、本書の和文と対照させることであらたな問題も提起できるかもしれない。今後の研究を俟ちたい。

## 《各年次別段風説書　小解説》

### 第一号　天保十一庚子年（一八四〇）　別段風説書　長崎訳

別段風説書は一八四〇年五月二十六日付オランダ東インド総督決定第一号第四条に基づき、バタビアで作成されて日本に送られてきた風説書で、「通常の」風説書とは異なる手続きを踏んで送られてきたものである。天保十一年にもたらされた最初の別段風説書は、七月七日にバタビアを出帆し七月二十八日に長崎に到着、オランダ通詞中山三郎・石橋助十郎の二名によって和訳され、「和蘭暦数一千八百三十八年より四十年迄唐国におゐてエケレス人等の阿片商法を停止せんかために起りたる著しき事を爰ニ記す」との標題が付された。また、別段風説書の一八四〇年から一八四三年分の蘭文は合冊されて「中国のアヘン問題一八三八―一八四二年及び一八四三年」という総合タイトルが付されているという。[50] 現在阿蘭陀通詞によって和訳された初期の別段風説書も、編集・合冊され、それぞれ異なる表題が付されて、写本として伝来しているものが多い。一八四〇年から一八四五年までの初期別段風説書の諸写本の所在状況についてはすでに松方氏によって詳細な調査がなされている。[51] ここでは、今回のプロジェクトで確認した限りでの写本の状況を年ごとに概観するにとどめたい。

天保十一年の別段風説書は、アヘン戦争の発端から一八四〇年にかけての動向を記している。これについては一〇点の写本を確認した。写本によって異なるが、掲載の59静嘉堂文庫『阿芙蓉彙聞』では全九二ヶ条にまとめられている。年月の記載がないものも多いが、59・60・79には未七月とあり、58〜60・79には中山三郎・石橋助十郎の二名の通詞の署名もある。126は年月・通詞名ともに省略されている。116と13には、「阿片煙管之図」があり、棒線・改行・改頁とも同一であるため、同じ底本を使用し忠実に写し取っていることがわかる。

ところで、以上の写本のうち126の『籌辺新編』の天保十一年別段風説書は、他の写本と翻訳が異なっている。例えば、始まりの部分で126は「天保十一年子六月来朝之阿蘭陀船唐国阿片煙草騒動之始末横文字を以風説申上候次第左ニ和解仕候」で始まっているが、他はこの部分が無い。また、60『阿片事件記事』では「一此二ヶ年唐国尓おゐて阿片商法を停止せんが為の事ハ皆人の心さす所尓して其甚しき事他尓秘し難し」とある部分は、126では「一近年此阿片商法を唐国ニ而制する事ハ諸国の人の知る所尓して其制禁殊ニ厳し」とあり、また他の写本で「本商人」とあり、頭注で「本商人ハ洋行商なるへし、洋行商ハ唐国の商人尓て外国の交易を主るもの」となっているところが、126『籌辺新編』では「ポン地名の商人」のように誤って翻訳されている。これは、書写段階の間違いではなく、翻訳者そのものが異なっているように思われる。ただし、『籌辺新編』の中には、比較的まとまって数年間の別段風説書が収録されているが、天保十一年と嘉永五年江戸訳を除[52]く他の年については、写本に大きな違いはみられない。天保十一年の別段風説書がなぜこのように他の写本と異なるのか、その理由は今のところ未詳である。126以外の写本についてはいずれも内容では大きな違いはみられないが、58『紅夷内風説和解』には「紅夷内風説和解　於唐国阿片停止ニ付エケレス人与出入一件紅毛人内風説和解差出候書写」、139『有所不為斎雑録』もほぼ同様の表題が付けられている。63『洋邦彙事』は、「天保十三閏寅年　阿蘭陀甲比丹別段申上候書付」とあり、他と異なっている。『洋邦彙事』は堀口貞明によって安政五年に書写されたものであり、貞明が誤って記載したものと思われる。それぞれの写本は、書写の段階での写し間違い、写し落し、誤字・欠字などがみられ、完全なものはないが、比較的一般的で良好なものとして、ここでは59大槻文庫『阿芙蓉彙聞　四』所収のものを翻刻することにした。『阿芙蓉彙聞』は幕府儒者塩谷宕陰の著作であり、全国各地にその写本が残されている[53]。

### 第二号　天保十二辛丑年（一八四一）　別段風説書　長崎訳

天保十二年は、オランダ船の入津はなく、この年の風説書・別段風説書は天保十三年分とともに翌年にもたらされた。天保十二年の別段風説書は一八四〇年六月から四一年三月頃までの動向を記している。ここでは写本一八点を確認した。

写本によって違いがあるが、全九七条から一一四条にまとめて記載がみられる。表題は、特になく、「和蘭暦数一千八百四拾年……」という記載から始まっているものが多いが、11伊達文庫『和蘭風説清英戦闘詳記』所収の写本は

「天保十三寅年阿蘭陀別段風説書」という表題に「同年七月差立別段風説書　御内密申上候別段風説書」との副題が付されている。京都大学図書館所蔵115は中扉に「御内密申上候別段風説書」とある。宮内庁書陵部写本35と九州大学附属図書館写本120は冊子の表題がいずれも「御内密申上候別段風説書」となっている。35には「秘密之書天保十五歳在甲辰夏五月上院謄畢」との添書がある。

天保十二年別段風説書は、通詞名・両カピタン名があるもの、両カピタン名はあるが、通詞名が省略されているもの、両方とも省略されているものがみられる。通詞名・両カピタン名ともに記載があるものは、鍋島家文庫『籌辺新編』所収写本126と10で、寅七月の通詞一三名の署名がみられる。ここでは、126を翻刻した。他は両カピタン名・通詞名の両方、あるいはいずれかが省略されているものであるが、13筑波大学図書館『阿片一件和解書』、59静嘉堂文庫『阿芙蓉彙聞　四』、79都立中央図書館『清英阿片一件風説書　天』、60静嘉堂大槻文庫『阿片事件記事』、116京都大学図書館『和蘭風説　全』には、文末に次のような書付がみられる。

（本文）

別段風説和解差上方の義追々御催促ニ相成、日夜出精仕候得共、右者エケレス人の日記を其儘阿蘭陀語尓書取候書面ニ御座候ヘ者、通例之和解物とハ違候、其上御内密奉申上候儀ニ候間、小人数ニて不洩様精々申談候義ニ付而者何分揃取兼、漸半ハ出来仕候間、先此分相納申候、相残候分者当十七日御宿次の御差立之節御間ニ合候様出精可仕候、此段書付を以奉申上候、以上

寅七月　　目付

大小通詞　印

（史料は59静嘉堂文庫）

これは、寅七月の日付があることから、翌天保十三年に届けられたものであることを示すとともに、遅滞したその間の事情についても記している。この書付から、幕府から翻訳の催促がきており、前半と後半の二回に分けて江戸に送られたこと、内密に進められており、そのため担当通詞の人数が少なく翻訳が遅れていること、別段風説書がイギリス人の日記をそのままオランダ語で写したものであり、通常の「和解物」とは異なることなどが記されている。

また京都大学所蔵の114『和蘭風説　一』『和蘭新聞　二』は、分冊の箇所に誤りがあり、天保十二年の別段風説書が両巻にまたがって綴じられている。

第三号　天保十三壬寅年（一八四二）　別段風説書　長崎訳

天保十三年の別段風説書は一八四一年五月頃から四二年三月頃までの動向を記しており、ともに送られてきた天保十二年別段風説書に引き続き記録されている。ここでは、一八点の写本を確認した。条文数は、写本ごとに異なり、五〇から六〇ヶ条前後にまとめられて記載されている。一八点のうち、8・9・10・35・66・114・115・118・120・126には、新古カピタン名とともに、通詞一三名の名前が記載されている。このうち126を除きいずれも「寅七月」の日付がある。ここでは日付の記載がないが、前年からの続きで、第二号とおなじく126『籌辺新編』から翻刻した。他は、カピタン名は「新古両かひたん」、通詞名は「目付・大通詞・御用書物和解掛り・小通詞　連印」などと略記されている。「御用書物和解掛り」という名称は他の年ではみかけない。

66島津家文書『嘉永雑録』所収の写本には、別段風説書に続いて長崎聞役の奥四郎からの書付の写が記載されている。この中で、「此節入津之阿蘭陀人ゟ於唐国エゲレス人共戦争一件ニ付当御役所ゟ御尋向有之別段風説書を以極内申出候書面和解高嶋四郎太夫江内々頼入写取申候ニ而早速御国許江も差上越置申候」とあり、奥四郎は高島四郎太夫から極秘で情報を得たことを記している。

第四号　天保十四癸卯年（一八四三）　別段風説書　長崎訳

天保十四年の別段風説書は、一八四二年四月から四三年四月アヘン戦争終結までの動向を記している。ここでは写本一五点を確認した。全一七九条・一七五条・一六六条・一八一条と、写本によって一つ書きの数は異なるが、分量としては最も多い別段風説書である。いずれも本文から始まっており、特別に題名が付されたものはみられず、形式的にはほぼ同じであり、114を除きすべての写本にカピタン名「かひたんひいてるあふへると　びつき」の記載がある。通詞については、13・59・60・79・116など「掛り大小通辞　印」などと略記されているもの、通詞一〇名の連名が記載されているものとがある。通詞和解差出の日付では、記載のあるものの大半は「卯八月」とあるが、146のみ「卯九月」と記載されている。ここでは、通詞名・日付が記載されているものの中から126を翻刻することにした。一部欠けているところは【　】をつけて146で補った。また特に後半に西暦と和暦の対応に混乱がみられるところがあるが、原文どおりとした。

第五号―一　弘化元甲辰年（一八四四）七月　別段風説書　長崎訳

弘化元年の別段風説書の写本には、通詞による和解提出の日付が六月付・七月付・八月付の三種類が存在する。従来の研究で、弘化元年の別段風説書として認められているのは、スタット・ティール号が届けたとされる蘭文の和解七月付のものと、パレンバン号によってもたらされた蘭文の和解八月付のものである。ここでは七月付の別段風説書を第五号—一文書、八月付のものを第五号—二文書として掲載し、性格的に他の二点と異なる六月付のものは〔参考史料一〕として掲載することにした。

七月付別段風説書は、126『籌辺新編五』・125『弘化元年御内密申上候別段風説書写』・10『和蘭風説清英戦闘詳記』の中に三点確認できた。これらはいずれも「和蘭暦数千八百四十三年（天保十四年卯年ニ当ル）より千八百四十四年（天保十五辰年ニ当ル）迄唐国ニおいて阿片一件ニ付差起候儀を記録いたし候事」と題され、アヘン戦争後の条約締結に関する内容を中心に、この間の世界情勢の詳細を記している。全六二ヶ条余に内容をまとめ、その間に広東・厦門・福州・寧波・上海の五港通商章程一五ヶ条と、虎門寨追加条約からの抜粋を一〇ヶ条にまとめて記載している。松方氏によれば蘭文もこのとおりになっており、オランダ側が本文到着前に急遽要点のみを伝えたものと思われる。本文は弘化二年に伝えられている。最後にカピタンの署名と、辰七月付で和解を提出した通詞一〇名の署名がなされている。ここでは126を採用し、126で一部欠けている部分については、【　】をつけて125で補った。

六月付のものは、すでに刊行されている146「紅夷告密」の中にあるものと、142「天保雑記第五十六」の中に二点確認できている。ここでは第五号—二の後に〔参考史料一〕として146を掲載しておくことにした。142には最初に「天保十五年六月　別段風説書」と表題が付されており、記録者も「別段風説書」と認識していたことがわかる。安岡論文では(54)、この六月付のものを別段風説書として紹介している。これは、パレンバン号がオランダ国王の書翰をもって来航することを予告し、その対応を求めたものである。時期は異なるが、それより早い段階の同類のものとして、松本英治氏によってすでに文化元年レザーノフ来航予告情報としてもたらされた別段風説書が紹介されている(55)。あわせて〔参考史料二〕として掲載しておく。

第五号―二　弘化元甲辰年（一八四四）八月　別段風説書　長崎訳

オランダ通詞によって弘化元年八月付和解として提出されたものは七点確認した。このうち39・61・106・114・140所収の写本は、はじめに「本国船より申上候別段風説書　但弘化二巳年」とあり、この別段風説書が弘化二年のものであるとしている。このように確認した写本の中でみるかぎり多くは弘化二年のものとして流布していたものと思われる。しかし、126『籌辺新編　五』所収の写本をみると、最後に「辰八月」に横文字和解が作成されており、弘化元年八月に来航したパレンバン号がもたらした別段風説書であることがわかる。この点については、松方冬子氏による指摘がある。(56)ここでは126を翻刻し、欠けている部分は【　】をつけて39で補った。

内容は、一八四二年に締結された南京条約の条文と、五港通商章程一五ヶ条である。松方氏によると、南京条約・五港通商章程・通貨税に関する宣言は一体として日本にもたらされ、一八四四年に国王親書とともにパレンバン号に託送したと思われると述べられているが、(57)このうち五港通商章程は既に七月提出のものに翻訳文がみられる。ただし、八月のものとは翻訳に違いがみられる。

第六号　弘化二乙巳年（一八四五）別段風説書　長崎訳

弘化二年の別段風説書は、松方冬子氏が詳細に検討されているように、(58)126鍋島家文庫『籌辺新編　蘭人風説六』に収録されているものが現在確認できる唯一の写本である。『籌辺新編』については、松方氏がはじめてその全貌を紹介し、弘化二年別段風説書の翻刻もすでになされているが、改めてここに全文の翻刻を収録した。弘化二年別段風説書では、阿片戦争の続報を知らせるとともに、弘化元年では要約でしかなかった虎門寨追加条約の全一七ヶ条を翻訳掲載している。

第七号　弘化三丙午年（一八四六）　別段風説書　長崎訳

弘化三年の別段風説書は、2『力石雑記』、48『弊函一掃』、63『洋邦彙事』、123「御存寄書写」の中から四点確認した。写本により異なるが全三三から三五条にまとめられ、後半にフランスと清国との間で交わされた修好通商航海条約（黄埔条約）三四ヶ条とアメリカ合衆国と清国との間で交わされた望厦条約三四ヶ条の要旨が記録されている。通詞による提出日は2は午六月、48・63は午七月、123は記載なし、ということで統一していない。署名している通詞は123は記載なし、2・63は「通詞目付・大小通詞」とのみで氏名までの記載はないが、48は「通詞目付本木昌左衛門印　同西与一郎印　通詞楢林鉄之助印　以下九人姓名略之」とあり、一二名の連名であったことがわかる。いずれも後年の編纂物であるが、63所収の写本は最後に朱書で「安政五戊午年季夏初五日書写一校畢　貞明」とあり、安政五年に堀口貞明によって書き写されたものであることがわかる。2・48・123はいずれも本文や条約文に欠条があるため、ここでは63所収の写本を翻刻することにした。63には国名・地名に右傍線、人名に右二重傍線、官名・役名に左傍線が朱で引かれている。

第八号　弘化四丁未年（一八四七）　別段風説書　長崎訳

弘化四年の別段風説書は一六点確認した。写本により異なるがおよそ全三八〜三九ヶ条にまとめて翻訳している。一六点のうち長崎訳は一三点である。23・47・144の三点は長崎訳と様相が異なる。本文に一つ書きはなく、〇で概要を記しており、覚書に近いものである。23鷹見家文書『和蘭内上告　丁未　戊申　辛亥』中には「丁未八月到着別段申上　蘭船六月廿七日入津此原文八月十日御下ケ十一日十二日両日和解心ニ記し候まま記しおきて後の考証尓備ふ」とあり、47箕作家文書『夔菴筆記　巻五』にも同様の記載がある。この記載から、六月二十七日に入港したオランダ船がもたらした別段風説書の原文が八月十日に下げ渡されていることから、長崎訳ではないことは明らかである。23には、同じ形式で記された翌年の別段風説書の最後に「右戊申六月入津別段申上八月江戸ニ而和解之写」とあり、嘉永四年辛亥の別段風説書の後には「右嘉永四辛亥七月十二日夜入津別段申上、九月江戸訳之写」とあることからみて、丁未年の別段風説書も江戸で訳されたものであり、それをそのまま書写したのではなく、記憶した要点を覚書として書き残したものであると推察できる。ちなみに、144「弘化雑記」所収の写本は50を底本にしており同一のものである。ここでは、江戸訳そのものではないため、〔参考史料〕として23を掲載することにした。

弘化年間の写本は、長崎訳についてみると、通常の風説書、咬嚁吧頭役から達せられた同日付の風説書、別段風説書の三点がセットになって記載されているもの、このうち二点がセットになっているもの、単独で別段風説書のみが記録されているものなど、編纂物の中での記録のされ方にいくつかのパターンがみられる。例えば2『力石雑記』巻七「丁未風説」では、「弘化四年丁未六月廿六日風説書」、同六月廿六日付「此節咬嚁吧頭役ゟ御聞ニ達候様申越候義左ニ奉申上候」「別段風説書　未六月」、63『洋邦彙事』(七)では「弘化四丁未年六月廿二日風説書」「前同年和蘭甲比丹差出候別紙書付和解（別段風説書）未六月」「前同年別紙　此節咬嚁吧頭役より御聞ニ達候様申越候儀左ニ奉申上候未六月」とあるなど、記録の順番に差異がみられる。47『夔菴筆記』、139『有所不為斎雑録』所収のものは、別段風説書と咬嚁吧頭役からの申上書が記載されているが、最後にオランダ語の原文が数行記されている。

また別段風説書の和解差出の日付も未六月とあるものと未七月とあるものがみられるが、未七月のほうが正しいと思われる。通詞名は46『石室秘稿』、2『力石雑記』には通詞目付本木昌左衛門・西与一郎、通詞楢林鉄之助・森山源左衛門・植村作七郎・小川慶右衛門・西記志十・志筑竜太・岩瀬弥七郎・品川梅次郎・名村貞五郎・横山源吾・楢林定一郎・森山栄之助の一四名の署名がみられる。46は異筆で訂正が多くはいり、一つ書の上に記されたイ・ロ・ハが抹消され、未七月の下に「弘化四年丁巳」と記されるなど、ところどころ訂正が入っている。また最後に「如此和蘭甲比丹カ上申ヲ見ルニ我国人外国ノ形勢ヲ詳ニセサルヲ知ニ足レリ、今ニシテ此書ニ記ス処ハ幼児モ暗ンスル処タリ、是ヲ以テ渠ニ接スルノ拙キヲシルヘシ」との後年の編纂時のものと思われる記載がみられる。2は和解提出の日付が未六月とあり、後に七月に訂正したあとがみられる。84『西変紀聞』と131『風説袋』は、他の写本と内容はほとんど変わらないが、通詞の署名は石橋庄五郎の一名のみである。2・46の通詞の中に石橋庄五郎の名はみられないことから、別ルートで広まったものなのかもしれない。

第九号—一　嘉永元戊申年（一八四八）　別段風説書　長崎訳

嘉永元年の長崎訳は、一一点確認した。全四二条からなる。46『石室秘稿』所収の「別段風説書」「嘉永元年戊申御内密別段風説書」二点は、筆跡が異なり、それぞれ別の人物の写本である。いずれも抹消や傍線の書き加えなど、加除訂正頭注の削除などがなされている。「別段風説書」は当初人名や地名を「　」で囲い下に割註で人名・地名と記載されていたのを、すべて抹消し、人名には傍線、地名には二重傍線を引いて区別を試みている。「嘉永元年戊申御内密別段風説書」は、頭注部分の写をすべて抹消し、一つ書きの上に記載されていたイ・ロ・ハの記号をすべて抹消している。このように複数の人間によって手が加えられているのが特徴である。またこれらの最後には翻訳の日付として「申七月」とあり、通詞目付・通詞ら一五名の署名がある。特に「別段風説書」には本文のあとに、長崎在勤の薩摩藩士奥四郎から「御家老座　奥掛書役衆」に宛てた手紙の写も記載され、藩に出入りしていた通詞の西・楢林両名から得た情報であることが記されている。また、琉球での日本人による外国人殺害一件が国際問題として取り沙汰されており、通詞からも注意を促されていることを報告する内容は注目できる。「嘉永元年戊申　御内密別段風説書」には半丁分の欠落があるため、ここでは「別段風説書」の方を掲載した。

勝海舟文書44と長崎歴史文化博物館所蔵の131は、44に一部書写ミスがある点を除けば内容はほぼ変わらないが、最後に署名されている通詞名が「石橋庄五郎」一名であるところが、46所収の二点と異なる点である。翻訳の日付はいずれも「申七月」とあるが、44のほうは「申七月　嘉永元年千八百四十八年」とある。46所収の写本二点には石橋庄五郎の署名がみられないことから、別ルートで広まった写本なのかもしれない。以上のほか、134・139は翻訳の日付のみ、2・39・61・146は、日付・署名ともに記載がない。いずれも、そのまえに、嘉永元年の通常の風説書の写があり、その続きで別段風説書の写が記載されている場合が多く、後年になってから編集されたものが多い。

第九号―二　嘉永元戊申年（一八四八）　別段風説書　江戸訳

嘉永元年の江戸訳は、21・23・46に二点・137の五点を確認した。46の二点・21・137の表題は、いずれも「千八百四十八年嘉永元年戊申別段風説書」とある。46『石室秘稿』所収の二点は全三五ヶ条からなる。どちらも一つ書きの上にイ・ロ・ハの記号が付されており、照合のあとがみられる。このイ・ロ・ハの意味については、研究篇で嶋村氏が阿部家文書をもとに検証している。21は土浦藩家老大久保要による写本である。137は刊本であるが水戸藩士鈴木大が収集・編纂した写本である。この両者は、ポルトガル・フランス・ドイツの情勢の記載部分おそそ五ヶ条分が、異なった場所に入り込んでいる。21をみるとちょうど一丁分であり、冊子に綴じる時に入れ間違えた可能性がある。しかし、21も同じ間違いをしているということは、早い段階で間違って写し取られ、そのまま各地に伝えられたものと考えられる。ここでは、松方冬子氏による原典の翻訳を参照した結果、正しい順番で記載されており、最後の「和蘭貿易都督レイソン」まで記載がある46の中の一点を翻刻した。23は鷹見家所蔵の写本で、「千八百四十八年和蘭交易総督レイソン内密申上」と題した写本であるが、他の写本と比較してみると順不同でメモ的に記載され完全なものではないように思われる。最後に「右戊申六月　入津別段申上八月江戸ニ而和解之写」とあり江戸訳であることがわかるが、第八号弘化四年の別段風説書の参考史料と同じ形式で記されていること、第八号参考史料には、書写した人物の心覚として記したものだと記されていることなどから、嘉永元年の写本も「覚」に類するものであると思われる。(59)

第十号―一　嘉永二己酉年（一八四九）　別段風説書　長崎訳

嘉永二年の長崎訳の別段風説書の写本は、活字・部分も含めて一九点ほど確認した。全八五ヶ条余であるが、写本によって条数に違いがある。書写の段階で写し落としたものもみられるが、大半は一つ書きの付け方の違いによるもので、内容に大きな違いはない。ここでは46『石室秘稿』の写本の中から一点を選んだ。『石室秘稿』の中には、長崎訳だけをみても筆跡の異なる三点の写本がある。いずれも38『荷蘭密法二』と同じ文言で終わり、通詞目付二名、通詞一三名全員の氏名が記載されている。『石室秘稿』は、前述のように幕末期に島津斉彬の側近として活動した、薩摩藩士市来四郎が収集・編纂した史料群であり、長崎訳・江戸訳両方が最も多く記録されている情報集のひとつである。年によっては詳細な頭注が付されているものもあり、内容的に信頼のおける写本であると考えられる。

次にその他の写本について、形式上特徴的な点を簡単にみてみたい。31・42・61・66収録の写本には、別段風説書最後のオランダ商館長の名前と、通詞の申上書・氏名、作成の日付がすべて省略されている。このうち31『和蘭襍録』には、最後に「右風説書嘉永二年六月二十三日所進港之和蘭人別段上也、西吉兵衛名村貞五郎所上聞云、嘉永二年十有一月初七日拱窓書楼主人識」とあり、書写した人物の手がかりがみられる。

38『荷蘭密報二』所収の写本は、最後に「かひたん　よせふへんりいれいそん　右之趣横文字書付を以申出候ニ付和解差上申候、以上　酉七月」とあり、2・44以外は大半がこれと同じ文言である。38は、通詞の署名は省略されているが、本文中には横文字をはじめ多くの注記があり研究の跡がみられる。2『力石雑記』所収の写本には、日付のあとに「通詞目付大小通詞」とあり、通詞の氏名は省略されている。また最後に「右一本嘉永三年庚戌三月集成　藤原重遠」とあり、書写年と書写者が明記されている。42・61・63所収の写本には、本文最初に「嘉永二酉年六月廿三日入津之和蘭陀人共ゟ申上候分西吉兵衛名村貞五郎ゟ差出候写」という文言が記載されている。これは他の写本にはみられない形式である。48『弊函一掃』所収の写本には、初めに「嘉永二酉年六月廿三日入津和蘭人共ゟ申上候分」とあり、最後に「西吉兵衛・名村貞五郎」二名の署名があり、同系統の写本と考えられる。おそらく30も同系統の写本を書写したものであろう。

44勝海舟関係文書「和蘭人風説書」中の「嘉永二年酉秋　清道光六十九年　西洋千八百四十九年１８４７　蘭秘書」と131五島藩家老青方氏の『嘉永七年甲寅風説袋天ノニ青方』所収の「別段風説」は、最後に「右之通船頭丼へとる阿蘭陀人申口かひたん承申上候ニ付和解差上申候　嘉永二年酉七月　石橋庄五郎」とあり、通詞一名のみが記載されているなど他の写本とは異なっている。出版されているものでは、143所収の「別段風説書　嘉永二酉年」は44に近いが、「右之通船頭弁へとる阿蘭陀人申口かひたん」までしか記載がない。146「嘉永二年己酉七月和蘭別段風説書」は「通詞目付・大小通詞」とのみあり、氏名の記載はない。書式では2と同一である。137所収の写本は「己酉万国　嘉永三年己酉　別段風説書」とあり、誤植がある。これも42・61・66と同様に商館長氏名・通詞氏名・日付とも省略されている。このほか出版物としては、139所収の嘉永二年「別段風説書」には最後に文言として、「嘉永二酉年六月廿三日入津之和蘭陀人共ゟ申上候分西吉兵衛名村貞五郎ゟ差出候写」とあり、記載の位置は異なるが、42・48・61などと同系統であると考えられる。そのほか、抜粋として記載がみられる106『阿蘭陀風説』には、「和蘭陀別段風説書抜」と題して中国の同行や、各国の軍艦、などの関心のあるところだけ抜粋して記録がなされている。最後に「義恕写」とあることから、尾張藩主徳川慶勝の十一男義恕による写であることがわかる。

### 第十号―二　嘉永二己酉年（一八四九）別段風説書　江戸訳

嘉永二年別段風説書の江戸訳は七点確認した。全二四ヶ条。長崎訳に比べると、条数が少なく、内容がコンパクトにまとめられている。江戸訳に共通する特徴のひとつとして、表題が「千八百四十九年別段風説書」で始まり、「別段風説書」から始まる長崎訳と大きく異なっている点が指摘できる。また翻訳方法も違いがみられ、外国の地名・人名・船名などが「　」で括られ、音節ごとに点が打たれる傾向があること、最後に「和蘭交易都督　れいそん」とあるのみで、日付や通詞の文言や連名がなく、いたってシンプルであることがあげられる。したがって江戸訳か長崎訳かは一見して区別することができる。38『荷蘭密報　二』所収の写本も、同様であるが、特に地名・人名に傍線がひかれ、地名に適宜横文字が注記されるなど、もともとオランダ語に通じた人物の写本であったと考えられる。佐賀藩鍋島文庫にある121『阿蘭密報』中の写本は後半部分が他と全く異なるが、最後に「西亭蔵写」とあり、出所の手がかりがみられる。

ここで翻刻したのは、111「嘉永二年己酉御内密別段風説書　江戸堀田原翻訳　土浦巨凹」である。この史料は土浦藩家老の手による写本であり、その回覧ルートについて佐藤隆一氏によって検討が行われている(60)。内容的には特に詳細な註がついてはいないが、本文中に大きな欠損などはみられず、国名・地名・人名・役名・元号などに適宜朱で傍線が引かれている。ここでは繁雑さを避けるためこれらの記号は省略した。46『石室秘稿』所収の写本三点は、それぞれ内容が同じだが、筆跡の異なる三種類が残されている。江戸訳によくみかける音節ごとの点はやや少なめであるが、頭注が付されているなどよく検討された形跡がある。この時期島津家が別段風説書を重視して長崎訳と江戸訳両方を入手し、比較検討して海外情勢を研究していたことがよくわかる。

第十一号―一　嘉永三庚戌年（一八五〇）　別段風説書　長崎訳

嘉永三年別段風説書長崎訳は一九点確認をした。全一二一ヶ条である。嘉永三年の写本には、本文表題が「別段申上候風説書」（46中に二点・67・124・131）とあるもの、「戌年別段風説書」（134）とあるもの、「別段申上候風説書　嘉永三年庚戌　千八百五十」（38）あるいは「嘉永三庚戌年六月　別段申上候風説書」（19）とあるもの、「嘉永三年庚戌別段風説書崎陽和解　上書　当戌六月十一日入津之阿蘭陀船より　御内密申上候風説書写　御内密申上候風説書」

（1・33・44・63・106・112・137、ただし1は、「上書」が「表書」となっている）、それを簡略化した「嘉永三庚戌六月十一日崎陽江入津の阿蘭陀船より上書　御内密申上候風説書和解」（31・61）とあるもの、「嘉永三年庚戌別段風説書和解御内密申上候風説書」（2）とあるものなどがみられる。

写本33・44・61・63・106・112・137の最後の部分はいずれも「右之通ニ御座候以上」の文言があり「戌六月」の下に「古加比丹」と「新加比丹」両名の名前がカタカナで記載されているのみであるが、46は、「右之通ニ御座候」の後、古加比丹・新加比丹のカタカナの署名があり、その後「右之通横文字書付ヲ以申出候ニ付和解差上申候、以上」とあり、その後に「戌六月」が入って通詞目付二名・通詞一二名の名が記載されている。46・67は、通詞の連名は省略されているが、書式としては同類になる。124も文言の簡略化がみられるがほぼこれに近い形式である。124は鍋島家文庫、67は島津家文書、46は薩摩藩士の記録、131・134は長崎奉行所関係である。こうしてみると、長崎および佐賀・島津などの九州諸藩には、写本の形式に共通性があることが推定できる。また、19の筑波郡小田村の名主・学者長嶋尉信の写本（『郁子園蔵』とある）や、63の堀口貞明による写本など、村の名主・学者クラスの写本も数点みられる。

ここでは通詞の名がすべて記載されている46を翻刻した。46は後年の編纂物であり、書式からすると写本67・124が当時のものに近いと思われるが、46には詳細な解説、司天台訳（江戸訳）との比較検討の跡がみられ、薩摩藩では詳細な情報収集と研究がなされていたことが推察できる。

そのほか特徴のあるものとしては、44勝海舟文書には、後年につけられたものと思われるが、中扉に「嘉永三年庚戌六月　嘳蘭頭目新聞紙（おらんだかぴたんふうせつがき）　靛山樓蔵」とあり、新聞紙を「ふうせつがき」と読ませている。61は、他の写本と比較すると、一つ書きが少なく、改行していない箇所がいくつかみられた。

ところで、この年のカピタンの氏名については、19・38・67・124・131・134は「古かひたん　よふせふへんりいれひそん　新かひたん　ふれでれつきこるねへりす　ろふせ」、46は「古カヒタン　ヨフセフヘンリイレヒソン　新カヒタン　フレデレツキコル子ヘリスロフセ」、112「古加比丹　ヨフセフヘンリフ、レヒソン　新加比丹　フレデレツキ、コリ子リフ、ロフセ」、44「古加比丹ヨセフ、ヘンリフ、レヒソン　新加比丹フレデレツキ、コリ子リス、ロフセ」、33「古加比丹　ヨーセップヘンリーレーソン　新加比丹　フレテレッキコリテリスロフセ」、61「古加比丹ヨウセフヘンリイレヒソン　新か比丹　フレデレツキコリ子リスロフセ」、31「古加比丹ヨウセフ、ヘンリイレヒソン　新加比丹フレデレツキ、コリ子リスロフセ」、2「古加比丹ヨフセフヘンリフレヒソン　新加比丹フレデレツキコリ子リスロフセ」、などさまざまである。写し間違いと思われるものが多いが、もとになった写本が異なっているようなものもあり、翻訳の表記の問題として今後の課題となろう。また、131の甲比丹の連名のあとに「右之趣両かひたん横文字を以申上候ニ付和解差上申候、以上戌六月本木昌左衛門」とあり、通詞一名の署名がある。67には最後に「嘉永三年庚戌九月七日写　拱窓書楼蔵」の文言があり、2も「右一条嘉永三戌年十二月集成　藤原重遠」とあり、筆写の年月日と書写者の手がかりがある。

第十一号―二　嘉永三庚戌年（一八五〇）　別段風説書　江戸訳

嘉永三年の司天台（江戸）訳の別段風説書は、「千八百五十年嘉永三年別段風説書」と題され、38『荷蘭密報二』・96阿部家文書・46『石室秘稿』所収の三点の写本を確認した。96は三四ヶ条、46と38は三三ヶ条で、一つ書きの数、濁点の有無、カタカナとひらがな、「困難」と「国難」など文字レベルでの相違は多少みられるが、38・46・96とも、内容・形式ともに同じである。特に38と96は、改行・改丁ともに全く同じで、筆跡もよく似ている。96は老中をつとめた阿部家が所蔵するもので、大変筋のよい写本であるが、破損がみられるため、ここでは38を底本とした。96については嶋村氏の論文を参照されたい。

## 第十二号―一　嘉永四辛亥年（一八五一）　別段風説書　長崎訳

嘉永四年の長崎訳は一五点ほど確認した。このうち、もっとも正本に近いと思われる132『風説書　自嘉永四年至安政四年』を底本に選んだ。一五点を比較検討した結果132は条文に欠がなく、しかも最後の通詞八名全員の署名・捺印がある。署名の筆跡はすべて同じであり通詞直接の署名ではなく事務的に作成されたもののようだが、押印があるものは132のみである。内容についてみると、132と同様に内容から欠条や脱漏がないものは、98神奈川県立博物館所蔵阿部家文書と46『石室秘稿』の中の二点である。これら四点はいずれも「別段風説」ではじまり、船名部分の一つ書きを除くと全部で一二七ヶ条からなっている。通詞の署名部分についてみると、46の中の二点と98は西吉兵衛と品川藤兵衛二名のみが記載され、98と46の中の一点についてはそのあとに縦線が四本ひかれており、以下省略したことが示されている。また98と46の二点にはイ・ロ・ハの記号と詳細な頭注が記され、特に江戸訳との比較検討がなされたあとがわかる。このようにそれぞれ記載に特徴はあるものの、これら四点が最も信頼のおけるものであることは間違いない。翻刻した史料が収められている132『風説書　自嘉永四年至安政四年』には、同年の下書きも収録されている。下書きには朱で訂正されている箇所がみられ、「一千八百五十年第六月四日（嘉永三年四月廿四日）当国王次男ウィルレムフレデリッキマウリッツアレキサンドルヘンデリッキカーレル（人名）死去仕候」では、年号月日部分に朱で訂正が記され、清書されたものは「一嘉永三年戊四月二十四日当国王次男ウィルレム　フィレデリッキ……」となっている。その他のところでも同様に年号月日がすべて和暦に書き直されている。また、誤字の訂正のほか、官名部分を「政事を預かり」としたり、「奉行役」を「都督職」に、国名では、「共和政治」を「合衆国」に、「ブリタニヤ」を「エゲレス」に、「ドイツ」を「プロイス」と統一するなど、正本作成にあたってのそのプロセスの一端を知ることができる。

そのほかの写本についてみると、44勝海舟文書「和蘭人風説書」、68島津家文書「風説書」、69島津家文書「別段風説　嘉永四年辛亥千八百五十一年」、126鍋島家文庫『籌辺新編　蘭人風説八』、137『鈴木大雑集』、139『有所不為斎雑録』所収の二点は、いずれも「別段風説書　嘉永四辛亥千八百五十一年　崎訳」と題され、最後は「亥七月」とあるのみで、カピタンの名や通詞氏名は記されていない。また同様なもので1上原昌邦文書『自嘉永三至安政二風説書』所収の写本、47箕作家文書『夔蓭筆記』八所収の写本は「別段風説　嘉永辛亥千八百五十一年」とあり多少表記が異なるが、あとは同じである。これらは、いずれもカピタン名や通詞の署名がなく、条文が抜けていたり、順番が変わっていたり、一行飛ばしてしまうなどの写し間違いがみられるものである。特に共通して間違えている箇所として、イギリス・オランダの軍艦名が列挙されているところで、一〇隻分の脱漏がみられる。おそらく二丁分同時にめくって書き写してしまったのであろう。

第十二号—二　嘉永四辛亥年（一八五一）　別段風説書　江戸訳

嘉永四年の江戸訳は今のところ、鍋島家文庫の中の128『和蘭風声』と、同じく鍋島家文庫の126『籌辺新編　蘭人風説八』の中に所収された二点のみ確認している。いずれも本文表題は、「和蘭風声嘉永四年辛亥」、最後のオランダ商館長の署名は「和蘭交易総督フセホス敬陳」とある。128の中扉には「和蘭風声　完　御手元本　写」とあり、鍋島藩主所蔵のものを写したものであることが窺え、以後四七ヶ条にわたり筆写されている。このうち、六・九・十・三十三ヶ条には、地名や言葉の意味に関する頭注が付けられており、研究のあとがみられる。126は128より箇条数が二つ少ない四五ヶ条であるが、内容は同一で、第十九条中に、128の二十・二十一条文が含まれていることによる。本文中縦棒線が各所にみられるが、これは128も同様である。おそらく原文には、ここに何か記されていたのだと思われるが、両者ともにこの部分は省略され、棒線が入れられている。ここでは、比較的研究が進んでいる126『籌辺新編』所収のものを掲載した。

この年の江戸訳は長崎訳（第十二号―一）と比較すると、江戸訳六条目「和蘭領印度大総督イ、イ、ロギュッセン五月十二日其職を去る……ア、イ、トイマール、ファン、トウイストは彼の三月の始本国を辞し、途を陸路尓取て独逸の首都（勿能ならん）を一覧し、五十四日を経て五月十日爪哇に入る」とある部分では、長崎訳では五月十二日が四月十二日、五月十日は四月十日になっている。江戸訳では原文に併せて太陽暦でそのまま記載している。また「ホン子スはヒーセ・フレシデント・ファン・デン・フード・ファン・子ーデル・フンツ・インディーの官尓任す、これイ、ル・レインスト此官尓任せしが其官を解て本国尓返るを願ふが故尓今これ尓代らんとて来れるなり」とある部分については、長崎訳46では、「一　フィーセプレシデント（官名）イ　エル　レインスト（人名）退勤相願候尓付其跡明有之候、一　右イ　エフハファン子ス（人名）は以前久敷爪哇地役職の者尓て和蘭所領東印度のリットインデンラート（官名）尓有之候」とあり、頭注で「其跡明之ノ一語司天訳ト全ク同シカラス司天訳条理明白ナリ但原語如何ヲシラス」とあり、司天台訳（江戸訳）を評価している部分もみられる。その一方で、江戸訳は省略も多く、例えば外国船の記述では、

一　英吉利船の印度及び支那海ニ在る者大小十二艘内リーニー　フレガツト　スクルーフストームボード　水蒸船兵粮船病養船等也

一　是班牙兵船の数詳ニすべからす

一　和蘭の船二十九艘内フレカット一艘名ハ、プリンスフレデリツキファン子ーデルランデンと云ふ、其余は太底小船ニてブリツキ又はスクー子ルブリツキなり、蒸気船は十二艘なり

と省略されており、これ以外でも簡略化されているところが多くみられ、長崎訳と併せて参照することを前提とした訳のように見受けられる。

第十三号―一　嘉永五壬子年（一八五二）　別段風説書　長崎訳

嘉永五年の長崎訳は、全文が伝えられ筆写されたものと、ペリー来航情報に関する部分のみが記録されたものとの二種類がある。全文が筆写されたものは、132『自嘉永四至安政四年　風説書』所収の写本、46『石室秘稿』の中の二点、146『向山誠斎雑記』所収の四点を確認した。嘉永五年の別段風説書は全六七ヶ条で、いずれも本文は「別段風説書」で始まり、最後は仮名文字で古カピタン・新カピタンの名が記されたあと「右之通和解差上申候以上　子六月」とあり、通詞の名が記載されている。このうち底本とした132は通詞五名の名とともに押印がなされ、正本に最も近いものである。46所収の二点は押印がないだけであとは132と同じである。146は通詞名が四人のみで最後の楢林栄七郎の名が書き落されている。46所収二点には「与東訳稍異」「今又云々数句措語艱渋且与東訳不同不知得原文」「両訳不全同」「両訳不同」などと頭注が付され、長崎訳と江戸訳との対比など研究の跡がみうけられる。

この嘉永五年の別段風説書は、ペリー来航情報を含んでいたため、特に警戒され、極秘にされたらしい。しかし逆に問題の箇所のみが独り歩きし、その部分だけが広く伝播していくことになる。長崎訳における問題の箇所は以下の

とおりである。

一　阿蘭陀所領印度の都督千八百五十二年第四月七日嘉永五子年閏二月十八日評決の上日本商館のかひたん職をドンクルキュルシェス人名尓命し、フレデレッキュル子ヘリスロフセ人名と交代致させ申候、尤ロフセ儀ハ当人の願ニより首尾能かひたん職を免申候

一　新かひたん儀ハ以前阿蘭陀所領印度ニ有之候大裁判所の評議役ニ有之候

（中略　軍艦名）

一　爰ニ又一説有之候、北アメリカ供和政治の政府日本国ニ使節を送り日本国与通商遂度由ニ有之候

一　右一件左之通ニ有之候

一　右使節は供和政治のプレシデント供和政治の司より日本ケイスル帝の弟尓書翰幷日本漂民送越候由ニ有之候

一　右使節は日本湊の内二三所北アメリカ人交易の為開度、且日本湊の内都合宜所ニ石炭を貯置きカリフォルニー地名与唐国与蒸気船の通路尓用ひ度願立候由ニ有之候

一　北アメリカ蒸気仕掛軍船シュスクガンナ船号右船将アウリッキ人名幷コルフヱット船四艘即サラトカ船号プレイモウト同上シントマイレス同上ファンタリア同上当時唐国海尓罷在候

一　一説尓は右船々使節を江戸尓差越候命を請候由ニ有之候

一　当時の説尓ては、船将アウリッキ人名使節の任を船将ペルレイ人名尓譲り、且唐国海尓有之候アメリカ海軍数艘の蒸気船左の通相増候由ニ有之候

一　ミスシスシッピー船号船司キリン子イ人名但此船に船将ペルレイ人名罷在候

一　プリンセトウン（船号）船司シッド子イスミット（人名）

一　ブリッキ船ペルレイ（船号）船司ファイルファクス（人名）

一　兵糧運送船シュプレイ（船号）船司アルトヒュルシントカライル（人名）

一　風聞書尓は上陸囲軍の用意も致し諸道具積入有之由ニ候、併右船々第四月下旬（当三月初旬ニ当る）前ニは出帆難成、着は今少し延引可致由ニ有之候

古かひたん　ふれでれつきこるねへりす　ろふせ

新かひたん　どんくる　きゆるしゆす

長崎訳別段風説書のペリー来航予告情報にあたる上記の部分を引用する写本の多くは、この年に着任した新カピタンがオランダ国王の命令によって持参した、ペリー来航の詳細な理由や日本開国のための「方便」について記した「咬𠺕吧都督職筆記」や、「日蘭通商条約草案」にあたる内容のオランダカピタンからの封書の受理に関する幕府内部での手続きを記録した書類の中に登場する。1『自嘉永三至安政二風説書』「嘉永五壬子年長崎奉行牧志摩守伺」、2『力石雑記』「阿蘭告密」、11大槻文庫『嘉永壬子和蘭告密書御受取始末（附米利幹渡来記）』、31『和蘭襍録』「嘉永五年子六月和蘭風説申上一件諸書付」、61静嘉堂文庫大槻文庫『紅毛告密』「嘉永五壬子年六月阿蘭陀国王依命令ニ咬𠺕吧都督職筆

記長崎奉行へ相呈候始末付明年北亜墨利加渡来之風説和蘭国王取計付存付書」などはみなその系統である。

61を例にあげてみると、「伊勢守殿　紅毛かひたん横文字指出候ニ付御内密奉伺候書付　牧志摩守」とあり、長崎奉行牧志摩守は老中阿部伊勢守に対して伺書とともに「和解為仕写紙三包」を添えて提出している。そのひとつは、「子六月六日紅毛新古かひたんゟ指出封書横文字真書物一、同和解一　通詞西吉兵衛　森山栄之助　請取候事」とある包、ふたつめは「六月十日両かひたんへ通詞を以相尋候口達覚幷かひたん請書和解共三通」、三つめは「子六月十日夕通詞を以かひたんニ相達候口上覚幷翌十一日かひたん再願横文字和解共三通」とあるもので、このうち三つめの包の中に「別段風説書之内」とある嘉永五年別段風説書の抜粋が含まれているように記載されている。これらの書類は七月二十日新部屋において老中牧野備前守に直接提出され、深谷遠江守・戸川中務少輔・井戸鉄太郎ら海防係りによって議論されたが「長崎奉行ゟ申上げ候今般渡来之新カヒタン持参ノ咬𠺕吧頭役書記之義ニ付御内慮奉伺候書面幷為見合御書抜之風説書とも一覧仕候処」とあることから、参考資料として提出されたものであることがわかる。議論の結果、昨今の国際情勢を鑑み、「阿蘭陀新カビタン持越候咬𠺕吧都督之者筆記致候書付之義一旦御国禁之趣ヲ以難受取旨申諭候上者当地へ伺之上受取候も不都合ニ候得ハ、筆記と有之候上者縦令長崎奉行ニ候共書翰とも違ヒ可申哉ニ付、弘化度申諭之趣ニ相障候義も有之間敷候間、右之心得ヲ以此上書翰ニ而者無之全ク筆記ニ而答書等望候筋ニも無之哉之旨篤と相尋、弥筆記ニ候ハヽ、別段風説書も同様之心得ヲ以其方共手限ニ而受取一覧致候義ハ不苦、左候ハヽ、右書付御役所へ通詞共呼寄隠密ニ和解為致当地へ差越候様可致候」として、別段風説書と同じ扱いならば受け取り可能としたことがわかる。八月十七日「上書カビタンへ　再度尋之口上振答横文字幷和解　紅毛通詞へ」として「咬𠺕吧頭役筆記差出方通詞迄両カビタン相伺候者、右者別段風説書差出候手続ニ取計可申」と通達され、その結果「咬𠺕吧頭役書記致し候書付」は八月下旬に新カピタンドンケル・クルチウスと牧との間で手渡されている。この一連の記録には、このとき受け取った書付の内容といわゆる「日蘭通商条約草案」の内容まで記録されている。

122鍋島家文庫「阿蘭陀差出候書類和解写　秘冊」は、1・11・31・61ほど詳細ではないが、国王の命令で持参した咬𠺕吧都督職からの書翰の受取りについて、子六月新古両カピタンから長崎奉行宛の伺書の和解から記録がはじまり、受け取りまでの経過のわかる書翰、子八月「咬𠺕吧都督職之者筆記和解」と子九月「甲比丹差出候封書和解」全文の記録が残されており、その中に「別段風説書之内」として、ペリー来航予告情報にあたる部分の抜粋が記録されている。最後に、「此冊嘉永五年丑六月渡来商船蘭人ヨリ差出候書類於江戸箕作氏ヨリ田中忠左衛門極内密写取書を写嘉永六丑年九月十七日写」とあり、江戸の箕作家の写本が佐賀藩に伝えられたことが明記されている。

また70島津家文書の「当子年阿蘭陀別段風説書之内」ではじまる書状は、ペリー来航に関する部分の長崎訳別段風説書の抜粋であり、警戒するように老中阿部伊勢守から島津斉彬に宛て出した書状が残されている。さらに岩下哲典氏が紹介された94徳川慶勝による「阿蘭陀機密風説書」所収の「当子年阿蘭風説」も部分的に記録されたものの一例である。このような、嘉永五年別段風説書をはじめとするペリー来航予告情報の幕府内外の伝達の詳細については、岩下哲典氏によって詳細に明らかにされている[61]。また、本書研究篇所収の岩下論文にも、関連史料の紹介と検討がある。

### 第十三号―二　嘉永五壬子年（一八五二）　別段風説書　江戸訳

嘉永五年の江戸訳は、46『石室秘稿』所収の二点、98阿部家文書「嘉永五年阿蘭陀別段風説書」、126『籌辺新編

蘭人風説九』の四点を確認した。このうち、46所収の二点は三七ヶ条、98は三八ヶ条であるが、内容はほとんど同じで変わりがない。一方126は、同じく江戸訳と考えられるが、翻訳の仕方が他の写本とまったく異なっている。また部分であるが、126と同じ系統の翻訳の仕方としては、水戸藩士鈴木大の『鈴木大雑集』(62)がある。これにはペリー来航予告情報にあたる部分が抜粋して掲載され、頭注として「此ノ子年別段風説書此ノケ条アルヲ以テ世上之動揺ヲ恐レ深ク秘し候旨ニて写し得不申候」とあり、この年の別段風説書が特別扱いされていたことが記されている。そのため、ここでは46の中の一点を掲載するが、〔参考史料〕として126も掲載することにした。98はすでに神奈川県立博物館嶋村元広氏による紹介があり、また研究篇でも詳細な検討がなされている。他の年にくらべると、江戸訳の比率が高いのも嘉永五年の特徴であろう。

第十四号　嘉永六癸丑年（一八五三）　別段風説書　長崎訳

嘉永六年七月着の別段風説書は、活字本も含めて一九点確認をした。このうち、

阿蘭陀船ゟ持渡候別段風説書和解出来ニ付差上候儀申上候書付

大沢豊後守

当年入津仕候阿蘭船持来候別段風説書壱冊かひたん差出候間和解為仕出来ニ付右横文字和解共差上申候、以上

大沢豊後守

嘉永六丑七月阿部伊勢守殿心得見置候様被仰聞三奉行江御渡

との前書きがあるものと、ないものがある。この部分から、長崎奉行大沢豊後守が幕府に別段風説書を提出し、その

後老中阿部正弘がこの別段風説書写しを三奉行に渡していることがわかる。この文言があるものは、1上原昌邦文書『自嘉永三至安政二風説書』、31『和蘭襍録』、45勝海舟文書「阿蘭陀別段風説書」、47箕作家文書『夔菴筆記』、137『鈴木大雑集26』であり、無いものは2『力石雑記』巻三〇「癸丑西洋風説」、46『石室秘稿』「別段風説書」、62『管見叢話』巻五「嘉永六癸丑年別段風説書」、126『籌辺新編　蘭人風説九』、132『自嘉永四年至安政四年　風説書』「別段風説書」、135『叢記　六七』「和蘭別段風説書」、139『有所不為斎雑録』所収「別段風説書」、146『向山誠斎雑記』「癸丑別段風説書」などである。以下およそ五六ヶ条にわたり世界情勢を伝えている。このうち126には「別段風説書」とある前に「当秋阿蘭陀船より差出候別段風説書和解一冊差進候間為心得見置候様可被致候事」と記載された切紙が添付されており、情報伝達ルートの一端を示している。45を除き、通詞名六名の名が記されている。132のみ押印がある。45は通詞名部分に欠損が見られる。

翻刻した132は147『大日本古文書　幕末外国関係文書』第一巻[63]で活字化されているものと同一であると思われるが、正本にもっとも近いと思われることからこれを翻刻した。132だけが三ヶ条目の一つ書きの「一」の文字が抜けているが、内容的には欠損はみられず、他の写本と同じである。132の活字化と思われる147では、この抜けた一つ書き部分が改行されずに、二ヶ条目に組み入れられた形になっており、活字化するにあたって、改行の意味をくみ取れなかった可能性がある。147の三二七号文書では、本文の出典は「長崎奉行所関係書類」であるが、そのまえに「町奉行書類所収外国事件書」を出典として前書き部分が掲載され、そのほか朱書として「丑七月廿四日、伊勢守殿荒井甚之允を以御渡」とあり、老中から町奉行所へ七月二十四日に荒井甚之允を通じて渡されていることがわかる。これらの前書きの記載から、嘉永六年の別段風説書の伝達の一端を知ることができる。また活字本の138『有所不為斎雑録』では「去年来る」が「十一年来」になるなどの誤読がみられる。132には「九冊之内下書　嘉永六丑年別段風説書」が残されており、西暦を元号に直すなど、添削の過程を知ることができる。なお、この年の江戸訳は今のところみつかっていない。

第十五号　安政元甲寅年（一八五四）別段風説書　長崎訳

嘉永七（安政元）年七月着の別段風説書は、活字本も含めて二三点確認をした。嘉永七年は江戸訳はみつかっておらず、現在確認された写本は長崎訳のみであるが、その数は多い。ペリー来航は再来の年にあたっており、海外情報への関心が高まったためと思われる。写本の校合を試みたところ、内容に大きな違いはないが、一つ書きの付け方の違い、写し間違いや文章の脱落、誤字・脱字、「てにをは」などの助詞の変体仮名の違い、外国の地名・人名の表記の違いなども含めると一つとして同じ物がない。このような中で、もっとも正本に近いと思われる132長崎歴史文化博物館所蔵の別段風説書を底本とした。ただし、132『従嘉永四年至安政四年　風説留』の中で嘉永七年についてのみ通詞の押印がみられないが、最後に異筆で、「右懸り通訳して写さしめ直ニ引継之　水野筑後守」とあり、長崎奉行の署名がみられることから、信頼のおける史料であると考えてよいと思われる。

多くの写本を対照する中で、いくつかの特徴ある写本もみられる。86横山文庫『甲寅荷夷報条』には、「温故堂文庫」の印がある。温故堂は和学講談所のことで、塙家が主催した。幕末期には林大学頭の配下にあり、外交の先例調査なども行っており、別段風説書の写本があっても不思議ではない。この写本の特徴としては最後に次のような文章が添えられている点である。

別段風説取扱之次第　　極秘々々

別段風説ハ崎陽尓て和解致和解計を江府へ差出し候処、田口加州勤中前浜松侯御好ニ而本書を添差出候事ニ相成、内藤房州勤中松平河州より福山侯へ申上一枚タリトモ他へ不漏様、本書ハ役所ニ而開封於御役所通詞四五人手附用人立合熟訳致させ、草稿ハ鎮台の手元へ取上、清書二冊（一冊江府上・一冊鎮台控）二冊の内無之定ニ相成、其頃薩州佐賀筑前ゟ心得之為表向借用いたし度旨申越、江府へ伺候処、かし候儀者決而不相成、御国筋尓て入用之処も有之候ハ写を取遣へしとの御下知

ここには別段風説書の手続きが記されており興味深い。詳細は研究篇佐藤論文を参照されたい。ただ、86は他の写本と比較すると間違いが多い。例えば二条目のオランダ国王の妹の女子の出産の日にちについて、他の写本の大半が「正月五日」とあるのに対してこの写本だけが「正月十五日」とある。また「エゲレス支配印度領シンガボールの事」では、シンガポールでの一揆の生捕り人数について「五百十三人」とあるが、他の多くの写本では「五百十二人」とあるなど、数字上の違いが多くみられる。

写本は全く同じ物はないが、その中でも特に類似するのが136臼杵市臼杵図書館所蔵の写本と83近藤海事文庫『風説書秘録』所収の写本である。136は昭和二年稲葉家寄贈の印があり、稲葉家が所蔵していた写本であることが知られる。例えば「事」を「ヿ」と表記する点、他の写本が「総督職高位」とあるのを「総督職家位」と記載する点など、挙げればきりがないが、特に「ドイツ国の事」とあるところでは、ドイツおよびヨーロッパ各国からの移民の出国の船数と人数を記した箇所で、83・136は出国の船数一二三艘、人丁一万一七五七人としているが、7・86を除く他の写本ではすべてが船数一二三艘、人丁一万八七五七人としている。他にも類似する部分が多くあり、同一系統の写本と思わ

れる。ちなみに86は船数が一三三艘、7は船数一六三艘としており、他の写本と異なっている。

この他、34・37・47は地名・人名に傍線がある。54は老中五名から土屋采女正に回覧されるなどの回覧ルートが明らかになる。これについては研究篇の佐藤論文に詳しい。139の最後に「甲寅後七月謄写了　堅木生」とあり、詳細は不明だが書写者の手がかりがある。7狩野文庫の最後には、寅七月晦日付のオランダカピタンから長崎奉行宛の書状が付されている。

第十六号　安政二乙卯年（一八五五）別段風説書　長崎訳

安政二年卯七月着の別段風説書は、活字本も含めて二一点を確認した。安政二年も江戸訳はみつかっておらず、写本は長崎訳のみである。その中でも、翻刻した132所収の別段風説書は、全一四二ヶ条で、唯一通詞七名の署名と押印があり、年月の記載もみられ、最も信頼のおけるものである。55土浦藩土屋家文書、72島津家文書、126鍋島家文庫『籌辺新編蘭人風説十』所収、4「南部家図書」印のある盛岡中央公民館所蔵の別段風説書、107名古屋市蓬左文庫所蔵の別段風説書、52津軽家文書の別段風説書は、通詞七名の名前と年月がないことを除けば132と全く同じ形式で記載されており、改丁もほぼ同じ個所でなされている。これら土屋・島津・鍋島・尾張・南部・津軽に残されたものは、長崎奉行所から老中に提出されたものを改行箇所も含めてほぼ正確に写し取った写本であるということができる。ただし、72は綴じ間違いが一か所みられる。107は最後に「安政二乙卯冬年自水戸殿順達写」とあることから、水戸藩主から尾張徳川家に順達されたものであることがわかる。順達とあることからみて、諸大名間できめられた情報伝達ルートが成立していたことが窺える。55土浦藩家老大久保家文書には、阿部伊勢守・牧野備前守・久世大和守・内藤紀伊守の四老中から土屋釆女正にあてて廻達されたものであることが記載されている。これについては佐藤論文を参照されたい。52には表紙に朱書で「安政二乙卯九月廿八日阿部伊勢守様ゟ御封書ニ而御渡之　御右筆控」とある。

同様に、安政二年の別段風説書には、回覧ルートの記載があるものが多い。87都立中央図書館反町文庫『桂園叢書』所収のものには「評定所一座・大目付・海防掛大目付・御目付・浦賀奉行・下田奉行・箱館奉行　一覧附ケ有之」との記載があり、その回覧ルートが明記されている。また、137『鈴木大雑集』所収のものには、「右以箕作氏本校之　安政三年丙辰二月三日夜時鶏鳴成　鈴木大云右ハ薩州日下部伊三次ノ自筆書写ヲ余ニ贈ル所ナリ」とあり、水戸藩士鈴木大は、薩摩藩日下部伊三次から別段風説書を入手したこと、『鈴木大雑集』の編纂に携わったものが箕作氏本と校合を行ったこと、などを知ることができる。

37宮内庁書陵部の写本には、通詞の名前はないが、通詞のことをさして「舌人七人」と記載している。61には朱点があり、16・22・137には地名・人名などに傍線がり、22には朱筆による注もみられ、書式も132などとは異なっている。

第十七号　安政三丙辰年（一八五六）別段風説書　長崎訳

安政三年辰七月着の別段風説書は、活字本も含めて二四点を確認した。安政三年も江戸訳はみつかっておらず長崎訳のみであるが、安政二年に引き続き、多くの写本が残されている。ここでは、旧幕府引継書類の49『海外事類雑纂』巻第一所収のものを選んだ。全一〇五ヶ条で、辰七月、通詞四名の署名がある。中扉に朱書で「辰八月十九日伊勢守殿早川庄次郎を以て、評定所一座・林大学頭・海防懸・大目付・浦賀下田箱館奉行・御目付江御渡」とありました、「辰八月十九日一覧仕候、評定所一座」とあることから、老中阿部伊勢守から正式ルートで回覧されたものの写であることがわかる。49の写本は年号・国名等写しまちがいがあるため【　】をつけて147で補った。

　このほかにも安政三年の別段風説書には、安政二年と同様に回覧ルートが記録されているものが多い。50は、駿府町奉行をつとめた貴志孫太夫編纂による「貴志氏図書記」印が押された『朝暾集』第二十五巻所収のものであるが、そこには「風説書被遣候御請　坪内伊豆守・村上信濃守・貴志孫太夫　御別紙拝見仕候、当秋阿蘭陀船ゟ差上候別段風説書和解一冊被遣候間、為心得一覧仕、当地之面々茂相達可申旨被仰下奉畏、則申聞候、以上、　十月十六日　右三人性名　堀　備中守様・阿　伊勢守様・牧　備前守様・久　大和守様・内　紀伊守様」とあり、老中四名から駿府城代坪内伊豆守・駿府町奉行貴志孫太夫ら三名に宛てて回覧されたことがわかる。56は土浦藩家老大久保氏の記録だが、ここにも「安政三年丙辰十月十三日出ス、宿次同廿日到来之節相渡候写」とあり、回覧されたものであることがわかる。3は松前藩士だった中島家に伝わるもので、「阿部伊勢之守様ゟ柳之間御席上江御渡ニ相成候和蘭国ゟ差上候別段風説書幷御順達書之写　藤堂佐渡守様ゟ御使者を以御順達ニ付六卿筑前守様江御順達之事　安政三丙辰年十月十九日　松前崇徳」とあり、老中から柳之間詰の大名に伝えられたものが回覧されたものであることがわかる。

　早稲田大学図書館に伝わる91大槻文庫の中の写本には、最初に「左之達書幷別段風説書和解添　当秋阿蘭陀船ゟ差出候別段風説書和解、万石以下之面々江茂為心得一覧為致候様伊勢守殿被仰渡候、依之写壱冊相添申達候、御順達之上御返却可有之候　辰ノ十月」とある。また、添川廉斎による139『有所不為斎雑録』所収の写本には「評定所一座・林大学頭・海防掛・大目付・浦賀下田箱館奉行・御目付以下回覧受取書附」とあり、掲載史料と同じ回覧ルートを示している。筑波大学附属図書館所蔵の昌平坂学問所関係文書の中にある14には、最後に「安政三年丙辰十一月御目付中ゟ被為相廻謄写　佐藤新九郎」とあり、少しおくれて学問所にも回覧されている。佐藤新九郎が佐藤一斎の子であることは既述のとおりである。

通詞名でみると通詞三人（品川藤兵衛・荒木熊八郎・西慶太郎）の署名があるもの（17・92・137・147）と、西吉兵衛を合わせた四人の署名があるもの（2・49・65・126・139）とがみられるが、四人が正しいのであろう。

またこのほか、64には「羽州院内銀山」の印、65には「美作箕作氏記」の印がみられ、92には、「大槻氏蔵」とあるなど、写本作成者などを推察できるものがある。64は大きな違いはないが、ことば遣いなど本書掲載史料とは若干訳が異なっている。

第十八号―一　安政四丁巳年（一八五七）別段風説書　長崎訳

安政四年の別段風説書は、現在のところの残存状況をみると長崎訳六点・江戸訳一〇点であり、江戸訳の方が多く残されている。ここでは確認した長崎訳六点の中から、東京大学史料編纂所所蔵島津家文書に残されたものを選択した。73島津家文書「安政四年巳閏五月和蘭別段風説書」は、横半帳に記されており、明らかに手控として写し取ったものである。全一三三ヶ条で、「長崎奉行書類」を底本とした147『大日本古文書幕末外国関係文書　第十八』五二号文書や、その原本と思われる132『自嘉永四年至安政四年風説書』の安政四年別段風説書とも表記の違いなどを除けば一致することから、ほぼ欠条なく記載されていると思われる。ただし、一部欠けている部分や誤字がみられるので、【】をつけて132で補った。また132や147は、最後の日付と通詞の署名部分が「巳十月　名村八右衛門　楢林栄左衛門　荒木熊八　西慶太郎　西吉十郎」となっているのに対し、73は、「巳十一月　楢林量一郎㊞」となっている点に相違がある。さらに、長崎訳の特徴として、ヨーロッパ海軍をA、オランダ海軍をB、北アメリカ海軍をCに分類して、各国の海軍の船号・大砲数・船司名を分類して記載しているが、次にみる江戸訳では、以・呂・波で分類されている。18・139は海軍以下が省略されている。18は「戊午初夏写了」とあり、安政五年の夏に筆写したことがわかる。

第十八号─二　安政四丁巳年（一八五七）　別段風説書　江戸訳

安政四年の別段風説書江戸訳は、安政三年に体制がととのった蕃書調所で翻訳がなされたものと思われ、長崎訳に数か月遅れて完成している。これまでの江戸訳には、翻訳者の氏名の記載はみられないが、この年の別段風説書には、「手塚律蔵　市川斉宮　浅井雄三郎　西周助　山内六三郎　木村宗三　謹訳」とあり、江戸での翻訳に携わった通詞六名の名前が明記されている。翻訳の日付は大半の写本は「安政五戊午年正月」となっているが、5のみ「安政五戊午年正月十日」とある。いずれにしても、江戸訳が完成したのは長崎訳よりおよそ三ヶ月遅れてのことであったことが知れる。江戸訳には、「添書」として次のような記載がある。

千八百五十七年第十二月当巳十二月十二日出嶋尓於此の別段風説書を長崎鎮台江捧し
此の書ハ当夏落手せし故尓猶早く捧へきなり、然るに事務甚多忙なるを以て大に遅滞セリ
日本尓て和蘭の全権　ドンクルキュルシユス

これによると、巳（安政四）年十二月に出島で別段風説書が長崎奉行所に提出されたこと、本書は安政四年の夏にはオランダ商館長のもとに届いていたが「事務甚多忙」によって大いに遅滞したという、別段風説書の遅滞の理由が阿蘭陀商館長ドンクルキュルシュスの名で記されている。先にみた長崎訳の作成時期が巳十月ないし十一月とあることからすると、このオランダ商館長の記載部分の年月日は西暦で記されていることになろうが詳細は不明である。ま

たこの添書は、36・41・51・53・57・147にみられ、このうち41・53・57は添書が本文の前で、あとはすべて最後に記載されている。また、出島で長崎鎮台に提出した日付について、36・41が十二月十二日、51・53・57・93・147は十二月十五日とあり違いがみられる。5・30・74・126には添書の記載はない。

さて、安政四年江戸訳の写本については一〇点確認をした。それまで多くの場合箇条書きで記されていた別段風説書はこの年のものは30を除き一つ書きはみられない。また既述のとおり商館長の「添書」があるものとないもの、あるもののうち添書が前に記載されているものと後に付けられているもの、日付の違いなどがみられる。後半最後部分に記載されている各国海軍については、以・呂・波で分類され、船名・砲門数・船司名など詳細が記載されているが、30のみは海軍の記載がイギリス軍艦のみで省略されている。74島津家文書と126鍋島家文書は、126のほうに一行欠落があるものの、改行・改頁ともにほぼ一致しており、同一の底本に基づく写本であることが明らかである。

53津軽家文書中の写本には、別段風説書の前半部分に欠があるが、幕府から諸藩への伝達経路に関する詳細な記述がある。これによると、二月五日老中松平伊賀守から松平陸奥守に別段風説書一冊・別段風説添書一冊・御添書一通三点が入った封書が渡され、翌日松平陸奥守から松平加賀守・松平越前守・松平阿波守・松平三河守・松平安芸守・松平大膳大夫・松平兵部大輔・松平左兵衛督・津軽越中守・南部美濃守・松平土佐守・立花飛騨守・松平大和守・松平右近将監・佐竹右京大夫・松平大蔵大輔・松平飛騨守ら、大廊下・大広間詰の一七家に宛て封書が廻達されている。この時在国・在邑の面々へも写をもって差回すように命じている。津軽越中守へは松平飛騨守から廻達され、江戸で写をとって、三月十三日に松平陸奥守へ返却したとある。津軽藩では別段風説書・別段風説添書とも美濃書で「御前江一通り、侍従様江一通り　御用所江　一通り」三通の写を作成し、添書・陸奥守よりの廻達書は上三好半切に写したとある。侍従様へは三月二十九日に御側役御使者席小山内官蔵をもって差上げ、御用所へは三月二十七日御家老衆へ御側役をもって渡された。拝見の上国元へ御差下しになったとある。また同じく二月五日老中松平伊賀守から、九鬼長門守・細川若狭守・伊達若狭守・細川山城守・織田兵部少輔・九鬼式部少輔・松平淡路守・京極飛驒守・南部丹波守・堀長門守・前田丹後守・北条美濃守・津軽土佐守ら柳間詰の面々はじめ、交替寄合衆へも廻達するように命ぜられ、中川修理太夫から廻状が出されている。六日松浦豊後守衆（肥前平戸新田藩）から津軽本次郎衆に順達されている。また二月二十二日には前田丹後守（上州七日市藩）から使者をもって若殿にも伝えられ、即日若殿に差し上げ、二十三日に下げ渡され、右筆らが書き写し二月二十五日に返却とある。

このほか「高麗環雑記・堀口貞明筆記」を底本とした『大日本古文書　幕末外国関係文書第19巻』第一五五文書147には、「安政五午年二月十四日　去巳年、阿蘭船ゟ差出候別段風説書和解、為心得一覧候様、万石以下之面々江相達可申旨、伊賀守殿被　仰渡候、依之写一冊相添申達候、順達之上、早々返却可有之候、以上　二月」とあり、江戸訳は、二月になって万石以下の面々へも回覧されたことがここからもわかる。土浦藩家老土屋家文書中の57には、

午二月十六日宿次ニ申来　去巳年阿蘭陀船より差出候別段風説書和解為御心得差遣候、尤其地之面々江も被相達候様ニ与存候、以上

二月九日　　服部中務大輔　　内藤紀伊守　　久世大和守　　土屋采女正様

とあり、二月十六日には宿継に土浦藩に伝えられていたことがわかる。

このように、江戸訳の写本が各地に多く残されているのも、幕閣によって公的に回覧されたためであり、二月から三月にかけて各藩に伝えられていたことがわかる。この点については、研究篇佐藤論文を参照されたい。ここでは、

添書があり、比較的正確に写し取られている宮内庁宮内公文書館所蔵の36を掲載することにした。欠損部分には【 】をつけて92で補った。

以上、各年の写本の所在状況と史料の書誌的特徴を中心にその概要について述べた。各年の別段風説書の内容については、松方冬子氏(64)によってすでにその全貌が明らかにされており、また総論一において佐藤氏がその概要を紹介しているので、ここではあえて触れなかった。

註

(1) 日蘭学会編『和蘭風説書集成』上巻・下巻(吉川弘文館、一九七六年・一九七九年)。
(2) 松方冬子『別段風説書が語る19世紀　翻訳と研究』(東京大学出版会、二〇一二年)。
(3) 註(1)と同じ。
(4) 安岡昭男「和蘭別段風説書とその内容」(『法政大学文学部紀要』第一六号、一九七〇年)。
(5) 松方冬子編『オランダ風説書と近世日本』(東京大学出版会、二〇〇七年)二三八〜二三九頁。
(6) 『国書総目録』(岩波書店)、国文学研究資料館編『古典籍総合目録』(一九九〇年)。
(7) 松方冬子「新紹介・一八四五(弘化二)年の別段風説書和文テキスト―佐賀藩鍋島家文庫『籌辺新編』から―」(『論集きんせい』二六、二〇〇四年)。
(8) 前掲註(4)安岡論文。
(9) 前掲註(5)『オランダ風説書と近世日本』一六一頁。
(10) 後述、小解説第五号を参照。
(11) 松本英治『近世後期の対外政策と軍事・情報』(吉川弘文館、二〇一六年)。
(12) 後述、小解説第十三号参照。

(13) 前掲註(4)安岡論文。
(14) 詳しくは後述の第五号小解説を参照。
(15) 安岡氏は、前掲論文註(4)の中で、江戸訳の初見が嘉永元年であるとしている。
(16) 所蔵館などは表1を参照。箕作家については、蘭学資料研究会編『箕作阮甫の研究』(思文閣出版、一九七八年)、岩下哲典『津山藩』(現代書館、二〇一七年)、呉秀三『箕作阮甫』(思文閣、一九一四年)、山陽放送学術文化財団『岡山蘭学の群像』Ⅰ・Ⅱ(二〇一六年・二〇一七年)などがある。
(17) 所蔵館などは表1を参照。鷹見泉石については、研究篇片桐論文を参照。また、『鷹見泉石日記』(吉川弘文館、二〇〇一年)、片桐一男『蘭学家老　鷹見泉石の来翰を読む—蘭学編—』(岩波ブックセンター、二〇一三年)、同「鷹見泉石の蘭学攻究」(『大倉山論集』一一輯)、同『鷹見泉石　開国を見通した蘭学家老』中央公論新社、二〇一九年)、鷹見本雄『オランダ名ヤン・ヘンドリック・ダップルを名のった武士鷹見泉石』(岩波ブックセンター、二〇一三年)、針谷武志「鷹見泉石と海防問題」(紀要『泉石』一、一九九〇年)、古河歴史博物館展示図録「鷹見泉石展」(二〇〇四年)、などがある。
(18) 詳しくは第十三号の小解説を参照。
(19) 所蔵館などは表1を参照。
(20) 所蔵館などは表1を参照。
(21) 所蔵館などは表1を参照。
(22) 学習院大学図書館所蔵。
(23) 西尾市岩瀬文庫所蔵貫志文庫本。
(24) 所蔵館などは表1を参照。
(25) 『向山誠斎雑記』(大口勇次郎監修、針ヶ谷武志編集・解説、全47、ゆまに書房、二〇〇一年)。
(26) 『内閣文庫所蔵史籍叢刊3』(汲古書院、一九八一年)。
(27) 江川文庫所蔵の古文書目録は、江川文庫ホームページ・国文学研究資料館ホームページから確認できる。また静岡県教育委員会『静岡県文化財調査報告書第五九集「江川文庫古文書史料調査報告書二」』で、その全貌がわかる。

(28) 前掲註(16)、『明治維新人名事典』(吉川弘文館、一九八一年)など参照。

(29) 蘭学資料研究会編『箕作阮甫の研究』(思文閣出版、一九七八年)。

(30) 現在の所蔵館は表1を参照。学問所関係文書は、昭和二〇年代初めに東京教育大学が古書店から購入したものである(筑波大学図書館ホームページより)。

(31) 岡山大学池田家文庫マイクロフィルム目録(s6―696)安政元年七月別段風説書和解。

(32) 前掲註(5)参照。

(33) 前掲註(17)参照。所蔵館などは表1参照。

(34) 所蔵館などは表1参照。

(35) 市来四郎については、国立国会図書館憲政資料室ホームページ、『明治維新人名事典』(吉川弘文館、一九八一年)などを参照。著書として「市来四郎日記」(旧大久保利謙蔵書・現鹿児島県歴史資料センター黎明館蔵)、「忠義公史料」(『鹿児島県史料』所収)、「順聖公御言行録」(岩波文庫『島津斉彬言行録』)、『島津家国事鞅掌録』(鹿児島大学附属図書館)などがある。また「石室秘稿 池上四郎家蔵雑記 明治十年擾乱事実 上使応答記一冊『石室秘稿』」(『郵政考古紀要』三九、二〇〇六年一〇月)、「市来四郎翁伝」(『史談会速記録』一二四~一四一)、「市来四郎君自叙伝」(『鹿児島県史料』忠義公史料第七巻、鹿児島県維新史料編さん所編)、『鹿児島県史料』斉彬公史料第一巻、『指宿市誌』、『薩摩海軍史』中巻(一九二八年)などに記載がみられる。

(36) 鈴木大については、日本史籍協会編『鈴木大雑集』(東京大学出版会、一九一八~一九年)、『内閣文庫所蔵史籍叢刊11 鈴木大日記』(汲古書院、一九八一年)などがある。

(37) 北海道立文書館ホームページ。

(38) 大槻磐渓については、日蘭学会編『洋学史事典』(雄松堂出版、一九八四年)、『日本歴史大事典』(二〇〇七年版、小学館)、『明治維新人名事典』(吉川弘文館、一九八一年)など参照。

(39) 菅政友については、『明治維新人名事典』(吉川弘文館、一九八一年)参照。

(40) 長島尉信については、土浦市史資料集『長島尉信著作集 土浦関係史料』(土浦市立博物館編)、茨城県立歴史館『幕末・農政学者 長島尉信とその時代』、『明治維新人名事典』(吉川弘文館、一九八一年)など参照。

(41) 所蔵館については表1を参照。一部国立国会図書館でも所蔵している。
(42) 木部誠二『添川廉斎―有所不為斎雑録』(無窮会、二〇〇五年)、『福山藩蝦夷見分「観国録」と有所不為斎雑録の北方関係史料』(添川廉斎追徳顕彰会、二〇一七年)、同『有所不為斎雑録の史料にみる日本開国圧力』(汲古書院、二〇一三年)などがある。
(43) 東京大学史料編纂所には謄写本が所蔵されている。
(44) 堀口貞明については阿部征寛「堀口貞明の思想と行動」(保谷徹編『幕末維新論集⑩幕末維新と情報』吉川弘文館、二〇〇一年所収)を参照。
(45) 色川三中については中井信彦著『色川三中の研究　伝記編』(塙書房、一九八八年)を参照。
(46) 所蔵館については表1を参照。
(47) 西川吉輔については、小林正彰『西川吉輔』(西川吉輔顕彰会、一九七〇年)、東京大学史料編纂所ホームページ、『明治維新人名事典』(吉川弘文館、一九八一年)など参照。
(48) 『文鳳堂雑纂』雄松堂マイクロフィルム。なお、福井保『文鳳堂雑纂』解説参照。
(49) 松方冬子『別段風説書が語る19世紀　翻訳と研究』(東京大学出版会、二〇一二年)。
(50) 松方冬子『別段風説書が語る19世紀　翻訳と研究』(東京大学出版会、二〇一二年)六～七頁。
(51) 松方冬子『オランダ風説書と近世日本』(東京大学出版会)二三八～二三九頁を参照。
(52) 『籌辺新編』所収の嘉永五年江戸訳については、他の写本と異なっている。詳しくは、小解説第一三―二号を参照。
(53) 註(51)と同じ。
(54) 註(4)参照。
(55) 松本英治『近世後期の対外政策と軍事・情報』(吉川弘文館、二〇一六年)八三頁。
(56) 松方冬子『オランダ風説書と近世日本』(東京大学出版会、二〇〇七年)一五七・一六一頁。
(57) 前掲(56)一六一頁参照。
(58) 松方冬子「新紹介・一八四五(弘化二)年の別段風説書和文テキスト―佐賀藩鍋島家文庫『籌辺新編』から―」(『論集きんせい』二六、二〇〇四年)及び同『オランダ風説書と近世日本』(東京大学出版会、二〇〇七年)。

(59) 研究篇佐藤論文参照。

(60) 佐藤隆一『幕末期の老中と情報─水野忠精による風聞探索活動を中心に─』(思文閣出版、二〇一四年)、研究篇佐藤論文参照。

(61) 岩下哲典『改訂増補版　幕末日本の情報活動「開国」の情報史』(雄山閣、二〇〇八年)。

(62) 『鈴木大雑集四』(日本史籍協会叢書133、東京大学出版会、一九一八年)。

(63) 『大日本古文書　幕末外国関係文書』第一巻、三二七号文書、六四五頁。

(64) 前掲註(49)参照。

# 史料篇

# 第一号　天保十一庚子年（一八四〇）別段風説書　長崎訳

『阿芙蓉彙聞　四』静嘉堂文庫　大槻文庫

和蘭暦数千八百三十八年天保九戊年ニ当るより四十年迄唐国ニ於てヱケレス人等の阿片商法を停止せん為ニ起りたる著しき事を爰ニ記す

一此二ヶ年唐国ニおゐて阿片商法を停止せんか為の事ハ、皆人の心さす所ニして其甚しき事他ニ秘し難し

一此事におゐて至極宜しき規則を立たり、即規則は唐国の政事を司れる官人の存寄にして、一応は其意通りニ成たれとも、末ニ至りて後爰ニ記する所の禍災起りたり

一此一体の事を記する前ニ先其阿片商法の最有益なる事とも爰ニ載す

一唐国ニ於て専ら阿片を用る事既ニ三百余年ニ及へり、是ハ欧邏巴人ある事未唐国ニ知さる前、既ニ亜蠟皮亜国及ひ印度の地ゟ唐国ニ弘まりたり、暦数一千七百九十六年の頃迄は其阿片は商法の最肝要たる桁となり、是ニより他の品と同様ニ運上増したり、此年ニ及ひて阿片を国内ニ入るゝ事并ニ人々是を用る事を厳しく戒め禁したり、昔諸密買のありし時、禁制の行届さる事ありし時の如く此節阿片停止甚厳なり、暦数一千七百九十五年寛政七卯年ニ当ルの頃ニ唐国ニ於て阿片焼捨ニ成たるハ員数一千箱なり、然るに一千八百十六年文化十三子年ニ至りて又焼捨ニなりたる事三千二百十箱ニ及へり、此後欧邏巴州静謐ニ及び印度之内ニヱケレス国の采地を新ニ得て、其所ニ阿片を製してエケレス人の己か

有益となしてより此商法年々増長し、一千八百卅六年天保七申年尓至りては是を唐国尓運送する事既尓二万七千箱、其翌年ニ者三万四千箱尓及へり、此銀高四千八百万キユルテン一キユルテンハ我量目尓して大凡五銭余尓当ると云(ユ)なり

一近年阿片を潤沢尓唐国尓運送して商法するに、其代り物として唐国より渡す所の品々は其限を究め、既尓此已前茶弐千弐百万ポント白糸七万ポントニ限りたりしに、当時尓至りてハ茶四千五百万ポント白糸百五十万ポント程の代り品尓なりたり、是尓て此商法の盛ん尓なりし事推て知るへし

一亜瑪港(1)及ひ広東辺専ら阿片を運送する事如此甚しきに至りし事、大清帝の禁制を憚らす、諸所の政道を司れる官人等賄賂の為尓是を見遁し、其賄賂の金を以て己か昇進の助の為となしたり

一当時の大清帝阿片の害なる事を考へ、往昔の如く唐国尓入れ又其用る事を堅く禁したり、然るに其法度極めて犯すものあらん、既尓此以前も亜瑪港及ひ広東尓て阿片の密買ありし故、其法を犯したるものは重き刑尓処せられたり、其比広東の奉行大清帝の命あれとも、密買売の制禁行届かさる尓より其奉行職のもの卑官尓せられたり

一再帝の寵を蒙らんか為尓専出精し厳なる法を設けし故、唐国商人及ひ外国の商人も阿片持渡の商売等を見遁す事今に至りては叶はさる也

一暦数一千八百三十八年天保九戌年第十二月尓阿片を積込たる唐船見改められ、其乗組の内阿片持主及ひ其仲ケ間相顕はれしより、唐人の内尓も法を犯し罪せられ或は囚人となりたるもの夥しくありたり、既に本商人(2)首械を入られたり

一外国人等ワンポアより広東尓スクー子ル二本檣の西洋船及ひ其他の屋形船尓て荷物運送制禁の法か本商人罪せられしより素に復し、阿片売買するものあらば唐国の役筋尓渡され、商売差留メ其住所を追出さるゝ也、然る時は其悪名一般尓流布すれはなり

一此後此制禁を守らさる事間々あり、よつて前尓いへる唐船より阿片を取上られたるエゲレス国の商人広東より追放し、其他欧邏巴州の商人等を囲ひ置事を禁し、若是を頓着セさる者あれ者其家を打毀つとの命あり

一諸外国人等訴へしハ、罪を犯したる者を一時尓追払ふ事なと役前尓ても致しがたく、さり迚は家抔（ナド）其儘置者唐国の法度尓違ひせん方なき事也、よつて外国人此節申立る所の事ハ、其家取崩し等の事三日程猶予あれば万端其余の命は急度守るとの事也

一エゲレス商人等阿片密売をセさる様尓申談行届たり、然ル尓唐国の法度尓逆へ者弥烈しき事に及ふへきと計り唐国商売を全く止めたり（阿片商売をやめたるなり他の交易を止たる尓あらす）

一千八百三十八年（天保九戌年）第十二月十二日唐国酋長の（按広東総督を云歟）命尓て亜墨利加商館の隣所尓ウェルクハアル○○（首を〆て死罪を行ふ柱）を建たり、是ハ禁制を犯し阿片商売をなしたる唐人を死罪尓行ふか為也

一此商売をなしたる外国人の住所少しも毀たれさる所より、大に心得違して終尓は其罪を免かれす、其商館尓様子を窺ふ唐人等其時集り、最初は物静なりしに兼て唐人の僻尓て騒き立たり、此時尓外国の商人等激して唐人ともを追ひ出セしより大尓不和おこり、終尓ハ唐人とも外国人尓対し礫を打大尓騒きたり

一総て外国人ハ棒を引提け集りて唐人の勢を防く事を勉強したれとも、漸々唐人の勢相加はり終尓凡七千人尓及ひし故、外国人等其勢を防き兼て各其館尓立退きたり

一マンデレイン（検使役の者）及ひ兵卒を出して外国人を防禦せらるゝ様に本商人（洋行商）ともとりなしたり、然れとも唐国の外国館尓乱入りたる唐の卑夫の勢夥しく、殊尓乱妨なる故何れも逃退きたり、其時卑夫の礫一人のマンデレインの頭尓中り、疵を受け倒れ全快のほと覚束なき体なり

一唐国の卑夫ハ礫をうつ事に妙を得たる故、硝子屑を外国人の家に投込内尓入らんとす、かく乱妨募りし後一隊のスタッツ、ソルタアト（街中ヲ警固する兵士）出て其一揆を防き止む

一外国人等前尓訴へ出たる次第尓因ては、広東の都督の命令尓仮令外国人等の住所たりとも決して其儘尓致し置訳なく、此住所ハ唐国の物たる事を示し、若此末とも密売買セしものあら者用捨なく唐国より追払ふとの事也

一第十二月十八日にエゲレスの重役より申渡あり、是則エゲレスの商人等に示セし事尓て、若禁制の商売したる船あらハ広東の川より追払ひ、唐国法令通りに取計ひ、其罪人はヱケレスの役筋ニて用捨すべからさるとの事也

一右申渡ありたる末エゲレスの重役申渡之意通ニ成たる故尓、其趣を広東の都督尓直尓申出、エゲレスの商売千八百三十九年（天保十亥年）第一月一日尓赦免ある様尓申立、同二十二日に免赦を得て、屋形船六艘広東と亜瑪港との間を通ハせ、書状並尓役掛りの者を卸したり

一已前の通り商売穏尓遂る事に至らさる前尓、唐国の法令を厳くして広東亜瑪港ワンポアにある船の吟味甚しきによりて商売の障となり、殊尓外国人等一向尓知さる禁制の品を取り出し、唐国役筋ニて急度外国人の仕業と疑を受し事あり

一唐国高官の人等帝尓銘々の存寄を申立、阿片国中尓て用ること及び入ることを防く便を考出し其趣を進達し、又々国中に命を下し、阿片を用る者ハ勿論仮令其器及ひ烟管等尓至るまて持扱ふものは死刑尓行ふへきとの触なり

一此趣意通りニ全取扱ふ尓は甚難き事ハ謂尓及はさる所也、其訳は外国の商人は勿論唐商人も阿片商売尓て莫大の利益あり、其利益尓て六ケ敷事をも償ひ一旦此阿片をのミ習ひし者ハ是を止むる事実尓難義なる故尓、前尓いふごとく互尓手段を尽す

一千八百三十九年天保十亥年第一月一日尓大清帝より広東港尓於ての調役兼奉行を申付て阿片商売を停止之命あり、此大切なる用向を命せられし者林則徐（リンチセイチユン）といへる福建（ウヲクワン）のオンドル、ユ（コ）ーニング也、この人一体勇且厳なり、是等の事ハ此人の取計風尓て知るべし

一第三月十日尓此人始めて広東尓到着したり、然るに其比黙止難き彼是の事ありたり

一皆人知るか如く、唐国尓てハ外国人江稠敷命あるハ本商人の外唐国の人と交を結ふ事成さるとなり、則其住所幷品物蔵等も他と引離し建もあり、漸々尓緩ミたる此禁制を第二月一日に再改められ、外国人住居所及ひ蔵の裏手の中市中の方に明き、市中の人と往来自由なりしを塗り塞がれたり

一第二月二十六日外国館の前の地面尓於て阿片商売唐人を死刑に行ひたり、此事を外国人等知れは極めて讐を為す事を計り、外国人等舟遊参の時を見済して其仕置したり、然ル尓外国人等帰館の上、是等の事奇怪尓思ひて商館尓建たる旗を引卸したり、此事唐人等大尓取驚く事也、其末外国人等是等の事ニ付大尓迷惑する由唐国の酋長尓申立たれとも一切聞入さる模様也

一第三月七日尓エケレスの重役唐国通を免れさる船川より追払ひ、再ひ来らさる様尓達したり

一調役兼奉行リンチセイチエ（ユ）ン広東に着迄の事ハ則右の如し、其末非常の事起りたり

一第三月十八日にリンチセイチユンより二通の申付書を渡し、一通ハ本商人一通は外国人へ渡したり、其外国人への申渡ニ者外国等広東の湊尓ある二十二艘の船尓積ミ請たる阿片を唐国役方ニ相渡すへく、然ル上其阿片を何の用ニも立さる様尓して已来持渡りを止め、若持渡に於ては其船及ひ積荷物をも取上け、乗組のものハ何れも死刑尓行ふと也、是等否の返答を三日程宥免されたり

一ヱゲレス人等命を拒たれとも、第三月十九日廿一日尓至て、亜瑪港及ひワンポアの通ひ口を兵卒方便尓て固め、川筋は武器を備へたる船尓て立切り、唐人の意の儘尓取扱れ、詮方なく一千三十七箱の阿片を渡す事を承諾したり

一右渡したる高ハヱゲレス人等囲の内の僅の高の品とて、調役リンチセイチユン、ヱゲレス商人の内重立たる一人を召呼て、其趣を申聞セて差出たる僅の高ハ受納せられずと申渡たり、此後成丈逃れんか為此命令尓服セさるに因て、第三月廿三日尓本商人二人足械を入、ヱゲレス館の前尓引出し、調役の意尓逆ふ尓於ては用捨なく死刑尓行ふとなり

一第三月廿四日尓外国商人へ食用の品を与へし唐人ハ死刑尓行ふとの命令あり、故尓外国人へ仕へし唐人等其死刑を免れんか為尓其手を離れたり、右を防かん為尓川手の方は三隊の兵船を以て取囲ミ、外国館の前尓は四千人の勢尓て囲ミたり、其日爰尓着セしヱゲレスの重役、唐国の調役リンチセイチユンに我国の徒此地を離れん為尓免状を願出たり、然れとも此事持囲ゐたる阿片差出、以来禁制を背き申ましとの盟約をしたる後尓右の願済たり、尤此盟約終尓破れたり

一此阿片密売買はヱゲレス人のミ尓て、和蘭人、仏郎西人及ひ亜墨利加人等は決して右等の事をせぬといへとも、差別なくヱゲレス人同様厳しき取扱を受たり

一第三月廿六日尓又制札を出セり、其趣意ハ、持囲ふたる阿片四分一を差出さは、ヱゲレス人尓仕へたる唐人を返すへきとの事、阿片半高を出さは食用の品を送り与へ且船の通行免す事、四分の三を差出さは商売元々の如く免し万事是迄の通尓致し置へきとの事也

一爰に於てヱゲレスの商人等差迫り、此場を免るゝに道なく思ひ、終尓右の達尓任せたり、ヱゲレスの重役差嵌ハ其国の人尓申諭セしハ、ヱゲレスの奉行所尓は自分より申訳は致し遣す故、爰尓持囲ひたる阿片ハ残らす差出すべく

となり、其阿片の箱数ハ二万二百八十三ニして、其価ハ二千四百ギユルテン也
一其趣意通ニ取計ひ出来迄、外国の重役共幷唐国の役人と打寄なと数度セし事あり、其打寄席ニて外国の重役共ニ取極をする様ニ申談たり、其取極は、阿片を一切持渡らす、若持渡るに於ては船幷積荷物取上、乗組の者なとは死刑ニ行ふとの事なり、然るに外国人の重役共其事不承知ニて、其一体の談の取扱整はす
一第四月三日に阿片を渡し初めて十六日四分の一を渡したり、因て外国人より召仕し唐人は、元々の通り仕る様ニ免されたり
一第四月廿日ニ半高渡したり、然れとも通ひ船の通行未免されさるによつて、其余渡す事をセす、此事第五月四日に通ひ船の通行及ひ商売免されし迄なり
一此日調役リンチセイチユンより申諭し書を出したり、其書付の趣意ハ、唐国ニ引留られ阿片商売差留られしエゲレス商人十六人唐国より追放したり
一エゲレス商人より阿片一万八千箱五月五日ニ渡セし末、商館の辺ニ五十人程の外国人を揃へて、広東ゟ追払ふといふ支度あり、然るに唐国役方の心得ニて翌日まて用捨あり、其時尚又申渡しけるは、此節一旦追払はれし者以来再渡相成らさるとの事也
一エゲレスの重役幷数人の商人等阿片渡セし後、広東ニ居る外国人等自分の身分も貨物の事もさて置き、先此処を立退き、亜瑪港ニ潜む方便を専とすへしと思ひしニ、果して意の通ニなしたり、此時其他(地)の外国人も夫ニ倣ひ、二百八十人居りし外国人の内第六月一日ニ至て漸廿五人残りし様ニなりたり、広東を引払ふ前エゲレス商人ニ其重役より申付しハ、此節の損亡の高を書記し差出さは、其難渋の次第エゲレス国役筋ニ申立へしとの事也、此一体の事ハ

左尓記す
第一　商売の為尓数多の貨物を積込たる船は、商売と(を)遂ん事を計り且何の害尓もならさるに、此純粋の商売を全く差止られたる事
第二　広東に居るすへての外国人を理不尽に取方いたし、既尓其内尓ハ商売方重役も居りし尓、かくなしたるは疑ふ処の阿片持主を吟味せんか為の事也、此阿片ハ欧邏巴人或は印度人の物ニ而価二千四万ギユルデンより三千六百万ギユルデンなるを渡させたり
第三　阿片を渡さゝる以前外国人尓対し申渡すに、唐国の(朱)令尓食背かは死罪尓行ふへきの麁忽の令あり
第四　外国人とも申極を致し置し以前より参り居るものハ勿論、新渡の右訳を知らさる者迄も同罪尓行ふとの事なれとも、是は非道なる訳とそ拒たるに、調役リンチセイチユンより号令を下せしハ、何れも罪を免れさるとの事也
一六月五日に調役リンチセイチユン申渡せしハ、外国人等是迄申立し訳あるに因て、其船を広東の港尓入れ元々の通り商売を免し、故障なく国尓帰る事をも免すとなり
一亜墨利加人のミ申談を承知して、第六月十一日尓商売元の通尓復したり、併エゲレス人は此事を承知せす、其模様を窺て船を湊尓繋け、何も船中尓潜居たり
一エゲレス人広東を立退き阿片商売を絶されし末、第七月中旬調役リンチセイチユン亜瑪港尓至り制禁の品の国尓入らさる様尓取極メ、夫ニ付色々手段あり、格別取用尓ならぬ程の瑣細なる事ハ見のがしたり
一外国人亜瑪港尓行幷調役リンチセイチユン着已来起りし事を記す前に、唐国へ渡したる阿片停止の次第を預メ爰尓

記す

一第五月廿九日大清帝より命せられしは、外国人より渡したる阿片二万二百九十一箱用尓立ぬ様尓せらるゝに因て、其旨土地の者江ハ勿論外国人も承知罷在へしとなり、但此阿片前尓記せし二万二百八十三箱の外九箱広東外尓て取押られたるによつて此高になる也

一エゲレス商人の内罪を免れし者は、第六月十七日唐船を以て兼て定置れし場所尓送られたり、此者の物語を条下ニ記ス

一阿片を囲し場所はチヱンホタより至て近き処也、此村は川辺也、チグリス川(3)の口より東尓当る、此所四五百フトト(ママ)（一フート曲尺尓て一尺〇五分）四角の墻あり、此東方を明け通ひ口の戸あり、此所尓番所を建られたり、但門通札所持セさるものは入ことならす、此墻より出る所のものも能吟味し糺す、此土地の者数人川辺尓て船中或は其辺の家或は山の上等にこもり阿片滅却する模様を窺見たり、其時数多の軍勢墻の南北に勢揃し居れり

一西方に当る墻の内尓三の壕あり、其壕は東より西尓通り其長さ百五十フート幅七十五フート深七フート底尓数(敷)石あり、周囲尓大なる木の柵ありて門を設けたり

一阿片を滅するに壕の中尓凡二フート清水を入れ、此水ハ其近辺の山より流るゝ様尓仕かけたり、其壕の中に二三フート宛間を離し板を置、其末人夫共籠入の阿片を其板の上に持運ひ、籠より出し足にて踏砕き壕の中尓蹴入れ、此時外尓人夫ありて鋤鍬を以て上下に攪(本ノ)セ、又外尓人夫ありて塩幷石灰を投じ是尓交ゆ

一此阿片能く水尓和する間其儘尓致し置、其末二フートの溝の方便を以て阿片水を送出し、壕の中を以て洗ひ濯きたり

一其人夫凡五百人あり、其差配の為尓七八拾人の兵士を入れたり、此兵士ともは何れも屋根のある桟尓ありて、能気

を付て守りたり、外の兵士は箱より阿片を運ふ所を守り、其箱ハ囲ある場所尓て打明け、箱幷包物番立船より卸したるものと違はさる様尓気を付たり

一実尓高価尓して災を起す阿片を、かく人々にも盗む事の出来ぬ様尓なしたる上は、此上の厳しき仕方なしとエゲレス人いへり

一調役リンチセイチユン亜瑪港尓着してより厳敷法令増したり、亜瑪港尓滞船したるヱケレス船の水夫上陸して土地の人と交りしとて、其唐人は死刑に行はれたり

一調役リンチセイチユン申付しハ、其法を犯したるもの唐国の法通り尓戒るに依て渡すへく旨を諭したれとも、エケレス人等承知セす、故尓第八月十五日尓至て食用の品を入る丶を留め、同十八日ニ至りては広東尓てセし如く、其召使の者を無理尓引取たり、尚此の如くなす時は、必ヱケレス人等自分の身に害ありと思ふ様尓唐人等計りたり、ヱケレス人等の考尓、かくの如きの模様尓てハ亜瑪港尓居るホルトガル（波爾杜瓦爾）人等に至るまても安心の場尓ハ至らすとて、ヱゲレス人等眷を召連船尓引越すこと良計なりと決し、同廿六日尓其意通尓したり、其後数艘の船ホンコング（香港歟）尓至る、此ホンコングハ船繋りに安全の場所なり

一第八月三十一日唐国海岸の住人等エゲレス人の上陸を防く事を命せられたり、故尓ヱゲレス人共殆食用尓難儀して余儀なく乱妨して食を求る事を思ひ付たり

一此為尓ヱゲレスの軍艦二艘（此内一ハ「スクフ子ル」とて二本檣の西洋船、一ハ「コットル」尓て一本檣の西洋船なり）唐国の砦ある処ハ近辺に押寄セたり、其後其所尓船繋したる唐国の軍艦に近づき、ヱゲレス人の船国印ある旗を引あけ、唐国の軍艦の頭役尓知らしむる尓は、若食用の物を与へされは建たる旗を引下げ直尓戦尓及ふとなり、唐国の住人等海浜尓食用の品を集めし所、唐国の酋長食用

の品を集めし唐人等にヱケレス船尓運ふことを禁したる故尓、エゲレス人等此砦幷唐船ニ向ひ石火矢を打かけし尓、唐船三艘直尓打砕け浜手に流れ、乗組の内少しは即死したり、エケレス船の方尓ては無難尓て纔三人手負たり

一此時唐人を殺せしものを差出すへく旨申付けれとも、其意通尓ならす、調役リンチセイチユンより申渡せしは、エケレス人上陸セ者直様捕へ殺すへしと唐人ともに諭したり、此時チクリス川尓船繫したるヱケレス船大尓騒きたち、端舟等を卸し往返し騒きたり

一第九月十二日チイパア（虎門口攔按）の湊尓船繫したるイスパニア（以西把尼亜）船（船号ビルバイノ）を、唐人等阿片を積たるエゲレス船と見て、数艘の軍船を以て取囲ミ、始は舟を焼討する為の仕組なれとも、其企通に行はれす、依て船尓石火矢を打かけ仇をなすと也、此乗組の者とも恐怖して得逆はす、船より飛下り多くハ唐人の手に捕はれ、其船は無理取尓して焼捨たり、乗組の内六人ハ唐人共亜瑪港辺の小島尓連越し、十三人ハ大端舟尓乗セ、其端舟ハ棹も楫も奪ひ衝放したり

一此難渋尓逢たる者共を格別ヱケレス人心配して助け、亜瑪港に連越したり、尤水夫の内六人は行方知れす

一チイパア（4）（攔按棣花港）の湊の密売買等を防く為に、亜瑪港尓あるホルトガルの役筋より武器を備へたる船を出し、船々を吟味させ、若制禁の品積請し船あれ者取上たり

一エゲレス商人ハ夥しき損亡あれとも、取扱あつて商売本尓復する事を希たり、第九月四日尓ヱゲレス重役と亜瑪港の重役と寄合ありて、唐国役筋よりの申渡書左之通り出たり

第一　阿片を積たる船は唐国の渚尓近寄る間敷事

第二　阿片を渡したる船幷十六人の追放されしヱケレス人も、子細なく唐の地を立退くへき事

第三　唐人を殺セしヱゲレス人を渡すへき事

第四　其余ホンコン尓ある舟ワンポア尓至るへき事

一万端唐国趣意通ニ取計ふへき旨を以、エゲレス重役申立しハ、極てエゲレス役筋より新尓命令あるへく間、夫迄猶予有度旨申立てたり、其後エゲレス人亜瑪港尓て荷積する事を免されたり、其余の商人も此免を得て亜瑪港尓帰り其商売筋の事を本商人と談合したり

一諸事以前の通尓復する事を希ひ、船々相互尓吟味合之(て)イゲル川の外尓て再ひ商売を開きたり

一唐国役筋の趣意は、阿片商売は其価尓ハ拘ハらす全く停止する事を心掛ケ、ヱゲレス人奇怪尓思ふ事を仕出したり、其趣向(者)てヱゲレス船の底を打砕かれしより第十月廿六日尓至りて大尓騒動となりたり

一調役幷其他商官の人より諭セし事彼是あれとも巨細ニ載せす、只爰尓眼目たる事を記するハ、亜瑪港よりエゲレス人を追払ひ或は召捕或は商売船を焼払ふなとの事也

一ヱゲレス人は此非道の取扱尓あへとも一向手を出さす、終尓記する如き事に及へり

一第十一月二日尓エゲレス軍艦二艘其船号一艘ハ「ホラアセ」一艘ハ「ヒヤシント」来り、其船石火矢五拾挺を備へ乗組三百人也、其船頭スヒットの支配尓て船をテイゲル川口尓入れたり、其所尓てキュンへイにある調役尓使者を遣り、其口達尓先達而エゲレス商船を焼討の御手段の通り今一度有り度、其御支度整ふ迄ホンコン尓滞船すると也、此口達の趣を答さるによりてエゲレス船頭味方の性命を全くし幷財宝を奪ハれさるやうに防き居たり

一此末軍艦尓暫く猶予いたし呉るやうに唐国役筋より申出たり、此時スミットは此返答を聞く為尓三里程引退き居たり

一翌朝尓至りて、其エケレス船よりの掛合状を封も切らす何の答もせす返したり、此節唐国の軍艦廿九艘出てエケレ

ス船二艘尓向ふの景色あり、唐国軍艦の乗組人数或ハ百人或ハ二百人、石火矢或ハ八挺或ハ十六挺を備へたり、此時ヱゲレス船頭スミット唐国船大将尓掛合しは、其御方の船此方の船尓余り近寄らさる様尓成され度、若其事御承諾なきに於ては止を得す石火矢を放つへき時節尓も及ふへしとなり、唐国の船大将の答へ尓唐人を殺セし者を渡さるへくとのミ尓てかくの如くなりと答へたり

一唐船風尓順て追々エケレス船尓近つきけれ者、唐国船大将の乗たる船の舳尓始め弾丸一ツ中り、夫尓続て其唐船より石火矢四発放したり

一戦盛尓なりて、終尓ハ一時を過て唐人共敗北したり

一唐船三艘沈没におよひ、一艘ハ虚空尓打飛され、其他数艘の船哀れの様子なり、乗組とも何れも離散し、多分ハ浜辺に游き上り助命する事を専ら出精したり

一唐船の内尓ハ散々の体尓打れし船あり、大将乗し船も同様尓て、船大将石出火矢尓て深手を負ひ他の船尓乗り移りたり

一エゲレス人も夥しき災害尓あひ、殊尓疵請たる者一人あり、併唐国の怪我人ハ四、五人の間也

一又第十一月初旬尓エケレス商売船数艘と戦ひし事あり、且船を以て湊内尓入らさる様の仕組あり、ヱゲレス船頭の内間尓ハ不承知の向もあれとも、ホンコンに船繋する事ハ先止め、チュンコーに行き一体の模様を窺ふへしと評談せり

一此非道なる事ともありし故、エケレス重役決定セしハ、唐国役筋の意尓任セ商売船船頭商売元尓復する事を希へとも、第十月廿日尓かくの如き事ある間は、エケレス船テイゲル川口尓入ること差止ること然るへしと決したり

一商売船船頭かくのことく申付られたれとも、其存寄を止めす、第十一月六日尓至て調役及ひ其他の高官より申渡あ

り、其趣意は、エゲレス船二艘の外都而其余は千八百三十九年天保十亥年第十二月六日已後は商売差留らるゝ事也
一エケレス商人亜墨利加船と商売を元の通尓する事を試ミたり、其始ハ至て都合よけれとも、第十二月廿六日故障あり、既尓戒の為尓船幷荷物を取揚られたり
一第十二月三日尓阿蘭陀重役唐の地を立退き、同六日尓エケレス東印度商館の役人者立退きたり、何れも唐国の商売を止し上は何の望もなき故也
一第十二月の末尓ヱゲレス人又々試尓丁寧尓して宜しき模様尓なる様仕かへたり、然るに右等の事少も弁へす、唐国役筋より非道なる仕打あつて、既尓ヱゲレス方尓害少なからすなしたる故、エケレス方よりも其断を以て会釈ひ此次尓記す次第に至れり
一第十二月廿七日ヱゲレス商人壱人唐国方ゟ捕はれし故、エゲレス重役取戻しの相談をすれとも聞入れす、依て千八百四十年天保十一子年第一月四日其川口尓エゲレスの軍艦十七日迄備を立て居たり、其備ヱケレス商人壱人を渡す様尓と弥厳重になしたり
一第一月十四日唐国役筋より命令に、エケレス船焼捨其乗組の人ハ捕へ殺すと也、第二月初旬尓法を立しは、亜瑪港尓居るエケレス人を捕へしとなり、此時エケレス人は其船尓逃走るより外手段なし
一此法の立たるによつて亜墨利加人は夥しく難苦せり、此末亜墨利加人は自分要用の品尓事欠く様尓なりたり、畢竟此仕組ハエゲレス人と亜墨利加人と交らさる様の為也
一第二月廿八日尓唐国方ゟ試しは、チュンコー尓居る商売船数艘を焼討すると也、併風悪敷之事仕損し唐国方著しき害ありたり、既尓焼討する火薬を貯へたる唐船の内尓ハ其薬に火移り大怪我出来たり

一第四月の末爰尓咬嚁吧をいふ知らセ来りし事尓ては此模様替りし様子は見えす
一阿片を唐国に持渡る事にて、エゲレス人は勿論唐人も莫大の利益を得たれとも、今此商売を絶されたり、実尓此已前ハ此商売盛なれ者極て此末も時宜尓寄ては元尓復する事もあらんかとおもへり
一エゲレス人唐国商売の止たるに依て、夥しき損失あり、其銀高十五　キュルデンなり、唐人方の損失も亦少なからさる也、阿片手弘くなり人多き唐国の内数千人此商売尓かゝり渡世せしものあれとも、此已来は其渡世尓離れ、終尓ハ盗賊となり亜瑪港広東の辺尓て甚しく其悪行をなせり
一是迄唐人より非道の振舞尓預りし事、エゲレス商人等其其（衍）支配頭尓申立たり、其風聞終尓風説書に載セ所々に流布せり、随てエゲレス国ハ勿論喜望峰幷印度尓於ては大尓武器の用意して唐国尓仇を報ん為の趣向専ら也
一軍艦等の外エゲレス武官の者数多備を立ると也、其中尓は騎馬或は歩卒もあり、風説書に記セしを見たるに、是ハ広東を焼払ふのミの手段尓あらす、唐国帝と盟をなして以後睦しくならんか為也

右之趣咬留吧頭役共より申上候様申付越候ニ付奉申上候

かぴたん　ゑてゆあるとがらんてぞん

右之通申出候ニ付和解仕原書相添差上申候、以上

子七月天保十一年也

中山作三郎
石橋助十郎

原文頭註

（1）香山嶴（アマカフハ）なり

（2）本商人ハ洋行商なるへし、洋行商ハ唐国の商人尓て外国の交易を主るもの

（3）チクリスは虎の義川名無所考

（4）チイパア地名上ト注異也

# 第二号　天保十二辛丑年（一八四一）別段風説書　長崎訳

『籌辺新編　蘭人風説二』公益財団法人鍋島報效会所蔵・佐賀県立図書館寄託鍋島家文庫

和蘭暦数一千八百四拾年天保十一子年ニ当ルより一千八白四拾一年同十二丑年ニ当ルまて唐国ニ而エケレス人の阿片商法停止方ニ付記録いたし候事

一阿片一件ニ付、唐国奉行所とエケレス人と相互ニ不平を抱きし発端の事を記し、此以前ニ差出候書面者去ル一千八百四拾年天保十一子年当ル四月皇国三月ニ当ル迄の処、則エケレス人広東ゟ亜瑪港ニ退き、不容易始末ニも可及と恐怖至極之場合ニ有之候段申上置候儀ニ御座候、然ル処其末右一件今以不相治、弥双方の勢相募り不穏事御座候

一亜瑪港の地者近来盗賊押入等の類夥敷有之、ヱケレス国の福有なる商売共或ハ途中ニて追剝、或ハ其旅宿ニ押入の狼藉に遇候事共有之候、右狼藉いたし候者ハいつれも唐人にて、是等ハ唐国ニて近来無商売に相成候者とものよし、外ニ渡世の手段も無之候処ゟ亜瑪港辺を徘徊いたし、或ハ盗賊或ハ家中に押入狼藉ニおよひ、或ハ殺害等いたし候事も毎々有之趣ニ御座候

一右狼藉ニ遇候者は、ヱケレス人而已ならす亜墨利加人までも其難を免るゝ事を得す、当惑いたし候事ニ候得共、其防方なく大ニ迷惑いたし候事ニ候、右様狼藉の儀、唐人共江不致様唐人奉行林氏より示も有之候由ニ候得共、其験

無之由候

一商売向都而相止ミ候は、和蘭三月十八日皇国子二月十五日ニ当ルホルトガル人ハ亜瑪港ニて商売相遂候得共、ヱケレス人ニは差障り、ヱケレス人而已相囲（困）候訳ニ無之、唐国土地之者共ヱケレス人ニ茶絹其外諸色商ひ候者とも渡世を失ひ以之外難儀ニ及ひ、其上其土地のものハ相互の商ひも衰微致し、殊ニ食物等をヱケレス船ニ送り商ひ致し候事も制禁ニ相成、適ニ食物等をヱケレス船ニ手ニ入候時ハ莫太の価を貪り、是等の悪業をいたし候ため、許多の唐軍船を河一般に浮へ有之

一唐国奉行の趣意ハ、阿片商法一応差留候事ニ候得共、仮令如何程の大造の商売たりとも往々相止候心得ニ候、然れとも津々浦々ニて密商手段出来候場所ニて密売いたし候者有之候故、専ら右取押の兵を出し、或は軍船を出し夫等の事を吟味を遂け、違犯致候もの有之時は不差置死罪ニ行ひ、猶所々の奉行江懸合候ニ者、阿片持渡制禁之儀弥厳敷相触れ、阿片制し方一体之儀唐国帝に逸々申立候様可致与之趣ニ御座候

一広東ニは三、四拾艘の小船用意いたし数人乗込、阿片を積候ヱケレス船を押領いたし焼捨申候、且又小船拾艘程湊内に浮め置き、唐国土地の者とヱケレス人との交りをたち候様手段ニ候

一色々不相済仕業等有之、其上奉行林氏の申渡の内に不都合の事共夥敷有之、ヱケレス人ハ勿論唐国土地のものとも甚不平に思ひ候事専ら有之候

一エケレス商売共ハ、何れも己か国の重役之意を背く事無之、依之シュヘルインタント役名エルリオット人名の命に任せ唐人ニ阿片を渡し候処、其阿片を焼捨て全く損亡と相成候故、エケレス重役不平を抱き候事ニ成行候得共、何れ責懸候様ニ成行可申事ニ至り候は者、印度幷喜望峰等ニて其用意の品々仕込候事顕然致候事ニ候

一唐人此時ニ臨んて防禦の方便無之訳ニ而者無之、すてに欧羅巴流の仕組等を相恐れ用心専らにいたし、頻ニ防禦の手段を心掛け、余程仰天致し候様子に見江申候

一亜瑪港幷其近辺の浦々に唐国より歩卒伐（或）ハ軍船を出して用心専らニ致候故、先は是ニて安気と心得居るやうに見へ候事ニ候

一一体の事ハ和蘭六月廿一日皇国子五月廿二日ニ当ル到て、兼て待請しエケレス軍艦到着いたし候頃迄矢張同様之事ニ候

一右ヱケレス軍船ハ、ゴルドンブーメル人名といへる東印度ニ有之ヱケレスの領地を支配する者の一手と、又外ニスフウトベイナクト官名を相勤罷在候ヱルリオット人名の一手都合二手の勢ニ有之候

一右軍船亜瑪港前ニ椗（ママ）を入れ、ヱルリオット人名の一手都合二手の勢ニ有之候

一右軍船亜瑪港前ニ碇を入れ、ヱルリオット人名の勢ハメルヒルレ船名ニ乗与、コルデヒブレーメルの勢はウエルレスイ船名ニ乗組備を立、其地大小拾艘の軍船何れも備を立て罷在候、メルヒルレ船名ウエルレスレイ船名の両船ニいつれも石火矢七十四挺充（宛）備、其他或ハ四十四挺或ハ十六挺の石火矢を備へ申候、右之外諸運送等之船数艘幷ストムボート火気の方便ニて風にかまわす自由ニ進退する船四艘各武器を備ゑ河口幷浅瀬の処に備ゑ罷在候

一右数艘の軍船の外追々乗組の兵も能く揃ひ、殊に要用のもの備りをる船々ヱルリオット人名支配内に加り、右軍船の外今二手のエケレス勢と弁柄人一万六千人乗組罷在候、右弁柄人ハ諸所上陸なるへき所には上陸致させ候為の手段ニて、都而良計と相見へ申候

一第一目当といたし候事は、広東を焼討いたし、猶要害の地を荒壊して唐人を却し、終ニは北京ニ討入唐国帝を苦しめ、是迄の遺恨を晴し失費を補わんかため、且元々の通り商売の道を開んための計ニ候

一ヱケレスの軍勢ボクカーテクリスの砦を打壊ち、舟山島をも押領し、猶其地要害よき渚等を取り候は者、ヱケレス人の勢ひ盛んに相成へくと相計り罷在候事ニ候、ヱケレス人等種々計事有之候得共、子細ありて先つ暫く此策相止申候

一和蘭六月廿二日皇国子五月廿三日ニ当ルコムモトレ官名ゴルトンフメル人名広東ニ到着なり上陸幷河口を固メ出入を許さす、依之是迄往来候商売向も一切相止候程之儀ニ有之候

一唐人ハ勢を集め諸の武備を調ゑ候ため大ニ出精いたし、渚を固め、大なる石を積候数艘の舟々を河尓浮へ置き、難ある時ハ是を沈めヱケレス軍船のり入る事を防き、扨又河の両浜尓は礫となるへき許多の石を集め積立置申候

一ヱケレス亜瑪港到着二日目フンモトン官名コルトンブレメル人名の組ハ渚辺を伝ひ北方尓趣き、和蘭六月三十日子六月二日ニ当ルスコウトヘナク官名の組幷其余の軍船合戦を相始メ、トロイト船名フヲラーケ船名ヒヤシント舟名ハル子船名幷武番(器)を備あるヤタカスルと号る(ママ)ストームホールト前ニ詳也等の船々後備として広東の湊幷河を固メ、シュヘルインテンタレト官名ヱルリヲツト人名ハ、スコヲトベイナタ(ク)ト官名の船乗与(組)罷在候

一和蘭七月四日子六月六日ニ当ル唐軍の大将より命令出るは、ヱケレスの大軍船を奪取る者あらは褒美二万トルラスト一トルラストハ銀十匁七分五リン許を取らせ、夫ニ准しオフシール武士を討取或ハ生捕ものあら者褒美五千トルラスト、尚ソルタート歩卒討取ものあら者褒美百トルラス取らせ候与申事候

一是を聞き自然と悪党或者懶惰人共数多相集て、ヱゲレス人を捕ゑ約速(ママ)の褒美を得ん為め甚あせり申候

一コムモドレ官名フレメル人名一手の勢和蘭六月廿三日子五月二四日当ル亜瑪港を退き和蘭七月三日子六月五日当ルにアモイ地名着船し、コンマンクント官名より唐国奉行尓只書翰壱通を送らん為め、白旗を建て備もなき端船を以て陸尓趣せ申候、但此白旗

ハ和睦の印たる事ハ、何れの未た開けさる国尓おゐても兼而心得罷在事ニ候得者、勿論唐国尓ても承知まへの事ニ、はからすも浜辺尓軍兵を備ゑてヱケレス人の上陸を拒ミ候故、壱通の書翰を送り、和を結ばんため参り候趣再三申入れとも承諾せす、却而ヱケレスを指して唯外国無道の者とハ一切交りをたつへしとの返答尓て其書翰を請取らす、白旗を建てけるを頓着なく無題尓大小の筒を打放候故存念も達セす、漸々危難を凌き引返し申候

一コムモドン（官名）フレメル（人名）は此不法の振舞を怒り、急度此仇を報ひ右体不法を以来懲すため了簡を差極申候

一同日アモイを引退き、ニンホー（寧波歟）尓近き船山島（ママ）ニ向け船を出し、和蘭七月四日（皇国子六月六日当ル）舟山島尓到着いたし候

一子ンホーを無益尓犯して、同五日（皇国子六月七日当ル）朝渚辺に浮軍船に筒を打掛ケ候処、初は甚厳敷防候得共、無程浜辺にて遁れ方なく残らす射殺され申候、昼比に到りてヱケレス勢三百人幷石火矢一備へ分舟卸いたし、其城邑を押領セんと討候処、唐人等門を閉て砦櫓等より小筒を打掛け防禦いたし、エケレス人之内少しハ手負のものも有之候得共、ヱケレス方より石火矢を放ち、其上カラナート双（天）（砲）を打掛候故相静り申候、翌朝に到りエケレス人は其城邑に踏込候処、其役人等仰天して或ハ家室を閉ち或ハ其場を立退き申候

一此後暫く経て唐国の兵士と和談を遂候末、エケレスの軍卒幷船方の者共上陸仕、近隣の村邑通行の節其住人とも差障る事なく宜敷取扱ひ、其末立退きたるものとも過半ハ間もなく立帰り、元々の如く市場賑ひ候付、ヱケレス人等日用の諸品を調ふに足申候

一唐国奉行幷マンデレン（官名）尓は敵対するとも、其地尓は聊仇をなさざる段ヱケレス人等土人ニ示し、安心いたし候様心を尽し候得共、唐人ハ性来縦令如何なる事尓ても其酋長の意を背く事なきか故、如斯諭し候意味急ニ弁ゑ難く候

一同月九月十日（皇国子六月十一日十二日）ニ到り、エケレス人子ンホーの河口に到着いたし、和睦いたす哉否を伺んため、エゲレス

方大将書翰を唐国帝に進達いたし候処、アモイ地名同様の振合尓て一切取用ひニ相成不申候
一舟山島の向尓有し子ンホーは、アモイの湊の如く数多の軍船尓て堅め居申候、和蘭六月三十日皇国子六月二日ニ当ル尓到りて、許多の軍勢を率ひて、スコウトヘイナクト官名亜瑪港よりホンホーに到着するを只管相待申候
一エゲレス方に舟山島を攻取候得ハ最も利方ニ相成候、敢て其島を貪り候訳尓は無之、勿論此島は土地到而悪敷貧地尓は候得共、此島を取る時此向尓当る地を攻るに甚弁利ニ相成、其上フヨクキール地名送りの粮米を奪取ニ弁利相成候
一右之通舟山島を取り候上ハ、是迄渚尓浮へ備を立候軍船の足立ニ相成、殊ニ舟山島ハ北京其外の富る郡県に近く有之旁尓て弁利ニ有之候、此上は是非共唐人とも万端心を用ひヱケレスに平降するの外手段無之候
一右の次第尓成行候得者、広東亜瑪港ハ其患無之地に広東尓は専ら厳重尓固めを致し、エケレス方の隙と成事を第一ニ心懸、既（既）ニカフシンモトン地名尓て或ハ軍舟を焼討致し、或は毒茶を売渡候儀両度も有之候得共其策遂不申、此時奉行林氏数多の軍勢を引連、ホッカチクリス地名砦より二里程離れ乗出し、碇を入れ備を立て、自然エケレス人ホッカーチクリスの地を犯すの了簡あら者盛に戦ふへくとの心得ニ有之趣候、然尓ヱゲレス方もまた七十四挺の石火矢を備へ候フレインヘトム舟名といふ軍船一艘、外ニ小軍船三艘相増渚辺に備ゑ罷在候
一舟山島を取られ候以来唐国此方の勢衰微いたし、既に舟山島辺尓乗船罷在候唐方の大将コムモトレ官名フレメル人名の舟尓来り申聞候者、其御方如き強勢に向ひ敵対するハ実に愚なる事ニ候得共、主命逃れ難く、仮令患難恥辱を請け候とも退陣いたしかたき事ニ候
一エケレス人舟山島を押領し候時、唐方尓て命令を出し候マンダレイン唐方の官名防禦行届さる故右始末ニ成行候、上帝王決心して厳科ニ処し申候

一舟山島前子ンホー（地名）アモイ（地名）幷其辺の渚に固め罷在候ヱケレス人兵糧絶ゑ患難多く有之候、最初舟山島尓沢山兵糧有之候処、右運送一時尓相止み申候、畢竟是は土人何れも再ひ其地を立退き候故の儀ニ有之候、加之食物純粋尓無之、其上水清浄に無之気候悪敷有之候故歟、痢病熱病等の病専ら流行して、兵士幷舟方の者共相煩ひ、都而心を病め申候

一亜瑪港尓罷在候亜墨利加商人与ヱケレス人と相互に命怪を抱き候者、兎角亜墨利加商人ハ懶惰を甘し候故之儀ニ有之、将又シユヘインテンタント（官名）ヱルリオツト（官名）の振舞最前より当時に到るまで不快ニおもひ、其上ヱケレスの為ニ広東の固メ厳重尓して通商の出来ぬ事を恨ミ申候

一和蘭七月廿六日（皇国子六月廿八日ニ当ル）スコウトヘイナタト（官名）ヱルリオツト（人名）軍勢を引連舟山島前に着船いたし、同月三十日（皇国子七月二日ニ当ル）軍舟五艘幷武器を備たるストームホート（前ニ詳也）一艘一同尓此所より出帆いたし、ヘイオー河の入口の渚尓有之候テーンチイン（地名）に到り申候而、相叶申へくハ事を北京尓訴へ計ハんとの為尓候

一舟山島ハ専ら疾病流行いたし、一日に十人以上十四人も病死いたし候程の儀ニ候、右の仕合尓て印度勢弐百四拾人程も既尓死失いたし候

一和蘭八月上旬（皇国子七月上旬）尓唐国の砦の大将ホルトーベルコー（人名）の命令尓て、唐国と亜瑪港との境を絶ち申候、右之ヱケレス人を攻め、亜瑪港より追出す為めの手段ニ候

一右の通尓成行候付、相恐れ財宝性命を全くせん事を計り、広東を固め尓出張し居るカヒタイン（官名）スミツトに加勢を頼み候処、右スミツト承知いたし候

一ヒヤシト（舟名）ラル子（舟名）幷武器を備たるストムボート（前ニ詳也）壱艘マカヲの湊より出帆いたし、唐人を砦幷備の場所より追

出す手段いたし、和蘭八月十九日（皇国子七月廿二日当ル）唐人二千人乗組、石火矢十七挺を備へ砦の前に船繋致し居候、右砦幷唐軍船ニ向石火矢を打掛候処、暫くハ相凌候得共、其後間もなく唐軍勢共船より立退申候、此時大凡ハ游逃去申候

一右エケレス方軍勢の内より弁柄人弐百五拾人船ゟ卸候節、唐人共ゟ厳敷炮火打懸候得共一切頓着不致、右弁柄人等唐人を追討いたし砦を押領いたし候処、唐勢散乱いたし候付、跡尓残り候石火矢類打毀砦幷陣所ニ火を懸申候

一右之節唐人の死亡百五拾人有之、エケレス方ニ者只四人有之候程之儀ニ御座候

一右之始末ニ相成候付、亜瑪港辺江罷在候唐人共いつれも広東に退き、亜瑪港江住居之者ハ安堵の場合相成申候

一和蘭七月三十日（皇国子七月二日ニ当ル）スコウトヘナグト（官名）舟山島出帆致し、八月十一日（皇国子七月十四日当ル）に到てヘイホー河口のテイチン（地名）到着いたし候

一唐人等浜手ニ屯し敵舟の動静を常ニ窺見罷在候故、彼スコウトベイナグト（官名）の到着を承知いたし罷在候、ヘセーリ（地名）の奉行河口のタコー（地名）尓罷在、国帝の命令に随ひエケレス人の上陸待請け、書翰を請取唐国帝に差出申候

一唐国の兵士壱人和蘭八月十三日（皇国子七月六日ニ当ル）奉行ゟの使者としてエケレス船尓参申候、右口上ハ食物に相成候品相違可申との事尓て、其後程なく数多差送代料尓は不及趣ニ御座候

一唐国帝ゟ奉行ケンセン（ママ）（人名）を使者として差遣し、ヱケレス人に対し到而叮嚀尓有之、都而唐人の振舞以前ゟ事変り、既ニ下賤の者ニ到るまて如何の振舞無之様相成申候

一ヱケレス人の取扱方以前と違ひ、唐国奉行よりエケレス人ニ申渡書面等尓、ハルハーレン夷と書載いたし候事一切相止ミ、既尓エゲレスは名誉の国と称し候、畢竟右様申候は、ヱケレス人北京の近所尓有之候を恐候ての事尓被存候、

扨タコー（地名）ハ北京より漸く九十里相隔候得共、唐人の見込ニ者迚もヱケレス人北京尓仕掛候事出来間敷と兼而思ひ込候処、此節尓到究て北京を目指候はと唐人共相考候事哉ニ被存候

一和蘭八月十五日（皇国子七月十八日ニ当ル）ケセン（人名）組アシユタント（官名）ソトベイビー（人名）と申者唐国帝に進達の書翰を請取候ため、ウヱルレスレイとエケレス船尓参候付、翌十六日エゲレスヨリ書翰を相渡し、奉行ケセン（人名）ゟ進達いたし呉候様相頼申候

一ソーベイヒー（人名）立退候後ケセン（人名）より書翰到来致し候、右文意者何れ書翰を以て返答可致間、十日程日限猶予致呉候様との頼有之候処、スコウトヘイナクト（官名）承知致し候

一此後ヱケレス船者近辺に有之候島々并リヨウトウ（地名）の渚を見繕ひ候為参り申候、右リヨウトウ（地名）尓は飲水獣類并其地の食物用意いたし置候、此末廿七日（皇国子八月一日ニ当ル）至り再ひタコー（地名）尓船繋いたし候

一ケセン（人名）の一件何とも様子不相知候処、和蘭八月廿八日（皇国子八月二日ニ当）到り武器を備候端船壱艘陸尓参、右約束の返書を持参いたし、既尓両日程滞留致し候得共、エケレス人壱人も陸尓居合不申候付、渡事出来さる由ニ候

一右返答者何れスコウトヘイナクト（官名）と面会致し口達ニ而申述との趣ニて、則和蘭八月三十日（皇国子八月四日ニ当）海浜尓てケセン（人名）との対話相済候筈ニ御座候、右ケセン（人名）は到て手軽打立尓て、飾道具ハ都而跡尓残し置、陣屋の天幕の下まて双方通詞の者の外者人払尓てヱルリオツトを待請申候

一エケレスのバルンメント（官名）より唐国帝尓進達致し候書翰の儀ニ付、彼方取計尓て手間取、三日程無益尓日を送候末、ケセン（人名）より申来候ニ者、右返答六日程猶予いたし呉候様との儀ニて、其間ニ帝に相談致候様子ニ有之候

一右面会いたし度次第は、国帝ヨリケセン（人名）并其地の兵士尓申付、エケレス人の一体の事を巨細ニ相糺候上ニて事済ニ

いたし度、併紦方は遠路隔候事故行届兼申候、依之広東ニて面会致し候間、軍船を広東ニ廻し、スコウトベイナクト官名広東に参呉候様唐国コミサーリス官名より頼越候
一和蘭九月十五日皇国子八月廿日ニ当スコウトベイナクト官名軍船を将ひ舟山島に趣候処、同三十日皇国子九月五日ニ当着船致し候
一唐人の所存は前条之通只期を延候為の様有之候、且和睦の儀ニ付タコー地名ニてハ何の相談も無之、広東ニて返答可有之趣申候者一の計略御座候、第一ニは先つ戦を相止、第二ニはヱケレスの軍船を広東に退け自然と時日を引延、第三ニは北京より遠境大ニ相隔候故之儀ニ候、広東ニ引退候後風並悪敷相成、此頃時候かはり、西風吹出不申候迄北方ニ向ケ渡海相叶不申るの事ニ候
一猶ヱケレス人毎度之往返に労れ、或ハ気候暖ニ御座候得者、自然と舟山島ニて有之通エケレス人等数多病を発、死失のもの不断夥敷可有之との手段ニ候
一右ニ付ヱケレス人の計空敷相成、却而許多の失費或は兵士の損亡数多有之、右之仕合ニ成行候ニ付、商人抔者眼前の利を失ひ、其儀を甚不承知存居申候
一和蘭九月十八日　石火矢弐十六挺相備候アリカトルと申軍船アモイ地名の湊ニ備居候処、同所ニ繋り居る唐軍船と甚烈しく争戦いたし、唐船十七、八艘も破却いたし、或ハ海底に沈め唐人数多死亡いたし候
一ヱケレス船より打掛候石火矢唐船ニ請留候てハ不相成と察し、一夜の中ニ砦を築き、石火矢弐百四挺備置申候、右大炮の内ニは玉目最重きも有之、兵卒に是を打放させ申候
一右砦堅固ニ無之故、エケレス人乗取候事甚易候得共、既数多船具を損候付、無余儀唐方の石火矢届兼候程の場所ニ船繋いたし候

一ヱケレス人元の場所を退き候様子を見、直ニ唐人等大ニ勝利之旨国帝尓使者を馳注進いたし候

一広東并亜瑪港頃日甚静ニ有之候、併亜瑪港尓ては只用意の為唐軍備居候得共、敢而合戦を好候儀ニ者無之、且又広東においても今尓備居申候

一和蘭十月四日皇国子九月九日ニ当ル国帝ゟ申付候ニ者、兵士等都而ヱケレス人ニ以来敵対致間敷旨相触申候、右者畢竟ヱケレス人等唐国の意を背かす、専苦脳致し候情合通し候故之儀と被存候

一和蘭十一月一日皇国子九月六日ニ当るヱルリオット人名者軍船五艘ストームボート前ニ詳也壱艘を将ひ、子ンホー地名尓向け出船いたし候、右子ンホー地名尓趣候次第ハ、運送の船子ンホー地名の渚辺尓繋き居候処難船ニ逢、アルテイルレリーカヒタイン官名其外乗組の者共唐方擒子相成居候付、其免を毎度乞候得共いまた不許、然るを此節請取のため参候儀尓候

一ケセン人名ハ北京より広東に参候為子ンホー地名を通行の節、ヱルリオット人名尓面会致し和談相整申候、ケセン人名申達候者囚人之儀者大切尓いたし置可申、乍去ヱケレス人舟山島を引払不申候得者囚人返難き旨ニ付、ヱルリオット人名不得止事空敷立帰申候

一追々気候宜敷相成、殊尓ヱケレス船より送越候食物尓も潤沢ニ相成、舟山島流行病相減死人も少く可相成処、返而弥増ニ相成申候、扨又ヱケレスの軍兵者冬陣の用意を致し、城邑テインハイ地名辺に砦を速尓築き、舟山島の内未た手ニ入不申地を押領可致積りニ候

一奉行林氏ハ曩ニ役目被召放、吾陣を捨置急ニ北京に参り、阿片停止之儀ニ付取計之次第具ニ申披候様との命有之候、然ル処和蘭十月二十六日皇国子十一月二日ニ当林氏北京ニ趣候ため既乗船致居候処、国帝の命尓てケセン人名当地到着迄広東尓控候様との儀ニ付、林氏ハケセン人名の到着を相待居候

一和蘭十一月六日（皇国子七月（十）十三日ニ当ル）ヱルリオット（人名）エケレス人等ニ申付置候者、ケセン（人名）との和談の模様相分候迄必此方より手出し不致、仮令唐人ともゟ不快之事ニ有之候共、堪忍致へく旨諭し置候

一和蘭十一月十二日（皇国子十月十九日ニ当ル）エルリオット（人名）軍船四艘幷武器を備たるストームホールト（既ニ詳也）壱艘を将ひ、舟山島より亜瑪港趣同月廿日（皇国子十月廿七日ニ当る）着船致し、ケセン（人名）と和談之儀早く相決度段申遣候処、ケセン（人名）右一条ニ付広東ニ罷越候由ニ候

一舟山島は一大事の場所ニ付、唐人共色々悪計廻らし取戻手段致候得共、ヱケレスの軍勢数多有之候付、其事遂不申候

一スコウトベイナクト（官名）亜瑪港ニ到着の上、早速キュウェーンと申ストームホート（前尓詳也）を将ひ、シューンベイ（地名）尓向け出船致し候、右者ヱケレス人共来着致し候旨、書翰を以ケセン（人名）尓懸合可申為に、右船シュンベイ（地名）の砦前尓船繋致候上、アモイ（地名）ニていたし候通端船壱艘出し、和睦の白籏を建陸尓遣し、書翰を差出候処、是を請取直様砦より端船ニ大炮を打懸候、然ル処端船ハ幸ひ無難ニ而本船ニ戻候得共、右本船者大炮当り少破損致し候、依之エケレス方よりも同様大炮を砦尓打懸候処、砦大半破損致し候、右之始末ニ付シュヘルイテント（官名）は存意空敷相成、無余儀帰船仕候

一亜瑪港前尓備候ヱケレス軍船拾弐艘、ストームホート（前尓詳也）三艘、右軍船の内大船三艘、翌日ニ到りホッカテイグリス（地名）の砦尓向け出船致し候、右之唐方ゟ炮火打懸候、端船ハ武器も不備、殊尓和睦の印籏を建候ニ、右様大炮を打掛不法至極候間、砦の首将尓存寄を相尋候為ニ翌日書翰差送申候

一和蘭十二月二日（皇国子十一月廿日ニ当ル）ゴミサーリス（官名）ケセン（人名）広東ニ到着致候、此日はスコウトベイナクト（官名）方江返答可致日限

ニ御座候間、ケセン(人名)はホツカテイグリス(地名)砦の前尓繋候船尓使者を以て取留さる返答致し候、右口上ハ、エルリオット(人名)ニ一面会致度との事ニ候

一和蘭十二月五日(皇国子十二月十二日)スコウトベイナグト(官名)船々其外ヱゲレス商人とも達候者、此方事病気差重り候付、不得止事本国江帰申候、首将ニ者コムマントレ(官名)フレメル(人名)立置候と申聞候

一同七日(皇国子十一月十四日)スコウトベイナグ(官名)は、軍船フヲラーケ(舟名)尓乗エケレス国ニ帰帆いたし候

一亜瑪港ニ繋候エケレス船ホッカテイグリス(地名)辺ニ参り繋居候而、若唐人共又々日限尓到而返答不致節者、砦尓大炮打懸ケ可攻取所存ニ候

一右之返答一向無之、翌年正月七日(皇国子十二月十五日ニ当ル)迄無益ニ相待候得共、何たる沙汰も無之候付、エケレス人等武器を以是迄の所存を遂候為、ボッカテイグリス(地名)の砦を可責掛と決心いたし候

一和蘭正月七日(皇国子十二月十五日当ル)朝ヱケレス方海陸の兵千三百人上陸致し、シユーンベイ砦のハリサーテン(柵の如きものか)尓近々と押寄候処、唐人共直様ハリサーテンの後尓隠れ、小筒を以防禦いたし候付、エケレス方少々手負候得共、エケレス分も大炮弐挺ホンヘン(天抱)等盛尓打懸、ハリサーテンを焼壊し申候、夫ゟ砦尓打入候処、唐人等暫時は防候得共、終ニは散々尓逃去申候

一右同時尓他の軍兵上陸いたし、ワートルカステール(海辺之城郭)を責取申候、右責取候節者本船ゟ加勢いたし、此後唐船数艘ニ大炮打掛ケ候処、既尓唐船壱艘ハ空尓打あけ申候、暮方尓およひホッカテイクリス(地名)の両砦尓勝利の印として旗建候、扨ヱケレス方手負死人纔ニ弐拾人有之候得共、唐方の死亡千人程有之、右死亡之内マンデレイン(官名)之者壱人有之候

一翌八日エケレス諸所の砦を攻取候ため出船いたし候、アニコンホイ地名ツンポー地名幷テイケル地名の諸砦は石火矢都合四百挺備ゑ、格別要害宜鋪砦ニ御座候、扨エケレス人アニコンホイ地名幷テイユトウ地名の砦辺に間近尓繋ストームボート前尓詳也よりボンベン天砲を打掛申候、然る処戦を相止候合図として、ヱルリオツト人名乗組候船白旗立申候ニ付、戦を相止船々元の場所尓船繋いたし候、若右之合図無之候ハヽ、以前の如く此砦も既尓乗取可申処ニ候

一戦を相止候次第ハ、唐方より使者エケレスの本船江書翰を持参いたし候故之儀候、既戦相始め候節、老婦両人ニ而漕候端船右使者乗りヱケレスの本船指て参り候付、本船ニ白旗を建退陣の相図を致候儀ニ候

一右砦のケレイグスマンダレイン官名より差越候書翰趣意は、三日程戦を相止呉候ハヽ、以前被相談置候儀ニ付返答相決へくと申越候、依之エルリオット人名は右の旨承知いたし、合戦を相止返答相待居候

一エケレスの軍兵幷商人共之内ニは、右之儀を甚不承知ニ存候者も有之、既尓如斯勝利を得候処、徒尓相止殊更唐方の計略尓て時日を移し、無訳事を引延候為と推量致し候故の儀与被存候

一ケセン人名兼而剛情の者ニ候得共、此節の聊なる戦争尓大尓勇気撓み候と相見へ、失費を補候義肝要と心得、元の通り再商売を入候事いまた（ママ）治定致させ候儀決着いたし居候得共、唐国両湊尓エケレス船を入る事いまた治定不致候

一和蘭正月廿日皇国子十二月廿八日ケセン人名より和睦の儀をエルリオット人名尓懸合候迄者兎角無益の事のミ有之候

一和睦のケ条則ち左之通ニ候

第一　エケレス人ホンコン島を領候儀はワンホー地名の通と相心得可申事

第二　取捨候阿片償として六万トルラトス一トルラルス古銀凡拾匁七分五リン計り唐方奉行所より可払事

第三　双方商売勝手尓可致事

第四　エケレス商売広東ニて再ひ可始事

一エケレス人ホンコン島を領し、兵を備ゑ奉行を居置申候

一シュベルインテンダント（官名）数度亜瑪港ニ罷越、和睦の儀ニ付数ケ条ケセン（人名）と相談いたし候得共決着不致、唐方ニおゐてハ兎角万端引延候儀ニ候

一ヱルリオット（人名）はケセン（人名）より可然返答を聞き、和蘭二月十五日（皇国丑正月廿四日ニ当る）亜瑪港より帰船いたし、其翌日取極書ニケセン（人名）の書判為致候ためストームホート（前ニ詳也）を差遣し、右之儀ニ付仮令両日位者手間取候とも相待候様との趣ニ候

一唐人等は真実和睦いたし候儀ニ者無之、矢張敵対の意味有之と相見江、諸方より軍勢を広東ニ集め、大炮其外武器を調へ計議を廻らし、手段エケレスニ敵対候為の様ニ相見へ候

一林氏奉行職被相放候得共此節再勤被申付、扨テイゲル河ニハ船の通行難成様石を積込候船を沈置、猶亜瑪港と広東との間を武器を備へたる船を以通路を断ち切申候

一ストームボート（前ニ詳也）乗船いたし広東ニ参候使者彼取極書ニ書判致させ候取計ハさて置、右書面をケセン（人名）ニ差出し候事さへ出来不申、右等の為ニ二日程空敷日を送立帰申候、右之訳ハストームホート（前ニ詳也）参候を砦より見懸ケ、直ニ炮火を打懸候事ニ候、畢竟右者唐人とエケレス人と兼而意味合有之、右之始末ニおよひ候儀被存候

一右ストームホート（前ニ詳也）者共立帰知せ候付、早速ヱルリオット（人名）は唐人共再ひ敵対致し候趣向々江相触、直様船々を将ひボンコン（地名）を指出帆致、彼地ニ繋居候諸船と一手ニ相成砦ニ責懸申候

一広東亜瑪港ニおゐてハ右の始末相成候付、舟山島ニてもヱケレス方無油断備申候、且又舟山島は流行病相減、人死も余程少く相成候得とも、寒気甚敷候故歟相脳（悩）候者専ら有之候

一和蘭二月廿四日皇国丑閏正月四日ニ当るヱケレスの諸軍船ホツカテイグリス地名の砦前ニ着船いたし、同廿五日同月五日の早軍勢何れも上陸致し、ホウ井ツスル大炮の類を船卸致台場を築申候

一右築立候を、唐人共成丈ケ支候為只管炮火を打懸申候、併同日より翌廿五日同月六日の朝迄ニ懸ケ成就いたし候上、ホウイツスル大炮の類を盛ニ放候故、唐人とも過半者逃去申候

一其後軍船を陸手ニ近々と押寄セ大炮を打懸ケ候処、唐人共初ハ仮也(可成)ニ凌候得とも追々悉逃去り、凡八ツ時比砦を乗取申候、全体ホツカテイグリス地名の砦は要害最堅固の者与唐人共都而相心得、砦ニ籠候ハヽ、壱人も手負無之、ヱケレス人等を軽く退散し可申与頼ニ存居候処、却而速ニ被乗取、剰へ被生捕候もの千人、其外手負死人夥敷有之候、右砦は全く外見店のミ堅固と相見江候

一分取の武器とも悉く砦より運ひ船積いたし、大炮の類は用ニ達さる様ニなし、砦は全破却致し候

一和蘭二月廿四日皇国丑閏正月四日ヱケレス人舟山島を引払候上、唐方虜と相成居候オフシール侍分の者壱人、歩卒水夫之者共を約束通り取返申候

一ヱケレス人ボッカテイグリス地名の砦を乗取破却いたし、其後船々テイゲル河を進み、近頃築立候諸所の砦を打砕申候、右合戦ニて唐方の者三百余人討死致し、唐軍船一組之内壱艘をヱケレス人焼討いたし候、右唐船者大炮三十挺備の大船ニ有之候

一ヱケレス軍船漸々盛ニ進候付、唐国奉行兵を以て支へ候得とも其詮無之、和蘭三月三日皇国丑閏正月十一日亦々唐方よりパルメンタイル官名をヱケレス船江使者ニ遣し、二日程合戦猶予致し呉候様との頼ニ付、ヱケレス人等評議の上承知いたし、直様ワンホー地名の湊ニ退き申候

一此節エルリオット（人名）よりケセン（人名）の懸合之旨唐方使者申達候、此懸合之趣意ハ、宜き場所ニて商売相遂、尚是まての損亡補の為千弐百万トルラルス（一トルラルスは銀凡拾匁七分五厘計）受用いたし度との事候

一右の儀ニ付ケセン（人名）の返答取留候儀無之、又々以前の如く和睦不相整、和蘭三月七日（皇国丑閏正月十五日）再ひ一組のヱケレス軍船出帆いたし、数日を経広東着船致し、弾丸届候場所江碇を入れ申候

一ヱケレス人等城市尓責入らんを唐人等甚恐怖いたし、家財雑具を持運ひ遠方ニ逃去候者夥敷道路尓充満いたし、右様取騒候付盗賊悪党共城市の内外を縦横いたし、品物を奪ひ人を害し或ハ家尓火を懸狼藉いたし候

一右様火を懸候故諸所烈しく焼付き、美麗の街衢も焼失致し候、中尓は三日程も火鎮り不申所も有之候、扨又ヱルリオット（人名）は其土人尓申聞候は、人を害し諸財雑具を奪候事抔ハ決而無之間、其旨相心得可申と申聞候得共、土人等大凡五分の四逃去申候

一唐国法度の任を是迄差留候事弥厳敷致し候時は、ヱケレス人共而已尓拘候事を唐国奉行漸心付、直ニ数多の触書を出申候、然候処和蘭三月廿日（皇国丑閏正月廿八日）諸国の商売エゲレスも又々ワンポー（地名）尓て商売相遂候様相成候付、ヱルリオット（人名）よりヱケレス商人ニ差免候は、以来元々之通ワンポー（地名）并広東尓て商売可致との趣ニ候、併阿片は決して不相成段相達、若犯尓おゐては厳科尓可行との趣ニ候

一ヱケレス人右尓付、再ひ商館を受取以前の如く唐国商人と交易致し候、扨又ケセン（人名）とヱルリオット（人名）と取極候ケ条之内尓国帝不承知之事有之由ニて、炮火刀剣を以エケレス人を悉く可討取旨和蘭三月三十日（皇国丑二月八日）国帝よりの命尓有之候、且又広東のミリタインコムマンダント（官名）国帝の命を請、ケセン（人名）官職を召放械尓入れ北京尓送申候、依之跡尓居残候親族難儀尓およひ申候

一和蘭三月三十日皇国丑二月八日広東ニてケセン人名の風聞有之候ニ者、ケセン人名出立かけ途中ニて国帝の使者ニ出逢、其使者ケセン人名ニ向ひ絹の綱を相渡、命令之趣申渡候処縊死候由ニ候

一フレメル人名和蘭三月廿六日皇国丑二月四日カルキュッタ地名に趣申候、此時フレメル人名ハ、フレインヘイン船名のカヒタイン官名を勤日テレムミング人名ニ首将の役を譲り申候、是迄之処者エケレスと唐国之和熟今以不相整趣ニ御座候（候）、此末之儀者来年中上候様可仕候

古かひたん
ゐるてゆあると
新かひたん
ひいとるあるへると
からんでそん
ひつき

右之分者昨年丑年可奉差上処、乗戻候付無其儀、右之儘当年持渡候趣ニ候間和解奉差上候、此末之儀は近日中可奉差上候、以上

寅　七月　　西　喜津太夫

天保十二辛丑年（一八四一）長崎訳

本木昌左衛門
中山作三郎
岩瀬弥十郎
楢林鉄之助
森山源左衛門
名村八左衛門
植村作七郎
石橋助十郎
末永七十郎
西　記志十
小川慶右衛門
志筑竜太

# 第三号　天保十三壬寅年（一八四二）　別段風説書　長崎訳

『籌辺新編　蘭人風説三』公益財団法人鍋島報效会所蔵・佐賀県立図書館寄託鍋島家文庫

和蘭暦数千八百四拾一年天保十二丑年より同千八百四拾二年天保十三寅年迄唐国ニ而エケレス人阿片商売停止方ニ付記録いたし候事

一前条奉申上候通、エケレス商売元の如く相始、エケレス之商館元ニ復し諸事治り候趣ニ相見候得共、いまた安堵の場合ニ不到、実に唐人等表にハ和熟之体を顕し隠謀専らニいたし申候、扨ホッカ地名の砦をエケレス人打砕候趣を聞て国帝より其弟メーンハン人名尓命し候ハ、ミニストル官名ホー人名幷五万の軍勢を率ひ広東に進発いたし、刀鈒炮火を以てエケレス人を討取可申、又決而和睦不可致、若和睦致し候ニおひてハ可為死罪の旨申付候、唐方勢手弱埒明不申候様相見候節ハ、国帝自身ニ数万之軍勢率ひ発向いたし成敗可致旨申聞候趣ニ御座候

一和蘭五月十八日皇国丑三月廿八日ニ当ル再戦争のきさし起候迄ハ万端其儘ニ罷居申候処、其節ニ到り、城市之士人等ハ家財を持運諸方ニ逃去、軍兵等は城市尓備を立申候、右勢ハ大凡北国幷韃靼より出て五万余と申事ニて、国帝之弟惣大将として参着いたし候風聞有之候

一広東尓再ひ参居候ヱルリオット人名ゟ和蘭五月廿一日皇国丑四月一日ニ当ヱケレス商人共尓廻文を以申遣候者、唐人等又々敵

対いたし候趣ニと而、何れも速に商館を立退候様との事ニ付、商人共即日其儀畏り申候

一右様和睦相破候次第ハ聢与相知れ不申候得共、究而エルリオット（人名）を悪み、猶エケレス人等ホンコン（地名）を決而引払不申与申募候処より右之始末ニ相成候哉ニ被存候

一諸軍船幷運送船ホンコン（地名）を引払候後、ホツカ（地名）の砦の前尓繋りいたし候

一エケレス人不意ニ押寄候も難計、唐人等是を防方之用意専らと相見江、数多之蔵ニ大炮を用意致し、河辺に臨ミをる街衢毎にハケモスケールデバツテレイ（見さる様覆ひ隠したる台場を）経営し、広東北方の河辺迄堅固の砦を建連ね、フランスフナルレイ幷トイツフナルレイ（共ニ広東河口ニ有小島の名）尓は石火矢夥敷相備申候、扨又サーミシ（地名）尓は新ニ砦を築、河のケレーケン（河水を引入て堀の如を申候）尓は夥敷フユールフロツト（桴を組其上ニ焼打用意の炮火等を備へ有之もの）を浮へ、或ハブラントル（火移り焼上るもの）を用意いたし候、是ハ失費を不厭全くエケレス人を追散さんと決着いたし候儀ニ候、フランセチルレイ幷トイツセフフナルレイは広東の河口に有之候小島尓て、唐国に通商いたし候欧羅巴人等園囿等を造り候場所ニ候、右島之内或ハホルラントセキユストオールト（阿蘭陀の渚地）或ハフランスキユストオールト（払朗察の或ハエンゲルヒ渚地）キユストオールト（エケレスの渚地）と称し候所等有之候

一前条エルリオツト（人名）よりの通達の意尓随ひ、エケレス幷其他国々の商人等商館を逃退船々ニ乗申候、然処果る時も違す、唐人共其夜エケレス商館ニ押寄、商人共を悉く殺害可致心組為有之由後して相顕申候

一商人共船ニ逃来候末、右商人共乗組罷在候アウロラー（船名）と唱申候スクー子ル（一種の小型軍船）幷ロイサー（船号）と唱候コツトル（一種の小型軍船）商館の真向ニ船繋いたし候、然るに兼而ハ河口の其辺夜ニ入候得者数多の小船満ち、賑々敷して許多の灯火照渡候得共、淋敷事ニ成行申候、六ツ時ニ到て、アルケリ子（船名）等之船安逸ニ見へし城市に間近く船繋いたし候

一同日凡四ツ時頃、フユールフロツテン（桴を組其上に焼討の用意の炮火等を備へ有之もの）幷ブランデンデヨンケン（焼討用意の船）汐合尓て流れ、夥敷火の

光フアーテー地名辺ニて相見候、此時商人共乗組候スクー子ル前ニ出す幷コツトル前ニ出す危き場合ニ望ミ候は丶、コミハクニートイン商館の園圃より右スクー子ル幷コツトル前ニ出す尓理不尽尓炮火を打掛け申候

一此時サーミン地名の砦よりもエケレス方に炮火を打掛候付、コツトル前に出すも盛に防禦いたし、子メシスと唱候ストーンホート前に出すを以フユールフロッテン前に詳也を散乱せしめ、玉目三拾弐ホント一ホント百三拾弐匁余の大鉋（炮）を以強く唐方ニ打掛申候

一モテステ船名アルケル子船名ベイラーテス船名等の船々よりサーミン地名の砦にカワナーテ一種の大銃を以打懸候処、右砦より唐人共石火矢を盛に放し申候

一夜半迄右様炮火せり合いたし大ニ苦労致し候末、漸唐方の炮火不届所にスクー子ル前尓詳也コツトル前ニ出すは引退申候

一和蘭同廿二日皇国丑四月二日ニ当ルの早朝、モデステ船名アルケリ子船名ベイラーデス船名等の軍船幷子メシスと唱候ストームホート前尓詳也を以、又々サーミン地名の砦に責掛最烈敷炮火を打掛候処、終尓ハ打砕微塵に相成申候、又此時尓ストームボート前尓詳也子メシス船名を以四拾艘之唐軍船をも河のケレーク前尓詳也追込、多分は虚空尓打飛し或ハ河辺尓打上申候

一唐方尓は兵士大に死亡致し候得共、ヱケレス方ニハ死亡少し手負漸三人有之候

一サーミン地名の砦を破却いたし候末、ヱケレス軍船亜瑪港バツサーケ地名尓繋り組内之船々を相待申候

一翌廿三日皇国丑四月三日ニ当ル一手のヱケレス軍船取揃、陸手の兵も亜瑪港ハツサイチ地名尓集り申候、右之地ハ広東より凡四五里の行程ある所尓候

一和蘭同廿四日皇国丑四月四日ニ当ルコロ子ル官名モウンタイン人名の下知尓て、廿六手の勢を以て再ヒ異国の商館所々を取返申候、扨持運（ニ）の相成候品物等追々盗取んためニ、其所罷在候盗賊兵士等を追出し、商館を全く不打潰様患難を除き候得共、阿蘭陀幷ヱケレス商館は出張延引ニおよひ候内、安穏に持候事不相叶、最早及破却、諸品を奪取られ、立具類ニ到

迄一切無之、中ニハ許多の高価の品物、殊に毛織端物等都而被盗取申候

一和蘭同廿五日（皇国丑四月五日ニ当ル）ヱケレス船ニ残居候軍勢上陸致し、広東北方の岳尓備を立て韃靼勢を街市に追込め、其上船ゟホンペン（大天炮）ガラナート（小天炮）等をホウ井イッスル（大筒名）を以て韃靼人に打掛申候

一和蘭六月五日（皇国丑四月十六日ニ当ル）ヱリオット（人名）より其味方ニ相達候ハ、唐方大将の頼尓より先つ左ニケ条之ため敵対相止候事尓候、則右ケ条は左ニ記し申候

第一　広東内外ニ居候唐国幷韃靼軍兵、都而六日之内に市中を立退き、六十里外に居住いたし候事

第二　ヱケレス国ニ備銀之内六百万トルラルス（一トルランス凡銀拾匁七分五厘計）差出、右高之内百万トルランスハ和蘭五月廿七日（皇国丑四月七日ニ当ル）暮限相納可申事

第三　当時の振合尓てハ、ヱケレス軍兵は其所ニ留り決而敵対不可致事

第四　六百万トルランス七日の内に相納候事、出来不申時ハ百万トルラルス相納可申、万一十日之内に不相納時ハ八百万トルランス相納可申、若又廿日之内に相納候事出来不申時は、九百万ドルラルス相納可申事

第五　右納方相済候は者ヱケレスの軍勢退陣可致、猶是迄相備罷在候所々の砦も明渡し可申、右砦は双方和談相整候迄、唐方より再ひ兵を備候儀不相成事

第六　和蘭千八百三十九年九月（天保十二亥年七月ニ当ル）諸商館を毀ち、スハーンブリッキ（一種の小形軍船）ベルハイノ（船名）を奪ひ焼討被致候節之失費直様相払可申事

一ヱルリオット右達書に猶又書載致し候者、唐国許多の軍兵最早城市を立退き、五百万トルラルス既ニ相納申候ニ付

而は、コミサーリス官名両人共城市を立退候ハヽ、ヱケレス人等急度広東に引返し砦等を明渡可申事候
一同時に唐国のケ子ラーリスシミユス官名相触候ニハ、ヱケレスのオフシール武士ソルダート歩卒を生捕或は討取候者有之候ハヽ、褒美として大金を取セ可申、尚エルリオツト人名の首を取候者尓ハ、拾万スハーンセマット（一スハーンセマットは凡銀十匁七分五厘計）取らセ可申与の事ニ候
一唐国の首将より相触候趣尓てハ、唐人等ヱケレス人之趣意通差免候事ハ、只暫の事のやう尓相見へ候、諸事先規尓復候様成行候迄は、色々手数も相掛候事顕然致し候儀尓候
一ホンコン地名尓は亦々難病流行致し、一手の軍船は年長のゼーオフシール官名テレシングシムホウセ人名其外許多の士卒相脳（悩）中候
一唐人等ゟラントスーン（擒子を取戻候ため差出候金）を相納候末、唐国幷韃靼の軍兵城市を引払候付、ヱケレス軍船広東より出帆致し、ヱケレス人諸砦を唐方ニ再ひ相渡申候、此後無益の達し事等双方より有之候外差たる儀無之候、将又亜墨利加其外異国人との商売は不断有之候得共、ヱケレス人との交易は絶て無之候
一ヱケレスの商館幷商人之住所を押領被致候ニ付、右損失をヱルリオット人名の命尓て勘定致させ、右損失丈之銀子を商人共ニヱケレスの奉行所より相弁申候、右損失の惣高は三拾万九千六百拾五トルランス（一トルランス凡銀拾匁七分五厘計）に相成申候
一和蘭八月九日（皇国丑六月廿三日ニ当ル）スコウトヘイナクト官名ウ井リヤムバルケル人名幷近頃プレニポーテンテイヤリス官名尓被申付候ヘンレイボツテインゲル人名亜瑪港に到着いたし候迄ハ、諸事是迄之通尓御座候
一和蘭八月廿二日（皇国丑七月六日ニ当ル）スコウトベイナクー官名ブレニボーテンテリヤリス官名幷テ子ラールコムマシクント官名ヒユグコウグ人名軍船一手の内只弐三艘ホンコン地名尓は相残し、其余は都而其地ゟ出帆いたし候

一一手の軍船ハ出帆致し、且新ブレニポーテンテイヤリス（官名）幷フロートフテトグト（官名）来着致し候付、唐人共大ニ恐怖いたし、再ひ戦争の用意専ら致候、扨韃靼の軍兵ハ約定通広東ゟ六十里外ニ退き可申開之処、再ひ其地江立戻り諸砦を相備申候、此時マンテレイン（人名）幷有徳の士人等広東を立退申、依之右等の事を推察致し候唐人共ハ、戦争近々再発可致与大に心痛致候

一広東は右様戦争の用意頻尓有之候間、エケレス商人共其地を引払、再ひ本船尓罷帰候端と成申候

一許多のヱケレス軍船ホンコン（地名）を引払候趣意は、いまた聢と相分り不申様ニ風説有之候得共、右風説之内先信用相成儀者、舟山幷アモイ（地名）を責取候末北京江責入候心但（組）と申事ニ候

一和蘭五月廿六日（皇国丑四月六日に当ル）取究置候旨を守る事なく唐人共新砦を築き、又取戻候砦ニハ兵を備え、且石を積込候船を河尓沈め、船の通路を断切、戦争の用意専ら尓いたし候様子候、依之カビタイン（官名）ニヤス（人名）右を支へ候ため、和蘭九月十五日（皇国丑八月一日ニ当ル）軍船ヘラルト（船名）ヒヤシント（船名）スタルリングと号るスクー子ル（小形の軍船）幷ホーグレトと号するストームボート（前ニ詳也）を率ひ、広東の河に是（走）り入、翌日ワンポー（地名）と広東との間尓到り、広東の方尓近寄候処、唐人共河尓仰山の石を沈め候様を見請申候、右ニヤス（人名）はスコウトベイナグト（官名）の手を離れ候末、年長の船方武士尓てホンコン（地名）尓残居候ヱケレス諸軍船を支配致し候

一和蘭五月廿六日（皇国丑六月六日ニ当ル）取究置候儀与相違いたし、唐人共右様戦争之用意致し候付、ニヤス（人名）大炮を打放し、石を積込候唐船三、四拾艘も打散し、マンデレイン（官名）の船六艘を打沈め、尚ワンテユン（地名）砦幷河辺の家を破却致し候末、ホンコン（地名）を指して帰船いたし候

一ニヤス（人名）ワンテユン（地名）砦を責取、且唐船数艘を打散し、或は打沈め候末帰帆致し候付、広東一体穏静り居候様尓有

之候得共、ホンコン（地名）に於てハ、ヱケレス船再ひ押寄可申儀を相恐れ、六千の軍兵を河辺尓相備、近村防禦の用意致し、サミン（地名）尓砦を築き申候

一和蘭九月二十五日（皇国丑八月十一日ニ当ル）亜瑪港尓注進有之候、フラレニホーテンテイヤーリス（官名）の者両人共軍船数艘を率ひ出帆致し候由尓候

一前条の通ヱケレス人アモイの城市を責取可申ため罷越候処、唐人共相恐れ失費を不厭防禦の手当厚くいたし候

一渚一帯尓数ヶ所の砦幷台場を築き、大炮八百余挺を相備ゑ申候

一和蘭八月廿六日（皇国丑七月十日ニ当ル）一手の軍船アモイ（地名）の港に到り、直様諸砦幷台場に大炮を放掛候処、唐人ゟも同様烈敷炮火を放ち防き申候、然る処ヱケレス人砦幷台場二三ヶ所打砕候上、士卒水夫共上陸致し、其夜海辺ニ屯し翌朝アモイ（地名）尓責掛候処、唐人共盛尓防禦いたし候得共、終尓不相叶被乗取候

一城市に有之候倉廩幷唐軍船を焼払候末其地奪ひ、兵器は本船ニ積取或ハ用達せざる様ニいたし、其上最大の大炮八百余挺有之候を、是又過半ハ本船尓積或ハ再ひ用達せざる様に致し申候

一右合戦の節唐人の死亡夥敷有之候得共、ヱケレス方には手負纔ニ有之候

一右之通悉く破却致し候上、ヱケレス人其地警固のため軍船弐、三艘幷騎馬武者一手を相残シ、和蘭九月四日（皇国丑七月十九日ニ当ル）再ひ北方を指シ出船いたし候

一広東尓て風聞有之候ハ、右ヱケレス軍船定而子ンボー（地名）を責取破却可致ため其湊ニ至り可申由ニ候

一和蘭十月二日（皇国丑八月十八日ニ当ル）ヱケレスの軍船舟山島の城市テインヘイ（地名）前尓来候付、唐人共其地を相固め可申ため、アモイ（地名）の如く手を尽し、二時程挑ミ戦ひ候得共、ヱケレスの海陸の軍勢ゟ乗取られ、四方に敗走いたし候、扨此戦尓

は唐人等兼而より万端防禦行届候得共、終ニハ無利右之始末ニ相成候付、唐方数多く大炮其外武器幷塩硝米倉等もヱケレス方の手ニ落入申候、右大炮之内四拾挺ハ鋳筒之由ニ候、扨右分捕の品物多分ハ本船ニ送り、其余は破却いたし候

一同月十日より（皇国丑八月廿六日ゟ廿九日迄）ヱケレス人子ンボーの河口尓有之候城市シンハイ（地名）を責取申候、其節唐人等大ニ勇気を励し防戦致し候得共、終尓は敗走いたし候付、ヱケレス人共其地を打毀ち焼払申候

一ヱケレス人分捕致し候品物数多有之、既ニ大炮百挺其外許多の武器等幷百万トルラルス（前尓詳也）の正銀有之候

一ヱケレス人アモイ（地名）テインヘイ（地名）シンハイ（地名）を責取破却致し候以来は、唐人共大ニ恐怖致し候故歟、エケレス人河を馳登り子ンポー（地名）尓到り候処、唐方の大将幷マンタシイ子ン（官名）士人兵士等尓到る迄其地を打捨、各財貨を数里陸手を指し遠方江立退申候、依之ヱケレス人戦をなさすして其地を押領致し候上、分捕の品物許多有之候

一右之節広東は万端無事尓有之候、尤唐方尓ては新砦等を築、河の双方を堅固ニ致し、ヱケレス船乗入不申様防の手当専ら尓候得共、唐商売船七艘取上られ申候

唐人共当時は砦幷台場を築候ニも、大炮を台場に置候ニも、欧羅巴流を相用申候、右ニ付風聞有之候尓は、右等の事功者の阿蘭陀人を召抱候与申噂有之、又外説尓ハロシヤ国よりケニーオフシール（官名）三人北京に来り、其法を相伝候との趣ニ候

一唐人共ストームボート（前ニ詳也）一種を製造致し候得共、ストーム（火気尓て上発る水気いふ）の手段は無之、人の手を以て動き候仕掛ニて有之候、右船終日河上尓往来いたし候をヱケレス人等見請申候由ニ候

一和蘭十二月二十五日（皇国丑十一月十三日ニ当ル）広東に再ひ注進有之候は、ヱケレス軍船アモイ（地名）シンハイ（地名）を責取候趣ニ候、且又子

ンポー地名を責取候末其地所々尓責掛候哉の様子有之候処、無其儀唯其模様而已ニ御座候

一唐国帝より再ひ赦免を請候ケスチーン人名是ハ前尓有之候ケセンの事ニハ無之哉不詳唐国の軍兵二万五千人城市ヒユンコウトー地名屯し、其先備は子ンポーより五、六里相離陣を取申候

一子ンボー地名尓てヱケレス軍兵水夫共壮健ニ有之、尚食物も沢山ニ唐人共世話致し呉れ、ヱケレス人と甚睦敷事ニ御座候

一ホンコン地名尓は万端穏尓相成、追々唐人共許多来り、ヱケレス人と商法を遂候儀次第尓繁昌致し候

一広東尓は唐人等今に不絶戦争の用意専らいたし罷在、マンタレイン官名は数千の兵士并新規尓士卒を召抱候尓手当銀を相増、大炮武器等を許多高価尓買入申候

一大炮を取扱セ可申ため唐方に欧羅巴人を数人召抱申候、右欧羅巴人者皆ヱケレス或は其他の異国船より逃越候兵士水夫の者ニ御座候、是等に一ヶ月三十トルラルス前ニ詳也の給料与ゑ申候

一和蘭二月一日皇国丑十二月廿一日ニ当ルプレニポーテンテイヤリス官名シルヘンポツテインケル人名子ンポー地名よりホンコン地名尓着船致し、同月五日皇国同月廿五日ニ当ル触出候尓は、フレニポーテイヤリス官名去ル和蘭十二月廿七日皇国丑十二月十五日ニ当ルセソステイリスニメシスフレゲトンと号するストームホート前ニ詳也等を率ひ城市子ンホー地名より退き、河を走り城市ユヤット地名に到り、暫時争戦致し其地を責取、役所々々を破却致し、米倉を開き土人に与へ、其後右ストームホート前ニ詳也出帆致し、其末ツキー地名テユンクツ地名を押領致し候旨ニ候、右子ンボー地名よりユヤット地名に行程四拾里ツキー地名并テユンクツ地名に二、三十里有之候

一右ツキー地名并テユンクツ地名を唐国軍兵逃去候故、ヱケレス人不戦して其地を押領致し、ユヤット同様尓諸役所を悉

く破却いたし、米倉を開き土人等勝手尓米を取去ル様致し置候、右者第一唐人を帰伏致させ、次ニ唐国のマンタレイン（官名）幷ユウフルナメント（奉行所）尓恨を報候ため尓候、依之其土人尓は決而仇を不致趣解諭し申候

一右之通に取計候上、ストームホート（前ニ詳也）再ひ子ンボー（地名）を指シ出船致し、和蘭正月十二日（皇国丑十一月三十日ニ当ル）彼地尓致着船候

一ヱケレス人河を馳登り、所々の城市を押領致し候付、唐国のマンダイン（官名）等大ニ恐、右注進を聞忽ちテユンコウホー（地名）より逃去申候、右テユンコウホー（地名）は子ンポー（地名）江九十里相隔申候

一子ンホー（地名）よりヱケレス人軍船帰帆致候以来、和蘭三月十五日（皇国寅二月四日ニ当ル）迄者格別記録致し候様之儀無之候、且又再戦の用意等も絶而無之、ヱケレス人より仕掛候節之手当而已ニ候、扨唐人等ヱケレス人を生捕候得者直様殺害いたし候付、ヱケレス人者常ニ不快を懐き、仇讐打重候付而者、元来唐国と通信致度所存も、当時之模様尓てハ追々其意薄く相成可申哉尓被存候、右等之便宜三月十五日出之由尓て、唐国ゟシンカボーレ（地名）尓参り候を伝聞仕候

古かひたん
ゑでゆあると
がらんでそん

新かひたん
ひひとるあるへると
ひつき

右者先達而奉差上候末之儀、此節和解出来仕候付奉差上候、以上

西　喜津太夫

本木昌左衛門
中山作三郎
岩瀬弥十郎
楢林鉄之助
森山源左衛門
名村八左衛門
植村作七郎
石橋助十郎
末永七十郎
西　記志十
小川慶右衛門
志筑竜太

# 第四号　天保十四癸卯年（一八四三）別段風説書　長崎訳

『籌辺新編　蘭人風説四』公益財団法人鍋島報效会所蔵・佐賀県立図書館寄託鍋島家文庫

和蘭暦数一千八百四十二年天保十三年寅より一千八百四十三年天保十四卯年尓打続候於唐国阿片一件ニ付、差記(起)候格別之事共記録いたし候事

一此以前之風説ハ和蘭暦数一千八百四十二年四月天保十三寅五月初旬迄之儀ニ而、則ヱケレス人唐国北国(方)ニ押寄勝利を得候儀有之、且又其辺に有之候城市数多を押領し大利を得、唐方を甚取挫候儀ニ候

一此以前相演候通、唐国与ヱケレス人互ニ相憎ミ不断戦争打続申候、ヱケレス人相用候兵器之弁用都合能、勇気不撓敵対セハ、何れ一度ハ唐国帝手を下し候様可相成、然時ハヱケレス人の大利与相成和熟談合之導とも可相成、且先年ゟ仕来候商売是迄ゟ手広可相成見込ニ有之候

一広東之義ハ以前之風説之末ニ有之候通、其以来穏ニ有之候

一広東右之通引続静謐候処、河之内外ニ徜徉ひ候海賊共夥敷日々ニ相増し、是迄之ことく小船等を奪取候儀ハ無之候得共、悪業追々増長シ既ニ上陸いたし、町家ハ勿論村邑ニ押寄セ、諸品奪取候事抔有之騒敷有之候

一右様之儀ワンポー地名より三、四里隔候ボンコン村并セイヘン村辺所々ニおひて有之、尤其折ハ毎も盗賊共夥敷候而村

役人共防得不申、数多之家々就中ゲルーウイスセラールス金銭両替渡世する人の家々ニ押寄、家財或ハ金銀等沢山奪取申候

一ワンポー地名広東之間ニ防禦之要害を拵候ため、唐人等出精いたし、新所之砦之礎を居へ日々アミユニチー焔硝船等のことき火術の用之品の運方夥敷有之候

一ホンコン島は諸事都合宜敷、且ヱケレス幷唐国商売之居住日々相増候ニ付、商売専らの場所与相成、商業格別盛尓て繁昌最も弥益ニ相成申候

一以前ニ有之候通、和蘭二月一日丑十二月廿一日ホンコン島到着いたし申候ヱケレス方之大将プレニポーテンテイヤリス官名ヘンレイポツテインケル人名よりヱケレス人尓達候ハ、本国ニ而猶又評議ニ相成候、何れホンコン島チンハエ舟山島ノ内はフレイヱハーフエン国々通船の湊と相定、決而運上等を取へからす、何国之船ニ而も通船を相許可申趣、扨又此達之節ニ申付候は、アモイ地名の湊尓コロンクワー尓押寄可申旨幷諸事平均いたし候迄ハ、何れ本国江引取候儀ハ叶へからさる旨申聞候

一広東辺之義ハ、ホツテインケル人名尓おひてハ手を付けす、尤船繫り場所之辺ニ台場を築候迄、其処之支配人之砦をもって防方をなさしめ置申候

一広東ニ於てハ安寧和熟之様子候得共、夫尓反して北方尓おひてハ戦争甚敷有之候

一既に記録いたし候戦争之後も、ヱケレス人等は再ひ手強く挑戦之用意いたし罷在申候、偖又舟山諸軍之大将ヒユグゴウグ人名はハンシヲーフコイ（ヲー）ニンホー地名より四百里程隔候セキアン地名の城郭を押寄候儀を存付候得共、数隊之唐軍ユウヤク地名の近隣尓屯し居候ニ付、先右唐軍を追散候末尓てハ、ハンシヲーフヲー地名尓出張すへき決心いたし候

一追々の戦尓て、此挑戦ハ追々の軍配の変化して後を継かす、此事次章尓明ニ有之候

一和蘭一千八百四十二年三月十一日（寅正月晦日）広東ゟ爰ニ専ら風聞あるを達せしは、北京高官のものにおいては烈敷計らいも可致筈之処、唐帝ヱケレス人を唐国より勦尽さんとの儀ニ付、柔弱なる命令を下せし尓より不和発らんとせし由、唐帝其命令を変せさる故、帝位も傾く様ニ被相成候由

一第三月初旬（寅正月下旬）ニンポー（地名）シンハイ（地名）ニおひて、烈敷合戦尓及ひし時は、唐人共不意ニヱケレスの軍勢に攻寄打亡さんとの心得尓候処、ヱケレス人等却而謀計を廻らし防禦いたし候ニ付、唐勢数多之軍兵を失ひ、是非なく敗走せん程尓いたり、心願空敷相成申候

一唐人等一統強勢のヱケレス人との合戦いたし候を相恐れ候儀ハ、是迄数度之戦争尓て相知れ申候、其故ハ、戦死いたし候者共度々相改候得者、袂に三、四トルラスト（一トルラス凡銀十匁七分五厘）貯居候を以て考へ候処、全く軍兵等自分出陣致し候儀を相恐れ、給料ニ而他人を相雇ひ候儀紛れ無之候

一亜瑪港尓赴きたるヒユクコウ（人名）より前条之趣、左之歴文之趣左ニ記候

一唐方ニ而軍議一決不致無益ニ日を送り候処、ヱケレス人等兼而出陣之用意いたし居候間大ニ待兼居申候

一終ニ尓（ママ）は第三月十日（寅正月廿九日）の鶏鳴之比唐勢凡壱万弐千人程もニンホー（地名）の南門西門へ押寄、ツル（城市の外構）を越し城市中尓攻入敵尓出合戦候処、一挑尓其場を敗走いたし候由ニ候

一唐勢南門を立退き候節、ヱケレス方より大炮を打掛け、屯し居る唐勢弐百五拾人程城塀内ニ而打伏られ候由

一ツル（城市の外構）尓て右取合之最中尓、唐人共数艘鎖りたるブラントル（焼討のため尓焼草を積込候船）を河へ流し候処、ヱケレス人火船セワステイス（船号）の端船を遣し、右ブランドル（前尓詳也）を泥中ニ引入申候

一ヱケレス人は毎々唐方を脳（悩）し候末、右ツル（前尓詳也）尓大炮壱挺備へ、東手のフウールタツト（外郭の市街）の河尓向け置申候、左

候得者此フヲールスタット（前尓詳也）尓打掛候尓勝手宜き故尓有之候

一唐人共シンハエ（地名）尓押入、甚手弱く此城市の北方尓て戦争尓及ひ候処、唐方直様敗走し、死亡凡三十人ニ及ひ候内マンテレイン（唐方の官名）二人有之候

一此合戦の内尓湊尓繋居候ヱケレス船を焼討候ため、唐人等フラントル（前尓詳也）を其繋居候船近く押流候処、右フラントル（前尓詳也）はヱランス船ゟ遠く浜辺尓滞り、ニンホウ（地名）尓ての如く其計策空敷相成申候

一右之通唐方敗軍尓およひ候以前、斥候として舟山よりタイサン（地名）尓火船子メシス（船号）差遣候処、唐軍兵等テイハエ（地名）尓在るヱケレス勢ニ押寄可申ため集り居申候様子ニ相見申候

一右船其地着岸之上、コムマント（官名）は軍兵を上陸せしめ敵軍尓押寄候処、直ニ唐人等も火攻を以て相防き候末、利なくして敗走致し候、此節唐方の死亡凡三拾人程有之候

一ニンポー（地名）シンハヱ（地名）尓ての如く、右合戦の節もヱケレス方ニハ死亡壱人も無之候

一右取合之末申来候は、唐人等ニンホー（地名）より西方ニ当り十四里程相隔候ツヱーケー街尓凡八千より壱万計軍勢を相備居候由尓候、右軍勢ハ此比の敗軍尓て、其地より四十里程相隔候ヒイクワン（地名）尓立退き可申様子ニ相見へ候故、ヒユグコウク（人名）は直ニ進発し、右唐勢彼地を引払不申候以前尓押寄可申与決心いたし候

一彼酋将は、右ニ付和蘭三月十五日（寅二月四日）早朝尓、兵士兵卒都合凡千百余人火船子メシス（船号）ブレケトン（同上）クウエーン（同上）三艘ニ乗セ出帆いたし、川を十六里颿り登り、ヱケレス人上陸の上六里程相進ミ候而、昼後七ツ時尓ツエーケー（地名）尓到着いたし候、唐人等は敵軍押寄来候を承知し、数挺の大炮を城市のツル（前尓詳也）尓備置、エケレス人に対し放火して、一隊の唐軍出て立候処、ヱケレス方より小キ野戦銃を打放したれハ、速ニ引退キ申候

一ヱケレス勢右ツル前尓詳也尓押寄候処、此処尓ては唐勢格別防禦いたし候様ニも相見へ不申候而、二ヶ所の山尓陣を取居候ニ付、ヱケレス勢ハ右城市を通り其陣所尓押寄申候
一ヱケレス方の軍令は、早々進ミ敵軍尓かゝり追散すへきとの趣ニ候故押寄候処、唐方も少しも屈せす度々戦を挑み、絶へす放火いたし候とも、ヱケレス勢ハ不恐勇気凛々として山上尓攻登り、唐軍を四方尓追散し候末、彼是いたし終ニ晩景尓及ひ申候
一右山上の合戦最中尓、ヱケレスは子メシス船号並ニブレゲトン船号火船二艘を破り、大河の枝流尓出シ、唐方尓て数多のツラントル焼討の為の焼草を積込候船カノンニーボルト石火矢を備たる軍勢を以て備有之候場所ニ遣シ、毀脚いたさせ候末、唐方の陣中ゟ逃去者とも近辺ニ来り候節ハ、右火船より軍兵を下し追払ハせ、敵対を得なさゝる様いたし置申候
一所々より申来候は、唐人等右合戦の砌ハ平生ゟ格別勇猛を顕せし由ニ而、其節戦死之者千人、手負の者数多有之候内高官之ものも有之由ニ候
一ヱケレス方戦死之者は唯三人尓して、深手の者数人有之候
一ヱケレス人等右挑戦の末、同月十五日寅三月四日の夜ハ唐人等立退候陣所尓居残り、其翌日ハ唯用達すへきアミニユテイーンを船積し、又大炮武器を毀ち、又陣所砦等尓火を懸ケ申候、其後ヱケレスの酋将はツヱーケー地名より七里相離候ヤンケハス地名の側尓有之候唐方第二の陣所尓軍兵を差し向け申候
一ヱケレス人等其地ニ至り候処、唐人等自分其陣所の諸構へ等打毀ち悉く皆焼払候末、夜中尓立退候と相見へ申候間、ヱケレス軍勢ハツヱーケー地名尓立帰、其後和蘭三月十七日寅二月六日尓ニンボー地名帰陣いたし候
一広東ニてハ諸事穏ニ有之候、扨和蘭一千八百四拾二年四月十六日寅三月六日彼地より申来候者、唐帝の命令を請け其地在

住の唐官のものホツカー地名尓堡砦を築くへき用意を致し居候由ニ付、右実否相糺、若哉其用意致し居候ハヽ、打毀可申ため、ヱケレス勢ハ軍船ホークレイ船号アイヤツト子船号一艘をホンコン地名亜瑪港より彼地へ仕出し申候

一ホッカー地名の内海尓右之船尓乗入候処、唐方ニ而ハ大ニ騒き、既尓其浜辺尓砦等を築へきとの事も取止メ候与相見申候

一同月十九日寅二月九日広東より申来候ニ者、数多の荷物幷金銀を積込有之候ヱケレスの商船テアン船号台湾の浜辺尓打揚候処、唐人等其乗組之者共悉く生捕候趣ニ付、ヱケレス人等ハ右虜の死生如何与存し大ニ心痛いたし、右救ひ且金銀をも取戻し可申ため、軍勢彼地尓差向け可申由ニ候、偖又唐人等ハ右虜を若哉取扱ひ悪敷致し候ハヽ、台湾の内唐国の領地は悉く毀脚すへきとの趣ニ候

一和蘭四月廿六日寅三月十六日の便り尓申来候者、広東之近辺尓てハ海賊相増し、様々の悪業日々に募り、商人等身命財貨を厭ひてハ暫時も商売を遂け難き程尓盗賊共近海尓満し居れりとそ

一右等之儀、広東及ホンコン地名の近辺ニ而追々増長致し候のミ尓あらす、大凡其地の東方の渚尚福建地名の渚迄も其弊押移り申候

一一体之模様右之通候得者、唐人等ハ其支配の海河ニ而唯其防きの儀を専らいたし居候処、ヱケレス方尓ても同様強盗有之候てハホンコン地名の繁昌ニも相障り候事与存し、其防禦のためホンコン地名のヱスカートル軍船一組の内小船数艘を出し、広東川の中カブセンモーン地名テユンホー地名尓備置申候、此両所はホンコン地名通商の船是非通行可致所尓候得者、盗賊等も船々ニ襲ひかゝり候尓屈竟の場所与存し、自然与相集候故之儀与被存候

一ホンコン地名尓居住致し候唐人の内海賊尓組シ候者も有之候由ニ而、一統悪心を挿ミ居候と相見へ申候、依之其地の役所ニ而ハ、右悪党を吟味し糺明の上、諸人尓見せしめのため可処厳科との事尓て、穿鑿最中ニ候

一此比広東尓申来候便尓は、唐帝はヱケレス人北京尓押寄せ来り候を恐れ、韃靼尓引退き候由ニ候、其以前唐帝家臣尓命令を下し候尓はヱケレス人を厳敷防禦可致与之儀ニ候

一右風説弥実事与相定可申証拠は絶而無之候

一ヱケレス人等は一端勝利を得て其領地ニ立帰候共、追々種々の計策を廻らし、是迄数度の勝利の勢ひ任せ尚も勇マ敷拒敵シ、速尓此戦争の発端目当与致候事を仕遂け可申との儀ニ候

一ハンシヲウフヲー（城市）尓押寄候儀既尓久しく取止ニ相成居候を、今度再ひヒユクコウク（人名）思ひ立其用意専ら尓候

一右一件ニ付、其地ニ差越へき軍勢格別許多有之候者、全其酋将此外も手を入へき所存有ての事ならん

一コロンソー（地名）の備兵の内より一手の軍勢を分ち、加勢として火船セソステイリス（船号）を以てニンポー（地名）尓差越申候

一ニンホー（地名）シンハヱ（地名）尓は軍勢大凡引払、纔の備兵を相残し置申候

一右出軍のため集り候其勢ハ都合三千人有之候而、一千八百四十二年五月十一日（寅四月二日）舟山ニおひて火船フロンテ（船号）モテステ（同上）コリユムビ子（同上）アルケリ子（同上）備を立、フイーセアトラール（官名）ハルケル（同上）乗船罷在候コルンルリス（船号）一同ハンシヲウスヲー（地名）より北方ニ当り、数里相隔候ツイーンタンの川口尓志し出帆いたし候

一前尓記録いたし候通、ヱケレス人等所々引払候末、唐人等は右場所を再ひ押領せんと相計り、終尓舟山の内大凡切従へ申候

一和蘭五月廿五日（寅四月十五日）舟山島より申来候者、彼地尓相残居候ヱケレス軍勢は纔三百人足らす有之候而、既尓唐方の手尓落居候場所の守りとしてヨスソウシル（山の名）尓相備罷在候

一唐方尓ても同様軍勢を集め有之候は、全右陣所尓相備罷在候ヱケレスの小勢出張致シ候節速尓勢を出すへき用意と

相見へ申候

一唐人等ヱケレスの備兵尓仇をなし、且糧道を断へき儀を専ら相計り申候、扨又出張致し居候者出立致し候後は、追々跡尓残し置ヱケレスの船々尓向けフラントル（前尓詳也）流し懸け候得共、ヱケレス船は事とセす悉く其難を相遁れ申候

一コラソー（地名）相残居候ヱケレス軍勢も、敵方ゟ右同様の苦脳（悩）を請け申候

一ヱケレス人等テインハヱ（地名）を引払ひ、唐人等舟山を再ひ領し候儀ハ、ヘンレイホツテインケル（人名）一千八百四十一年（天保十二丑年）ヱケレス軍勢尓申達置候事とハ大尓相違仕候、右達之趣は、唐国尓てヱケレス人の望を聞済し不申候間ハ、決而テインハヱ幷其属地は唐方尓返すへからすとの儀尓候、尚又一千八百四十一年二月（寅二月）尓フレニホーテンテイヤーリス（右同人官名）申達候趣は、ホンコン（地名）並テインハヱ（地名）をフレイヱハーフヱン（前尓詳也）と定め、将又ヱケレス勢其島尓相備罷在候間は、コロンソー（地名）通商の船々尓扶助すへきとの儀候処、テインハヱ（地名）は今既尓唐方の手ニ落居候付、商売等其商業を唐国北方の地尓て営み申度様子尓候得共、強勢の扶助無之様相成候事故、右商売之望も空敷相成申候

一テインハヱ（地名）唐方の手尓落候儀ニ付、当時ヱケレス人等一統迷惑いたし居候、様（依）之ヱケレス軍兵等立戻り、再ひ其地を取返し可申、其上尓てハ唐方との合戦平均尓相成候まてハ、容易ニ唐方ニ渡すへからすとの儀ニ候

一ヒユグコウグ（人名）ヱケレス勢を右之通所々より引払ハセ候儀は、全く自分の軍兵を自由ニ廻し、計策をなす尓尤肝要の儀と相考へ、右之通尓いたし候事与相見へ申候

一ハンシヲウフヲー（地名）尓ヱケレス軍勢を差越候節、途中尓おひて其模様を変し、其地之近辺ツイーンタンの川口尓有之候ハンヤホー（乍浦歟）尓最初押寄可申決着ニ相成候

一ヱケレス軍勢を彼地へ差向へき為め仕出シ候火船、一千八百四十二年五月十七日（寅四月八日）昼後無滞致着船候

一シヤホー（前ニ詳也）は唐国中の尤繁昌の地ニて、山有これを囲繞し、殊更堡砦等を以て要害をなし、又海手は一文字形ニ台場築き堅固ニし、其郭塀中ニ凡八千余り之軍勢を備へ有之、其内千七百人ハ韃靼人之由候
一ヱケレス軍勢は、和蘭五月十八日（寅四月五日）其城市ゟ二里相隔候シンヤと申候岬ニ陣を取候得共、唐人等少しも拒敵いたし不申候
一ヱケレス勢は山々ニ登り軍列を相整候中、軍船よりハ浜手ニ有之候四十二挺備之台場ニ向ひ放火いたし候処、唐人等も右台場より打掛申候、右矢先を七百人のヱケレス軍船ニ而相防き、上陸いたし速ニ取挫き難なく責取申候末、目前ニ居合候敵兵は悉く城市ニ追込申候
一ヱケレス軍勢は右埋伏有之候与は夢ニもしらす相進ミ候を、其儘行過させ置き、右唐勢は後軍を見懸烈敷放火致し候
一ヱケレス人等は右ニ付其家ニ押寄候処、唐方ニても手強防戦いたし候ニ、ヱケレス勢も大ニ責あくみ候末、右家ニウヱルプケシユキユツト（大炮を打出ス大筒ノ一名）を打懸直様焼払候処、強勇の韃靼勢も無余儀立退申候
一唐軍悉く是迄死を遁れ罷在候処、今既ニ打殺れ或ハ突殺され候而、三百人之内唯二十人生捕と相成申候
一右合戦之節ハ、ヱケレス方ニも許多之兵卒幷二人之兵士戦死いたし候付、エケレス軍勢一統相歎候
一唐人等何故ヱケレス人を賎しめ候歟、又何故ヱケレス人性質を不簾（廉）直与いたし候歟、エケレス人等誠ニ不承知ニ有之候
一韃靼勢の住家ニヱケレス勢入込候処、其処ニ居合候女共は大ニ恐れ、最初自分の子共（供）を殺し候後縊死候様子ニ相見申候

一ヱケレス人シヤホー（前尓詳也）を責取候節、唐方の死亡は千弐百人より千五百尓も及候由

一ヱケレス人其城市を責取候上、所々之武具蔵焔焇は打毀ち、大砲八、九拾挺其外武器数多侵掠いたし候

一シヤホー（前尓詳也）尓押寄候節、ヱケレス人等考付候は、其地を責候儀を相止候ハヽ、ニンボー（地名）舟山ニ虜と相成居候ヱケレス人共差免され候儀も可有之との儀ニ候

一ヱケレス人等を右之通心配いたし居候処、右虜と相成居候者とも殺害不被致罷在候由申来、殊尓其比右虜之内よりも便有之、皆々ハンシヲウソヲト（地名）尓無異罷在候而、唐人等之取扱も格別宜敷有之候趣申来候ニ付、右ヱケレス人は弥安心いたし候

一舟山島の近辺尓て難船尓逢ひ、虜尓相成居候者を不許、是はヱケレス人等舟山辺を不可戻と唐人共推察いたし、虜之者共を免遣しヱケレス人と和談可致と存居候儀明白ニ有之候、且又右之和談相整候上は、爰彼之者より逸々百スハインスマット（一スハーンスマット凡銀十匁七分五厘程）充を可取計策と相見へ申候

一シヤホー（前尓詳也）押領之後は、軍勢をハンシヨウフヲイ（地名）尓遣し、責懸見可申積尓有之候、同所はセーキアン（地名）の城市、殊尓唐官之本役として甚太切之場所柄有之候

一南京へ猶予なく進発致す候儀肝要之事と、ヒユクロウク（人名）は決心いたし候

一国中第二之城市たる右之場所押領之儀、ヱケレス人尓おひてハ最中要之事尓有之候、国中之産物北京へ運送之大河は、南京より格別相隔らすヤンツセキアン河尓流れ申候、依之一度南京ヱケレス人之手尓入候時は河之通路難相成、唐方奉行も無余儀和談取与（組）不申候而ハ不相叶儀出来候端と可相成、将又ヱケレス人之勢ひも弥相増可申候

一右之義はヱケレス人尓おひて尤望所尓有之候、国々より送越候貨物、或ハ北京之国人数度を養ひ候穀物、右者河よ

り同所ニ運送いたし候事候得者、彼方右運送相止み候時は、北京ニおひて甚しき差支必定之事ニ候
一和蘭五月廿三日寅四月十四日シヤホー前ニ詳也ニ於て軍勢再ひ乗船致し、右湊よりリユクケトユ(エ)イランテン島名方ニ向け致出帆、ヤンツセキアン河を進候ため、同六月十三日寅五月五日まて同所滞留いたし候
一唐人等は右様大切之河を奪われ候事を甚相恐れ、且又ヱケレス人之計策を推察し、防禦之手当可相成丈ハ厳重ニし、ウヲーシユン河とヤツセキアン河の境を大木を以てせきとめ、夥敷砦を築き、是を以て両河口の防となし、是ニてハ迚もヱケレス人押領難成と存居申候様子ニ相見へ申候
一唐人ともの存寄ニては、ヱケレス人を工合能防可申と心得居候様相見へ、ヱケレス方より小キストームボート火船二艘和蘭六月十四日寅五月六日斥候のため砦辺ニ遣し候を頓着いたさす、夜中船々を繫き留ヱケレス人之責掛ケ防心得ニ候
一右大切之河及ひ厳重之備を容易くヱケレス人之手ニ落、唐人等始て思当り、此剛敵ニ対して格別力弱ク砦も保ち難しと唐方気欝甚しき事ニ有之候
一キユエンと申ストームホート火船を以てホンコン島ニ書翰送来候間、ヘンレイホツテインケル人名は右船ニ乗組、同所ニ有之候諸軍船一同北方ニ向け出船、ヤンツセキアン河之軍船ニ一手ニ相成申候、此節勝利を得候ニ付、左之一条相触申候
一和蘭六月十六日寅五月八日一隊之軍船碇入、唐人の動静を伺居可申趣ニ有之候、但唐方台場より火炮打出し候時は、幸備相整居申候
一双方ゟカロナーデ筒を以て一時計之間絶へ間なく互ニ烈敷打合戦候処、唐方之筒先弱リ候と見哉否、ヱケレス方船中より防居なから船子及ひ軍卒を猶予なく上陸いたさせ、惣軍勢を以て責懸り候以前ニ唐方は台場より遁散申候

一大砲二百五十三挺ヱケレス人之手ニ入申候、尤大筒之内銅筒四十二挺有之候

一ヱケレス方之死亡二人手負二十五人有之、陸手備ヱケレス人死亡一人も無之候、併唐方之死亡凡八十人有之候

一和蘭六月十七日（寅五月九日）ヱケレス軍船一組之内数艘ウォーシユン河を登り、大炮五十五挺備之台場唐方逃退候跡押領いたし、尤右五十五丁之内銅筒拾七挺有之候

一二日を経、城市サンハイ辺ニ有之候二ヶ所之台場ゟ一組之エケレス軍船ニ炮火を打掛挑候得者、唐方終ニ敗走いたし候ニ付、ヱケレス方一手之軍兵大砲四十八挺備之台場を押領いたし候、依之右之城市サンハイも手ニ入て役所等を破却シ、倉廩は其土人へ附与せしよしニ候

一同月廿日（寅五月十二日）ストームホート（火船）二艘を以てアトシラール（官名）はウヲーシユン河を登り、右城市ゟ五十里計進ミ申候、尤途中ニおひて大炮数挺を備候二ヶ所之陣場を破却いたし候

一右様種々の働ニて奪取候大炮夥敷、都合三百六拾四挺右之内七十六挺ハ銅之筒、尤此内ニは立派之大石火矢多くハ近頃新ニ鋳立候と相見へ、右筒之上ニ漢字を以てベテユーケラールテルハーレン（夷狄征伐といふ義）と申銘有之候、且又別而大形之筒ニは只ハルハール（夷狄といふ儀）と申銘も有之候

一城市サンハイの高官之者共城市ソーコウ或ハハンシヨウォー或ハ南京之方へ逃退候由ニ候

一事を引延候ため、虜之ヱケレス人十六人を免し、和熟いたし度願之趣告んかため、唐方之高官之者色々心配いたし候様相見へ申候

一其後和談取与（組）見候得共何分承引なり難く底意ニ付、プレニホーテンテイヤーリス（官名）無余儀和談を拒可申と決心いたし候

一ヱケレス勢は、先頃の戦争後ヤンセキアン河通行出来候迄、雨天彼是尓て、和蘭七月六日（寅五月六日）迄ヲーシユン（地名）尓滞り居申候

一山々尓引添建連候陣所尓、ヱケレス人等同月十四日（寅四月七日）到着いたし候

一同所尓おひて、大筒十三挺備之小台場二ヶ所ゟヱケレス船尓大筒打掛け申候

一ヱケレス人暫時尓唐勢を挫き、上陸し直様台場幷一並之陣所も破脚いたし候

一其砌一隊の軍船逆風尓て多は出帆なり難く、凡七日計り同所ニ止り、其間尓外数艘はキンサン（地名）」（一名ゴウデンヱイラントと唱申候）尓走り、此所ニおゐて惣船数七十艘集り、七月廿日（寅六月十三日）城市シンキアンフヲイ辺ニ而一手尓相成、右の城市尓押寄可申積ニ候、但右城市ハ美麗尓て格別の砦を構へ有之候

一同日晩、唐軍勢夥敷山際ゟ川辺迄凡三、四里計ニ陣取候趣、斥候の者を以てヱケレス人承知いたし候

一ヱケレス勢の内一手は目差す唐勢尓押寄、又一手ハ唐勢城市之方へ引退候道を遮り、其後城市之南手の構尓責掛候様手配いたし候

一其次の一手者、城市の脇手フロート（一与の軍船）の向ニ上陸し、北方の外構尓押寄申候

一陣所尓控候唐兵敵勢押寄候をも待す散々ニ相成、山林を経逃去申候

一城市尓控候韃靼勢充分勇気を含、何時迄も防くへき覚悟と相見へ、城市之外構より大小の筒を以て支へ、北方尓向ひ外構尓打掛候エケレス勢を烈敷防禦いたし、僅の透間もなく防き候付、エケレス勢も混々に争ひ、韃靼の筒先利く候へ者如何ともいたし得申さす候

一城市の南方は速尓押領致し難く、既尓右之手当として遣し候エケレス勢暫く控居、シンキアンフヲー（地名）の南方尓流

候太河尓橋を架同所尓責掛申候、併数時之間韃靼勢ゟ手強く支へられ候得共、終尓は城市尓討入申候
一同所ニおゐてハ唐方の働当前の事とは見へ申さす、尤軍勢凡三千人右之内手負死人マンダレイン官名四十人の外凡一千人、併ヱケレス方は少々死亡いたし候
一城市シンキアンフヲー地名は大河の入口尓有之候付、同所押領の後は軍勢絶す備置申候、扨又カルンワルリス大将乗候軍勢の名と申船一同和蘭八月三日寅六月廿七日同所出船致し、南京辺迄参り同月八日寅七月三日南京尓船繋いたし候、但南京はヤンツセキァン地名より凡三里隔り申候
一是迄唐方毎度打負、エケレス軍尓敵し難き趣、高官の者共より数度上聞尓達し候得共、唐国帝取用ひす、唯管（只）我意尓募り一度思込候所存を不変、如何成事有候而も唐国中エケレス人の根を絶、永々エケレス国との通信を絶へく所存ニ候
一エケレス人の働格別尓て、既尓ヤンセキアン地名の河を登り、途中尓て数度勝利を得、且右城市辺夥敷エケレス軍船有之候を以て、唐方甚恐怖の様子尓候得共、事落着之ため、実意の和談可致宜しき時節と国帝も所存を不変候而ハ相成らす事候
一エケレス軍勢南京前尓着船いたし候処、始ハ唐人共直様打掛へくと勇み立たる様子尓て、降参致さんより城市の外構尓身体を葬尓しかすと可申勢ひ尓見へ申候
一漸城市の向ふ宜敷場所尓船繋し戦の用意をいたし、炮術方其外軍勢一同上陸し備の手配いたし候処、直尓唐方の様子変り、エケレス方尓申遣候は、フレニポーテンテイヤリス官名尓和談いたし度唐国帝より差遣し候マンダレイン官名末到着致さる趣ニ候

一翌日唐方高官の者共態与出来り、則広東奉行ケイヒン（人名）幷エレポー（人名）、キアンセ（地名）幷キアンロー（地名）奉行ガウ（人名但し一名子スー）及ひ韃靼のケ子ラール（官名）且南京奉行テイキ、但同人ハ甚英雄の者ニ候、扨同人等国帝の上使として和談取懸久敷相談いたし候上、和蘭八月廿七日（寅七月廿四日）コルンワルスと申軍船ニおゐて、プルニポーテンテイヤリス（官名）右唐方高官の者共と談合取極申候、右ケ条左之通

第一　双方互ニ永々和熟し信義を可通事

第二　当時の振合尓て当年ゟ三ヶ年の間尓二千百万ドルラス（一ドルラスル銀十匁七分五リン）唐国ゟ払入可被申事

第三　広東、エモイ、フヲーシヨウフヲト、ニンホー幷サンハイの湊ハエケレス商売の地と定置、コンシユル（官人）を立置船賃其外出入の銀高極置、依怙のさたこれなき様捌方可致事

第四　ホンコン島は永々エケレス領地尓極置度事

第五　唐国属地尓おゐて虜尓相成候者共、仮令欧羅巴又ハ印度の者たりともエケレス尓属候者は無異儀可被差免事

第六　唐国帝の印判を押候慥成赦免の書付を以、エケレス人尓拘り候諸役人又ハヱケレス奉行所尓相勤候役人其外筋々尓達し有之度事

第七　双方書面を取替し信義を結候義ハ、唐土エケレスの両役所の諸役をも不同無之様可致事

第八　右取極ニ付唐帝所存之通尓いたし、初の切尓六百万ドルラス（前尓詳也）を相納候上、エケレス勢南京其外彼大河ゟ引払可申、尚シンハエ（地名）尓相備罷在候番兵も一同引払可申候、併舟山コランソー（地名）の両島ハ、右取究置候金子渡方尓相成、所々の湊尓通商の儀相開け候迄ハエケレス方尓領し置候事

一エケレス方尓は誠尓大利と相成候申極をなし和睦相整候事ゆへ、唐方尓罷在候エケレス勢ハ一統満足いたし候、其

故は、右取極之通相成候ハ、エケレス商売此辺の国々尓相弘り可申、前見いたし候故の儀ニ候

一広東本商等は右尓反して大尓不快を懐き候は、全く北方の港尓通商相開け候ては、自分商売一切空敷相成候を相察候故の義ニ候

一右取極候上は、唐国と外国との交易今迄とハ事替り弥盛尓相成可申候、広東ハ是迄商売尤盛なる場尓有之候処、是ゟは少し相衰え交易利潤も薄く相成、却而北方之港は外国へ自由尓商売可致場所と【定り】、尤繁昌の地と相成可申人皆推察いたし候

一戦争治り今速尓ヤンツセーキヤン川を引払可申事、エケレス方尓て大幸尓有之候、其故ハ和蘭七月廿二日（寅六月十四日）以来此辺コレラー（病名）或は其地熱病烈敷流行いたし、一組の軍勢の内病死百六人有之、其上合戦降（終）りの頃尓至りては軍兵二百人程も大病尓て打臥罷在候義ニ候

一エケレス方フレニホーデンテイヤリス（官名）と唐方ホーゲコミサーリス（官名）和睦談合相済候上、右取極書付唐帝ニ差出候処、右ケ条の内尓は不承知の義無之趣尓候得共、調印いたし候儀ハ、フレニホーテンテイヤリス（官名）エケレス女王の調印申請差出候迄は致すべからすとの儀尓て、エケレス方調印相済候後此方尓ては調印可致との趣尓候

一和蘭八月廿八日（寅七月廿三日）の便ニ申来候後、其翌日コルンツルリス（船名）より賀祝の為め大炮二十一発打放し、唐エケレス双方の簱を右船尓建て、和睦の書付エケレス本国人指送可申と決定致し候

一一千八百四拾二年九月廿四日より十一月十一日（天保十三寅年八月廿日ゟ同月廿七日まて）迄之儀広東ゟ申来候者、和蘭九月十四日（寅八月十日）南京を出帆致し候エケレス船ホンコン（地名）尓参着致し候趣、幷唐帝へンレイポツテインケル（人名）尓書管（簡）を以て、右取極候儀ニ付自分同道たる事を掛合候趣尓候

一此後唐帝は、右取極の第三のケ条尓有之候フヲーシヲトウヲー街の儀ニ付ては大尓迷惑いたし、熟考いたし候尓、迚もポツテインゲル（人名）儀其地を唐方尓渡間敷と推察致候、和蘭九月六日（寅八月二日）尓命令を下して、其地の港ニ而エケレス商売を開キ申候

一ヤンツセキヤン川尓相備罷在候船隊尓軍令を下し候は、軍船二五艘送船数艘北方尓滞在致し、其余の軍船はホンコン（地名）の方尓帰帆致すへく、且陸手の軍勢も同様北方尓罷在候て、舟山を本陣と相定め申へしとの儀尓候

一アユクラント（船名）の出帆の後、程なく最初尓エケレス方尓可相納六百万ドルラルスの内四百万ドルラルス請取、残金の内はウヲーシエン（地名）尓て可相納、且又同時尓右の船一同エケレスの惣軍船碇を揚け、ウヲーシエン幷舟山の方尓出帆いたし候由尓候

一和蘭（睦）のケ条の内取極候儀者、唐帝之意ニ任セ広東ニ而取計可申との旨を以て、兼而諸事平均取計掛り申付置かれ候ヱンポー（人名）唐帝の命を請其地尓趣申候

一一千八百四十二年九月廿七日（寅九月十四日）舟山より申来候は、ヘンレイポツテインケル（人名）右之儀ニ付直様広東出帆し、今新尓エケレス商売の為相開候其辺所々の港尓立寄可申との儀ニ候

一エケレス人等ミニユストル（官名）と相談の最も六ケ敷ケ条の内第一ハ、所々の港尓船々出入の規定幷運上等の儀を決候事尓候

一ブレニホーデンテイヤリス（官名）歴文を以てエケレス商船ニ申達候者、右運上之儀相定り、且所々の城市尓コンシユル（官名）を申付候迄ハ、決て所々の港尓参着致へからすとの儀尓て、右コンシユル（官名）の者ハ取極事等相決ル上早速可申付との趣候

一和睦之後エケレス人等ハ、一千八百四十一年九月（天保十一子年九月（八））台湾之浜辺尓打揚候子ルビルユグーと申船の乗組幷此以
前記録致し候同所難船のアン（船名）乗組のものとも、唐方尓虜と相成居候趣乞請候儀を存付、既ニ其迎として船壱艘を
其地尓仕出し可申聞決心致し候、此頃アモイ（地名）尓申来候使の趣尓ては、右乗組のもの内九人は和蘭八月廿九日（寅七月廿四日）
尓差免され候て、余は悉く唐人等ニ殺害いたされ候との風聞有之候得共、初の程は皆人実事とも存せす罷在候処、
後其治定の義を承知いたし候
一右難船の者迎としてエケレス船数艘台湾島尓到、是迄の疑心を請（晴）し間もなく帰帆いたし候
一子ルビユグイ（船名）の乗組百三拾七人、アン（船名）の乗組四拾六人を、台湾奉行殺害いたし、其儘申訳尓は唐帝の命令を請
左の始末尓及ひ候との儀、フレニポーケンテイヤリス（官名）申遣候通尓候
一台湾奉行は、右打揚候エケレス船は全く此方尓拒敵致すへきため当島尓来り候なと丶偽り、北京のカビ子ツト（評定所）尓
其趣申達候程姧（佞）奸邪智の者尓候得者、是又唐帝之命令と申偽り候明白の証拠とプレニポーテンテイヤリス（官名）は決し
申候
一右エケレス人等者、元何心なく不慮なる事ニ而台湾ニ漂流いたし候旨、ヘレンイポツテインゲル（人名）唐帝ニ申遣候末、
右之者とも殺害尓逢置候儀大尓奇怪の趣を以て、一体の様子を唐帝尓申達し、尚君命之趣を以て相頼遣候尓は、台
湾奉行等虚言を吐右の始末尓及候事故、役儀相放ち相当之罪科尓処せられ度、若左右無之候は者、右様之儀ゟ再ひ
双方遺恨を含ミ、不和の基とも可相成儀難計との趣尓候
一ヘンレイポツテインケル（人名）唐人等尓申達候は、台湾土人邪智ふかき取計尓て右の始末ニ成行候事は、エケレス方尓て
虜と相成居候唐人を皆差免し遣し候事とは齟齬いたし候

一ホンコン地名より申来候尓は、ポッテインゲル人名和蘭十二月二日寅十一月一日北方より其地尓到着いたし候程なく、右虜殺害の儀ニ付唐帝尓復讐の事を可申談候ため、再ひ北方へ出立致し候由ニ候

一今既ニ戦争は相止居候得共、唐人ともは敵戦の意味常々これあり候て、エケレス人を忌嫌ひ候儀は心中少しも絶間無之候

一唐国本商等右ニ付大ニ奇怪を懐き、尚右之外唐方尓ては一統心中不平を懐き居候様子と相見へ申候、然る尓ブレニホーテンテイヤリス官名北国尓到り節士人等能も(々)取扱ひ、エケレス人尓対し決して疎意これなき様尓候得共、南方之国々就中広東の土人は、常尓エケレス人を忌嫌ひ候は、全くエケレス人の無法のため尓斯く難渋致し居候と恨ミ居候

一広東尓おゐては敵対の意味甚敷これあり候て、終尓一千八百四十二年十二月天保十三寅年十一月六日唐人等隠謀を発し申候

一食物船積の儀ニ付、同月同日フラルトウ井ルリヤムと申候船の乗組七十人と唐人数人と争論を起し、唐方小刀尓而手疵を請け候処、集りたる唐人等一所尓エケレス人尓厳敷打掛り申候

一唐人等は其後異国商館の前尓集り、エケレス商館の真向ふ尓有之候塀を打崩し候末一度ニ責掛り、夕六ツ半時頃尓至り右家尓火を懸候処直様焼揚り、夜明前ニエケレス并子ードルラントの両館、其外ケンーキ川水を引入れて塀のこときを云側ニ有之候付ケンーキ前ニ詳也を唱候商館一軒焼失致候

一右出火之半、広東のフヲトルスタット前ニ詳也は右唐人等の手尓落候て、侵掠殺害烈敷流行いたし候

一右火難尓て唐方のホンタス家蔵之儀歟既尓危く相成、其持主等ハ右取鎮候為大尓致心配候

一焼失いたし或は侵掠いたされ候荷物の価は、格別莫太銀高候

一外方ゟ申来候尓は、唐方高官の者共右悪党唐人尓組せす、全右騒動を取鎮め申へくため軍勢を差出し、手剛く進み

来る悪党を防き候処、却而悪党のため尓右軍勢退散され、兵士等石礫を投懸られ申候
一北方よりホンコン（地名）尓到着致し候ヒユグゴウク（人名）は、右騒動の節ハ東洋中尓有之候而、其翌日尓フロセルベ子（船名）より広東尓来り、直様水夫軍兵を唐国高官の者尓加勢として差送候処、終尓右援兵のため尓其騒動相治申候
一右の発頭人十二人は、直様マンダレイン（官名）の下知ニ依て死罪尓行れ申候
一右騒動は暫時尓相静候得共、商売は全く相止申候
一又々右悪党唐人等六百人諸館の明地ニ相備へ罷在候処、広東高官の者とも右騒動を取鎮め候上尓、小勢尓て不行届の趣を以てエケレス方ニ相頼候ニ付、則フロセルビ子（船名）ゟ大砲を打放ち致加勢候儀ニ候
一フヲルトウ井ルリヤム（船名）の乗組七十一人の者共と唐人との争乱の節、唐人等許多馳付候者、全く右之争乱を取鎮め可申と偽集来候と、外国人も唐人も思慮ある者は推察いたし候、左様これなくては、一万余りの唐人此間尓武具を着し馳付候事出来かたく候との趣ニ候、右之説一体之もよふと能々合ひ候故、皆人追々信用いたし候
一其後の便ニ申来候は、右の風説一統尓流布し此間の騒きと相成、国々の役人其外本商等も其用意既ニ取懸り相整候趣尓候
一右騒乱の後数日を経て便りこれあり候尓は、コミサーリス（官名）エレポー（人名）広東の近辺ゟ数里相隔候処まて直様立帰候由尓候、右エレポー（人名）儀立戻り候次第は聢と相分り不申候得共、或説尓はヱケレスとの和睦の儀ニ候大胆不敵の挑撥流の文言の書面数百通を書綴り、諸方ゟ唐帝尓差出し候抔と申儀有之、右の始末尓及ひ候との趣尓候
一本商等の取沙汰尓ては、ヘンレイポッテインゲル（人名）子ルビユダー（船号）アン（船号）乗組之者殺害いたされ候儀ニ付申達候趣唐帝迚も聞済し申間敷と右エレポー（人名）儀相心得候て、立帰り候などとも申【触らし候】

一右騒動の後、エケレス商売は其始末の儀を書面を以てヘンレイポツテインゲル人名申出相願候は、当時之振合尓ては広東尓居付不申候ては迚も諸用弁し候儀出来難く候、若哉我等其地を引払候ハヽ、亜墨利加人幷其地兼而意趣遺恨なき外国人と交易いたし候様成行可申候間、是非此節ハ広東尓罷在度候間、何卒エケレス商売警固として軍勢を広東尓差出呉られ候様との儀ニ候

一ホツテインゲル人名右願之趣聞済し申さす候は、右願通聞届遣し候ハヽ、再ひ不和の基と相成へくとの儀尓候

一右之模様尓候得者、エケレス商売等広東を引払申へく存候得共、左様いたし候ハヽ、諸事尓弁利悪敷商売向尓者損失相立、其外是迄存立居候事も出来不申、其儀なく滞在いたし居候ては身命財貨の患これあり、大尓相困り罷在候

一和蘭十二月廿日寅十一月十九日広東ゟ申来候尓は、諸事此地尓てハ穏尓これあり候得共、土人等ハ今尓も絶へす遺恨を含居候間、外国人等は容易尓商館ゟ少し相隔候場所尓参り候儀者甚危くこれあり由尓候

一唐人等所々の塀尓書付を張置申候、其文意ハエケレス商館焼失いたし候付一統満足いたし候趣尓候

一広東の奉行は、其地滞在の外国人尓警固すへしと契約いたし居候へは、外国人ニ者大尓仁心を施し候様相見へ申候

一右奉行仁心を施し候儀者疑心これなく候得共、人皆当時者其意薄く相成候などと取さた致し候

一此一揆の出費金高相定め、エケレス奉行所ニ而は熟考いたし相極候上は、唐方奉行所ニ而も、何と歟取計補方これあるへく様子尓候

一一千八百四十二年(三)正月七日天保十三寅年十二月七日広東ゟ申来候者、其地諸事穏尓候処、無宿者共徘徊致候故、若哉不取締の事とも差起候儀これなく哉と、唐商等唯夫のミ相恐居候由尓候

一諸商館の明地尓相備居候唐人等引払候ハヽ、全広東高官の者とも右唐人等同所ニ久しく居らす様取計候之故尓候

一コミサーリス官名（ママ）エレポー人名和蘭正月十日寅十二月十日
一広東尓忌（着）いたし候（ママ）

一コミサーリス官名エレポー人名和蘭正月十日寅十二月十日広東尓到着いたし、其趣エケレスフレニポーテンテイヤリス官名尓相知セ申候、右フレニポーテンテインテイヤリス官名儀者此比亜瑪港尓滞留罷在候処、右知らせニ付早速其地ゟ広東尓参り候得共、二日滞留いたし候末、兼而申付置候ヱケレス商人調役を商売の儀談合致さすへく（と）ため、再ひ亜瑪港尓立帰り申候

一千八百四十【二】（三）年正月廿五日天保十三寅十二月廿五日右エレポー人名儀申達候趣は、広東の土人等右騒動を差起し候程不法相働候付、右取沙汰且エケレス人等和熟いたし候様申諭候儀尓候

一右達書の趣は、是まての書面の文とは違ひ、甚和らか尓これあり候、相考候処尓ては、近比の合戦右唐人等奉行所取計振尓、是迄ゟハ格別助力いたし候故と相見申候、且又右奉行所ニ而ハ自兵手弱これあり、是迄の敗北を顧ミ候儀と相見申候

一千八百四十二年十二月廿四日天保十三年寅十二月廿三日（二）唐帝命令を下し候趣唐国コローテラード官名ゟ申来候由尓て、正月下旬寅十二月下旬唐国コミサーリス官名ブレニホーテンテイヤリス官名尓申聞候、其趣は、台湾尓おゐて差起候儀隠密尓吟味いたし候ため、使節二人を用所尓差遣し候儀、且又其地の奉行の罪弥相定り候ハヽ、召捕北京へ差登せ可申、左候へハ其地尓て厳科尓処すへくとの儀候

一千八百四十三年三月五日天保十四年卯二月五日までの儀を広東より申来候尓ハ、是迄延々相成居候諸事平均の儀、未成就いたさす候内尓難渋の儀差起候と申は、和蘭同月四日卯二月四日エレポー人名儀死去致候事候

一此節右コミサーリス（官名）致死去候ニ付一統相歎申候、其故全新規ニ組立候商法取扱候事ニ付、エケレスのブレニホーテンテイヤリス（官名）は右致死去候付、コミサーリス（官名）のことく高官のもの唐帝ゟ取計掛り申付られす候得共、談合いたし候儀相好申さす候処より、自然と諸事延引尓及ひ候事儀と被存候

一右跡役のもの申付られ候ハヽ、早くて六ヶ月位も相懸り可申、左候得者右取計候事等延引ニ相成、終尓は其もやふも変し、一大事と相成候儀もこれあるへくやと既推察いたし候

一北方の港土人等エケレス商売と懇意を結へき様相成へくと相考罷在候処、エレポー死去致し、商法取極の儀取止相成、歎息相増申候

一和蘭三月十一日（卯二月十一日）広東ゟ申来候者、土人等今ニ不平を懐き居候得共、諸事恙なく相進申候由、尚又近比の騒動尓て相止居候商売も再ひ相開け、茶商売と相成一千八百四十二年七月一日（天保十三年寅五月廿三日）より翌年二月晦日（天保十四年卯正月晦日）まて八ヶ月の間尓、右の産物千三百六万九千四百七拾九ボント（一ホント凡斤目七合六勺）唐国ゟエケレス国へ積渡し候由尓候

一和睦相整候段一千八百四十二年十二月初旬（天保十三寅年六月初旬）（十一）尓急便を以てエケレス本国へ申来り候、右ニ付エケレス国女王より差出候申極書は和蘭三月十六日（卯二月十六日）ホンコン（地名）尓廻着いたし候、然る尓エレポー（人名）死後右取究致相談候もの無是候間、同人跡役出来候儀相待居申候

一和蘭四月上旬（卯三月初旬）尓広東ゟ申来候は、其地諸事穏尓候て商売の儀ハ是迄之通り尓これあり候由尓候

一北国方の儀者何れも指たる事これなく候て、舟山アモイ（地名）尓ても諸事穏尓これあり候

一外便尓て広東尓申来候は、ヘンレイボツテインゲル（人名）儀唐国へ出張罷在候海隊陸隊のゴウフルニユールカヒテインゲ子ラール（官名）尓申付られ候由尓候

一是迄唐国ゟ申来候儀の内ニは、其地ニ罷在候エケレス人の儀ニ付格別著しき事共これあり候

一右之通のもよふニ候得者、是迄久しく取合ニ相成候唐国との合戦終ニエケレス人の勝利と相成申候、尤近比差起り候事の振合ニては、エケレス方見込通弥成行候哉と計り難くと存し候、唐方ニては欧羅巴人就中エケレス人の智勇の程を知り、如何様防き候共勝利しかたき事を承知し、以来はエケレス人等の和睦を永く保ち申へくと存候て、右和睦いたし候上は、自然と唐国の大幸と相成可申候

右之通御座候

ひいとるあるへると

ひつき

右の趣横文字書付を以て申出候付和解差上申候、以上

卯八月

通詞目（ママ）　西　喜津大夫

同　本木昌左衛門

通詞　中山作三郎

同　岩瀬弥十郎

同　楢林鉄之助

天保十四癸卯年（一八四三）長崎訳

同　森山源左衛門
同　植村作七郎
同　西記志十
通詞　小川慶右衛門
同　志筑竜太

# 第五号—一　弘化元甲辰年（一八四四）七月　別段風説書　長崎訳

『籌辺新編　蘭人風説五』公益財団法人鍋島報效会所蔵・佐賀県立図書館寄託鍋島家文庫

和蘭暦数千八百四十三年天保十四年卯年ニ当ルより千八百四十四年天保十五辰年ニ当ル迄唐国尓おいて阿片一件ニ付差起候儀を記録いたし候事

一唐国とヱケレス国との不和ニ付、昨年申上候末ハ諸事先者穏ニ而、双方安心之場合ニも可至候、且ヱケレス者唐国ニ而剛勢之張るの覚急度有之候得とも、ブレニボーテンリアリス役名ヘンレイホッテインケル人名の取計ニ而以来之取極致し置候付、広東、サンハイ、アモイ、ニンボー幷タウシヨウトー都而地名の地をヱケレス通商之場所与なし、商売の重税を軽く致すへき規定を新ニ建申候、其趣意者、商売繁昌に随ひエケレス国之利潤を増し、且亜細亜州尓其強勢を知らしむるか為尓【候】、然る処唐国はヱケレス人を避て諸事取極め、一箇の商売可致の存念今尓止さる様子ニ候処、追々是迄之致方宜からす事を知り、猶更ヱケレス之強勢尓反して、柔弱之所存を以て以前之怨敵ヱケレス人と通信交易尓致すハ、経久之欝気をも取直すへき基与存し、且国中一般無事を計るの方便と察申候

一両国ニ争ひ近年者相止候得共、聊混雑有之趣折々目録ニ相見申候、乍併両国尓悪意を挟ミ候ニハ無之、いつれも国人共自己之事ニ付仇をなし候事共と相見申候

一ヘンレイホッテインゲル人名唐国高官一両輩与一致し、海賊を征するため知略を廻らし、双方利益有へき商売を唐国河々ニ而安全尓致させ申候

一双方永々争戦の後終ニハ穏ニ相成候頃、右様互尓一致し安泰を得談合首尾能整候故、既千八百四十二年第八月廿九日天保十三寅年七月廿四日ニ当ル双方目代之取計ニ而決定いたし候取極書双方取替候ニ付、大望之助与相成申候、其為ヘンレイホッテインゲル人名はヱケレス国之望を終尓者遂申候、併是迄之願望全く相調候義ハ今一両年も相懸り不申而者相調かたく、其故ハ是迄諸事取計来候コミサーリス唐国役名エレボー人名死去いたし候ニ付、右政役を蒙り候ものハ、直ニ先役エレボー人名取計場合を次き相勤申へき人物を相撰申さすて者叶はす候付、暫く相懸り申候

一唐帝はエレボー人名の死を聞、急き両クツンゲウエステン地名のオントルコーニング役名相勤、唐帝の一門たるケイイン人名尓命し、速尓ホンコン地名尓向ひ唐帝目代として行かしめ、ヱケレス勢与之取極のため対談致させ申候

一右コミサーリス役名は差たる用事もこれなく尓途中障(隙)取、漸く前年六月廿三日天保十四年卯五月廿五日ニ当ル韃旦(ママ)ゲ子ラール役名へイリン人名クワン人名同道尓て、火船アクバル船号を以て同所ニ着船いたし候

一許多マンデレイン役名其外役人兵卒幷従者共ハ、コミサーリス役名到着両三日前ホンコン地名尓着いたし、右コミサーリス等之行列尓加り、上陸の場所より請待の為設け置たる仮屋まで案内いたし候

一右仮屋尓趣くためシキンムル瓦色の馬をいふ四疋付のオーベシワーゲン駅車の儀用意有之候得共、コミサーリスハタラーグスツル輿の義歟を相好、右オーベンワーゲンは両人の高官尓譲り申候

一翌日ケイイン人名はエケレスの目代方ニ請待せられ、彼方尓て互ニ慇懃を尽し申候、且又翌廿六日天保十四年卯十一月廿八日当彼地奉行役所ニおいて取極有之候、尤其節者ヱケレス国王の軍兵幷エケレス国配下の外者、ホンコン地名の住人夥敷集会

致し、ヱケレス国と唐国との一大事尓候得者礼義厳重之事共ニ候、扨取極書謹而エケレス目代、唐国コミサーリス役名双方直々尓取替し候末、唐方サリユット祝義の石火矢を放ヲいふいたし右之祝を国人尓しらせ申候

一ケイイン人名帰館後、エケレス国王ゟ取極書一同送り越候書付ヘンレイボツテインケル人名一覧致し候処、同人儀ホンコン地名の奉行たるへきとの旨ニ候、或人同人尓相咄し候は、右昇進之儀国許江願遣候趣ニ候、扨ホンコン地名は取極の節エケレス国尓附属いたし候

一其折唐国の内ヱケレス領城市をフイクトリヤと銘を付け、要害堅固のためマヨルール役名アルテイリス人名既尓広地面を撰置申候

一此日彼是の祝儀尓て、フレニホーテンテリアリス役名は昼食結構を尽し、諸人睦敷相楽しミ申候、是ハ偏ニ近頃迄互尓敵々たる双方通信不朽之前表与察しられ候

一ケイイン人名は其翌日数多従者を召連ホンコン島の周を巡見し、廿八日天保十四年卯六月朔日当出船再広東尓趣申候、右ニ付ヘンレイホツテインゲル人名は火船壱艘用意致させ置候得共、右唐国使節ハ其儀を程能相断申候

一運上其外取極ケ条談尓及ひ候得共、コミリ（サ）ーリス役名新規取極ケ条の桁々北京表ニ相伺候儀ニ付、其儀延引いたし候

一五ヶ所の街市ニて商売いたし候取極之儀ハ存外速ニ相整、既尓第八月三十一日天保十四年卯七月五日当ル尓相決候付、先エケレス目代幷唐国コミサーリス役名右之趣其筋々ニ書付を以相達シ候

一エケレス目代の達書尓委しき様子ハ知らセ申さす候得共、取極の印書双方取替候様子ハ、達書の振合ニ而相知申候

一エケレス目代之趣意ハ、諸人今漸く和平ニ相成居候得共、双方の取極厳敷相守り、安心致すへき儀を右印書ニ相認候儀ニ候、若ケ条之内聊違背致候節者、是非争乱発さる義ハ有之へからす、双方益不益有之候得共、互ニ穏便を計

折角取極候事今更新ニ変シ事を引起ニ者甚以宜からす、猶更ヱケレス人と唐国与通信常ニ絶さる事を相好候儀ニ候

一諸エケレスの配下其首頭尓帰伏し、我国を重シ敬身美名之所存を発し、商売方の取極厳重ニ相守り様ニ相成申候、勿論余儀なき教偸（論）を受け、如何なる小事ニ而も取極ニ背き不睦之行状致シ難く相成申候

一双方和睦の上商売方一致し取極相整候儀者、唐方上使の達書且戦争も終ニは相止一統ニ承知仕候処ニ御座候

一唐国高官ゟ達しニも、諸人不和熟之儀不可有之、何れも我営を出精いたし、常尓決して旧怨を懐き悪意を挟ミ申間敷、若ケ様之存念有之候而者、双方次第尓和熟致すへき処、反て妨と相成候外他事これなくとの趣ニ候

一唐国とヱケレス方各触諭の旨趣をもつて大低（抵）双方の情合相分り、今右之儀を吟味致す場合尓て無之候得共、双方の者自己の懐を述度作りたる言葉ニいふ、他国の人尓対し言葉叮嚀尓して恭敷尊敬セさる時は、互の実情感通せしむる事なく反て疑念を起シ、又一方ニかたよる悦ひあれハ、相対するもの心中尓恨ミを挟ミて表尓隠すに至る事あり、即チ今人の唐人をいふか如し

一コミサーリス役名利益を考ゑ極る処の運上ハ、エケレスの為ニハ勿論、其外唐国と交易の望ある諸外国人のためニも甚弁利なる立方ニ御座候

一右運上の取極を相用ひ、トーシヨウトー地名アモイ同上ニンホー同上サンハイ同上の湊は、是迄之通り交易の場所与相定申候、然るに広東ハ数百年余もヱケレス交易の場所ニ候処、既ニ此節新ニ取極候ニ者、遠海乗渡候商人とも久敷外海尓滞船致さすして其用を達するための義ニ御座候

一諸人鑑札を所持いたし、其荷物尓随ひ新尓取極め運上差出し候得者、ホンコン島ゟケオーヘンデバーヘン商売免之尓湊の義歟通行、又者ケオーベンデハンよりエケレス人居住の島尓通行差支無之免しを請申候

一唐国の士人ニも右同様の義達ニ相成候得共、大ニ憐愍の様子尓相見申候、扨又唐国の一件一大事之時尓到り大切ニも不及、且エケレス人若遺恨を含ミ再悪心挟ミ候を恐怖致し候歟、此以前自国尓敵対いたし候虜既ニ刑罰尓行るへく処、悉く王命ニ而赦免可相成、其憐愍少からす儀与存られ候

一第七月三十一日（天保十四年卯七月五日ニ当）五ヶ所の湊広東、アモイ、トウシヨウトー、ニンホー、サンハイ（都而地名）尓於てヱケレス商売致へき取極之儀達ニ相成、猶又右之外外国人交易の儀も右ニ准し候との趣尓候

一右取極のケ条逸々弁利し、其期ニ臨ミ右ケ条を相守儀者誠ニ煩敷儀ニ候得共、其儀フリントオフシーナー幷カントンフレスと名つくる書中ニ記し有之通、唐国と外国商売運上之義相守居申候、扨又ローツゲルト（ローツハ役人か同人の礼銀を云）トンケル（運賃之義）其地運上等の事、エケレス船出入の事、荷物船移シ事幷エケレス人と唐人口論之節決談可致事、右之桁々取極をエケレス人謹而承引するは気質仁勇に有之故之儀候

広東、アモイ、フエシヨウ、ニンボー幷サンハイ（都而地名）の湊五ヶ所ニおゐてエケレス商売の取極

第一ローツ（海底浅深を能知る者の儀役人か）の事

一エケレス商売免許の場所五ヶ所則広東、フエシヨウ、アモイ、ニンホー幷サンハイの湊尓エケレス商売船着岸仕候節極之運上差出候得者、ローツ（前ニ訳す）右船を早速湊内尓引入、或は出帆之節沖江引出シ方等、速尓ローツ取計申候

一此ローツ（前ニ訳ス）尓可差出謝礼の義ハ、其湊々ニ差越置候エケレスのコンシユル（役名）より、船之遠近又危難之模様ニ随ひ、夫々不実無之様差遣候事ニ御座候

第二運上方役人之事

一運上方役所シユヘルインデント（役名）は運上役人を差配、諸利益尓邪魔をなし或は隠し事をなすを防規定を立申候、扨

エケレス商売船をローツ前ニ訳す湊ニ引入候節、右運上方役所シユベルインテンデント役名役人一両人を差遣し、大儀料を与ゑ不寝番を致させ申候、尤其宜尓随ひ我船を用ひ又エケレス船尓止宿致すも御座候、尤食物其外雑費ハ日々運上役所ゟ差送り、右之者共江ハ、船頭其外乗組の者ゟ決而進物等差遣候義相成らす、右の規定相背尓おゐてハ、罪の軽重尓よつて罰らるへく候

第三着岸之節船頭留之事

一前条ニ有之諸湊江エケレス船碇入候上、船頭二十四時日本十二時ニ当るを過す、エケレスのコンシユル役名の役【所】尓シケーフスハヒールコクノツセメンテン、マニフヱツテンいつれも書付の類不詳を持参、コンシユル役名尓差出申へく候、若是を怠る時は二百トルラルス一トルラルス者凡銀拾匁七分五リン当過料可差出候

一免許無之以前荷積揚相始る節は過料として五百トルラルス一トルラルス凡銀拾匁七分五リン当過料差出申べく候

一コンシユル役名右シケーブスバビール書付類不詳を請取、直様運上役所シユヘルインテント役名尓書付をもつて船の積高幷品立等逸々知らセ申候、諸事大抵取極の通ニ取計荷揚の免許これ有候、尤運上は荷物のクリーラ荷物品立ニ直段付尓有之もの之儀随而勘定致すへく候

第四エケレスと唐国商売方の事

一エゲレス商人は、唐国諸商人と我見込をもつて相対尓其商売致す極候処、唐国商人之内ニハ払方出来かたく、若出奔致し候者これあり訴出候節者、唐国役人油断なく吟味致し、負方の者をレグトル役名の前尓連行吟味を遂け申へく、若負方の者行衛知れす、或は死或は其者潰れ、代数取立の方便これなく節は、其頃世話いたし候本商の者尓払方を談し候儀は相成らす候ニ付、右償の儀ハ弁損と存へく候

第五トン子ゲルト運貨の義かの事

一ヱケレス商売船右五ヶ所湊入船の節、都而積荷物一トンラストの半量目ニ付五マースマースは銀壱匁の宛をもつて、運上差出し申べく候

第六荷物出入極の事

一前条五ヶ所の湊ゟ出入の荷物は、以来品立ニ引合銀積り致すへく候、併右銀高ゟ過上は相成らす、扨商売船ゟ差出し候諸運上は、入込候荷物もトン子ゲルト運貨の義の名目の品も、不足これなき様取揃第一ニ相納べく、其上ニてシユベルインデント役名書を差出し候を一覧の上、コンシユル役名はシケーブスバビール書付類不詳を差返し出帆相免すへく候

第七運上役人方ニて荷物調子の事

一エケレス商人は、荷積荷揚其外逸々届コンシユル役名江申出へく候、是を通詞我役目として早速運上方役所シユベルインテンデント役名ニ知らせ候上ニて荷物調子を請、混雑これなきよふ取計へく候、扨ヱケレス商人其地ニ運上差出し候は、荷物調子の節混雑等これなく大切の取計、若万一混雑致し候節吟味を遂候方便のためニ候

一タリーフ荷物品立ニ直段付これあるもの、儀ニ随ひ運上差出すへく、荷物品合をもつて直段極の場所ニて、若エケレス商人と唐方役人と見相違これ有る節ハ、其品弐、三組の商人を呼寄せ入札なさしめ、其高直の所をもつて相場ニ相立、右商人共江売払申候

一エゲレス商人桁々荷物風袋の極ニ付、運上役人ニ対談相決せす時は、惣高ゟ百箱宛を元ニ立て、一、三箱充引分皆掛いたし、其後風袋一同ニ掛改、平均を以て惣高の風袋と定め申候、都而外ゲエムハルレールデグーデレン箱入袋入の品物をいふの風袋相極候節も、此振合ニて相定申候

弘化元甲辰年（一八四四）七月長崎訳

一猶間違の儀有之何とも難取極候節者、エケレス商人コンシユル（役名）尓訴候得者、運上方役所シユベルインテンデント（役名）尓沙汰致し、依怙これなく様取計申へく候、尤コンシユル（役名）尓差出候謝礼の儀は、其日々尓差出し候よふ致すへく候、左これなく時は其詮これなく、若諸事取極の通相済ず内は、運上方シユベルインテンデント（役名）吟味方諸取計の書面尓記し申さす候

第八運上差出方の事

一五ヶ所入湊のエケレス船出帆免許有之前、諸運上幷運賃納不足差出し候極ニこれあり候、扨運上方シユベルインテンデント（役名）は慥成るウイススルカントール（替セ手形等出す処歟）を撰ミ、エケレス商人ゟ運上を奉行所ニ請取せ、幷サラフスス（替セ手形等出す処歟）よりエケレス商人尓払入候銀の受取書奉行所より差出し候姿尓取計申候、右の運上を相納候節ハ、様々外国の銀銭をもつて相納候て苦からす、然れども外国銭の儀は、セイセーシルフル（銀子の儀不詳）の如く清潔尓これなく候ニ付、所々の湊尓罷在候コンシユル（役名）其時ニ応じ、或は銭の出処或は銭の模様ニ随而、運上方役所シユベルインテンデント（役名）尓談し請取へく銭の類を相定む、又其位尓随ひ清潔の銀尓競、夫々償相立請取方いたし申候

第九尺度幷量目の事

一品物を掛候天秤、金銀を掛候秤幷尺度ハ、是迄広東の運上役所尓於て用来候ものと同様なり、其為め極印を打ち運上方シユヘルインテンデント幷五ヶ所湊のコンシユル（役名）預りと定む、右量法諸運上納方の法幷諸銀奉行所納方の法尓随ひ量目の規定相立、若秤量目尺度ニ付エケレス商人と唐国運上役の間尓故障有之節は、其元尓相立候量目尺度を以て互尓決定致すへく候

第十リグトルス（荷漕船の類か）又はラートボーテン（同上）の事

一エケレス商人荷積荷揚の節、リクトルス又はラートホーテンの類を好次第雇入、尤賃銀者夫々極通り尓て、奉行所尓拘わらす相対尓雇申へく候、右船の員数定これなく、尤組々これあり候得とも株の定は無之候、若し右船をもつて密買の手段等致し候節者、夫々罪科尓処せらるへく候、若右荷漕船水夫エケレス商人荷物船中ニ取逃等致し候節者、唐方役人捕方致すへく候、尤エケレス商人方尓ても、荷物運送の節は無怠念を入れ候よふ致すへく候

第十一諸積荷物船移しの事

一エケレス商売船夫々許免を請すして勝手尓積荷物船移し致すへからす候、尤余儀なく子細尓て船移シ致すへく時宜尓至り候節者、其趣前広コンシユル役名江申通候得者、請合書を唐国運上方シユヘルインテンデント役名江差出し申へく、然る時は同所ニ役人を差出し船移の砌立合申へく候、若万一免許を請すして船移いたし候儀もこれあり候ハヽ、其節者用捨なく右荷物取上申へく候事

第十二コンシユル役名下役の事

一エケレス商売船繋り場と相定置候場所へ、毎々右乗組其外の者見かしめの為メ、兼而人柄宜きものを相撰下役尓申付候、右下役エケレス船乗組の者、唐人与争論等これなく様兼而心掛出精相勤申へくは肝要の事尓候、若万一争論ケ間敷義差起り候節者事穏ニ相治候様取計へく、猶乗組の者上陸徘徊致し候節ハ差副出役いたし、もしや不取締の儀もこれあり候ハヽ、申開出来候様取計申べく候、尤唐人等ヱケレス船脇尓乗り、衣類其外入用の品々乗組の者共江売候儀相咎申間敷事

第十三エケレス配下の者と唐人不和熟の事

一エケレス配下の者唐人の儀ニ付不平を挟、欲歎（歎願）致すべく儀有之候節は、コンシユル役名方江訴へ出へく候、然る時は

コンシユル事柄を相糺し、程能相整候様出精取計申へく候、将又唐人不平を挟、エケレス配下の者ニ付歎願致すへく儀も有之候節は、能其趣意を聞届事廉直ニ取計申へく、若エケレス商人唐方役人江歎願致すへく筋これ有候節は、右願書コンシユル（役名）の取次を以て差出し申へく候、左候得者コンシユル右書面道理ニ相叶候哉一覧いたし、若不都合の義も有之候ハ、加筆致し候歟又は右書面差返し申へく候、若不和熟の儀差起り、コンシユル壱人尓て取計兼候節は、唐方役人壱人を立合として其事を吟味尓及申へく、不相当の義無之様正直尓取計申へく候、エケレス方尓罪人有之候砌ハ、エケレス奉行所尓て且国法をもって取扱申へく、尤唐方ニ罪人有之節者、和睦の末南京尓於て取極置候規定尓随ひ罰せらるへく候

第十四湊内尓船繋いたし居候エケレス奉行所より差出置候コロイスル（縦横自在尓立〔走〕る船の義か）の事

一五ヶ所の湊尓奉行所より差出すコロイスル（既尓出す）壱艘充船繋り致させ候訳は、コンシユル（役名）船ニ乗組或ハ其他の者を制し、且不取締の儀これなく様取押ゑる威をからしむるためなり、一体此奉行所より差出し候コロイスルの義は、外商売船の振合尓は取扱かたく候、是は全く交易のため乗渡候義尓はこれ無候付、運上或は口銭等の儀は差出し申さす候、右コロイスル湊出入の時ニ、コンシユル（役名）定法の通運上方シユヘルインテンデント（役名）江相達申へく候

第十五エケレス商売船請負の事

一エケレス商売広東入湊の節者、唐本商壱人請負尓相立、諸運上等納方の儀取計来候得共、此節相止め、以来はエケレスより差出し置候コンシユル（役名）請負尓相立候様規定相改申候

一此節相改候交易の仕法幷運上の取極、諸商人共一統感伏いたし候、其故は、往古ゟ納来候運上当時の取極を以て比挍いたし候得共、殊之外相違いたし、甚た勝手宜憐愍の沙汰尓有之、既に是迄者莫太の運上差出し往古繁昌の商売、

終ニは衰微ニ至り候程の事ニ御座候

一右運上取極書の内ニ細密書載これなく桁々は、皆五分入津運上の振合ニ相心得申へく旨唐方ニて達ニ相成候得とも、阿片積渡の儀は一向（イッコウ）差留の沙汰無之、然る処右取極の後二、三日を経て第八月初旬（天保十四年七月六日より同十五日迄ニ当ル）再奉行所より達し有之候は、阿片積込候船和睦取極の頃、異国交易差免置候湊ニ船繋り致し居、右阿片積入れ方赦免を相待居候趣ニつき、阿片商ニ携候者ともニは其旨相達し置候儀肝要ニ候、尤阿片商売の儀は規定これなく、唐国掟ニ於て制禁の品ニ付、右掟を犯すへからす候様相達置申へく候、若又エケレス方に於て右之掟相犯し候者有之節者、エケレスコンシユル（役名）其外役人共決して其者の儀ニ付諸事取計申間敷事

一ヘンレイボツテインケル（人名）二ヶ月程相後れ、従者其外高官の役人一同火船テイリーフル（船号）ニてボツカテイクリス（地名）の方ニ相趣申候、其節アニユンハイ（砦ノ名）の近辺ニして、此以前唐コミサーリス（役名）リン（人名）儀阿片を取捨候場所辺ニ於て、右エゲレスのオフシール（士の義）広東の奉行ケキユン（人名）幷唐コミサーリス（役名）ケイイン（人名）と出会いたし候、然るに右出会の場所は其ため別段設有之、互ニ相当の礼義を尽し応対致し候趣ニ候

一唐帝右取極書の通一刻も決定致すへく儀相好候付、エケレス国王調印を相待す、既ニ前年第十月七日（天保十四年卯九月四日ニ当る）右取極の書面ニ調印致し申候

一右取極のケ条逸々巨細ニあけかたく候付、先重立候ケ条を抜粋して左ニ記録致し候

第一

一商売方ニ付此節相定候運上取極幷是迄相定居候ケ条、広東、アモイ（地名）、ニンポー（同上）、トーシヨウトー（同上）、サンハイ五ヶ所の湊ニ於て同様たるへき事

第二

一エケレス商人右五ヶ所の湊ニ於てハ通商勝手たるへき事、尤唐国中外場所ニ通商として着岸いたし候節者、其積荷悉く取あけ申へく事

第三

一諸過料其外取上の品唐国奉行所受用と相成候事

第四

一エケレス商人ニ限らす諸外国人の向居住差免候場所より遠方へ罷越候義は勿論、其近憐（隣）たりとも徘徊相ならす事
右之趣相背候者これあるニ於ては、召捕エケレスのコンシユル役名江引渡し、国法ニ随ひ罪科ニ処せらるへく候

第五

一外異国人の儀も前条の通相心得へく候、仮令右五ヶ所の内ニ数年在住いたし居候異国人たりとも、同様の訳ニ付其旨存へく候

第六

一唐国よりホンコン江出奔致し、又ホンコンより唐国江出奔いたし候者有之ニ於ては、早速其罪を正し互ニ引渡申へく事

第七

一右五ヶ所の湊逸々エケレス軍船壱艘充備ゑ有之、諸商売船作法能相守、且コンシユル役名江エゲレス配下の支配容易致させ候事

第八

一追々取極置候銀高エケレス方江納り候ハヽ、舟山コーユングソー（各地名）尓備ゐあるエゲレス勢引退き、同所を唐国奉行所江差返へく事、勿論エケレスのフレニボーランテイヤリス（役名）尓於ては、押領の屋敷土蔵陣屋等其儘急度唐方江相渡へく候

第九

一唐国商人ホンコン江商売として罷越候節者往来切手所持可致、尤切手の儀は其度々相改候事

第十

一広東のホツポー（役名）幷エケレスのコンシユル（役名）よりホンコン（地名）江罷越候節、唐国船尓相渡候往来切手は月々引替申べく事

一此極書尓唐帝調印致し候ハヽ、右正写しを広東のレクトル（役名）クワング（人名）よりエケレスのフレニホーテンライアリス（役名）尓相渡へき約定いたし候、是者全く右後取極も又エゲレス国王所存を立置候後証として、最初の書面江引替置候ため尓候

一ヱケレス人往返自由の地を追々広く定置候処、右の極め後年尓至りてエケレス方勇威を以て猶広るの恐れこれあるへく哉と疑わられ候へ者、エゲレスと唐国と永く相替らす通信致へくとの取極尓候得者、後の懸念聊これある間敷候

一エケレス商売方尓於ても、此取極を希ふハ勿論の儀ニ候、其故は厳重防禦の方便幾許もこれあり、且又亜細亜州のフアラテラレト（地続の国と訳す）尓於て数多勝利を得候付、其威勢を震へき方便数多これあり候得とも、是迄合戦の損亡補ひ申度、拠なく唐国との合戦を相止候様子尓候

弘化元甲辰年（一八四四）七月長崎訳

一ヱゲレス国王右の訳合を尤と存し、いまた後の取極思立候以前は、既ニ是迄之取極ニ随ひ諸事取扱申へく旨教諭いたし候、偖又後の取極ケ条は暦数千八百四十三年第二月廿四日（天保十四年正月廿六日ニ当ル）評議決着之上相定申候、右ケ条の趣意は、則若五ヶ所の湊の外ニ到り候者これあり候ハヽ、百ステルリンク（銀六十五匁計りニ当ル）の過料差出候歟又ハ三ヶ月入牢申付へきとの儀ニ候、然れ共此取極の儀は八ヶ月相後れ決定いたし候儀ニ御座候

一後の取極を以て此儀聢与相定候得とも、今一ヶ条余儀なく事出来いたし候

一既ニ第八月（天保十四年卯七月六日より八月七日迄ニ当ル）船弐艘タンシンク（地名）海辺ニ見懸け、同所よりワンタン（地名）辺りユキユンタヲンと申島ニ参り、其所ニ船繋りいたし候

一隔日ニ外国人三人、広東人五人、カンセ（地名）人壱人端船ニて上陸いたし、羅紗其外品々幷大小塊の阿片等商のため所持之趣書付を以て触知らせ申候

一唐人共其所ニて彼等と制禁の商売を致し候儀出来かたく、余儀なく同所ゟ出帆いたし、右商売試のためテアトサン（地名）の内セーウターン島ニ罷越申候

一チンシン（地名）よりコムマンダント（役名）インテンテント（役名）此所ニ参り乗船いたし候処、二十人余は広東言葉ニて外国五、六十人乗組罷在候処、色甚た黒く或は色白き者もこれあり候、扨此処ニ参り候通詞の者申聞候は、此船はエケレス人の仕出しニて、シンコウホー（地名）ニ於て木綿毛織等を積請候よし、尤本商チリー（人名）の算当書ニ引合下候ハヽ、相分り申へく趣の由ニ候

一同く此所ニても彼等商売出来かたく趣承り、洋中入用の諸品マンタレイ子ン（役名）抔ゟ貰請候上出船致し候

一唐国コミサーリス（役名）右之儀不承知の趣へンレイポッテインケル（人名）ニ相述、右船々の籏印相糺エケレスと唐国との取

極ニ相違いたし候処、エケレス目代尓於てハ取極方の手段これあるべく哉の段掛合申候
一暦数千八百四十三年第十月廿四日（天保十四年卯九月二日ニ当ル）此一件ニ付エケレス達書を以て申渡候尓は、余儀なく危難の節而已ハ、唐国の渚又は其地の湊ヤンスーキヤン川口の南手等ニ船繋りいたし候儀は免すへくとの事尓候、尤其期尓至り候ハ、、エケレス乗組の者共徘徊差免の境を差示すへく候付、決て触面尓相違これなく、不束これなく様致すへく候、右ニ付相心得へくハ、エケレス国王ゟ此以前申渡候達書幷此節の達書の通、唐国渚より北緯三十二度を過候者、若襲候もの有之合戦尓及ひ候とも吟味尓及はす、却而海賊として相捕、其船幷積荷物等悉く取上へくとの儀御座候
一此取極を相守り度ヘンレイホツテインケル（人名）出精いたし候得とも、兎角右取極を犯候者これあり、唐人等尓向ひ不承知を述る者多く有之候
一右の訳尓て、五ヶ所湊近辺制構の市中尓自儘尓参り、或は運上の極尓背き候事これあり、唐国スターツアムフテン（役名）等大ニ難渋いたし候付、エケレス目代も大ニ迷惑いたし、右様の所行尓てハ唐国奉行所ゟ沙汰尓及ひ、且又遺恨を請申へくとフレニホーテンテイアリス（役名）甚掛念いたし候、依之如何成人尓ても取極を犯し候者は、余義なく唐国重役の助力を請捕致し、是を近辺エゲレスのコンシユル（役名）尓送り、其所尓てエケレス国王の取極通り厳科尓行誡へくとの事尓候
一ヘンレイホツテインゲル（役名）の決断思慮等不思儀尓賢くこれあり候ニ付、エケレス諸人も感伏いたし、五ヶ所湊のコンシユル（役名）抔もエケレスのスターツマン（役名）の意尓随ひ諸事穏尓取扱候付、唐国とエケレスとの信義弥厚く相成へく候
一右の訳尓て唐国尓居候者共の所行、エケレス国ロンドン（地名）の評定所尓て殊更賞美尓相成候、且エケレス国王も取極書尓別紙を添太切尓請取申候、ナフアルガセツト（書名歟）の説尓てハ、右の写正月中旬頃ハレツト（地名）の守護勇猛のエルテレ

ツトホツテインケル人名ニ差送候趣ニ候

一是迄之風説は十五月余の間エケレスと唐国との事ニ御座候、偖又両国新規ニ取極候商売の儀ニ付差たる義も無之候ニ付、先爰ニて右一件は終申候

一エゲレス年来唐国と交易いたし候場所の広東ニ於て、事の混乱は薄情よりして起り申候

一本商人義者先年より異国人と交易いたすへき免許を蒙り居候処、此節マンテレイン役名五百万スバンスツト銀銭の名調達致すへく旨申付候得とも其調達出来不申候ニ付、其商売を差留申候

一右金子調達之儀出来不申候ニ付、何卒相調立行候様いたし度所存と、外商人共何か取組候ため金子充分貯居候を、謀計を以て引揚度所存よりして、驚くへく一統不和の基を生し申候

一右商売相衰候子細は、異国人等唐帝の掟を犯、商売物を北国湊ニ持越候訳よりして相起り候と相心得申候

一広東は内海広く勝手能絹布茶沢山産し甚宜場所ニて、殊ニ住人夥敷営を出情いたし且又賢き気質これあり、都而弁利の場所ニ候へと(は)も、近年相止居候商売も再度盛ニ相成へくは必定の事と存られ候

一前年十二月上旬天保十四年卯十月中旬ニ当ル既ニ数多煩敷儀は無之様相成候処、青茶沢山買入の儀利潤有之へくと噂これあり候、扨エケレス奉行諸事同所固の役人と相談いたし、廿五ヶ年の間諸事取極申候、然るニ往古はコムバグニーフアクトレイ、ホルランセフアクーレイ幷ケレーキフアクトレイと申三並の商館これあり候他面(地)を、エケレスのコンシユル役名の役所幷外国人の商館を建候ためエケレス奉行所ニ借受申候

一アモイ地名ニンホー同上此両所のコンシユル役名はヘンレイキリツベ人名トム人名なりの商売大ニ繁昌致し、就中ニンポー地名の方最盛ニ有之候、右者全くエケレス方の心配且は唐方の寛仁大慶ニて、双方和熟いたし取極ニ随候故ニ候

一コンシユル（役名）は異国人共右市中より三里の間徘徊致し候儀願取候上、又三里程其通路を上より差免し申候、且是迄許免なき荷物を再ひ勝手ニ積請候儀相成候様差免し申候

一トーシヨウフヲー（地名）の商売は格別の利潤これあり、近比迄最高名の湊サンハイ（地名）の利益より多しと申事の外何たる事も相分り申さす候

一第十一月十七日（天保十四年卯閏九月廿六日ニ当ル）ニ右湊交易相開け候迄ニハ大ニ手数相懸り申候

一唐人共初の程は異国人右市中徘徊いたし候儀を相拒ミ申候、右者全く広東の商人其地江参居候者、元コホンステルスル（本商仲ヶ間ノ儀歟）を建度存候事ゟ撥挑候故ニ候、是は全く荷物持出入共商売の儀は、右コホンの手を不経して取計せ申間敷との趣意ニ候

一右の訳合ニ候得とも、エケレスコンシユル（役名）幷バルファウル（人名）と申船頭骨折ニて漸相整候ニ付、市中外船付土人ニ申達候ニ者、速ニ家々を立退相当の家賃を取り、右異国人共江貸渡可申との儀ニ候

一一体厳重ニ相成諸事都合宜儀少からす、其故は二ヶ月相後れ第一月半ニ（天保十四年卯十二月下旬ニ当ル）至り候ては、右湊ニ唐船（此内数多は大船ニ候）二千艘、エケレス商船数艘絶ゑす船繋居程交易手広ニ相開らけ申へく候ニ付、土地安心ニ相成候儀顕然ニ候

一唐国エゲレス双方の者の噺ニては、コンシユル（役名）儀賢き政事を以て、商船筋エケレスのためニも唐国のためニも相成候様取計候故、一統感伏いたし候との儀ニ候、右ニ付ては同人儀永々滞住ニ相成候様人皆希候由、全く加様事馴候取計ニて、諸事いよ〳〵安心の場合ニも相成申へくとの儀ニ候

一右取極相決候頃は、エケレス幷唐国とも安堵の場合とは申難く候得共、此節ニ至り候而者実ニ泰平と相成申候

一両国決談の様子を熟考るニ、眼前エケレス国の利方と相成候てハ勿論、又唐人とも諸異国人交易のため五ヶ所の湊

相開け候を相好候儀は無之候得共、繁昌永久の時節を得候儀ニ御座候
一唐国ニては物事秘事の癖を去り、事穏ニて一端の決定も変せす相守候は唯利益而已の儀ニ無之、強勢のエゲレスと意(遺)恨を挟ミ合戦いたすを置て、永く通信の儀を希ふを先とし規定を能く守るへし、エケレス方に於てハ再度旧怨を挟事決して無之規定を能く相守るへく、若し唐国微弱ニは候得とも永々の不朽を計り、殊更其国法を建るニ究て外国人ニ向ひ武器を用るの時宜ニも至り候節は、是ニ向ひ唐国江加勢とも相成へくとの儀ニ候
一エケレス奉行ヘンレイボッテインゲル人名唐国在勤の間賢き取計を以て、仮令新ニ仇を含もの有之候とも逸々取治め申へく候、扨近頃唐国ニ於てナヒール人名と交代いたし候ダラフイス人名、追々右奉行追々跡役ニも可相成と被存候得とも、同人もエゲレスの信義令名を殊之外重し規定を守り、唐国此頃フランス国リュス国も暫く平和ニ相成申候と欧羅巴の静謐を不乱様有之度と諸人希申候
右之通ニ御座候

かひたん
ひいとるあるへると
ひつき

右之通横文字書付を以申出候付和解差上申候、以上

辰七月

通詞目付
本木昌左衛門判
同
西　与一郎判

通詞 山中作三郎判

同 岩瀬弥十郎判

同 楢林鉄之助判

同 森山源右（左）衛門判

同 植村作七郎判

同 西記志十判

同 小川慶右衛門判

同 志筑竜太判

## 第五号―二　弘化元甲辰年（一八四四）八月　別段風説書　長崎訳

『籌辺新編　蘭人風説五』公益財団法人鍋島報效会所蔵・佐賀県立図書館寄託鍋島家文庫

エケレス国と唐国帝との取極双方其国々の証を以相認、暦数千八百四十二年八月（天保十三年寅七月廿四日ニ当ル）南京ニおゐて調印相成候書面幷是ニ拘り候書付、暦数千八百四十三年六月廿六日（天保十四年卯五月廿八日ニ当ル）ホンコン島尓おゐて取換し候取極書

一フリタニヤ（国名）イールラント（同上）の王（エケレス国王をいふ）幷唐国帝ハ、両国の間尓間違有之、互ニ仇敵相発り候ニ付取鎮度存し、諸事取極置候ハヽ、可然と決心いたし、双方目代の者ニ命し取計せ申候、則ブリタニヤ（国名）イールラント（同上）の王（エケレス国王をいふ）方尓はバロ子ット（高官の義）東印度のケ子ラールマヨール（役名）相勤候ヘンレイホツテインケル（人名）、唐国帝の方尓は唐帝の一門尓して太子の後見広東ガルニスーン（軍勢の義歟）のヘフェルヘフブル（役名）ホーゲコミサーワス（役名）相勤候ケイイン、次ニ唐帝親族且亦エールステランタ（身分筆頭之義歟）の徴として孔雀羽を相免されミニストル（役名）コウフルニウルゲ子ラール（役名）相勤め、当時シアホー（地名）の支配頭ロイテナントゲ子ラール（役名）を兼勤罷在候エレポー（人名）を以取計せ申候、但唐帝目代は両人ニ候得共取極書ニは実尓三人の名判を以記し有之候

一双方の目代互ニ面会の上、取極都合宜相済候後左之通り相決申候

第一

一エゲレス国王与唐国帝其外双方互ニ国民の安全を所々配下の者ニ至る迄、以来は和熟いたし信義厚く可致事

第二

一エゲレス配下の者共商買致すの志尓て、家内引連其地仕組を以広東、アモイ、トーシヨートウ、ニンボー幷サンハイの市中ニ無差支自由ニ住居いたし候儀唐帝差免シ申候、且又エゲレス国王ゟレエベルインテンデント役名又はコンシュル役名の役人を右場所々々尓在住せしめ、唐方役人とエゲレス商人との間尓諸事齟齬不致候様取計、唐方奉行所ニ可差出運上其外の出費後ニ極有之通、無間違エゲレス人より差出候儀見届候様可致事

第三

一エケレス配下の者共船修覆且又其ため入用の蔵等相建候儀、出来候船場所持不致ては不相叶義ハ顕然無拠義ニ付、唐国帝よりホンコン島をエゲレス国王幷子孫ニ永々相譲り、彼国掟を以自儘ニ支配所致旨尓て相済候事

第四

一シユヘルインテンデント役名其外エケレス人共、千八百三十九年三月天保十年亥凡二月頃ニ当ル広東尓て唐国高官の者より被召捕殺害可被致を助命のため阿片相渡候ニ付、右代料として此節六百万ドルフ（ラ）ル一トルラス凡銀拾匁七分五厘ニ当ル唐帝より被相納候様相成候事

第五

一広東商売のエゲレス人は、是迄諸事本商与唱へ奉行所より格外の免しを請候商人と而已売買いたし候様相成候処、諸品右の振合を唐帝被差止、エケレス商人共商売の地尓住居いたし、諸人と勝手尓商売いたし候様相成申候、扨又

弘化元甲辰年（一八四四）八月長崎訳

唐帝よりエゲレス奉行所江三百万ドルラスを以、右本商人の内其家潰れ顕然エケレス人江許多負方有之払方出来不申候を、相納候様相成可申候事

第六

一エケレス奉行所幷エケレス国王配下の者共尓対し、唐高官の者共暴尓して不直の取扱を再ひ復せしめん事を希ひ、無余儀エケレス奉行所尓おゐて所存を申通し候処、是迄の出費償のため唐帝千弐百万ドルラスの銀高を差出候様相成申候、然る尓エケレス奉行方尓ては、右千弐百万トルラルスの高を是非引取候事評議一決し、若銀高千八百四十一年八月朔日（天保十二年丑六月十五日ニ当ル）の後ニ至て不相調ニおゐては、唐国市中外の場所々々エケレスの一致の勢を以焼討可致決定いたし候事

第七

一前三ヶ条ニ書載有之候弐千百万トルラルス（一トルラルス凡銀拾匁七分五厘当ル）左の割合ニ可相納事

六百万トルラルス即日相納候事

六百万ドルラルス暦数千八百四十三年（天保十四年卯ニ当ル）相納候事

内

三百万トルラルス第六月三十日（六月三日当ル）迄ニ相納、残三百万トルラルスは第十二月三十一日（十一月十一日ニ当ル）迄ニ相納候事

五百万トルラルス暦数千八百四十四年（天保十三年辰年当ル）相納候事

内

弐百五拾万トルラルスは第六月三十日（五月十五日当ル）迄ニ相納、残弐百五拾万トルラルスは第十二月三十一日（十一月廿一日当ル）
迄ニ相納候事

四百万トルラルス暦数千八百四十五年（天保十六年己午ニ当ル）相納候事

内

弐百万ドルラルスは第六月三十日（五月比歟）迄ニ相納、残弐百万トルラルスは第十二月三十一日（十一月比歟）迄ニ相納候事

一右定高宛若期日ニ難相納義も有之候ハヽ、一ヶ年五歩の算当を以其利足を相加江広東奉行所より相納候事

第八

一此節唐国の内所々虜与相成居候者エケレス配下の者共ニ候得者、仮令欧羅巴出生又は印度尓おゐて出生の者たり共
悉く赦免可致唐帝決心の事

第九

一唐国配下の者エケレス方江交を結ひ、或は召仕はれ役儀を相勤居候者も有之由、右等之儀者以来共勝手たるへき趣
印書を以一統江触達すへく、猶又彼者の子細有之此節入牢いたし居候唐人共、悉く赦免可致唐帝決心之事

第十

一第二ヶ条の通エケレス商売赦免の諸湊おゐて、出入の運上其地雑費の極相当尓相定め一統相達可申、猶右湊ニおゐ
て運上雑費定の通既ニ一度は相納有之候エケレス荷物たり共、唐商人江他邦地街江持越候節者、亦（々）は其運上別段相納
持越候様可申付唐帝決心の事、尤各運上の儀者其荷物直段の高分割尓過不申候様可致事

第十一

一唐国ニ在勤罷在候エケレス最高官、都府及ひ其他之国々ニ及て、照会の振合ニて書面取換シ候儀相調、猶又エケレス方よりは申陳の振合ニて差出し、唐方よりは箚行の振合ニ而エケレス次役と国々の唐高官と書面取換可申との談合相整候事、扨亦両国の下役共も同様の振合ニて書面取換可申事、尤商人其外の者共ニは右等の儀表通不相拘儀候得者、諸事双方奉行所より申達し、其ため稟明の語を相用させ候事

第十二

一此取極の趣唐帝納得いたし、最初の期日金子納方取調候ハヽ、早速エゲレス軍勢南京幷大河口に引払、以来は唐国商売差障り申間敷ニ、猶シンハイ地名の陣所差返し可申事、尤コーランソー島幷舟山島之儀は金子返納皆済ニ相成、諸湊ニおゐてエケレス商売弥相整候迄者エケレス方ニ領し置候事

第十三

一エケレス国は唐国ニ遠く相隔居候得共、相違シ次第エケレス国王唐帝此取極の誓書取換可申候ニ付、猶双方の目代共ニ右取極の写性名を記し調印いたし、取換諸事取極通取計かゝり可申事

右之通南京ニおゐて暦数千八百四十二年第八月廿九日天保十三寅年七月廿四日ニ当ル唐国ニてはドウグワン道光之義歟廿二年七月廿四日エケレスのリーニー軍船一種の名コルンハルワス号船ニおゐて双方の目代調印相済申候

エケレス目代ヘンレイボツテインゲル

エケレス目代の印

唐帝目代の印

唐第一等目代の書判

唐第二等目代の印

唐第三等目代の書判

コローニー（エケレス国ゟ人を植付る島をいふ）の役所在勤の代セケレタリースゼ子ラール（役名）

イ　ウユゲー　コル子ツ　デゴロート

和蘭領印度奉行所セケレターリス（役名）

フイスメル

## 評決書面の訳

### 積荷物出入ニ付運上之儀達幷規定

一コロードブリタニヤ（国名）イ、ルラント（同上）一致の国（即エケレス国王ヲ云）と唐土との取極第十のケ条尓随ひ、南京の湊尓船繋いたし居候エケレス国王のリーニーシツヤブ（軍船の一種）コルシマリース（船の名）尓おひて、暦数千八百四十二年八月廿九日（天保十三年寅七月廿四）

弘化元甲辰年（一八四四）八月長崎訳

（日ニ当ル）則ち唐トウクワング（道光義歟）二十二年七月廿四日尓相決候付、唐帝取組の第二のケ条の通エケレス通商の地と定る処の諸湊おゐて津々出入ニ付、依怙無之様定の運上其地触達すべき出費を相定、或右五ヶ所の湊尓おゐて積ミ荷物ニ随ひ相定候運上、猶後尓相決候其他の出費等差出し方一応相済居候エケレス商売物之儀も、唐国の内外場所ニ唐商人共積出し候節者、諸出費又々差出し運送致候様相定可申候

一積荷物湊出入ニ付差出候運上の高、右達尓未相定居不申候ニ付、エケレス国王目代幷唐帝の目代との取極書取換しの節相決し、尚又エケレス商売物湊出入の運上等の儀非常ニ不相成様致度、既此節取極候規定を過不申候様可致旨達し候趣幷規定等書記し候書面互ニ取換し双方江相達申候、右書面ニ証拠のため両国の目代共性名を記し謹て調印いたす

和蘭暦数千八百四十三年六月廿六日（天保十四年卯五月十八日ニ当ル）則ち唐トウクワンク（前ニ見ゆ）二十三年五月廿九日

性名を記す

（エケレス目代の印）

（唐帝目代の印幷性名を記す）

コローニー（エケレスより人を植付る島をいふ）尓有る役所在勤のファンゲレント代の義セケシターリスゼ子ラール（名役）

取極候決定書面の写

和蘭領印度の地奉行所アルゲメー子セケレターリス（名役）

一広東、アモイ、フヲーショースヲー、ニンボー幷サンハイ右五ヶ所の湊尓おゐてエケレス商法の一統取極

第一ローツ（海底浅深を能く知る者の儀役人歟）の事

一ヱケレス商法赦免の湊広東、フヲーショーフヲー、アモイ、ニンボー、サンハイ（各地の名）の内尓エケレス商船廻着致し候節ハ、ローツ（役名）江差免し早速湊内江挽入方取計らせ申へく、猶又右出帆の砌も定之通運上雑費仕払相済候上尓て、無遅滞湊外尓挽出し方ローツ江為取計可申候事

一右ローツ太儀料之儀ハ、湊ニ在住のエケレスコンシエル（役名）其商船挽入引出し候節、遠近又者危難等有之候儀を能く見計ひ正しく相定候事

第二トルヘアムブテン（船出入運上方諸役懸）の事

一諸湊尓おゐて唐国運上方シユベルインテンデント（役名）勘弁を以都合能く規定相定、密買或者（偽）候等尓て唐方受用の内尓損失無之様可致事、ローツ（役名）エケレス商船湊内に引入候ハヽ、右シユベルインテンデント（役名）運上役所より慥成役人一両輩を相撰差遣、取締のため不寝番等致させ、運上納方不滞様取計らわせ候事、尤時宜尓寄自己の船尓居候歟又はエケレス船ニ居候儀も有之へく、衣食其外は日々運上役所（より）差送可申候、猶又右役人儀は船頭又ハ積荷物受取候者より酒代等貰受候儀ハ決して不相成候、若右の規定尓相背候者有之候ハヽ、罪の軽重ニ応シ戒め有之へく候事

第三エケレス商船入津の節船頭より届の事

一エケレス船諸湊尓船繫りいたし候ハヽ、其船頭着之上二十四時（皇国十二時）の内エケレスのコンシユル（役名）役所尓参り、シ

ケープフバビールコグノセメントマニフェスト（各書付の名未詳）等差出し可申候、右規定相怠候節ハ過料として弐百トルラルス（一トルラルスハ皇国銀拾匁七分五リン許）可差出事

一偽マニフェスト（書付の名）差出候者ハ、過料として五百トルラルス可差出事

一赦免を不請荷物荷積いたし候者有之候ハヽ、卸し候分の荷物は不残取上け、其上五百トルラルスの過料差出可申事

一コンシユル（役名）儀シケーブスバビール（書付の名）を請取候ハヽ、早速運上方シユベルインテンデント（役名）尓エケレス船の請合書幷積荷物の差出を以掛合可申事、右相済候ハヽ、早々定の通運上差出し、荷物の手数可取計事

第四エケレス商人と唐商人との商売の事

一エケレス商と唐商と随意ニ商売致し候儀一決いたし候ニ付而者、若唐商の内偽りて出奔致し候歟又は大借尓て返納の手段尽果候者有之、其め（た）エケレス商人歎願致し候儀も有之候ハヽ、唐方役所尓おゐて右の者相糺し事正路ニ取計可申、尤其もの眼前死去致し候歟又者潰れ候歟、実ハ困窮尓て返済の金子無之砌、先年は本商の内ゟ相弁来候得とも、右等の儀先例尓ハ不相成、以来は其損失決して願立申間敷、棄捐と可相心得候事

第五トン子ケルト（運上の類歟）の事

一エケレス商船五ヶ所入湊の節、一トンニ付五匁ツヽ、諸運上不足無之様可相納候、尤往古ゟ納来候諸運上様之儀は一切差止候事

第六荷物出入運上の事

一右五ヶ所の湊出入の荷物、以来ハ双方決談の上取極め候通相心得べく候、且又エケレス船ゟ可差出諸雑費の儀は、荷物出入之運上幷トン子ゲルド（運上の類か）とも、運上方シユベルインテンデント（役名）ゟコンシユル（役名）江シケーブスバビール

書付の義を差返し幷出帆之義差免し候様書付差出候以前ニ、右惣銀高相納候様可相心得候事

第七運上役所ニおゐて荷物改め事

一荷揚荷積致し候節、前広荷物品立書付コンシユル役名【ニ差出可申候、左候ハ、直ニコンシュル役名】より運上方シュベルインテンデント役名方ホ功者の通詞を以積荷物の儀相届、取調方ニ付双方損失無之様可取計候、尚エケレス商人方ニおゐても運上納方ニ付荷物改之節、諸用取計のため幷存外之儀ニ付損失相立候様之義無之様、其場所ニ事馴候者立合として差出候様可致事

一タリーフ荷物品立ニ直段付候者ホ随ひ運上可差出品有之、右品物直入の儀ニ付エケレス商人と唐国役人一決不致候節は、双方ゟ商人両三輩を差出可申候、左候得者右商人とも荷物見分の上、直入いたし候内高直の所を以払立可申候事

一エケレス商人と唐国運上方役人と諸品譬ヘハ茶の風袋相定候ニ兎角一決不致候節ハ、双方ゟ百箱の内幾箱と相定撰出し、皆掛いたし候上正味掛改引除け、是を惣高の風袋と相定可申候、猶又諸俵入の荷物等も同様の振合ホ可致事

一双方の所存格外齟齬いたし一決不致候節は、エケレス商人コンシユル役名ホ申出候得者、右コンシユルゟ運上役所シユベルインテンデント役名ホ申通し正しく取計候様可致事

一右夫々其当日ホ相整候様可致候、若未決候得者運上役所シユベルインテンデント役名逸々相糺、諸事折合候迄者書留ホ記し不申事

第八運上納方仕法の事

一五ヶ所入湊エケレス商船ハ都而運上幷ハーフェンゲルデン運上の義歟出帆前可差出儀は前条之極メ通ニ候、且又運上方シユベルインテンデント役名は丈夫のゲルトウノスセラールスカントール替セ銀等取扱所をいふ歟を撰み、エケレス商人の運上奉行

弘化元甲辰年（一八四四）八月長崎訳

所江相納候姿尓て請らせ、右請取書の儀は奉行所よりの積り尓て差出させ可申、扨又運上納銀の儀は様々の銀銭を以相納候、併外国銀銭の儀は其位セイシーシルフル唐国銀子の名歟尓同しからす候ニ付、諸所の湊在住のコンシユル役名運上方シュベルインテンデント役名尓其湊々尓おゐて相談の上、銭の新古出所或は模様ニ随ひ償を相立、正しく清潔の銀子尓平均尓相成候様可致候事

第九量目幷尺度の事

金銀品物の天秤幷尺度は、是迄広東運上役所ニおゐて相用候ものと同様尓製作仕極印有之奉行処江相納候、運上其外納銀算当の本尓相立候品尓候得者、五ヶ所の湊運上方シユベルインテンデント役名幷コンシュル役名手許尓預り置候、若品物の量目又は寸尺の儀ニ付エケレス人と唐国運上方役人と争論相起り候節は、右天秤尺度を以事を相捌候様可致事

第十リグトルス又はラーデイングボーテン荷漕船の類の事

一エケレス商人荷物積卸しの時々、リグトルス又はラーテイングボーテン荷漕船の類好次第雇可申候、右雇賃の儀は奉行所ニ不拘自分相対尓可致候、右船数の極は無之又其雇の株も無之候、扨又密売買等いたし候者有之ニおゐては掟通可罪候、荷漕船水夫エケレス商人の荷物を預り漕行候節、若偽り盗取候者有之節者唐国役人捕方出精可為致候得とも、エケレス商人も荷物不被盗取様成丈前広其心配可致事

第十一荷物船移の事

一赦免ヲ不請してエケレス商売荷物船積いたす儀は不相成、若無余儀次第尓て船移不致而者不相叶儀有之節は、右之訳前広コンシユル役名江願出、則チコンシユル役名右之趣書面尓て可申出候、左候ハ、運上方シユベルインテンデント役名

運上方下役人ヘ相達し右船移の節立合セ可申候、若右之趣願立も不致船移いたし候者有之ヘおゐては、其荷物取上け候付其旨可相心得事

第十二コンシュル役名下役之事

一エケレス商船繋場所ヘ相定候所々ヘおゐて、コンシユル役名下役の内実体成ものニ申付【船方之者其外之美せしめを本書マヽ不詳為致可申、扨又エケレス】船方の者とも唐国の者と及争論候節、取鎮めの義は最大切の義ニ付、右様之義若相起候節は、右コンシュル役名下役の者諸事出精いたし深実可取計候、扨又水夫共歩行のため上陸致し候節ハ、オフシール士の義の者同道致し不意の乱雑無之様可致候、唐国役人之義は、唐人共エケレス船ニ参り衣類其外要用の品々水夫共ヘ売渡候を差留申間敷事

第十三エケレス配下の者と唐人とも争論の事

エケレス人唐人ニ付難渋の筋有之節は、先コンシユル役名方ニ参り難渋の訳訴可申候、其節コンシユル役名其趣を篤と相糺、和らかヘ裁許可致候、且又唐人エケレス人ニ付難渋の筋有之節も、同様コンシユル役名其趣を能々承り諸事憐愍を以取計可申候、若エケレス商人無余義唐国役人不訴而は不相叶義有之節者、右の願書コンシユル役名の取次を以差出可申候、左候ハヽ、コンシユル役名其願書ヘ不都合の儀無之哉一覧致し、不都合の儀も有之候ハヽ、認替させ又は差返し候様可致候、若コンシユル役名方ニ而程能く決断難致義有之節者、唐国役人と談し、両人ヘて相糺理非明白ヘ決断可致候、扨又エケレス科人刑罪の儀は、エケレス奉行所ニおゐて其法ニ応し刑へく候、且又唐国科人刑罪の儀は国法通可罪候、尤和睦の後南京ニおゐて双方取極候書付の振合ヘ可相心得事

第十四所々湊ニ差出置候エケレス奉行所コロイスル縦横自在ニ走る船歟之事

一エケレス奉行所よりコロイスルを五ヶ所湊ニ差出し置候次第は、コンシユル(役名)船方の者共制しかた或は乱雑無之様容易ニ致させ候ためニ候、尤此コロイスル船は商船同様ニは取扱難申、且又商売物等持渡候儀ニも無之候ニ付、運上又者雑用等差出ニ不及候、偖又諸湊のコンシユル(役名)義は、右奉行所コロイスルの着船幷出船共、運上方役所シユベルインテンテント(役名)江諸事取計心得のため相届置候様可致事

第十五エケレス商船請負の事

一エケレス船広東湊着船の節、唐国本商人右船請負人ニ相成候儀是迄仕来ニ而、猶運上等を是迄本商の取次を以差出来候処、右の仕法相止候ニ付、以来はエケレスコンシユル(役名)諸エケレス商船請負ニ相立可申候事

双方一決取極書の訳写

コローニー(エケレス国より人を差遣シ植付る島をいふ)の役所

右勤代セケレターリスゼ子ラトル(役名)

こるねつくでころふと

双方一決取極写

和蘭領印度の奉行所在勤のアルゲメー子セケーターリス(役名)

せえふいすめる

右之通ニ御座候

かひたん

ひいとるあるへると

右之趣横文字書付を以申出候付和解差上申候、以上

辰八月

弘化元甲辰年（一八四四）八月長崎訳



通詞目付　本木昌左衛門判

同　西　与一郎判

通詞　中山作三郎判

同　岩瀬弥一郎判

同　楢林鉄之助判

同　森山源左衛門判

同　植村作七郎判

同　西　記志十判

同　小川慶右衛門判

同　志筑竜太判

## 〔参考史料一〕　弘化元甲辰年（一八四四）六月　別段風説書　長崎訳

「紅英告密」（「戊申雑綴」五『向山誠斎雑記』巻一、ゆまに書房所収）東京大学史料編纂所所蔵

弘化元年甲辰六月十六日

　咬𠺕吧頭役ゟかひたん江別段申越候儀左之通御座候

和蘭第八月上旬皇国六月十八日ゟ七月二日頃迄ニ当ル和蘭国王之フレガット軍船一種の名パレムバンク船号又者コルヘツ軍船一種の名ボレアス船号又者其他国王所持之船之内、態与当節和蘭国王ゟ御国ケイスル帝与訳ス、是者彼国ゟ御国　公方様御儀を申上候事尓奉捧書翰を差越候船ニ御座候、此書簡差越候儀者　御政道御為ニも可相成儀ニ而、敢彼方之利益ニ拘り候儀ニ無之、於日本御大切之事共申上候儀哉ニ御座候、右書翰者阿蘭陀商売筋等ニ拘候儀ニ聊無之哉ニ奉存候

かひたん

ぴいとるあるへると

ぴつき

右之通咬𠺕吧頭役ゟかひたん江申越候儀かひたん申上候を和解差上申候、以上

辰六月十六日

通詞目付

通　詞
伊沢美作守

阿蘭陀国王ゟ本国仕立ニ而、例年之商売船之外別段壱艘可致渡来段申出候付、申上置候書付

当五月十五日咬𠺕吧仕出之阿蘭陀船壱艘、昨十六日未ノ下刻入津之処、例之商売船ニ而別条無御座、跡船も仕出無之旨ニ付、其段定例之手続ニ而申上置候、然処咬𠺕吧頭役ゟ在留かひたん江別段書中を以申越候趣ニ而横文字差出候ニ付、通詞共江和解申付候処、阿蘭陀国王ゟ　御政道之御為ニも可相成筋ニ而奉捧書簡候旨、別段本国仕出之船壱艘可致渡来段申出候、和解之様子ニ而者無程当湊入津可仕段相見候処、是迄類例も無之、且例年之商売船共違候儀ニ付、在勤御目付平賀三五郎江も談判仕、当地御固当番方松平肥前守、大村丹後守、諸家々来共、其外江も、前書之通跡船壱艘入津可有之段為心得相達置候儀ニ御座候、委細之儀者追而渡来之上可申上候、依之横文字和解弐通相添、先此段申上候、以上

辰六月十七日　伊沢美作守

〔参考史料二〕　文化元甲子年（一八〇四）　別段風説書

『魯西亜諸書留』（松本英治『近世後期の対外政策と軍事・情報』（吉川弘文館　二〇一六年　八三頁所収）長崎歴史文化博物館所蔵

(朱)
子七月七日迄ニかひたん申出候別段風説書左之通り、同八日御役所江中山作三郎持参

一おろしや国王ヘートルヘルケニおいて、諸臣ニ命令し、万国を周回して諸国ニ交易之道を開き、且又衆技諸芸為試、暦数一千八百三年八月十一日享和三年六月廿四日ニ当ル、同国ブウツモウ之地より船弐艘仕出し、阿蘭陀、アンケリヤ国之中間を乗り、カナリヤ嶋、亜墨利加州之ブラシリヤニ至り、南海之諸嶋を周り、日本東海之海を乗り、暦数一千八百五年文化弐年ニ相当申候迄ニカムシカツテカニ至り、夫より日本、朝鮮之間を乗通り、唐国広東、爪哇、シユマタラ等之諸嶋、亜弗利加之諸州を周り、元のことく欧羅巴を経て、おろしや江帰国仕候由、尚亦右弐艘ニ乗組之内、頭分之者御当国江使節之趣をも承り罷在候段、相聞申候

かひたん
へんてれき・とうふ

右之風説、本国より咬𠺕吧江申越、此節頭役とも从かひたん江別段申越候段申出候ニ付、此段和解仕差上申候、
以上

子七月七日

目付

大小通詞　印

# 第六号　弘化二乙巳年（一八四五）別段風説書　長崎訳

『籌辺新編　蘭人風説六』公益財団法人鍋島報效会所蔵・佐賀県立図書館寄託鍋島家文庫

唐国阿片商法ニ付相発候騒動之末既ニ追々申上候後、暦数千八百四拾四年弘化元年尓至り候儀を爰ニ申上候

一昨年申上候風説ニ、ヘンレイボッテインゲル与申者、唐国与之取極め何卒聢与規則相立候様心配仕候儀申上置候処、右規定取極之儀ニ付度々同人唐国与取合候得共、兎角規定相立兼候訳ハ、和談之節エケレス人江自由差免し有之候土地之境ゟ、実者エケレス武卒共トーショーフヲー地名其外近隣之地江参度願ひ、トキーン地名幷セキアン地名之奉行を以可相伺筈之処其儀なく、インテンダント役名タコウカイ人名之免シを請すしてアモイ地名ゟトーショウフォー地名辺江罷越候儀共有之、兎角規定相立兼候

一右之通不和熟之儀唐国役人ゟヘンレイポッテイゲル人名尓掛合ニ相成、其儀程能く相答者致し候得共、右等之儀和談之節、既ニ厳科を犯し候内ニ取極置候得共、六ヶ条之取極を能く存へく旨再度別段ニ相達し不申而者不相済、依之エゲレス軍士としてロルトスタウントン与申地押領軍功あるマヨールゼ子ラール役名デカギュイラル与申者ゟ一統の兵士共江逸ニ相達し候

一其節唐国ニ罷在候エゲレス支配町家之者共へも一同刑罪定法之次第申達し、且又是迄之掟又者此節可相定掟もエゲ

レス国同様ニ可取計様相極り候、仮令海上たりとも、唐国地方ゟ百里之内ニ而犯し候科ハ、唐国中ニおゐて犯し候も同様ニ可取計様相成候、且又マカヲ（地名）の儀は、唐国幷エゲレスの領地与相定メ、デイーメン（島名）ハ流罪之配所与相定り候

一第三月（弘化元辰年二月ニ当ル）初旬シリミ子ーレ（役名）幷アドミラリテンイト（役名）の役所を定て、同所詰方ハホンコン（地名）マカヲ（地名）幷広東の役人共を以て一同詰方致し、シリミ子ーレ（役名）尓拘り候事も掟を相極メ、就中諸人罪の軽重ニ応し掟を相立申候

一ヘンレイボッティンゲル（人名）ミリタイレ（武方）のアーンスプラーク（諭事勅）尓て高声ニよばわり諸人ニ申聞候者、右等之儀兎角諸人心一致ニいたし希候様ニと申聞候後、直ニハルレゴイン与名付ルスクー子ル（船の一種）幷デイリフル与名つくる火船ニ而マニルラーの人幷唐人を殺害致し候二ヶ条之取扱の儀ニ引移り申候

一右等之規定相立候事ゟ双方和熟いたし、次第尓平和ニ相成、且又無余儀次第も有之節者唐国ゟも程能心を用ひ候様相成、右殺害の一件ハ兵卒拾八隊之医師マキンライ幷ホルトカル国水夫二人殺害致し候海賊召捕、或者不法狼藉の者共を戒め候ニも唐国ゟ心を付ケ加勢いたし候

一右海賊の張本タルラツセ与申者ハ、寸々尓切りさかるゝへき筈之処牢死致し、両人の罪人ハ打首ニ相成申候、尤右張本人の首一同不法相働候場所ニ而さらし申候

一エゲレス人初発不和の基となりたる事、久敷軍事ニ取紛レいまた少も元ニ復せさる体尓見せ、アマリア幷マインガイ与申エゲレス船弐艘ニ種々の荷物之内多分の阿片積込、サンハイ（地名）尓遣し様子試ミ候者も有之候

一吟味ニ付右制禁之品何とも致方なく、且又右荷物ニ付後難の程を恐れ、阿片ハウィルレムフィールデ与申船ニ積移候

一サンハイ（地名）住居のエゲレス人此様子を知り、トウタイ与申者ニ知らせ候得共、右様害ニ相成候儀告ケ候付召捕被罪

候

一右の者罪られ候得共矢張其儀を好き事ニ存し、エゲレスのコンシュル（役名）尓申聞候処、早速彼船弐艘とも引留置候ためマンダレイン（役名）の船々差遣し候、乍併右マンダレインの船着前ニ、既ニ不正物ハ推察の通り五拾箱共船ゟ取捨罷在候得共、ウイルレムフィールデ与申船ハ、ホンコン島尓差遣封し置候、且又サンハイ（地名）内アマリア幷マインガイ与申所ニハ厳敷船方の者共の番を付置候、ヘンレイボッテインゲル与申者ハ、右ウィレムフィールデ与申船ニ五百ドルラルス（一ドルラルス凡銀拾匁七分五厘ニ当ル）の過料を申付、其上箱不残の価を償候様取計候

一右之通掟相立候而、役々の者尚唐国ニおゐても厳重ニ仕来の規定専ラ心懸罷在候

一第二月（弘化元辰年二月ニ当ル）中旬の達しニ而ホンヨシ（地名）のスラーフル子イ（召遣ひの如く押付遣わるゝ事）を相拒、扨エゲレスの目録尓此事第一ニ記し、全体エケレス人唐人ゟ軍事威勢廉直人道ニおゐて勝レ候徴を見せ付ケ候心得候

一同し日付の達書ニ而書籍類版行等の規定相立申候

一唐国在住エゲレスのコンシユル（役名）其在住の湊毎ニ罪科の者弐百ドルラルスの過料を不過、或ハ一ヶ月入牢申付候位之儀者、ホンコン（地名）の湊同様自分ニ取計へく旨命られ候

一都而町家ハ制方致し難く、殺害其外無道の愁訴有之節ハ、五百ドルラルス（一ドルラルス前ニ同）差出候様コンシユル（役名）のもの取計可申、尚フヒリフヒカチノン（競見るといふ義）幷アドミニスタラチー（支配するといふ義）の書面をも取扱ひ、且又大切の事柄ハ一通り取調子（ママ）ホンコン（地名）の裁判所ニ而巨細ハ糺し方可致旨被命候

一別段の達ニてホンコンの地エゲレス尓属し候儀、或ハ刑罪の事まで書付を以極め置候

一エゲレス水夫共の行状ニ付数多取極度儀も有之、且又船主とも船方の者両三人を見限り候様子ニ而、ホンコン（地名）尓残

し置候事折々有之、エケレス国江連帰り候而も、船方ニ而役ニ立さる様の者ハ連帰の儀相拒候付、暦数千八百四拾四年弘化元辰年第二月廿八日正月十一日ニ当ル（ママ）の日付のを以右等の事ハ格別ニ規定立置候

一エケレス人共唐国住居致し候以後ハ、土地の者共諸事相励候心発し、且又エゲレスのコロニーン人を外国の島ニ遣し倍養シ属国与する所をいふをも試度心願引越候様相成、是等者自国のため或ハ国民の諸事取計を業と致し候者ニ者急度心得とも相成、諸事練考且智略の導とも相成へく事ニ候、エゲレス奉行所ゟ兼而右様相励まし、扨又其頃唐人の行状出情之模様調子（ママ）の仮命せられ候、カラウホルト与申者の説ニハ、唐人ハ二ツの法を能く守る質ニて、諸事ニ行届たるものといふ

一エゲレス属国国替等の事を取計ふ役の者奉行所ゟ命を請ケ、唐人共時宜ニ寄西印度ニ引移り、同所ニ而相稼候様ニも相成へく趣唐人共江相達し候

一右の儀未決ニ者候得共、委細ニ申聞候儀余り手過ニ相当り候得共、幾許の唐人共我土地を離れ、終ニ見馴さる国ニおゐて是迄の活計ゟ勝手よろしく業を営儀可然と存られ候旨相諭し候

一去年中ハ広東ニて只一度騒動有之候得共、千八百四十二年第十二月天保十二丑年十二月ニ当ルの如き格別手荒き事ハ無之候

一スウェジャ国名船の水夫共の悪行ゟ右騒動の根を引出シ暫時前知らせニ付、ポリシーディナーレン役名幷ハルダーテン役名の手当有之候得共、無程広東の土民等何と申訳無之、エケレス人幷アメリカ人の花園ニ込入色々非道の儀有之候

一右騒動ニ付アメリカ人の内武具をもつて防候処、唐人一人殺し、夫ゟ不平弥増し、翌日町中辻々ニ張紙いたし、其趣者アメリカ幷エゲレスのコンシュル役名の取扱ひ無之候は者急度欝憤を晴すへき与之儀ニ候

一エゲレスのブレニボーテンテイアリス役名ヘンレイボッテインゲル人名ハ、其場所ニ拘りたる商売方の支配或ハ諸人の押へ役を承りたる者ニ而、一統の騒動ニ拘らすといへとも元来犬大量ニして無理押しの取計ひ無之人物、殊ニ我国幷余

国の為メ交易の規則相立候様取計ふ而已之役ニ候得共、専ニ此騒動ニも骨折相静め候

一右騒動相静り候様取計ひ候者、全くボッテインゲルの徳の秀たる所といふへきなり、エゲレス奉行所ニおゐてユルヘール人名ロルドパルメルストン人名唐国へ在住のエケレス人一統江披露尓およぶニハ、右ボッティンゲル者政事を預るへき人尓あらすして唯才智武威を以惣エゲレス国民の誉をあらわし、唐国の高官ともボッティンゲルを誠ニ尊敬し、奉行のケイン人名も心中感伏し、既ニ因ミを結ひ、ポッティンゲルの妻或ハ娘の画像までも乞請候程尓随心いたしたる趣を相達ス

一ヨンフランシスダーフィス人名昨年第五月八日弘化元辰年三月廿一日ニ当ルレガーチー役名のセケレターワス役名ブリュセ人名、シカットベウールドル役名モントゴメレイマルティン人名、ホフ役所のキリフフィール役名カイ人名、ゴウフルニュール役名のセケレメーリス役名メルセス人名幷アターセ役名ステルレイ人名召連レホンコン地名尓参着いたし候

一同日右ターフィス人名規定評議のため誓詞いたし候上、唐国中エゲレス商法のホーフドシュベルインテンデント役名ゴウフルニュール役名且ホンコン地名幷其周地のオッブルベフユルヘッブル役名相勤候ブレニポーテンテイアリス役名の支配向を引請申し候

一ダーフィス人名は右重役を相勤候ニ諸役人を召連レ来り、右者全く商売方を支配し諸事を取計候ためニ候得者、ダーフィス人名は先役のことく平生六ケ敷儀者有之間敷候

一ヘンレイボティンゲル人名は不馴の事ニ携り、諸事相談致し取計候ものも無之、壱人ニ而土地を支配し、既ニボッティンゲル人名は兵士をレグトル役名とし、船方をフィナンシール役名とし、法家の者をボリシーマギスタラート役名とし、医師をコロニヤーレセケレターリス役名とし召遣ひ、右様の手割尓て領地を行届候様支配いたし候儀者誠ニ難出来ニ付、

政事ニ携り候者無之旨、猶又差知レ候義取計候ニも差支間々有之趣毎ニ難渋いたし候付歎願ニおよひ候

一此大業ダーフィス人名の役となり、同人其職を蒙り候ニ付而ハ一統望ミを失ひ申候、其故者右下役之内唐国の文字言語幷掟或ハ東方の商法を心得たる者壱人も無之候、エゲレス国之為めのミを第一とす所存と相見へ候故ニ候

一十ヶ年以前ダーフィス義唐国商売のホーフトシュベルイシテンデント役名助勤いたし、猶拾八ヶ年以前ロルト官名アムヘルスト人名使節として北京へ罷越候節同人義も同道いたし候者ニ候

一同人義右年限の間は凡唐国ニ罷在、東印度役所の諸用を相勤申候、ロルト官名ナビール人名退身の節ゟエゲレス奉行所ニ被召出勤役致し候は、規模の事ニハ其砌同人所業唐国ニ而記録いたし有之ニハ、彼人学才相備り殊ニ才智勝レ万事行届候趣を記し有之候

一第六月十九日弘化元辰年五月四日ニ当ルヘンレイポッテインゲル人名は大船ディリーフル船号尓乗りボムバイ地名を通り本国江帰帆いたし候

一ヘンレイポッティンケル人名帰帆致スニ付、諸人名残を惜ミ美名を申立引留めんと歎れとも、所存ニ不叶相断申候

一唐国尓おゐて差起たる一件ニ付記録したるヘンレイポッティンゲル人名の取極を惜むらく随ふ事不能一統黙すへし、扨又ボムバイ地名尓同人纔か滞留中ニも、万端エゲレス国の幸をのミ専ら心掛ケ、人皆感謝し風説を以称し、或ハ詩文を以令名を称したる事抔を記録ス

一唐国中エゲレス奉行所の新役ダーフィス人名義、初め異国商売のため相開き置たる湊尓浜辺伝ひニ而巡見いたし、先役エゲレス国の要用を取扱ひ候ため新法を建置候事等を一見いたし候

一同人儀ホーグゲングッホフ裁判役所をホンコン地名の外尓相建、一体の義ハホンコン地名尓おゐて相定候通の振合ニ、ホンコ

ン其他周地尓在住のエゲレス人共江相達ス

一右ニ付弐拾一歳ニ相満候者、又者其歳ニ未満の者といへとも家業を次候者は、都而レギスタラテユールゼ子ラール（役名）又ハ其手附役人方ニ年々可罷越、右ハ其人の歳、生地、身分、掛り役、住所、親類并其地ニ罷越候時ハ其外格別なる事等別段役所ニ用意有之候書面ニ書載いたすへく事

一右届ケ相済候上都而其地ニ在住いたし候て不苦旨レキスタラテユール（役名）申渡候節、其者ゟ証札を差出し、一ヶ年何程月々受用の内より一割歟二割五歩差出シ可申旨相認メ有之候

一一体事治り候初めニ候得者、レギスタラテユール（役名）右届ケ致シ候者ともの内尓も如何の事いたし候哉難計、大ニ懸念罷在、若悪党有之候ハヽ、其者義ホンコンの地ニ永く滞留いたし候義を差留メ候

一ダーフィス（人名）支配ニ相成候而、其地ハ勿論広東の地ニおゐても一統諸人行状ハ相慎候、是迄異国人ニ対し不平を懐キ、市街の角々尓誹謗いたし候書キ物等を張付候抔与申儀も相止ミ、尤洪水出火等有之、夫ゟ土民困窮ニ廻り悪意を含ミ候端与相成居候得共、エゲレス人又其地の外国人共一旦唐国与の取極を破り候而ハ、新ニ双方意（遺）恨を挟ミ候様成行可申ハ顕然ニ付精々相慎罷在候

一彼港のコンシュル（役名）をハルファワル（人名）尓申付、此年中エケレス役所ゟ相固め候者商売方ニ付甚タ肝要也、同人義其役六ケ敷勤向ニ候処、能々心得全体才智深き者ニ而、唐国の土民ゟ尊敬和熟を得、則ちエゲレス人ハ国益の肝要と、取扱ふ事能ふ力量の勝たるをあらわし候

一舟山者サンハイ（地名）尓続き商売第一の場所ニ而、海浜ニ有之勝手宜く、土人ハ広東其地の土人ゟ万事ニ物馴れ、殊更人物相勝レ、加之風土よろしく候得共、人皆此港をホンコン（地名）の代引請度もの与頻ニ羨申候

一エゲレスフレニポーテンライヤリス役名ターフィス人名も舟山をホンコン地名と振替候為め、大ニ心配罷在候抔与申風聞も何となく相絶、近頃ハ此地ニおゐて木綿毛織類の商売殊の外繁昌いたし、エゲレス職人等数多仕入候品物多分ニ相捌候様相成居候

一ニンポー地名はハンコー地名より五百里相隔り、其間ツエーンハン幷ツアー子インの両河ニ而分地いたし、其港は狭く商売ニ甚タ勝手悪く、今ニ只六艘の船入津いたし、是迄請取候入津運上拾六貫目ニ不過、右ハ広東ニ而不相捌品を其地江積越候運上ニ候、尚又同所ゟ他方江積出し候者ハ漸生絹四千斤ニ限る

一トーショウフラ（ヲ）ー地名はエゲレス商売の場所ニ相成、其後程なくダーフィス人名巡見いたし候処、諸品捌方宜く有之候割ニ而ハ一体困窮之様子ニ相見へ、尤富家の面々ハ其地ニ地面等を持ち、自分ハ台湾尓居住いたし、絹荷物幷入用之品広東ゟ取寄、又好き茶をテェカウ地名より取寄候、然ニ一統金銀ニ手支居候得共、商売纔ニ候て漸く荷揚荷積之雑費を償候而已ニ候

一広東の地商売殊の外衰微致し候者、全く土地不穏、外国ゟ商人等来り候を相恐レ、且又出火洪水等有之土民相減、加之近海尓制すといへ共賊船夥敷しく（ママ）漂ひ居候而、其港尓商船廻着いたしかたく候

一此地の港交易相開ケ、エゲレス国商売繁昌豊饒之端シと相成候者格外ニ而、往古六ヵ年ニ本商人ニ売渡高の荷物六ヶ月の間ニ相捌、売上算用弐割五歩三割の利潤ニ相当り申候

一猶書載致すべくハ、アメリカ幷フランス国ゟも、同くエゲレス国の取極の通ニ而商売の規定相建度所存を以、唐国江目代を差越談尓および候処、即ち唐国五ヶ所の港ニおゐて、両国共エゲレス同様の取極ニ而商売致し候義差免し候、尚此取極の通ニ候得者、子ートルラントゟ参り候とも同様の振合ニ候、エゲレス与唐国与の一件右之通御座候

古かひたん
　ひいとるあると
　　　　　びつき
新かひたん
　よふせふへんりい
　　　　　れひそん

右之趣横文字書付を以申出候付和解差上申候、　以上

通詞目付　本木昌左衛門　印
同　西与一郎　印
通詞　楢林鉄之助　印
同　森山源左衛門　印
同　植村作七郎　印
同　小川慶右衛門　印
同

西記志十　印

同　志筑竜太　印

通詞　岩瀬弥七郎　印

同　名村貞五郎　印

同　横山源吾　印

同　楢林定一郎　印

和蘭暦数一千八百四十三年第十月八日（天保十四卯年九月十五日ニ当ル）ミエンサー（地名）尓おゐてエゲレス国王ゟ唐国帝王取極候ケ条其外右ニ拘候誓書之一件

一エケレス国王唐国帝王与末代親睦を結候タラクタート（誓約）を南京ニおゐて相決候上、和蘭暦数千八百四十二年第八月廿九日（天保十三寅年七月十五日ニ当ル）即ち唐国道光二十二年第七月廿四日ニ当て、コル子フアルリス（船号）与申エケレス国王の船ニ而右誓約の書面ニ双方の姓名を記し印判致し、和蘭暦数千八百四十三年第六月廿六日（天保十四卯年五月廿九日ニ当ル）（ヲ）即ち唐国道光二十三年第五月廿九日ニ当ルホンコン（地名）ニおゐて取換候、尤右誓約書面尓は、広東、トーショーフラー、アモイ、ニンポー、サンハイ（各地名）の湊をエケレス商人通商の場所ニ相定め、積荷物出入之運上を取極め、其外誓約尓相拘候諸事はエケレス目代ゟ唐国コミサーリス（役名）ゟ談合相決可申候ニ付、万端永々親睦相結候誓約書面之桁々をふまへ為取計候義相認め有之候

第一エケレス目代幷唐国コミサーリス（役名）印形を以取極置候通、積荷物出入之目録ニ運上の高書記し候後証の為の書面広東、トーショーフヲー、アモイ、ニンポー、サンハイ（各地名）の五ヶ所ニおゐてハ急度手堅相成申候

第二右両人連判ニ而取極候商法一体の取極、以来者五ヶ所の湊ニおゐて万事手堅ク相守申候

第三右商法取極書第三之桁ニ付、仕置幷荷物取揚候場所之義者唐国奉行所ゟ重言（ママ）取計候処ニ候

第四右五ヶ所之地域エケレス商人商売之場所与相定候以来ハ、決而他の場所江罷越候義難相成、尚又唐人共江者他の湊ニおゐてエゲレス人与之商法不差免旨相達有之候、若しエケレス商売船エケレス目代の命令を背き他方ニ罷越候節者、唐国奉行所之役人共其船を召捕、荷物船共ニ取揚候共不苦、若又唐人他方ニ而エケレス人与密売等いたし候ハ、唐国奉行所ニ而掟通可処罪科候

第五エケレス商人唐国商人互ニ商売方取極ニ付過ち有之候ハヽ、第四ヶ条目の通り双方平等之取捌ニ可致候

第六右五ヶ所の地ニ住居之者又商売の為罷越候エゲレス商人或ハ其他の者、近国ニ罷越候節、其土地のアウトリーテイテン（役名）江エケレスのコンシニル（役名）掛合無之罷越候儀者不相成、且売買与して罷越候抔与偽候義者決而不相成、たとへ船方之者ニ不限乗組の者共コンシュル（役名）の免し有之土地の役人江掛合無之而ハ上陸不相成、若し此規定ニ背き他所江罷越候者ニ有之候ハヽ、何人たり共召捕エゲレスロンシニル江相渡可致刑罰候

第七広東、トーショーフヲー、アモイ、ニンポー、サン・ハイ（各地名）尓住居いたし候エケレス国の配下幷家族共差支無之

住居の取極、永々親睦誓約の書面ニ載セ有之候付而者、土地の役人コンシニル役名との取極ニ而、エケレス人借請候歟又ハ買入候地面幷屋敷不相当之儀無之、定之通可致旨相決候、尤土地の者ニ相定置候極高同様尓て、依怙無之様可致候、就而ハ借地又借家の軒数コンシュルゟ其土地の役人江書面を以ヲントルコーニング役名ラントホーグト同上の心得之ため申出候、尤右軒数者商人多少ニ依り候義ニ付難取極候

第八唐国帝王是迄広東ニおゐて商売致シ来候外国之配下幷町家の者共江も、エケレス人同様之取極を以トーシヨーフ(ヲ)ラー、アモイ、ニンポー、サンハイ各地名の地尓て商売差免し候而可然相決候、以後者如何之訳ニ候共、其節エケレス国の配下の者ニ為取扱候様相成、尤商売之義ニ付無益之願事等申立候節ハ、取用ひさる様取極置候

第九惰弱之唐人等我法度を犯し、ホンコンの地或者エケレス軍船の内江隠居候節、若エケレス役人見出候ハヽ早速召捕、唐国役人江引渡、吟味之上可被処罪科候、若又唐国奉行所之役人右罪人逃去候場所何方ゟ推察ニおよひ候節ハ、右罪人厳重ニ詮議召捕方出来可致旨エゲレス役人江可申出候、且又土地の士卒船方の者たり共エケレス配下と相成候者唐国領地江逃去候ハヽ、唐国役人召捕厳重ニ取囲ミ置、近隣のコンシュル役名又者エケレス奉行所江可差送、決而不可隠置事

第十エケレス商人商売の地と相定候五ヶ所江者、エケレス商船乗組の者とも規定相守候ため、エケレス軍船を警固為致、且コンシュルの支配エケレス配下ニ行届候様いたし、尤右軍船乗組之者者ヲフシール武才の支配を請、併上陸或ハ国中徘徊の節ハ、商売船乗組の者同様の規定ニ可相心得候、右軍船ニ交代与して外軍ノ船致参着候ハヽ、其模様ニ依而コンシュル幷ニエケレス国商法のシュヘルインテンタント役名より其土地の役人江前広可相届候、弐艘之軍船相揃候節国民共不相驚ためニ候、尤交代之軍船入湊を唐軍船差障候儀者不相成、且右軍船商法の筋ニ者毛頭

不相拘ニ付、雑用其外規定等商船同様ニ者不相成候

第十一末代の親睦を結候書面取極のケ条ニ有之通、約定の銀高払入皆済ニ相成候ハヽ、舟山幷ユーランソー地名の陣所を早速引払可申、且又ゲレス（エ欠カ）目代取極置候通り右陣所引払候節、エケレス兵卒或者居住の者普請致住居家屋敷土蔵陣屋其外共明渡し、聊故障ケ間敷義不申立、唐国役人江直ニ可相渡候

第十二運上其外雑用等ニ付取極候規定ゟ是迄唐国幷エゲレス商人共互ニ相巧候密売之義、唐国運上方役人共荷胆いたし候儀毎々有之候処、以来者右様之義一切無之様致シ度、尤此儀ニ付エゲレス商人江者目代ゟ厳敷相達、尚右目代の命令を請商売可致エゲレス配下の者慎方厳重ニ可為致候、猶又以来者慎方精々致吟味候様目代ゟコンシュル江相達、万一密売いたし候儀コンシユル承候ハヽ、無遅滞唐国役人江懸合、早速何品ニ不限其品取揚、密売荷物を卸シ候船者糺方相済候上、以来商売与して再渡不可致旨申渡出帆可為致候、若又密売ニ唐国商人又者運上方役人懸り合候ハヽ、其節一同唐国奉行所尓おゐて仕置可申付候

第十三唐国のもの又外国のものたり共、荷物売捌候ため広東、トウーシヨーフヲー、アモイ、ニンホー、サンハイ各地名よりホンコン地名江持越候儀者右荷物ニ付運上差出、唐国運上役所ゟ相渡候往来切手受取罷在候得者勝手次第ニ可致候、唐国のもの荷物買入与してホンコン地名江罷越度候ハヽ、其儀者差免候間勝手ニ可致候、若又買入荷物唐船を以差送度候ハヽ、同く運上役所ゟ相渡候往来切手所持可致候、尤右切手者差免置候商法相済候上、早速唐国奉行所江可相納候

第十四ホンコン尓相詰候エケレス役人、荷物売買与して同所江致着岸候諸唐船のシケープスパッピール船ニ付たる書き物幷往来切手を相糺候を役目与致シ、若シ唐商売船偽て往来切手或者シケーフスパッピールを不致所持候ハヽ、抜ケ荷物

積入候船与して商売不差免、直ニ唐国役人江其様子相懸合右仕置候、海賊幷不正之商売物積合船として取計可申候

第十五唐国之者商売方ニ付ホンコン地名尓罷越借財出来候ハヽ、催促いたし為払、若右負方之者同所を立去り且唐国領地ニ同人荷物所持いたし居候義相知れ候ハヽ、第四ヶ条之通商売方取極之規定ニ可取捌候、唐国アウトワーテイテン役名者諸事エケレスコンシユル役名与談合一致いたし、双方廉直ニ取扱候様出精可致、就右エゲレス商人五ヶ所之湊ニおゐて借財を負ヒ、ホンコン地名ニ逃去候義唐国奉行所役人ゟ申出候ハヽ、エケレスアウトリーテイテン役名右貸渡候者難渋不致様吟味いたし可遣候

第十六右五ヶ所之湊ニ罷在候運上方役人ホンコン地名を向ケ致出帆候船幷其荷物往来手形を掛合帳尓記し、月々広東江遣シ、尚又右掛合帳を手前ニ写取、ホンコン地名のエケレス役人江月々為知遣し候得者、同人ゟ又々ホンコン地名出入之唐船の名幷積荷物を掛合帳ニ記し、五ヶ所湊の運上役所江逸々致通達候趣、広東のアウトリーテイテン役名江掛合遣し候、右手数者往来手形を所持不致して密買不正之商法致し候を防候ためニ候

第十七エケレス国民ニ属候スクー子ルコットル或者ロルカス各小船の名等之如き数多の小舟者是迄運上差出不来、尤右舟々是迄之通パスサジノルス賃銭差出シ乗る人書状等而已を広東マカヲ地名ニ持運ひ候ハヽ、運上ニ不及候得共、運上ニ拘候荷物を運送いたし候者積高ニ応し運上可差出候、右小舟者外国商売大船と者訳違ひ、毎月一両度も致往来、外国大船同様ハンポー地名ニ碇入致滞船候義も無之、若小舟外国大船同様之振合ニ積荷物有之候ハヽ、船の大小尓て荷物増減可致候、依之小船者七十五トン壱トン千六百斤積請、大船は百五十トン壱トン前ニ見ル積請可申、右小船湊出入之時々一トンニ付壱匁ツヽ、運上可差出、七十五トン一トン千六百斤以下者小船之積高ニ相定め、百五十トン一トン前見ユ以上者外国大船の積高ニ相定め、右大船者一トンニ付五匁ヅヽ、運上可差出候、トーショーフヲー地名其外之湊ニおゐてハ、右様之差別小舟たり

共無之候ニ付、右規定相立不申候
左之規定通無相違相守可申候
第一エケレスのスクー子ルコツトル或者ロルカス(各小船の名)等者、唐国幷エケレスの語を以相認メ候シ子ープスブリーフ又者イトフリーフ(何れも書付)と申船の大サ積書等を相認メ、即ち商売方ホーフトシユヘルインテンダント(役名)より相渡し候を逸々所持可致候
第二スクー子ルロルカス(各小船の名)之如き舟々者、大船同様入津之義ホツカテイキリス(地名)尓掛合可申、若シ貨物積受居候節ハ、ワンポー(地名)尓も掛合候様可致候、且又広東着船之節右シケープスブリノフ又者メートアリーフ(既ニ訳す)をエケレスのコンシユル(役名)ニ差出可申、左候ハヽ、コンシユル(役名)ゟホツペフルキユンニング(赦免といふ義歟)を相伺候上荷揚可致候、若右之許免無之而者荷揚難致候、フナリテイトの商売方取極ハ第三のヶ条ニ書載有之候
第三荷物積出入之船々入込船卸シ又湊出の荷物船積等何れも相済、両条共運上相納候ハヽ、早速コンシユル(役名)よりシケープスプリーフ又者メートブリーフ(既ニ訳ス)を差返シ可申、其上ニ而出船可致候
一此取極書者和睦相調候誓書ニ有之候十六ヶ条幷小舟等之規定ニ相拘候ケ条ニ有之候、扨又此書面之外四ヶ条之事を相副、エケレス目代幷唐国コミサーリス(役名)ゟ相触可申候、此書面者両人之調印たるへく候、互ニ此書面を双方取換し取計方可致、此時重役たる両人右書面互ニ受取各我国王江伺方可致、併両国遠海相隔候ニ付決談之遅速可有之、依之唐帝ゟ赦免之朱印差遣候ハヽ、唐国コミサアーリス(役名)ゟ此義ニ拘り候トキユメント(証拠書)を広東之レグトル(裁判司ル役)ホランタ(人名)江可相渡、左候ハヽ、前以約定之場所に持参エゲレス目代江可相渡、扨又エケレス目代ホンコン(地名)尓おゐてエケレス国王之印書受取候ハヽ、同様態与役人相撰広東ニ差遣し、国王之印書をホラング(人名)尓相渡可申、同人を以

両国之和睦信交永々異変無之ため之取極書相渡可申様可致候、ホーニユンサー（地名）尓おゐて暦数千八百四十三年第十月八日

二十三年八月十五日唐国ニおゐて

エルエスヘンレイホッテインゲル

唐国ゲフラルマグチグデ

| |
|---|
| 唐国ゲフキルマグテイクの印 |

ヘンレイホッテインケル（人名）ゟ相達候書付

一エゲレス国ゟ罷越居候ハロ子ツト（役名）コロイスデルハッツスルテ（役名）之官ニ而目代相勤居候ヘンレイポッテインゲル（人名）唐国帝王との和談取扱之義、唐国コミサリス（役名）与談合相整決着いたし、既ニ暦数千八百四十二年第八月廿九日（天保十三寅年七月廿四日ニ当ル）南京ニ而調印之和睦書面ニ齟齬不致候商売方極書相認、調印之上エゲレス配下之者共江相達、右書面エケレス国王江唐国帝王調印ニ而取換シ置申候

一積荷物湊出入之運上幷商売方一体之規定ニ能勘弁之上取極一統ニ相達、右運上之義幷規定達書ハ、唐国コミサーリス（役名）之書面相副一統相達申候

一商売方之規定取極之義者、両国之ため有益ニして不実無之、追々親睦を結ひ候両国奉行所幷配下之者共繁栄共可相成様、エケレス目代ニおゐても精々心懸罷在候、尚又達置ハ一統上ニ対し忠心国恩を存、尚身分を考能名を得候様心懸、唐国之掟尓ふれざる様身分相慎、商売取極之規定を相守、不被辱様心懸者勿論、彼ノ取極ケ条急度相守、都

而賤敷志しなく不正之筋無之様、唐国之者を以彼方奉行所懸り役人或者外役人ニ対し早省之内談等致間敷候、若右様之義も及見聞候ハヽ、早速可訴出候

一エゲレス目代ゟ申渡候ニハ、此度配下之者共江相達候趣相省（背）キ候義勿論少シも被相疑候様の義有之間敷、都而唐国商売方之儀ハ取極置候規定通相心得可申、若相省（背）ニおゐてハ、エケレス之コンシユル役名又者唐国役人ゟ厳敷遂吟味、書面を以可申出候、其節為居合候奉行者評儀事柄之模様ニ寄厳敷可申付候、諸事エケレス国奉行職支配ニ相拘候義ニ付、唐方奉行所猶外国ニ対し掟ニ振れざる様可相心得候

右之通ホンコン奉行所ゟ相達候

暦数千八百四拾三年第七月廿二日天保十四卯年六月廿五日ニ当ル

ヘンレイポッテンゲル人名

唐国コミサーリス役名ゟ相達候書付

一ホーゲコミサーリス役名ケイン人名、ゴウフルニウルゼ子ラール役名ケーキン人名幷コウフルニウル役名シンイッアイ人名ゟ左之通相達候

一ソウフェレイン役名ゟ、エゲレス人昨年敵対相止候後唐国其外四ヶ所之湊ニおゐて商売差免シ、取極規定相立候書面取換し候儀ニ付、一統互ニ勘弁を以商売規定之通荷物品立幷直段附運上等諸定式差出銀相定候段相達候

一右書面ホーケコミサーリス役名幷ゴウフルニウルゼ子ラール役名ゴウフルニウル同上広東ゟ請取候返答到来次第早速諸所湊ニ規定之趣可触達候

一右荷物品立直段并運上等者取極書者エケレス人ニ不限、外国人唐国ニ商売のため罷越候者一統同様之事ニ候

一今ゟ以来永々軍管を片寄セ、悦ひ幸ひ万民安堵の場合ニ至り、扨又唐国外国商人共許多之利潤永々相達(違)無之、向後者諸人互ニ不和熟之儀有之間敷、只其業を励、是迄之敵々たる事を思出し、互ニ其身を慎、仮初ニも悪行を不可成、無其心得時者両国和睦決断之趣意を背くと知るへし

一商売之場所ニ相定候トーシヨーフヲー地名アモイ同上ニンポー同上サンハイ同上之湊ニおゐて商売之儀者、広東ゟ取極書受取之返答到着之上ニ而商売相始可申候

一広東之儀者既ニ弐百年来余連綿してエケレス商売相遂来候地ニ候得者、遠国ゟ罷越候商人者久しく船繋いたし、無益ニ不相待様新ニ規定相立候儀速ニ相調候場所ニ可有之、運上役所之シュペルインインテンダント申談の取極ニおゐて、唐国帝王の仁恵の沙汰ニ依り、ホーゲコミサーリス役名コウフルニウルゼ子ラール役名コウフルニウル役名遠国ゟ罷越者共を柔潤ニ取扱候儀を取極、商人共望ニ任セ、広東之湊ニおゐて新規之取極ニ而七月一日唐国之月日歟より商売方之儀相始候様決定いたし候

一唐国帝王ホンコン島をエケレス人住所として引渡候儀可然心得候ニ付、ホンコンを住所与相定メ、此処ゟエケレス国商人共許多諸所之湊ニ参候様いたし度、且又荷物運送之船々運賃等麁略無之様取計、往返之儀者少も差支無之候、若シ乗組之者共之内、奉行所掟ニ相背キ荷物持越候節ハ、規定之通過料可申付候、扨又唐国之商人共ホンコン島ニ参り商売いたし度候ハヽ、運上差出往来手形請取申へく、若右往来手形不申受商売ニ罷越候者有之候ハヽ、召捕ホンコン湊ニおゐて急度可申付候

一近来エケレス之一統又ハ其地外国人ト荷胆致シ、悪行をなし被召捕居候唐国之者共ニ付、ホーゲコミサーリス役名寛

仁大度憐愍深き唐帝より其罪を差免し候命を請、尚右様之行状ニ付可相糺茂其沙汰ニ不及、一統被捕居候者共及赦免候、依之是迄罪を犯し候者共、以来其身を慎各安堵して自業ニ復し正路ニ業をいとなむへし、彼等是迄之儀再詔訴等之恐有之間敷候

一ホーケコミサーリス役名月々諸役人一同評儀之上、運上之儀ニ付依怙無之様取究可申、唐国商人又者他国商人たり共ホーゲコミサーリス役名幷其役々之者万代不朽之和睦を心得可取計候、此以来諸人遠近安堵無限ホーゲコミサーリス役名其外諸役人共ニおゐても頻ニ希ふ処ニ候

唐国セケレターリス役名兼訳司
イロッフモリソン訳

暦数千八百四拾三年第九月三十日　天保十四卯年九月七日ニ当ル

爪哇記録七拾八番の翻訳

ヘンレイボッティンゲル

唐国目代の性名印

諸荷物其品ニよッて之相定め唐方より差出候タリーフ運上極のの仕方替

此節取極候通五ヶ所之湊ニおゐて運上差出方之規定

一エケレス国ゟ右五ヶ所則チ広東、トーショーフヲー、アモイ、ニンポー幷サンハイの湊へ出入之荷物運上之儀ハ、
左之規定相立置候事

第一　買渡フェットワーレン油の類油蠟明礬焼黄等

明礬　但　先年之通白明礬ゴラーウステーン青石ト訳ス

茴香油　但　先年ハケ条之内ニ組入無之

カシヤー油　但　右同断

第二　買渡食用ニ加味する薬種類茶

茶　但　先年ハ上品玉産黒茶同青茶ト逼(区)別有之

茴香種則チ大茴香

麝香

第三　買渡乾薬類

カホールキュツセレイ

樟脳

アルセンキム　但　唐名種々有之

カシャー　但　茶種

カシャーマテイース　但　先年ハケ条之内組入無之

山帰来

弘化二乙巳年（一八四五）長崎訳

キューベヘン　　但　先年ハケ条之内組入無之

ゴランガー　　但　根

ハルトル

大黄

クウ井キユマー

第四　買渡諸品

硝子腕輪　　但　先年ハケ条之内ニ組入無之

竹のシケルム　　笠の類歟幷外細工物

玉類　　但　国産之正玉又ハ贋玉共先年ハケ条之内ニ組入無之

フートスウクル　　焰硝を紙筒ニ込ミ火を付人の足ニ披ル物　幷火巧の具　但先年ハ火矢与してケ条之内ニ組入無之

羽扇　　但　先年ハケ条之内ニ組入無之

硝子器　　但　先年ゟ国産之硝子器同様之ケ条之内ニ組入有之

硝子玉又ハ贋真珠

紙製傘

マルムル石　　但　先年ハケ条之内ニ組入無之

紙縁額

紙製扇
贋真珠　　但　先年ハケ条之内ニ組入無之

第五　買渡染具類

銅板
ゴムホーケ
メーニー
膠類　　但　魚獣之品を以製するもの
紙類
ブリッキ　　但　鉄板の類
朱
額　　但　先年ハ大小之遍(区)別有之
唐の土

第六　買渡諸品

骨幷角細工物
焼物類 上品 下品　　但　先年ハ国産之上品中品下品ト遍(区)別有之
銅器幷牡丹器
木製之家具

象牙製之品　但　先年ハ象牙と象牙を割之拵り品逼(区)別有之
漆塗物
青貝細工物
藤幷竹細工物
白檀製之品
金銀製之品　但　先年ハ金銀製逼(区)別有之
鼈甲細工物
革製櫃幷小箱

第七　買渡木製之品幷杖
杖類

第八　買渡着物類
木綿毛織絹着物　但　先年ハ木綿毛織絹天鵞絨逼(区)別有之

第九　買渡木綿類
木綿布
ナンキン其地之木綿　但　先年ハケ条之内ニ組入無之

第十　買渡絹物類
諸国産の生絹

並絹
オルカレセイン種々
絹紐幷糸
絹幷繻子類種々　但　キリップ幷鳴物の糸先年ハ絹繻子逼（区）別有之
絹木綿織金物　但　是迄ハ壱反ニ付オッブゲルト運上外差出シ来候得共、以来ハ相止、銀高ニ而運上可差出事
第十一買渡敷物類
敷物種々　但　藁藤幷竹細工
第十二買渡漬物類
生姜其外密漬類
白砂糖幷黄色を帯ひたる砂糖
氷砂糖類
煙草類
第十三タリーフ既尓見る尓組入かたき品柄は都而其品ニ応し五歩ニ運上差出候事
第十四金銀銭　但　金銀銭運上無之
第十五土器反類其外家作入用之品　但運上無之

第一　持渡油類

蠟蜂蠟

ローセマルース

硝石　但　奉行所ゟ赦免を請アゲント役名ニ売可申事

サボン

第二　持渡薬種香類

安息香脂幷油

白檀

胡枡

此類ニ属してタリーフ既ニ訳スニ組入無之物は、其品に応し一割の運上差出へく事

香類　但　五歩之運上差出候事

第三　持渡乾薬類

阿魏

壱番竜脳　但　先年ハ上品下品逼（区）別有之

弐番同　但　先年ハ不潔のケ条之内ニ組入有之

壱番丁子

弐番

安息香
阿仙薬
カムビール
ベートルノート
壱番人参
弐番同
ゴムオリバーニヱム
没薬（設カ）
花肉豆蔲
水銀
壱番肉豆蔲
弐番同
木香
犀角

第四　持渡諸品

火打石
青貝

弘化二乙巳年（一八四五）長崎訳

第五　乾肉類
壱番燕巣
弐番同
三番同
壱番黒ヒコーデマル
弐番白同
壱番金銀鰭
弐番黒同
干鱈幷干魚
蠟子　　　但　先年ハケ条之内ニ組入無之
第六　持渡染具類
コーセニール　　但　猩々緋を染候もの
スマルテン
蘇木
第七　持渡木類
藤
黒檀

右之外赤檀サテイン木黄木はタリーフ既ニ訳すニ組入無之候付、其品ニ応シ壱割の運上可差出事

第八　持渡掛時計、袂時計、其外飾り物類

掛時計

袂時計

星目鏡

硝子板類

文庫

化粧道具箱

金銀細工物

鋼鉄同

右之桁々幷此類ニ属し候外品者其品ニ応し五歩之運上可差出事

第九　金銀鏄銭　　　　但　運上無之

第十　持渡木綿類

帆木綿

綿

白ロンケロット　　　但　先年ハ木綿品ニ随ひ遍(区)別無之

カムブリツキス幷モウスセリ子ス

弘化二乙巳年（一八四五）長崎訳

晒ざる木綿類　　但　先年ハ地粗キロンゲロット与して ケ条之内ニ組入れ無之
テウ井ルレットコットンス幷ゲレイ
皿紗幷形付木綿類
木綿紐
上品布　　但　先年ハケ条之内組入無之
ビユンテインク
右之外此類ニ属し候ギンハンスプーリーカッツ染木綿フェルフェシテイーン絹木綿織合之品下品布幷木綿布織合之品者其物ニ応し五歩之運上差出し可申候事

第十一　持渡毛織幷絹物類
風呂敷　　但　大小
金銀糸　　但　真物贋物共
ブロートコロス幷スパーニセステイリーヘス
ナルロー子コッツロンゲルス幷コーシミーレン
カムロッツ　　但　阿蘭陀産
イミターテイーカムロッツ
毛織夜具
右之外毛織、絹、木綿端物者其品々直段ニ応し五歩之運上可差出事

第十二　持渡酒、蜜漬、焼酎類
酒幷ビール　　　　　　　但　瓶入幷桶入
第十三　持渡諸金類
銅　　　　　　　　　　　但　荒銅板銅幷棹銅
荒鉄
船　　　　　　　　　　　但　荒船幷棹船
荒鋼鉄
錫
錫板　　　　　　　　　　但　先年ハケ条之内ニ組入無之
右之外牡丹真鍮等者其品の直段ニ応し壱割の運上可差出候事
第十四　持渡貴石の玉類
コルナレイン
同玉
第十五　持渡皮牙角類
水牛角幷牛角
牛皮牛革
海獺の皮

弘化二乙巳年（一八四五）長崎訳

狐皮　但　大小
厗皮ロイハールト皮マルトル皮
獺皮ラコーン皮鱘の皮
膃肭臍皮
鬼皮白鬼皮ヘルメイン皮
海馬の歯
壱番象牙　但無疵
弐番同　但割レ幷屑
第十六　新規持渡右之ケ条ニ相洩候品者其品直段ニ応し五歩之運上可差出事
第十七　異国米幷穀物類は運上無之
〆

船運上之事

一船運上之儀者是迄船縦横之尺度ニ応し、一カンブニ付何程充相納来候共、以来者相改、其船之積高を積り候トン（積荷の軽重を算する量目）ニ応し運上差出候様評決いたし候、右者一トン（前ニ見ユ）ニ付五匁宛差出シ、猶是迄湊出入之節船仕廻之儀ニ付、日々月々の暇乞、酒代等之出費相止め可申候

道光二十三年八月幾日

暦数千八百四十三年第七月（天保十四卯年六月ニ当ル）

| 広東ゴウフルニウル之印 | ホーゲコミサーリス之印 | 唐国第二等ゴウフルニウ之印 | 運上役所シエベルインテンタント之印 |
|---|---|---|---|

右者抜書運上之高見出す事容易なさしめんがため番分ケいたし置候付、見合ニ可致候

唐国セケレターリ・ス兼訳司

イロッフモリソン

右規定翻訳いたし、千八百四十四年第三月九日（弘化元辰年正月廿一日ニ当ル）百四十四番之書状を以て、内密ニ印度表ニ申来候、尚又千八百四十三年（天保十四卯年当ル）七十四番の爪哇記録之内ニも其儀書載有之候

古かひたん

びいとるあるへると　びつき

新かひたん

よふせふへんりい　れひそん

右之趣横文字書付を以申出候ニ付和解差上申候、以上

巳八月

通詞目付　本木昌左衛門　印

同　西与一郎　印

通詞　楢林鉄之助　印

同　森山源左衛門　印

同　植村作七郎　印

通詞　小川慶右衛門　印

同　西記志十　印

同　志筑竜太　印
同　岩瀬弥七郎　印
同　名村貞五郎　印
通詞　横山源吾　印
同　楢林定一郎　印

# 第七号　弘化三丙午年（一八四六）別段風説書　長崎訳

『洋邦彙事　一』東京大学史料編纂所所蔵

和蘭陀甲比丹差出別紙

弘化三丙午年七月

一（朱）阿蘭陀国王ニ於て大度且武勇ニして至而堅固の生質ニ有之、勿論国中も安寧繁花強盛ニ御座候

一国王ミニストル、ファンスタート、（官名）に「コウフルニュールセ子ラール」（官名）を申付、其領地東印度の政事を任セ申候

一ハーリー（地名）の国主等、阿蘭陀領地印度奉行所ニ対し軽率奇怪の取扱ニて、争乱を招くニ相当候故、既ニ阿蘭陀方より数艘の軍船右征伐として彼地へ差向申候

一ロンホック（地名）の国主等、右征伐道理ニ叶ひ候事を弁へ、使者を遣し加勢の事を申越候処、国中ニて事足り候故夫ニ不及由礼を尽し申断候

一アルゲリー（地名）ニ於て国主「アブドウールカードル」（人名）并其他の国主と「フランス」人闘戦最中ニ有之候、且「フランス」国の軍勢今ニ万の兵相増候由ニ有之候

一フランス国とエケレス国と一致いたし、兵を「マダガスカル」（国名）の内「タマターフエ」（地名）江差向申候、右者「タマターフエ」（地名）の女王、其地へ在住のフランス并エケレス国の商人を故なく追放致し候処より差起り申候

一タマターフエ地名の女王江一体の駆引都合者、其近辺尓有之候ヱケレス国の領地「マンテイテユス」島名并「ホウルボン」島名より致し候様所存ニ有之由ニ御座候

一フランス国の使者「ラケレ子」人名唐国と申究尓依て、外国通商の五港尓フランス人も渡海いたし候、但シ非常之節者右五港尓不拘唐国何方の港たりとも入港致し不苦候様相成申候、将又フランス国との取究之抜萃左之通ニ御座候

一フランス人自国の旗験を「タヒチ」島名并ニ「ユイモー」同上尓建て、右二島の防禦主と号し、其末其島の人民と戦争尓及ひ申候、就而者「マルキユイアス」地名尓居住も不安意不勝手ニ有之候

一港出入免許取究前後唐国尓於て「ヱケレス」国の商法銀高左の通ニ有之候

紀元一千八百三十一年取究前売渡荷物銀高九百二十三万六千二百二十三ドルラルス一トルラス者日本銀、拾匁七分五厘ニ当る同買入荷物銀高千三百十七万六千二百五十三トルラルス

同一千八百四十四年取究後売渡荷物銀高二千三十五万六千五百八十ドルラルス

同買入荷物銀高二千七十六万五千五百十四ドルラルス

右之外売渡候阿片并買入候金銀者有之候得共組入無之候、右相加候得者倍の銀高相成申候

一広東尓於て数度混雑之儀有之、其原因者唐国下輩の向ヱケレス人尓市中在留差免シ候儀を不平尓思ひ、若シ市中徘徊致し候ハヽ、其商館焼払ん事を企候故、唐国奉行所より当午年二月十二日触書を以取鎮め申候、且又ヱケレス方ニ唐国合戦雑用年賦弁納相済候上者舟山を差戻し可申儀ニて、舟山ニ出張の軍勢退陣の儀も、港出入免許の時宜ニ拘候との説ニ御座候

一昨巳年九月頃ヱケレスの蒸気船「プレゲトン」船号船頭「ロス」人名ヱケレス国の領地印度の都督より交趾国王江差向

候書状幷音物持越申候、右はヱケレス船弐艘交趾国の渚尓於て難破致し候節、仁憐の取扱を受候礼を表し候儀ニ御座候

一右船頭「ロス」人名交趾国尓於て種々叮嚀の饗応有之、交趾国王より「ヱゲレス」国王江之書翰受取罷帰申候

一ヱケレス国と東印度幷唐国との通路ニ者蒸気船二艘相用、壱艘者ヱケレス国より「アレキサンデイリ」地名迄一ヶ月尓両度通ひ、又壱艘者「エゲイプテ」地名通りを致し候様相極申候、右同様之仕法ニて、「ホンコン」地名唐国海幷「マニルラ」地名より咬𠺕吧迄阿蘭陀蒸気船を以て通路致し申候、且爪哇と阿蘭陀国所領印度附属の諸島江定例之通路有之候

一ヱケレス国の奉行所者、印度幷唐国江の蒸気船の通路を「ニーウソイドアフレス」地名へも相広め申度所存有之候

一ヱケレス国の所領東印度の奉行所より、配下の者数百人「ホル子オ」国名の内北渚江遣し、「ホル子オ」国より「ラブアン」島名を引渡し候取究有之候、但し此渚は阿蘭陀領地東印度の所領ニ無之候、且右之序北渚尓於て海賊を平らけ、「ヱゲレス」船のため散々敗北いたし候、又ボル子オ国王ヱゲレス国江「ラブアン」島名を相渡し候取究尓携り、利を求候大臣共を悉く皆殺害致し候

一フランス国の使者「ラケレ子」人名及ひ「フイセアドミラール」官名「セシルレ」人名尓「ハシラン」島名を譲り候儀、フランス国王者佳なりと存し不申候

一「ニーウゼーランド」国名尓於て、同国の住人と「ヱケレス」人と闘戦不絶有之候

一ヱゲレス人「サントウイス」島を領し候儀をヱゲレス国王は佳なりと存不申候

一ヱケレス国の所領東印度都督昨巳年十一月十五日高札「フーラホレ」地名の奉行所江兵を向け候儀を触出申候、右者

「ラホレ」（地名）奉行所の兵ヱゲレス領分を故なく押領致し候故ニ有之候、依て同月廿日同廿三日同廿四日ヱケレス国の兵「ラホレ」（地名）の精兵合戦致し候処、双方とも殊之外不利有之、乍去「ヱケレス」国勝利ニ相成、既ニ石火矢七十九挺奪取申候、当午年正月三日再ひ戦ひ候処、又々勝利を得石火矢六十七挺奪取申候、二月十五日ニ至り勝負の決戦有之候処、ヱケレス国十分の勝利尓相成、其節も石火矢八十二挺奪取申候、其末ヱケレス国の兵一万人「ラホレ」（地名）を取囲ミ、大将者領分へ引取申候

一フランス国の日記尓有之候者、「スデイルレソイドゼー」と印度海を通行致し候尓「パナマ」の地を越し、蒸気車通道の術或は「カナール」（堀割たる瀬戸の如きをいふか）の方便尓因て其事遂け候仕組有之候、右用金の触出有之、蒸気車の道造入用千百万フランケン（日本四十三万七千五百貫尓当る）相掛り候趣ニ有之候

アメリカ洲の一致国と唐国の取究略記左之通りニ有之候

一テキサス（地名）の内「メキシカー」（地名）の属国北アメリカ洲一致の国の内尓加り申候、「カリフヲルニー」（地名）も多分此振合尓可相成、先年より北アメリカ洲此島を領するの志有之候

一「コリユムヒヤ」河の北方尓相当る「ヲレゴン」（地名）の儀ニ付、ヱゲレス国と北アメリカ洲一致国と出入有之候所、右一件者争乱の基尓も可相成人々相恐れ申候

一魯西亜国奉行所尓於て「カスピーセゼー」（海名）を乗渡とて蒸気船三艘打建申候、右者「カウカシ」（国名）「ベルシー」（同上）并「ワテラーシー」（地名）へ通路致し候弁利ニ有之候

一ベルシー国王老衰致し嗣子後見の評議として、魯西亜国江「カスピセゼー」（海名）尓有之候属国の内一国相譲申候、此土地より許多の石炭出申候

弘化三丙午年（一八四六）長崎訳

一「カウカキユス」地名の「ベルゲフヲルケン」山住の人をいふ魯西亜尓随従なし度候人物と相見候得とも、先頃山林を焼払候始末甚兼、止む事を得す山林中尓逃込候者平降いたし候義ニ御座候

一北アメリカ洲へ引越候「ドイツ」人とも年々凡五万人ツヽ、相増、就中「テキタス」地名へ引越候者数多有之候

一オーステンレイキ国名尓於て西紅海と地中海との通行尓「カナール」前ニ有之を通り候都合ニ相成申候、「エゲイブテ」国名の「オンドルコーニング」「オンドルは下といふ儀「コーニング」は王といふ義も同意可致哉ニ候

一日本海の内琉球島江フランス国の配下の者居住之儀、また切支丹宗門を広め候儀者、フランス国執政官より沙汰致し候と申事を兎角尓明し不申候

一アメリカ洲の「フレカット」軍船の一種「コリユレビユス」船号日本ニ罷在候由広東の日記尓有之候、右者彼国の配下如何の取扱尓相成候儀訴候ため之趣ニ有之、但此船者「コマントル」官名「ヒユツドル」人名の支配ニ有之候

一フランス国の「フイセアドミラール」官名「セシルレ」人名軍船二、三艘一同日本ニ罷越候由噂有之候

一当午年三月十四日広東の風説書ニ、フランス国のフレカツト船「サビー子」船号日本江罷越可申由、右者日本地方尓て同国之鯨漁船難破致し候噂有之候、右患難の乗組の者穿鑿のためニ有之候由ニ御座候

一唐国とヱケレス国フランス国幷北アメリカ洲一致の国之取究一条訳文是尓附属いたし候

唐国とフランス国との取究箇条書略記

一　両国の人民代々平和且懇意ニ可致事

第二　フランス人共眷族一同広東「アモイ」地名舟山「ニンホー」地名「サンハイ」地名右五港尓勝手尓渡海且在住不苦候事

第三　右五港ニ於てフランス人の貨物盗取申間敷候事
第四　右五港ニ「コンシユル」役名相立て且諸事国人同様可有取扱、公事訴訟共無差別取捌可申事
第五　右五港中フランス国の軍船備置候儀不苦事
第六　出入之諸荷物の儀者、代銀定法書ニ引合右代銀割合を以運上銀相定可申、右ニ付其筋之役人江音物等致間敷、又右運上銀他国の者共差出候高より相増申間敷、土地之者同様取計可申事
第七　持渡荷物之儀者、運上銀相済次第国中ニ取入れ、若他所江差送候ハヽ、其運上銀別段差出可申、右様之節土地の役人共音物等取扱申間敷事
第八　密買荷物者土地の「アウトリーテイト」役名取上可申事
第九　諸荷物勝手ニ土地之者江売払一手ニて買上候儀者不相成事
第十　売荷物滞銀之儀は双方の奉行所より相弁不申、尤役人共取計を以無違背相納候様可致事
第十一　港内瀬方案内の者の儀ニ付取究の事
第十二　唐人共「トルアンブテナール」役名を主役として、フランス船ニ於て混雑無之様滞津中警固可致、右警固の者ハ乗船致し候共又小舟ニ罷在候而も不苦、尤給料者船より差出不申運上役所より手当可致事
第十三　フランス船入津後二日の内ニ船号大サ積荷書可差出、若惰怠有之候ハヽ、其罪難免事
第十四　入港のフランス船荷揚前二日之内ニ外港江出航いたし候節者港運上銀差出ニ不及、商売いたし候港ニて差出可申事
第十五　港運上銀之儀者、百五十トン一トンは日本千六百斤ニ当る積以上の船は一トンニ付五匁、其已下は一匁ニ相定、滞津の日数ニ

不拘只一度差出可申、且本船より乗組之者幷書状金(食)物等運ひ候船は運上銀差出ニ及不申、尤売物運送の船は
一トンニ付一匁差出可申事

第十六　唐国運上銀役荷物改方幷運上銀勘定之事

第十七　運上銀は荷揚之節差出可申、右運上銀相済荷物再積入池(他)之港江差送候節者、送り先ニ而再度差出ニ不及候事

第十八　買入荷物運上銀者荷積之節差出可申、且運上銀者シーセー銭の名ニても何国の銭ニても不苦事

第十九　五港の運上役所ニ於てハ、広東ニて相定候通の尺度幷量度相用可申事

第二十　積荷物船移の儀ニ付規定之事

第二十一　フランス船主幷売人共荷物揚卸之節、勝手ニ唐国の小舟幷働の者雇入候儀不苦候事

第廿二　フランス人共五港ニ於て居宅又地面を借造作致し居、且寺院或は病院幷墓所を建て居候を、若し唐人共乱妨狼藉いたし候ハヽ、厳科ニ可行事

第廿三　五港在留のフランス人共双方之役人より相定候場所の外猥ニ徘徊不相成事

第廿四　フランス人共五港ニて通弁の者、筆者、職人、水夫幷唐国諸州の俗語ニ達し候者召抱且フランス書売渡唐本買入不苦事

第廿五　フランス人と唐人との出入有之候ハヽ、フランス国の役人取扱可申、無拠折者唐国の役人一同取捌可申事

第廿六　唐国の者共フランス人江妨不致候様役附向より心付可申、若盗賊又フランス商館病人養生所幷居宅ニ狼藉指火等致し候者有之候ハヽ、其罪ニ応し厳科ニ可行事

第廿七　右ニ准し唐人共己か奉行所ニ於て捕れ其罪難免事

第廿八　フランス人共互の争又外国の者と出入有之節者、唐国之役人ニ不拘取捌可申事

第廿九　唐国の奉行所ゟフランス船ホ海賊無之様手当可致、若シ右様之儀有之候ハヽ、召捕荷物者其筋江差返し可申事

第三十　フランス国の軍船乗組の者共、五港之内何方江罷越候共客分可取扱、商売船ニ差支之儀有之候ハヽ、深切ニ可取扱、若破船等有之候ハヽ、扶助可致事

第三十一　フランス人の内出奔いたし候者者召捕、フランス国の役人江引渡可申、且唐国の罪人フランス人の居宅又船中ニ隠れ候者有之候ハヽ、土地の役人願ホ依て相渡可申事

第三十二　唐国外国と争乱有之候ハヽ、フランス国は何方へも荷担不致事

第三十三　双方取遣りの文体相定、文通其外同輩ニ相心得候事

第三十四　フランス国之奉行所より「ペーキン」（地名）の城郭江文通致し候節者、フランス国「コンシユル」（役名）より広東の「ミニストルファンボイテンランセサーケン」（役名）又者唐国の奉行江差出可申、右返書も同様の手数を以請取可申事

第三十五　右取究の箇条者十二ヶ年の間相変申間敷、他国の者都合能儀申究候事も有之候ハヽ、フランス国も夫に准し可申事

紀元千八百四十四年第七月三日（日本去々辰年五月十八日ニ当る）「ワンキア」（地名）ニ於てアメリカ洲一致の国及唐国の惣督職「ゼーキユスシンク」（人名）と「ケイイン」（人名）の取究略記

第一　両国の人民代々平和ニ可有之事

第二　持渡幷買（売）渡荷物運上銀の儀者、取究箇条書之中ニ有之建直段尓引合可相定、右運上銀者何国の者たり共可差出高より相増申間敷、且諸進物之代者相省可申、又唐国の奉行所より外国奉行所へ弁利之儀差免候ハヽ、アメリカ人尓於ても同様相心得可申事

第三　アメリカ人共眷属一同広東「アモイ」（地名）舟山「ニンポー」（地名）「サンハイ」（地名）右五港尓渡海幷居住勝手ニ可致事

第四　五港尓於て「コンシユル」（役名）幷役掛の者相互ニ公用私用の文通同輩ニ相心得、不都合之儀者相改候様可致事

第五　アメリカ人尓於て、自国或は他国の荷物持渡、且買入之荷物自国或は他国江持渡候儀取究書尓不洩品々は、定式の運上銀相済次第勝手ニ可致事

第六　港運上銀の儀、千五百トン（一トンは日本の千六百斤ニ当る）已上の船は一トンニ付五匁、其已下者壱匁ニ相定、船の大サ改め賃は相省、港運上銀の儀者一度差出候ハヽ、仮令他の港尓於て荷物売払候共運上銀差出ニ不及事

第七　乗組の者通路書状或は食物運送尓相用候船は、運上銀差出ニ不及事

第八　荷物運送船借入れ且按針役尓仕へ候者、諸色売込人通弁の者幷諸職人雇入之儀義可為勝手事

第九　唐人共運上役人相立、在津の船々心付可申、右役人者船中ニ罷在候共小舟ニ罷在候共不苦、尤船々より進物或は食物受納致間敷事

第十　入港致し候ハヽ、二日之内ニ船号其外之儀可申出、若シ怠候ハヽ、咎可受候、且又定例の手数相済候ハヽ、荷物の儀勝手ニ可致、若シ荷揚前二日之内港出帆致し候節者運上銀差出ニ不及、二日後ニ相成候ハヽ、運上銀差出可申事

第十一　荷物揚積幷右ニ拘候出入之儀ニ付吟味之事

第十二　五港尓於て何れも広東の役館ニ有之候通の天秤尺度量度相用可申事

第十三　港運上銀者入津免許之折差出、持渡荷物運上者荷揚之節差出、買入荷物運上者荷積之節差出可申、且他国より持越候品物の運上銀者、唐国所々尓於て売捌候代銀の見当を以差出右尓相増申間敷事

第十四　港中尓於て荷物船移の事

第十五　五港尓於て唐人と勝手ニ商売致し不苦、一手尓て買上或は売捌候を支候儀不相成事

第十六　両国の商人共借財之出入有之候共奉行所より不相弁、尤当人共払入候様取計可申、且一旦約束致候儀違背無之様心付可申事

第十七　アメリカ人共江居住或ハ諸事取計の為、居宅及地面、寺院、病院、墓所或は右等を営候地面を貸渡可申、且五港幷其近隣へ往来之儀勝手ニ可致、尤郷地江罷越候義者不相成事

第十八　アメリカ人とも唐国諸州より学者を抱入れ、彼地の言語を習ひ唐国書籍買入候義不苦事

第十九　唐国奉行所尓於て、国中之者共アメリカ人尓対し不法不致防禦の役人手当可致事

第二十　荷物を他之港江持越候節ニ者運上銀差出ニ不及事

第廿一　両国の奉行所ニ於て罪人如何なる次第有之候共召捕其罪ニ可行事

第廿二　唐国と外国と戦争有之候節者、アメリカ洲一致国尓於て者何方江も荷担不致事

第廿三　五港尓罷在候コンシユル役名とも、年々の商買銀高申出「ペーキン」地名の役館江持出候様致し度事

第廿四　アメリカ人と外国人と出入有之候ハ、唐人ゟ差構不及候事

第廿五　アメリカ洲の配下の者より唐人役人江之文通者前広「コンシユル」役名尓申出其差図尓可随、唐国役人よりコン

シユル江の書状も同様唐国「アウトリーテイト」官名の差図を以差遣し候様可致事

第廿六　商売船の儀者、乗組の者共一同アメリカ洲役人の支配ニ可有之、唐国奉行所ニ於てハアメリカ人と外国人との混雑取捌方ニ携るニ及申間敷、尤唐国ニ拘候海賊等の儀者防禦致シ、若シ右様の儀有之候ハヽ、罪人召捕盗取候品物取上持主手ニ入候様取計可申事

第廿七　難破船有之候ハヽ、乗組の者并諸荷物不都合無之様警固致し、船々修覆心配致し、荷物紛失有之候ハヽ、差返候様可致事

第廿八　居住の者或は船中ニ於て仮令如何様の儀差起候共、唐国方より取囲の儀致間敷事

第廿九　アメリカ船乗組の内出奔致し候ハヽ、召捕、コンシユル役名或は他の役人江引渡可申、唐国の罪人アメリカ船或は居宅ニ隠れ候ハヽ、唐国の役人の頼ニ応し相渡可申事

第三十　取遣りの書状文体相究、諸事同輩ニ相心得、両国の奉行所互の音物等有之間敷事

第三十一　アメリカ洲奉行所より唐国府江差向候書状、唐国の役人外国の儀を司り候「ケイズルレイキコミサーリス」官名同「リヤングキヤング」地名「リヤングワング」地名等の奉行の取次を以て差出可申事

第三十二　軍船者唐国何れの港ニ於ても客分の取扱ニ致し、食物買入方等の心配致し不勝手の儀無之様可致事

第三十三　通商不差免港ニて停止の品を売払候儀、或は鴉片其外国禁之品々を持渡候者は、唐国奉行所ニ於て者其取捌不致事

第三十四　右取究之箇条者十二年已来無変化、アメリカ洲一致国の者とも唐国江差越候者者、都て総督職の者差配可致定ニ有之候事

かひたん

よふせふへんりいれいそん

右之通御座候

通詞目付

大小通詞

右之趣横文字書付を以申出候ニ付和解仕差上申候、以上

午

七月

（註）傍線はすべて朱で記入されている。

# 第八号　弘化四丁未年（一八四七）別段風説書　長崎訳

『弘化四未年入津之阿蘭陀船風説書』
古河歴史博物館所蔵鷹見家文書

別段風説書

一阿蘭陀国王益尊敬せられ親族ニ至迄無恙相暮し申候
一阿蘭陀国領地印度の船難波之節、ポーター地名のラデイヤ爵名其乗組を留置き、所持の品物を奪取り如何の取扱いたし候、然ルニ元来右ラデイヤ者東印度奉行所支配ニ有之ビーマー地名のシュルタン爵名の幕下ニ有之候
東印度の惣都督命を下し、ビイマー地名ニ軍船を遣し候而ビーマーのシュルタン爵名ポーターのラデイヤーを攻め、犯せし罪を顧ミ赦免を乞ひ、奪取候荷物贖候様取計ひ申候
右荷物全く贖候後、印度惣都督目代の者衆会有之、此時ビーマーのシュルタン幷其支配高官の輩此席ニ列り候処、ボーターのラデイヤーは相省かれ候故、罪の赦免を公ニ願ひ申候
右ニ付奉行所より赦免有之候
一マカッサル地名に外国船通商の一港を相立、諸荷物船積船卸等勝手ニいたし、海陸とも運上差出不申候様相成申候
一和蘭暦数一千八百四十五年弘化二巳年ニ当ル中に、印度ゟ阿蘭陀本国江左之荷物差送、奉行所の勘定ニ相立申候

一　コーヒイ豆　九十三万二千六百六十七樽
一　砂糖　二十二万三千八百六十俵
一　青黛　一万二千六百二十二（三）箱
一　爪哇産茶　八千四百十九箱
右之外荷物許多有之候
右荷物を船数百六拾艘ニて運送いたし候
一唐国とヱケレス国と和睦取結の折、舟山を戦争の失費贖のため質物として相渡申候
右失費贖の年限相満候而、和蘭暦数一千八百四十六年第七月（弘化三午閏五月当ル）舟山を唐国アウトリテイト（官名）尓差返申候
一唐人共己か方よりも申極メの約定を正路尓守り候様ヱケレス人共思念罷在申候
然る処、広東之下輩の者共同所に外国人勝手尓入込候儀を不平尓思ひ、不絶混雑有之候
右混雑を取鎮め候為め、ホンコン尓罷在候ヱケレス奉行シルヨンダーフィス（人名）和蘭暦数一千八百四十七年第四月二日（弘化四年未二月十七日当ル）蒸気船三艘其地の軍船并海軍一隊を引連レ、広東の川に赴申候
ポッカーティグリス（地名）の砦を子細なく奪取申候
ヱケレス船は其夜ワンポー（地名）尓罷在申候
翌朝軍勢乗込候蒸気船二艘広東尓赴申候
同所尓於ても砦を押領いたし候
広東尓罷在候唐国の奉行ケイイング（人名）、ホンコン尓罷在候ヱケレス国奉行の方到り双方申極を相立申候、其大意左

之通ニ有之候

和蘭暦数一千八百四十七年第四月六日弘化四年未二月廿一日当ル広東ニ罷在候唐国奉行と、ホンコン地名ニ罷在候ヱケレス国奉行と申極候ケ条大意記

第一ヶ条

一　第四月六日相定候以後二ヶ年の間、広東の地ニヱケレス国配下の者共出入可為勝手事

第二ヶ条

一　エケレス国配下の者共、広東近鄰の地ニ職業又者欝散の為め、サンハイ地名同様居住赦免いたすへく、若エケレス人の居住を妨候輩於有之者可処厳科事

第三ヶ条

一　第十月十一日船方の者ニ致狼藉候者幷第三月十二日於福洲コロ子ル官名セス子イ人名及ヒ其他に乱妨いたし候者共、諸人見せしめの為罪ニ行へく、尤セス子イ人名に乱妨いたし被召捕居候者共は広東ニ引れ、同所ニおいて、ヱケレス国王の執政より其為め差遣シ候者共立会ニて、可行罪科事

第四ヶ条

一　川よりホーナン地名の方ニ有之候広地は、ヱケレス国の商人等に家屋倉廩取立のため可貸渡、尤其場所相定候儀者執政の者広東を立退候以前ニ可致事

第五ヶ条

一　外国の商館より領し候土地の近隣は寺院建立の為メ貸渡シ、ワンポー地名の内相応の土地を死亡之者葬のため可定

置事

第六ヶ条

一　両花園の間尓橋其外造作勝手たるへく、尤海辺ニ店を取立候儀者致間鋪事

第七ヶ条

一　諸事混雑無之ため、川入口尓有之候諸船ハ商館より隔繫置へき事

ヱケレス人共此節奪取候砦の大炮八百挺余の火門尓釘を打込、用達いたさす様いたし申候

一一千八百四十六年第十二月六日弘化三年午十月十八日当ルホンコンよりヱケレス国に唐船一艘出帆いたし候、其船ケイイングと号し、エケレスの船頭ケルレッテ人名の支配尓有之候、尤乗組の者共は多分唐人尓有之候

一斯く遠海危難の波濤を唐船乗渡候事是まて更に無之候

一北アメリカ合衆国の新コミサーリス官名唐国と諸事を取計のためマカヲ尓到り申候、右コミサーリスの名者エフェレットと申候

右新コミサーリスとオンドルコーニングオンドルは下と云義コーニングは王と云義ケイイング人名と衆会いたし候

一フヲルトロー子ン人名広東尓てフランス国政事を取扱候者尓命せられ、サークゲラステイグデと申官職尓相成申候

一東印度ニ罷在候ヱケレス国軍勢許多、両三日の中プーローピナング地名尓相集申候、フィーセアドミラール官名インクロフィールト人名はヱケレス国の軍船フェルノン船号尓乗組、当時ボノオ地名幷トロク同上の方に赴候様達有之候

一跤趾国ファウロン子地名港内尓於て、フランス国の軍船四艘と跤趾国軍船五艘との闘戦有之候

右戦争の原因は、フランス国の執政を陸尓呼寄せ、其間隙にフランス国の船を奪取候為め、跤趾国の都府より差向候者共密尓襲候事と被察候
小半時之間戦候後、跤趾国の船三艘空中尓飛散申候
余二艘はフランス人奪取焼捨申候
フランス人は唯一人戦死いたし、今一人者深手負之者有之候
跤趾人は一千人程も討死いたし候と被察候
一暹羅国王外国との商法を弥専要の事といたし候様相見へ申候
一暹羅国王の命に因て当時美麗のフレガット（軍船の一種）を打建、暹羅国よりヱケレス国尓砂糖運送の為めに相用申候
今四艘暹羅国王の雑用尓て打建の最中尓有之候
一アウスタラーリイ州の内ヱケレス人処領の土地漸々広まり申候、此故尓当時はポルトアデライテ（地名）の港商法のため入津の船数尓応しては狭きと申説有之候
一スタラールフォルレス（地名）の北東の渚に有之候子ウカストレ（地名）の港を、荷物貯置候ための港尓相立、運上無之様相定申候
一一千八百四十六年第六（七）月（弘化三年午閏五月当ル）ヱケレス人共数多の海軍を以て、ボル子ヲプロペル国の内ブルナイ（地名）のシュルタン（爵名）を攻伐申候、其所を以は（ママ）右シユルタン（爵名）ブルナイの海辺に災害いたし候海賊共に荷担いたし候故に有之候
一一千八百四十六年第十二月（弘化三年午十月当ル）ヱケレス人ボル子ヲ（地名）北方の渚尓有之候ラホアン島を処領いたし候
右島に石炭山を開き、其石炭を唐国とシンガポール（地名）とに往返いたし候蒸気船に相用候様相成申候

一フランス人共オタヘイテ地名を取鎮候儀相遂不申、軍勢相増度頻に希相待申候

一ヱケレス人と新ゼーラント国名の国民との確執は今に相停不申、同所尓増し勢を差送申候、右ニ付土民を追身（方）致シ軍卒等尓相渡シ、其地尓家族を遷し候義を企候由噂有之候

一ロンドンヱケレス国の都府より東印度江蒸気船尓ての渡海は、シンガポーレ地名ヤーフハ同上ティモル同上ボルトヱスセングトン同上トルレススタラート同上子ウカストレ同上シティレイ同上を経候事も有之、又或者セイロン地名よりスワンリフェル地名ポルトアデライテ同上等江継き候様成行候得者、最早速にアウスタラーリー尓およほし申候

然ル処、シユヱス地中海と北海と相接する地峡の名を堀切り大船の通路を開き候ハヽ、甚弁利尓有之候、此業を当時ヱケレス国フランス国幷オーステンレイキ国名尓て目論居候由ニ御座候

ヱゲイプテ国中尓於て原野尓水を灌候ため、子イル河を填築いたし候業を専ら出情いたし居申候

シベリー国中就中ウーラル河の水筋ニおいて、当時許多の金を掘出シ申候、其高千八百四十六年弘化三年午ニ当ル尓て二万八千四百廿五子ードルラントホント一ホントハ日本一斤六合七夕余ニ当ル尓相成申候

一オレゴン河尓於て、ヱケレス国と北アメリカ州合衆国との国境の義ニ付両国確執有之候処、双方和談尓相成申候

オレゴンの領分は北アメリカ州尓属し申候

一フェキサス地名を北アメリカ州合衆国尓合せ候一条ニ付、同国とメキシコー国名と闘戦有之候

是迄合衆国の方に勝利有之候へとも、敵軍の防禦思ひの外堅固尓有之候

マンテレイ地名を四日の戦尓て奪取申候

当年第二月廿二日弘化四年未正月八日ニ当ル惣督シントアンナー人名メキシカー軍の司ハイロット人名と合戦尓およひ、右ハイロッ

トは合衆国の軍勢の一組と共尓サルティルロー（地名）まで駆抜け、其大戦二日続申候、尤シントアンナー（人名）は其陣を遠く布き候様相成申候

フェラキュルツ（地名）幷シントエアンドエルロルは、既尓アメリカ州合衆国の別将名はスコットと申者より奪取られ候由噂有之候

一カリフォルニー（地名）尓は其前年合衆国の軍勢屯居申候

一イスハニヤ国中尓於て久しく嗣位を争ひ候処漸穏尓相成申候

一亡父の国政を嗣候幼若の女王は、公子フランシスコーデアシスシー（人名）と婚姻いたし候、右公子は彼女王の叔父の子尓して、国主トンガルロス（人名）の兄弟の子尓相当申候、然ル尓右トンカルロス自から其位を嗣へきと思念罷在候

右国主嗣位の念有之候は全く其嫡子ヘルドク（官名）デモウチノウリン（人名）を立度所存尓候処、右デモウチノウリンは民間尓墜入り、放逐も同様イスパニア国外に周流いたし候

一ポルトカル国尓近頃一揆差発申候、右ニ付色々取扱有之候へとも、今尓於て全く鎮り不申候

一欧羅巴諸州尓於てアールドアップル（芋ノ類）の不作尓て、トイツ国フランス国殊更スコットラント（国名）イールラント（同上）尓於ては食物乏しく有之候、依之北アメリカ州より数多の蜀黍幷麦粉を差越申候

一魯西亜国とカルカシユス（地名）山住の者共との争乱今尓於て鎮不申候、魯西亜国の国民カルカシユス尓は兎角尓住馴かたく有之候

一フランス人とアルゲリー（地名）エミルアブドエルカードル（人名）との争乱今尓鎮り不申候、尤同人共の勢余程衰へ申候

一右エミルアブドエルカードルはフランス国の領地を去り、僅の随従と荒野尓走り申候

一エゲイプテ（国名）の執政メヘメットアーリー（人名）の嫡子イブラヒムパーカー職の者パレイス（フランス国の都府）幷ロンドン（ヱケレス国の都府）尓見舞候処、両所尓て懇意尓取扱申候

一フューニス（国名）の国主もフランス国尓見舞候処、右同様に取扱申候

一フランス国の星学家レフェルリール（人名）曜星を新尓見出し、其星を子プテュニュスと唱申候

一トイツ国の医学家ボッツセル（人名）スコンヘイン（人名）、綿尓ズワーフルシュール（硫黄酸）を濡し放発の勢を保候工夫を発明いたし候、此綿を少し小炮尓込め放ち候へ者、其丸塩硝を込め発し候勢と同様尓有之候

一アメリカ州尓於てズワーフルアエットル（薬名）を以て人体を療し候工夫を発明いたし候、此薬種尓て如何程厳き療治請候とも痛を触れ不申候、此法欧羅巴印度江も伝り申候

一欧羅巴より咬噌吧江紙製の偶人を差越申候、其機関微細の部尓至るまで全く人体尓等く解離し候様拵有之候、右者人体の内部の事を心得候為めの者尓有之候

一欧羅巴州尓於ても北アメリカ州尓於ても漸々道筋を開申候、右目論はアメリカ州東渚より西渚に、又ニーウヨルク（地名）よりオレゴン領のコロムビヤ河尓往来のために有之候

此道尓て重荷を一時の内尓六時行或は十二時行程運送致候

右之通ニ御座候

かひたん

よふせふへんりい

れいそん

右之趣横文字書付を以申出候ニ付和解差上申候　以上

弘化四丁未年（一八四七）長崎訳

未
七月

（異筆）是ゟ以下御写ニ不及候

通詞目附
大小通詞

## 〔参考史料〕　弘化四丁未年（一八四七）　別段風説書　江戸訳覚

『和蘭内上告　丁未　戊申　辛亥』
古河歴史博物館所蔵鷹見家文書

丁未八月到着別段申上　（蘭船六月廿七日入津、此原文八月十日御下ケ、十一日十二日両日和解、心ニ記し候まま記しおきて後の考証尓備ふ）

○和蘭国王幷眷属残らす健全におれり

○馬路古諸島之内フロレス島のラジャ（島酋といふか如し）和蘭商船を押へ、品物を奪ひ取れり

和蘭東印度商館総督兵艦一艘を発し、罪を浡泥シユルタン（大君）に問ふ、これラジャハ浡泥某シユルタンの属国たれはなり

シュルタンはラジャ尓其由を示し、償を出し、諸国の君総督と会合し、ラジャをも其席に出し罪を謝せしむ

○英吉利へ支那の借金償了るまて舟山を典しおれり

今年に及ひ借金償了りけれハ、舟山を故のことく支那へ返す

○支那英吉利との商法尓つき、支那人とかく法を守らす、英吉利人ハ彼か約束せし法を堅く守らん事を希へり

然る尓広東尓ての商法厳ならされハ、香港奉行某其結局をなさんと、香港より蒸気船一艘尓隊の兵を乗せ広東河乗入れたり

其日虎門を攻しか、支那の兵一支もなく城を開きて退たり
其夜河中尓船を泊す
翌日広東の砦を攻取る
広東総督耆英ハ、香港奉行の陣に趣き和睦を取結ひ数条の約束をなす、其厳なる箇条ハ
一、英吉利の商人へ、広東河の南におひて入用たけの商館の地を借し与ふる事、但、香港奉行此地尓逗留中支那人
　より其地を割与ふへき事
二、商館の側に礼拝寺を立る地を借し与ふる事
三、葬埋のため黄埔（グンポア）尓て地面を借し与ふる事
四、二苑の間に橋梁を通し宅を築くへき事、但し土手向にハ免許これなき事
五、今月今日（其日期ハ暗記せす）より二年の間ハ、英人広東府内へ出入勝手次第たるへき事
六、広東府近地へ一日限りの旅行住居勝手次第たるへき事
七、英人近地遊行の時乱妨いたすものあら者、厳科に処する事、某地尓て支那人英商を襲ひ、上海（シャンハイ）尓てもカピタン
　某生を襲ひし事ありて、上海の乱妨人ハ既尓拿捕したり、此者ハ今度の例のため広東府へ召寄セ、英吉利欽差よ
　り指遣し候検使の目前尓て厳科に処する事
八、和睦いたし候上ハ、国人の心を安せんため、軍船を商館の前より遠くへき事
今度の城攻尓て支那の火炮八百余門を奪ひ取り、打釘して其まま捨おきたり
○望加錫港を荷物積降し勝手次第尓て、運上なき港となす事

○英国兵船数艘満剌加の西岸に近き一島其名暗記せす尓て同勢を待合せ居たりし尓、大将某の支配尓て浡泥蘇禄の方へ赴きしとの風聞なり

○浡泥の某王海賊のしりおしせしを以海路穏ならす、英国より兵船を発し国王を教訓切諌せしよし

○香港尓おひて支那船ヨンケンを艤し、英国カピタン某の統領尓て英国竜動尓到らんと出船したり、船卒ハ多くハ唐人を用ふとそ

唐船尓てケ様の危き海路に赴きしハ、従来いまたなきことなり

○交趾尓て仏郎西と交趾と大戦あり

其発端ハ、交趾王某港へ使を発し、仏蘭西人を生擒し、其船を奪取らんと蜜謀せしより起れり

交趾の船五艘、仏蘭西船四艘は戦ひ尓及しに、交趾船一艘ハ粉塵して空中に飛ひ散り、余艘者残らす乗取りて焚棄たり

仏蘭西方尓ハ、一人死し一人重創を蒙る

交趾方尓てハ、察する処一千余人ハ討れたり

○暹羅専ら交易を務む

此国尓てフレガット一艘に砂糖を積込、蘭領へ交易の為に渡海す

尚三艘ハ国王の命尓て専ら荷物を積入る、支度のよし

○合衆国の総督来りて支那総督と立派に会議す

○仏蘭西の総督支那に初めて来る

○蘇左私地峡鑿開につき是非の異議起れり、近頃風聞尓てハ英、仏、竄、三国尓て開鑿の由承る
○英国尓て、蒸気船を爪哇、地木児、新和蘭北東岸の方、又錫蘭より新和蘭西岸諸地へ近々通行せんと専ら企おれり
○アユスタラリーの某島尓て、仏蘭西土人と和睦ならす、援兵の来を待ツ
○ヲタヘイチ英吉利と戦ひいまた英国尓服せす、又援兵を出す、其兵英吉利左兵の官を附する者を催発しけり、風聞尓てハ、其地を切取り次第領地となし、且妻子眷族をも其地へ一同引越さしむへき深意のよしなり
○新和蘭の英吉利領其地の港交易繁昌尓て、諸国の船出入勝手次第尓て、運上なけれハ万船輻湊し、其港今ハ手狭尓て悉く商船を容るゝ尓足らす
○新和蘭の殖民遂ニ昌盛となれり
○フランスとアルギールとの戦今以治まらす
アルギールの君段々ニ打負、仏蘭西殖民の地を去り、従者少々召連れ砂漠へ漂泊す
○厄日多のパッカ仏蘭西に赴く、丁嚀の饗応あり
○都爾其領アフリカの某鎮台ロントン尓赴く、丁寧の饗応あること前のことし
○仏蘭西の星学家某氏一新惑星を発明す、某名星と名つく
○独逸の医生某々二人、木綿ニ硫黄酸を澆きて迸発の力を生する法を発明す、この物少許を手銃に装すれハ、弾丸を弾飛すること銃薬に異ならす
○バタヒアへ欧羅巴より紙製人形を渡す、内臓諸部至小の部分まて繊悉皆具れり、一々離し、貯へし内景を学ふ必要の具のよし

○アメリカ尓てスワーフル、アーテル尓人を沉睦しむる功あるを発明す、大なる外科術を行へとも少しも苦痛を覚へす、此法欧羅巴、印度尓てしはし用ひ試たり

○欧羅巴尓て独逸、仏蘭西、英吉利馬鈴薯不作、庶民の食料払底となる、アメリカより玉蜀黍及ひ運ひ致す、意而蘭土ハ尤多く致せり

○欧羅巴尓ても遂ニ処々尓轍道を増し修めたり

○合衆国尓て轍道を造修し、東岸子ウヨルクより西岸コロンビア河まて貨物を運送するに、其疾き事一小時に六小時行より十二小時行の道を行くへし

○アメリカ尓て、テキサス国合衆国に属せしより事起り、メキシコと合衆国と戦あり、是迄ハ合衆国勝利ありしかともメキシコの兵思の外尓強く、其兵将某と合衆国の将某と某地尓て出合、四五日之間合戦す、メキシコの将軍利なく、其地尓満(滞カ)らす引退く

某地尓て両国二日の間合戦あり

又某々名の地ハ合衆国に討取らるへき風聞なり

○ヲレゴン領尓て英吉利と合衆国と界論あり、双方納得の和睦整ひたり

○俄羅斯とカユカシユス山中の生番との戦今尓止ます

此戦急尓ハ平らくへきと見へさるよし

○止白里ウラル河尓金を得ること一千八百四十六年若干に及ふ

○シンカポーレ島尓近頃石炭山を見出す、此炭を以て此島より支那までの蒸気船の用に供ふるに足れりしと英人希ひ

おれり

○和蘭舶二百幾艘尓て本国へ積送る品物

コーヒー　幾許

爪哇茶　幾万斤

某名　幾万斤

○是班牙尓て家督争久しく治まらす

是班牙女王の父殂して後、遂に大位を嗣き某親戚と婚す、某親王あり、自ら大位を嗣へき順なりと思へり、是をもつて某親王ハ己か嫡子を立んと謀りたりしか、嫡子ハヘルトフの官を奪ハれ他国に漂泊す

○葡萄芽土民兵を起す、国王これを討て、しは〳〵これを敗れり

## 第九号―一　嘉永元戊申年（一八四八）別段風説書　長崎訳

『石室秘稿』国立国会図書館憲政資料室所蔵

別段申上候風説書

一和蘭国王ノ二男「プリンス、アレキサントル」儀胸痛相煩、旧臘ノ末頃「マデラ」島名ノ気候相応仕候故、寒凌キノ為メ同所ニ相越養生仕候得共、終ニハ其後二、三ヶ月ヲ経養生不相叶行年廿九歳ニテ死去仕、右ニ付国中一統悲慟仕候儀ニ御座候

一当年欧羅巴諸洲過半一揆差起騒動ニ及ヒ候得共、和蘭国ニ於テハ安寧ニ御座候

一当二月廿八日和蘭国所領東印度ニ於テ、旧令ヲ改メ良法ヲ相立掟書相定申候、依之所業都テ掟書ヲ以取扱候様相成申候

一広東ニ罷在候和蘭国ノ執政「センファンバセル」人名其職ヲ辞シ「エルゾロウン」人名ニ譲申候

一去未五月十九日ヨリ当正月十六日迄、唐国ヨリ「エゲレス」国其外欧羅巴諸洲幷アメリカ合衆国へ茶五千五百七十九万百三十五「ポント」一「ポント」皇国ニ百六十七匁九分余ニ当ル差送申候

一唐国ト「エゲレス」人トノ引合今以穏ニ相成不申、広東ノ者共ハ外国人ヲ悪ミ一揆ヲ起シ申候

一去未年十月廿八日「エゲレス」国ノ若輩ノ者共六人広東近隣ノ川ニ游参ノ為漕入レ上陸致シ候処、徒党之者数多押

寄セ殺害仕候、其時広東之執政「ケイイング」右殺害仕候者ヲ其罪ニ応シ罰候得共、「エゲレス」人者其戒ヲ不足ニ思ヒ怒気ヲ含ミ、自国之者幷所持之品物等ノ儀ニ付無覚束思ヒ、専ラ用心仕候儀ニ御座候

一右「ケイイング」（人名）命令ヲ受ケ、去未年正月十一日広東ヨリ北京へ立帰申候

一唐国帝ハ「ケイイング」（人名）ノ悴「キングレー」（人名）ニ命シ父子面会為致申候

一広東執政ノ所務ハ直ニ次席之「センフヲイイ子ン」（人名）司リ候様達有之候

一唐国之者不法相働候ヲ「エゲレス」国之僧侶心付、其以来「サンハイ」（地名）ニ罷在候「エゲレス」ノ執政同所ヲ取締メ、「エゲレス」ノ軍船ヲ以舟山ノ港内ヲ立切リ、不法致シ候者ヲ「エゲレス」国ノ手ニテ十分戒候迄（迚）北京へ運送ノ穀物ヲ差留申候

一(1)「ホンコン」（地名）ニテ出板ノ「エゲレス」記録ニ有之候ニハ、琉球島ニ罷在候外国人於彼地殺害致サレ候趣ニ御座候、然トモ右記者ノ説ニ、琉球人ハ兼テ温和ノ気質ニ候得者迚モ殺害致シ候儀ハ有之間敷、右風説ハ疑敷由ニ御座候

一「ホンコン」（地名）ニ罷在候「エゲレス」ノ執政「ミルヨン、ダーフイス」（人名）其職ヲ辞シ「ボンハム」（人名）ニ譲申候、右「ボンハム」ハ此以前「エゲレス」国ノ所領「プールーピナン」（地名）「マラツカ」（地名）「シンカプール」（地名）ノ執政ノ者ニ御座候

一唐国海ニ防禦ノ為備有之候海軍左ノ通ニ御座候

一手負ヲ救ヒ候船　一艘

但船号「アルリカードル」

一「ブリッキ」（軍船ノ一種）　一艘　筒数十六挺備

但船号「シキルドルス」
一「ブリッキ」前ニ出ツ　一艘　筒数同と　十六挺備
但船号「コリュム、ビ子ー」
一同　一艘　同　十二挺備
但船号「エスピーダレ」
一蒸気船　一艘　同　四挺備
但船号「マデア」
一「フレガット」軍船ノ一種　一艘　同　四十二挺備
但船号「メラムピユス」
一兵粮船　一艘異本ニ二艘ト記ス
但船号「ミンデン」
一蒸気船　一艘　同　四挺備
但船号「プリユトー」
一同　一艘　同　十六挺備
但船号「スユート」
一「ケイイング」ト申唐船、去々午年十月十八日「ホンコン」島ヨリ「エゲレス」国へ向ケ出帆致シ候処、逆風ニテ彼国ニ着船難致、無拠北「アメリカ」洲へ趣(赴)去未年五月廿五日「ニーウヨルク」北亜米利加洲ノ地名ニ着船仕、当年二月比再

ヒ「エゲレス」国へ向ケ出帆漸同国「ロンドン」ニ着船仕候

一跤趾国王当年四月頃死去、同人悴当年十八歳ニ相成家督相続仕候、右新国王唐国へ使者ヲ差向ケ、北京ニ罷越赦免ヲ請申候、然ルニ跤趾国王家督ノ儀ハ規格之通北京ニテ可被命旨ニ御座候

一(2)当年四月比「マニルラ」島ニ在勤之「イスパニヤ」国奉行ノ者、「ソロッセン」諸島ノ内「ボランギンギ」之人ヲ征伐ノ為軍勢ヲ差向候、以前ハ右島人共海賊ヲ業ト致シ、是迄諸島ノ人民ヲ奪取「スラーヘン」(身ノ存亡主人ノ儘ナル者)ト為シ売物ニ仕候故ニ有之候

一右征伐ニ蒸気船三艘「スクー子ル」(船ノ一名)三艘石火矢船八艘兵卒六百人大砲方五十人野戦筒差越候処、右海賊共稠敷防禦致シ候得共、終ニハ其砦ヲ乗取リ、凡百五十艘余ノ船ヲ打崩シ、大砲百廿四挺奪取候上ニテ、右「スラーヘン」(既ニ訳ス)二百人ヲ助ケ放チ申候

一右海賊一人モ遁去得不申候

一右之儀イマタ承知不致前、和蘭領東印度役所ヨリモ同所ノ海賊征伐ノ為メ軍船数艘差向候得共、其人数イマタ東印度ニ帰国不仕候

一「オタヘイラ」島ニ於テハ、女王「ポマレ」幷其随従之者共「フランス」人ノ扶助ヲ相勧申候、且「フランス」人モ又此地居住ノ心弥決候様相見へ申候

一「サントウイグ」諸島中「ホノリユリー」ニ街市或ハ家屋等ヲ営築イタシ美麗ニ相成申候、併此島ハ「コロフヲルニー」地近隣ニ有之ヲ以テ追々交易不進、土地繁昌ノ程無覚束被存候

一「ブリタニヤ」国領印度ノ奉行「ロルトハルデインゲ」其職ヲ辞シ「ロルトダルホウシー」ト申者跡職ニ相成申候、

是者以前高官相勤候者之由ニ御座候

一右新奉行昨未年十二月比支配向引請之為「マタラス」ニ到着、同所ヨリ「カルキユッタ」へ罷越、「ブリダニヤ」其外国々ノ支配引請候上、商売物港出入運上平等致シ、又東印度之内「ブリダニヤ」所領彼此之諸港往返之分ハ諸荷物運上全ク相止メ申候

一喜望峯内「ブリタニヤ」国領所ニ向て「カツフル」人共軍ヲ起候得共、右新奉行「シルハルイスミット」智略ヲ以相静申候

一「モール」国ノ首長ニシテ世ニ名アル「アブデルカーデル」（人名）「アルゲリー」（地名）ニ於テ「フランス」人ニ数年敵対致シ候得共、終ニハ昨未年十二月十六日「フランス」国王ノ悴ニ無拠屈服致シ候、右悴ハ「アウマーレ」地之「ヘルトグ」（爵名）ニテ「アルゲリー」地ノ奉行職兼罷在候

一右「アブデルカーデル」（人名）ハ直様「フランス」国ニ被差送憐愍ノ取扱ニ相成候得共、再戦ノ恐有之取籠置申候

一「メキシコ」地ト北「アメリカ」洲合衆国トノ戦争相治リ候始末ハ、「アメリカ」ノ軍将「スコット」ト申者昨未年八月六日「メキシコ」へ討入其街市ニテ手強キ戦有之候

一右戦争和議ノ儀ニ付殊更躊躇致シ候末、漸「ニーウカリホルニー」地ヲ可相渡儀ヲ以和睦相決申候、依之北「アメリカ」洲ノ所領ハ「オレゴン」河ヨリ北緯三十二度ニ至ル迄南太平海ノ方ニ附属仕候

一合衆国ノ人民安永九庚子年ニハ唯二百万人有之候、然ルニ近来取調候処二千八百七十万人ニ相成申候、依之商売或ハ土民ノ出精次第ニ盛ニ成行、年々最広ノ荒地ヲ切開キ田地ニ仕候

一昨未年欧羅巴諸洲凶作ニテ諸食物等直段高価ニ有之難渋仕候得共、当時ハ幸ニ其難ヲ免レ申候

一「ボルトガル」国中ノ一揆「エゲレス」国「フランス」国「イスパニヤ」国ノ取扱ニテ相治申候、昨未年四月廿七日「ポルトガル」国ノ女王命令ヲ下シ一揆徒党ノ者一統差免申候

一「スウヰツツル」国中年来ノ一揆昨年ノ末頃ニ其既ニ戦争ノ萌トモ相成申候、併事ナク速ニ相治リ申候

一欧羅巴洲過半不穏兎角一揆ケ間敷儀御座候

一近来「フランス」国中国政ノ事ニ付大ニ騒乱仕候、当申年正月十八日「フランス」国ノ都府「パレイス」ニ於テ裂敷騒動相起、三日ノ間一揆ノ者ト軍兵挑戦致シ、終ニハ一揆ノ方ニテモ兵卒ヲ撰候様相成申候、国王モ眷属ヲ召連「フランス」国ヲ引払「エゲレス」国ニ立退申候、一揆ノ者ハ再ヒ国王ヲ立ル事ヲ好マス、以来ハ国民ノ内ヨリ佳ナル者ヲ撰ミ頭トシ、其支配ヲ請候ヲ専相好候様相見ヘ申候、併此儀ハ迚モ連綿無覚束事ニ御座候

一「オーステンレイキ」国「プロイスセン」国其他「ドイツ」国ノ内ニモ同時ニ騒乱相発申候、併其模様巨細ニハ相分不申候得共、諸人ノ目当トイタシ候ハ、土人等国政ノ事ニ携リ困窮ノ者等ヲ救可申趣意ニ候

一「ベイエレン」之国王「ローデ、ウヱイキ」（人名）当申二月十六日位ヲ辞シ其嗣子「マキシミリヤーンテウヱーデ」ト申者国政ヲ司リ申候

一「スレース、ウヱイキ」（国名）幷「ホルステイン」（国名）中ノ土人多分者元「ドイツ」国人ニ候得者、「デー子マルク」（国名）ノ支配ヲ相免候様専相心掛申候

一右ノ企ヲ是迄「デー子マルク」（国名）ノ軍兵相拒罷在候得共、「ドイツ」国一味ノ輩集会ノ上右支配ヲ相離候儀不得止事武備ヲ以手段仕候様決定仕候

一「イタリヤ」国就中「シ、リヤ」国ニ於テハ既ニ数年来騒動相起候処、去未年十二月七日「パレルモー」（地名）中一揆ノ

事ニ付テハ「シ、リヤ」（国名）ト「ナープルス」（国名）トノ政治向区別仕候様相成申候、併「ナープルス」ノ王ハ先前之通「シ、リヤ」ノ王ヲ兼帯罷在候

一「カトレイキ、ケルキ」（寺観ノ名）ノ首長「パウスファンローメ」（僧官者ノ名）其国ノ俗家支配ノ事ニ携リ、土人惣代ノ者ト一同事ヲ議シ候様相成申候

一「ロムバルデイ」（地名）幷「フヱ子テイー」（地名）ノ土人ハ、数年来「オーステンレイキ」国ノ支配ニ随ヒ居候テ、此節右役方ニ向一揆ヲ起シ申候、「サルデイニー」（地名）ノ王ハ自己ノ軍兵ヲ以右一揆ニ加勢致サセ申候、右合戦ノ後「オーステンレイキ」国ノ軍兵ハ「イタリヤ」ノ諸市街ヨリ追払ハレ申候

右之通ニ御座候以上

「カヒタン」
「ヨフセフヘンリイ」
「レヒソン」

右之趣横文字書付ヲ以申出候ニ付和解差上申候、以上

申
七月

通詞目付
本木昌左衛門
西　与一郎

嘉永元戊申年（一八四八）長崎訳

通詞

楢林鉄之助
植村作七郎
小川慶右衛門
西吉兵衛
志筑亀太
岩瀬弥七郎
品川藤兵衛
名村貞五郎
横山源吾
森山栄之助
楢林定一郎
荒木熊八
西慶太郎

別紙和蘭人風説書御出入通詞西楢林林方ヨリ極内差出申候、右ケ条ノ内ニ琉球滞在ノ異国人ヲ琉人共殺害致候趣之風説専ラ異国ニテ取沙汰有之趣ニテ、風説之事故取止メ候事ニ者無之旨ニ者御座候得共、当時柄―公辺ニモ異国一件分テ御心配中之御故、御老中辺ヨリ御奉行所ヘ厚ク聞繕ガ御内達ニモ相成候由ニテ、御奉行所ヨリハ御国許ヘモ内々御シ

ラヘ之御手モ付候由ニモ極内々御出入通詞共ヨリ申出候ニ付、別紙取添早々御届申上候、尤此風説書ハ極内者勿論之事ニ御座候

此段宜鋪御披露可給候、以上

八月十五日

長崎在勤
奥　四　郎

御家老座
奥掛書役衆

原文頭註

（1）△註　虚説ナリハ下ニ記スガ如シ

（2）△註　則チ売奴

（註）本文中人名・国名・地名については、当初「　」でくくられ、割註で人名・地名などと記載されていたが、その後「　」及び割註はすべて抹消され　人名に傍線、国名・地名に二重傍線がひかれ、区別されている。掲載史料では、煩雑さを避けるため、抹消訂正される前の「　」でくくられている状態で掲載した。

# 第九号―二　嘉永元戊申年（一八四八）別段風説書　江戸訳

『石室秘稿』国立国会図書館憲政資料室所蔵

千八百四十八年嘉永元年戊申別段風説書

イ一和蘭国王及ひ家族深き愁傷尓逢申候、其故ハ国王の第二男プリンス爵アレキサンデル名卒去せし為尓御座候

右の王子蔄シハラク胸痛を患ひ去年の末「マデラ」亜弗利加洲の島名福島の北尓在リ尓出立仕候、右者此島の暖和なる気候の中尓冬を越へんとの為尓御座候

然るに其甲斐なく此後数月尓して生年二十九歳余幾ケ月幾日を略す尓て卒去仕候

ロ一欧羅巴の諸部当年一揆闘争多し、但し和蘭ハ平穏尓て御座候

ハ一東印度中和蘭領分尓於て、当年第五月一日我三月廿八日尓旧律を改る為改正の律を出し申候、其律ハ則刊行の律書尓載せ且つ土人の「ビユルゲル分「ビユルゲル」ハ和蘭の民尓て官人尓非る類の総称」たる職務及ひ商法の定則を詳明尓諭せし者尓御座候

ニ一広東ニ罷在候和蘭の令尹「セン、ハン、バセル」人名退職致し「ルブロウン」右の代り尓相成申候

ホ一千八百四十七年弘化四年丁未第七月一日我五月十九日より第二月廿日翌正月十六日まて尓、支那より英吉利及ひ欧羅巴大地按るに英吉利等の島国を除き仏郎西和蘭等の如き大陸地の国を総称す並尓北亜墨利加合衆国尓輸出せる茶の総額五千五百七十九万零一百三十五斤尓御座候

ヘ一支那尓於て英吉利人の交渉カウリアヒ未十分の和平尓至り不申候、其故ハ広東の土民外域の人を嫌ひ且つ争闘を好み候尓由

り申候

ト一千八百四十七年弘化四年丁未第十二月五日我十月廿八日英吉利の少年六人遊学の為尓広東の河尓泝り上陸いたし候処、多くの土民暴尓襲ひ来り残忍尓これを殺し申候

一登時（ソノトキ）の広東総督外夷知事者英務めて此暴殺を償ひ、犯人を罰せんことを務め申候

但し英吉利人是れを以て許容致間敷、更尓其人民物什の為尓厳重の衛護を得んことを望むへき哉尓被存候

チ一総督者英ハ召し返され当年第二月廿四日弘化五年正月廿日広東より北京尓出立仕候、支那の皇帝者英の子「キンセイ」人名尓命して其父を出迎せしめ申候

リ一広東総督及ひ外夷知事の職務ハ暫く広東副督「セン、ホーイ子ン」人名尓命せられ申候

ヌ一「プロテスタント宗の法徒士人の罪犯を見出せしより、上海（サンハイ）の英吉利令尹此島を遮りて粮を絶つへしと決し、即ち英吉利の軍艦を以て舟山の港を絶ち粮穀を北京尓輸るを妨け、唐国尓て右犯人を罰尓処して英吉利の官府尓謝するを相待申候

ル一香港尓て開板せる所の「シナ、マイル」と題せる英吉利の風説書尓云、曩尓琉球島尓上陸せる外部人数名島中尓殺されたるへしと、但し右の風声を告げたる人の説尓、此風声今日尓至るまて未其信証あらす頗る疑ふへしと云、特尓此島の住人世尓知る如く性和順なるを以ても察すへしといへり

ヲ一英吉利の香港鎮台「シル、ヨハン、ダヒッツ」人名退役致し、英吉利領「プルーピナング」マラッカ西岸の島及ひ「シンガプール」マラッカ東岸の島の鎮台「ボンハム」人名右跡役尓相成申候

ワ一支那海尓備居候英吉利の船数左の通尓御座候

| 船号 | 船種 | 数 |
| --- | --- | --- |
| アルリガトル | 病客船 | |
| シルデルス | ブリッキ | 拾六 |
| コリュムビ子 | 同 | 拾六 |
| ヱスピーゲレ | 同 | 拾二 |
| マデア | 蒸気船 | 四 |
| メラムプュス | フレガット | 四拾二 |
| ミンデン | 粮船 | |
| プリユット | 蒸気船 | 四 |
| スコウト | 蒸気船 | 拾六 |

カ一耆英と名つくる唐船一千八百四十六年（弘化三年丙子）第十二月六日（我十月十八日）香港を出帆いたし英吉利尓趣（赴）き候処、始め逆風尓由て英吉利尓着し難く、余儀なく北亜墨利加の方尓針路を向け申候

一千八百四十七年（弘化四年丁未）第七月八日（我五月廿六日）右船無恙「ニーウヨルク」（地名）尓着し、其後英吉利の方尓趣（赴）き一千八百四十八年（嘉永元年戊申）第四月竜動（ロントン）尓着岸仕候

ヨ一交趾の王当年（弘化五年戊申）第二月（我五月）卒去仕、其王子十八歳尓して位を嗣き申候、交趾の新王支那尓使者を送りし処其使者北京尓趣（赴）く事を許され申候

先例ニて交趾国王死去の後ハ、其嗣王の冊封ハ北京尓て命せられ候事尓御座候

タ一当年第二月（我戊申正月）以西把尓亜の瑪泥訝（マ子ルラ）（呂宋の都）鎮台「ボランギング」島（此島「ソロク」島の内尓在り）諸尓向け一隊の軍を出し申候、此島の住民ハ常尓海賊を事とし、諸島の住人を多く此海中尓掠め去り奴隷尓致し候事ニ御座候

右の軍隊ハ蒸気船三艘「スクウー子ル船三艘火砲小船八艘歩卒六百人砲手五十人陸砲二門を備申候

右海賊厳敷防戦致し候後終尓此砦を奪ハれ、其船凡百五十艘打砕かれ、大砲百二十四挺を奪ハれ、右掠られ候奴隷二百人宥免を得申候

海賊の方尓てハ一人も遁れ候事難相成程ニ御座候

右戦争の一条未た相聞へ不申、以前和蘭の東印度総督より此海賊を制せんが為尓一隊の軍船を彼地尓出し申候、尤右軍船未た交留巴尓帰着不仕候

レ一「ヲタヘイテ」（「アウスタラリー」尓在る島の名）島尓て其女王「ポマーレ」（王名）及其臣属仏郎西の保護を領得（ナツトク）仕候、仏郎西人此地尓建築せんとての諍議平和尓至候様子尓御座候

ソ一「サンドウイス」（同上）諸島の首府「ホノリュリイ」尓於て家屋を造り市街を開き大尓修理を加へ申候、然るに大陸角利伏里尼亜（カリホルニア）の繁盛なるによりて、此島の商業は減衰可仕哉の趣尓御座候、尤当今之様子尓てハ島民其幸福安逸尓於てハ増益する所無御座候

ツ一英吉利東印度所領の総督「ロルドハルジンゲ」（人名）退役いたし「ロルドダロウシイ」（人名）跡役尓相成申候、此人ハ此まて種々の重役を相勤め申候

当年第一月五日（我前年十一月廿九日）右新総督綱礁臘（マタラス）（東印度海岸の地）尓到着致し、夫より職務受取の為め隔瀝骨底（カルキユツタ）（同上）の方へ発足仕候

右総督登職の後ち間もなく令を下して、外国及ひ英国の船尓て出入する貨物の税を平等尓し、又英吉利東印度商

館統轄尓属する土地の内尓て、此湊より彼湊へ送り遣る貨物の税を除き申候

子一喜望峰(亜弗利加洲最南の岬)英吉利殖民と喝叭布尓(カツヘルス)(亜弗利加洲の国名)人と合戦有りしか、此度此地の新鎮台「シル、ハルレイ、スミット」(人名)の取計ひ尓て鎮り候よし尓御座候

ナ一有名なる黒人国の君「アブデルカデル」(人名)数年来亜爾日爾(アルジ)(亜弗里加洲の北岸の国)尓て仏郎西と戦ひ候処、千八百四十七年(弘化四年丁未)第十二月廿三日(我十一月十六日)終尓亜爾日爾の総督たる仏郎西の公子「アウマーレ」(仏郎西の地名)の「ヘルトフ」(官名)尓降参仕候、即ち「アフデルカデル」(人名)をハ速尓仏郎西尓送り遣り、仁恵なる取扱をなし申候、但し再ひ争乱の端をひらくを防かんため、其人ハ禁錮いたし置申候

ラ一墨是可と合衆国との合戦治り申候、右ハ亜墨利加軍の総大将「ゼ子ラール」(官名)「スコット」(人名)一千八百四十七年(弘化四年丁未)第九月十五日(我八月六日)遂尓墨是可府まて攻入り、府内の街中尓ても猶厳敷合戦これあり候後ち、時日を経て漸く和睦相調ひ候儀ニ御座候、右尓付新角里伏爾尼亜を合衆国尓割与へ申候、此尓依て今ハ北亜墨利加の領地南太平海尓臨て「ヲレゴン河(即ちコリュムビア河)」より北緯三十二度の地尓至り申候

ム一合衆国の人口の数一千七百八十年(安永九年庚子)尓は二百万人尓て有之候処、当今は二千八百七十万尓至り候よし尓御座候
交易工作共尓其業甚た進ミ、且つ年々大尓荒蕪の地を闢き種芸致し申候

ウ　昨年(弘化四年丁未)欧羅巴中尓諸穀払底尓て人民難渋致し候処、此節幸尓穀価下り申候

井一波爾杜瓦爾尓て「ビュルゲル」の兵乱是れあり候処、英吉利、払郎西、伊斯把泥亜の仲入り尓て相治り申候
昨年第六月十日(我丁未四月廿七日)波爾杜瓦児の女王命を下し、尽く右一揆の罪科を宥し候旨触知らせ申候

ノ一赫爾勿萋亜(ヘルヘシア)尓於て久しく「ビュルゲル」の争論ありしか、昨年(弘化四年丁未)の末戦闘尓及ひ申候、但し程なく治り申候

オ一欧羅巴諸国静謐尓無御座候

ク一近来尓及ひ仏郎西尓て全く政事の変化これ有り候、今年第二月廿二日（我戊申正月廿八日）首府巴里斯（ハリス）尓於て裂（烈）しき一揆相起り、三日の間人民と兵士と戦闘ありし尓、軍兵多分人民の方尓帰附仕候、国王及ひ眷族も払郎西を去りて英吉利へ出奔仕候、人民共此上ハ国王を立てす、其仲間より数人を撰んて一同其支配を受んと望み候容子尓見へ申候、然しなから右ハ迚も相続きかたき儀与風聞仕候

ヤ一此頃窩々所甸礼織、孛漏生其他独逸部中の諸地尓も一揆相起り申候得とも、いまた委細尓容子相分り不申候、一揆の趣意ハ政道の宜からすして人民困窮せるを救ハんかため尓御座候

マ一「ベイエレン」（独逸部内の国）国王「ロデウエイキ」（人名）当年第三月二十日（我二月十六日）王位を去り、其子「マキシミリアーン」第二世位を嗣き申候

ケ一「ヘルトフ領「スレースウエイキ」及ひ「ホルステイン」（二国共尓弟那瑪爾加尓在り）の人民弟那瑪爾加王の支配を離れんとの企仕候、但右二国の人民多分ハ原と独逸国人尓御座候
是までハ弟那瑪爾加より軍兵を出し其企を指留候得共、此度独逸同盟諸侯会同評議之上告文を出し、其儀決せされハ兵を出し弟那瑪爾加より引離れ候様相助可申由尓御座候

フ一先年より意太里亜国中人心穏ならす斉西里亜ハ尤甚しく御座候、今年正月十二日（我丁未十二月七日）「パレルモ」（斉西里亜部中の都府の名）尓於て遂尓一揆相起り其乱遂尓全国尓及ひ申候
此戦乱よりして斉西里亜領納波里亜領と分れ申候、然れとも納波里亜の王ハ矢張従来の通り斉西里亜の王を兼罷り在候

コ一羅瑪の法王「カトリーキ」宗の総長是まて柄握せる国政を改革して、以後ハ其土人の総代按るに土兵の頭取尓して即ち此衆心の服する所の者よりも会議を受へきこと尓相定め申候

ヱ一「ロムバルジス」及ひ勿搦祭亜の人民等従来服従仕居候窩々所甸礼蟣尓叛き一揆を起し申候
撒而地泥亜の王其軍兵を以て右一揆を助け申候
数度の戦ひの後ち窩々所甸礼蟣の軍兵敗れて意太里亜の諸部より退き申候

和蘭貿易都督
レイソン

（註）頭註イからヱの文字はすべて朱書である。

# 第十号―一　嘉永二己酉年（一八四九）　別段風説書　長崎訳

『石室秘稿』国立国会図書館憲政資料室所蔵

別段風説書

一当年者和蘭国モ殊ノ外難渋ケ間敷相困申候

一先年油絵仕立ノ絵像ヲモ奉献候和蘭国王ウィルレム（（朱）微爾歛）デテウヱーデ（（朱）第二世）儀、漸一両日ノ病ニテ当酉二月廿三日死去イタシ候

一同人儀壮年之頃ヨリ英才武勇有之、軍事ノ時ハ大将軍ノ任ニ相当リ国敵ヲ攻伐致シ候

一天保十一子年同人父「ウィルレムデテールステ」ノ跡即位致シ、正直仁愛ヲ以テ臣下ヲ撫育シ臣下ノ者モ忠勤ヲ専トイタシ候

一同人死去イタシ候二、三月以前、国中所々ヨリ差出候取（ママ）訴書夫々取捌、是迄之制度ヲ改メ国民弥以服イタシ候

一同人儀齢五十六歳ニテ終ニ前文之通空敷相成申候

一当酉三月十二日国王ノ礼法通リ葬式手厚イタシ、ブルフト地名ニ有之国王一族ノ墓ニ葬申候

一文化十四丑年正月出生ノ太子当節ウィルレム（（朱）微爾歛第三世）デデルデ」ト改名シ国中ノ制度ヲ司リ申候

一嘉永元申年三月七日摂政官ヘアヘバロウフアンカペルレン人名死去イタシ候、同人儀右官職ニ相成候以前ハ和蘭国領

東印度ノ都督ヲモ相勤ムル者ニ候
一当年欧羅巴州之内ニハ騒乱ノ国モ有之候得共、和蘭国ニ於テハ静謐ニ御座候
一和蘭国領東印度ヨリ此節改テ軍勢ヲ「バリー」島ニ差向ケ、其首長心得違ニテ規定違背イタシ候儀ヲ相糺シ、尚海浜住居ノ輩難破船ヲ見掛財貨ヲ奪掠シ度(渡)海ノ妨ト相成候モノ共ヲ討征イタシ候
一嘉永元申年右島人征討ノ儀相企、既ニ「ベルリング」国王ノ要害ヲ攻繫(撃)イタシ、敵ノ死亡モ多ク有之候得共其利無之、殊ニ欧羅巴州ヨリノ便ニテハ此度勝負決候程ノ軍勢難差越旨申越候ニ付、惣勢爪哇ニ退帆イタシ候
一当年差向候軍勢ハ「ゼ子ラール(朱)咭那喇爾、マヨール(朱)瑪約爾」官名「アフヱシシールス」人名司リ申候、其勢左之通ニ御座候

一　海軍フレガット船　　三艘
一　コルヘット船　　二艘
一　スクー子ルブリッキ船　　五艘
一　エクー子ル船　　二艘
一　蒸気船　　七艘
一　武器積小船　　二三艘

右之外商船数艘軍勢往返ノタメ借入申候
一右将司ハリー島江到着イタシ、「バリング地名カラングアスサム地名ノ首長等我意ニ募ル故、穏ニ帰服致サセ度右説得ノタメ集会ニ及ヒ候
一右様実意ヲ施候得共徒事ト相成、既ニ四月十五日十六日両日ノ間デイヤグング人名ベリリング地名ノ首長ト厳敷合戦ニ

及ビ、終ニハ其要害攻取申候

一右首長共山中ニ逃去候処、間モナク軍勢〔将〕クーチーテイテンティーキ（人名）ト共ニ己カ臣下ノ者ニ殺害被致

一四月中旬頃和蘭国ノ大将司コロンコング（人名）ハ首長ノ随身為致度心得ヲ以再度乗船イタシ候

一右首長モ逆心有之候ニ付、当酉四月三日其軍勢ヲスーンギーラーツス（地名）カスーンバ（同上）ニ於テ攻伐イタシ候処、翌四日ノ夜不時ニ和蘭勢ノ陳（陣）所ニ厳敷攻掛申候

一此時和蘭軍勢大ニ勇威ヲ振ヒ合戦ニ及ヒ候処、敵方逃去リ死亡千人手負八百人有之候得共、和蘭勢ハ唯オアシール（官名）壱人オンドルオフシール（官名）四人其外士卒ノ討死有之候

一右討死ノオフシール（官名）ハ「ミシール」ト申者ニテ、「ゼ子ラール（官名）ヲ相勤一方ノ軍将ニ有之其勇強ノ者ニ候処、終ニハ右様相成誠ニ不幸之至ニ候

一敵方ニ於テハ和蘭軍ノ勇威ニ恐レ一応ハ随身致シ候処、軍勢〔将〕死去且軍卒等ニ病疾流行イタシ候ニ付、其虚ニ乗シ又々相背キ、既ニコロンコンク（地名）キヤンヤル（同上）首長等兼テ達置候集会ニモ出席不致等ノ事有之ニ付、ロイテナンコロ子ル（官名）ランスウイーテン（人名）将司トシテ此敵ヲ攻討候処、二度目ニハ「スーンギーワス（地名）ニ有之候祠幷カトューン（地名）ノ敵陳（陣）ヲ打破申候、然ル処右首長等咬嚁吧ニ使節差遣シ和睦ヲ乞候ニ付、パリー（地名）ニ出陳（陣）ノ軍勢其地ヲ引払爪哇ニ引取候

一和蘭国領東印度ニ於テハ、総軍号令之儀ハ和蘭国王ヨリ「サーキセンウヱイスルエイセナク島（朱）ノ「ヘルトグ」（官名）ニ被命置候、同人儀ハ三十余年和蘭国軍中ニ相勤毎度名誉ヲ顕申候

一昨年三月和蘭軍艦二艘ソーローロー島ニ差遣シ候、右ハ其島主ノ臣下共海賊イタシ候ヲ相糺シ、且印度奉行所従役ノ者彼地ニ被捕居候ヲ取返ノ為ニ御座候

一此時島主ノ返答不穏候ニ付、島主ニ日限ヲ掛合置、軍艦二艘ヲ以テ其都府ヲ少々焼討イタシ候

一右和蘭軍船ソーロ島ニ繋居候処、同所囚ノ者数多密ニ逃退其所ニ游来居（候）、右之内奉行所従役之者モ有之候

一右游来ル者自由之身ト相成自国ニ帰申候

一唐国ニ於テハ国民トエゲレス人トノ確執今ニ不絶候

一エケレス人ノ趣意ハ、天保十三寅年南京ニ於テ申極候通、弘化四未年ヨリ外国人共広東府内ヲ徘徊イタシ度儀ニ候

一右府内徘徊之儀ハ、弘化四未年二月廿一日双方取極之個条相立候節、其頃ホンコン在勤ノエゲレス奉行二年ノ間猶予イタシ候

一広東ノ者共ハ右一条年限ニ至リ候（ママ）ルモ申極通不致相拒申候、将又唐国政家之威勢ヲ以テ、国民ノ意ニ逆ヒ取扱候儀モ難致様相見へ申候

一右一件ヨリ追テ再乱ニ及可申ト世人掛念イタシ候、唐国出張ノエゲレス海軍当時減少ノ折柄ニ付、右擾乱暫時ニ再発イタシ候儀ハ有之間敷候

一当年閏四月三日迄ノ評判記ニハ欧羅巴諸洲ヨリ唐国出張ノ海軍左之通ニ候

エゲレ【ス】国

一　病人養生船　壱艘

但船号アルガートル船司ノ名バンキール

一　筒拾弐挺備ブリツキ船　壱艘

但船号アラフ船司ノ名モーニス

一　筒十六挺備同　壱艘
但船号コロンビ子船司ノ名ハイ
一　筒六挺蒸気船　壱艘
但船号チュ子イ船司ノ名ウイルコクキス
一　同　壱艘
但船号インフレキシブル船司ノ名ホセアトン
一　筒四十四挺備フレガット船　壱艘
但船号ミアンドル船司ノ名イップル
一　筒十六挺備ブリツキ船　壱艘
但船号マリ子ル船司ノ名ミユツチリン
一　兵粮船　壱艘
但船号ミンデン船司ノ名ミチハル
一　筒四挺蒸気船　壱艘
但船号プリゲトン船司ノ名ニフレット
一　筒十六挺備ブリツキ船　壱艘
但船号ピロット船司ノ名レイオンス

アメリカ洲

一　筒十挺備ブリツキ船　　壱艘
　但船号ドルピン船司ノ名オグステン
一　筒廿弐挺備フレカット船　　壱艘
　但船号プレイモント船司両人ノ名ギーモンス幷ニゲド子イ
一　筒十四挺備同　　壱艘
　但船号プレブル船司ノ名ギリン

フランス国

一　筒三十六挺備コルヘット船　　壱艘
　但船号ラバヨンナイセ船司ノ名ラカラフィー子

一広東奉行兼外国執事ケインク（人名）退勤イタシ「セウ」ト申者其職ニ相成候
一北アメリカ合衆国執事ト相成イエフダフイーストト申者唐国へ罷越候
一一（合）衆国フレガット船プ（ブ）レクル船司ギリン長崎ヨリ漂民召連、唐国ホンコン（朱）（香港）江帰帆イタシ候
一当酉年二月廿六日暹羅居住之唐人共風聞之通一揆ヲ起シ候、尤唐人数千人敗北イタシ漸ク治リ候
一エゲレス所領印度ノ地ニ於テ「セイクス」（ピユンシヤプ国民ノ名）大戦ヲ発シ候、右「セイクス」ハ往年エケレス所領印度奉行所ト申談規定相立置候処、近来右規定ニ相背候
一右戦争ノ為ニ「ピユムヂヤブ」（地名）ハエケレス領印度ノ地ニ附属イタシ候
一セイロン島ニ一揆相起候得トモ速ニ鎮リ候

一エケレス人共当時ラハーン(ホル子オ島 近隣ノ島)居住ノ儀思付付(衍)候、右ハ此地石炭山ヲ開度ヨシニ候
一其地ハ外国ヨリ参リ住居イタシ候ニハ気候甚不宜候
一近頃北アメリカ合衆国中メキシコー附属ノ「ニーウカリホルニー」(地名)ハ諸所土深サ僅ノ所ニ夥キ黄金出産イタシ候
一右金山ヲ初テ見出シ候者共大ニ利分ヲ得候
一当時ハ諸方ノ人々同所ニ往返シ、数多シ船(之)ニ食物類ヲ運送シ右黄金ニ交易イタシ候
一右ニ付テハ諸民ノ居住速ニ相増シ交易モ次第ニ繁昌可致、又太平海ノ往来弥増ノ様ニ相見ヘ候
一チアンテイペ幷パマナ峡ノ通路速ニ開度専相励候、尤漕路轍路等ノ工夫最中ニテ最早少々ハ取掛居候
一新阿蘭陀国領(朱)ポルトピリプス(地名)ニ於テ、カリホルニー(地名)ヨリ勝レテ黄金若許出産ノ地有之趣先頃見出候由ニ候
一北アメリカ合衆国ニ於テ「ゲ子ラール(朱)(咭那剌爾)」(官名)タイカルト申者国民ノ撰ニ因テ首長ニ相立申候、尤国法通先勤ノ首長ポルク同人ト交代イタシ候
一昨春ヨリ欧羅巴洲諸国ノ人気不穏候処、終ニ大乱ノ基ト相成候
一フランス国ニ於テ徒党ヲ結ヒ、都テ国民自己ノ財宝所有ト申儀ヲ相企(止)メ国中上下平等ニ配分致シ度企有之候
一右徒党ノ者盛ニ相成、既ニ昨年九月頃パレイス(フランス国ノ都府)ノ街市ニ於テ火炮打掛散々騒動差起数千ノ死傷有之候
一右徒党全ク退治イタシ、「ゲ子ラール」官カアイグナクト申者数月ノ間政事ヲ司リ候
一国政相改候以来ハ、国民衆評ノ上首長一名プレシデント」ト唱候者ヲ相立、四ヶ年ヲ期限ニテ交代イタシ候様相定候
一前条ノ次第ヲ以昨年十一月頃「ローデウェイキナポ【レ】ヲン」ト申者首長ニ相撰候、同人ハ前フランス国帝「ナ

ポレオン」ノ甥ニ候、右国帝「ナポレオン」ハ既ニ一度欧羅巴洲半数国ヲ掌握イタシ居候処、終ニ文政四巳年シントヘナ島ニ流罪被致其所ニ相果申候

一右ローテウェイキナホレオン儀ハ、其伯父ノ如ク諸国掌握ノ志念ハ無之様子ニ候得共、唯其国政ヲ専ニイタシ度存念ノ様相見候

一フランス国過半ハ、国王ローデウヱイキピリプス昨年二月頃ノ一乱ニテ王位ニ離レ候儀ヲ相歎、又多クハ右王ノ親族或ハ前国王「カーレルデテイーンデ」ノ一族ヲ再度王位ニ即チ度願望ニ候

一ドイツ国政先年ヨリ諸邦ニ分別ノ処、一国一政ノ帝王相定度ト諸人ノ存立ニ候

一右一条ハ容易難整候、其次第ハ「ドイツ」国政〔諸〕政司各其旨趣有之、殊ニ何レモ政権ヲ一人ニ帰候儀ヲ不相好候

一初発ハ「オーステンレイキ国アールツヘルトグ（爵名）ノ一人ヲ「ドイツ」国ノ政司ニ相立候儀可然トノ評決有之候得共、ドイツ各国目代ノ人々フランクフヲルト（地名）集会ノ上、プロイス国王ヲ「ドイツ」国帝ニ相立候様決談イタシ候

一然ル処プロイス国王ハ右評決ニ不応、帝位ニ即候儀ヲ再評ニ及ハサル様ニ辞退イタシ候

一オーステンレイキ国帝フヱルテナントエールステ儀、昨年十一月七日其甥アールツヘルトグ（爵名）フランスヨセプリ（人名）ノタメニ退身イタシ候

一国中一揆相起、既ニ昨年四月十八日フヱルデナントエールステ（国帝ノ名）其都府ヲ退去イタシ候

一昨年九月頃コロアチー（地名）軍勢ト官軍一致シ、右都府ヲ取囲ミ十月四日ニ其都府ヲ取返候

一ホンゲリヤ国王兼オーステンレイキ国帝ニ対シ一揆ヲ起シ候者共、ウヱー子ン（地名）ノ一揆ニ加勢旁彼地ニ退陳（陣）イタシ候処、官軍ノ主将ウインテイースカラツフ（人名）彼地ノ近辺ニ於テ右一揆ト戦ヒ打勝申候

一其後官軍ホンガリヤ（国名）ニ帰陳（陣）、以来其地今ニ戦争有之候

一ロシヤ国帝ハ「マルタフイー」（地名）ワルラセイエ（地名）ニ於テ武備ノ用意専ニ候、猶ホロシヤ軍勢（右）両所ニ兵ヲ相備申候、依之ロシヤ国ト「トルコ」国トノ和睦相破再乱ニ可及哉ト諸人掛念イタシ候

一ロシヤ国帝ハ「オーステンレイキ」国帝ニ加勢ノ為セーヘンベルゲン（地名）ニ軍兵ヲ相集候

一オーステンレイキ国ハ政事改革有之、新帝新奉行相立騒動相治り候

一オーステンレイキ国附属ノ「ロンバルデイ（地名）フヱ子チ（同上）モ同様一揆相起リ、今ニ「オーマ（ス）テンレイキ国人フヱ子チ（地名）ヲ押領イタシ候

一サルデイニー国王カーレルアルベルト（人名）ハ右地ヲ奪返シ自己ノ支配ニイタシ度、ロンバルデイ（地名）ニ両度迄出勢イタシ候

一右国王ハ両度トモ「ゲ子ラール」（官名）ラートルスケイ」ト申者ノタメ合戦打負ケ終ニ其国ヲ立退、王位ハ嗣子「フイクトルエマイール」ト申者ニ相譲リ候

一ローマ（地名）ニ於テハ国民トモ其国主パウス（官名）代十四世「ピンクス」ト申者ニ敵対イタシ候

一右パウス（官名）ハ昨年十月三十日密ニ「ナープルス国ノ「カエター（地名）ニ逃去申候

一右ハウス（官名）速ニ帰国イタシ候様諸人希候、左様無之テハ国政相乱レ剛盗抔ノ患有之故ニ候

一ナープル国王軍兵ヲ出シ右ノ一揆ヲ取静申候

一右取静ノ手当シシリー島迄ハ不行届、右一揆島中諸街市殊ニ「ミスシナ」（地名）シラキユサ（同上）ヲ押領イタシ居候テ今ニ戦争絶不申候

一欧羅巴洲北方ニ於テハ「セレース」（地名）ホルスティン（同上）ノ儀ニ付、デー子マルク国ト「トイツ」国ト又々戦争相起リ候
候

一デー子マルク方ハ大敗軍ト相成、最大リーニー船ノ内壱艘致焼討虚空ニ飛散シ、猶外一艘ハ敵ニ被奪取候

一欧羅巴洲二ヶ年ノ凶作ニテ食物払底ノ処、昨年以来豊饒ニ相成候

一昨年ハ又々欧羅巴洲及ヒ「エゲイプテ」国ニ「コレラ」（病名）流行致シ候

一右疾病此度ハ先度ノ如ク裂（烈）敷ハ無之候

一エゲイプテ国ノ「オンドルコーニング」（官名）「メヘメットアリー」ト申者昨年老衰イタシ候ニ付、其養子「ハラピユンバカー」ト申者ニ国政ヲ引継申候

一右パカー（人名）其後無程死去イタシ、当時ハ「メヘメットアリー」（人名）ノ孫「アブバスパカァ」ト申者「エゲイプテ」国政ヲ司リ申候

一アブバスパカァ（人名）ハ国王ニ拝礼ノ為コンスタンテイノープル国ニ罷越候

一アブバスパカァ（人名）ハ右国王ヨリ「ゴロートヒシール」（官名）幷エゲイプテ国ノ「オンドルコーニング」ニ被封候

一同人帰国ノ上掟相改殊更他国ノ者役儀相勤居候ヲ役儀召放シ候

右之通御座候　カピタン

ヨセフヘンリイ

レイソン

右之趣横文字書付ヲ以申出候ニ付和解差上申候、以上

酉七月

通詞目付　本木昌左衛門
同　西　与一郎
通詞　楢林鉄之助
同　植村作七郎
同　小川慶右衛門
同　西　吉兵衛
同　志筑竜太
同　岩瀬弥七郎
同　品川藤兵衛
同　名村貞五郎
同　横山又次右衛門
同　森山栄之助
同　楢林定一郎
同　荒木熊八
同　西　慶太郎

# 第十号—二　嘉永二己酉年（一八四九）別段風説書　江戸訳

『嘉永二年己酉御内密別段風説書』
彦根城博物館所蔵井伊家文書

千八百四十九年別段風説書

一当千八百四十九年和蘭国大損失ニ逢ひ申候、其故ハ、和蘭国王「ウィルレム」第二世数日の病の後当年第三月十七日嘉永二年己酉二月廿三日ニ卒去仕候、即先年其写真の肖像を献上仕候王ニて御座候

右国王は少年の時より勇威智慮衆ニ勝り、其太子たる間和蘭の軍の総大将となりて屢々国の讐敵を討伐仕候、千八百四十年ニ於て、其父「ウィルレム」第一世王の後を継き国王与なり、正直仁愛を以て特ニ民心を得申候、其死する数日前ニ於て本国諸州より高官を招き集め、相議して国の基律ニ於て諸般の改正を行へり、是に因て民心国王ニ服すること一段密ニ相成候事ニ御座候

今年死去仕候て、享年五十六歳三個月十一日ニ御座候、其遺骸は第四月四日三月十二日ニ於て、厳整なる儀式を以て「デルフト」州名の内なる和蘭王祖家の墳域ニ葬り申候

国王の長子千八百十七年第二月十九日文化十四年丁丑正月四日出生の者「ウィルレム」第三世与称し政ニ臨ミ申候

一千八百四十八年第四月十日嘉永元年戊申三月七日ニ於て、政府の宰相前キの和蘭領印度の総督大将「バロン」爵名「ハン・デル・カ

ペルレン」人名死去仕候

一当年も欧羅巴諸国兎角穏尓無御座候処、和蘭尓於てハ和平無事尓御座候

一和蘭領の印度尓新に一隊の軍を出し申候、是れは猫鼈（バリー）爪哇の東辺北一島の侯伯の内、和蘭与の約条を負ける者を罰し、且ツ此島の海岸の住民和蘭領の不幸なる漂民を屢々劫奪せし罪を問ひ、向後是等の事なからしめん与の為なり

昨千八百四十八年嘉永元年戊申已尓猫鼈（バリー）の侯伯を懲治（コラシメル）するの策ありしが、欧羅巴よりの音便（タヨリ）尓、其頃ハ未ダ其戦を終るに足る程の軍兵を印度尓出すことを許さすとありければ、東印度の和蘭の兵隊徒ラ尓「ベリ々ング」猫鼈の都侯の首城を一撃して、後再ヒ船尓乗りて爪哇尓退き帰れり、但し此戦尓敵死するもの多かりし

当年仕出したる軍隊は上将軍「ミシールス」人名の指揮尓て有之候、其陸軍ハ兵五千人

其海軍ハ

「フレガット」三艘

「コルヘット」二艘

「スクー子ルブリッキ」五艘

「スクー子ル」二艘

蒸気船及兵備ある「コロイスボート」七艘

右の外なを兵士を送るが為尓許多の商船を賃借セリ

右の指揮官猫鼈（バリー）尓到着し、頑強なる「ベリ々ング」侯及ひ「アスサム」洲の侯も集会すること二回尓及へり、是れ此侯等をして血を濺ぐに及ハす、和蘭尓服従セしめんとの本旨なり

然れとも此勧諭遂尓聴かれすして、第四月十五日及ひ十六日尓於て「ベリ々ング」侯の首城なる「ギヤガラガ」を劇く攻加て、遂尓これを奪ひたり

「ベリ々ング」侯及ひ「アスサム」洲の侯は山中尓逃れけるが、久しからすして其軍の総大将なる「グースチーヂエランチーキ」人名と共尓其臣民尓殺されたり

一第五月の初尓於て、右の指揮官「ミシールス」を云再ヒ船尓乗りて「コロンコン」の侯を服従セしめんが為尓出帆セリ

然るに、此侯も亦頑強不服なりけるが故尓、第五月廿五日閏四月四日これを撃ちて其軍を「ラワス」渓及ひ「カスームバ」尓破りしが、其夜不意尓和蘭軍の陣処を襲ひ劇シく攻撃を行へり

和蘭の軍兵大勇を現してこれと戦ひ、遂に敵を追散セリ、此戦尓敵死する者千人傷する者八百人、和蘭の陣尓は唯主将一人及ひ裨将歩兵併セて四人を失ひたるのミ

但し不幸なりしハ、其死する所の主将別人尓非す即勇壮の指揮官「ゼ子ラール」官名「ミシールス尓てありし

然れとも、敵既尓和蘭の兵威強盛なることを明知しけれは、彼侯已尓服従セんと決セしが、和蘭の指揮官戦死セるを聞き、且和蘭の兵多く流行の病尓罹ることを知り再ヒ勇を得たり、是尓於て「コロンコン」の侯及ひ「ギヤンヤル」の侯共尓約期尓於て集会尓臨まずと決セリ、是尓於て和蘭の指揮官「ロイテナント・コロ子ル」言名「ハン・スウィーテン」人名再ヒ兵を出して、敵を「ラワス」渓の寺院の近旁及ひ「カストムバ」尓撃ちたり、敵竟尓敗れ、宥許を願ふが為尓使節を抜太脟亜（バタヒ）爪哇の府尓送りたり、是に於て和蘭の軍猫釐（バリー）を退きて爪哇尓帰れり

一印度中和蘭領総督の配下尓て和蘭領東印度総軍の指揮を掌ることを和蘭国王より「サキセンウヱイマルエイセナク」独逸中の国名の「ヘルトク」爵名尓命したり、此「ヘルトク」の兄弟尓て和蘭の軍事を勤むること三十年余尓至り、屢々

名誉を著ハセシ人なり、按尓専念の風説尓和蘭王娘を「サキセンウェイマルエイセナク」の太子尓嫁すといへハ和蘭ハ此の外戚たり、但し此尓云ふ所の「ヘルトク」及大「ヘルトク」ハ何レ歟和蘭の公主の婿なるや否詳ならす

一昨年第四月尓於て和蘭の軍船「ブリッキ」船の名二艘を蘇洛(ソーロー)島尓遣したり、是レ此島主の巨属其近海尓於て断えす海賊をなセしが故尓、これを其島主尓責め、且ツ和蘭領印度総庁の臣下蘇洛(ソーロー)の海賊尓奪ひ去らるゝ者を請受けんが為なり、島主右の請ヒを肯ンセさりけるか故尓、予め其期日を島主尓告けて後、二艘の軍艦を以て其首府を熕射し、其一部を焼込セリ

和蘭の舶蘓洛(ソーロー)島前尓在りし間、蘓洛(ソーロー)尓奪ひ去られ奴隷となされたる者数十人窃カ尓岸より逃れ来り、舶の方尓泳き来れり、其中にハ和蘭領の巨属もありたり

右逃れ来れる者ハ悉くこれを宥し其本国尓帰らしめたり

一支那尓て今以英吉利との確執甚しかりし

英吉利人ハ千八百四十二年天保十三年壬寅南京尓てハ和約尓据れハ、千八百四十七年弘化三年丙午十一月十五日より同四年丁未尓至る尓ハ広東の内府の門中に外国人を出入セしむへき約束たりと申し募れり

千八百四十七年四月六日弘化四年丁未二月廿一日の和約尓て英吉利の香港総督納得し、二年余ハ右内府の門中尓外国人の出入を延引することゝなれり

但し広東の民人ハ此事の叶ハさるを望めハ、政官も民人の望尓逆ひて強て英吉利の約尓従ふこと能ハさるへし

此事より支那と英吉利と新尓争論を生する懼あれと、当今尓てハ英吉利の海軍の支那海尓在る者前尓比すれハ減少しあれハ、直尓争乱を生すへしとも見へす

一当年六月廿四日嘉永二年己酉五月五日まて行ハれし告文尓据れハ、支那海尓在る欧羅巴の海軍の船数左の如し

英吉利海軍船艘

「アルリガテル」名号医養舶（砲を備へす）　「ハンキール」（人名）支配

「アラブ」名号「ブリッキ」船（大砲十二門を備ふる者）　「モニス」支配

「コリュムビ子」名号「ブリッキ」船　十六門　「ハイ」支配

「テユニイ」名号蒸気船　六門　「ウィルコキス」支配

「インフレキシブレ」名号蒸気船　六門　「ホセアトン」支配

「ミアンデル」名号「フレガット」舶（四十四門）　「ケッペル」支配

「マリ子ル」名号「フリッキ」船　十六門　「ミユチソン」支配

「ミンデン」名号兵糧船（砲を備へす）　「ミチハル」支配

「フリギトン」名号蒸気船　四門　「ニブレスト」支配

「ピロット」名号「ブリッキ」船　十六門　「レイヲンス」支配

北米里幹（アメリカ）海軍船艘

「ドルヒン」名号「ブリッキ」船　十門　「ヲグステン」支配

「プレイモウト」名号「フレガット」舶（二十二門）　海軍提督「ギルマンス」

甲必丹「ゲド子イ」支配

「プリッブレ」名号「フレガット」舶　十四門　「グレイナ」支配

仏蘭西海軍船艘

「ラ・バヨンナイセ」名号「コルヘット」舶（三十六門）　「ラグラフィーレ」支配

一広東総督外蕃監察者英の跡役に「セウ」を申付らる

一北米里幹合衆国「イ・テ・ダフィス」（人名）を命して監察官となし、支那尓赴かしめたり

一北米里幹の「プリッブレ」名号「フレガット」舶の総将「グレイン」長崎尓来り、其地尓在る漂民を迎取り香港尓帰り来る

一或説尓据るに、千八百四十八年三月二十日（弘化五年戊申二月十六日）暹羅尓住居せし支那人騒動を起せしか、数千人死傷せし後其事始めて静謐したり

一英吉利の前印度領尓て際苦斯（セイクス）（原注尓曰く際苦斯ハ「ピユンジャボ」の土人なり）と新尓大戦あり、元来英吉利と際苦斯とは和約ありしに、際苦斯其約束を守らさるよりして此戦争尓及へり

数日戦闘の後殊尓要害堅固なる「ムールタン」府を攻取り、且「ラ子ーワルヲ」「シルラワルヲ」「ゴアエラット」（地の名）三所の野戦尓て大尓敵兵を打敗れり

此戦争によりて、「ヒユンジャボ」の版図の内某地方ハ英吉利に属すへきよしを定めたり

一錫蘭島（セイロン）尓て内地の民人騒動を起せしが、速尓取鎮られたり」

一英吉利人当時ハ愈々浡泥（ボルネオ）の近傍「ラボアン」島尓居住を構へ、豊大なる煤炕（イシズミアナ）を見出さんとの望なるよしなり

但し、此地の時候ハ土地尓慣さる新来の人民の為尓は甚た宜しからす

一新角里伏爾尼亜（カリホルニア）方今ハ黙時科（メキシコ）より北米里幹合衆国尓渡し其国尓属したりしに、此地より許多の黄金を掘出したり、中尓は少し地を掘り候へ者直尓黄金を出せる処も多かりしとそ

初めて其黄金を掘取し人ハ莫大の利潤を得たりとそ
今ハ諸方より商売雲集し、数多の船隻尓日用の品物を積来りて、黄金と取り換へ持帰れり
此容子尓ては此国内の人口速尓繁昌し、通商の船隻の太平海中尓往来する者次第尓多くなるへしと察せらる
一種々工夫を廻らし、「テヒユアンチペー」（中米里幹に在り）巴那麻（同上の南に在り、二地共ニ狭長なる地峡たり）二地の地峡を横に互りたる道路を速尓成就せんと謀る、溝渠を鑿り轍道を造る等の諸策の優劣を商量熟議し、或は既尓半ハ其策を施し行へり
一某氏の告る所尓据れハ、新和蘭の中「ポルト・ピリップス」洲（英吉利植民の地新南華麗（ワルレス）の内に在り）に黄金坑を見出セしに、其出す所の黄金ハ角里伏爾尼亜よりも夥しと云へり
一北米里幹合衆国の伯理璽天徳（フレシデント）（本注第一椅政官を云ふ）を撰ミ、衆人の望によりて総督「タイロル」（大名）を以て前の伯理璽天徳（フレシデント）の官「ホルク」（人名）に代らしむ、これ国律ニよりて其在職の期満るか故なり」
一昨一千八百四十八年（嘉永元年戊申）の初、欧羅巴諸州騒動起りしに、其勢甚た盛尓成行たり
一仏蘭西尓て一組の一揆起り、大小府民の金貨を平等に分ち、一個々々の所持セる私利を止めんと謀る
此一揆の徒党とも已か望める通りの事を為し遂んとて、千八百四十八年七月（嘉永元年戊申六月）巴理斯にて新に騒乱起り、府民等迭尓府内の街上尓て小銃六熕を以て打合ひ、数千人死亡尓及ひけり
然るに一揆の者共終尓全く戦負けけれハ、総督「カファイグナック」一二月の間府政を取行ひける
新に立たる国法によれハ、総府民の択挙を経て、其最多き択び尓随ひ一人の大総督を挙け、これを伯理璽天徳（フレシデント）又第一椅政官と名け四年を限りて其任尓居らしむべしと也
千八百四十八年十二月（嘉永元年戊申十一月）遂尓「ロデウェイキ・ナポレヲン・ボナパルテ」を撰みて此任に居らしむ、此人ハ故

帝「ナポレヲン」の甥たり、「チ（ナ）ポレヲン」は一たび欧羅巴の大半を掌握したりしか、聖意勒納島（シントヘーチ）（亜弗利加の西南の処尓在り）に流されて千八百二十一年（文政四年辛巳）其島尓歿す

但し、右「ロテウェイキ・ナポレオン」は其叔父の如く天下を併合する所存ハなく、唯其政治のミを勉むる覚期と相見へ候

仏郎西部中ハ、人民大半ハ仏郎西王「ロデウェイキ・ヒリプス」の千八百四十八年二月（嘉永元申年正月）に於て其王位を離されしことも哀しみ、これ尓由て其一族中往時（サキ）の「カーレル」第十世王の子孫を以て再ヒ王位を継がしめんと希ひおれるよし

一従来久しく数国尓分れたる独逸国尓於て、其同盟の制を革（アラタ）め一帝総統の国と成さんと望む者多し

但し、諸国の君主一人の統制を受くることを好されバ、此一挙ハ大に行ハれ難かりし

嚮キ尓「オーストテンレイキ」の「アールツヘルトク」（爵名）の一人を一国の知政尓撰挙せしが、近時独逸の数国の君主の使節「フランキホルト」（独逸の中央尓ある地）尓会合して、終尓其帝職を孛漏主王尓授けんことを決セリ

然れとも、孛漏生王ハなを其他の独逸諸藩の君主一同セる決定ならでハ、其職を受ることを欲セざりしかバ、其儀の手続も相止ミたり

一千八百四十八年十二月二日（嘉永元年戊申十一月七日）「オーステンレーキ」帝「ヘルチナント」一世位を辞し、其甥「アールツヘルトク・フランス・ヨセフ」位を継き、此年五月十八日（嘉永元年戊申四月十六日）「ヘルヂナンド」一世既尓其首府勿能（ウエーチン）（を云）を立退きたり、是れ其国民擾乱せしが故なり」

此首府ハ、同年十月（嘉永元年戊申九月）「コロアチー」（国名）の軍勢を組合へる帝領の軍勢の為に囲ミ撃たれしが、同月三十日（十月四日）

遂尓其府を明ケ渡したり

此間尓翁加里亜（国名）の一軍其王意尓逆き、「オーステンレーキ」帝尓反して勿能（ウエー子ン）（独逸の都府）の一揆に助勢せんとて、勿能尓向つて進発したりけるが、帝家の大将「ウィンジングラッ」（人名）が為尓都府の前尓て打敗られたり

次て帝家の軍勢翁加里亜の方へ進行し、此地尓於て戦争今なを休むことなし

魯西亜帝「モルダビー」（莫尓太未亜）（地名原本「マルダビー」尓作る恐くハ誤ならん）及ひ「ワルラシー」（共尓地名地国を按尓都児格の北辺魯西亜の界尓近き所尓て「セーヘンベルゲン」山名の麓尓在リ）尓拠らんと企ることく相見へ、魯西亜の軍兵其地の諸方を守衛せり、此様子尓てハ魯西亜と都児格との和約敗るゝに至るへし

但し、魯西亜帝は独逸帝を援けんとて軍兵一隊を「セーヘンベルゲン」（山名）中へ衝入セしめたり

「オーステンレイキ」尓は新帝即位して法制再ヒ改革して、已尓一揆も相休ミたり

「オーステンレイキ」帝の国政従属せる「ロムバルヂー」及ひ「ヘ子チー」（共尓意太里亜の地名）尓一揆起りたりしが、「ヘ子チー」府今以て「オーステンレイキ」の軍勢尓帰降せさるよし

「サルジニー」（撒而地泥亜）（地中海島の名）の王「カールアルベルド」、「オーステンレイキ」の支配地「ロムバルデイ」（意太里亜の地名）を奪ひ吾領地尓致さんと欲して、両度まて「ロムバルデイ」（前尓出つ）尓攻め入りたり

「オーステンレイキ」の総督八十三歳せる「ラデスキ」（総督の名）両度もも（衍）此を伐ち敗り、「カーレルアルベルド」詮方なく終尓吾領地を捨て、王位を其子「ヒクトルヱマン子ル」尓譲りたり

羅馬の土人其教皇「ピンス」九世尓背ひて一揆を起したり、教皇ハ十一月廿五日（十月三十日）密か尓王国納波里（ナペルス）（意太里亜の東南の地）の内「カエタ」（「ナペルス」の西南海浜尓在り）の地尓逃れたり

其留守中羅馬の府混乱し賊徒の餌食と成りける尓より、其土人教皇「ピンス」速尓還り来らん事を待ち望ミ候よし、

納波里（ナペルス）の王も亦其一揆騒乱を鎮めんが為め、軍勢を出したり」

但し、西斉里亜島（シシリア）（地中海尓於て島の名）尓於てハ已尓其諸府を奪ひ、特尓「シスシナ」（「シシリア」の東北の地名）及ひ「シラクサ」（「シシリー」の東南の地名）を奪ひけるが、其争乱を鎮請する事なし

欧羅巴の北方尓於てハ、「ヘルトクドム」（領地の名）「スレースウェーキ」（地名）「ホルステイン」（「デ子マルク」中の地名）等の事尓就て、第那瑪児加（国名）と独逸国の闘ひ再三尓及ひたり、人遂尓大敗を受けたり、其故ハ、其最大なる「リニー」船の内一艘ハ戦闘の間焼亡し、尚一艘ハ暴しく打敗られ遂尓敵尓奪ハれたれはなり

欧羅巴中二個年の間行ハれたる食糧の匱乏ハ昨年の豊熟尓て回復せり

去年欧羅巴幷尓阨日多（エジット）の地方尓吐瀉病復た行はれたり、但し前年の如き劇勢尓ハ非さる（り）し

阨日多副王「メヘメットアレー」前年より老衰尓よりて神識を失ひけるにより、兼て立て置き候嫡子「イブラヒムパカ」子政事を譲りたり」

「イブラヒムパカ」（人名）其後程なく卒去し、当今ハ「メハメットアレー」（「エジット」副王の名）の孫「アブパスパカ」阨日多を領治せり

「アブパスパカ」（人名）都児格帝尓拝謝の為め公斯瑠丁諾波児（コンスタンチノポル）（都児格の首府）尓赴きたり

「アブパスパナ」（阨日多の領主）都児格帝より都児格大政事官及ひ阨日多の副王尓命せられたり

「アブパスパカ」（前尓出つ）吾か領地阨日多尓還り、諸の建法を政草し、殊尓亦他邦の人民を役使する事を免したり

和蘭交易都督　れいそん

# 第十一号―一　嘉永三庚戌年（一八五〇）別段風説書　長崎訳

『石室秘稿』国立国会図書館憲政資料室所蔵

別段申上候風説書

一当和蘭国王「ウヰルレムテデルデ（微爾斂第三世）」先帝「ウヰルレムデテウヱーデ（微爾斂第二世）」之跡職ニ相成候儀ニ付、嘉永二酉年四月廿日和蘭国ノ都府「アムストルダム（亜謨斯的爾達）」ニ於テ大礼ヲ取行申候

一先国王之余風ヲ慕ヒ国人等其像二個造立シ、其一ハ都府「アムストルダム」ニ安置シ、今一ハ都府「スガラーフヱンハーゲ」(1)ニ安置可致所存ニ候

一和蘭国王「リユクセンビユルク」（国名）ノ国主ヲ兼居候処、弟「ヘンディリキデル子ードルラント」(2)（人名）ニ「リユクセンビユルク」ノ国政ヲ譲申候

一右「ヘンデイリキデル子ードルランド」（人名）ハ、幼若之時ヨリ国王ノ「フロート」(3)（一組ノ軍船）ニ乗リ諸方へ渡海シ、近年前和蘭領印度ニモ罷越候

一(4)先国王之女「ロウイサデル子ードルラント」（人名）ハ「スウヱーデン（雪際亜）」国王兼「ノールウヱーゲン（諸爾勿入亜）」国王ノ嗣子ニ婚姻可致候

一(5)欧羅巴洲中今ニ不穏候得共、和蘭国ハ前文申上候通物静ニ有之候

一「ミニストルファンスタート」（司天訳作和蘭国政参議）官名兼和蘭領印度惣督督官（(朱)都）「イイロギュスセン」人名ハ、昨秋頃「マカスル」（(6)麻曷沙爾）地名「セレベス」（(7)食力百私）地名及ヒ其属地「バンセルマーシン」（(8)文郎馬神）地名幷「ボル子ヲ」（渤泥）島ニ巡見ニ参り、夫ヨリ再ヒ「バンセルマーシン」（文郎馬神）地名「マカスル」（麻曷沙爾）同上及ヒ「シユラバヤ」（(9)蘇魯馬益）地名江罷越候

一(10)「イイロギュスセン」人名旅行之間ハ「フイーセプレシデントファンデンラート」官名「イセレイスト」人名諸事引請取扱申候

一右和蘭領印度惣督ハ昨年「バーリト」（(11)猫釐）島ノ「フヲルスト」(12)官名等ノ乱妨ヲ制シ候為軍勢ヲ差出シ候処、同年第六月（去酉閏四月十一日ヨリ五月十一日マテニ当ル）右「フォルスト」共和蘭方ト集会取極ヲ致シ候、其趣意ハ和蘭之支配ヲ請以来ハ其島ノ洲渚ニ打上候異国船ヲ乱妨無之、且「スラーフェン」（人ヲ売買致シ被売タル者ヲイフ）ノ流弊ヲ相止可申トノ儀ニ候

一「バーリー」島中権柄之「フヲルスト」官名「デテワーアゴングファンコロンコング」(13)人名当年死去致シ候

一爪哇ノ近国凶年ニテ食物払底ニ候而国人トモ大ニ難渋罷在候

一右ニ付官府ヨリ規定ヲ相立、国人等餓死セサル様専手当有之候

一(14)東印度海軍之支配ヲ致シ居候「フィーセアドミラール」（司天訳作副水師提督）官名「マシールセン」人名死去致シ候ニ付、右跡「ファンデンボス」人名ニ和蘭国王ノ命ニ依テ惣都督官ヨリ申付候

一右「ファンデンボス」儀ハ先年其地海軍ノ支配相勤罷在、近頃「ラードファンミニストル」（司天訳作和蘭国政参議）官名ニ相成居申候

一昨年「パレムバング」（(15)巴林馮）地名中ニ騒乱差起リ、右ニ付軍勢ヲ其地ニ指向ケ候様相成申候

一右騒乱ハ無程相治リ申候

一爪哇之都府「バンタム」（万丹）中ニモ騒動差起リ申候、尤格別之儀ニハ無之候

一(16)唐国広東之地ヲ異国人之為ニ供ント専出精致シ候、右ニ付唐国ノ「ケイズルレイキコミサーリス」(欽差大総督)(官名)「オンドルコーニング」(副王)(官名)「セウ」(人名)ハ国人ノ望ニ任セ、右願聞済永続致シ候様相成申候(17)

一右之儀ニ付而者、同人儀官府ヨリノ趣意ハ差置キ指ハマリ取計申候

一右取計ニ付、同人儀唐帝ヨリ孔雀羽幷貴石ノ指輪ヲ賜リ候

一(18)エゲレス方奉行所ハ唐方官府ニ混サツ申極之趣意相立候様掛合候由ニ候

一(19)当年四月十七日迄之説ニハ「エゲレス」方「ホンコン」(香港)島ノ奉行「ホンハム」(上海)「サンハイ」(人名)(地名)へ罷越候

一右之節同人儀許多ノ軍兵ヲ召連申候

一(20)「ストーム、スクルーフ、スクー子ル」(一種ノ蒸気船)「レイナルト」(船号)ヲ前広「ピシリー」(地名)ノ湊ニ差出置候、右ハ其地ニ而右同勢ヲ待請候為ニ候

一(21)右様ニ出精イタシ候ハ北京出張之者江集会可致タメト相見申候

一右同説ニテハ東印度海幷唐国海ニ「エゲレス」海軍左之通ニ相備有之由ニ候

一　筒十二挺備「ブリッキ」船　　壱艘
　　但船号「アルバトロス」船司之名「ファルキュハル」

一(22)同二十六挺備病人養生船　　壱艘
　　但船号「アリガートル」船司ノ名「デバンキール」

一　同　　壱艘
　　但船号「アマソン」船司ノ名「トロウフリットゲ」

一㉓同十二挺備「ブリッキ」船　壱艘
但船号「アラップ」船司ノ名「モルリス」
一同三十六挺備「フレカット」船　壱艘
但船号「コムブリヤン」船司ノ名「フリュンリットゲ」
一同二十六挺備「フレガット」船　壱艘
但船号「カレオパタラー」船司ノ名「マルシー」
一㉔同六挺備「ストームフレガット」船　壱艘
但船号「フェレイ」船司ノ名「ウォルロックス」
一同七十二挺備「リーニー」船　壱艘
但船号「ホルテイングス」船司ノ名「アステン」
一㉕同十六挺備「ブリッキ」船　壱艘
但船号「マリ子ル」船司ノ名「マテソン」
一同六挺備蒸気船　壱艘
但船号「メデア」船司ノ名「ロックヱル」
一㉖同二十挺備同　壱艘
但船号「ミンデン」船司ノ名「ミトセル」
一㉗同十六挺備「ブリッキ」船　壱艘

嘉永三庚戌年（一八五〇）長崎訳

但船号「ピロット」船司ノ名「インセ」
一 同十一挺備「ストムスクルーフスクー子ル」　壱艘
但船号「レイナルト」船司ノ名「カラウェフヲルト」
一 同十一挺備「コルフェツト」船　壱艘
但船号「ロヤリスト」船司ノ名「ハアラ」
一 同十二挺備「ブリッキ」船　【壱艘】
但船号「セルペント」船司ノ名「バルケル」

「アメリカ」海軍

一(28) 筒二十二挺備「フレガット」船　壱艘
但船号「ブリモウト」船司ノ名「ゲレトリイ」
一 同十挺備「ブリッキ」船　壱艘
但船号「ドルピン」船司ノ名「パァーゲ」

和蘭海軍

一 筒五十四挺備「フレガット」船　壱艘
但船号「レイン」船司ノ名「ヨル」

一当第二月（去酉十二月廿日ヨリ当正月十七日迄ニ当ル）ニ唐国「タンクァン」（道光）帝、治世三十年ニシテ死去致シ太子跡職ニ相成申候

一新唐帝ハ専朝臣ニ仁政ヲ施申候

一(29)去年第六月（去酉閏四月十一日ヨリ同五月十一日迄ニ当ル）南蛮（ホルトガル）国方「マカホ」（瑪港）（地名）ノ奉行「ヨア、マリア、フヱルレイラ、ドアマレル」（人名）ハ、是迄其地ニ有之候唐方運上役所ヲ引取セ(30)「マカホ」（瑪港）ヲ全ク南蛮（ホルトガル）領ト致シ候

一右様相定候而者却テ其地不繁昌ノ基ニ有之候

一唐国ノ商人東方ノ諸島ニテ商売致シ候者トモハ基地ヲ立退申候

一右ニ付其奉行計略ヲ以相達候ニハ、「マカホ」（瑪港）（地名）ノ人民地持ノ分ハ、免許ヲ不請住所ヲ立退他所ニ引越候様之儀有之候ハヽ、早速家財ヲ取上候趣ニ有之候

一右規定相立有之候得共、迚モ立退候儀難差留有之候

一唐人共右「マカホ」（瑪港）奉行ニ逆ヒ候趣意ハ左之ケ条ニ候

第一ニハ唐人ノ墓所ヲ取払「マカホ」（瑪港）ニ新道ヲ開キ候儀ニ候

第二ニハ唐方運上役所江建有之候旗竿ヲ破却致シ候儀ニ候

一唐国コミサーリス（大総督）（官名）「セウ」（人名）ニ唐商人等書面ヲ以テ申出候ニハ、南蛮奉行ニ手向ヒ可申所存有之候トノ儀ニ候

一(31)昨酉年七月五日「マカホ」（瑪港）近辺ニ於テ、唐人トモ右奉行ヲ襲ヒ殺害致シ候

一(32)唐人共其首幷手ヲ切離シ持去申候

一右ニ付「マカホ」（瑪港）（地名）ノ奉行所ヨリ手当致シ、疑敷モノ三人召捕申候

一双方彼是掛合ノ上ニテ南蛮方奉行所ヨリ右虜三人唐官府江引渡、唐方ヨリハ南蛮方ニ右首幷手ヲ相渡申候

一南蛮（波爾杜瓦爾）「ブラシリー（伯西児）」国幷「コーア（臥亜）」（地名）ヨリ海陸両軍ヲ「マカホ」江差遣申候

一新奉行「ヘトロー、アレキサンデイリノー、タキュンハー」（人名）者「マカホ（瑪港）」ニ赴候旅中ニ候

一(33)唐国海ニ於テ不断海賊之患有之候ニ付、右警固ノタメ「エゲレス」人司リ、諸国ノ軍勢相備候様相成申候

一昨年八月海賊「サップンクチェイ」（人名）幷其賊船四十艘(34)「コルキュム」（街市ノ名）ノ近海ニテ見掛候間、蒸気船「フレゲトン」（船号）「フェリー」（同上）「ブリッキ」（軍船ノ一種）「コリュムビ子」（船号）ヲ以テ取支ヘ候

一其後無程右「サップングチェイ」唐国官府ヘ屈伏致シ候段申出候処、憐愍ヲ加ヘ取計候

一右海賊之手下共ニ於テモ其罪ヲ差免サレ候

一(35)昨酉年正月暹羅（シヤムロ）国ノ「デピュターチー」（官名）ハ「エゲレス」国領「マウリナイン」（地名）ノ首長「スパルクス」（人名）方ヘ相起候、右ノ趣意ハ「デピュターチー」幷国民其地ヘ在住致度願望有之トノ噂ニ候

一右之者共自国ヲ立去候儀ハ、其国ノ支配頭理不尽ノ取扱ヒ有之候故ト被察候

一昨酉年閏四月八日「エゲレス」奉行所ハ(36)「スールー（蘓洛）」（地名）ノ「シュルタン」（官名）(37)「モハメット、サデール、アル、アヒール（馬哈黙）」（人名）ト談合海賊防禦ノ手当致シ候

一右ニ付「エゲレス」国女王ノ命ニテ(38)「ラブーアン」島ノ奉行「ヤーメスブローゲ」（人名）取極相決候

一右之島ニハ石炭山モ有之候得共、土地柄不宜候ニ付土人ノ姓命失ヒ候事少カラス候

一「エゲレス」奉行其領地喜望峰ヲ罪人ノ追放場所ニ相加ヘ度所存ニ候所、其人民共其意ニ相背候

一右ニ付昨年末烈敷騒動差起リ候処、其地ノ奉行「ハンリースミット」（人名）ハ右騒動取静メノタメ、「エゲレス」国ヨリ「子プテイユ」（船号）ニテ連来候罪人共ヲ其船ヨリ卸候儀不相成趣相達候

一右之達ニテ騒動相治リ、且「エゲレス」官府へ土民申立ノ儀モ有之候ニ付、奉行ノ所存ヲ相止候

一欧羅巴諸洲ニ於テハ人民ノ騒動打続候

一(39)「フランス(仏郎西)」国ニ於テハ土人ノ意、同カラス候

一右土民ノ内一致イタシ土人所持ノ品物ヲ平等ニ配分ノ企致シ候得共、嘉永元申年五月右ノ存念空敷相成候処、当時又々其萌有之候

一就中(40)「パレイス(把理斯)」フランス国ノ都府ノ住民共右一致ニ荷担致シ候モノ有之候得共、多分ハ下賤ノ者ニ有之候

一昨酉年閏四月「パレイス」前ニ出ス「レイオン」地名ニ於テ一揆差起候処、官府ノ下知ニ而取支へ其者共殺害致シ、当時廃官ノ「パウス」僧官帰官ノ願、「フランス」国「プレシデント」共和政治ノ司「プリンスローデウェイキナポレオン」人名ヨリ「オーステンレイキ(窩々甸礼畿)」国帝(41)「ナープルス(納波里)」国王幷「イスパニヤ(伊斯把泥亜)」国女王ニ談合致シ候

一右ニ付昨年初頃「フランス」軍勢ハ惣都督「オンデイノット」人名ヲ軍将ニ立テ(42)「シヒターフヱクシナー」ローマ国近ニ隣湊ノ名赴候、然レトモ其地ノ人民ハ怒ヲ含ミ混サツ右軍勢ヲ相拒申候

一「ローマ」ノ土民政司ノ意ニ逆ヒ不得意ノ儀有之候ニ荷担致シ候為、他国ノ浪人共其国(羅瑪)ニ罷越候

一昨年五月十一日「フランス」勢「ローマ」国ノ街市ニ大ニ攻入候

一此以前右「パウス」ハ相立有之候得共、唯名而已ニ而漸々右攻伐之後其勢ヒ元ニ復シ候

一(43)昨年閏四月五日「フランス」国是迄ノ執事ハ退身致シ、国民兼テ相撰居候モノヲ其代ニ相立候

一(44)当年「エゲレス」国ニ於テハ航海方ノ儀ニ付規定ヲ相改候儀有之候

一(45)右ニ付諸出入ノ運上ヲ大ニ減少致シ、且差止候个条モ有之候

一「エゲレス」国ニ於テハ外国ト自国トノ差別無之、何レモ平等ノ取計ニ候

一右規定ハ欧羅巴諸洲商売方ノ利徳ト相成ヘキ儀ニ候

一欧羅巴諸洲ハ交易方ノ儀多分何レモ同様ノ振合ニ候

一「エゲレス」国領印度許多ノ商人「ビルミングハム」(46)（地名）ノ商人ト一致イタシ、唐国日本其他ノ地へ通商ノ儀ニ付「エゲレス」奉行所へ書面差出候、然ル処「エゲレス」官府ヨリ左之通答有之候

其許幷「ビルミングハム」ノ商人ヨリ罷被差出候印書、日本国跤趾国コルカー(47)（地名）幷暹羅国ノ街市ニ「エゲレス」商売相開候為、規定ノ趣承知致シ候旨通達致シ候様「ロルト」（官名）「パルムルストン」（人名）拙者江申聞候、右書面ニ付「パルムルストン」（人名）拙者江返答申聞候ニハ、其許ヨリ差出候書面之趣(48)無余儀次第ニ相聞候間、篤ト勘弁可致候ニ付而ハ奉行所ニ於テモイマタ決着致シ兼候儀モ有之趣ニ候

(49)ハーワッディンクトン拝

一(50)「ドイツ」国ハ数多ノ郡有之候ニ付、共和政治ノ国ニ致シ度存念候処、其儀終ニ相遂不申候

一「フランクフォルト」（地名）ノ評定所ハ騒動相静リ、諸国使節モ集会不致様相成候ニ付、昨酉年閏四月右評定所ヲ「(51)ヒュルハル」（地名）ニ移シ候

一(52)右之人々等「アールツヘルトク」（官名）ノ部下「センタラーベステュール」（官名）相廃候ニ付、「フォルクスレィドル」（官名）ノ内六人ヲ相立テ「レゲントスカップ」（官名）ニ致シ候

一「ドイツ」国ノ政度ヲ「プロイス」（孛漏生）国ニ於テ新ニ取極「ドイツ」国中ニ施シ候処、其中一、二ヶ国ハ右政度ヲ無異儀相守候

一[53]右之仕合ニ付「プロイス」国王ハ「ドイツ」国主ノ任ニ相当リ其政度ヲ司候

一右ニ付「フォルステンラートファンセスレーデン」官名ハ右ドイツ国主ノ次席ニ相成候

一「ドイツ」国ニ於テハ国政ノ評定ヲ二ヶ所ニテ致シ候

第一ヶ所ハ官人ノ役所ニシテ、執事幷国政ニ携リ候評議役ノ者出会致シ候

第二ヶ所ハ国民ノ会所ニシテ、其士民共相撰候者出会評定致シ候

一「プロイス」国ニ於テ取極候「ドイツ」国ノ政度ハ「オーステンレイキ」国ニ於テ不取用トノ事ニ候、其趣意ハ「オーステンレイキ」国モ「プロイス」同様「ドイツ」国主ノ任ニ相当度故ニ候

一「プロイス」国王ハ自国ニモ新ニ政度ヲ相立テ、昨年十二月廿五日誓約致シ右政度ヲ取極候

一「ドイツ」国民ヲ一致為致候タメ右様取計候処、諸所騒動差起リ候

一[54]「デレスデン」「サクセン（沙瑣尼亜）」国ノ都府「カルスリュヘ」「バーデン」国ノ都府ニ於テ、士民共「フォルステン」官名ニ手向ヒ一揆ヲ発シ、右「フヲルスステン（ママ）」前ニ出ツヲ一先ツ追払候

一其後「フォルステン」爵名ノ威勢盛ニ相成、且士民モ已カ愚昧ヲ省候様相成候

一[55]「スレースウェイキ」地名幷「ホルステイン」同上ノ儀ニ付、「ドイツ」国「デ子マルカ（第那瑪爾加）」国トノ争論当年迄打続候

一右争論相治候は、昨年「ロシヤ（魯西亜）」国幷「エゲレス」国ノ取扱ヲ以テ和睦相整申候、然処昨酉年三月右和睦ノ儀破談ニ相成又々不和ト相成候

一右ニ付「デ子マルカ」国海軍勢「スレースウェイキ」地名幷「ホルステイン」同上ノ湊幷川口ヲ又々取囲候

一昨酉年三月十二日「デ子マルカ」国勢ハ「[56]エゲリュフイヲルテ」砦ノ名ノ近隣ニ出張致シ其街市ニ大砲ヲ打掛候

一「デ子マルカ」国軍勢ハ其船ヲ敵陣江攻寄セ候処、其内二、三艘海底ニ当リ進退自由難相成候ニ付、美麗ノ小船二艘敵方ニ被打取候而其街市ヲ唯少々損害致シ候而已ニ候

一「デ子マルカ」国ニ於テハ、所々「ドイツ」国トノ戦争少々宛差起候処、何レモ「デ子マルカ」勢敗軍致シ候

一右之戦争和議ノ為メ、「スレースウェイキ」ノ地ハ双方ノ配分ニ致シ度、且「ドイツ」国港ノ囲ミハ引払候ニ付、「ドイツ」国ヨリ「デ子マルカ」国へ出張軍勢退候様相談致シ候

一[57]「フレデリシヤ」（地名）ヲ取囲候「ドイツ」国軍勢散々ニ敗軍ニテ、「デー子ン」方ヨリ追退ケラレシ後六月八日ニ至テ先六ヶ月ノ間和議申談相整申候

一右様和談取結候上「デ子マルカ」国ニ於テ新ノ規定ヲ相立候

一[58]「オーステンレイキ」（窩々甸礼儀）国ト「サルディニー」（撒而地泥亜）国トノ戦争和談之儀、嘉永元申年七月十二日「オーステンレイキ」国ヨリ差免候段昨年二月十八日「サルディニー」国王申触候、然ル処右両国和談ノ儀ハ兼テ「フランス」国幷「エゲレス」国ノ取扱ニ有之候処、右様自儘ノ取計ニ相成候ニ付、「フランス」国幷「エゲレス」国其儘捨置候処、又々不平ヲ懐候様成行候

一右不平ニ付「サルディニー」国王「カルレスアルベルト」（人名）ハ其位ヲ退キ、嗣子「フィクトルエンマニュール」ニ譲候、然処右嗣子「オーステンレイキ」国ト和睦ノ相談ニ及ヒ候

一右「カルレスアルベルト」（人名）ハ「ポルトガル」（波児杜瓦爾）国江罷越、終ニ「オポルルト」[59]（地名）ニ於テ相果候

一戦争ノ為相掛リ候「オーステンレイキ」国ノ失費償ノ儀ニ付、久敷和睦相整兼候得共、昨酉年六月十八日ニ相整候

一右戦争失費ノ償トシテ、七千五百万「リフェレス」（銭名）「サルディニー」国ヨリ「オーステンレイキ」国ニ持出候様

相成候
一「ロムバルデ」国人騒動致シ候得共、「オーステンレイキ」国ヨリ其罪ヲ差免候
一其後「ヘ子チヤ」（勿搦祭亜）国モ「オーステンレイキ」国ニ随候様取極候
一(60)「オーステンレイキ」国ト「ホンガレー」（翁加里亜）国トノ戦争ヲ相止メ候儀ハ、昨酉年三月決談致シ候儀ニ候
一「オーステンレイキ」国帝ハ「ホンガレイエ」国ニ軍勢五万人ヲ差越先軍ニ相加ヘ、且降参致シ候者ニハ其罪科ヲ指免候
一「ホンガレイエ」国ニ出張致シ候「オーステンレイキ」国軍勢ノ惣人数ハ十万人程有之候、尤其内五万人ハ街市「ペルト」(61)ヲ取囲候
一「ホンガレイエ」国勢ハ「コッシュット」人名ヲ軍将ニ相立テ、「オーステンレイキ」国ノ大軍勢ニ敵対致シ候
一右ニ付「オーステンレイキ」国帝ハ「ロシヤ」国帝ニ援兵ヲ乞候
一昨酉年四月「ロシヤ」国ノ「フヲルスト」爵名「パスケウイツ」人名軍兵十二万程ヲ率ヒ、「オーステンレイキ」国中ニ赴候
一爰ニ於テ、「オーステンレイキ」国勢弥相増「ホンガレイエ」国ヲ攻伐致シ候処、昨酉年六月右戦争全ク相治リ、軍将「コツシュット」人名ハ逃遁致シ候
一(62)欧羅巴洲ノ東方ニ於テハ兎角騒乱相治リ兼、「ロシヤ」国ト「トルコ」（都児格）国トノ折合不宜互ニ不平ヲ相懐居候
一(63)「エゲレス」国ト「キリシヤ」（厄勒斉亜）国トノ騒乱差起リ、「エケレス」国海軍「ギリシヤ」国ノ商船ヲ奪取候
一右騒動ハ「ロシヤ」国并「フランス」国ノ取捌ニテ穏ニ相成ヘキ（ク）ト推察罷在候

一(64)「イタリヤ」（意太里亜）国ニ於テモ騒動打続候

一(65)「トスカ子」国ノ「ヘルトグ」（爵名）ハ才智ノ者ニ有之候処、叛逆者ノ為追放致サレ候得共、「オーステンレイキ」国ノ助力ニテ元ノ爵位ニ復シ候様相成候

一「ナーフルス」（納波里）国王ハ「シシリヤ」（斉西里亜）国民ノ騒動ヲ相治メ候

一当時「イタリヤ」国ニ於テハ物静ニ有之、国民共静謐ヲ専要トシテ相計候儀ニ候

一(66)欧羅巴洲中「コレラ」（霍乱吐瀉病）ト中疾病流行致シ人命ヲ大ニ損候

一「アジア」（亜細亜）洲就中「エゲレス」領印度ニ於テ右疾病流行致シ候

一(67)祖父メヘメットアリー（人名）ノ跡職一応相続致シ、エゲイプテ（阨日多）国ヲ支配罷在候「アブバスパカー」（人名）、コンスタンチィイポル（公斯瑠丁諸波児）（都児格首府）（地名）ヨリ罷帰中候

一右「アブバスパカー」ハ祖父跡職相続ノ念ヲ相止候儀ハ、全ク自儘ヨリ発候儀ト相見候

一「エゲイプテ」国ハ右「アブバスパカー」ノ支配所ニ有之候得共、「トルコ」国ノ侵地ト相成候儀ト相見候

一(68)普ク諸洲ノ人民就中欧羅巴洲ヨリ、数千ノ輩「ニーウカリホルニヤ」（北）（新角利伏爾泥亜）国ニ罷越黄金穿鑿致シ候

一右黄金ヲ相調ヘ持帰候者モ有之候得共、多分ハ其地ニ在住致シ一箇ノ土地ヲ開度所存之者専有之候

一右国中ニ法則相立テ、許多ノ人民会集致シ候土地柄故速ニ繁華ニ相成、其余風追々「アメリカ」洲北西ノ方ニモ及ボシ、猶「パナマー」（把那麻）ノ地ニ轍路漕路ヲ設ケ貨財運送ノ便利ト致シ、其風儀弥増々相成、漸々相開候様可相成トノ事ニ候

一(69)北「アメリカ」合衆国ハ諸国ト通商イタシ来リ、其土民ノ噂ニテハ日本ヘモ交易ニ参リ候所存有之趣ニ有之候

一[70]右ハ「スターツセケレターリス」爵名「カライトン」人名ノ所存ト相見候

一[71]北「アメリカ」洲ノ内「エゲレス」領「カナダ」地名ニ於テ昨春騒動有之候得共速ニ相静候

右之通ニ御座候

古カヒタン
ヨフセフヘンリイ
レヒソン

新カヒタン
スレデレツキコル子ヘリス
ロフセ

右之趣横文字書付ヲ以申出候ニ付和解差上申候、以上

戌六月

通詞目付　本木昌左衛門
同　西与一郎
通詞　植村作七郎
同　小川慶右衛門
同　西吉兵衛

嘉永三庚戌年（一八五〇）長崎訳

同　志筑竜太
同　岩瀬弥太郎
同　品川藤兵衛
同　名村貞五郎
同　横山又次右衛門
同　森山栄之助
同　楢林定一郎
同　荒木熊八
同　西慶太郎

原文頭註

(1) スガラーフエンハーゲ司天訳作ガラーヘンハーガ在アムストルタム西南緯五十二度七、八分経二十一度五十七、八分

(2) 司天訳ヘンデ上有プリンス字下文王女ロウイサ上亦有之

(3) フロート司天訳作隊隊舶　年前

(4) 此訳以此女為微爾斂第二世之女司天訳則為其兄弟之女不知就是

(5) 以上事係和蘭本国以下係和蘭領印度

(6) 麻曷沙爾南緯五度十分許経百三十五度二十分余

(7) 食カ百私司天訳作食カ百私之一地

(8) 文郎馬神南緯三度経百三十二度二十分許

(9) 蘇魯馬益爪哇東北一部都府
(10) 此官司天訳以為和蘭領印度総督副官
(11) 猫釐島在爪哇東東経百三十三度南緯八度
(12) フォルスト司天訳作酋長
(13) テテワァコンク司天訳以為コロンコン之酋長コロンコン地在猫釐東部
(14) 司天訳無大総督伝王命之語
(15) 巴林馮在沙瑪答剌東辺南緯二度半東経百二十二度許
(16) 以下係清英
(17) 此二条東西両訳意義背馳
(18) 所謂申極蓋指許英人入広東府内者
(19) 司天訳云英吉利大統督兼香港奉行ボンハム
(20) ピシリー欠考蓋閩浙沿海之地
(21) 此与司天訳不同
(22) 既見前年報中盖経年未去
(23) 此亦経年未去
(24) 此亦経年未去
(25) 此前年閏四月来浦賀者未去
(26) 前年報中兵粮船有此号船主之名亦同
(27) 此亦経年未去但船主或非一人
(28) 此両舶亦経年未去但前年密報ハアーゲ作ヲグステン
(29) 以下係清与波杜瓦爾
(30) 引取セ司天訳作攻取り

(31) 此訳自清人而立言司天訳自洋人而言之
(32) 司天訳手作一臂
(33) 以下係支那海賊　諸国司天訳以為数隊不知就是
(34) コルキュム欠考
(35) 以下暹羅蘇洛島等事皆係英吉利テヒュターチー司天訳作使節　マウリナイン地未詳
(36) 蘇洛島北緯六度経百三十九度
(37) 司天訳馬哈黙下有教主字恐非
(38) ラフーアン拠新図非島也渤泥北辺一遇岬北緯六度経百三十二度四十分
(39) 以下仏郎西及羅馬
(40) 把理斯在緯四十八度五十分許経二十度、レイオン在緯四十五度四十分許経二十二度四十分許
(41) 納波里在意太里亜南部
(42) シヒタヒクシア在羅瑪西北
(43) 執事蓋政府諸人非指上文所謂伯理璽天徳
(44) 以下英吉利司天詞当年作同年
(45) 此条司天訳稍詳
(46) ビルミングハム英国ノデラント部中都府在竜動西北
(47) コルカー似廊爾格司天訳以為朝鮮
(48) 無余儀次第語意与司天訳不全同宜参看
(49) 司天訳作ハワッヂンクストン特示
(50) 以下独逸孛漏主
(51) ヒュルハル未詳
(52) 与司天訳不同其事不明了

(53) 此之司天訳頗略
(54) 此二条「サクセン」「パーテン」、サクセン緯度自二十九度半許至三十二度四十分許、テレステン緯度五十一度十分許、ハーテン緯度自四十七度半許至四十九度五十分許、カルスリュヘ緯度二十六度余
(55) 以下独逸第那瑪爾加
(56) ヱケリュフイヲレテ在スレイスウェーキ東南海湾
(57) フレデリシヤ第那瑪爾加ユトラント部中東南都府与ヒュ子ン島ミツテルハルト隔海相対
(58) 以下窩々斯甸礼幾撒而地泥亜
(59) オポルト在波児杜瓦爾トウロ河口緯四十二度許経九度十分許
(60) 以下窩々斯甸礼幾翁加里亜　此条司天訳似勝
(61) ペルト未詳
(62) 欧羅巴東方魯西亜都児格
(63) 英吉利厄勒斉亜
(64) 意太里亜
(65) トスカ子意太里亜中部緯四十二度二十分以北、四十四度二十分以南
(66) 霍乱流行
(67) 阨日多副王
(68) 新角利伏爾尼亜
(69) 北亜墨利加合衆国
(70) 弘化三年夏ホストン船来浦賀彼或称曰ケレトン船与此人各同
(71) 加奈太在新貌利太泥亜東南隅
(註) 原文頭註・ルビはすべて朱書である。

嘉永三庚戌年（一八五〇）長崎訳

# 第十一号―二　嘉永三庚戌年（一八五〇）　別段風説書　江戸訳

『荷蘭密報　二』宮内庁書陵部所蔵野宮家文書

千八百五十年（嘉永三年）別段風説書

一昨千八百四十九年第五月十二日（嘉永二年巳酉四月廿日）「ウィルレム第三世王、和蘭国の首都亜謨斯的爾達（アムステイダム）尓於て即位の礼を行ひ、父「ウィルレム第二世王の業を相続仕候

故「ウィルレム第二世王の鴻業を末世不朽尓知らしめんが為尓其立像二座を造り、一は首都亜謨斯的尓達、一ハ王の宮ある都府「ガラーヘンハーガ」尓建立せんと国中の人衆取掛り罷在候

ウィルレム第三世は「リュキセムヘルグ」（和蘭の一州）の「ゴロートヘルトク」（爵名）を兼て、其地の政務を王の弟「プリンス」ヘンデリッキデル、子ーデルランデン」（名爵）尓任せ申候

此侯は（プリンスヘンデリッキ」を指す）少年の頃和蘭王の隊舶尓て海尓航して処々尓游行仕候、且又此一両年前和蘭領の印度（インド）をも見分仕候

故ウィルレム第二世王の兄弟の女フリンセス、ロ井サ、テル、子ーデルランデン」（名爵）を、雪際亜（スウエシア）兼諾尓勿入亜王の世子尓嫁せしめんと用意仕居候

一欧羅巴洲中打ち続き争闘穏かならす候得とも、和蘭国尓於ては幸尓洪福を受け候て静謐ニ御座候

一和蘭国政参議兼和蘭領印度の大総督「イ、イ、ロキェスセン」人名昨年の秋マカサル」地名「セレベス島の一地及ひ其他此島の属地文郎馬神（バンゼルマシン）「渤泥島（ホル子ヲ）の諸島共尓印度尓巡行して、都府文郎馬神渤泥の都府「マカサル」及ひ「スーラバヤ」等を見分尓罷越候

右の旅行中は大総督より彼ノ和蘭領印度の副伯理璽天徳（フレシテンド）官名按るに大総督の副官「イクレインスト」人名尓命して、日々の政務を掌らしめたり

一和蘭領印度の大総督昨年猫釐（バリー）島名印度のの酋長等へ向け一隊の軍を出だセしが、昨年第六月右島の酋長等和約の盟をなし、其領地を和蘭の配下と定め、且向後其地江着岸する船隻を乱妨し、且船人を奴使する等の事をなす半（（朱）ま）しき由を誓ひたり

「コロンコン」猫釐の一地の酋長デデワアコン」人名は、是まて其勢猫釐の全島尓振ひける者なりしが当年死去仕候

一爪哇の一部尓於て米作不出来尓て、食料匱乏し人民大尓難儀仕候

此不幸を救ハんか為尓東印度の総督より諸般の手配をなし、大尓饑饉の災を防き申候

一副水師提督官名「マシールセン」人名死去仕候尓就て、和蘭王より大総督の配下尓属する東印度海船指揮の官を副水師提督「（朱）ハンデンホック」人名尓相任し申候

此水師提督按尓マシールハンデンボック」人名を指すは已前より既尓此地の海船指揮を掌り居候て、且近年は和蘭国政参議の一員尓御座候ひし

一昨年ハレムバンクセ」地名尓騒動起り候尓就き、一隊の軍を其地尓差向けんと用意仕候

然るに程なく此地静謐尓罷成申候

一爪哇の都城「ハンタム」ニも亦騒動起り申候、併し為差事ニは至り不申候
一支那ニて広東ニ罷在候異国人を自由ニ立入らしむる事を拒ミ候儀、今以て引続き相休ミ不申候
一欽差総督「セウ人名」は善ク人民の望を許容し、且広東の港を開き置くことを許し申候
右「セウ人名」の取扱ひは、支那帝の允準（ユルシ）を受けて取り行ひ候事ニ御座候
「セウ」は帝より孔雀毛の盛飾を賜ハるのミならす、更ニ一個の美環を授り居り候
一英吉利の総督ハ曩キの約定通りニなさんと、厳ニ支那の官廳へ掛合ふべきとの沙汰仕候
去五月廿八日当戌年四月十七日までの風説ニは、英吉利の大総督兼香港奉行「ホンハム人名」は上海へ向け出立仕候趣ニ御座候
此総督は数多の従官を召連申候
ストームスクルーフスクー子ル蒸気船の一種「レイナルド船号」は、右総督を待受けの為ニ先立て已ニ「ヒイシーリ地名」の海湾へ相趣申候
右の旅行ハ兼て北京への使をもなす趣意の由も相聞へ申候
一同し告文ニ据れは、東印度及ひ支那海ニ在る英吉利海軍の船数左の通ニ御座候

| | | | |
|---|---|---|---|
| 「アルバトロス」名号 | フリッキ船 | 大砲十二門を備ふ | 「ハルキュハル」人名支配 |
| アルリガトル」同上 | 医養船 | 廿六門 | 「バンキール」人名支配 |
| 「アマソン」名号 | | 二十六門 | |

「トロンブリドケ」支配

「アラブ」名号　「ブリッキ船」　十二門

「モルリス」人名支配

「コンブリアン」名号　「フレガット船」　三十六門

ブロイムリトゲ人名支配

「クレオパトラ」名号　二十六門

「マルシー」人名支配

「フュレイ」名号　蒸気船「フレガット」六門

「ウィルロキス」支配

「ホルチングス」名号　リンー舶　七十二門

「アウスチン」支配

「マリ子ル」名号　「ブリッキ船」　十六門

「マテーソン」支配

「メデア」名号　蒸気船　六門

「ロッキール」支配

「ミンデン」名号　二十門

「ミトセルル」支配

嘉永三庚戌年（一八五〇）江戸訳

「ピロット」名号　「フリッキ船　十六門
「インセ」支配
「レ井ナルド」名号　「ストームスクルーフスクー子ル」十一門
「カラエホルト」支配
「ロヤリスト」名号　「コルヘット船　十一門
「バーテ」支配
「セルペント」名号　「ブリッキ船　十二門
「バルケル」支配
一亜墨利加の海軍船は「ブリモント」名号「フレガット」大砲二十二門加比丹クレド子イ」人名の支配、「ドルヒン」名号「ブリッキ」大砲十門指揮官「パーゲ」人名の支配
一和蘭の海軍船は「レイン」名号「フレガット」大砲五十四門海軍加比丹「ヨホル」人名の支配
一当年第二月支那帝道光按るに年号を帝の名と思ひしなり在位三十年尓て死去仕、其後太子位尓即き政を相続仕候
新帝初めて位尓即き、務めて仁恵を施し篤く臣下を愛撫仕候
一昨年第六月阿瑪港尓罷在候波爾杜瓦爾(ホルトガル)の総督ヨアマリアヘルレイラトアマレル」人名是まて阿瑪港尓立ち在候支那の税関(ウンシヤウヤクシヨ)を改取り、遂尓阿瑪港を専ら波爾杜瓦爾殖民の拠る地なりと告諭仕候」
但し此仕方尓よりて此島中の民人甚た国難尓及ひたり
支那の巨商是迄東方の諸島へ交易せし者皆瑪港退去せり

是尓於て波爾杜瓦爾の総督より告諭を出し、従来阿瑪港尓居住せる支那人若し予メ総督よりの免許を経すして恣尓其家を捐て移住するに於ては、其家財器什尽く総督へ引上くへしと厳しく申渡候

但し右の掟を以ても未能々支那人の退散を妨くことを得さりし

支那人より阿瑪港の総督へ難題を申かけ候、其最なる科条ハ

一　阿瑪港尓て新道を造るか為め尓支那人の墓所を取払ひ候事

一　支那の税関尓建て置きし旗竿を切り折りし事

阿瑪港尓在住セし支那の商人より欽差大総督「セウ」人名尓捧くる書簡尓、阿瑪港の府尓て波爾杜瓦爾人江報ふへき主意を申送り候

千八百四十九年第八月二十二日嘉永二年七月五日阿瑪港尓罷在候波爾杜瓦爾の総督ヨア、マリア、テルレイラ、ド、アマレル」人名阿瑪港の府前尓て支那人の為め尓斬り殺され申候

さて其首と一臂とを切断し、其者共持去申候

此事阿瑪港の庁尓達し、其殺撃の疑ある者三人召捕られ申候

但し其事段の弁解時日を延し、後囚捕セる支那人を差返し、右の代りとして曩キ尓奪ひ去れる首臂を支那の官人より返し送り申候

波爾杜瓦爾、伯西爾臥亜より海陸の援兵を阿瑪港へ差向たり

新た尓命セられたる総督へトロアレキサントリノダクュンハ」人名は其任尓赴き申候

支那海尓横行する海賊の事尓就て、英吉利より数隊の軍を分け出だセり

昨年十月蒸気船「フレゲーン」及び「フュレイ」共ニ船号「ブリッキ船コリュムビ子」船号と与ニ、「コルキュム」地名の辺ニて有名の海賊サフングツェイ」人名の支那船四十艘を具し居たるニ出逢ひて、尽くこれを撃散らし申候「サプンツェイ」人名は間もなく支那の官吏ニ降服のことを請ひけれは、支那より恩恵の取扱を蒙りたり、其属徒ハ皆全く免され申候

一千八百四十九年第二月嘉永二年正月より二月ニ竟る暹羅の使節、マウルマイン」地名の総督を勤むる英吉利の加比丹「スパルクス」人名ニ従属仕候、但し風説ニ拠れは、是れ自己及ひ同国の人数人此地ニ移住せんことを願ふが為ニ来れるなりといへり但し暹羅の政治苛酷なるニよりて、此数人遂ニ其生国を捐て去るに至れるなるへし

一千八百四十九年第五月二十九日嘉永二年閏四月八日英吉利の総督、蘓洛(ソーロー)島の酋長馬哈黙(マホメット)教主サデールアルカヒール」人名と盟約を定め、共ニ海賊を防がんことを取極め申候

此約条ハ英吉利国女王の名前ニて、ラファン島の総督シルヤーメスフローケ」人名より取極め申候

此島ハ、石炭坑ありと雖も其地の気候宜しからすして、死亡する者多きか故ニ繁盛ニ至り不申候

一英吉利殖民の地なる喜望峯ニ於て、土人英吉利の政法ニ背き騒ケ敷儀ニ及ひ申候、其故ハ英吉利官府ニて新ニ評議をなし、喜望峰の地をも本国の追放人を送り遣るへき地となさんとセし故御座候

爾後千八百四十九年嘉永二年の末に至り、右の土人等大ニ騒動を起セし故ニ、喜望峰の総督シルヘンリイスミット」人名一己の決断ニて、英吉利より船ニて送り来る所の罪人ハ上陸を許さぬ事を諭告セり

此諭告ニ依て其地の民心静り、且喜望峯よりの告白ニ依て、英吉利官府より罪人を送る事の企を止めたり

一欧羅巴の騒動未タ静まり不申候

一払郎西国尓於ては民心未タ一致せさりし府民を平等尓し金貨を分配せん事を計りて一揆を起シ、既尓千八百四十八年第六月（嘉永元年五月）尓於て大尓敗走せる徒党、尚又漸々尓勢を得申候

殊ニ首府把理斯尓於ては、右の徒多の属徒を得たり、殊ニ下賤なる者多く此尓組ミセり

千八百四十九年第六月（嘉永二年四月より五月尓竟る）右の徒党把理斯及ひリヲン」（払郎西国尓南方の地）尓於て一揆もセり、然れ共政庁の智慮を以て此を鎮めたり、但し死傷の者無き尓あらす

一払郎西国共和政治の伯理璽天徳（フレシテント）（官名）「プリンスロデヱイキナホレオン」（人名）は、法皇の請尓依て窩々斯甸礼畿帝（オ、スチンレイキ）、納波里（ナポリ）王及ひ伊斯把泥亜（イスパニア）女王と共尓力を併セ、法皇を其国尓入れ、故尓復せん事を謀り申候

此尓依て払郎西の一軍都督「ヲンヂソツト」（人名）を将として、千八百四十九年（嘉永二年）の初「シヒタヒタシア」（羅瑪近傍の港）尓着セり

然れとも、短慮なる者共尓奮起せられし人民ハ、甚強く此を拒防セり

他邦の亡命セし者共、法皇ニ敵対シ奮起セし人民共を援けん為メ追々羅瑪尓寄集り申候

千八百四十九年第六月三十日（嘉永二年五月十一日）払郎西の軍兵劇シく羅瑪府尓攻入たり、是尓因て法皇の威勢故尓復すと雖も、尚時を費して近頃ニ至て漸々其本国尓帰る事を得たり

一千八百四十九年第五月廿六日（嘉永二年閏四月五日）払郎西尓て往昔の政官等退散し、新尓庶民の直チ尓撰挙セる使節等其任尓当り申候

一同年英吉利尓於て其航海の法律を改革仕候

出貨入貨の租銭大ひ尓減し、且一、二の品物尓ハ全く租を除きたり
他邦の民人及ひ船、英吉利国尓於ては英吉利本国の人と同様の免許を得たり
右の掟は欧羅巴諸国交易の為尓ハ有益なる定めに有之候
欧羅巴諸国の人民交易の事尓於ては、互尓同一の自由を得るに至るへし

一英吉利領の印度より衆多の商人「ビルミングハム」（英吉利の内の地名）の一、二の商人と相与ミて、支那日本等尓商売を始めんとて英吉利の総督尓一書を贈れり
英吉利官府よりの命とて右総督より次の答をなしたり

諸子吾か英吉利の交易の為め尓、日本、交趾、朝鮮、暹羅の地尓市場を開かん為め其適当の法方を申明し、汝及ひ「ビルミングハム」（英吉利の内の地名）の商人等より差出たる一書を受取りたる事を汝等尓告くへしと「ロルドバルメルストン」（人名）より予尓命せられたり
但し諸子より贈れる一書の主意甚た大切の事尓して、宜く熟慮すべき所の事なり、而シて英吉利の政官未十分の明見なけれハ其事を決し難し

「ハ　ワッヂングストン」特示

一独逸国ハ幾多の各異の邦尓分られたる国尓して、近頃これを一個の共和政治と為せんと勉強セしが、竟尓これを遂ぐることを得さりし
「フランキホルト」（王国の名）の集会所ハ、諸国の使節其集会尓与ミセさりしより、残れる僅かの一揆の輩千八百四（十）九年第五月（嘉永二年四月より閏四月尓竟る）これを「ヒュルトカルド」（「ウルテムベルグ」地名の中尓あり）尓移したり

其時右の輩「アールツヘルトク」人名の政令尓従ふまじき由を告白し、別尓放恣の徒六人を撰挙してこれを一の摂政と立てたり

爾後孛漏生の政庁より独逸国治め方の一新制を告明せり、次で独逸国中一、二の邦尓て直ち尓其策を用ひたり

右の建制尓因れは、国権ハ「レイクスオッペルホーフト」国長の官名と名つくる一官人より行ふこと尓て、孛漏生の王其職尓任せらるへしとなり

右「レイクスオッペルホーフト」の外六員の参政侯を置く

国政評議の集会ハ二組尓て成れり

其一組ハ官人組とす、其一半ハ政庁尓て撰ミ挙け、又一半ハ諸州より集会せる使節の択挙尓任尓なり、其二組ハ庶民組とす、庶民より撰みたる集会の使節なり

然れとも「オーステンレイキ」国名尓於ては、右孛漏生尓て創立せし新制尓一致すること難かるへし、其故ハ「オーステンレイキ」も亦「レーキスオッペルホーフド」の官職を望む尓由てなり

一孛漏生国王ハ其本国中尓亦一の新政を出たし、第二月六日尓於て其盟約を定めたり

右の如く独逸国の諸民を一致せしめんと勉強なせとも、兎角尓諸地尓一揆蜂起し静謐なり難し、「ドレステン」「サクセン」国名の首都及ひ「カル・スリュヘ」「ラーデン」の地名（フロイセンの中の府なり）の住民其侯尓対して一揆を起し、遂尓其君を国外尓逐ふ尓至れり

然れども、程なく其侯の権威再ひ復して其国尓還り、住民も亦其惑を解きて服従せんとするに至れり

独逸国と第那瑪爾加国とにて、ヘルトク領「スレースウェイキ」地名及ひ「ホルステイン」地名を争ふ尓よりて起れる

争闘今以て相鎮り不申候

右の戦争ハ昨年一ト度互尓退陣するに至りけり、而して其頃魯西亜及ひ英吉利の媒尓て二国の和睦整ひたり

然るに千八百四十九年第四月嘉永二年三月其和睦の盟約再ひ破れ互尓敵国となれり

「ヘルトク領「スレースウェイキ」及ひ「ホルステイン」の港及ひ河口尓ハ第那瑪児加の海軍再ひこれを固めたり

第四月四日第那瑪児加の隊軍其地の城「エケリュヒオルテ」の前尓来りて擲砲を打ちかけたり

但し敵の砲台より打ち出たせる砲火の為尓、第那瑪児加の盛飾の軍艦二艘海底尓沈められたり、而して其城尓ハ差したる害をなすこと能ハさりし

右同時尓彼此の陸地尓於ても第那瑪児加と独逸の軍勢互尓聊の戦ありて、此時第那瑪児加の人多くは敗軍尓及へり

此尓於て第那瑪児加人戦闘を休めんが為め尓一の新約を成せり、即ちスレースヱーキ地名の地を裂き、且独逸都領の港口を固めたる軍船を引き去り、及ひ独逸都の軍勢を引き退かしむるの三条なり

爾後独逸都の軍勢「フレテリシア」第那瑪爾加の領地北「ユ(固)トランド」中の一府なりを国める者大敗を取りて第那瑪児加人より追ひ撃たりけるか、其後第七月二十七日ニ於て戦闘を休むへきことを約定せり、但し六個月を限りて期となせり

但し第那瑪児加王ハ己か国中尓新政を行へり

一千八百四十八年八月九日嘉永元年七月十一日尓窩々斯甸礼幾(議)は撒而地泥亜三千約諾し、一旦戦争の事を休むと雖も、千八百四十九年三月十二日嘉永二年二月十八日尓至て撒而地泥亜王其約定を叛き再ひ事を起せり

此尓依て払郎察及英吉利より此二国の和睦を取扱ひし事も破れ、再ひ敵国となり

撒而地泥亜王「カルレスアルベルト」王の名は其後再ひ敗軍して遂尓王位を退き、太子「ヒクトルヱムマニュヱル」

名尓譲る、而して太子直尓窩【々】斯甸礼幾（畿）と和睦の事を取り結ひたり
退位セし王「カルレスアルヘルト」は波爾杜瓦児尓遁れ、其後「ヲポルト」（地名）尓於て卒去せり、窩々斯甸礼幾（畿）より
撒而地泥亜（サルヂニア）尓軍費損亡の償を求る事過多なる尓依て、和睦の事久しく調ハざりし
但し千八百四十九年第八月六日（嘉永二年六月十八日）尓於て右和睦漸々調ひたり
撒而地泥亜ハ軍費損亡の償として、窩々斯甸礼幾（畿）尓七千五百万「リフレス」（貨名）を出すへき事尓定む
一窩々斯甸礼幾（畿）ハ騒乱セし「ロムハルデイ」人尓赦免状を送りたり
爾後勿搦祭亜（ヘ子チア）も亦和約を行ひて、再ひ窩々斯甸礼幾（畿）尓従属せり
一千八百四十九年四月（嘉永二年三月より四月尓竟る）窩々斯甸礼幾（畿）は、翁加里亜（オンカリア）との戦尓大挙して勝敗を一決せんと企てり
帝五万人の加勢を彼ノ地尓送り、而して又降属せんと欲する人々尓ハ赦免状を遣ハす事を約定す
翁加里亜尓在る所の窩々斯甸礼幾（畿）の軍勢合セて九万人乃至十万人尓して其内五万人ハ都城「ペルト」を囲めり
此の如き大軍をも恐れす、翁加里亜人は「コットシュット」（人名）の指揮尓て防戦せり、此尓於て窩々斯甸礼幾（畿）帝は援
兵を魯西亜帝尓乞ひたり
千八百四十九年第五月（嘉永二年四月より閏四月尓竟る）既尓魯西亜の軍勢「パスケウイツ」（人名）を大将として、凡十万人乃至十二万人
窩々斯甸礼幾（畿）領の中尓到着せり
是尓於て、二国の大軍を併セて進て翁加里亜を攻めけれは、翁加里亜大尓敗し千八百四十九年第七月（嘉永二年五月より六月ニ竟る）右
騒動悉く平均せり、而して「コットシュト」（人名）は纔尓逃れ去ることを得たり
一欧羅巴東方の争乱今尓穏ならす、且魯西亜と都児格の両国互尓不和を抱けり

又英吉利と厄力西亜と尓於て争論を起し、英吉利の海軍隊尓て厄力西亜の商船一隊を奪ひたり、然れとも此争ハ魯西亜及払郎西両国の取扱尓依て穏尓治るへしと風聞せり

意太里亜国尓於ても亦其騒乱未静謐なり難し

「トスカァ子」地名意太里亜中の大ヘルトク領の領主「ヘルトク」官名は孤独の侯尓して、一揆の為め尓其国を追出されし然るに侯又窩々斯甸礼幾(畿)の助力を得て国尓帰り其職に復せり

納波里王ハ騒動せる斉西里亜人を屈服セしむる事を得たり

意太里亜の騒動ハ久しからすして静謐なるへしと察せらる、但し其国の人民は静謐を渇望すること甚し

欧羅巴全洲吐瀉病大尓流行せり

亜細亜及英吉利領印度尓於ても亦此病発行せり

一「アフハスハカ」人名は祖父「メヘメットアリイ」の後を継き阨日多の領主となりしが、此度公斯瑫丁諾波児都児格の首府より帰り来れり

右「アブバスパカ」は祖父の定め置きたる法則を保続セす、甚た放逸なる侯と見へたり

是故尓阨日多は己レが領地なりと雖も、其実ハ都児格の領略せる地の如し

一諸洲殊ニ欧羅巴洲より数千の人衆黄金を求る為め新角里伏爾尼亜(カリホルニア)尓来り集れり

此の如く連綿と群集せし人或ハ貨を携へて其国に帰るもあれとも、多くは其地尓居家を構へ住するに依て、自ら繁庶の一国となるに至れり

此国中尓於て新尓政務を建定せり、而して諸方の人雲集セるか故尓、速尓繁栄の地となるへき事疑なし、況や運送

の為め巴那麻（パナス）（米里幹尓在る狭長の地）の地狭尓於て溝渠を掘り、轍道を造る等の企成就するに至ては、北亜墨利加合衆国の威勢亜墨利加の北西尓於て愈々堅固なるへし、此企は諸国の人互尓一致して其地を以て何の国尓も属セさる事と為セは、竟尓は必成就すへしと見へたり

合衆国の北亜墨利加人は全世界尓航海して弘く交易を為すことを勧る内、近日の風聞尓据れは、日本尓も到りて交易を為すの所存ありと云へり

此企は秘書監「カライトン」（人名）の趣意と見へたり

「カナダ」（英吉利の北亜墨利加所領）尓於て千八百四十九年（嘉永二年）の春一揆起りしかとも速尓静謐尓成り申候

和蘭交易　都督レヒソン

某

按尓「レヒソン」尓並へて名を書セるは新甲必丹なるべし、字体読ミ難けれハ其名を知り難し

嘉永三庚戌年（一八五〇）江戸訳

## 第十二号—一　嘉永四辛亥年（一八五一）　別段風説書　長崎訳

『自嘉永四年至安政四年　風説書』長崎歴史文化博物館所蔵

別段風説

一嘉永三年戌四月二十四日、当国王次男ウィルレム　フレデリッキ　マウリッツ　アレキサンドル　ヘンデリッキ　カーレル（人名）死去仕候

一右次男纔六歳尓ての死亡を国王一族殊の外悲歎仕候儀ニ御座候

一右同月スウェーデン兼ノールウェーゲン国王の太子、和蘭先国王の弟の娘と縁組仕候

一去戌十月二十一日、当国王ウィルレム　デ　デルデの弟都督職相勤居候、プリンス（爵名）ヘンデリッキ　デル子ーデルランデン（人名）リュクセンビュルグ（和蘭属国の名）の支配を取り中候

一欧羅巴州中兎角尓騒々敷有之候得共、阿蘭陀国尓限り至て静謐安全尓御座候

一エゲレス国船乗掟の儀尓付、以前の通に相改候儀昨年来の説書尓有之候

一阿蘭陀国及ひ其他欧羅巴の国々船乗掟の義、是亦エゲレス国の振合尓准し、猶商売尓参居候先々尓ても、其国々のもの自国同様の心得の趣尓候

一右の振合尓相成候以来商売方大に繁昌いたし、諸荷物の直段一体尓引下け、国中折合宜敷、欧羅巴州中以前尓競ひ候へハ安寧尓相成申候

一欧羅巴州国々の諸領とも同様安寧尓相成申候

一阿蘭陀国尓て、海水を製法し飲水にいたし候様の試様し仕、此儀夫等の学術尓功者の人物立合尓て良法と相決申候

一当年四月十二日政事を預候都督職イ　イ　ロギュスセン（人名）王命尓て其職をアイドイマール　ファン　トウィスト（人名）尓譲り申候

一既に去ル嘉永二酉年政事を預り候イ　イ　ロギュスセン（人名）都督職を退勤いたし、本国尓罷帰候義相願候

一右代リ新都督アイ　ドイマール　ファン　トウィスト（人名）は、以前和蘭国人民守護のためオーフルエイスル（地名）尓在勤いたし居候

一右役を一両年相勤候後、国王より其地在勤の頭役尓被任候

一右新都督は当亥年二月初旬本国発足いたし、同四月十日咬𠺕吧着いたし候

一右新都督は即ちエールステラントフォーグト（官名）尓有之、同人・（咬𠺕吧へ罷越候節は）陸路尓て所々巡見いたし、右の序ドイツ国の都府へも立寄り、道中日数五十四日経尓爪哇地尓着いたし候

一和蘭所領東印度のフィーセプレシデント　ファン　デン　ラート（官名）尓被任候イ　エフ　ハファン子ス（人名）は、右新都督と同道尓て爪哇着いたし候

一フィーセプレシデント（官名）イ　エル　レインスト（人名）退勤相願候尓付、其跡明有之候

一右イ　エフ　ハファン子ス（人名）は以前久敷爪哇地役掛の者尓て、和蘭所領東印度のリット　インデンラート（官名）尓有之候

一先都督イ イ ロギュスセン（人名）当時ボイテンソルグ（地名）に罷在候処、近々和蘭国へ向け発足の積尓候
一フィーセ アドミラール（官名）エベファンデンボク（人名）は、都督の旗下として東印度海軍の指揮役に有之候処、当亥年正月八日咬𠺕吧尓おいて死去いたし候
一同人願尓因て、其死骸はボイテンソルグ（地名）に有之候寺の墓所尓葬有之候
一昨年別段風説尓申上候通、爪哇のバンタムと申出張所尓て騒動差起候へとも些細の義尓有之候
一一揆の党首土地の首長幷其配下のもの共捕われ、土地静謐尓相成元尓復し候、将又右の者共を遠方尓退け容易尓立帰難くいたし候
一バンカー島尓おいてアミル（官名歟不詳）住民を引入れ徒党を企て騒動尓及ひ候へとも、政家の権威尓よりて徒党の者離散いたし、去年十二月六日右アミル降参いたし遠方尓退られ候
一ボル子オの西渚サンバス住居いたし候唐人共土地の掟尓背き候、右発端は唐人とも密買いたし度所存尓有之候、然れとも其地へ軍勢を差向け厳敷戒め密買を禁し申候
一右騒動尓付唐人共要害を奪われ、勇壮のもの共討死夥敷有之大尓敗北いたし、海上の通路を絶れ候尓付、使者を遣し土地の惣督尓罪を謝し頻尓赦免を願ひ候処、以後政家の命尓伏し其令を守り候事共取極め差免し候、就ては唐人も右約定を守り度事尓候、尤軍勢は兼て備置き、唐人とものの所行を心付け候
一印度海の海賊追討のため、阿蘭陀国海軍其場所尓趣（赴）き候
一去年の末海賊船数艘ボウェアン島尓戦争を発し候、右島は爪哇の北尓有之候
一右海浜尓住居の者とも恐怖いたし陸手尓逃去り候尓付、右海賊共上陸いたし乱暴尓及ひ、焼伐いたし土地の男女を

連去候
一援兵船到着の節は、海賊共最早立去候後ニ有之候へとも、其後シュマナップ海ニおいて出逢ひ、数艘の海賊船破壊いたし、此時海賊ニ奪われ候数多の者共災害を免れ候、尤右の内ニはボウェアン島居住の者も有之候
一唐国海ニてエゲレス国の海軍海賊の義ニ付色々計策いたし、評決の上右名たる海賊シュアボー（人名）を召捕申候
一サマルレス（地名）ブオテュアン（同上）ベラウン（同上）トンキュー（同上）の海賊とも、当年の始ニイスパニヤ国の海軍より召捕れ申候、風聞ニては海賊共の住家七百軒、其余数多の船々焼払いたし候
一其後イスパニヤ国の海軍フィリペイン島奉行の下知ニて、ソーロー（地名）のシュルタン（官名）討伐として発向の催し有之候
一此事の起りは、ソーロー（地名）ニ罷在候イスパニヤ国の兵士取扱方悪敷有之候所より相起り、右ニ付シュルタン（官名）甚不承知を述候
一風説ニてはソーロー人共全く取挫れ、砦七ヶ所銃炮百三拾挺失ひ、シュルタン（官名）は漸く逃去申候
一此事ニ依て彼ソーロー人共（第一）海賊ニ出候事も相成間敷、元来は前年エゲレス国と海賊の義ニ付取極も有之候へとも、夫ニ反し此儀頻ニ後悔いたし居申候
一先頃の風説ニては、エゲレス国の海軍東印度并唐国海ニ左の船々を相備申候
一　アルリガトル（船号）　首長デ　エル　ア　バンキール（人名）
　　但病人養生船
一　アマロン（同上）　船将セ　バルクル（同上）
　　但　右同断石火矢二十六挺備

一　ケレオバタラー船号　同エス（フ） エル マスシー同上

但石同断石火矢二十六挺備

一　コステイト同上　同イ ウェエス スパ子ール同上

但ブリッキ船石火矢十二挺備

一　ハスティングス同上　スコウトベイナグト官名セ ヤウステン同上

但リーニー船石火矢七十二挺備

一　リーリー同上　船将ベテベドフオルト同上

但ブリッキ船石火矢十二挺備

一　ミンデン船号　マストル官名イ シスセル人名

但兵粮船

一　ピロット同上　船将ヒッケレイ同上

但ブリッキ船石火矢十六挺備

一　プレイナルト同上　同ペガラセロフト同上

但スクルーフストームボート石火矢十一挺備

一　ロヨリアト同上　同ウバーテ同上

但コルフェット船石火矢十一挺備

一　セルペント同上　同リアルト同上

但ブリッキ船石火矢十二挺備

一　スペイン同上　　同セエファン　シカットウェル同上

但ストームシキップ石火矢六挺備

一イスパニヤ海軍此地備立の儀巨細尓書載致しかたく候

一当時此地江相備候和蘭海軍左の通尓有之候

一　プリンス　ヘンデレッキデル　　船将カピテインテルゼー官名

子ードルランデン船号　　ヨンクヘール　ハア　ファンカル子ベーキ人名

但フレガット軍船の一種

第一等

一　ボレアス同上　　同ロイテナントテルゼー官名

イ　ファンデル　スタラーテン同上

但コルフェット同上

一　子ハレニア同上　　同カピテインロイテナントテルゼー官名

ゲ　フヲゲルボート同上

但コルフェット同上

一　スワーリウ同上　　同　同

セ　ノールドイン同上

一　ヒュサール同上　　第一等

但ブリッキ同上　　同ロイデナントテルゼー官名

イセ　バーク

但スクー子ルブリッキ同上

一　ドルフェイン同上　　同　同

アア　エムデ　ケープ同上

但同

一　エグモント船号　　船将ロイテナントテルゼー官名

エフテ　フェリーテン人名

但スクー子ルブリッキ軍船の一種

一　バンカ同上　　同　同

ハガッベッキファンデル　ズーズ人名

但同

一　バンカ（タ）（と）同上　　同　同

ペハヌーン同上

但同

一　アムボン同上　　同　同
エムカサール同上
但同
一　サパルア同上　　同　同
アホウトルス同上
但同
一　パタング同上　　同　同
ハア　メイエル同上
但同
一　ペイラデス同上　　同　同
エルニコリヲン同上
但アドフィースバルク同上
一　アルガー船号　　船将ロイテナントテルゼー官名
イ　ファン　マウリッキ人名
但スクー子ル軍船の一種
一　カメレオン同上　　同　同
ア　エフ　シーデンビュルグ同上

嘉永四辛亥年（一八五一）長崎訳

一　アリバー同上

但同

一　ブロモー同上

但同

一　アルドユーイ（ノー）同上

但蒸気船

一　エトナー同上

但同

一　フェムフィユース同上

但同

第二等

同　同

ハアモッドルマン同上

同カピテインロイテナントテルゼー官名

イウェストル同上

同　同

フート同上

第一等

船将ロイテナントテルゼー官名

ゲファビユース同上

同　同

イデハーン同上

但同

一　ヘカラ（船号）　船将ロイテナントテルゼー（官名）

ペア　ハ　ヒンデローブル（人名）

但同

一　ブーニッキス（同上）　同　同

イ　アンデレーデ（同上）

但同

一　シュリナーメ（同上）　同　同

イエルファンフローレンステイン（同上）

但同

一　サマラング（同上）　同　同

イ　イ　ウィグゲルス（同上）

同

但蒸気船

一　ボル子オ（同上）　同　同

エフ　イ　ケファンゴルキュム（同上）

但同

一　オンロイト同上　第二等

同　同

テエル　ウォルフソン同上

但同

一　ティパナス同上　第一等

同　同

セエフユーレンベーキ同上

但同

一　バターフィヤ船号　船将ロイテナントテルゼー官名

イイ　ファンデルモーレン人名

但蒸気船

一　デルーノー同上　第二等

同　同

ア　エル　ハルム同上

但十四番カンニールボート軍船の一種

一ホノリユリユーサント・ウィス八島の内より申越候尓は、嘉永三年戌三月十一日ヘンレイケ子ーラント船号船主ケレルキ北緯四十五度東経百五十五度の所尓て十三人乗日本船見請候、右船は江戸よりキュノー何方の事を差候哉不分明尓認有之候尓向け出船いたし候処、

吹流され、六十六日の間檣幷梶とも風波尓て吹取られ洋中尓漂ひ、四十日以来水涸尓相成、唯雪を水代り尓いたし、
勿論魚食等いたし候義無之候

一右船主ケレルキは、日本船乗組のもの共を我（己か）船尓乗せ、右の内船頭外尓弐人は我（己か）船尓てホノリュリュー（地名）尓送行、外弐人はハルリンゴと申船尓移し、又六人はベトローウヮラウスキー（地名）尓連行、ロシヤ領内尓相渡し置候、又弐人はニムロットと申船をもつて、旅客の取扱尓てホノリュリュー（地名）に着いたし候

一唐国尓おいて騒動相起り候処、先達ての便尓はいまた相治らさる由尓候

一クワングシー（唐国郡の名）尓おいては騒動相起居候

一オップルコミサーリス（官名）シンチューシ（人名）右取鎮の為其場所へ趣（赴）候道中尓て死去いたし候

一右跡職尓リシングギリーン（人名）相成申候

一同人穏尓相治候ため出情いたし候へとも其功無之、ケイズルレイキ　コミサーリス（官名）は甚奇怪に存申候

一一揆とも広東街市より六十里程近く参り、広東の勢を数度追散し申候

一先頃の風説尓て此騒動いまた相止不申候

一此騒動と一時尓、昨年の末盗賊一万人ハイナン島尓集り申候

一此賊共を追討のため出勢いたし候へとも、其義難相成候、乍併其内少はコレラ（疾病の名）尓て死亡いたし候

一外国人のため広東の湊を開き候義未た出来不申候、右は去年別段風説尓記載有之候エゲレス国の執政幷ホンコン島の奉行ボンハム（人名）の存立候事も右同様尓有之候噂尓候

一スターツミニストル（官名）ケイイング（人名）幷エールステンカビ子ッツミニストル（官名）ミューカングシァー（人名）の不幸は、如此

手段不整前表と相見へ申候
一同人抔の簾直なる取計を、諸人殊の外頼といたし居候
一ミューカングシァー（人名）は国帝尓対し悪計を企候義露顕いたし候
一此以前三箇の支配取扱中尓勤功有之候事尓免し、唯其の官位を取放し、其国尓仕へ候義不徳なりとの始末尓相成申候
一ケイイング（人名）義も以前ケイズルレイキコミサーリス（官名）相勤候節、取扱候事の内六ケ敷箇条等有之、右尓付唐国掟尓て手軽く戒られ申候
一同人義席五等を引下られ、六コレーヂー（会館の名）の一ヶ所エイ子ンワイロング（地名）尓アシステントセキレターリス（官名）相勤罷在候
一スウェーデン国の使者テテュシヤンキュタスト与申もの非道尓殺され申候
一其地在住のエゲレス国コンシュル（官名）シナライル与申者の執成尓て、右殺害人罪する尓不及様相成申候
一唐国摂政殺害いたし候者共の内五人召捕、直様死罪尓行ひ、右尓携り候もの共の住家を焼払ひ候
一近頃の噂尓ては、右一条尓付二十八人死罪尓行われ候由尓有之候
一去年五月頃ホルトカル国の奉行ベトローアレキサンディリノーダキユンハー（人名）、マカヲ（地名）ティモル（同上）幷ソーロル（同上）治めの為マカヲ尓到着いたし候
一右奉行直様土地の政事をセナート（官名）より引請け候処、間もなくコレラ（疾病の名）を煩ひ、去年五月廿七日死亡いたし候
一殺害の一条尓付、唐国政家との駆引嘉永二酉年の奉行ヨアマリヤートロリュラードアマラル（人名）の取扱尓有之候処、

右奉行尓交代のもの病死いたし候尓付、跡役センノルフラン子イス　スコーアントニオゴンラルース　コルトサー人名到着迄其儘尓相成候

一右跡役は、先頃陸地尓て唐国ホンコン島に着し、其地よりフレガット船ドンヨオス船号尓乗りマカオ尓赴き候

一噂尓は、唐国政家との争論穏尓可相成由尓有之候

一シルヤーメスブローケ人名暹邏国を訪ひ候、右はエゲレス国政家の意尓依て、暹邏国と通商の約を結ひ候為尓有之候へとも、其義相整不申候

一アメリカ州使節バーレスティール人名も右同様の所存尓て、暹邏国尓到り候へとも事不遂引取申候

一右バーレスティール人名は、当時オーストルセアルシップル島名尓赴き候、是も同様北アメリカ合衆国政家の意尓依て通商の望尓有之候

一右合衆国の司死去尓付、バーレスティール人名其取極を暫く延し候

一ビルマンセレイキ地名の都府バゴーン厳敷火災尓て全く消失いたし、右損亡莫太尓有之候

一右一条は全く等閑ゆへの義尓有之候

一エゲレス国所領印度地都て静謐尓有之候、尤プーンヤップ地名は一端エゲレス国尓背き候へとも、エゲレス国軍勢の為尓エゲレス国所領と相成候、且噂尓は其地も静謐の由尓有之候

一エゲレス国所領東印度の軍司シルガルレスナピール人名其職を廃し、当年の始エゲレス国尓罷帰候

一右跡職尓シル　ウィリヤム　マイナルドゴーメン人名任せられ候

一セイロン島の奉行としてシルゲオルゲアンデルソン人名其地尓到着いたし候、同人は以前マウリティユス島の奉行尓

有之候

一右マウリティユス島の住民シルゲオルゲアンデルソン（人名）を大尓尊重いたし、同人の別れを甚惜み候

一フランス国所領東印度奉行ラランデデカランス（人名）跡職として、フィルレッペ　アスシルレベディール（人名）ポンティセレイ（地名）尓到着いたし候

一アフリカ州の南方尓有之エゲレス所領の喜望峯尓おいて、カッフル（居民の名）一揆を起し候尓付、エゲレス国軍勢毎度追退け候へとも、兎角に敵対候存意を生し候、就ては右カッフル（前に出つ）を全く取鎮め候ため、エゲレス国軍勢到着いたし候を相待居候

一フランス国の先王ローイス　フィリッペ　ファン　オレアンス去年七月十九日エゲレス国中クラレモント（地名）において死去いたし候

一嘉永元申年フランス国騒動の後、右先王幷其一族クラレモント（前尓出つ）尓罷在候

一フランス国の司プリンス（官名）ローデウェイキ　ナホレオン（人名）右先王を敬し、パレイス（フランス国都府）幷国中所々尓おいて吊の礼式を取行ひ候、当時フランス国も先つ静謐尓有之、且国民所持の品物分配の事尓付、国中不折合尓有之候へとも、追々治り候様相成候、国民多分は右分配の事を不徳と思居候

一当時エケレス国都府尓、世界諸邦出産の諸物を見物いたし候為の場所を設け有之候

一此場所尓建有之候家は全く硝子幷鉄拵尓て、長サ千八百四十八フート（一フートは曲尺一尺二歩程）幅四百八フート高サ六十六フート有之、其家の中央尓高サ百八フートのドワルスシキップ（船の一種歟）を居へ、其ドワルスシキップは家の一方尓九百四十八フート又一方尓は九百フート出張居候

一床幷貨物出し入れ用の道具は木拵尓候へ共、屋根幷カレレイエン（店先の事をいふ歟不詳）の垂木は弓形の鋳鉄尓して、其数二千二百四十四有之候
一硝子の惣外面を算当いたし候へ者、九十万フート四角尓て其重サ四百トン（一トンは千六百斤程）有之候、樋の長サはエゲレスの三十四里（エゲレスの一里八百十三間半程）有之候
一家の惣外面は凡十八アーレス（不詳）有之候
一カレレイエン幅二十四フート長サエゲレスの一里、表入口幅七十二フート有之候
一此大仕掛の家内尓世界国々の場所逸々に設け有之、又其場所々々尓国産の諸物を送り、諸人見物のため錺付有之候、且唐国商人両三輩右国々の産物を見分のため、且自国の産物を見せ物尓いたし候ため、エゲレス国尓参り其船をも二、三艘見せ物尓いたし候
一去年別段風説尓て申上候通、エゲレス領印度幷ビンノングハム（地名）の商人ともよりエゲレス役所へ差出し候書面の義尓付ては、其後何たる義も無之候
一ドイツ国尓おいては兎角不穏義尓候
一右ドイツ国の諸郡唯一手の支配尓いたし度趣尓候へとも空敷事尓成行候
一此国々の支配の事は不軽事尓して、度々騒動尓可相成様有之候
一プロイス国とオーステンレイキ国と接戦の催し有之候
一両国共次第に相募り一大事の場尓相成、昨年の末両国互に大軍を発し接戦尓及へき趣尓候
一聊の争は有之候へとも合戦と申義尓は無之、昨戌年十月廿六日尓至りオーステンレイキ国とプロイス国和熟尓相成

申候、右取計都合能く相整候は、全くドイツ国政令ニ依ての義ニ有之候、ドイツ国の領地支配の事ニ付、デレスデン（地名）ニ使者を遣し、オーステンレイキ国プロイス国の目代のものと相談為致候、依之ドイツ国領一般ニ相治候様相談最中ニ有之候

一其模様はいまた相分り不申候

一プロイス国の都府ベルレイン（地名）ニおいて一箇の狂人有之、短筒をもつて国王ニ打懸け候処唯腕ニ中り申候、依之国中諸方より上書いたし国王の活命を祝し申候

一デ子マルカ国とプロイス国との一件は平和に相成申候

一昨年別段風説ニ申上候通、右両国諸侯領のスレースウェイキ（国名）ホルスティン（同上）の義ニ付血戦ニ相成申候、右争の義はデレスデン（地名）ニおいて和睦致へき趣ニ候

一サルディニー（地名）とオーステンレイキ国との戦争嘉永二酉年正月十四日和談の後は弥穏ニ有之候

一右ニ付、オーステンレイキ国の権勢イタリヤ国の北方ニおいても不相衰、前ニ復し申候

一サルディニー（地名）とローマ国のパウス（僧名）との取合有之（ママ）有之候処、いまた相治不申候

一トスカー子（地名）のヘルトグ（官名）一応居民ニ政令を下し候事有之候へとも、昨戌年右政令を差止候

一イタリヤ国の居民打続き騒動を発し候ニ付、右ヘルトグ（官名）其地の政事を全く司り候様相成申候

一去年別段風説ニ記載有之候エゲレス国とギリシヤ国との引合穏ニ相成申候

一ロシヤ国帝国中東境ニ有之候カウカシース山の住民ニ対し軍を発し、所々を攻取り所領ニ致し候、且噂ニはロシヤ国帝右住民ニ政令を守らせ度所存ニ有之由ニ候

一トルコ国シュルタン官名の所領アジヤ州大地の所々幷其近隣の島々尓おいて騒動起候へとも静り申候
一エゲイプテ国の噂尓、オンドルコーニング官名アッバス パカー人名自己の意を立て、漸々トルコ国の権威尓背候様相成
候
一右アッバス パカー人名数多の軍勢をフランス国の兵士尓付け、欧羅巴の流儀を教へ申候
一右尓付アッバス パカー人名とシュルタン官名との不和相起申候
一右シュルタン官名よりアッバス パカー人名尓其軍勢を二万人尓減し、海軍をトルコ国の為尓備置候様命し候処、アッバ
ス パカー人名返答尓は、陸軍四万人海軍一万五千人備置きトルコ国より軍を発し候節、防禦の手当行届き候様国中尓
兼て命令を下し置候との義尓有之候
一右一条より急度騒乱相起るへきとの由尓有之候
一右国中騒動尓て住民大尓困窮いたし候
一カリフォルニー地名の黄金を求め候ため、諸方の住民数千人打続き其地尓赴き申候
一当時此地尓は追々諸方より人集り人民夥敷相成、右諸方より参候者共、何方より歟渡世と相成候事を相求めす候て
は不相叶様相成候
一昨年の末カリフォルニー地名は北アメリカ合衆国一派尓加られ、合衆国第三十一番の地尓相成候
一其節カリフォルニー地名尓おいて広大（莫）の田畑を開き、国民渡世不相叶者の弁用といたし候
一唐国帝臣下尓禁制いたし候尓は、カリフォルニー地名尓住居不相成事尓候
一此以前の風説尓は、パナマ地名の峡尓轍路漕路を設け度所存の由尓候

嘉永四辛亥年（一八五一）長崎訳

一其以来北アメリカ合衆国とメキシコー（地名）と取極いたし候尓は、アトランツセ海と南大平海との通路弁利のため、テヒュアインパイ（パナマの一名歟）の峡尓轍路を設け候由尓候、又右同様の趣意尓て合衆国とエゲレス国と談判いたし候

一右の序無住の土地へ人民を植付け候箇条も申極候

一此以前の風説尓は、北アメリカ人日本通商の義有之候処、其後右の義尓付ては何たる沙汰も無之候

一北アメリカ合衆国のプレシデント（合衆国の司）タイロル（人名）は死去いたし候、其跡職はフィセプレシデント（爵名）メルラントヒルモレ（人名）尓有之候

一右跡職の者は、合衆国開祖ワスヒングトン（人名）より第三十一世のプレシデント（合衆国の司）尓有之候

一右ワスヒングトン（人名）の像は、国中の入用をもつて建立有之候

右之通御座候

かひたん

ふれでれつきこるねへりす

ろふせ

右之趣横文字書付を以申出候ニ付和解差上申候、以上

亥
七月

西　吉兵衛 ㊞
品川藤兵衛 ㊞
森山栄之助 ㊞
西　慶太郎 ㊞
堀　達之助 ㊞
本木昌造 ㊞
楢林栄七郎 ㊞
名村五八郎 ㊞

# 第十二号─二　嘉永四辛亥年（一八五一）　別段風説書　江戸訳

『籌辺新編　蘭人風説八』公益財団法人鍋島報效会所蔵・佐賀県立図書館寄託鍋島家文庫

和蘭風声　嘉永四年辛亥

一和蘭今王微歛三世之第二子ウィルレム、フレデリッキ、マウリッツ、アレキサンドル、ヘンデリッキ、カーレル死す、其王子ハ歳六歳親戚悲悼す

一雪際亜、諾勿惹亜両国王の太子カーレル、エンゲニウス故の和蘭王微歛二世の姪ウイルヘルミナ、フレデリッカ、アレキサンドリナ、アンナ・ロウィサと婚す

一プリンス・ヘンデリツキハ今の和蘭王の弟、王命ホてゴロートヘルトフドム・リュキセンヒユルグの鎮撫スタットホウデルとなる

一英吉利航海交易の制度を改革す、和蘭及ひ其他の欧邏巴諸藩も皆これホ倣ひて貿易の制度を改む、他国ホ往て交易すれとも自国の者と異なる事なし

此制度行ハれし以来物価低下物品饒夥（ママ）をなり、民皆其利を亨け各国政堂は争乱ホて――多事といへとも民人は生理昔日ホ比すれハ頗る豊足せり、各国植民の諸地の人も其沢を亨て同しく其利ホ依れり

一和蘭ホて海水を製して飲水となす法を発明す、名高製煉家会臨せし目前ホてこれを製し、太好く製出せり

一和蘭領印度大総督イ、イ、ロギュッセン五月十二日其職を去る、ア、イ、トイマール、ファン、トウイスト其職尓任す
此人ハ是より先ヲーフルイースル州の人民の撰挙せるスタート、ゴウフル子ウル、ゼ子ラール・ファン・ミニストル
たり、――――ア、イ、トイマール・ファン・トウイストは彼の三月の始本国を辞し、途を陸路尓取て独逸の首都
（勿能ならん）を一覧し、五十四日を経て五月十日爪哇に入る、顕官途を此陸路尓取るは此人を嚆矢とす、トイマールと同
道してイ、フ・ファン・ホン子スも爪哇に来る、ホン子スはヒーセ・フレシデント・ファン・デン・フード・ファン・子ー
デル・フンツ・インディーの官尓任す、これイ、ル・レインスト此官尓任せしが、其官を解て本国尓返るを願ふが故尓、
今これ尓代らんとて来れるなり――――ロギユスセンハ早速其職任を跡役に渡し、今ハボイテンソルクニ
あり、不日して発船本国にかゑるへし
水師提督エ、ヘ・ファン・デンボス今年二月八日バタヒアにて死す、遺言してボイテソルクの官第の非塋尓葬らしむ
一板淡（バンタン）の乱有候へ共甚タ大ならす、首悪及ひ徒党の最たる者二、二（三）人を捕へて遠地尓流竄しかへるべからさらしむ、
余の脅従者皆服す
一蚊甲（バンカ）にアミユルといへる者、土人を倡ひて乱をなさんと謀り島中を徘徊す、兵を遣てこれを駆り、人民離散せし後
正月七日アミユル降伏す、乃チ亦捕て遠地に流す
一（爪哇の北尓ある）某島へ海賊押寄来る、人民驚竄しければ、賊等海塘尓上り人家を焼き、男婦を問ハす抄掠す、急尓水軍を発して是
を誅せんとする尓賊已に遁る、洋面尓てこれ尓出会、大尓打敗りて其俘虜を取かへし、赦して其国に返す、其中尓シ
ユマナツプ（マテユラの東裔）島之者居れり」、是班呀印度海中のサマルレス・ブーヲテュアン・ベラウントニーン等島に居れる

海賊を討てこれを破る

一又ソーローを討て人家七百を焼き大砲百三十門を取る、これ是班牙の将校を暴抄せし尓よりて、シュルタン尓其事を申遣せども、シュルタン承知せざるが故也、かくの如く大敗尓及ふハ、昨年英吉利と約して海賊を平らけんとするに、蘇洛シュルタン少しも畏れず、海上を暴掠するを事とせしが故也、今は右の如く敗衂して、復た海賊を為す事能ハさるへし、是皆禍を招ける也

一英吉利船の印度及び支那海尓在る者大小十二艘内リーニー　フレガツト　スクルーフ　ストームボード　水蒸船兵粮船病養船等也

一是班牙兵船の数詳尓すべからす

一和蘭の船二十九艘内フレカツト一艘名ハプリンスフレデリツキファン子ーデルランデンと云ふ、其余は太底小船尓てブリツキ又はスクー子ルブリツキなり、蒸気船は十二艘なり

一渟泥西岸殊尓サンバス尓住する支那人乱を為す、爪哇より海陸軍を差撥し、其小塞幾個を取り、多く其戦士を殺し、海運を断へ、支那人窮して和睦を乞ひ、大総督尓取なしくれよと頼む、後来其誓約を堅ク守るべきを約して是を許す、此乱の淵源ハ、支那人和蘭の条例を奉せず、自由尓密売を為さんと歎する出ツと云、今ハ一旦降伏すと雖も——
——此輩を制馭する尓ハ、兵威を盛尓して是尓臨み、且つ間隙なく其所行を精察するにあり

一英吉利兵船を発して印度の海賊を討つ、其某隊へ支那海賊シウアエを討取る

サントウィスの中ホノリエルユよりの告文ニ曰

一カビタンクレルク北緯四十五度東経百五十五度の洋中尓て日本十三人乗の船に出会せり、其船は江都よりキユノに赴くとて乗出し吹流され、六十六日の間楫檣もなく漂ひ、四十日の間飲水尽て雪を嚼み——残余の魚を喫するのミなり——カビタンクレルク先つ是を船中尓助け入れて、後船頭及余二人ハ己が船尓残してホノリユリユ尓連れ来り、又六人ハ俄羅斯某名号舶尓托して俄羅斯領中尓遣し、余二人は某名号舶に托しをき、又二

人は某名号船尓のせて――――ホノリユに着す

一支那の動乱いまた靖からす、広西尤甚し、シンチシーと云者大欽差となり広西尓赴く途中尓て死す、リシンソ・グリーンこれ尓嗣て大欽差となる、其策する所尓て――乱治まらす――――大欽差の威稜大尓衰ふ――――土寇広東の近傍六十里の地尓迫り近つき、数々広東の兵を駆逐す

一瓊州の北ニも海賊屯聚し、支那政官またこれを平靖する事能ハず、賊氛頗る盛なり、後適霍乱吐瀉行ハれ賊多く死亡す

一広東府内へ外国人を容るの令今に於ていまだ准を得ず、此准否は、昨年申上る通英吉利の全権大欽差香港大総督ホンハム兼而思ひ立たる旅行を終る後尓非されは、知るべからさるなり、兼而思い立たる旅行とは海路より北京――――に詣る事前年尓見ゆるなり

此旅行も耆英(キーインク)、ムシヤンクシアーの二人其職を褫れし後ハ頼母しからさるなり

右の両人ハ正直尓して道を信す故尓人皆是尓依頼せり

ムシヤンクシアーハ前年三箇の功業あるを以て軽く其爵を削り――――国家の政尓任するに足らさる人なりとす

耆英は昔年国家の難事を処措せる功績を思ひ、其爵を削りて五等となし、六部政堂の中のアスシヌデントセクレタリス(書記副官)尓任せらる丶なるへし

一雪西洋の弘法使者デ、チュ、カン、シユ、ファスト支那人に打殺さる――――――英吉利のコンシユルシノライル其兇人を誅せん事を官尓請ふ、但し是は必らすしも請ふ尓及ハざる迄の事なり、――支那官人速尓其兇人五人を捡しく其首を刎ね、余は尽く其家を焼尽す、新告文尓据る尓、支那尓て此兇遂の事に預

りたる者二十八人皆首を刎たりと出（云）ふ

一昨年六月媽港地木児ワロルの蒲萄牙の鎮台ベトロ、アレキサンドリノ・ダリュンバ媽港に来り、前鎮台ヨア、マリア、トロリエサー、ド、アマラルに代る、――此人ハ葡萄牙より途を陸路尓取りて香港に来り、夫より某名号舶尓て媽港に着すと云、――然る尓此鎮台七月六日――霍乱尓嬰り死す其跡役としてエンノ、タラ子イスコアントニヲ、コルトサー又来る

一支那と葡萄芽との一件近頃迄治らす、其後媽港の鎮台来り代れとも、程なく病死せるを以て暫く其事を延し置し尓、近頃尓及ひ新役の者来る後穏便尓落着せり

一英吉利政堂の使の名目尓てシル、ヤーメス、ブローケ邏羅尓使し交易の約束を取結ハんとすれ共、議成らすして帰る

一毘爾満首都バゴーン失火延焼甚広、其源を問ふ尓庵虜より起れり

一英吉利領印度此節静謐なり、但し昨年ビュンシヤホ〔際告斯の領地〕州を英吉利勢尓て攻む、敵兵強く防禦の後和睦成り、其州英吉利の所轄尓帰す

一英吉利の印度所領陸軍総督カルレス、ナビール今年其職を辞す、シルウィルレム・マイナルト・コムム代てこれ尓任す

一シルゼヲルゲ・アンデルソン錫蘭鎮撫に任す、――此人ハ是より先マウリチウス島〔麻打加斯曷爾の東南尓ある マスカリーセ簇島の内の島なり〕に来りて鎮撫となり仁声あり、士人甚だ別を惜めり

一仏蘭西の印度所領笨支里（ポンチセリー）の鎮撫ヒリッペ、アシルレ、ベデイル職を辞す、ラ、ランデ、カランス之尓代る

一喜望峯のカッフル人種乱を作す、英将と戦ひしば〳〵破らるれ共叛服常なし、英吉利――援兵の来るを待て大

に是を懲創して心腹せしめんとす
一前の仏蘭西王ロウィス、ヒリッペ、ファン、ヲルレアンス、出奔して英吉利の内カラレモントに居りしに、一千八百五十年其他(地)にて卒す
仏蘭西合衆国の伯理璽天徳ロデウヱイキ、ナポレヲン――其レイキレーデ子ン（追悼の祭）を巴里斯及び国中諸府に行ふ、此時人心到て静謐なり、一党ありしにこれに入る者次第に少く、今は其所行道理に遠しと怪み見る者次第に多し
一英吉利の本都蘭頓にて、太凡大世界中人工にて製し出せる品物を展観する大場屋を造る、場屋の長サ千八百四十八フート、濶サ四百八フート、高サ六十六フート、此鉅大の家は残らす鉄と硝子とにて結搆せり、但し品物を蔵する所及ひ床ハ木にて造れり、ドワルスシキップ（不詳）を以て其屋を画断す、其高サ百フートなり、此ドワルスフートの一方ハ九百四十八フート、一方は九百フート前後に挺出す、屋内には各国の所在を分ち定め、前に店棚を設け其上に各国の人造品物を陳鋪するに、大底世界中の各国の製造せる者備ハざる所なし、就裡支那より展観に備へんとて、支那人諸貨を積載せて来れる唐船を最偉観とす、鉄鋳にて穹状を為せる屋宇廊廡の椽（タルキ）二千二百四十四本、硝子盤面通計九十万フート平方、其重サ四百頓、屋霤の長統計英吉利里法にて三十四リ（我十三里八分九リ）、場屋の占る所地面十八畝、廊廡の濶二十四フート、長サ英国里法にて一里、大なる入口ハ広サ七十二フートたり
一ヒルミンクハム及ひ英吉利領印度商人より英吉利政堂へ、日本と交易を弘（結バ）めんとの願昨年抄(指)出したるよし奏聞せしが、其後は風聞を承らず
一独逸諸部を一統御の政令となさんとする議より争論起り、各国異見あり――孛漏生、窩々所徳礼畿との確執尤甚し、

已ニ両国兵を発し血戦に及ふニ、迫は算せす未大戦ニは及バさりし、狂人ありて別爾林ニて――ビストールを以て孛漏生王を狙撃して其臂ニ中つ、国中四方より競ふてこれを看護せんと上書する者多し、已ニして――――和議起り、独逸国中諸侯へ使を出し、使節を発してデレスデンに会し、総議すへきよしを云ひける各国諸侯の使者皆其会ニ臨む、但し何の議定ありしや未た聞ず

一デ子マルカはホルスティン・スレースウェイキ二地の故を以てしば〱孛漏生と戦ひしが、是又和議なれり

一サルチニア・ヲーステンレイキ近年確執有りしニ、両国和睦してヲーステンレイキ所領の北意太里亜ニあるもの其管轄故のことし

一サルヂ（ニア）ニて羅瑪教皇との確執今以治平せす

一多斯加能へハ（ル）トフ一、二年前政度を改革し国中ニ行ひしか又先つ是を廃す、近国中の人民久しく喪乱ニ沈みしか、多斯加能へルトフに倚頼して其乱を靖せん事を請ふ

一英吉利厄勒祭亜久しく確執ありしが穏ニ治平せり

一俄羅斯帝国の東境ニ隣れる加鳥加須山脈中ニ住する山中民種を討つ、告文ニ据るニ、これ其人推魯朴野全く帝政ニ従ハさるを以て、大ニ是を討ち馴服せしめんとの存寄のよし

一殺古の所領亜細亜陸地及ひ其海島の人乱を興すと雖も幾くならす治平せり

一阨日多の鎮台アブバス・パッカの挙動明らかならさりしニ、其叛心初めて顕ハる、パッカは仏蘭西の将校を頼み兵隊を欧羅巴装とす、殺古帝（シュルタン）これを怪しみパッカと無拠諍弁あり、トルクシユルタン兵数を減して二万名となし、水軍はトルクの指揮ニ従ふへきよしを申やる、パッカの管ニ陸軍は已ニ増して四万となり、水軍ハ一万五千人ニ及べ

り――殺古より攻来らば防戦いたす可き由書載たり、但し人口の数尓比すれば――兵士多く民口大尓衰弊せりとそ

一角里伏爾尼亜の金を挖り取らんと世界中より人民群集して人口過多となり、後れ来るものは残逐せらる、に至る、支那帝は其国人の此地尓来り住るを禁す、加里伏爾尼亜は――――北アメリカ合衆国の内尓加り入其第三十一番の国となる、是尓於て其広大なる地を以て後れ至れる者尓給す

一先年来奏上せし巴麻那地峡尓鉄の轍道を造り、溝渠を穿つて運送の道を亜太臘海より大静南海尓連ねんとて、墨是可北弥利堅約定を定む、此事尓つき北アメリカ合衆国と英吉利とも約束あり

植民のこともおひ〳〵存寄の通り尓施し行へり

一北アメリカ合衆国日本へ通商を取結ばんとする心ある由先年奏上す、併其後ハ何とも承ハらす

一北アメリカ合衆国の伯理璽天徳ヤ子ラール・タイロル死す、開基ワシントンより第三十一代也、ワシントンは開祖なれは国費尓て立像を建たり

和蘭交易総督フセホス敬陳

# 第十三号―一　嘉永五壬子年（一八五二）別段風説書　長崎訳

『自嘉永四年至安政四年　風説書』長崎歴史文化博物館所蔵

別段風説書

一昨年別段風ニて申上候末、和蘭第八月廿五日和蘭国王妻一男を産ミ、国王の親族は勿論物国中の者共何れも歓喜仕候儀ニ御座候、右男子名はウィルレムアレキサントルカーレルヘンディリッキフレデリッキと唱へ申候

一此以前別段風説ニ申上候通、和蘭国王の娘スウェーデン国の太子ニ嫁候末、和蘭第十月三十一日一女子を設申候

一和蘭国至極静謐ニ有之、近隣の国々と睦敷有之安堵の時節ニ御座候、依之国中諸家業ニ心を委ね、商売向等誠ニ繁昌仕候儀ニ御座候

一和蘭暦数千八百五十一年第七月二日皇国嘉永四亥年六月四日フィーセアドミラール官名エーベイファンデンボス人名の代りとしてスコウトベイナグト官名エーゲーファンデンプラート人名儀を東印度船手頭幷軍船一体の事を司候職ニ国王ゟ申付、此者最早印度ニ到着仕候儀ニ御座候

一コル子ッツデゴロート人名及ひデュビュイ人名願ニ依て、国王より其職を首尾能差免し、其代として印度評定役仲間ニペーメイエル人名及ひセーフィススル人名儀を国王ゟ申付候

一国王の所持アルディウーノと申船号の蒸気仕掛軍船尓乗、古都督職イイロギュスセン人名儀和蘭第九月廿七日皇国嘉永四亥年九月三日カルキュッター地名尓向け出帆仕、同所尓着致し候迄其辺所々尓てエケレス国支配人とも格別尓取扱ひ、国王同様の饗応仕申候、同人儀夫より陸地ニ而和蘭国尓罷帰候心得ニ有之候

一シュマタラ地名の都府バレムバング所名の上手の地穏尓無之、荷担の頭分の者共有之頻ニ騒動せしめ候儀ニ御座候、然ル処和蘭国の軍勢にて右一揆を退散せしめ候上は、元之通速尓静謐安堵の場合尓復し候様有之度儀尓御座候

一パレムハング地名の騒動と同時尓、其近隣のランポンギーセ郡名尓も一揆有之候得共、是又取押の軍勢差向速尓静謐尓相成申候

一先年の如く今ニ海賊の患、既尓印度ニおゐての和蘭国船手方の者共毎々海上尓て海賊船尓出会候儀有之候中尓も、和蘭国王の蒸気仕掛軍船へクラー船号およひサマラング船号の両船、爪哇の東手の島尓赴候海上尓て、名たる海賊の頭を捕へ、数多大小の海賊船を破壊せしめ、是か為に此辺の海上漸暫く穏ニ相成候儀ニ御座候

一昨年別段風説尓申上候ソーロー島海賊防の為、印度ニ有之イスパニヤ領のオンドルコーニング爵名より取鎮の為軍勢を出し申候、当時ニ而ハ、右ソーロー島の酋長イスパニヤ国の手尓随ひ、其土地イスパニヤ領と相成申候

一アティーン地名の酋長の領内シュマタラ地名の北西の渚辺尓て、シ、リヤ船其所の者共ゟ押領せられ甚敷難ニ逢申候、此時フランス国軍船弐艘を差向、アディーン地名の酋長ゟ其償を乞得申候

一唐国尓一揆起申候、右は先年韃靼勢の為敗北ニ及候元の王家の親族の後胤尓有之候、ティーンツ儀クヮンシ県尓おゐて其荷担の者を集め、数ヶ度唐国官府の軍勢と戦闘尓およひ候末、其勢数多盛なる出立尓て広東の方尓到申候

一和蘭第十二月頃イスパニヤ国女王の身上に誠尓危き事差起申候、右者規式事有之女王外出有之候時、番兵の中を押

分け理不尽ニ駆付、女王の腕ニ剣を突掛け其疵深く有之候得共、危病ニ到候訳ニも無之、最早大抵平癒ニ向ひ候由ニ御座候

一イスハニヤ国ニ属し候キューバー島事は、北アメリカ供和政治ニて世間を憚ざる賊徒二党の患難あり、元来此島他ニ関係なく独立せしめ、島人の望に応し一揆〈候〉を表ニ顕し、イスハニヤ奉行所及ひキューバー住民ニは損害ありて、右賊徒二党の為ニは有益を専心掛候事与相見申候

一イスハニヤ国の政府、其国法正敷国民の安堵を計りものせし処の事なれは、敢て其政事の変るを悦はす、故ニ其国民の願望を達せしめ、其最初の荷担の者共は其罪を免し候事ニ候、然るに此島の静謐なる時を騒し再責んと計りし時、其徒党の者共烈敷取挫、右徒党の内ニ手ニ武器を持たる者共は、悉く其罪ニ応し死罪ニ行申候、右等の事有之候末、イスハニヤ国奉行所と北アメリカ州奉行所との確執差起候事無之候得共、北アメリカ奉行ニおゐては敢て其通の理屈ニも無之候

一ロシヤ国とカウカーシュス〈地名〉の山民との戦争今以不穏儀ニ御座候、山多の土地に入込候事甚六ケ敷、山民の勇猛殊ニ其勢許多なるをもつて、ロシヤ国勢も許多ならさる事能はず、爰を以此軍戦永く掛り候事ニ御座候、然るニロシヤ人は頻ニ進むを是とし、仮令久敷掛るといへともかならす是を討随へ、よしは年久敷く経るとも終ニは此山民を屈伏せしめ、其法を正し道をもつて治る様に相成り申事ニ候

一来年はロシヤ国開闢以来千年の賀執行候由ニ候

一昨年別段風説ニ申上候通、エゲレス国都府ニて、和蘭第五月朔日ニ細工物の巧なるを見世物ニ致し始候事有之候、此時凡世界諸方の国々ゟ種々無量の品々其所ニ運送し、数千の見物人有之候、其見物人の数両三日の間ニて拾万人

余尓及申候、此見せ物和蘭第十月尓到て規定を立、見物人千人宛尓て取仕舞候事ニ御座候

一先頃エケレス国とフランス国と迅速の通路を開候、右仕組はエケキトロマグ子ティーセテレガラーフエレキトルの気尓て合図致し候仕掛尓有之、海底を通り両国往来いたし候

一右通路尓用ひ候器具は、長サ二十四エケレスメイル凡和蘭八時行尓当る重サ二百トン一トンは日本千六百斤ニ当る有之候、此仕組の合図尓て暫時の間にフランス国よりエケレス国の都府尓通達致し候

一エケレス国より今尓絶ずアフリカ州南方住居のカフフルスタムメン人民の義軍勢を発し候、右は昨年の別段風説尓有之候通、カープコローニー地名尓狼藉いたし候者尓有之候

一エケレス軍勢は自国を発し候事ゆへ大尓勢ひを得、既ニ数度の勝利有之、敵方より数多の獣類を奪ひ取候得共、土地広く敵の進退迅速なるかゆへ、要害悪敷場所尓おゐて狼籍及ひ放火致し候事支へ難く有之候

一当時の風聞尓ては、エケレス軍勢援兵を乞、敵方を速尓取挫き土地の安全を復し度由ニ有之候

一和蘭暦数千八百四十八年嘉永元申年カリフォルニー地名尓おゐて発明せし如く、今年アウスタラリー州の内エケレス所領の地尓おゐて金山を発き、其出産実尓カリフォルニー地名のものに越へ候由ニ有之候

一其地の住民幷他邦の者とも数多其場所ニ志し、金山の産業専尓致し候

一右の者とも既尓数多の金を携へ自国に帰着致し候

一フランス国は和蘭暦数千八百四十八年嘉永元申年国王放遂の後国中騒乱絶ず候処、今又千八百四十八年の乱尓反し候変差起候

一フランス国中不和熟尓して衰微尓および候上は、ローデウェィキナポレオンボナパルテ人名外尓手段無之、唯国政を厳

重尓して民の安全を復するにあるを旨とし、フランス国再興の為大胆の企を致し候

一智織〔識〕老練の者の助尓〔け〕兵士の忠義尓より、ローデウィキナポレオンボナハルテ（人名）逆徒等を数多召捕追放致し、以後敵対候基を絶候様致し候

一爰ニ於てローテウィキナポレオン（人名）国政を改候故、其威弥盛尓して逆徒等の企催し難く相成候

一右一件無異儀相治り候、尤フランス国都府幷所領の地ニおゐて血戦ニ及申候

一アルゲリー（地名）備の軍勢の内当年戦を催候、右ハカベイレン（土民の義）アルゲリー（地名）の内幷フランス所領尓住居致し、数度敵対致し候を取鎮の為尓有之候

一右戦争フランス方勝利尓て、逆徒等速尓屈服致し、フランス国の威勢を振ひ申候、併当時の風説ニ而者、右軍勢退陣の後再度騒乱発候由ニ有之候

一アフリカ州北方渚のモーレン（住民）ニもフランス人尓狼藉いたし候

一マロクコー国帝の徒臣右狼藉尓荷担致し候ニ付、フランス国より右の者共仕置の儀及談ニ候得共不取用候ニ付、フランス海軍彼地ニ到り、右国帝の所領海岸ニ大炮を打掛け、フランス国の談を承引致し候様所計申候

一諸財宝惣国中分配の事、ノルウェーゲン国の下輩殊ニメインウェルケル（金山等尓て働くもの共をいふ）等是尓て家業の元手を得申候

一右の者共党を結ひ乱を企候得共大事ニ不到、武威を以速尓取鎮申候

一右徒党の長本を捕へ、其一味の者を追ひ散し、国中治り国民安心致し候

一ドイツ国尓於て千八百四十八年（嘉永元申年）千八百四十九年（嘉永二酉年）国中の騒乱幷デー子マルク国と和睦の後一円静謐尓相成候

一ドイツ国中諸所尓於て逆徒等再起の萌有之候得共、荷担の者少く、国政改革後厳重尓て、当時は逆徒の恐無之様相成候

一右国政厳重を以逆徒を降伏し、農商の営盛尓し、衰微の者栄へ貧乏を助け、反逆等の者無之様相励申候

一イタリア国内オーステンレイキ所領の地尓於て、ロムバルディエン（地名）幷へ子シー（地名）の一揆退治の後は格別の乱無之候得共、兎角其地の住民独立の志有之、窃尓反逆を企申候

一オーステンレイキ軍勢右防禦の為備有之候

一オーステンレイキ国とサルディーニー国と取結候和睦今尓連綿有之候

一イタリヤ国の諸州平和ニ有之候

一エゲィブテ国のオントルコーニング（官名）アルバスパカーとトルコ国のシュルタン（官名）と確執起り申候、右はシュース（地名）の岬ニ轍路を開候事ゟ之儀ニ候

一右シュルタン（官名）はエゲイプテ（国名）の司と自称し、一旦右轍路を禁し、右シュルタンの所存は追而オンドルコーニング（官名）より己ニエゲイブテの地を借り轍路を開べき願致させ度事ニ候、然ル尓オンドルコーニング（官名）是を違背致し候得共、他人の取扱尓てアルバスバカー（人名）より願出、シュルタン（官名）是を差免候様相成申候

一右轍路はエウロッパ州より印度江陸路致し候旅人幷荷物の為ニ有之、成就の上は遠隔の国通路尤速ニ便利宜可有之候

一サントウィス島司第一世カメハメハ（人名）とフランス奉行所と確執ニ相成候、右はフランス人とも右島江持渡候飲食の運上を、エゲレス人与比較して格別多分ニ有之候事より差起り申候、併右一件双方和談の上静り申候

一メキシコー（地名）近年平和の様相見候得共、当時一揆差起り、既ニ供和政治ニ相成候模様ニ有之候

一数多の属地ニ於て一揆差起り、右取鎮方殊の外手数相掛申候、併当時ニ到り漸全平和ニ相成申候

一カリホルニー（地名）ニ諸州の人民絶ず思を掛申候、此地金山出産は今ニ盛ニして数千人彼地ニ赴き幸を索候

一都府サンフランシスコー（地名）当年再度烈敷火災有之候得共、既ニ民家再建致し、多分は石の造作ニて火除ニ相成候様有之候

一其地の人民元来金堀（掘）幷商売を而已を営ニ致し候得共、当時は農作幷牧業を志候様相成申候

一唐国印度幷欧羅巴州ニおゐて北アメリカ供和政治の通商日々盛ニ相成候

一阿蘭陀所領印度の都督千八百五十二年第四月七日（嘉永五子年閏二月十八日）評決の上日本商館のかひたん職をドンクルキュルシュス（人名）ニ命し、フレデレッキコル子ヘリスロフセ（人名）と交代致させ申候、尤ロフセ儀ハ当人の願ニより首尾能かひたん職を免申候

一新かひたん儀ハ、以前阿蘭陀所領印度ニ有之候大裁判所の評議役ニ有之候

一エゲレス海軍印度幷唐国備左之通に有之候

一　リーニー船　一艘

一　フレガット船　一艘

一　コルヘット船　一艘

一　ブリッキ船　四艘

一　蒸気船　四艘

右之外東印度商館は左之通備有之候

一　ブリッキ船　　四艘
一　スクー子ル船　五艘
一　蒸気船　　大小三十一艘

右船々備の大炮通計四百廿一挺有之候

一阿蘭陀海軍備左之通ニ有之候

一　フレガット船　船号プリンスヘンデリッキデル子ードルランデン　船司スターフェニスセデブラーウ
一　コルヘット船　同ファンスペイキ　同サウファーゲ
一　同　同ボレアス　同エスキューレイ
一　同　同子ハレンニア　同ファンデルスターテン
一　ブリッキ船　同デハーイ　同フォンローフル
一　同　同スレイフ　同シーデンビュルグ
一　同　同トルフェイン　同デゲープ
一　同　同エグモント　同デブラウ
一　同　同バンカー　同ハンデルドウス
一　同　同バンダー　同ハンセン
一　ブリッキ船　船号アムボン　船司カサウキス

一　同　同サパルア　同ウヲウトルス
一　同　同パダング　同子イエル
一　アドヒースブリッキ船　同ペイラーデス　同ニコルリン
一　スクー子ル船　同アルゴー　同ファンマウリッキ
一　同　同アリユバー　同リッドルホイスセン
一　蒸気船　同アルチユノー　同フート
一　同　同メラピー　同ファンマルデゲム
一　同　同エトナー　同カランク
一　同　同フェシユフィユス　同デハーン
一　同　同ヘッキラー　同ファンヒンローベン
一　同　同プーニキス　同アンデレア
一　蒸気船　船号シユリナメ　船司アルケンバウト
一　同　同サマラング　同リッゲルス
一　同　同ボル子オ　同ファンゴルキユム
一　同　同バタヒヤ　同ファンデルモーレ
一　同　同セレベス
一　同　同オンリユスト

一　同　　同テイパンナス

一　ルーイカノンニールボート船　　船司パルム

一印度備イスパニヤ海軍は記載無之候

一爰ニ又一説有之候、北アメリカ供和政治の政府日本国ニ使節を送り、日本国与通商遂度由ニ有之候

一右一件左之通ニ有之候

一右使節は、供和政治のプレシデント（供和政治の司）より日本ケイスル（帝の義）尓書翰幷日本漂民送越候由ニ有之候

一右使節は、日本湊の内二、三所北アメリカ人交易の為開度、且日本湊の内都合宜所ニ石炭を貯置き、カリフォルニー（地名）与唐国与蒸気船の通路尓用ひ度願立候由ニ有之候

一北アメリカ蒸気仕掛軍船シュスクガンナ（船号）右船将アウリッキ（人名）幷コルフェット船四艘即サラトカ（船号）プレイモウト（同上）シントマイレス（同上）ファンタリア（同上）当時唐国海尓罷在候

一一説尓は右船々使節を江戸尓差越候命を請候由ニ有之候

一当時の説尓ては船将アウリッキ（人名）使節の任を船将ペルレイ（人名）尓譲り、且唐国海尓有之候アメリカ海軍数艘の蒸気船左の通相増候由ニ有之候

一　ミスシスシッピー（船号）船司キリン子イ（人名）但此船に船将ペルレイ（人名）罷在候

一　プリンセトウン（船号）船司シッド子イスミット（人名）

一　ブリッキ船ペルレイ（船号）船司ファイルファクス（人名）

一　兵糧運送船シュプレイ（船号）船司アルトヒュルシントカライル（人名）

一風聞書ニは上陸囲軍の用意も致し諸道具積入有之由ニ候、併右船々第四月下旬当三月初旬ニ当る前ニは出帆難成、着は今少し延引可致由ニ有之候

古かひたん
ふれでれつきこるねへりす
ろふせ
新かひたん
どんくる
きゆるしゆす

右之通和解差上申候以上

子六月

西　吉兵衛㊞
森山栄之助㊞
西　慶太郎㊞
本木昌造㊞
楢林栄七郎㊞

# 第十三号―二　嘉永五壬子年（一八五二）別段風説書　江戸訳

『石室秘稿』国立国会図書館憲政資料室所蔵

別段風説書

一当年第八月二十五日（我嘉永四年辛亥七月廿九日）和蘭国王の妃一男子を産申候、国王の一族は勿論国民一統歓喜仕候、其王子を「井ルレム、アレキサンデル、カーレル、ヘンデリッキ、フレデリッキ、」と名つけ申候

一去年の別段風説書尓申上候通、和蘭国王の公主「ロ井セ」（女名）雪際亜国の太子尓婚姻取組申候処、当年第十月三十一日（我嘉永四年十月七日）一女子を産申候

一和蘭国中当年も平穏尓有之、近隣諸国と親睦平和致し、国民の職業并交易も益繁昌仕候

一千八百五十一年第七月二日（我嘉永四年六月四日）和蘭国王の評決尓て「スコウト、ベイ、ナクト」（官名）エ、グ、ハン、デン、プラート」（人名）を故との水軍提督「エ、ベ、ハン、デン、ボス」（人名）の跡役尓命し、東印度尓罷在候和蘭海軍の指揮官とし海軍の監察を兼しめ、已尓印度尓到着仕候

一和蘭国王「プ、メイエル」（人名）「セ、ヒッセル」（人名）の両人を「コル子ッツ、デ、ゴロート」（人名）「ヂュ、ポイ」（人名）両人の跡役として和蘭領印度の参政尓命し申候、右「コル子ッツ、デ、ゴロート」（人名）并ニ「ヂュ、ポイ」（人名）は願の通り其役を免され厚く賞せられ申候

一第九月二十七日我九月三日原任の総督「イ、イ、ロキュスセン」人名和蘭王の軍用蒸気船「アルヂウノ」船号尓て「カルキュッタ」東印度英吉利所領の地名の方尓渡海致し、同処及他処々尓て英吉利の高官等より厚く饗応を受申候」

右「ロキュスセン」人名は陸路尓て和蘭国尓帰り申へき所存の由尓御座候

一蕪門答刺島の内「パレムバング」地名の山地尓於て、其土の権勢ある輩土民を奨励して騒動を起させ申候、然れとも和蘭の軍隊速か尓其酋長を其屯所より追散しければ、定めて遠からす全く静謐尓相成申べくと被察申候

一右騒動と同時尓又其近傍なる「ランポング」地名諸邑尓於て一揆の企を成し候得とも、其地尓一隊の軍兵を差向候へば早速相静可申候

一当年も東印度尓備へし和蘭の海軍を海賊征討のため尓処々尓差出し申候、其内爪哇東方の諸島尓差出したる蒸気船「ヘクラ」船名及「サマラング」船名尓て名高き海賊の酋長一人を生捕り、大小の賊船を夥しく打破り申候、其海辺長く穏尓相成申候

一昨年申上候通、印度中以西把尼亜領の小王蕪洛島名の海賊を征するため軍船を差出し候処、当時ハ其島主以西把尼亜の威勢尓服従し其領地皆以西把尼亜領と相成申候

一蕪門答刺の西北岸「アチーン」地名の酋長の領内尓て、斉西里亜船の乗組の者其土人尓荷物を奪ひ取られ、其上苛酷の取扱尓遇申候

右尓就き二艘の払郎察軍船を同処尓遣ハし、「アチーン」地名の酋長より右暴行の償を致させ事相済申候

一支那尓於て騒乱起り申候、其魁長ハ韃靼より追放されたる一族の後裔「チーンテ」人名と申者尓て、此者「クワンシ」広西なるへし尓て多くの党類を集め、屢々官軍を打破りし後大軍を率ひて広東尓迫り申候

一第十二月（嘉永四年十一月九日ょり十二月九日ニ至る）以西把尼亜の女王を殺害致さんと企候者有之、右女王重き儀式ニ付群臣の前ニ出座致し候節、一人の刺客侍衛（キンシユ）を押し退け進ミ入り剣を以て女王の腕を刺し透し申候、其創ハ深く候ひしが危険の創ニは無御座、最早大抵全快ニ至り候ほとニ御座候

一（1）北亜墨利加合衆国より奪略の免許を受けて差出せし二隊の軍船以西把尼亜の属島富饒の古巴（キユバ）（南北亜墨利加の間「ウェストインヂー」島の名）を襲ひ申候、其企ハ此島を自立の地と為さんとし且つ島人も自立の望ありと詐り唱へ、実は以西把尼亜の官庁并ニ古巴（キユバ）（島名）の土人より利益を得んと欲する事と相見へ申候

然れとも以西把尼亜の道理正しく且つ土人も国政の変革を望まざるニ由りて、右の兵を容易ニ打退け申候」、最初軍隊ニ興ミせし者は免さるゝと雖、又再び騒動を起せし者は厳しく取押へられ、敵対して下らさる者ハ捕へて死罪ニ行ハれ申候

右の事件ニ就て、以西把尼亜と北亜墨利加の官庁互ニ争論を生ぜさりしは、亜墨利加官庁ニ於て公けに其企を斥け候故ニ御座候

一魯西亜と「カウカシュス」（小亜細亜の北黒海の南ニ当る一帯の地方の名）の山民の戦今以て相止み不申候、其故は山国の地形険阻ニして進入り難く、且山民の強勇なると其勢の衆多なるニ由て、已むことを得す大軍を用ひ且つ久く歳月を費し候事ニ御座候

然れとも魯西亜人は漸々ニ必勝の成実を行ふ故ニ、数年の後遂ニは此兇猛なる山民を服従せしめ、且つ正しき政治ニ従ハしむる事となるは疑なかるべくと存せられ候

一来年魯西亜国ニ於て国を有もつこと千年ニ及ひ候祝ひの祭を致して申哉ニ御座候

一第五月一日（嘉永四年四月一日）英吉利の首都ニ於て、人工ニて製したる物品の展観場を開き候、右は昨年の風説書ニ委しく申上

置候

右展観場の内尓は万国より種々の物品を集め置き、数千の人来観いたし候、一両日の内尓来観する者其数万人余尓及申候

第十月（嘉永四年九月七日より十月七日尓至る）尓至り高官千人威儀厳重尓立合ひて展観場を閉ぢ申候

一（2）当年の末尓於て英吉利と払郎察の間の海峡底を通する「エレキトロ、マグ子チセ」（機関の名）の合図を以て、速尓信を通する装置を成し申候

其合図を為す大綱（オホツナ）ハ、英吉利の里法尓て二十四里（我九里半余）凡そ八小時行の長さ尓して、二百噸（我五万一千二百貫目）余の重さに御座候、此英吉利と払郎察の間尓用ひたる合図尓よりて、一、二分時の間尓払郎察の風聞英吉利首都尓通し申候

一英吉利も亜弗利加南方尓住せる暴悪なる喝叺布刺（カツフルス）支属との合戦今以て止ミ申さす候、其夷人「カープコロニー」（喜望峯の英吉利領を云）を犯せし事は昨年申上候ことに御座候」

英吉利軍隊は本国より送りし援兵を得て其勢ひ大尓振ひ、数々勝利を得敵の家畜を多く奪ひ取ると雖、其国の広大なると敵の挙動迅速なると尓由て喝叺布刺（カツフルス）人英吉利境内尓侵入し、或は深く其国中尓入り来て奪掠を擅尓し、人家を焼込まれとも守禦空なる処尓於てはこれを討退くること成難く御座候

近頃の風説尓は新た尓英吉利より援兵の来るを待居候由、左候ハ、喝叺布刺（カツフルス）を速尓屈服せしめ英吉利領静謐尓相成申へくと存居候容子ニ御座候

一千八百四十八年「カリホルニー」尓て金坑を見出せし如く、今年英吉利の領地「アウスタラリー」の南方の辺尓於て夥しく金坑を見出し候由、此を見分せし者の説尓依れは「カリホルニー」の金坑よりは尚夥しく金を出し候容子

ニ御座候

右土人幷ニ他国の人民夥しく金坑の地ニ入りこミ金鉱を窄出いたし申候

其中衆多の人々は既ニ夥多の金額を採り得て自国ニ帰り申候

一（3）払郎察国ニ於て千八百四十八年嘉永元年「オルレアンス」故の払郎察国王の系統を云系統の王を追ひ出せし以来、国人制度の是非を相争ひ続ひて騒動止時なかりしに、此度又変革して千八百四十八年嘉永元年の変革せし制度ニ相反し候様相成申候

「ロデウェーキ、ナポレオン、ボナパルテ」共和払郎察宰相の名国人党を分て和せす騒動を引起し、自然ニ相軋りて国中疲弊するを見、厳励の政ニあらされは内地の争乱を鎮め太平を致すべからざるを察し、国を救ひ民を安するため一箇の激烈なる処置を致し申候

世故を経て練熟せし人々と謀を定め、且つ軍兵の心吾ニ帰するを知り、名族大家の必す己れを助くるを計りて法律を議する会合の席ニ於て、政官数人を召捕りて払郎察国境の外ニ放遂し、因て已てニ敵対し且つ己れの処置を妨くる悪徒の会合を除去り申候、是ニ於て「ボナパルテ」新ニ国政を布き行ふニ由て、其威権前日ニ比すれば益々盛ニ成り、動乱を起さんと欲する輩其便宜ニ乏しく国家を傾覆する策行ひ難く相成り申候

此改革を行ひしニ抗敵する者甚少く纔ニ払郎察の首都の街上及ひ一、二の州県ニ於て殺傷有之のみニ御座候

一今年亜爾日爾（アルゲリー）亜弗利加海岸の地ニ鎮戍せる払郎察兵隊の一部を発し、其内地ニ住棲せる「カベイレン」種属を征す、是れ払郎察の所領及払郎察ニ属せる地方を毎度犯せるが故なり

此役払郎察の兵勝利を得たり、始めは「カベイレン」暫く防戦せしが、戦敗れて遂ニ降参し払郎察の号令ニ従ひ申候

然れとも近日の通報尓ては払郎察の兵其地を引取りし後、又稍ヤ穏かならさる振舞尓相見へ候旨尓御座候」

一亜弗利加北岸の黒人種払郎察二、三の人民を却掠して惨毒尓取扱申候

此悪逆を行ひたるは馬邏可（マロッコ）酋長の領地の者ともなれは、払郎察より其罪を問へとも馬邏可酋長服従せざれハ、払郎察より海軍を起し二、三の海岸都府を厳しく打潰して帰伏せしめんと致し候

一凡そ人間の貨財は平均尓分取るへき道理なりといへる説を主張せる者ありしに、其説諾爾勿惹亜（ノルウェシア）尓まて行ハれ其地の卑賤なる者殊尓坑戸（カナホリ）等これ尓加ハる者多し

然れとも此徒党の騒乱は瑣細の事なれは、兵威を以て取押へし尓速尓静謐仕候

但し、張本人を召捕へ多の徒党を逐散すのミ尓て人民落付き心を改め候様相成候

一独逸国は千八百四十八年（嘉永元年）同四十九年（嘉永二年）尓起れる騒乱を取鎮め、且第那瑪爾加（デーナマルカ）と和睦せしより已来国中略和平相成申候

但し、処々の逆徒猶再ひ乱を起さんと謀り候得とも、正道尓従ふ者益多く、且騒乱を取押へし已来ハ各国の威勢盛尓なり、逆徒等の陰謀も今は憂ふる尓足らざる様相成申候

独逸の各国一統騒動を起す徒を厳重尓取押へ、耕作を勧め怠惰を戒め交易を励して頽敗せる人々の生産を復し、貧人遊手の徒を減して不和の基を断ち騒動の源を防がんと仕向け申候

一意太里亜部内「オーステンレイキ」領は「ロムバルギー」及勿搦祭亜（ヘ子チア）の一揆を取鎮めし已来先つ静謐ニ相成申候

併しながら「ロムバルチー」勿搦祭亜（ヘ子チア）を独立尓為さんと企し徒党の者共未た全治まらず、種々隠謀を構へ志を遂けんと相働候容子ニ相聞へ候

「オーステンレイキ」よりは此騒動を鎮めんと許多の軍兵を遣し置申候

一鏉而地泥亜（サルチニア）と「オーステンレイキ」との和約已後ハ其中続て睦しく御座候

其余意太里亜国中の諸藩互ひ尓和平尓罷在候

(4)一蘊厄私（シユヱス）地狭尓轍道を造るの企より、阨日多（エヂツト）の小王「アルバス、パッカ」（小王の名）と度児格（トルコ）の帝との確執相起申候

度児帝の所存尓ては、阨日多は已れが領地なれは、轍道を造るの一事はこれを許すも禁するも其権固より我れ尓在り、小王は我れを君主と仰ぎ此事の免許を伺ひ出べしといゝしに、小王は其意尓随ハざりしかば、他国の諸王より双方を慰めて後「アルバス、パッカ」より轍道免許の事を伺ひ出でし尓、度児格帝早速これを許し候」

元来此轍道は欧羅巴より印度へ陸路を通行する旅客及諸貨物運送の為尓設くる所なれば、此挙一たひ成就せは遠国の通路便捷となり申へく候

(5)一「サンド井ス島の王名は「カメハメハ」一世と払郎察政官と確執の事起り候、是れ払郎察より積込候飲料の租税英吉利尓比すれは過多なるを以て払郎察人嘆訴せし故尓御座候

但し此事は双方堪（コラヱ）へ合和睦仕候

(6)一墨是可（メキシコ）は二、三年来外景静謐尓見へしが、近頃騒動差起り、此合衆国も殆と滅込せんとするほどに御座候

其数十の州郡一揆充満し騒動大方ならす取押へ殊の外難渋なりしが、辛ふして鎮静尓及ひ今は全く和平尓相成申候

一「カリホルニア」は続ひて人々其地尓至らんと欲する者多く御座候

金抗（坑）より掘り出す金数今以て故との如く尓して減することなく、続て数千人群集し利益を得んと謀り申候」

当年（嘉永四年）其首都「サン、タランシスコ」（按尓「フランシスコ」の誤なるべし）又大火尓て焼失仕候へども、已て尓人家再び建揃ひ大半は石造

の家と相成申候、是れ已前の木造の家よりは火災尓逢候こと少き故尓御座候

此土の人民今は金鉱を堀（掘）出し且交易を為すのミを以て生理とせす、亦耕作畜牧を産業となす者も御座候

一合衆国より支那印度欧羅巴諸国と取結候交易追日盛ニ相成申候

一千八百五十二年第四月七日（嘉永五年閏二月十八日）印度の和蘭領総督の評議一決して「デン、ヘール、（尊称）メーストル（官名）イ、ハ、ドンケルキュルチウス」（人名）を日本交易商館総督（即新甲必丹を云）となし「フ、セ、ローセ」（即旧甲必丹を云）尓代らしむ、「ローセ」は兼て内願せし如く首尾よく退役申付られ候

此度申付られたる新交易総督は故と印度の和蘭領の上政庁の参政を相勤め候者ニ御座候

一方今の記載尓拠り候へハ英吉利海軍の印度海支那海尓在る者船数左の通ニ御座候

一　リーニー船　一艘
一　フレガット船　一艘
一　コルヘット船　一艘
一　ブリッキ船　四艘
一　蒸気船　四艘

其余東印度商館の諸用尓備ふる船左の通ニ御座候

一　ブリッキ船　四艘
一　スクー子ル船　五艘
一　蒸気船　大小三十一艘

以上の船尓備へたる大砲の総数四百二十一門

和蘭海軍の印度海尓ある者左の通尓御座候

一「プリンス、ヘンデリッキ、デル、子ーデルランデン」名号　フレガット船

海軍甲必丹「セ、フ、スタヘニスセ、デ、ブラウ」人名支配

一「ハン、スペイキ」名号コルヘット船

海軍甲必丹「ペ、サウハーゲ」人名支配

一「ボレアス」名号コルヘット船

海軍甲必丹「バロン、コルロット、ド、エスキュリ」人名支配

一「子ハレンニア」名号コルヘット船

第一等海軍ロイテナント官名イ、ハン、デル、スタラーテン」人名支配

一「デ、ハーイ」名号ブリッキ船

海軍甲必丹ロイテナント」官名「イ、フ、セ、ハン、ローメル」人名支配

一「セイルフ」名号スクー子ル、ブリッキ船

第一等海軍ロイテナント」官名ア、フ、シーデンビュルグ」人名支配

一「ドルヒン」名号スクー子ル、ブリッキ船

第一等海軍ロイテナント」官名「ア、ア、ム、デ、ゲープ」人名支配

一「エグモンド」名号スクー子ル、ブリッキ船

嘉永五壬子年（一八五二）江戸訳

第一等海軍ロイテナント」官名セ、ペ、デ、ブラウ」人名支配

一「バンカ」名号スクー子ル、ブリッキ船

第一等海軍ロイテナント」官名ハ、ガラブベーキ」、ハン、デル、ヅース」人名支配

一「バンタ」名号スクー子ル、ブリッキ船

第一等海軍「ロイテナント」官名「フ、ハンセン」人名支配

一「アムボン」名号スクー子ル、ブリッキ船

第一等海軍ロイテナント」官名「ム、カサウキス」人名支配

一「スバロエア」名号スクー子ル、ブリッキ船

第一等海軍ロイテナント」官名「ア、ヲウテルス」人名支配

一「パダング」名号スクー子ル、ブリッキ船

第一等海軍ロイテナント」官名ハ、ア、メイエル」人名支配

一「ピーラデス」名号アドヒース、ブリッキ船

第一等海軍ロイテナント」官名ル、ニコルソン」人名支配

一「アルゴ」名号スクー子ル船

第一等海軍ロイテナント官名イ、ハン、マウリッキ」人名支配

一「アルバ」名号スクー子ル船

第一等海軍ロイテナント」官名ウ、イ、セ、リッデルホイセン、ハン、カッテンデイケ」人名支配

一「アルヂウーノ」名号蒸気船
海軍甲必丹ロイテナント」官名「ア、イ、フート」人名支配
一「メラピー」名号蒸気船
第一等海軍ロイテナント」官名「ハ、イ、ハン、マルデグヘム」人名支配
一「エトナ」名号蒸気船
第一等海軍ロイテナント」官名「ハ、デ、カラムプ」人名支配
一「ヘシュヒウス」名号蒸気船
第一等海軍ロイテナント」官名「イ、デ、ハーン」人名支配
一「ヘクラ」名号蒸気船
第一等海軍ロイテナント」官名「ベ、ア、ム、ハン、ヒンローペン」人名支配
一「フーニキス」名号蒸気船
第一等海軍ロイテナント」官名「イ、アンドレエス」人名支配
一「シュリナーメ」名号蒸気船
第一等海軍ロイテナント」官名「ハ、ベ、アルケンパウト、スコッケル」人名支配
一「サマラング」名号蒸気船
第一等海軍ロイテナント」官名「イ、イ、ウィセルス」人名支配
一「ボル子ヲ」名号蒸気船

第一等海軍ロイテナント」官名「フ、イ、セ、ハン、ゴルキュム人名支配

一「バタービア」名号蒸気船

第一等海軍ロイテナント」官名「イ、イ、ハン、デル、モーレン」支配

一「セレベス」名号蒸気船

一「オンリュスト」名号蒸気船

一「チーパンナス」名号蒸気船

一「ルーイ、カノニールボート第十四号案に擄を備へたる打熕快船の義

第二等海軍ロイテナント」官名「ア、ル、パルム」人名支配

一以西把尼亜海軍の数は詳ニ相知れ不申候

一近頃又風評仕候ニは、北亜墨利加合衆国政堂より船を仕出し、日本と交易を取結ハんため御当国へ参り申べき由ニ御座候

此一条ニ付左の通承ハり候

合衆国より

日本帝へ使節差出し伯理璽天徳（プレシデント）合衆国の国政総管よりの書簡を奉り、且つ日本の漂客を連れ参り候由ニ御座候

此使節ハ又北亜墨利加の民人交易のため日本の一、二の港へ出入するを許されん事を願ひ、且又相応なる港を以て石炭の置場と為すの許を得て、「カリホルニア」と支那との間ニ往来する蒸気船の用ニ備へんと欲し候由ニ御座候

一北亜墨利加の軍船当時支那海ニ繫り居候者左の通ニ御座候

一「シュスケハンナ」名号軍用蒸気フレカット舶　一艘

但し指揮官「アウリック」支配

一「サラトガ」名号コルヘット舶　一艘

一「プリモウト」名号コルヘット舶　一艘

一「シント、マリス」名号コルヘット舶　一艘

一「ハンダリア」名号コルヘット舶　一艘

右の船は使節を江戸へ差送り申へき旨命せられ候由ニ御座候

近頃の風評尓ては、指揮官「アウリック」人名は右諸軍船の総督尓御座候処、指揮官「ペルリ」人名と申者これと交代仕べく哉尓承り申候、且又前文五艘の軍船の外猶次の軍艦を増加致べき由承り申候

一「ミスシシッピ」名号蒸気舶　一艘

掌旗甲必丹官名「ム、セ、クリュ子イ」人名支配

但し指揮官「ペルリ」は此船上ニ罷在候由

一「プリンセトウン」名号蒸気船　一艘

支揮官「シド子イ、スミット、セー」人名支配

一「ペルリ」名号ブリッキ船　一艘

海軍ロイテナント官名「ハイルハキス」人名支配

一「シュップリ」名号輜重船（ニモップ子）　一艘

海軍ロイテナント」官名「アルチュル、シント、カライル」人名支配

風評尓拠り候得者陸軍及攻城の諸具をも積込居候由ニ御座候

但し四月下旬（我か当三月上旬の頃を云か）より前尓は開帆仕まじく、　多分は猶又延引仕へき哉ニ承り申候

「フレデリッキ、コル子リス、ローセ」

日本交易総督

「イ、ハ、ドンケルキュルチウス」

原文頭註

（1）西訳稍異

（2）西訳稍異

（3）西訳不同

（4）訳不全同

（5）料崎訳作飲食

（6）訳不同

（註）原文頭註はすべて朱書である。

## 〔参考史料〕　嘉永五壬子年（一八五二）　別段風説書　江戸訳

『籌邊新編　蘭人風説九』公益社団法人鍋島報效会所蔵・佐賀県立図書館寄託鍋島家文庫

新聞紙　嘉永四年風声同五年上告す

一千八百五十一年八月二十五日和蘭王の妃一子を産む、親族国人皆祝す、其子を名つけてウィルレム。アレキサンデル。ヘンデリッキ。フレデリッキと云ふ

一昨年新聞紙に上告せる如く、故の和蘭国王の女ロウィセ雪西洋太子に嫁し、今年某月一女を産む

一和蘭国中平和、近隣諸国親睦、国民職業を勉め交易昌盛す

一千八百五十一年七月二日廟堂議定り、ヒーセ。アトミラール（官名）エ。ベ。ファンデン。ポスに代り、水師提督（スコウトヘイナクト）エ。ゲ。ファンデン。ブラート」子ーデルランデン東印度海軍指揮官となり、兼てインス。ペクテウル（監察官）に任し、既ニ東印度に到着す

一プ。メイエル」セ。ヒスセル二人、コル子ッツ。ゴロート」ヂュポイ二人に代り、和蘭東印度政堂の参政（ラーズヘール）となる、ゴロート」ポイ二人は請によりて官を免し、勤労を賞せらる

一原任和蘭所領東印度。大総督（スクーテンゼ子ラール）イ。イ。ロキュェセン軍用アウヂウ子名号水蒸舶に駕し、英吉利所領東印度

の内カルキュックに往く、其他到る所英吉利大総督皆これを饗し、其厚待王侯に擬す、ロキェッセンは路を大陸に取り、本国に帰らんとすと云ふ

一蘇門達那の内バレンバンクの山地の土豪人民を嗾し乱を為す、和蘭東印度鎮台兵を遣てこれを征し、其城塞より逐出す、乱平らく

一同時蘇門達那南端の地ラムポンク尓騒乱起る、亦兵を以て討服す

一和蘭東印度鎮台より軍艦を印度海処々に発し海賊を征す、爪哇の東尓居られる名高き賊酋ハ、ヘクラ名号サマラング名号水蒸船二隻を発してこれ擒捕し、数十隻のパーウウェン（印度の船をいふ）を打砕す、其地方の海賊これに因て、久く其根を断つ尓至る

一是班牙小王軍艦を発し、昨年蘇落（ソーロー）の海賊を討ツ、島酋戦敗れて降る、其地尽く是班牙版図ニ入る

一蘇門達那西北岸亜斉（アツツシーン）酋長西斉里亜海船を掠め其人を凌虐す、仏蘭西二海船を発し罪を問ひ其過を謝せしむ、酋長違ふ能ハす償を納る

一支那乱あり、其賊酋は韃靼より放逐されたる一族の後裔其名をチーンテといふ、広西にて党援を聚め数々官軍を破る後、大軍を率ひ広東に侵入す

一是班牙女主を害せんと謀る者あり、女主盛仗を備へ群丞を朝する時を候ひ、侍衛を排して闖入し直に女主の臂を斫る、創は頗深けれとも危篤に至らす、今は其創既ニ合す

一是班牙領ウェストインヂー内古巴（キュバ）島江北弥里堅（アメリカ）合衆国より稟准掠奪船二隻（プレイポイテルス）来り、古巴人是班牙を離れ自立せんと覬覦すれハ、これを輔けて自立とならしめむとするを名とす、其実は、古巴の富庶を利して自ら富まんとす

るに在り、然るに是班牙道理正しく、且士人実は変革を喜ふことなければ、遂に賊を破りこれを退く、初次の掠奪ハ寛典に従て宥赦せしか、島中和平を妨くるを以て再ひ劫掠を為すに及て、厳にこれを捕鞠し、重き者ハ死に処す、右動乱尓因て是班牙弥里堅両政堂衅端を生せさるは、弥里堅ニて公やけ右の賊を斥けしによれり

一俄羅斯と葛鳥加須の戦今尓至て戢まらす、これ山地の地形嶮岨、其民強悍兵力衆多なるを以て、已むことなく大軍を用ひ且歳月を延推するなり、然れとも俄羅斯勝算多く、次第ニこれを施すを見れは、其終に必らす此荒粗なる山民を討服して正しき政道に従ハしむること疑ある事なし

一来歳俄羅斯其国を有つ千年の祭祀を行ふなるへし

一五月一日英吉利首都に於て人造品物の展観場を開く、此事去年の新聞紙既にこれを上告す、右観場にハ太氏（ママ）宇内万国にて造製せる品物備ハらさる処なし、来観の者日々に数千人一、二日にして已に万余人に及ふ、十月に及て高官の官員千人会合盛儀を備て観場を収む

一英吉利、仏蘭西の間の海峡（即モウト又カライス峡）の海底を通する「エレキトル。マク子チス」の号信（アイツ）を作りて其消息を報す、錨索（イカリツナ）の長サ英法二十四里（我九里半余）（八時行許）重サ二百噸（五万千二百貫目）一二分時にして仏蘭西より英吉利に達す

一亜弗里加南地の暴侯カツフル、夷の一支属英吉利領カープコロニー（喜望峰の植民）を犯すを以て、英吉利より兵を発しこれを討つ、其事去年既ニ上告す、其乱今に及て治まらす、英国より援兵を遣り兵威大に振ひ、戦て数々利を得、多く敵の牧畜を奪ふと雖も、其国広大敵兵進退蹻捷なれハ、動もすれハ英彊に犯し入り、或は深く進て劫掠を恣尓し、人家を焚蕩すれとも、防守厳ならさる所ニてはこれを討退くること能ハす、近日の風声尓てハ英国より又新鋭兵の来り加ハるをまつと云ふ、然らハ土寇平らき英領静謐すへしと云へり

一千八百四十八年角里伏爾尼亜に金坑を発せし如く、近頃英吉利領豪斯苔辣里南辺ニて金坑を発覚す、これを目撃せる人の説く所、若し真誠ならハ其金を出すこと角里伏爾尼亜に倍すへし、土人及ひ他国人群集開掘す、多く金鉱を得て自国ニ返る者既多し

一仏蘭西は「ヲルレアンス王の系統を本国内より放逐せし後、国家の制度を議する者党を分て相掊撃し国中罷弊す、ロデウェーキ。ナポレヲン。ボナハルテ各党齮齕し、盛気相下らさるを見て謂へらく、此乱を平らけ太平を致すには、厳属の処置を為すに非されハ、これを戡治すへからすと云ふ、世放を経歴して万事に諳錬せる人と謀り、且兵士の心を傾けて己レを奉し、名族大家の必らす我を援くるを料知し、政律会同の席上にて己レ尓抗敵し且己レか策略を梗する政官数十人を捕へて彊外に放逐し、且悪徒の会合を阻絶し、因て新令を布くに、是に於てボナパルテの権勢前ニ比すれは十分盛大となり、千八百四十八年に変革せる政体と全く異なる新法を行ふ、悪徒等屏息して恣ままに国家を傾覆する陰謀を行ふこと能ハす、此大変革を行ふ間抗敵する者甚少く、僅尓仏蘭西の本都の街上及ひ一、三州県の都府ニて殺傷あるのみ

一亜弗里加北岸亜爾日爾の内地に栖止せるカベイレン種数々仏蘭西所領及ひ其所属人民を犯す、兵を遣て是を討ツ、初は拒き戦ひしか、敵すること能ハす乱速に平らく、其後の風声にてハ、仏蘭西兵を返せし後又叛と云ふ

一亜弗里加北岸黒人仏蘭西領の人民を劫略し、之に遇する惨毒なり、此悪事をなせしものハ馬羅可酋長所轄の人民なれハ、仏蘭西より其非理を責むれとも、酋長其命を聴かす、仏蘭西より一隊海軍を発し一、二の海岸都府を砲打し、其家屋を破壊して慴服せしむ

一貨財を平均ニ分ツ説諸爾勿惹亜まて行ハれ、卑賤の者及ひ坑戸多くこれを信し乱を為さんと謀る、兵隊を遣て其魁

首を捕へ、嘯聚せる者を逐散らす、乱速ニ平らき人々悔心を生す

一独逸部中千八百四十八年同四十九年嘯聚の逆徒を大ニ撻伐し、且弟那瑪爾加と和を約せし以来国内安静す、浮浪の徒潜に悪逆を為さんと欲れとも、順正の徒多くして従ふ者少く、且逆徒を誅殛せし以来ハ諸藩の勢昌盛し、たとひ逆徒陰謀を行ふとも復た懼るるに足らす、各国稼穡を勧め游惰を戒め、交易を励して貧困浮浪の者を減し、因て不和の基を絶ち、太平を傷る源を挫を務む

一意太里亜部内窩々所徳礼幾所轄の地方今和平なり、但し初めロンバルチー勿搦祭亜を自立となさんと謀りし逆徒、猶素心を遂んと陰謀を企ツ、窩々所礼幾より兵を遣り、これを擒捕せんとす

鍛而地泥亜窩々所徳礼幾と和を約する後、今尓至て盟を諭へす

其余意太里亜の諸藩寧静近隣と和す

一阨日多の小王アルバス・パッカ元ト殺古(トルク)帝と和せす、蘇厄私(スエユス)地峡に亙り轍道を造らんとするに及て確執増ニ甚し、帝謂らく、轍道を造るを許すと禁すると其権固より我に在り、小王ハ我臣下なれは、其許を請て後宜く行ふへしと云ふ、小王肯て服せす、二、三の欧羅巴諸侯中に居てこれを和解す、小王意解けこれを殺古帝に請ふ、帝も亦速ニ之を許す

此轍道一たひ成らハ、陸路に由て欧羅巴より印度に行く旅客并運送の貨物皆敏捷の道を得て、遠隔地方と交通するの大利を得ることあらん

一サントウィス島王カメハメハ一世仏蘭西政堂と和せす、其故は、仏蘭西より送輸せる飲料の租税を、英吉利ニ比すれハ甚た重きを以て、仏蘭西政堂之を減するを請ふと雖も許さゝるより起れり、これを和解せんとする者あり、双

方寛貸して其和約初て成る

一角里伏爾尼亜ハ今猶彼に到らんと人々心を動す、金坑より掘出す金額今に至て減せす、彼地ニ至り利を得んと計る者多し、但し今は金鉱を挖取し交易を為す外、又耕耘を務め畜牧を生とする者あり、其都府サンタ。フランシスコ新カリホルニアの地ニ在り又失火人家多く灰燼となる、今速に再造し石造となるもの多し、延焼の害を避るためなり

一墨是可土寇蜂起、其合衆の政治も殆傾覆せんとす、数十州県土寇充満一処の寧静なる所なく、官兵辛苦僅にこれを平らくるを得たり、今は全く平治す

一合衆国の支那、印度、欧羅巴交易日を逐て昌盛す

一千八百五十一年某月日子ーデルランデン東印度総督評議一決して、デン。ヘール。メーステル官名ドンケルキュルチウスを日本商館総裁に任しフ。ク。ローセに代らしむ、これ原任総裁其官を辞セしを以て、其労を賞し官を免するか故なり

キュルチウスは原ト子ーデルランデン印度領上政堂のラースヘールに任す

一英吉利海軍支那海に在る者

リーニー舶　一隻

フレガット舶　一隻

コルヘット舶　一隻

ブリッキ船　四隻

水蒸船　四隻

其東印度商館の所用に備る船舶は
　フリッキ船　四隻
　スクー子ル船　五隻
水蒸船大小三十一隻、毎隻砲各四門を備ふ
一和蘭船舶の印度海に在る者
　水蒸船十三艘
　スクー子ル。ブリッキ船　八隻
　アドヒース。ブリッキ船　三隻
　ルーイ。カノニールポード第十四　一隻　右各舶名及ひ指揮甲比丹、或ハ海軍ロイテナント幾等人名某々を詳記すれとも一々記臆する能はす
一是班牙印度海に備ふる船数は開載すること能はす
一北弥里堅合衆国専船を日本に発する風評又行ハる、其風評にハ使者を（頭註。江戸）日本に差して伯理璽天徳（プレシデント）より書を　日本帝に奉し、且漂民を護送し、兼而日本の二、三港澳を交易の為に開くを請ひ、且角里伏爾尼亜より支那へ往来する水蒸船尓供給する煤（イシスミ）の圃場（ヲキバ）を、便宜なる港中の地に借るを請んと欲すと云ふ、方今支那海尓在るスュスケハンナ名号軍用水蒸ーフレカット舶の指揮官アウリックと云ふ者を日本差遣専船総官（管）に任し、且下の四船隻を管す、此船隻ハ皆支那海ニ在り
　サラトカ名号　コルヘット舶
　プレイモウト名号　コルヘット舶

シント◦マリス名号　コルヘット船
ハンダリナ名号　コルヘット船
其後の風声ニては、アウリックに代るためペルリと云ふ者下文の船に駕して既ニ支那海に着し、更に下の海軍を増加す
ミスシシッヒ名号水蒸シキッフ一隻尚旗甲必丹(フラクカイテイン)ム◦セ◦クリュ子イ
別に
プリンセントウン名号　水蒸シキッフ二隻　指揮シド子イ◦スミット◦セー
ペルリール名号　ブリッキ船一隻　海軍ロイテナント官名ハイルハス
シュップレイ名号　輜重船一隻　海軍ロイテナント官名アルチュル◦シントカライル
近日新聞紙に依れハ、上陸攻城の兵具をも船に装載す、但し四月下旬以前ハ日本に到らさるべし、或ハ猶遅延するも知るへからすと云ふ

古　フ・ク・ローセ
日本交易総官
新　ドンケル◦キュルチュス

# 第十四号　嘉永六癸丑年（一八五三）　別段風説書　長崎訳

『自嘉永四年至安政四年　風説書』長崎歴史文化博物館所蔵

別段風説書

一スウェーデン国兼ノールウェーゲン国王の太子に嫁し候和蘭国王の女、嘉永五年子十一月四日ストックホルム所名ニ於て一男を産申候、是をカーレルオスカルウヰルヘルムフレデリッキと号申候

一和蘭国中只今ニ能く相治り、近国は勿論其他欧羅巴諸州共至極睦敷相交り、商業渡世専ら繁昌仕候儀に候、去子年八、九、十月頃暴風雨専ら多く、諸道路破壊ニおよひ、渚辺に有之候数艘の船損破いたし、是か為ニ許多の人命を亡し申候

一此時の夥しき雨ニて田畑収納の妨と相成申候

一嘉永元申年和蘭国政定候頃、ローマ国僧侶官酋長方より僧徒四人、右の外今一人頭分の僧を和蘭国ニ差向申候

一先年国宗改正の末当時迄治り居候和蘭国民共、右一件相起候末不得心に相成、右ローマ国宗嫌忌いたし、許多の市街村落より右ローマ国の趣意を拒み、防方の願書数通和蘭国王ニ差出申候

一執政官其職を免され新ニ政法改り申候

一当年尓至て和蘭国とエゲレス国との間の海底を穿ち、エレキトロマグ子ティーセテレガラーフ（火急尓事柄を告知せしむる仕掛の義）営造の趣向を相始申候、此一体の工合は、先前別段風説尓相記候フランス国とエゲレス国との間尓営候趣向と同様尓有之候

一和蘭領印度都督評議之上、ホーゲンドルプ（地名）のガラーフ（官名）の交代をシュラバヤ（地名）のレシデント（官名）尓命し候、右前官の者は数年来土地の治方宜敷、此度同人の願尓依て首尾能役儀被差免申候

一当年尓到て咬𠺕吧尓おゐて和蘭領印度産物の見せ物有之、其ため大なる小屋補理申候、且産物咬𠺕吧江の運送は運上差出尓不及様仕法相立申候、依て産物の員数夥く、究て荘観の事ならんと人々誇居申候

一シュマタラ（島名）の内パレムバング（地名）の官府尓於て、悪心の者数人追々治平を妨んと相計申候、然とも其催時々和蘭の役人とも相支申候、右悪党の一人は和蘭方の手に捕へ、其他は事果て後山中尓遁れ申候、国中一統和蘭国の権尓服申候

一アメリカ旗下の船頭アメリカ人ギブソン（人名）幷其船の按針役エゲレス人ガラハム（人名）の両人、ディヤムビシュマタラ（地名）の酋長尓書翰を送り、此書翰の意味尓ては和蘭国方尓敵対いたし候様企申候、併和蘭役人油断不致候ゆへ右企無益尓相成、両人とも召捕裁判役尓被引渡重科の者と決談有之候

一嘉永五子年九月ゟ十一月頃迄モリュックスの島々大地震尓て損壊有之、其近島のバンダー（地名）殊更荒廃有之、許多の人命を亡し申候、将又其他の島々尓も右様の損害甚多く有之、是又右難尓て数多の人々性命を亡ひ実以歎ケ敷有様ニ有之候

一和蘭領印度の住民ともは莫太の金銭を設け、是尓て右患難の者共を扶助致し遣し候

一ボル子ヲ島西渚尓住居いたし候唐人、嘉永四亥年和蘭奉行所と平和の取極を致し其扶助を受け候処、却て右約定を背き和蘭の支配を拒ミ候

一当年の初和蘭奉行所より彼地江コミサーリス役名の者を差遣し、先前の取極を守り候様取計ひ、セパング地名尓於て右コミサーリス役名の者を能く饗応いたし候、然る処同人サンバス地名江帰路の節唐人共劫し候へとも、和蘭の軍勢厳重取防き、唐人共セパング辺ニ備居候兵卒武器等夥敷損亡大尓敗北いたし候

一東印度備の和蘭海軍再海賊征罰のため諸方へ赴き候得共、一切出会不申候、尤海賊共爪哇の東方へ居合候節、彼方江出張いたし候得共其儀空敷相成候

一唐国尓相発候一揆当年尓到り弥増尓相成候ニ付、エゲレス奉行幷アメリカのコミサーリスの者事柄を悟り、サンハイ地名の方尓立去り候、右徒党の者南京を一旦領し候へとも、無是非次第有之再其地を引払ひ候、当二月二十八日タンガング地名尓おゐて、エゲレス里数凡三十里南京の北方江ゲ子ラール官名へアングユング人名追伐いたし候、去なから徒党の者共不意尓発り候恐有之候、又風説には徒党の者再南京を領し候由ニ候

一昨年エゲレス国尓於て起り候事有之候、右は多分商売筋尓拘り候儀尓可有之候、既尓近年彼国尓於て左の尋問尓付評論差発り候

国中商法の規定只自国の利益を専尓いたし候哉

外国一同利潤の差別無之候哉

右評論外国一同利潤の差別無之候様相決候

嘉永六癸丑年（一八五三）長崎訳

一自国の利益を専尓いたし候規定相改り候
一昨年八月朔日名たるヘルトグ官名ファンウェルリングトン人名八十三歳尓て死去いたし、其葬式美麗を尽し取行候
一エゲレス国幷イール国より他邦江引越候儀弥増し、終尓はエゲレス人共数艘の外国船を借入れ、右引越の者共をアウスタラリー州幷カリホルニー地名江差送り候、但エゲレス国中の船数尓ては、右引越の者共を差送候に足合不申候儀ニ有之候
一フランス国政再改革致し、昨年の末ローデウェイキナポレオンボナパルテ人名の趣意尓て其国帝号を復し候、衆評相決し同人国帝尓罷成、ナポレオンデルデと名乗り国政を司り、右即位の義欧羅巴諸州の政館へ通達致し、昨年萌し候国政改革の儀全廃絶国中の平和連綿致し候様相成候、右は畢竟衆力の助尓有之候
一去子年十二月廿日フランス国都府尓て、フランス帝イスパニヤ国の候(侯)女と婚姻を結ひ申候、此候(侯)女は古き貴重の家柄尓有之、尤王家の続尓は無之候、右婚姻儀式の祝盛尓取行申候
一風聞有之候ニは、ローマの僧侶官酋長当七月ニ到り、フランス国都府尓招待ありて、ナポレオンデルデ人名帝号を称するの儀式有之哉の由ニ候
一ドイツ国儀は至極静謐尓有之候、扨此国より北アメリカ州尓家移致し候事年々相増申候、右様の義有之候は、人民次第尓相増ドイツ国中尓住居候者手狭尓相覚候様成行可申ニ付、誠尓幸の事ニ候
一当年正月オーステンレイキ国帝の身上尓誠ニ以危き事有之候、右は先年ホンガリヤ国一揆の節、荷担の騎士右国帝に理不尽尓仕掛り、小刀をもつて頭後尓疵付け申候、然といへとも此疵深手尓無之、最全く平愈致し候
一トルコ国境尓有之候モンテ子ゴロー地名といへる同国附領の小地とトルコ国との異論ニ付、オーステンレイキ国其仲

ニ入取扱候事よりして、当時一般に相治り居候欧羅巴諸州の静謐を折き候兆有之候
一酋長尓自立するの所以を糺さんか為、モンテ子ゴロー尓軍勢をトルコ国より差向け申候、将又宗旨拒の趣意をもつて、トルコ軍勢尓対しオーステンレイキ国より軍勢を差向申候、此事よりしてロシヤ国よりも勇猛の軍勢をトルコの境界尓差出し、尚又黒海の辺尓も恐怖すへきの夥敷船勢を備置申候
一フランス国政府より一手の船勢をダルダ子ルレン地名尓差向申候、是は是迄の静謐を折を恐候所より如斯ニ候
一此争乱は使者の往来にて和平ニ相成申候
一イタリヤ国の内オーステンレイキ国領のミラーン地名尓おゐて、当年正月オーステンレイキ国の支配を免れ候様企有之候、其徒党の者オーステンレイキ国尓敵対し、ミラーンの瀬戸尓於て暫時の戦争尓て利を失申候、依てオーステンレイキ国支配の規定格別厳重ニ相成、其党以後の企出来さる様相成、当時穏尓治り申候、其余イタリヤ国領は穏にて、打続き隣国と平和尓有之候
一トルコ国尓おゐて専ら貢税甚相増申候、是は以前エゲイプテ国尓備財有之、年々納銀致し候ゆへの事ニ有之候
一トルコ国の酋長帝号を開申候
一既尓トルコ国とモンテ子ゴロー地名と争論の事ハ此前ニ申上候、此争論は両国の軍勢互に血戦致し候程ニ相成、畢竟トルコ国の趣意は、此小地を押領してトルコ国に属せしめんか為尓有之候
一当時尓ては此争論相止、以前ニ古復し元々の通相成申候
一当時の風説尓ては、トルコ国とロシヤ国との取合相起申候、ロシヤ国はモンテ子ゴローを借地尓致し度相望候
一其他欧羅巴の支配向も此落着ニ相闇候儀有之候

一子ウヨルグ（地名）尓おゐて、当年三月二十五日土地の産物幷アメリカ其他諸州奇功器物の見せ物相開申候

一嘉永四亥年エゲレス国都府尓て相催候通、諸国より品物此地に運送致し候

一アメリカ州北方と南方続居候パナマ峡を切通しの義ロンドン（エゲレス国の都府）尓おゐて一統評決いたし候、此切通シは大船の通行弁利のため幅広く底深く致へく候、是尓て北アメリカ州東西の港互ニ往返自由を得、又欧羅巴州幷アメリカの東方ゟ唐国印度渡海の通路格別近く相成候ゆへ、通商のため究て肝要の事ニ相見へ申候

一北アメリカ共和政治の住人エリーソン（人名）先頃蒸気具尓甚肝要の事を発明致し、蒸気具入用ニ水を用ふへき尓、空気をもつて是尓換へ候様の工夫いたし、運動力を得る迄是を熱め、此発明の所益は通常蒸気具入用の薪炭用のもの五分一をもつて是尓充て申候

一北アメリカ共和政治の住人六十年来殊の外相増、則左の通有之候

| 年表 | ブランケン（(朱)白顔の者） | フレイエコリユールリンゲン（(朱)土地性来の顔色の者） | スラーフェン（(朱)奴隷尓買取候者） | 惣人数 |
|---|---|---|---|---|
| 寛政二戌年 | 三百十七万二千人 | 五万九千人 | 六十九万七千人 | 三百九十二万八千人 |
| 寛政十二申年 | 四百三十万四千二百人 | 十万八千人 | 八十九万三千人 | 五百三十万五千二百人 |
| 文化七午年 | 五百八十六万二千人 | 十八万六千人 | 百十九万千人 | 七百二十三万九千人 |
| 文政三辰年 | 七百八十六万六千人 | 二十三万三千人 | 百五十三万八千人 | 九百六十三万七千人 |
| 天保元寅年 | 千五十三万二千人 | 三十一万九千人 | 二百万九千人 | 千二百八十六万人 |

| | | | | |
|---|---|---|---|---|
| 天保十一子年 | 千四百十八万九千人 | 三十八万六千人 | 二百四十八万七千人 | 千七百六万二千人 |
| 嘉永三戌年 | 千九百六十三万人 | 四十二万八千人 | 三百二十万四千人 | 二千三百廿六万二千人 |

一近来の風説尓、カリフォルニー（地名）の北方の地に甚敷患災あり、是迄誠に繁花尓有之候イレカーといへる市街四十日程の間食物断れ尓相成、其所以は其地の近方雪の為尓深く埋沈いたし候

一去年来金坑至極都合能有之候、殊更又々新坑を見出申候、アウスタラリヤ州尓て金坑尓携たる者共此良説尓て、カリフヲルニーの方尓赴候者矢張有之候

一此以前別段風説尓相記候メキシコー（地名）静謐尓相成候義、誠尓唯纔の間の義にて、再一揆相起一般尓騒動いたし、国政も不届頻尓混難有之候事ニ候

一喜望峯辺の当時の風説には、カッフル人等エゲレス国と和順の義を（約と）崩し候趣ニ候、然とも此儀永くは続間敷と恐候由ニ候、先大凡の人の考尓、カッフル人等今軍用の諸品不自由ニ相成、彼是取集を成す尓不便なるを以て、自然と元の通和順の事ニ及ひ可申候

一カリフヲルニーの地尓おゐて新金坑見出方の事、近年前専ら人の思慮を尽せし如く、アウスタラリヤ州尓於ても今頻尓此事尓心を尽し、終尓は夥敷金産する地を見出せし事既尓カリフヲルニー尓勝れり、諸方より許多の人物日々尓此所尓来り、爰尓て得る処の宝は誠尓以夥と申事尓有之候

一当時の風説尓て、此金産の地弥以盛尓有之由ニ候、然る尓日々尓賊徒出来、理不尽の事共致す者多く、連中の人数少きは其悪業を防くの方便無之由ニ候、此尊き宝金を得る事始り候以来、彼の大切の産業たる牧羊の事全く廃り、右に付てはエケレス国毛織反物製造所羊毛尓事欠候患は有之間敷哉、其織立方の元と成候品払底尓ては織業不出来様

に可成行哉と大尓掛念仕候事ニ候

一唐国幷東印度海尓相備候欧羅巴州海軍左の通有之候

エゲレス海軍

一 アリガトル号船　大サ 五百トン　(朱)但一トンは千六百斤　船司 スミッツ名人

一 ビットルム同上　同 四百八十トン　大炮 十二挺　同 ファンミットラルト同上

一 コンテイト同上　同 四百五十九トン　同 十二挺　乗組 百二十五人　同 スペンセル同上

一 ダーリング同上　同 四百二十六トン　同 十二挺　同 百三十人　同 ナピール同上

一 エレクタラー同上　同 四百六十二トン　同 十四挺　同 百三十人　同 モルリス同上

一 フヲクス同上　同 千八十トン　同 四十二挺　同 三百十人　同 ランベルト同上

一 バルディングス同上　同 千七百六十三トン　同 七十二挺　同 六百十五人　同 アウストル同上

一 ヘルメス同上　同 八百三十三トン　同 六挺　同 百二十人　同 フィスボールン

一 リリ号船　大サ 四百三十二トン　大炮 十二挺　乗組 百二十五人　船司 サンデルソン名人

| | | | | |
|---|---|---|---|---|
| 一　ミンデン同上 | 同　千七百二十トン | | | 同　バンビール同上 |
| 一　バビット同上 | 同　三百十九トン | 同　八挺 | 同　八十人 | 同　ブライン同上 |
| 一　バットレル同上 | 同　八百八十八トン | 同　九挺 | 同　百二十人 | 同　メルレルス同上 |
| 一　ボヤリスト同上 | 同　二百九十九トン | 同　六挺 | 同　六十三人 | 同　ハーテス同上 |
| 一　サラマンドル同上 | 同　八百十六トン | 同　六挺 | 同　百六十人 | 同　エルマン同上 |
| 一　セルペント同上 | 同　四百三十トン | 同　十二挺 | 同　百三十人 | 同　ルワルト同上 |
| 一　スパルタン同上 | 同　九百十八トン | 同　二十六挺 | 同　二百三十人 | 同　ホステ同上 |
| 一　スフィナ同上 | 同　千五十六トン | 同　六挺 | 同　百六十人 | |
| 一　ウヰンセイトル同上 | 同　千四百八十七トン | 同　五十挺 | 同　四百三十九人 | 同　サッドウヰル同上 |

フランス海軍

| | | |
|---|---|---|
| 一　カポレシューセ船号 | 大炮　四十四挺 | 船司　ボクマウレス人名 |

船司

ロシヤ国海軍

一　カスシナ号船　プラス人名

一　パルラス号船　大炮五十四挺　船司ユンスコースケイ人名

但右ロシヤ船は当五月朔日シンガポール地名ヘ廻着唐国幷カムシカットカ地名ヘ差越候、猶左の軍船引続差越候由ニ候

一　デフィナ号船　大炮十挺　船司ヘスサラベセイ人名

一　ファストック号船　大炮四挺　船司コルサコフ人名

但当四月晦日アンエル地名ヘ乗寄ホンコン地名に差越候

北アメリカ海軍

一　カプリセ号船　大サ二百六十四トン　船司マウフレイ人名

一　ミスシスシッペ号船　大サ千七百トン　大炮十挺　乗組三百七十四人　船司レース人名

一　プリモウト同上　同千トン　同二十挺　同二百人　同ケルレイ同上

一　サラトガ同上　同九百トン　同二十挺　同二百人　同ワルケル同上

一　シュップレイ同上　同六百五十トン　同六挺　同五十人　同シンクライル同上

一　シュスクハンナ同上　同二千五百トン　同九挺　同三百五十人　同ペルレイ同上

一　ポロハッタン同上　同クラ子イ同上

但此船当五月九日シンガポール地名尓廻着致し候

一当四月十七日唐国通路便の風説尓てハ、唐国南方江相残候アメリカ海軍の内当四月四日日本江差向候由ニ有之候、但マガゼインシキップ府庫船サップレイ船号は当時マカオ尓有之候、アドフィースファールトイグ駆引通用の船カプリセ船号は当四月朔日ホンコンより退帆致し、サラトガ船号はマカオより出船致し候、風聞尓ては、右海軍日本江着船致し候以前琉球江相集り候由に有之候

一当時の評判記尓、エゲレス某の軍船唐国海尓備有之候儀を相記し候、右は多分趣意可有之事ニ候得とも、巨細に記載無之候

一当三月十五日唐国通路便の風説には、アリガトル船号ヘルメス同上リリ同上ミンデン同上バピット同上バッテルン同上サラマンドル同上スハルタン同上只是等の船有之、其他は東印度海諸所尓在てビュルマ地名との戦争尓備有之、フォクス船号ハスシング同上スフェント同上ウィンセクトル同上は当時ビュルマ江滞船致し、ビッテルン船号は先頃咬𠺕吧港江着船いたし候由ニ候

一和蘭海軍の内左の通咬𠺕吧江備有之候

一 プリンスヘンデリッキデル子ートルランデン号船
一 ファンスペイキ同上
一 ボレアス同上
一 子ハレンニア同上
一 ハーイ同上
一 ランシール同上
一 シルフ同上
一 ドルフェイン号船
一 エグモント同上
一 バンカー同上

船司 デブラーウ名人
同 サウファケ同上
同 ハロンコルロット同上
同 デハーン同上
同 フヲンローメル同上
同 ストルト同上
同 スタラーテン同上
船司 デゲープ名人
同 ベールラールツ同上
同 フ井セルマン同上
同

一　バンダー同上

一　アムボン同上

一　サバルア同上

一　パダング同上

一　ペイラデス同上

一　アルゴー同上

一　アラバ同上

一　アルヂュノ同上

一　メラピー同上

一　エットナ船号

一　フェシュフィース同上

ゲルセン同上

同　ファンワススルト同上

同　デゲルドル同上

同　メイエル同上

同　エンゲルベルツ同上

同　モススル同上

同　ファンカッテンデイキ同上

同　フート同上

同　ファンマルデグヘム同上

船司　カランプ人名

同　マテイレセン同上

同

一　フェキラー同上　　　　ファンウールデーレン同上
一　フーニキス同上　　　　同　ファンエス同上
一　シュリナメ同上　　　　同　スコックル同上
一　サマラング同上　　　　同　ステイデレイキュム同上
一　ボル子ヲ同上　　　　同　シュキュリュードル同上
一　セレベス同上　　　　同　ゲールリング同上
一　バターフィア同上　　　　同　モーレ同上
一　カノ子ールボート軍船の一種　ノームルフェールティーン　　　　同　ブロインコプス同上

一昨年風説書ニ、北アメリカ共和政治政館日本通商致し度思念有之候処、昨年八月十六日子ウヨルク地名のデヘラルト日記の名中ニ右一件左の通記載有之候

一日本江差向候一件の発起弥相募候趣ワスシングトン地名より通達有之候、右便（使）節は蒸気船ミスシスシッピ船号船司ロング人名ニ有之、但昨年九月廿日より廿九日迄ニ子ウヨルクより出船可致候、プリンセトン船号船司ペルレイ人名はミスシスシッピ船号ニ差添、当時バルチモーレ地名ニ滞船致しケートル蒸気船の用具を取替へ、アルレグハン子イ船号はカス

ポルト（地名）尓て修理を加へ、昨年十一月頃其地を出帆の積ニ候、右船々出帆以前諸事成丈急速尓用意いたし候、但使節の司はペルレイ（人名）尓有之、昨年九月下旬日本海ニ赴き候、尤其以前日本海辺尓有之候彼地海軍と出会の含尓有之候、右差向候は多分平和の趣意尓可有之候、測量のため差向候者共は当時唐国海江赴き候、但是は船司ピンゴルト（人名）の指揮尓有之、右の外マルサル（人名）当時子ウヨルク（地名）尓在て唐国江赴候用意有之候、昨年十月中旬の風説尓は左の船々日本江向け出帆致し候由ニ有之候

| | | | |
|---|---|---|---|
| 一 フェルモント（船号） | 大サ 三千トン | 大炮 九十六挺 | 乗組 八百人 |
| 一 蒸気船 ミスシスシッピ（船号） | 大サ 千七百トン | 大炮 十挺 | 乗組 三百七十五人 |
| 一 同 シュスクハンナ（同上） | 同 二千五百トン | 同 九挺 | 同 三百五十人 |
| 一 同 ポウハタン（同上） | 同 二千五百トン | 同 二挺 | 同 二百七十人 |
| 一 同 サラトガ（同上） | | 同 二十二挺 | 同 百九十人 |
| 一 同 アロガウ子イ（同上） | 同 千トン | 同 二挺 | |
| 一 同 フィンセニュース（同上） | | 同 二十二挺 | 同 百九十人 |
| 一 同 ラーセー（同上） | | 同 二十二挺 | 同 四百五十人 |

一　ポーポイセ同上　同十挺　同百二十人
一　ソウダシプトン同上　同四挺
一　ファロール同上　同四挺
一　シントマレイス同上　同二十二挺　同百九十人
右の内大軍船八艘其外小軍船惣大炮通計二百三十六挺、乗組人数通計三千百二十五人有之候
一　ロシヤ国海軍日本海江赴候用意有之、其船はフレガット軍船の一種パルラス船号一艘、タランスポルトシキップ運送船一艘、蒸気船一艘ニてフィーセアドミラール官名プララーテン人名の指揮ニ有之候
右趣意はアメリカ海軍の様子を見候心得の様ニ有之候
一　願ニて是迄シリボンと申所ニ罷在候和蘭町医イカファンデンブルック人名儀、今度治療のため出嶋在館ニ相決差遣し候
右之通御座候
かひたん
どんくるきゆるしゆす

右の通和解差上申候、以上

丑
七月

西　吉兵衛　㊞
森山栄之助　㊞
西　慶太郎　㊞
本木昌造　㊞
楢林栄七郎　㊞
名村五八郎　㊞

# 第十五号　安政元甲寅年（一八五四）　別段風説書　長崎訳

『自嘉永四年至安政四年　風説書』長崎歴史文化博物館所蔵

（中表紙）

（朱）七月八日急便ニ而蘭船差越候儀申出候別冊和解両通相作江戸へ廻ス

（朱）嘉永七寅年七月

別段風説書和解

別段風説書

阿蘭陀国之事

一嘉永六年丑四月十二日和蘭国の公子プリンスヘンデレッキ[人名]事サクセンウェイマルエイセナグ[地名]諸候（侯）の女アマリヤ[人名]と婚姻相整候、右プリンスフレデレッキは当時の和蘭国王の弟ニ相当り申候、将又右女の父サクセンウェイマルエイセナグ[同上]の諸候（侯）ベルンハルト[人名]事は惣督職高位の輩ニて、既ニ和蘭領印度軍将をも勤め候者ニ有之候

一和蘭国王の妹サクセンウェイマルエイセナグ[同上]の諸候（侯）家江嫁し罷在候者、当寅正月五日一女子を産申候

一昨年も申上候通阿蘭陀一般静謐ニ有之、近隣の国は勿論其他欧羅巴諸州と睦敷相交、貿易航海専ら盛尓有之候

一去丑年阿蘭陀国と北亜墨利加合衆国と貿易航海の因を結ひ申候

一海底を通しエレキテイリーセテレガラーフ与申合図の趣向阿蘭陀国とエケレス国と双方の弁利の儀、去年別段風説尓申上候末、当時尓ては漸成就仕候、将又カーブル（綱と訳す、右仕掛ニ相用候もの、義哉）長サはエゲレス里数尓て七拾里有之、其弁利至極良善ニ有之候、

一又々当年も暴風雨雷烈敷、其ため数多の船々破壊尓および、許多の人命失亡仕候、右ニ付阿蘭陀国所々誠尓もつて難儀仕候

一嘉永五年子五月廿五日コスターリーカー（地名）の共和政治と和蘭国王と双方交易信義航海約諾書面、両国双方の全権ワスシングトン（地名）尓於て取替し申候

和蘭支配印度領の事

一去丑年和蘭領印度フィーセプレシデントファンデンラード（官名）イフウファンメス（人名）儀、願尓依て首尾能暇申渡有之候

一サクセンウェイマルエイセナグ（地名）の諸候（侯）惣督官印度軍勢の将たるベルンハルト（人名）願尓因て首尾能暇を給ひ、右跡惣督次官フフアリッドルデスチュエルス（人名）申付候

一爪哇および其街外の諸領の気候当年は殊更不順尓有之、コレラ（疾病の名）及ひ麻疹、孩児病、腹痛等専ら流行、殊更モリュック島辺は右災害ニ罹リ候者多く、今尓此煩不免候

一和蘭領印度海の軍勢此節又々海賊征伐の為出張いたし、幸尓して頗る其賊長の族及ひ許多の賊手ニ入申候、終尓は其名たゝる賊長および手下の者ニ至る迄屈伏随従いたし候

一爪哇及ひ其街外の諸領夥敷地震有之候、然と雖去年のモリュック島尓有之候程の儀尓は無之候

一当年咬嚁吧尓て人作精工の見世物類に繁昌いたし、右の内尓は頗る適要の物も有之、咬嚁吧及ひ其他爪哇諸方より数多の人郡(群)集いたし候

一パレムバング(地名)尓於て亦々昨年の如く悪党共起り立ち、荷胆の者有之甚以穏ならず、依之態与軍勢を差向け、其悪党の目論凡空敷相成、終尓は頗る其悪党屈伏いたし、所々随従の所多く相成申候、将又其後許多悪党の要害隠家破壊の末、諸方ニ其残党散乱致し候

一サンバス尓罷在候唐人共、当年の始伏従不致候ニ付、同所港を絶切食粮の通路を断ち、伏従せしめんと要し候儀ニ御座候

一当時若干の軍勢同所の方尓発向致し候、然る処当五月七日便尓て承候得者、其唐領の都府モンタラドー(地名)尓右軍勢到着いたし候末、其所の者共忽ち直ニ憐愍の沙汰を乞、頻尓歎願いたし必伏従の旨を申立、終尓は趣意通モンタラドー(地名)を手尓入れ候事相叶申候

一悪党一揆を起し候罪相糺、戦争失費の贖を致させ、且一揆の長たる者相渡候様の儀、先専要と致し候事ニ候

エゲレス支配印度領

シンガポール(地名)の事

一当寅年四月上旬シンガポール尓於て唐人一揆相起申候、初発フィウーフィウー、マカオ、ケエ、ヘイラン(何れも地名)等の唐人所持之品物をホキーン(地名)の者奪取候ニ付、唐人数人ホキーン(地名)尓押寄家屋店其外狼藉乱妨ニおよひ申候、又フィウーフィウー(地名)の唐人共許多家を焼亡致され、フィウーフィウー村全く打潰され申候

一同月十一日若干之死亡有之即下条之通ニ御座候

死亡　四百八十五人

手負　二百弐拾三人

生捕　五百十二人

焼亡家数　二百八拾軒

荒廃の植付場　百六拾ヶ所

狼藉尓及ばれ候店　五拾三ヶ所

一其後風説ニ而者、シンガポール（地名）中諸事穏ニ御座候、併再度変を可生哉与相恐居申候

一右騒動の基はホキーン（地名）の者と唐人与之所為ニ御座候

ビルマーの事

一ビルマー（地名）尓於て嘉永五年十二月上旬エゲレス政府と久敷戦争有之候末、同所大饑饉有之死亡夥敷事ニ御座候、其後之風聞ニ者ベウガーレン（地名）より夥敷米を差送り候ニ付、右食物之難渋相凌申候

一爰ニ許多盗賊共被捕申候、同人共の趣意者土地を乱妨し土人を煩しむる事ニ御座候、其後盗賊共全く捕尽候様諸手当ニ相成申候

アウスタラリーの事

一アウスタラリー（州名）尓於て黄金之出産弥増ニ御座候、同所より欧羅巴之諸国江黄金運送仕候、此地ニ来り居住之者年々相増申候、右様富福を欲候者共同所ニ於て食物之高価ニ殊更困窮仕候

一メルボウル子（地名）ニ又大造之黄金山見出し申候

喜望峯の事

一喜望峯の風聞一般ニ宜御座候、同所タラウスファール（地名）領の外都て打続き和平ニ御座候、尤百姓共は北方并北東の者共と今ニ戦争仕候事御座候、且又ホッテントット（地名）の山賊共強盗或は人を殺候ニ付諸方安堵無之候、其後之風聞ニ者、ファール河を相隔掛離居候和蘭の百姓合衆之政事を相定申候、諸人所願之政法先頃相定候処土民大ニ和睦仕候、別而カープ（地名）市中并西方の地ニ於ては弥和熟仕候

一其後之風聞ニ者、同所交易次第ニ繁昌仕、又打続諸方とも弥平和ニ相成申候

一近頃彼地ニも黄金見出し申候

唐国の事

一唐国の一件弥甚しく相成、南京及ひセンキャン（地名）等は既尓一揆方尓手尓入申候、南京は大凡破壊尓逢申候、厦門は三千人の一揆方の者より既ニ取られ申候、昨丑年六月頃唐国帝の船勢と一揆方と甚敷合戦有之、此時一揆方は散々尓敗北尓およひ申候、右様の事尓及ひ候程なれとも、其都府唐国帝の方尓引戻候迄者至り兼候

一クフワンチング（地名）都て静謐尓有之候、一揆の人数は六万より八万人程尓及ひ候、広東住居唐人共の内尓は兎角不安気専の趣ニ候、商売向抔は都て相止、唯盛なるは海賊増長する而已尓て、数多の唐船破壊せしめ、許多の海賊捕れ候事ニ候

一一揆徒党は漸々ホーナン（地名）のナンウヰン及ひケイシウ等の諸府を既尓手ニ入れ申候

一近版のエゲレス評判記の説尓随へ者、当時迄の唐国帝親族尓至る迄位を離れ候の説は先は実説の様尓有之候、北京

は一揆徒党ゟ囲軍せられ候、扨上海尓も一揆有之、既尓運上会所抔は一揆の者共より打潰され候程の儀ニ有之候

一近来唐国之説尓、厦門の地は国帝方ニ而、則一揆の者七千人打取られ、亦間尓者其一揆の内伏従致し国帝方尓附候趣ニ候

一広東辺南京の土地マカオ辺黄金を見出し、右ニ付甚繁昌の事ニ候、既ニ其金は甚能純粋尓して、パクワン山といふ山あるヤンピンヒン地名尓在り、亦キンカイセウ井ーといふ山手の流川尓在りと申事ニ候

一唐人抔の内尓は、印度の西方或はカリホルニヤの地或はアウスタラリー或は東印度の地尓向け出奔の者多く、益増長尓及ひ候、将又婦女の類唐国を離れ、外国尓参候者頻ニ多く有之候

一世上流布のモンテュールといへるフランス書記の説尓ては、嘉永五子年唐国と魯西亜国との両国陸地商店を開き候道、魯西亜政府趣意通相遂候哉之様尓有之候

一香港の新奉行は即商業取扱の司尓して、ヨンボウリング人名其職尓任し、スタライツティメスといふ書記の説尓随へ者、中々斯る大任を請既尓全権を得て日本、暹羅、跤趾等尓至り、貿易結信の趣意を貫んと欲る旨ニ候、将又当時のヱケレス書記の説尓ては、右ヨンボウリンク人名儀海陸の力を合せ、香港辺魯西亜国人の入込を拒防するの手当をなせし事と申儀ニ候

大ブリタニヤ及ひイールラント国名の事

一昨丑年秋及ひ当春尓掛け、大ブリタニア及ひイールラントの海渚暴風雨頻尓して許多船々破壊尓及ひ候

一国を離れ家屋を外国尓移し候者益増長し、就中アウスタラリー尓行者多く御座候

一デュブリン地名尓於て昨丑年人作精工の見せ物等有之候

一エゲレス国女王とフランス国帝と相議して、トルコ国名の救のため魯西亜国尓決戦の発意を述申候

フランス国の事

一昨丑年フランス国帝を殺害せん迚一両度も打掛候事有之候得とも、幸尓して其難を免レ候事ニ御座候

一都府パレイス尓於て当年人作精工の見世物大造ニ繁昌仕、其ため既ニ大家を取立申候

一魯西亜国と合戦之儀ニ付ては漸々究竟の事録誌可仕候

ポルトガル国の事

一昨丑年十月十五日ポルトガル国女王ドンナマリヤダゴロリヤ人名難産尓て亡滅致し候

イタリヤ国の事

一ハルマー地名の諸候(侯)フェルデナントカーレルデデルデヨーセフマリーフィットリヤボルタサルファンボウルボン人名素イスパニヤ国の公子ニ有之、此人当二月廿八日殺害尓及者れ候、其起因を尋る尓兎角不分明ニ有之候

ドイツ国の事

一ドイツ国及ひ其他の欧羅巴の国より出国におよひ、他所尓家屋を移し候儀、昨年当年尓至ては弥増長致し候、ハムビュルグ地名而已尓て昨年中出国の船百二十三艘、其旗印様々尓して人丁一万八千七百五十七人を乗せ出国尓及ひ候

ギリシヤ国の事

一トルコ領ギリシヤ国尓於ては、魯西亜国とトルコ国との合戦尓因り候事哉と相見へ、甚盛の一揆発起いたし、既ニピンテュス山を越へ候程の事ニおよひ候由ニ候、ギリシヤ国惣督及ひ次官五百人の勢を引連、一揆の方尓発向尓及ひ候由ニ候

一コンスタンティノープル地名尓ては、都ての政道商業向ギリシヤ国とトルコ国との間ニ当りて都而荒廃尓及ひ候、トルコ奉行所より令命出、諸ギリシヤ随従の者日数十五日の内トルコ国より出国尓及ひ候旨ニ候、右同様之振合尓エゲイプテ国名尓在るギリシヤ人も相成申候、此一揆益増長仕候得とも、多分フランス国エゲレス国の取扱尓て相治り可申哉ニ候

一当寅正月十三日トルコ人モンテ子ケレインス村名尓責掛候、此村は即ちギリシヤ国名一揆の勢尓倚頼致し、甚敷戦争の後、右一揆方の助尓依て敵三百人を追討致し候

一当時の説尓ては、其一揆の勢増盛尓およひ、既ニ許多の府邑を押領尓およひ、其国民も亦却て其一揆方尓荷胆致し候、随而国王の軍勢も亦間尓は是と相合し候事も有之由ニ候

一当時の風聞尓て者、ギリシア国惣督十九人其職を放たれ候趣ニ候、其末此者とも一揆方尓付候由ニ候

一当寅二月十六日コルフュー地名之風聞には、一揆の動作エピリュス地名尓於て穏尓鎮り候様相成可申哉ニ候

既尓五十村はトルコ国名尓随属致し候様子ニ候、此時は即コルフュー地名水上尓フランスの軍艦一艘備罷在候

一テスサーリー地名及ひエピリュス同上の賊村邑百七十八箇所破滅せしめ候

魯露西亜国トルコ国の事

一魯西亜国とトルコ国との一件ニ付ては、昨丑年別段風説ニ申上候以来弥以事相募申候、此合戦尓て許多流血ニ及ひ候程の儀ニいたり、人命数多相損シ申候

一昨丑年十月晦日トルコの船勢等は、シノーペ地名尓在る魯西亜の海軍尓因て凡破壊せしめられ、アカルシグ地名の近辺セオルジー地名尓て、トルコ勢魯西亜の為尓散々敗北尓およひ候

一アルトニットサ地名及ひエセターチー同上尓於て流血に及ふの合戦有之候

一エケレス国フランス国の両国トルコと相合し、魯西亜国尓敵対いたす趣向ニ候、既ニエケレス国フランス国の両国より夥敷軍勢備の為トルコ国尓船尓て差越、先過半は同所ニ最早到着の事ニ存られ候

一トルコ尓在るエケレスの軍勢ニは、カムプリットゲ地名の諸侯（侯）ロルトラクラン人名を大将として一体の指揮有之候

一トルコ尓在るフランス勢の方ニは、当時のフランス帝の甥尓当り候公子ナポレオン人名及ひマールシカルク官名アルナウト人名を大将として一体の指揮有之候

一黒海尓はエゲレスの船勢アドミラール官名テュンタス人名の指揮尓て備有之候

一フランス方尓も亦アドミラール官名ハメリン人名の指揮ニ而、船二十六艘、大炮千百二十門の備有之候

一アドミラール官名フリユアット人名の一手も、黒海尓て船十艘、大砲千六百二十二門の備有之候

一エケレス、フランスの両国政府より東海にも亦大造の船勢備を立有之候、既ニエケレス方尓ては四十四、五艘の船尓て、人丁弐万弐千人乗、大砲は弐千二百門、指揮の大将はアドミラール官名カルレスナピール人名并スコウトベイナグト官名コルリー人名尓有之候、フランス方船勢者アドミフール官名ペルセファルデスセ子ス人名の指揮尓て、船二十三艘、大砲千二百五十九門有之候

一魯西亜東海船勢は、即ちリーニー船弐十七艘、此内三艘程は毎艘三段備のもの尓有之、并フレガット船十八艘コルヘット船ブリッキ船尓て十五艘、加之許多の蒸気船備有之候、黒海ニ有之魯西亜船勢はリーニー船十八艘、此内三艘程は三段備のもの尓有之候、将又フレガット船十二艘、コルヘット船拾艘并数多の蒸気船相備罷在候、蒸気船およひ大砲打小船の類此両国海尓有之、魯西亜手の者魯西亜の記説尓てハ四、五百艘も有之趣ニ候、右船勢の長たる者

は公子メンシコフ（人名）及ひコンスタンティン（地名）の大王即ち惣大将尓有之候、其以下のアドミラール職はファンコルサコル（人名）及ひファンリコルト（同上）尓有之候

一此度の合戦尓付ては、行末幸不幸の程もいまた計難く、其際限も聊以いまた見へす、唯患る所は商業貿易の道尓差障り、欧羅巴の州々と交尓も是必関係致し候事ニ候

一当時のエケレス書記尓て、魯西亜及ひトルコの政府よりの致し方等之儀分明尓相成候、将又ヱゲイプテ国よりも亦救の勢七千五百人トルコ尓差出申候

一ワルラセイエ（地名）尓は魯西亜勢相集り、トルコより責来るを頻尓相待罷在候

一カラファット（地名）尓於て、トルコ人魯西亜人尓対し名誉の勝利を得候説有之候

一公子パスケニス（人名）魯西亜軍勢の指揮致し候、トルコ軍勢の指揮はウーメルパカー（人名）の計に有之候

一当寅三月上旬魯西亜人四、五万の勢を引連ドナウ川を渡り、トルコ尓対し勝利を得し事有之候

一当寅三月十三日ティリーステ（地名）より合図仕掛の趣向尓て承知致すは、エケレス国、フランス国、オーステンレイキ国、プロイス国抔より頻尓魯西亜とトルコとの合戦を相鎮んと専ら心を尽候由ニ候

一エケレス国備の従（縦）横自在尓進退の船魯西亜尓毎度責掛け、既ニ唯三日の内尓魯西亜船十四艘召捕申候

一広大繁花の魯西亜商邑オデスサ（邑名）黒海の辺尓有之、此所フランス国、ヱケレス国の船勢のため、当寅三月廿五日ボムベン丸を以て皆無焼打尓逢申候

一シリスティリヤ（地名）は魯西亜より取られ焼打尓逢申候、カラファット（地名）尓於ては魯西亜人再ひトルコより打捕られ候、ドフリュッサ（地名）尓罷在候魯西亜軍勢の内尓は、赤痢の病尓て数多難苦致し候者有之候

一毎度ドナウ川ニ罷在候軍勢の方及ひ東海ニ有之候船勢の方ニ要害の品物を運送致し候シルスカスシー国名人は、魯西亜尓対し一揆を起し、亜細亜州より魯西亜人を追出し候程の事ニおよひ候由、エケレス国の説有之候

スウェーデン国、ノールウェーゲン国の事

一此両国は一致の国尓て、東国尓事ありても是ニ関係有之事無御座候

一右様の訳尓は候得とも、自然事ある時之用意尓此両国拒防の為船勢の備有之候

亜墨利加州

ペーリュー地名の事

一フランス国書記の説尓ては、ペーリュー地名之奉行所尓て至極心配有之、外国より引移来る所の数多の人民尓其土地尓居住の趣向整候様の世話専ら有之候、此趣意は、ペーリュー領尓有之アマゾー子ン川より水を灌候豊饒の土地を、空敷不差置様の為尓有之候

一右等の事之為、此共和政治の司より既ニ夫か為の人数を相定申候

一子ウヨルク地名尓は外国より引移来るもの其人丁拾三万四千八百七十人有之候

一亜墨利加尓て新工夫の植字判発明致し、紙も広き儘尓て円器の趣向尓て和蘭一時の内尓三万枚の紙尓判行をなし、直ニ裁切折目を付候趣ニ候

メキシコー地名之事

一メキシコー尓於て、合衆国より同所ニ居合候者領境之儀を取極申候、右取極之内ニ究而印度人の為メキシコー領境守衛之儀幷ミスシスシプピー河より太平海江之通路を可得儀も箇条相立可有之儀ニ御座候

一右取極之節合衆国ニ可相納若干之銀高有之候処、右代りニ両国久敷争論之メシルラダル与申地を相渡申候
一メキシコー地名と合衆国との境之儀、右之通規定相立両国之争論全く治申候

エクアドル地名之事

一エクアトルの地はアマゾー子ン河の枝流有之、右所領を腔り流候ニ付諸国より渡来自由を得申候
一子ウヨルク地名之バルダン与申人所益之事を発明仕候、右者黄金洗候ため、殊之外大造之道具ニ御座候
一右道具は黄金洗の為、是迄相用候諸般の道具ニ最勝申候

カリフォルニー地名之事

一カリフォルニー黄金掘之儀常ニ出精仕、富福を欲し候諸人彼地ニ至り居住仕候者多御座候、誠ニ黄金之運送夥敷事ニ御座候
一カリフォルニー之都府サンフランシスコー数多の住人黄金見出し候以来格別ニ相増申候、既ニ弘化二巳年住人之数纔ニ百五十人有之、嘉永六丑年ニ至り三万人程ニ及申候
一初而黄金見出候頃は、サンフランシスコー地名に於て黄金の代料一ヶ月之間ニ凡二十五万ドルラルス銭名を得申候、当時は月ニ五拾万ドルラルズ銭名程ニ及ひ殊ニ繁昌之儀ニ御座候

テキサス地名之事

一テキサスニ於ても黄金多分ニ見出し申候
一諸般之蒸気具用の水之代りニ空気相用候儀、エリーソン人名発明仕候趣去年申上候処、其後右ニ付一向承り候儀無御座候

海軍之事

近頃承候ニ者、欧羅巴之海軍唐海幷東印度海ニ罷越居候船々左之通ニ御座候

エゲレス国より

一　ビッテルン号船　ブリッキ船　大砲十二門　船将　ファンシハルト人名
一　コミュス号船　リーニー船　大砲員数記し無之候　船将　フェルロウェス人名
一　エンコウントル同上　同　同十四門　同　オカルラグハン同上
一　ゲレシアウ同上　同　同十二門　同　ケア子同上
一　ヘルキュレス同上　病人養生船
一　ミンデン同上　同　同　エルリス同上
一　ステイクス同上　蒸気船　同六門　同　ウヲールコムベ同上
一　ウィンセストル同上　同五十門　同　イエフベワインウリグト同上

フランス国より

一　コルベルト同上　蒸気船　同六門　同　ベアウドイン同上
一　コンスタンティ子同上フレガット船　同　ヱフデモウタラフェル同上

ポルトガル国より

一　ドンヨアオ同上　同廿二門　同　ロベス同上

和蘭より罷越候船左之通ニ御座候

一　フレガット船　プリンスフレデリッキデル子ードルランテン船号　船将　アセブラームホウクゲースト人名
一　同　プリンスヘンデリッキデル子ートルランテン同上　同　セテスターテニスセデブラウ同上
一　コルヘット船　ファンスペイキ同上　同　ペサウファゲ同上
一　同　ボルカス同上　同　アベコルロットデエスキュレイ同上
一　同　シュマタラ同上　同　ハ　ウィプフ同上
一　同　子ハレイミア同上　同　イ　デ　ハーン同上
一　ブリッキ船　デハーイ同上　同　ハエフコウリールディィットデュベカルト同上
一　アトフィースブリッキ船ペイラデス同上　同　ウヱアケレイ子同上
一　スクー子ルブリッキ船　アムボン同上　同　イアカファンハスセルト同上
一　同　パタング同上　同　ハア　メイヱル同上
一　同　サパルア同上　同　ウヱア　ゲルドル同上
一　スクイ子ルブリッキ船　バンター船号　船将　ウヱアベルグホイス人名
一　同　サウシール同上　同　ウヱペイエル　ストルト同上
一　同　セイルプ同上　同　ウヱペイエル　ファンデルスタラーテン同上
一　同　エグモント同上　同　イハ　ベーラールツ同上
一　スクー子ル船　アルゴ同上　同　ペ　ファン　ウヱイケ同上
一　同　アリュバ同上　同　ウヱエフムート同上

一 蒸気船 ゲテフ同上 同 ペディブベッツ同上
一 同 メラピー同上 同 イイファンデルモーン同上
一 同 エトナ同上 同 ハエフフヲンファレンティ子同上
一 同 フェスフィユス同上 同 ペア マッテイセン同上
一 同 シュリュナーメ同上 同 ハペアルケンボウト スコクリル同上
一 同 サマラング同上 同 ゲゲゴヒユス同上
一 蒸気船 セレベス船号 船将 エフエルゲーリング人名
一 同 ボル子オ同上 同 ゲテイモススル同上
一 同 オンリュスト同上 同 ウェ セ キリス同上
一 同 バターフィア同上 同 イウェ ファン ビスセ リッキ同上
一 石火矢打小船第四十一番 同 ペファンボンクファル ファウン同上

北アメリカ州海軍唐海幷東印度海ニ参居候船左之通ニ御座候

一 レクシングトン船号 食物船 船将 ガラスソン人名
一 マセドニアウ同上 コルヘット船 大砲廿二門 同 アブボット同上
一 ミスシスシッピ同上 蒸気船 同十門 同 レー同上
一 ポウハッタン同上 同 同九門 同 エムキリュー子イ同上
一 プレイモウト同上 コルヘット船 同廿二門 同 ケルレイ同上

| | | | | | |
|---|---|---|---|---|---|
| 一 | ポルポイセ（船号） | ブリッキ船 | 大砲十二門 | 船将 | ロランドー（人名） |
| 一 | キュエーン（同上） | 蒸気船 | 同二門 | 同 | タイロル（同上） |
| 一 | サルラトガ（同上） | コルヘット船 | 同廿門 | 同 | ワルケル（同上） |
| 一 | ソウタムプトン（同上） | 食物船 | 同四門 | 同 | ボイレ（同上） |
| 一 | シュツプレイ（同上） | 同 | 同六門 | 同 | シンクライル（同上） |
| 一 | シュスキュサンナ（同上） | 蒸気船 | 同八門 | 同 | ビュサナン（同上） |
| 一 | ファンタリア（同上） | コルヘット船 | 同廿門 | 同 | ポーペ（同上） |
| 一 | フィンキュー子ス（同上） | 同 | 同廿門 | 同 | リングゴルト（同上） |

右之通ニ御座候

かひたん
どんくるきゅるしゅす

右之通和解差上申候　以上

寅
七月

西　吉兵衛
志筑竜太
西　慶太郎
楢林栄七郎

安政元甲寅年（一八五四）長崎訳

（異筆）右懸り通詞して写さしめ直ニ引継之　水野筑後守

# 第十六号　安政二乙卯年（一八五五）別段風説書　長崎訳

『自嘉永四年至安政四年　風説書』長崎歴史文化博物館所蔵

別段風説書

和蘭国

一当年も和蘭国中穏尓て隣国其外欧羅巴の国々と親しく交申候

一交易及ひ航海の儀盛に有之候

一千八百五十四年（安政元寅年）の末尚千八百五十五年（当卯年）の初頃暴風有之、船々許多破損人民数多溺死いたし、諸所損害有之候

一当年第三月（二月頃尓当る）ゲルドルラント（地名）ノールドブラバント（地名）其外ユテレグト（地名）過半洪水の為に破損し諸人財物を流し申候、尤少々死亡も有之候

一国王を始め親族不相変無事尓罷在候、前条洪水の災有之節、国王憐愍を垂不幸の土民を扶助いたし候

和蘭領印度

一和蘭領印度の惣都督幷其妻ドイマールファントウ井スト（人名）千八百五十四年（去寅年）の秋バンタム（地名）を越、シュマタラ（地名）の

西方尓旅行いたし候

一スターツラード　インボイテンゲヲー子ディーンスト（官名）及ひ和蘭領印度評議役イペセリュロフス（人名）は、評議役のフヰーセプレシデント（官名）尓被任候、且又咬嵧吧のラートステレイキレシデント（官名）アハヱバロンデクック（人名）は和蘭領印度の評議役の列尓被任候

一評議役のペメイエル（人名）は免許の上和蘭国に引取申候

一フィセアドミラール（官名）エゲファンデルプラート（人名）交代の為、スコウトベイナグト（官名）イエフデボイリシュス（人名）東印度尓於て和蘭海軍の指揮役幷インスペクテュールデルマリー子（官名）尓被命候、右先勤のフロートフォーグド（官名）既に引取、交代の者印度に到着いたし候

一千八百五十五年第五月一日（当卯年三月十五日）和蘭領印度政法改革いたし候

一呱哇其外領地当年季候不宜、コレラ（病名）痲疹熱病一円流行いたし候

一和蘭領印度の海軍海賊穿鑿の為諸方に出張いたし、海賊の張本其外賊党召捕へ申候

一呱哇其外領地屡地震有之、千八百五十四年第五月六月（去寅年四月五月頃尓当る）バンダー島尓於ては右地震甚た烈しく有之候、ウヱストモウスソン（時在て吹西風）当年は呱哇其外領地尓於て殊更烈しく有之候

一パレムバング（地名）は静謐尓有之、悪心の者少々有之候得とも、被召捕一揆の志有之者とも追々散乱いたし候

一サムバス地に於て唐人全く和蘭の兵尓被圧伏候、又一揆の首長其外召捕軍法の通罪に被行候、尤逃去者も有之候、其余は都て和蘭の威勢尓屈服いたし候

一今彼地は平穏尓て交易甚盛に有之候

## 貎利太尼亜領印度

シンガプール（地名）

一先度の別段風説に唐人一揆の儀有之候処、右は当時相治り平穏に有之候

ビルマー（地名）

一ビルマー地は平穏に有之候

一メングドーン地に大造の石炭山見出し、猶又スラワデイ地浜手尓も見出し候ニ付、印度幷唐国渡海の蒸気船賃銀格別減し可申候

アウスタラリー（地名）

一黄金掘出方今尓不相替勉強致し候

一南アウスタラリー地尓於て銀山見出申候

一メルボウル子地の金坑は不断沢山の黄金掘出し、此後尽る事有之間敷被存候、又メルボウル子地よりゲーロング地にエレキテイリーセテレガラーフ（エレキトルの気にて合図する仕掛）の設既に取掛居候処、無程成就可致候

一フイクトリア地尓は三ヶ所尓車路を設申候

喜望峯

一喜望峯の風聞是迄は一円尓宜く有之候

一千八百五十四年第五月（安政元年寅四月頃）の末、領界居住のカフフルスタムメン（地民の名）争論起り申候、其他は諸事穏に有之、貎利太尼亜兵は二組の外皆嘆咭唎国に帰申候、領国自立合衆の仕法相整、国民相撰新尓プレシデントファンオランエフ

レイスタート合衆国の領主と唱申候

唐国

一先度別段風説の続左之通ニ有之候

一千八百五十四年第六月安政元年寅五月頃の風説ニは、リンチングサンチングの分地は一揆の手ニ落、ピチリ地名中所々是又同様の事ニ有之候

一分国過半は滅し北京と南方との通路を絶切申候、右の事勢は興廃の場ニ有之満州韃靼の柄権無覚束勢ニ有之候

一其後の風聞ニて上海の官兵甚しく失策有之候、又先度の別段風説ニ有之候運上役所は元に復し、トーングコング地は一揆の手に入申候、香港ラブアン辺は海賊相増候

一広東は少し静り候得とも交易等の儀相止居候

一千八百五十四年第八月廿二日安政元年寅七月廿九日の風説ニて、広東の模様次第ニ悪く有之趣、又広東の西方九十六村はタライツ地の一揆に向ひ武備致し候

一一揆の内ニて既ニ一致せさる者有之、マンダレイエン唐国の官名ニ種々相勤候事有之候得とも取用無之候

一市中の富家既に打寄相談し、外国人の助を受んと相計、其旨北京江申越候事有之候

一海賊不断弥増、広東の海口ニ賊船群集致し候、香港辺は其儀無之候

一ワンポー地ニ於て一揆の勢強大ニ候得とも、北方所々ニ於て敗を取申候、上海は一揆の所有ニ相成候

一シルヤーメススティルリンギ人名の一組広東河に到着致し、一揆の恐無之様相成勢を得申候

一千八百五十五年第一月六日安政元年寅十一月十八日上海ニ於ては、要害の壁窓を射んと官軍勉強致し候後、船手惣督ラギエル

レ人名上海尓ボム丸を打掛申候

一千八百五十五年第三月十五日安政二年卯正月廿七日の風説尓て、官軍上海より一揆を北方尓追退け、広東の者は南方尓追散申候

一テュクサン地と広東との通路今全く元に復し候得とも、千八百五十五年第四月当卯三月頃尓当るの風説尓て、交易事は相止候

一唐人とも新阿蘭陀或はカリフォルニー地尓不相変追々移住いたし候

大貌利太尼亜幷イールラント国

一アウスタラリー州より黄金の運送夥敷有之候

一イールラント尓於ては陸手の惣軍東方に差遣候ニ付、国中安全の為ビュルゲルミリチー町人の軍卒三万を備置候、貌利太尼亜のインゲニウル武器製作家リデル人名は、テレガラーフ合図仕掛をバラクラファ地よりハルナ地に海中を通して設候儀、貌利太尼亜奉行の命を請け東方に発足いたし候、此仕掛有之候ハヽ、キリム地ゟロンドン都府尓の便一時間余に可得通候

一嘆咭唎のカビ子ット官名千八百五十五年第一月の末安政元寅年十二月初旬頃退勤致し、ロルトガルメルストン人名右明跡相勤候

払朗西国

一先度の別段風説尓有之候パレイス都府見せ物の儀、千八百五十五年第五月一日当卯三月十五日相始候

一サイントラウレントデュフロウト村落の名一名イセレは烈敷火事有之、民屋百四十軒焼亡致し候

一パレイス都府の職人釘打不相叶為の銃炮製造の事を発明いたし候、此製甚手易く工合宜く有之、右炮術方の吟味尓相成候

一於払朗西国は軍兵の働勢有之候

イスパニヤ国

安政二乙卯年（一八五五）長崎訳

一千八百五十四年第六月廿八日（安政元年寅六月四日）一揆起り、都督職オドン子ル（人名）コンカー（同上）メスシナー（同上）デュルセ（同上）一揆の連中に有之、右一揆と官軍と種々闘戦有之候

一徒党の者は、王の母及ひミニストル（官名）の者共を追放せんの趣意尓有之候

一女王イサベルラ（人名）はエスパルテロ（人名）の助を乞ひ、然して新に政府を相立て、即都督職エスパルテロ（人名）をミニストルプレシデント（官名）尓申付候

一王の母マリヤシリスティナ（人名）は払朗西国尓逃去申候

一当時は平穏に相成居申候、乍併イスパニヤ国カルリステン（国民の名歟）より破られさる様、且又同国衰微なる故国益の事とも心配罷在候

ポルトガル国

一ポルトガル尓於ては、国の軍兵にマドリット（地名）に於ての如く勢を出さしめんと頻に励し候得とも、国民其意を守不申候

ドイツ国

一ドイツ国よりアメリカ江引越候儀次第尓相募申候

一千八百五十四年第十月廿六日（安政元年寅九月五日）ミュンセン（地名）尓於て、女王フェレシャ六十二歳尓て相果申候、右はサクセンアルテンビュルグ（地名）の皇女及ひベイエレン（地名）当時の王の母に有之候

一サクセン（国名）の王不慮の難尓て亡命仕、右跡弟ヨハン（人名）執政仕候

一千八百五十五年第三月五日（安政二年卯正月十七日）オーステンレイキ国女帝一女を産申候

ギリシヤ国

一千八百五十四年第五月三十日（安政元年寅五月四日）の合図を以て承知仕候得者、払朗西軍勢アテー子（地名）に打入此都府を押領いたし候、王及ひ其一族は始の程に逃去候得共、速尓帰国致し新尓政府を相立、都児格其外同志の国々を敵と致さす候、千八百五十四年第六月（安政元年六月始）末の告知尓ては、エピリュス（地名）も再ひ全く平穏に有之候

一テスサリー（地名）尓襲ひ有之ギリシヤ方より二十村を押領せられ申候、然る処又都児格の軍勢テスサリー尓打入申候

一都児格人は再ひギリシヤ商船の為に港を開申候

魯西亜国、都児格国、エゲイプテ国

一千八百五十五年第三月二日（安政二年卯正月十四日）魯西亜国帝第一世ニコラース（人名）儀纔の間病気尓て死去いたし、右太子アレキサンドルニコラフ井ット レサレフ井ット（人名）即位仕、第二世アレキサントルと称申候

一魯西亜国と都児格国の戦争今尓不絶盛に有之候、尤都児格国は嘆咭唎、払朗西の勢尓助られ候儀尓有之候

一千八百五十四年第四月廿二日（安政元年寅三月廿五日）魯西亜の港街尓放火いたし候後、数多の嘆咭唎、払朗西海軍堅固の市街セバストポル（街名）尓発向いたし候、昨年の別段風説書を見給ふへし、此街はデキリム峡の前端に在之候、黒海の魯西亜諸海軍は右手広の軍港に罷在、即大リーニー船三、四十艘小船四、五十艘尓有之候、然るに其後嘆咭唎、払朗西の海軍分配し、一分は黒海の諸渚を探索し、其余は近辺にありてセバストポル（前尓出つ）より軍船の出るを妨け、此年中斯の如く無業尓て罷在候

一オデスサ（地名）は第六月（五、六月）尓至て又々放火せられ、補理せし要害の諸具失滅いたし候

一此辺の戦争は冬中打続、左に相記候通今に絶不申候

一魯西亜国北方尓於ての敵対は右様永くは無之候

一暎咭唎、払朗西の軍勢は、千八百五十四年第七月安政元年寅六月船将オムメ子イ人名の指揮にて白海江赴き申候、将夕此勢は暎咭唎蒸気フレガット船一艘、同蒸気コルフェット船九艘、払朗西蒸気コルフェット船九艘尓有之候

一白海の港々を此一手を以て取囲申候、将又魯西亜領ラップラント国名の都府コラ地名及ひ其他此海渚の場所々々尓同盟方より放火いたし、或る所は焼打致し候

一千八百五十四年安政元年の春尓至て払朗西、暎咭唎の海軍東海に罷越申候、此強勢リーニー船三十艘、小船四十艘尓して、砲三千五百門、水夫三万人、銃兵一万五千人尓て、此内一万千人は払朗西兵尓有之候

一是等は元来コロンスタット地名の甚堅固なる魯西亜港を襲候為に有之候、然れとも纔なる戦を為し魯西亜渚の一所尓襲ひ申候、此時の重なる事は、千八百五十四年第八月十四日十五日安政元年寅七月廿一日廿二日尓ボマルシュンド城及ひ砦を攻取候事尓有之候、二千人の兵は擒となし、砲百門を押領いたし、同盟方は彼方の告知尓ては唯百廿人を殺戮いたし候、将又城郭及ひ砦は破壊せしめ、此押領をなせし後に、残りしものは火薬を以て飛散せしめ申候

一右兵勢の前後とも船々はコロンスタット地名の前に罷在候、是は右砦の模様を知り且は手負の療治をいたし候為に有之候、右砦は恐へく堅固に有之、殊尓コレラ病名流行せしを以惣督ナピール人名攻襲を止め候儀尓可有之候

一此海軍莫太の魯西亜商船を奪取、魯西亜領東海の諸港を厳しく閉関いたし候

一東海出張の軍勢許多病の為に亡命いたし候

一此発向ボマルシュント前尓出つを攻取候後、無程相終候儀与相見へ候尓、同盟方の一手は東海の南方に於て第十月八月尓頃至て休業いたし候

一当第四月（二月中旬より三月中旬まで）新尓同様の軍艦一組東海尓差越申候

一諸候（侯）領モルダフ井エ（地名）ワルラヘイエ（同上）及ひ是に境界する国々尓おゐて、昨年中凡絶間なく戦申候

一フェルドマールシカルク（官名）プリンス　パスケウ井ッツ（人名）配下の魯西亜軍勢は、当年始の頃は多勢デトナウ河に沿ふて居へし陣中尓相集り、且オメルパガー（人名）配下の都児格の重兵は出張を止め申候

一カラファット（地名）キュステナーセ及ひ其他区々の場所尓於て厳敷戦争有之候、然れとも此勝敗不分明尓有之候

一オーステンレイキ国は取計書の外、昨年同盟方及ひプロイス国と調印致し候、「昨年の別段風説書を見給ふへし」、且又魯西亜人バルカン山を越候以前、プロイス国と責防の約を極め申候

一オーステンレイキ国は平和を結しめんか為に甚勉強致し候、然れとも、就中諸候（侯）領モルダフ井エ（地名）及ひワルラセイエ（地名）をオーステンレイキ軍勢取囲て、魯西亜方立退候様の趣向をいたし、且又此儀叶さる時のため、別段九万五千人の勢を加へ気色を顕し対陣いたし候、諸候（侯）領は爰に於て魯西亜及ひ都児格の軍勢立退、オーステンレイキの強勢四万人を以て取囲申候、此所尓於ては一般オメルパガー（人名）方魯西亜方よりは多の利を得申候

一右の半デドナウ（河名）の河口近辺尓於て著しき囲衛有之、則ドナウ河原右手に有之候ビュルガリー（地名）のシリスティリエと申砦に有之候

一右肝要の砦は、一方尓於てはワルラセイエ（地名）尓襲入るに勝手宜く、且又連山バルカンの北東尓於ては都児格一分の要害尓有之、ドナウ河の大分を領し候

一第四月（卯正月中旬ゟ二月中旬迄）より右砦魯西亜方より少勢を以て取囲み、狭く閉込屢襲ひ、至極難儀尓及ひ候、然れとも魯西亜方競掛りし勢は悉く討れ申候、且又魯西亜方此場所を取囲て数千の兵を失ひ候後は二万五千の同盟押寄せ、且又魯

西亜人を諸方より煩せしオメルパガー（人名）の軍兵寄せ掛て、魯西亜人退陣の期に移らしめ申候、是は即凡第六月（卯四月中旬より五月中旬まで）末の事に有之候

一依之此所の戦争は、ドナウ河口の辺及ひ此河口辺の沼地住民少きドブリュットスカーと申所迄引取境間の戦争と相成、其後は右場所に魯西亜人襲入し、オメルパガー（人名）の方よりは時々是を追払申候

一同盟方軍勢一手の出張尓付、嘆咭唎、払朗西勢の大群右場所近辺に赴き、ファルナー（地名）の港を集合の場所といたし候、一致の払朗西、嘆咭唎、都児格の軍勢魯西亜国の一方尓襲候や否暫の間は相知不申候、然れとも同盟方は攻取こと難くとも、彼等尓肝要なる外場所江押寄せし事間もなく相知れ申候

一此新の戦争の事を記し候以前、猶ケレインアジー（小亜細亜といふ義）尓於て、魯西亜軍勢とミューセルマン（地名歟）の民と、黒海及ひハルシヤ国の境に沿ふて為せし戦争尓就て著すへく候、此戦争の発りは数年来魯西亜人とカウカシエ、ミンゲレリエ、イムケレッティエ及ひゲオルギエ（何れも地名）の住民シルカスシールス（住民の名）の間に敵対の心生せし故に有之候、爰に於て魯西亜国は許多軍勢の備を要用とせし事尓有之候

一魯西亜方三十年来打続出精押領し、当時其地全く支配いたし居候、此地ゟ彼勢追払申候

一都児格方は此時其地に軍勢を送り、且武器其外軍用の品々差送り敵兵を相支申候、魯西亜方尓はハルシヤ国味方となさん事を計り、右者全く一には都児格勢を恐れ、二には貎利太尼亜領亜細亜の嘆咭唎軍勢を恐れ、ペルシヤ人軍戦に加勢をなすを厭ひ相拒候儀尓被存候

一ケレインアシヤ（小亜細亜）中の都児格勢初の程は甚不仕合ニ有之候

一最初魯西亜界に差出候セリムパカー（人名）配下の都児格勢三万四千人は、魯西亜国ゼ子ラール（官名）アンドロニコフ（人名）の為

に千八百五十四年第六月五日安政元年寅五月十日同第七月三十日七月六日被打破申候
一カルス地名に於て、ロイテナントゼ子ラール官名へビユトフ人名第八月五日寅七月十二日都児格勢六万人を打破申候
一右両度の軍勢は、大凡未練の兵且はエゲイプテ国名および小亜細亜の援兵にして軍陣未熟のもの共なれは、魯西亜人の為に不意に襲れ申候
一第八月三十一日閏七月八日九月七日同十五日エルセリユム地名及ひカルス地名におゐて戦有之候、カルス地名の方は凡五千の魯西亜人及ひ都児格人の戦尓候得とも勝敗相決不申候
一其末諸所に合戦有之候得共兎角勝敗不決、一度は都児格方の勝利となり、又一度は魯西亜方の勝利と相成申候、尤一体は魯西亜方敗亡多有之候、都児格方はシルカスシー地名猛勇の野人の助力によつて、遠く前方尓進む事を得申候、其軍陣の大将セリムパカー官名の跡職を、和蘭九月寅閏七月九日ゟ同八月九日まで中オフェンパカー人名およひゲ子ラールゴイオン人名引請申候
一第八月寅七月八日閏七月八日迄中エゲイプテ地名パカー人名儀死去致し申候
右者全く毒殺に可有之諸人推察いたし候処、モメリユック人両人にて縊殺致し候事明に有之、此者ともは同人の取扱悪敷、其仇を報んためにせし事に候、此殺害人の内壱人は虜と成候由申候
一故イブラヒムパカー人名の同胞モハメットパカー人名の孫アブバスパカー人名エゲイプテ海軍のアドミラール官名の跡職に相成申候
一然りといへとも、数多の払朗西、嘆咭唎海軍、少数の陸軍ファリカの地に罷在、此軍勢都児格勢と一手尓成ポーレン魯西亜の領地に発向する哉否の期はいまた相知不申、其為に魯西亜国にては大軍を催申候、其勢二十万より三十

万尓およひ、ポーレンの辺に備候由申候
一ファリカの辺尓今払朗西、暎咭唎勢五万四千罷在候
一第八月廿日（亥七月廿七日）右船々尓荷物積入れ同三十一日（亥七月七日）に相仕舞申候、第九月四日（閏七月十二日）右船々凡五百艘ファリカビュルガス幷コンスタンティノポルの地より一同出帆海路に趣き申候、此軍勢凡八万人有之候、コスロルの地に上陸場有之、第九月十三日（七月廿日）より十六日（七月廿三日）迄四日程滞在いたし候、此地はセバストポル（地名）より暎咭唎里法三十里北手に当り、ニウファトリヤ（地名）より二十里南手尓当り申候、魯西亜の防禦を相待候得とも、初日には魯西亜勢一人も出会不申候
一フェルドマールシカルク（官名）フォルストメンシコフ（人名）は魯西亜海軍幷キリム（地名）陸軍の軍将に有之、其下ニ者アドミラール（官名）ナシノフ（人名）幷オロイロフ（人名）セバストポル（地名）港の軍令を司り、ゼ子ラール（官名）チェオデュヱフ（人名）は同所陸軍の将として其砦の防禦を被命申候
一キリム（地名）の魯西亜勢は其頃六万人尓て相固申候、乍去十万より及不足候儀は相叶申間敷、其内二万はゼ子ラール（官名）リブランディ（人名）に随ひキリム（地名）の北手幷東手にて罷在候
一一致の軍勢は暎咭唎勢凡二万五千、払朗西勢四万、都児格勢一万歟一万五千可有之、暎咭唎勢はゲ子ラール（官名）ロルトラクラー子（人名）、払朗西勢幷惣軍勢はマールシカルク（官名）レコイデアルナウト（人名）指揮致し候、海軍は暎咭唎のアドミラール（官名）デユンダス（人名）幷払朗西のアドミラール（官名）ハメレン（人名）命を司申候、此海軍はリーニー船三十一艘、蒸気フレガット船四十艘、帆前フレガット船五艘、蒸気運送船七十艘、帆前運送船大凡四十艘有之、重大炮三千挺有之候、此大軍払朗西の援兵一万より一万五千尓続可申候

一払朗西帝の甥プリンスナポレオン（人名）払朗西軍の将に命られ、暎咭唎女王の甥ヘルトグファンカムブリットゲ（人名）暎咭唎勢の将に命せられ申候

一セバストポル（地名）砦の形容三方に突出したる搆営を北手より取囲ミ候儀を存付、セバストポルより和蘭二時半行有之候南手要害疎のバラックロファ港を陥れ申候、此処に大炮を卸しプリンスメンシコフ（人名）は上陸を存付コスロル（地名）を立退候儀を示し申候

一此告示の後同盟に出会し、南方発向を止め、海岸幷アルマ河尓添ふて陣を山手尓列申候、暎咭唎勢は山手の魯西亜前陣に押寄せ、払朗西勢はアルマ河を渉り平場の陣尓取掛け、和蘭三、四時血戦の後魯西亜勢を山手より追落申候、同盟の説に随て騎馬兵の不足尓依て充分の勝利と相成不申候、軍勢の損亡払朗西、暎咭唎の告示には魯西亜方凡五千同盟軍の方凡三千と有之候、海軍は合戦中放発を以て同盟勢を助け申候

一軍将マールシカルク（官名）デアルナウト（人名）は、既にコンスタンティノポル（地名）発足の頃より煩居候処、軍勢の指揮且此戦争の心労にて死去いたし候、ロルト（官名）ラガラー子（人名）惣隊の令を司り、払朗西の軍将にはゼ子ラール（官名）ラウロベルト（人名）被命申候

一此合戦はアルマ戦と申、第九月廿五日（亥閏七月二日）の事に有之候

一廿六日（去閏七月四日）セバストポル（地名）を廻り陸地バラックラファ（地名）に引去ん事を試候処、魯西亜陣被打敗散乱致し、乍去ベルベッキ（地名）北手河辺の備にて喰留申候、翌日暫時挑戦の後、此軍勢蒸気船尓てバラックラファ（地名）尓渡海いたし、大炮の船卸し廿八日（亥閏七月五日）に相始申候、セバストポル（地名）は今海手より囲れ候得とも、囲軍の間尓北東二条の通路を得、爰より対陣中軍器幷兵粮新手の軍勢を召寄候儀出来申候

一同盟軍急に押寄候に随ひ、魯西亜援兵も亦速に到り、其勢四万歟五万と被考申候、港内は同盟海軍の襲来るを防ん為大炮二千挺相備申候、其十字放九ヶ所の要害より出来、入港の敵船毎を打砕んと設置候、又魯西亜人既に夏中リーニー船六艘を港口難所に沈め、是に依て港口を塞き候事は疑無之候

一第十月十七日（去閏七月廿五日）同盟軍市中を放火いたし候、魯西亜勢はゼ子ラール（官名）リプランディ（人名）を将として北手より来り、其月幷翌月中同盟勢の脇手後手より責掛り候模様有之候

一第十月廿五日（去八月四日）廿六日（同五日）同盟勢に押寄せ及合戦、此両日血戦の後魯西亜勢引入候、又第十月二十日（去八月九日）第十一月一日二日（去八月十日十一日）の戦も同様烈敷有之候、此合戦に海軍加勢し、アドミラール（官名）コミロフ（人名）命を落しアドミラール（官名）ナシモフ（人名）は深手を負申候

一砦は此手より被囲、北手東手は申述候通り囲無之、此手より封内に通路を得申候

一払朗西勢は砦の北手南手幷南西の方、嘆咭唎勢は過半南東の方に備申候、嘆咭唎勢は手近の砦大体取囲バラックラファ（地名）の通路を塞き申候、此備の北東インケルマウン道と申破壊の家屋に到候道有之候

一其深きラフェイ子ン（窪路歟）及ひ急流の川デテルナイヤ（川名）に傍て進む処の道は、区々の高サの小連山尓因て眼前を掩ふ程尓有之候、九月十五日の早朝に嘆咭唎人共凡一万二千人種々の隊伍を立て、砦の前後及ひ嘆咭唎の田野及ひバラックラー迄の通路を塞き申候

一魯西亜人共は強勢を引き請け、其上国帝の両末子ゴロートフォルステン（官名）ミガエル（人名）幷ニコラース（人名）其場に居合候ニ付、歩兵共大に憤激いたし、第十一月五日（九月十五日）早天に砦の門を開き、凡一万二千人四隊となり南方に引退き候処、カデイホイ村に在る払朗西勢の最弱の兵は、バラックラー（地名）迄の其通路を塞んと致し申候

一右同時に同志組合の外方右側を循り、十隊歟十二隊歟は北方に向ひ、四、五万人は南方に向ひ烈しく進発いたし候

一嘆咭喇人の先陣は不意に襲れ石火矢十二門奪取れ申候、初度の襲口に備へたる八千人は、嘆咭喇の告知に於ては四万人の襲ひ来るを四時の間防禦致し候、其余の嘆咭喇人六千人は、砦を出て不意の攻戦を恐れ、己の砦及ひ田野を守り候儀に御座候

一インケルマン地名の狭（峡）谷に於て及ひ（ママ）テルナイヤ川名の堤に傍ふて恐怖すへき合戦あり、魯西亜人ともは自然の勢ひに乗し頻に付込み、暫時の間尓強く弱りたる敵勢を打砕んと欲し、此戦初（始）りて第二時より第四時過迄の間相互に防戦いたし候、ゲ子ラール官名ボスクウヱット人名配下払朗西の一手強勢六千人は、終に敵を擒にせんかためデテルナイヤ川名に傍ふて来り申候、嘆咭喇人共は第一の砦を失ふたる後は一寸も逃避不致、払朗西人の激戦尓因て事治り、魯西亜人はセハストポルに帰陣いたし候、嘆咭喇及ひ払朗西の告知には、魯西亜方の死人重き手負一万二千人余尓して、同志の方は凡四、五千人の重き手負死人有之候由ニ候、嘆咭喇のゲ子ラール四人は手を負ひ、三人は討死致し、此時魯西亜方にも亦ゲ子ラール六人亡命いたし候由尓御座候

一同志方の為に相応なる上陸場エウパトリア街は、同志方に押領せられ、要害堅固に致し候処、第十一月十三日九月廿三日に魯西亜人共襲来候得とも、海軍の援兵に因て剛強に防禦仕候、此後は日々同所に於て戦争有之候

一右ニ付同志方はデキリム地名尓て頻に防禦仕候得とも、其形勢殊の外難渋の体尓成行申候、合戦の発暴仕候所々何れに於ても亦コレラ病名流行致し、両陣の衆群を怖ろしく脳（悩）し申候、通例デキリム地名に於ては冬の寒気格別強く、其時候に相成候頃暴風および際限なき暴雨有之其徴を示し申候、兵卒の向は唯肌薄き衣裳と帆木綿の天幕とを所持致し、其外に右気候拒きの具纔たりとも所持罷在候ものは至て稀尓有之候

一軍勢は打続昼夜とも暴風或は湿りたる地上に於て雨水の流れの中尓次り、又数千のものは尚大なる天災発出いたし候節、コレラ病名或は他病のために亡命致し候、蒸気其外大小凡四十艘の運送船は、第十月八月九日頃嘆咭唎国よりデキリム地名に送越申候処、第十一月十四日十五日九月廿四日廿五日黒海烈風波濤尓て、三十四艘の船々両日の間に難船尓および候、其内三艘は軍勢其余は食糧、冬衣、天幕、大炮、玉薬、武器其外積入罷在候、此処に於て亡命の人数千二百人より千五百人尓至り、凡四百人は渚に漂着し魯西亜人の手に陥り申候

一此災第十二月第一月二月十月半頃より正月半頃迄中の嘆咭唎勢の難渋最大のものに有之候

一冬中は多分唯分明ならさる攻防而已尓て、双方とも新手を入れ病人を退け候得共、荷物の運送は難くして諸般のものに事欠き、毎々玉薬も亦同様の訳尓て、時に因ては大炮も打続き相止申候、第一月十一月半頃ゟ十二月半頃まで中尓同志方は一万八千余の病人有之、其一分は田野一分はコンスタンティノポル地名およひファルンクス地名尓罷在候、右は何れも病院造営有之候場所に御座候

一第二月三月十二月中旬ゟ正月中旬迄中尓初て軍勢の陣営在所装束食糧の用意整候、第二月中旬十二月下旬ゟ正月初旬ニ至るに当て組合同志の砦は再ひ備を立て放発致し、数多の陣営を破壊仕候、然れとも一陣落る時は魯西亜人とも兼て其後方に新地或は石岳を築立罷在候事相知レ申候、魯西亜人ともは又第三月正月中旬ゟ二月中旬迄中に砦を外手尓築出し方出来申候

一右の中尓オメルパガー人名は備をドプリューッセ地名およひデドナウ地名に極置事出来、軍勢を増益致し候、オーステンレイキ国は平和の取扱を為んかため出精致し候得とも、事成らさるか故に、猶々魯西亜国に対し讐敵の恩を抱き申候

一右ニ付都児格国はオーメルパガー人名に凡四万人を添へ、デキリム地名の方に差越候様相成申候、其後程なく風聞有之候に、オーステンレイキ国は魯西亜国に対し嘆咭唎国、払朗西国、都児格国と一致し、王国サルディニーも亦其後戦

書も出さすして魯西亜国に対し整列致し、一万五千の援兵幷両三箇の軍艦を同国に発向せしめんか為共に一致仕候由ニ御座候

一第三月より第四月初旬（正月中旬ゟ二月中旬迄）にかけ陣営を剛強に致し候、第三月十六、七日（正月廿八、九日）の夜に当て出張の魯西亜大将の随一フェルドマール　シカルク（官名）プリンス　メンシコフ（人名）は、ホウ井ッツル（銃名）の破裂尓よつて股を壊ひ候処終に死去仕、プリンスゴルトシカーコフ（人名）は当時南方魯西亜勢の惣大将尓有之候

一推考致し候に、デキリム（地名）に当時魯西亜勢凡二十万、暎咭唎、払朗西、都児格勢凡十六万人可罷在、其対戦及ひ軍勢兵船軍用其外金銀夥しく損毛の後、同盟方はセバストポル（地名）を手尓入候儀相叶候哉いまた不分明に有之候、右ニ付防禦方の剛強なる事は大凡記録中尓も類例無之候程の儀尓御座候

一千八百五十四年（安政元寅年）の末軍を全く外場所に移し、暎咭唎、払朗西一手の船々六艘より八艘迄、アドミラール（官名）プリセ（人名）の下知尓して、ペトロパウロースキ（地名）の港より襲んかため、カムシカットカ（地名）に向罷越候処、ペトロパウロースキ（地名）は堅固尓構へ有之、十三艘より十七艘迄の魯西亜海軍は暎咭唎船二艘、払朗西船一艘奪取、其他は無余儀退陣いたし候様仕成し申候、此時不図ピストール（銃名）の飛発に因て、アドミラール（官名）プリセ（人名）は落命仕候

一先頃の告知には、スピットヘアト（地名）の暎咭唎海軍は再ひ東海に向け出帆いたし候、東海よりコロウンスタット（地名）の海口に陣を列ね凡一時半（七合五夕）程防禦いたし、呰其外陣営は兵卒四万人水夫四万人尓て警衛致し候

一和合取結の談判ウェー子ン（地名）に於て有之候、併し右談判尓て和合相整候哉甚難計有之候、若相整不申様成行候得者、欧羅巴諸州の乱と成恐懼すへき儀尓有之候

スウェーテン（国名）ノールウェーゲ（国名）デ子マルケン（同上）

安政二乙卯年（一八五五）長崎訳

一此国々は、是迄和蘭国の如く不倚中立の国ニ御座候

亜墨利加州

一スウェーデン国名の商売は、同盟一致の海軍東海出帆後は甚盛に有之候

メキシコ地名

一此地に騒動差発り、政府の勢と流浪の歩卒と数度の合戦有之、印度人は境を騒し申候

合衆国

一両三箇の国々は刈収を過ち饑饉有之候

一北亜墨利加合衆国は其司職の政治を国中の柄家誹謗し、就中他国の見へを厭ひ、此事ありといへとも平穏洪福ニ有之候

一北亜墨利加に於て町家の規定を厳重に成し、又数多の転住新参のもの得る処の利潤を減少せんと欲し申候

カリフォルニー

一カリフォルニー地名の川デケルン川名に於て富饒の黄金山を発明し、唐国より此地ニ転住の者次第に増し、欧羅巴州諸国より亜墨利加にの（ママ）転住年々増益致し候

フェ子シューラ

一告知ニては、此合衆国に於て政治を廃申候、千八百五十四年第九月八日安政元年寅七月十六日ニ当て既に申述候如く闘争差起り、第十一月安政元年九月中旬より十月中旬頃迄に到て再ひ平穏に相成申候

テキサス

一千八百五十四年第九月十八日（安政元年寅八月八日）テキサス（地名）の渚に於て驚怖すへき津浪有之、四日打続き諸の人命を亡し数艘の船を失ひ憐なる儀に有之、就中マタコルダー街は家三軒無事にて、其外は都て損害有之候

一告知尓ては、テキサス（地名）に於て印度人とブランク人と甚敷争有之候

海軍

一先頃の告知には、唐国幷東印度海備の欧羅巴海軍は左ニ記す船ニ有之候

| 記旗 | 船号 | 大炮 | 指揮役 |
|---|---|---|---|
| 蒸気船 | バルランコウター | 六門 | スティルリング |
| ブリッキ | ビッテレン | 十二門 | エヅーウファンシッタルト |
| リーニー船 | コーミュス | 十四門 | |
| 捻仕掛蒸気船 | エンコウントル | 十四門 | ウドオカルラグハー |
| ブリッキ | ゲレシアン | 十二門 | ケアイ子 |
| リーニー船 | 子ルキューレス | | |
| 蒸気船 | ホル子ット | 十七門 | セセ トルセイツ |
| ブリッキ | リーレイ | 十二門 | ヨーンサンデルリン |
| 病人養生船 | ミンデン | | エルリス |
| コルフェット | ラセホルセ | 十二門 | ビュルナルド |

ブリッキ　ラーピド　八門　ブラー子
捻仕掛蒸気船　ラットレル　九門　フェルハロウェス
コルフェット　スラセン　九門　イブリカルヅ
リーニー船　スバルタン　廿六門　ホスセバルト
リーニー船　セイピルレ　四十門　エルリオット
蒸気船　スティキス　六門　ブリュセ
リーニー船　ウ井ンチェストル　五十門　船大将　イロスティルリング
船将　ウ井ルソン

払朗西

蒸気船　コルベルト　六門　べ　アウドイン
フレガット　コンスタンティー子　モンタラフェル
フレガット　シベイルレ　五十門　マイソンニューフェ

此所和蘭海軍は左に記す船々尓有之候

船　船号　指揮役
フレガット　バレムバング
フレガット　プリンス　ヘンディリッキ
デル子ードルランデン

コルフェット　ボレアス
コルフェット　子ハレンニヤー
スクー子ル ブリッキ　ファン スペイキ
ブリッキ　デ ハーイ
スクー子ル ブリッキ　セイルフ
仝　デ ランシール
仝　エグ モント
仝　バンダー
仝　アムボン
仝　サパルーア
仝　レムバング
仝　バーダング
アドフィース ブリッキ　ペイラーデス
スクー子ル　ア リュバー
蒸気船　ゲデー

仝　エトナー
仝　スームビング
仝　フェシュフィユス
鉄製蒸気船　シュリナーメ
捻仕掛蒸気船　サマラング
鉄製蒸気船　オンリュスト
仝　アドミラールファンキンスベルゲン
仝　コレベス
仝　ボル子オ
蒸気船　バターフィヤー
第十四番　ブーイカノ子ールボート船名

唐国幷東印度備へ北亜墨利加海軍左ニ記し候船々ニ有之候

記旗　船号　大炮　指揮役
テンコープル　四門　ウセ　ギブソン

| | | | |
|---|---|---|---|
| 蒸気船 | ヨーンハンコック | 四門 | ハカ ステーフェンス |
| コルフェット | イペケン子デイ | 四門 | オスギリスソン |
| 仝 | マセダニアン | 二十門 | ユールアブボット |
| ブリッキ | ポルポイセ | 十門 | カ ブリトゲ |
| 蒸気船 | ポ ウハタン | 九門 | イム キリュング |
| コルフェット | ファン ダリア | 二十門 | ヨーンポーペ |
| 仝 | フィンセン子ス | 廿二門 | イボ ドゲルス |

和蘭かひたん
とんくるきゆるしゆす

右之通和解差上申候　以上

卯
七月

荒木熊八㊞
西慶太郎㊞
本木昌造㊞
楢林栄左衛門㊞
西吉十郎㊞
猪俣宗七郎㊞
北村元七郎㊞

安政二乙卯年（一八五五）長崎訳

# 第十七号　安政三丙辰年（一八五六）別段風説書　長崎訳

『海外事類雑纂』国立国会図書館古典籍資料室所蔵

（中表紙）

評定所座
林大学頭
海防懸
大目付
浦賀
下田奉行
箱館
御目付

江

御渡

（朱）辰
八月十九日
伊勢守殿早川庄次郎を以

ヒ

辰
八月十九日
一覧仕候　評定所一座

レ

別段風説書

別段風説書

和蘭国

一和蘭国王当年も連々国中静謐諸国之和親し、商法航海之儀者弥繁昌いたし候

一千八百五十【五】年（去卯年）の初和蘭国与亜墨利加合衆国与条約取極、和蘭諸属条要之港湊尓彼国のコンシュル（官名）を置候

儀取極申候
一右同様の条約払朗西国およびベルギー国共取極申候
一千八百五十五年第六月去卯年四、五月頃の末、和蘭国王之嫡子オランエーのプリンス爵名地中海尓向け出船、カテイキスホルトガル国の地名幷マルタ地名尓来り、其末第十月廿三日去卯年九月十三日和蘭国尓帰着いたし候
一同人儀此行程中に性名を厳敷隠し罷在候
一千八百五十五年の末ホルトガル国王和蘭国ニ参り、結構の府街を巡見いたし候

## 和蘭領印度の属地

一第五月廿日去卯年四月二日咬𠺕吧尓和蘭領印度の惣督グフパヒット到着いたし候
一前の惣督トイマルファンティウ井スト儀、同月廿二日去卯年四月七日和蘭領印度の諸用新惣督ニ引継候上、同廿六日去卯年四月十一日前惣督幷其妻室一同和蘭船頭フイス人名のロッドルダム船号尓乗船本国ニ向け出帆いたし候
一前惣督幷其妻室第九月一日去卯年七月廿日より第十月廿六日去卯年九月十六日迄モリック嶋を編歴いたし候
一奉行所のセケレターリス官名アプリンス人名儀、国王の命(朱)尓因り和蘭領印度のラート官名ニ被申付候
一千八百五十五年第六月四日去卯年四月廿日爪哇の主ハマンフーブウヲ人名第五世死去いたし、其兄弟バンゲランアドヒパテイマンクーブーシー人名義第七月五日去卯年五月廿二日跡職尓登り其段吹聴有之候
一当年爪哇其外属地中の人民壮健の様体所希候、尤コレラ病名麻疹幷疫病専ラ流行いたし候外、アムボイナ地名幷其辺の諸嶋ニ於て疱瘡流布し死亡多有之候
一昨年別段風説ニ而申上候末就中烈しく天変ハ、千八百五十五年第七月去卯年五、六月頃テルナーテ地名の地震ニ有之、右ニ付五

万ギユルテン（銭名）の損亡有之候、且又第三月（去卯年正月二月の頃）の初旬コロートサンギール島の火山破裂し、数多の国々殊ニタブーカン（地名）破懐いたし死亡四千人有之由ニ候

一和蘭海軍印度海辺海賊模索として船海いたし候

一和蘭国海軍海賊を召捕、且又奴僕ニ落入居候ものを其群ゟ免し候儀出来申候

一右之外和蘭領印度中物静ニ有之候

一昨年中パレムハング（地名）を不絶騒し候一揆ラテイヤテイランアラム（一揆の自称）終ニ和蘭政府ニ従伏致、其地寧謐ニ相成申候

貌利太尼亜領印度

一昨年別段風説を以て申上候通、イラワッデイ（山名歟）の傍ニ見出候石炭脈者、長サエゲレス里数ニ而十里余ニ有之、其表面辺迄石炭沢山出産可有之候

一千八百五十五年の初（去寅年の末ゟ卯年初頃）唐国ニおゐて、貌利太尼亜国の奉行ヤンポウリング（人名）シヤム国王と商法筋取極申候

一カルキユッタ（地名）ゟ暎咭唎里数ニ而弐百里相隔有之候ベルハンポリ（地名）ニおゐて、千八百五十五年の末一揆起り、其土人ゟ貌利太尼亜人数多殺害被致候、右土人者アルソーエポリ幷ケイラソン（各地名歟）ニ三千人程相集申候

一カルキユッタ（地名）より差出候欧羅巴の軍兵一揆の張本を降伏するの術計有之候、然ニ其後者一揆の騒擾相止申候、千八百五十六年第三月（当辰年正月二月頃）貌利太泥亜領印度の北東におゐては静謐ニ復申候

一貌利太泥亜領印度辺即

シンガポール（（朱）レ）と

カープテグーデホープ

アウスタラリー

此辺物静尓有之候

一アウスタラリー地名尓おゐてハ金坑の利潤沢山ニ有之候

支那

一千八百五十五年第七月去卯年五、六月頃町家の模様先安穏之体ニ有之、広東ニおゐては外国人の安寧全く先々の通りニ相成申候

一此国南方の騒乱治り候様相見申候、右者全く徒党之面々を逸々召捕厳敷刑戒いたし候故ニ候

一国中ニ相通候或る河川者不要害ニ有之候、東渚辺幷ホンコン近傍ニ者、（朱）本ノマ、暎咭唎幷亜墨利加軍船頻ニ海賊征討いたすといへとも未タ夥敷巣居いたし候

一近頃の風説ニ而者、上海安寧ニ有之商売再繁昌いたし候、一揆擾乱し折節毀掠致候府街の一分も家居建揃、トキーン地名幷コインセン地名の商売数多其地尓帰住いたし候

大貌利太泥亜幷イールラント

一千八百五十五年第四月十六日去卯年二月三十日より同廿一日同三月五日迄払朗西国帝幷其妻室一同暎咭唎国女王を訪滞在いたし候

（朱）一同年第八月去卯年六、七月頃ポルトガル国王幷オポルト港名のヘルトグ爵名暎咭唎国ニ来り申候、猶同年第八月（朱）十一去卯年五月十日頃九月十日の末サルディニー国王同国ニ来申候

一昨年別段風説ニ申上候バラクラーレ地名とフェルナ地名との海中ニテレガラーフ相設候儀、既ニ第四月廿四日去卯年三月八日首尾

能成就いたし候

一亜墨利加合衆国幷アウスタラリー（地名）尓移住の人数千八百五十五年（去卯年）中は千八百五十四年（去々寅年）よりは少く相成申候

一ベルギー国王千八百五十六年の初頃（去卯年ゟ当辰年ニ至）嘆咭唎国に来申候

スウェーテンノルーウェーゲン

デー子マルケン（何連も国名）

一此国々ハ東国之争論ニ不拘全く中立致居候

一スウェーデンノルーウェーゲンの国王千八百五十三年第十一月廿二日（嘉永六丑年十月二十二日）西方の国々与条約取極有之、右条約中ニ領国の分地魯西亜ニ譲渡不相成、又領地互ニ交替不相成旨其外数条取極申候、且又若魯西亜国ゟ其事之所望有之候節者、是を拒候ため払朗西帝与英咭唎女王与の誓約有之候

払朗西国

一千八百五十五年（去卯年）国帝を討んと両度企候事有之候得共、両度共其儀不相叶、其党被召捕刑ニ被所（処）申候

一先度の風説ニ有之候通、千八百五十五年第五月十五日（去卯年三月廿九日）産物店開有之候

一同月（三月四月の頃）ポルトガル王幷オポルト（地名）のヘルトグ（爵名）払朗西国見舞ニ参候

一千八百五十五年第八月（去卯年六、七月頃）嘆咭唎女王幷其一族のもの払朗西帝幷其妻室見舞ニ参り申候

一同年第九月（去卯年七、八月之頃）サルテイニー国王フィクトルユマニュヱル（王名）も同しく払朗西国江見舞、其後嘆咭唎国江向け出船いたし候

一払朗西帝の妻室千八百五十六年第三月十六日（当辰年二月十日）男子出産有之候

一千八百五十五年去卯年払朗西国与ペルシー国と和親の約定有之交易相立申候

独乙国

一独乙国南西ニおゐて千八百五十五年去卯年の半頃地震有之候

一独乙国ゟ亜墨利加国江移住いたし候儀当時格別減少いたし候

伊斯巴【泥】亜国

一伊斯巴泥亜国収納銀之儀今猶歎ケ敷評判ニ有之候

一当第二月当辰年正月頃其模様宜可相成哉ニ被存候

一カルリステン人名党の一揆不相替有之候得共、官軍諸所ニおゐて打勝申候

一千八百五十五年第十一月去卯年九月十月頃カルリステン党の一揆一度ニ圧伏致シ、其頭人共官軍之手ニ落入砲殺せられ候

一千八百五十五年去卯年ピリツペイン諸島マニルラ地名所属のホイリー港幷シェアル港サントーンガ港は交易のため相開、出入運上の役所を取立申候

ポルトガル国

一千八百五十五年第九月去卯年七月八月頃リスサボン地名におゐて、第五世若年のポルトガル王ドンペトロー人名即位の儀式有之候

一此国不相替平和ニ有之候

一右国王即位の後外国へ旅行有之候

伊太利亜国

一千八百五十五年第五月中（去卯年三、四月頃）火山フェシフィユスの地中震動すへき徴有之、新ニ坑口八ヶ所出来ラーファー（火坑より流出する一種物）是より流出て八日之間長短数条之火川出来申候

ギリーケンラント（国名）

一此国不相替賊盗有之候由の風説御座候

一千八百五十五年第十月（去卯年八、九月頃）政事向改革有之候

都児格国

一千八百五十五年の初頭（去寅年末より卯年迄）亜細亜都児格内ブリユスサ（府名）地震のため破壊致し、石造の家屋は一軒も無恙事不能、山々の岩石弛出破壊の府中ニ落掛申候

一亜細亜中破壊（損こ）の地は勿論欧羅巴の東方ニおゐて地震尓難渋致候

一千八百五十五年第七月（去卯年五、六月頃）又々地震有之候

一レゲントスカップ（都児格国レゲント官の預り地）ティリポリー尓おゐて千八百五十五年第七月（去卯年五、六月頃）一揆起り申候、パガー（官名）都児格兵を将ひ一揆ニ行合接戦二日尓および、都児格兵敗北いたし或者打死或ハ囚に相成申候

一都児格国先度之風説尓ては、ティリポリー（地名）の一揆敗し候由ニ有之候

一エゲイプテ（地名）ニおゐては、オンドルコーニング（官名）の心配尓て、インゲニユール（山川を開き或者石炭坑等の業を司り候もの）の業必用の国々より其巧のものを呼集め、紅海と地中海との間シュエス峡を切通し両海の通路を得候ため、其業の用意為致申候

一和蘭政府より彼地ニ差越候インケニユール（訳前ニ有之候）は、国々より成り候インゲニユールの最上席ニ被撰、エゲイプテ地のオンドルユーニンク（官名）より別段之達を請、印度海と欧羅巴海との通路を得へき此大事の業を重立取扱申候

魯西亜国幷都児格国

一此両国幷西方の国々と和談有之候儀先肝要の申上事ニ御座候

一当第三月三十日（当辰年二月廿四日）パレイス（払朗西都府）におゐて諸国人之眼前ニ而和談之書面調印有之、砲発を以国中ニ其儀相達申候、右取極之重立候旨趣は未た表向不相達候ニ付、此事聊も相知不申候

一先度の別段風説ニ申上候以後之儀、左ニ申上候儀ニ而相知可申候、セパステポル（魯西亜の地）の南手者、千八百五十五年第九月八日（去卯年七月廿七日）同盟方ゟ押領せられ候由ニ御座候

一先度之別段風説ニ申上候通、千八百五十五年第四月（去卯年二、三月比）同盟方之海軍新ニ東海幷白海江向け出帆いたし、右南海の港を絶切申候、尤同所ニおゐてハ格別事変候儀無御座候

一東海のボターニー江ニ有之候フレイスタット（府名）を空丸を以打崩し、且又スワーホルグ砦は千八百五十五年第十二月（去卯年十月十一月比）同盟方の軍船十六艘を以空丸打懸申候

一千八百五十五年第十月（去卯年八、九月比）彼南海の備を再ひ引揚、同盟方海軍ハ追々暎咭唎国幷払朗西国江帰帆いたし候

一魯西亜国の南方者接戦不絶有之候

一キリム（地名）の払朗西軍将ケ子ラール（官名）カンロヘルト（人名）千八百五十五年（去卯年）半頃病有之、ゲ子ラール（官名）ヘリスシール（人名）と其儘交代いたし候

一千八百五十五年第五月（去卯年三、四月比）サルディニー（国名）の兵一万五千人バラックラファ（地名）尓到着致し、数度の接戦尓利を得申候

一千八百五十五年第五月下旬（去卯年四月中旬）同盟方差越し、一手ケルツ（地名）幷イーニカール（地名）尓至り候、此地者同盟方近寄候節

魯西亜方立退候而右差越之蒸気船焼打いたし候、其折諸穀物庫焼失致し凡大炮百門奪取候、此時魯西亜人破壊いたし候通同盟方も魯西亜蒸気軍艦四艘運送船弐百四十艘討取、其後同盟方海軍アソラ海ニ備へ申候、右ニ付此海辺尓おゐて魯西亜の商売損害せられ、魯西亜軍勢兼而其辺より取寄来候食糧運送尓妨を請け、于今プレコップ地名の地峡を経て漸く食物を調へ候程ニ而甚以難渋之儀ニ有之候

一デキリム地名北東に当るケニッツヱ街も其刻引続同盟方より弾丸放発被致候

一其以来戦争無絶間有之候

一千八百五十五年第六月六日去卯年四月廿二日払朗西人セパステポル地名の弾丸放発を再ひ催し、第六月七日去卯年四月廿三日烈敷戦ひ候上ニ而、所謂青岏マメロンフヱルト岏名幷カルファートハーフヱン港名の両砦を押領いたし、嘆咭唎人ハ此時他所尓て敵営を討取、同盟方の滅亡此闘争中三千人有之候、右岏はマラコフトーレン塔名の東方に当り、此塔はセパストポル地名の咽口尓有之、同月十八日去卯年五月五日同盟方より劫襲いたし候得とも魯西亜人討散し申候

一千八百五十五年第六月廿八日去卯年五月十五日デキリム地名の嘆咭唎勢惣督ロルトカグラン人名病ニ而無程死去いたし、右代としてゲ子ラール官名シムプソン人名千八百五十五年去卯年の末シルウコドリングトン人名と交代いたし跡職相勤候、此時コレラ病名烈敷デキリム地名尓流行いたしサルティニー勢に死亡多有之、嘆咭唎および払朗西勢の死亡者夫程迄ニ無之候

一第六月十八日去卯年五月五日マラコフトーレン塔名尓同盟方無益の劫襲後、第七月十五日十六日去卯年六月二日三日の夜魯西亜人烈敷逆寄いたし候得とも同盟方より討散し申候

一第八月十六日去卯年七月四日魯西亜人チヱリナヤ地名同盟方の要害を剛強の軍勢を以攻討候得共烈敷討散され、其節サルディニー勢は威勢を顕し申候、第八月十七日去卯年七月六日より同盟方ハ打続セバストポル地名の要害を攻、第九月五日より八日

迄去卯年七月廿四日ゟ廿七日迄数度格別勉強攻寄、終ニハ第九月八日去卯年七月廿七日の昼セバストポル地名を討取申候、今此攻口要害第一の場所所謂マラコフトーレン塔名者、勇猛防戦の後払朗西人より押領被致候

一嘆咭唎人者屈竟の営尓無功の攻をなし残のもの僅砦を陥に（朱）本ノママ加勢致し候

一魯西亜人マラコフ地の要害滅亡したるを見直ニ、火薬の方便尓因て第一砦倉廩を可成丈破裂せしめ、街に放火してセバストポル地名南方の地を全く引払候、港内のリーニー船も悉く焼払候、初発黒海尓備しリーニー船十九艘、フレガット船十二艘、スクー子ル船幷ブリッキ船十艘、蒸気船三十艘此乗組惣勢二万人を以て組立たりしも、少も残りなき程ニ有之候、斯て魯西亜人は次第を立無恙砦の北方江引退候、依之僅の損亡有之候

一同盟方の死亡壱万人、魯西亜人の死亡一万二千人ニ有之候

一都児格国のシュルタン官名其節デキリム地名に在る払朗西の惣督尓フェルドマールシカルク官名の官名を授け、二十万フランケン銭名の役料相極申候

一魯西亜人より取囲たる小亜細亜のカルス砦尓おゐて、千八百五十五年（朱）第九月廿九日去卯年八月十九日都児格人の烈敷逆寄尓て、魯西亜方四千人都児格方千人死亡有之候、此後魯西亜人者此砦を以前より厳敷取囲申候

一都児格人者ユルセリユム地名より来る援兵を憑と致し居候処、魯西亜人各援兵を襲候模様有之候ニ付其儀相叶不申候

一無程カルス砦ニおゐて食糧尽き軍勢の内死亡夥敷、千八百五十五年（朱）第十一月廿八日去卯年十月十九日衛兵魯西亜人尓降り候

一セバストボル地名南方を討取候以来、魯西亜人不絶北方砦尓おゐて防禦致し、屢同盟方尓強勢の放火を仕掛申候、同盟方尓者新規陣営を築き此放火を手強防申候

一セバストボル地名の内討取候所々者全く同盟方ニ而平け船囲場ハ破却致し候

一右之時間ニデトニープル川名ニおゐて、同盟方海軍よりキムビュルン街江向け弾丸放発致し、此街速ニ同盟方に陥り申候

一千八百五十六年第一月去卯年十一月十二月頃より(朱)オーステンレイキ国者払朗西国、暎咭唎国与談し、東方争論平和取結候事ニ成行候様頻ニ勉強致し、此儀魯西亜国与談判ニおよひ申候

一右ニ付オーステンレイキ国より魯西亜国ニ差送候書面風説ニ而者左之通ニ有之候

第一

魯西亜国者諸侯領デドナウ川名通り守護差配引渡し、其所の政事改正可致事

第二

ベスアラビー地名の一分引渡しの事

第三

黒海者不倚中立ニして、此海渚ニ魯西亜の砦および武器囲所ある間敷、何国之軍艦たりとも此海辺ニ泛間敷事、尤デドナウ川名の口ニ限り水上守りの防として小軍艦の居所可有之候事

第四

デポルテ地名天主教の者一統守護之事

一西方勢右箇条ニ黒海の港ニコンシェル官名を差置候廉幷以後ともアルランツ諸島ニ要塞構申間敷旨有之、魯西亜国約諸附属いたし候哉に被存候

一右ニ付魯西亜国者一統の希望ニ応する儀ニ辞退の返答差越候

一右者ベスアラビー地名尓て魯西亜領地分別之規定ニ拘りし取極幷西方勢の格別なる約条の廉を相省き、其地の規定黒海不倚中立等之廉々者承諾いたし、同盟方備を致し居候土地引払候様希望有之、魯西亜国者砦カルス砦名其外魯西亜勢相備居候土地差返可申との儀ニ有之候

一乍併オーステンレイキ政府者此儀承諾不致、オーステンレキ国より差越候通之存意第一月十八日去卯年十二月十一日魯西亜国ニおゐて取用不申候ハヽ、ガラーフ官名エストルハセイ人名シントペートルスビュルグ魯西亜国の都府を退去致すへき旨申立候

一第一月十七日去卯年十二月十日魯西亜国右之廉々定なくして納得せし旨告知いたし候

一第二月一日去卯年十二月廿五日談判書ウェー子ン地名におゐて名判いたし、パレイス仏朗西都府ニおゐて平和談判取極いたし候ため集会致へく相極候

一第二月廿五日当辰年正月廿日パレイス仏朗西都府に集会を開き候、此集会者魯西亜国、都児格国、払朗西国、英咭唎国、サルディニー国、オーステンレイキ国幷プロイス国も追而出会いたし候

一右ニ付三月末頃迄接戦事止ニ相成可申候、第二月廿八日当辰年正月廿三日右取極相成候事止之儀デキリム地名に告知いたし、此地尓おゐて翌月同盟方惣督魯西亜ゲ子ラール官名集会致し敵対猶予尓成行候

一不取敢パレイス払朗西都府ニおゐて尋常ならさる儀式を以て集会有之、既ニ初発申述候通、引続第三月三十日当辰年二月廿四日和親之条約名判いたし候

一爰尓尚一事を書載いたし筆を止候者、同盟方海軍一手去年ペトロパウロウスキ地名江無功之攻をいたし候事先度の別段風説ニ相見候処、千八百五十五年第五月去卯年二三月頃又々右砦ニ到り候節、打捨有之与見請砦の諸営を破却いたし候

亜墨利加州

一カリフヲルニー（地名）よりの告知就中金坑に拘候事至極宜有之趣ニ候、千八百五十五年（去卯年）はカリフヲルニー地金属発明以来、一箇の豊饒年々有之候

一メキシコ（地名）の告知は右様幸ニ無之、惣国大概一揆騒動有之候

一コスターリカー（地名）尓おゐて許多の石炭坑銅坑金坑発明いたし、右金坑之内一ヶ所者出産富饒ニ有之候、尤銅坑者至極肝要ニ有之既ニ良善の趣向を以て相開申候

海軍

一先度の告知を以者唐国并東印度海備欧羅巴海軍左之船々ニ有之候

| 船号 | 記旗 | 筒数 | 船長の名 |
|---|---|---|---|
| バルラコウタ | 暎咭唎 | 六挺 | フォルテスキュー |
| ビットルス | 同 | 拾六挺 | バーテ |
| コウリユス | 同 | 拾四挺 | ルヨンキンス |
| コロマンドル | 同 | | オカルラガン |
| ヘルキユレス | 同 | | |
| ホル子ット | 同 | 拾七挺 | フウセイト |
| シンドル | 同 | | ヱルレスマスール |
| ナンキン | 同 | | ホンステワルト |

ビキュー　同　三拾六挺　シルニコルソン
ラセホルセ　同　拾四挺　ビュルナルト
セイビルレ　同　四拾挺　小惣督エルリオット
ウヰンセストル　同　五拾挺　惣督格セグモウル
不船将ウ井ルソン
シベイルレ　払朗西　五拾挺　船将マイソンニューマヱ
フィルギニー　同　五拾挺　惣督格ギューソン
船将ブラス
トムヤースエールスト　ポルトガル　弐拾挺　小惣督ロベス
ヨルグエオル　イスパニヤ　四挺　同官アクウヰイルレ

一　唐国幷東印度海備和蘭海軍者左之船々ニ有之候

船号　種類　船長の名
プリンスフレデリッキデル子ードルランデン　フレガット　スパンヤール人名船将
パレムバンク　同　ウヲウトルス人名同官
ボレアス　コルフヱット　ケルセン人名第一等船方士官
プリンスウヰルレムフレデリッキ　タランスポルト　デロイトルデウヰルト人名同官
デハーイ　ブリッキ　デゲルトル人名同官

ペイラテス　アドフィスブリッキ　ケレイ子人名同官
レムバンク　スクー子ルブリッキ　ファンオムメン人名同官
セイルフ　同　ピラール人名同官
サパルーア　同　ムート人名同官
バンダ　同　モットルマン人名同官
ランシール　同　ストルト人名同官
バタン　同　ブウレン人名第二等海方士官
アムバン　同　トハーメコウルト人名第一等同
エクモント　同　ファンウェイケ人名同官
カノ子ールボート　ルーイ　ヨルレグ人名第二等同
メデュサ　ストームコルフェット　ベルクホイス人名船将次官
アムストルダム　ストームシキップ　デフリース人名同官
バターフィヤ　同　ワーセントルフファンレイ人名同官
モンタラード　スクルーフスクー子ル　アンダラー人名第一等海方士官
フェシフィエス　ストームシキップ　ユーレンベーキ人名同官
エトナー　同　カラルキソン人名同官
サマラング　同　ビンケス人名同官

セレベス　同　テマン（人名）同官
ボル子オ　同　ストルト（人名）同官
オンリュスト　同　アブラス（人名）同官
シュリナーメ　同　デフリーセ（人名）第二等海方士官
アトミラールファンキン　同　フベン子カム（人名）同官
スベルゲン

一　唐国幷東印度海備北亜墨利加海軍者左之船々ニ有之候

| 船号 | 記旗 | 筒数 | 船長の名 |
|---|---|---|---|
| レホント | 亜墨利加 | 拾八挺 | スミット（人名） |

右之通和解差上申候、以上

辰七月

品川藤兵衛　印
荒木熊八　印
西慶太郎　印
西吉十郎　印

安政三丙辰年（一八五六）長崎訳

# 第十八号―一　安政四丁巳年（一八五七）別段風説書　長崎訳

『安政四年巳閏五月　和蘭別段風説書』
東京大学史料編纂所所蔵島津家文書

別段風説書

和蘭国

一千八百五十七年第七月一日（安政四巳年五月十日）迄稀の如く和蘭国無事穏尓て、他の国々と睦敷暮せり

一貿易航海其余産業弥増なり

一千八百五十五年第十二月（安政三辰年十一月頃）オーステンレイキ国と条約取結たり、其旨趣は国民互ニ永久弁利のため貿易航海の規定取極たるなり、尤是迄ハ只国民互ニ同等なるへき為、書面千八百十七年（文化十四丑年）千八百五十三年（嘉永三戌年）引続取替置しのミなり

一スウェーデン国、ノールウェーケン国、フレイエハンセスタットフレメン（地名）、オーステンレイキ国、ブロイス国、ハノーフル国、サクセン国、サルディーニー国与談判し、海外和蘭領地の港尓コンシュライレアゲンテン（役名）置へき規定を決せり、又大貌利太祢（尼）亜国、デー子マルケン国とも、双方の領地其外海外所領の港の為、右同様の談判尓およへり、右両国およひオステンレイキ国の事は、既ニ千八百五十五年第十二月（安政二卯年十一月比）治定せり、其余は千八百五十六年初

半安政三辰年四、五月比治定す

一千八百五十六年第五月十九日安政三辰年四月十六日スハーゲ地名におゐて、和蘭国ゴロートオーステンデルフレイエメツセラールスオルデ内密尓て貧人を救ふ等の善を行ふ人の組を云ふの一百年回の祝義あり、又王子フレデレッキデル子ードルランデン人名のゴロートメーストルスカップ官職四十年回の祝義あり

一千八百五十六年第七月十八日安政三辰年六月十七日ハールレム地名尓おゐて、版行術発明者ラウレンスヤンスゾーンコストル人名の像建立成就せり、此像ハ国民尓因て街中ハールレム尓安置す

一オランエ氏名の王子誕日十六日祝儀の折、国王其王子をレデーメントケレナディールスエンヤーゲルス軍陣の名のロイテナントコロ子ル官名およひ海軍のカビテインロイテナント官名およひコロートコロイスフアンデオルデフアンテン子ードルランツレーウ身分の名尓任せり

一右王子当年欧羅巴の北国江旅行の志を起せり

一和蘭領印度の軍兵肝心たる証として、国王より其太子を歩兵組のロイテナントコロ子ル官名の任尓命す

一千八百五十六年第九月安政三辰年八月比スハーゲ地名尓於て、和蘭国諸手職製造方産業の為、毎年惣会の五度目の寄合あり

## 和蘭領印度

一セイ子エキセレンシー尊称ゴウフルニウルゲ子ラール官名グフパヒユット人名千八百五十七年第六月廿八日当巳閏五月七日より第七月四日当巳閏五月十三日迄レアンゲル地名レゲントスカツベン地名尓旅行す、其折キナ樹植付方を点検せり、キナ樹皮は熱病最上の薬剤たる事顕然なり、今迄は只南亜墨利加州の森林のミに生し、其樹皮得難きもの尓より其薬剤甚高価なりき、和蘭政府右樹を今既尓呱哇尓取寄せたり、両三年後尓至ら者キナの価安からんとの噂ある程なり

一和蘭領印度の執政デヘールメーストル（尊称）セフィスル（人名）願ニ因て国王より其勤功を賞せられ、首尾能退勤を免され、千八百五十七年第三月（当巳年二月頃）和蘭国ニ趣たり

一近比のデンクテュールゲ子ラールワール子ーメント（官名）デイレクテュールファンフィナンシーン（官名）テヘールヨンクヘール（尊称）イフホラシッカマー（人名）和蘭領印度の執政官ニ任せり

一スコウトベイナグト（官名）東印度海軍指揮役およひインスペクテェールテルマリー子（官名）テヘール（尊称）イフドボウリシユス（人名）はフィーセアドミラール（官名）ニ昇進せり

一千八百五十六年第七月十一日晩（安政三辰年六月十日）セイ子ホーグヘイト（尊称）フィドレ（地名）のシュルタン（国王）齢八十六歳ニして死去せり

一千八百五十七年第二月十四日（安政三辰年正月廿日）ホニー（セレベス国ヲ云）国王アグマットサーレ（人名）一名アループーギー死去せり

一千八百五十七年第六月廿八日（当巳年閏五月七日）昼後リフォイト（地名）のオンドルコーニング（官名）ラディアアリ（人名）死去せり

一千八百五十六年半末（安政三辰年八月比か）呱哇ニエレクトロマグ子ティーセンテレガラーフ（エレキトル仕掛合図の機）の造営を始む

一千八百五十六年第十月（安政三辰年九月頃）既ニ右合図機嚠咬咆よりホイテンソルグ（地名）迄仕掛、第六月（当閏五月比）ニ至てサマランク（地名）迄其機械を設置り

一呱哇与の貿易甚盛なり

一呱哇およひマデホフ（地名）の輸入輸出の租税、千八百五十六年中（安政三辰年中）六百二十七万八千令十ギユルデン一分九厘の高ニ及へり

一当年も先年の如く呱哇およひ外国の領地しをの如く気候堅固ならす、コレラ病、熱病、疱瘡、デイセンニーリー病烈敷しく死亡甚多し

一外国領地折々地震あり、第正月当巳年二、三月比子イラゴローバンターおよひティモルテルリホルトガル領地におゐて最甚し

一和蘭海軍再ひ印度海の諸方江海賊捕方の為出張す

一我海軍許多の海賊を捕得たり、又諸人のスラーフル子イ人を贖ふて奴僕するをいふを脱る事を遂得たり

一ホル子オ地名の西方セレベス地名の東渚およひハレムバング地名ラムホングセティステリグテン地名の不和和蘭兵軍【の力を以平治せり】

一テイモル地名尓おいて一小候（侯）幷一属長兵端を開し、外は和蘭領印度地中希望すへきの安静なり、テイモル地名土寇防禦のため一手の軍勢出張せり

一当年の始印度中和蘭政府与シュマタラ島アティー地名の地主と和平親睦交易の条約を取結たり

貎利太祢（尼）亜領印度

一千八百五十六年安政三辰年の始、コウフルニュールゲ子ラール官名ロルト尊称ダルハウシー人名はロルト尊称カンニン人名尓官務引継英国ニ帰りたり

一オウデ地名は同年の始貎利太祢（尼）亜国領尓成しかとも、七（士）人移任尓は不及事相済たり、ニサム一候（侯）の尊称の領地たるインランツェスタート共和政事の地は今尓貎利太祢（尼）亜国領をは成さるなり

一カルキユッタ地名よりの便尓ては、ベンカラ国幷マタラス地名よりニレギタント隊部の名の欧羅巴勢幷セイロン地名のヤーケル軍陣（陣）の名一隊唐国合戦のため出陣すへきなり

一極末の便尓ては、ベンカラ国中尓おゐてニナレギメント前ニ出すの出兵騒擾を差起したるとなり

一ヒュンヤッフ地名オウデ地名其外北西の国と安静なり、ベンカラ国名ホムハイ地名の軍陣親睦尓して此方角ハ静謐なり

一デルシ府街は土寇の面々最会集の場所なり

一当第五月三十一日（巳五月八日九日）土寇二度迄打散され、遂ニ第六月八日（巳五月十七日）欧羅巴軍陣の為ニ右府街中ニ追込られたり、デルヒ府街は欧羅巴軍陣の為ニ取囲れ、速ニ降参すへき模様なり

一子ーミュク（地名）の砦を地下の一士官土寇扶助のため開遣したり

一ラホーレ（地名）より申越の趣ニ而者、ハンシ（地名）ヒスサル（同上）ニおゐては欧羅巴人悉殺害されしとなり

一ラホーレ（地名）ニおゐては騒乱全治りたり、且又第五月三十日（巳五月八日）イリユット（地名）の土寇悉皆打負し故なり

貎利太祢（尼）亜領印度所属
シンガフール

一千八百五十六年（安政三辰年）の末幷千八百五十七年（安政四巳年）の始比は、兎角唐人共信実の義なく不作法の事のミ多し

一ヒーナン島ニおゐては唐人とも同年の始擾乱をせんとしたり、しかれとも速ニ安静ニ治りたり

喜望峯

一一統物静なり

一此地ニおゐては益安泰繁昌なり

アウスタラリー

一金抗（坑）の物なり打続莫太なり

一フィクトリヤ（地名）より輸出の金掛目は、公然の告知ニては千八百五十五年（安政二卯年）―二百六十七万四千六百七十七ヲンス（量目の名）ニして、金価ニては千六十九万八千七百八ポントステルリンク（銭名）なり、金産之義は千八百五十五年（安政二卯年）は千

八百五十四年安政元寅年より三割五歩相増たり
一南アウスタラリヤ尓おゐては、近頃一般運輸便利のため初て鉄路を開きたり
一タスマニヤ地名ニおゐては銀抗（坑）銅坑幷子ウロウトワルレス地名ニおゐて新尓金壙を見出したり

支那

一支那の北方幷西方にては土寇騒乱打続き、キヤンシ州の府街は大凡彼手尓属し、其上今迄静謐なりしアガンクウ井イ州迄土寇新尓出来せり
一ヤンツェキヤン地名の南方の国も同様擾乱頻なり
一合戦の砌は官軍方利を失へり、土寇の首長タイピンワン人名には近頃三万の軍勢ありて、第四月当巳三月便の趣ニ而者、クワンシンフユ府名其外フェリキーン地名より北西尓所置之場所江者軍卒召連巡歴せしとなり
一近頃の便之趣ニ而者、シヤオウウー地名およひイーンヒン地名は土寇のため押領せられ、当時は土寇ホホウ地名尓責入たり、シュチアン地名近傍尓ては官軍公然尓擾乱を差起りたり
一上海厦門は第五月便之趣尓ては万端物静なり
一テグゴウ地名ニおゐては土寇の勢威漸々弥増勝利あるにより騒乱益相募たり
一千八百五十六年第十月安政三年辰九月中広東のマンダレイエン官名暎咭唎国旗を穢し、其為の掛合をも聞届さりしなり
一右ニ付暎人兵端を開し処、其地滞在之仏朗西船よりも加勢いたしたり
一広東河辺の両三砦は暎咭唎人のため乗取られたり
一広東府街は放発せられ、其火勢烈敷外街迄延焼いたし、唐方尓は莫太の損害尓相なりたり

一漸々全無益の和講尓て敵意は却而解さるなり

一外国人は広東よりワンポー、香港および瑪港の方へ立退へき時宜ニ成行たり

一㖿人の大損失を計り、唐人等広東の商館を焼払たり

一ホンコンニおゐては、唐人等ブロート蒸餅中尓アルセニシキュム毒薬を加調し、貎利太祢(尼)亜人を毒殺せんと計較したり

一然れとも其悪謀成就セさりしなり

一千八百五十七年第六月十日安政四丁巳年五月十九日便之趣ニ而者、㖿咭唎船与唐船と海戦いたし、唐人等利を失ひ、遂尓㖿人の為尓許多の唐船ニ底を打穿たれたり

一近頃之風説尓ては広東飢饉なり

一㖿咭唎人は其勢を愈募り、風評ニ而者英吉利国より五万の大軍到るを待て鋭気を出し、此軍を盛ん尓せんと欲せり

一此内外の擾乱尓因て貿易を妨る事甚し

一風説尓ては、高麗国王自ら其国渚の港湊を諸外国民貿易の為尓開けり

大貎利太尼亜幷イールラント

一千八百五十七年第四月十四日当巳年三月二十日英吉利国の女王嫡女を産めり

一魯西亜国との戦争英吉利の貿易尓障る事無之候

一千八百五十年、千八百五十一年、千八百五十二年嘉永三四五年と比較する尓、其輸出二千万ポンデンステルリング銭名之高増益せり、所領江の輸出減少し外国江の輸出増益せし事は著しき機変なり

一外国江の輸出は唯六千九百万ポンデンステルリンク前尓出して、旧来斯の如き高尓及し事あらす、所領への輸出は是

と異なり唯二千六百五十万ポンデンステルリング（前出）の高ニ及、千八百五十三年（嘉永六年）中ニ七、八百万ホンデンステルリング（前出）の増益あり

一輸出の高千八百五十六年（安政三年）の初七ヶ月の間尚更夥し

一此年英吉利国の軍勢ハルシヤ国江向ふ、是はハルシヤ人千八百五十三年（嘉永六年）取極し条約に背き、アフガンストン地ニ属するミッデン亜細亜州の内肝要の場所ヘラット地を押領せし故ニして、アブーシル街を討取られ、ハルシヤ軍勢敗走せり

一ハルシヤ国王爰ニおゐて使節フェリェツクハン（人名）をバレイス（仏朗西国の都府）ニ遣し、千八百五十七年第三月四日（当巳年二月九日）英吉利国与和平を結へり

一英吉利政府はニーウグレナダー地との通誼を破り、第十二月三日（辰十一月六日）西印度海軍の指揮役江命しニーウグレナダー地の港湊を取囲しむ、英吉利国の希望は、ニーウグレナダー政府ニて極りし英吉利人民ニ対しての貨幣取引を整んか為なり

一魯西亜国と和平を結ひし以来は、英吉利海軍減少する処、軍艦六十壱艘ニて備付大砲千百九十四門、乗組一万三千六百九拾壱人なり

一陸軍も亦減少せり

一千八百四十二年（天保十三寅年）ニ取極し条約ニ循さるを以て、英吉利国と支那と闘諍を発せり、此軍の模様は支那の部ニて見るへし

スウェーテン国、ノールウェーゲン国幷テ子マルカ国

一ラップマルケン地飢饉尓て怖へきの荒廃あり

一デ子マルカ国尓おゐて、其国王と執政官との間尓大乱生し、近頃の風説尓ては、方今デ子マルカ国尓執政たる者なしとの事なり

ベルギー国

一千八百五十六年第七月二十一日二十二日二十三日（去辰年六月廿日廿一日廿二日）の間、国王レオポルド（人名）即位より第二十五ヶ年なるを以てブリュススル地尓おゐて祝事を行へり

払朗西国

一千八百五十六年中此邦内尓洪水の大災発せし地あり

一衆民其地の洪水或は家屋の破滅尓就て、緊要の利徳を得へき望を失ひ其土を離散せり

一魯西亜セバストポル地を抜し、マールシカルソ（官名）ヘリスシール（人名）は国帝よりマラッコフ地のヘルドク（官名）尓任せられたり

一払朗西国とハムビェルグ国の所有となるへき天然の造化及ひ術業尓固(因)し産物尓就て、双方証拠のため盟約を治定せり

一パレイス（前出）のアールツビスゴップ（僧の官名）モンセイダニュール（爵名）シボウ（人名）千八百五十七年第一月四日（去辰年十二月九日）フェルケルと称する僧官のため尓殺害せられし故、其罪人は死刑尓行へり

一彼者の相続をトウルス地のカルティナールアールツビスコップ（僧の官名）モンセイグニュール（前出）モルロット（人名）尓命せり

一近頃の人別計算尓ては、払朗西国の住民男子千七百八十七万百六十九人、婦女千八百六十六万九千百九十五なり

オーステンレイキ国

一オーステンレイキ国女帝千八百五十六年第七月十二日去辰年六月十一日女子を産たり、此王女子の初名をゴイルラリユドフィカーマリヤーと称ふ

一オーステンレイキ国アールツヘルトク官名カーレルローデウェイキ人名とサクセン国王女子マルガレーター人名と第十一月四日十月七日婚姻を取結へり

一オーステンレイキ国海軍新尓整へし分隊の本陣は、トリースト地尓備ふへし

一其一組はウェー子ン地尓屯し、直尓国帝の号令を伝へんとす

プロイセン国

一プロイスの海軍は、方今大砲四十八門備と三十八門備のフレガツト船二艘、十二門備蒸気コルフユツト船二艘、外ニ帆前コルフェット船壱艘、スクー子ル船二艘なり

一ダントシグ地尓おゐて尚捻仕掛コルフェット船二艘造立あり

一プロイセン国の王子英吉利国女王の姉と婚姻を結へり

スウ井ツツル国

一フロイセン国王は、子ウフカーテル地フヲルスト官名の名目なりし処徒党を催し、其跡を右国王の直支配尓せんと勉強すといへとも、地頭等此徒党を征討せり

一欧羅巴州の大勢此事柄を引請たり、先察する尓是等は子ウフカーテル地尓おゐてフロイセン国王の緩優を悉く除かしめんとするの意気を含めり

イスパニヤ国

一イスパニヤ国尓おゐては争乱打続き、互尓其勢力尓乗して競ひ、当時の風説尓ては女王方強勢なり

イタリヤ国

一ナーフルス国王を劫し、其政事を変革し其人民を緩尓治しめんか為、英吉利国幷払朗西国尓おゐて勉強せり

一千八百五十六年第十二月八日（安政三辰年十一月十一日）ミリタイレパラーテ（陣列備立の規式を云ふ）の折、或る兵卒ナープルス国王を殺害せんとせしたれとも此儀空しくなれり、其者は死刑尓行れたり

一ヲーステンレイキ国のアールヲヘルドグ（官名）マキシミリアーン（人名）は王国ラムバルデイースフェ子ティアーンスのゴウフルニュールセ子ラール（官名）尓任せられたり

ギリーケン国

一魯西亜与戦争中、キリーケン国の内所々出張の払朗西軍勢払朗西国尓帰陣せり

一ギリーケン国社中の模様相替らす不便なり

魯西亜国幷トルコ国

一払朗西国、英吉利国、サルデニー国幷トルコ国と和親の条約千八百五十六年第三月三十日（安政三辰年二月二十四日）パイイス（払朗西国の郡尓）おゐて名判せし事は前年述置たり

一其後第四月二十七日（三月二十三日）パレイス（前出）尓おいて和平条約の本紙取替せり

一此条約尓因り、魯西亜帝は其軍勢尓て攻取たるオトマニーセ国（トルコ国をいふ）の諸分地を、トルコ国王尓返却する事を定めたり、同盟方よりもセバステポル（地名）パラクラファー（同上）カミス（同上）ヱウパトリア（同上）ゲルツェニーカーレ（同上）ソウカムカレ（同上）

の港湊市街其外押領せしものを、魯西亜国江返却する事尓決したり、オトマニーセ国前出独立の事は其儘尓して、フルヘーフェ子ボルテ地名は欧羅巴州公然の規定談判之上配分し、利益とする事を免せり、此条約は全体三十四条尓して圧伏の意を止め、専ら諸国民の肝要を旨とし、以後権勢の国々信義を折くを防へきの実意を示し、平等和熟せんと欲るの情を表すものなり

一第四月十三日安政三辰年三月九日パレイス前出尓おゐて、暎咭唎国オーステンレイキ国払朗西国と尚亦条約を取結へり、是はトルコ国安全を誓ふの主意なり

魯西亜国

一独逸国学校の設を知んか為、差越せし博士帰着之上、国帝の命尓因て魯西亜国学校の趣向改正せらるへし

一手疵を負ひ永々軍中の務成かたきスタフオフィシール兵卒差配ニ携らさる士官并外士官等は、習熟練達なるを以て、カデッテン若年未熟の士官をいふ教導のため武学館の頭となるへし、而して魯西亜政府ハ専ら貨幣出納を改革し、軍隊并海軍を改正せんとす

一魯西亜政府は再ひ諸学探索の旅行を催し、魯西亜海軍貴官の一士を其頭とし世界を遍歴セしむへし、魯西亜人発起の世界巡環は此節尓て三十九度なり

一此国尓おゐて、フレイハンドル政府江者租税を出し商人相互の商法をいふを企る者と、方今仕来の振合を守る者と争論発りし処、諸人此地尓てもフレイハンドル前出の行ん事を希望せり、爰尓又モスコウ故魯西亜都府政府而已尓ては既尓千四百八十五箇の制(製)造所を取建、職業の者十一万七千六百七十七人尓して、毎年百一ミリユーン一ミリユーンは百万の数をいふギユルデン銭名分の産物を出す事あり

一支那尓おゐて魯西亜。(○国)の貿易益盛尓して、是尓付両国新尓談判治定する事ありとの風聞なり、支那の北方アミユル河辺尓ある魯西亜人の居所ニロライヱフ地は肝要ならさるにあらす

一魯西亜国新帝第二世アレキサンデル(人名)即位の議式を第九月モスコウ(前出)尓おゐて取行へり、此時外国より群参のもの幷魯西亜官府人民華美を尽し、其輝麗なる事類尓物なし

一此折国帝より戦争尓難渋せし海岸の諸国尓、許多の憐恤を施すへきの詔を出せり

一和蘭国事を取計し和蘭国王の叔父ブリンス　フレデレッキ(人名)は格別の取扱を請たり

一近頃公の書付尓ては、千八百五十五年(安政二卯年)中ポーレン人を除き魯西亜惣国尓貴戚七万人、町人三百五十万人、レイフエイゲ子ブーレン(人尓養れて農業するものをいふ)千百八拾万人、フレイヱブーレン(己の為尓業る農民)二万六千六百五十八、人コローヒブーレン(官府の農民)十四万五千人、ヨードの徒十九万人尓して、国中の街市六百二十三ヶ所なり

一魯西亜国のゴロートフオルスト(官名)コンスタンティン(人名)国帝ナボレヲン(人名)方へ見舞し処、数多懇の待遇を請たり

一此大身女王フイクトリヤ(人名)も亦見舞へり

エゲイブテ国

一エゲイプテ国副王近頃国中の政事尓肝要なる改正を為せり

一シェーヱス(地名)の地峡を切通し、地中海と西紅海を合し、欧羅巴と亜細亜の貿易を盛尓せん事を計較せり

一英吉利国の船々此処を通る尓おゐてハ、五十ヶ日中尓支那へ到る事を得へし

亜墨利加

一メキシコ地ピューブラ(地名)尓おゐては、前司職サンタアン。(○ナ)(人名)を共和政治尓引戻し、権威を古復せしめんとの誓約空

しくなれり
一門徒等一揆を起んと勉強したれとも、司職コモンフォルト人名の厳しき取扱を以て其初発尓おゐて空しくなれり
一メキシコー地名の南方クヱルレロ地名尓おゐて黄金豊饒の地を発明せり
一ブラシリ幷アルゲンテインの共和政治及ひパラキユアイの三国和親貿易航海の条約を決定せり
一ユラギュアイ地名尓おゐて評定官と司職の間尓確執を生せり、此義極て右共和政治とブラシリ地名の堅義を折く尓至らん
一合衆国ホリフィア尓おゐては、人々其司職とならん事を欲るか故尓不穏事屢なり
一セーリー地名は当今平穏尓して、ドンマニュヱルモント人名五ヶ年の間同所司職の任たり、将北亜墨利加合衆国及ひサルディニー国と和親貿易航海の条約を決定せり
一ビェカノン君北亜墨利加合衆国の司職尓撰まれたり、此人はスラーフル子イ人を贖て奴僕尓仕ふをいふの連綿を護る人の列なり尓、其相手とする人はスラーフル子イ前出廃するを護るコロ子ル官名フーモント人名なり
一南北亜墨利加中イスパニヤの亜墨利加諸共和政治談判してフレイボイトルス戦争の時尓当て政府の命を以て敵国の商船抔押領する人をいふを止め、及ひ貿易筋容易の趣向を取極め、ワスヒングトン地名尓於てニーウゲレナタ地名ギユアテマラ同上メキシコーペーリュー同上ボリフィア同上コルタリカ同上及ひフェ子シユヱラ同上の諸使節名判せり、将此条約を取行んか為、ボリフイア前出のリーマー地名尓おゐて集会あるへし
一北亜墨利加のフレイボイトル前出ワルケン人名事、中央亜墨利加ホンデュサス地名及ひギュアテマラ地名の頭領たらん事を欲せしに、屢其住民尓罰れ多分破船する尓至らんと見へたり

海軍

安政四丁巳年（一八五七）長崎訳

一終の触面尓ては唐海并東印度出張の欧羅巴海軍左の如し
副章Aの部を見るへし
一和蘭海軍同所出張左の如し
副章Bの部を見るへし
一北亜墨利加海軍唐国并東印度海出張左の船々なり
副章Cの部を見るへし

Aの部

| | | | |
|---|---|---|---|
| 一アコイン船号 | 英吉利 | 大砲十二門 | 船司アウアホート |
| 一アルリガトル同上 | 同 | | |
| 一ビュストルト同上 | 同 | 同二門 | 同フブコルリンソン |
| 一ビッテルン同上 | 同 | 同六門 | 同ハハベアミス |
| 一コルキュッタ同上 | 同 | 同八十四門 | 船将ウヰンクホルレ<br>リールアドミラル官名シルムセイモウル |
| 一カミルラ船号 | 英吉利 | 大砲十六門 | 船司クワコルフサレ |
| 一コミュス同上 | 同 | 同十四門 | 同ル エンキンス |
| 一コロマンドルス同上 | 同 | 同三門 | 同ス ドンクラス |

一 コロイスル 同上 同 同十七門 同 セ フェルラウエス
一 エルグ 同上 同 同十二門 同 イ フセハミルトン
一 エンコウントル 同上 同 同十四門 船将クウ トオコルラクハン
一 フェレイ 同上 同 同六門 同 セト レツキー
一 ヘルキュレス 同上 同
一 ホンコン 同上 同 同四門 同 エフ デント
一 ホル子ット 同上 同 同十七門 セセフ ルセイト
一 インフレクシプレ 同上 同 同六門 同 イコルベット
一 ミンテン 同上 同 同四門 同 ハフエルリスマストル コニュイート
一 ナンキン 同上 同 同五十門 船将ホン クスラェワルト
一 ニケル 同上 同 同十三門 司 ホン マアコグラ子
一 ピキェエ 船号 英吉利 大砲四十門 船将シルフウェニコルソン
一 ラセホルレ 同上 同 同十二門 船司エクバルナルト
一 ラレイグ 同上 同 同五十門 同 コムドレホンハ ケププル
一 サムプリン 同上 同 同六門 船将クスハント
一 サラセン 同上 同 同六門 船司イリク ツマストルコニエイート
一 ミルセフヲルベス 同上 同 同三門 同 キユルメ

一　スパルタン同上　同　同二十六門　船将シルウ井ンハステ
一　スタルリング同上　同　同三門　同　アイフ井ルシルス
一　スタウンク同上　同　同二門　同　ルウ井　ルトマン
一　セイビルレ同上　同　同四十門　同　コムトレホムセグ　イブエルリオト
一　カプリシーンセ同上　払朗西　同　コルリール
一　カテイナツト同上　同　同六門　船司シュルアルク
一　マルセアン同上　同　同　ラモッテ
一　ニシユス同上　同　同十二門　同　シーレイ
一　フルギニー船号　払朗西　大砲五十門　船将フラス　リールアトシラール官名キユヱリン
一　アマソナ同上　ポルトガル　同六門　船司イヱスカルニコー
一　モンデグス同上　同　同二十門　同　コムタフアレス
一　ヨルゲユアン同上　イスパニヤ　同四門　フデ　ブリオー子ス

Bの部

一　パレムバング同上　フレガット船　船将セイベルクホイス
一　ボレアス同上　コルフェット船　第一等助役アフック
一　ハターフィア同上　蒸気船　船将アファンワセンドルフ　ファンレイン

一　デハーイ 上同　フリッキ船　　第一等助役イファンマウリッキ
一　ペイラデス 上同　アトフ井ースブリッキ船　　同　セイグストルムファン　スガラーフヱサンデ
一　レムバンク 上同　スクー子ルフリッキ船　　同　グトア　アムブト
一　セイルプ 上同　同　　同　イア　ファンデコロイスセ　ピラール
一　サハルーア 上同　同　　同　ムハ　ヤンセン
一　バンダ 上同　同　　同　ハア　モットルマン
一　ランミール 号船　スクー子ルフリッキ船　　第一等助役　イイ　ブ　テヨンケ　オウドラート
一　バンダング 上同　同　　同　プファン　フリーシフェ　イキリユス
一　第十四番　カノ子ールボート　　第二等助役　ルプストローイク
一　メデュサ 号船　捻コルフェット船　　船将次官　グ　ファビコス
一　ブリンセスアメリヤ 上同　同　　同　ウハア　ウェスセリンギ
一　モンダラドー 上同　捻スクー子ル船　　第一等助役　イ　アンデレアル
一　アムストルダム 上同　蒸気船　　船将次官　ア　アデフリース
一　メラビー 上同　同　　同　イイ　ウェスラロウ　ユンファンメーテレン
一　エットナー 上同　同　　同　アドスカラルクソン
一　プーニキス 上同　同　　第一等助役　フル　ツーセークル
一　シュリナーメ 上同　同

一　サマラング　同上　同　同　イア　ファンオムメン

一　セレベス　同上　同　同　ヱムセバーグ

一　アドミラールファンキンスベルゲン　同上　同　同　グ　ラムヘルト

一　オンリュスト号船　蒸気船　第一等助役　アアアカイマンス

Cの部

一　サンヤシントー同上　大砲十三門　コモドーレ官名イ　アルムストロング　ヘンレイハベル

右千八百五十七年第七月廿日安政四年巳閏五月廿九日　第二番

印度和蘭領都督職之決定ニ附属す

承知　奉行所公用人

名前不詳

右之通和解奉差上候、以上

巳十一月　楢林量二郎　㊞

## 第十八号―二　安政四丁巳年（一八五七）別段風説書　江戸訳

『諸外国別段風説書附添書　全』宮内庁宮内公文書館所蔵

（中表紙）

別段風説書附添書

別段風説書

和蘭国

千八百五十七年第七月一日（安政四巳年閏五月十日）まてハ和蘭王の所領期するか如く平穏にて、他の邦国と親和友愛也、交易航海及ひ力作の産業愈盛なり

千八百五十五年第十二月（安政二卯年十一月）窩々所甸礼畿（ヲ、ステン）国と条約を定めたり、其趣意ハ、別段の約定に由て永久に堪へ、且臣民利益の為に両国交易航海の関係を定めんか為なり、但シ是まて此関係ハ、唯両国の権勢をして同等ならしめんか為にのミ次を追ふて、千八百十七年（文化十四巳年）千八百三十七年（天保八酉年）千八百九十年（嘉永三戌年）に交換セし条件に由て存セしのミなり

此外瑞典（ズウエーデン）、諸爾勿妻亜（ノールヱシア）、窩々所甸礼畿、孛漏生（プロイセン）、「ハノーフル」、沙吉仙、沙爾地尼亜、及ひ「フレイ、ハンセスタツト」（小国尓て一国の力にてハ交易すること能ハさるを以て両三国相通し交易する独立国をい（云））「ブレメチ」と相議して、和蘭海外所領の主宰なる港口に「コンシユライ

レアゲント（官名）を置くことを約し、大貎太尼亜（ブリタ）、テ子マルカレ共亦彼我の植民地及ひ海外所領の港口に此官を置ことを約したり、最初の両国及ひ窩々所甸礼機（畿）との条約ハ千八百五十五年十二月（安政二卯年十一月）に定、自余ハ皆千八百五十六年の初半年（安政三辰年春夏の間）に定めたり

千八百五十六年第五月十九日（安政三辰年四月十六日）に「ス、ハーゲ」に於て和蘭の「コロート、ヲーステン、デル、フレーヌッチユラールス」（官名）会社の存在一百年の賀を行ひ、又「セ、カ、ハ、プリンス、フレデレッキ、デル、子ーテルランデン」（爵名）の主宰たること四十年の賀を行へり

千八百五十六年第七月十八日（安政三辰年六月十七日）に「ハールレム」に於て刷印術（ハンカウノジユツ）の発明者「ラウレンス、ヤンス、ゾーン、カステル」氏の記念とすへき肖像成就せり、此肖像ハ諸民の扶助に由て之を建て、「ハールレム」の市中にて尊奉せらる

「ブリンス、ハン、ヲラニー」（王子）十六歳の誕生を賀セしとき、高貴なる国王より之を撰挙して柘榴手及ひ覰銃手「レジメント」（隊名）の「ロイテナント、コロ子ル」（官名）及ひ海軍の加比丹「ロイテナント」（官名）とし、及ひ「ゴロート、コロイスハンテ、ヲルデ、ハン、デン、子ーデルラントセ、レーウー」（官名）とセり

此「ブリンス、ハン、ヲラニー」今年欧羅巴の北部に旅行の志を起セり

又和蘭所領印度軍隊の切要なることの証として、高貴なる国王より嗣王を其軍隊の歩兵の「ロイテナント、コロ子ル」（官名）に任セり

千八百五十六年第九月（安政三辰年八月）に「ス、ハーケ」に於て、和蘭工作厰及ひ作業を交易するか為に、五年回の公共集会を催セり

和蘭印度所領

高貴なる公共領台（鎮）「グフ、パヒユット」氏千八百五十七年第六月二十八日（安政四巳年閏五月七日）より第七月四日（同年同月十三日）まで「プレアンゲル、レゲントシカツプ」（都府の名）に旅行し、此時機那樹を植ることを試ミたり、但し機那皮ハ世尓知たる如く熱病に無二の薬品なり、此機那樹方今までハ特り南亜米利加の茂林のみに在て、容易尓得難きを以て其価甚貴し、今和蘭政府より此樹を爪哇（シヤハ）に送れハ、両三年の後にハ機那の価ヒ大尓減するの定見（ミコミ）けり

和蘭所領印度の商議官「ヘエル、メエステル」（尊称）「セ、リツセル」氏其志願ニ由て、高貴なる国王より久しく国事ニ勤労セしことを謝して国務を免され、面目を施して千八百五十七年第三月（安政四巳四月）和蘭に啓行せり

当時政府租税の監官を監守すへき公共監官なりし「ヘール、ヨンケ」（尊称）「イ、フ、ホラ、シカマー」氏国王より和蘭所領印度の商議官に命せらる

水師提督東印度海軍指揮官及ひ「インスベクテウル、デル、マリ子」（官名）「イ、フド、ボウリシユス」君ハ王命に由て第二等の「アトミラール」（官名）に登れり

千八百五十六年第七月十一日夜（安政三辰六月十日）「ヒド」（地名）の高貴なる「シユルタン」（帝王の号）行年八十六歳尓して殂せり

千八百五十七年第二月十四日（安政四巳年正月二十日）に「ボニー」（又「セレベス」）といふ国侯「アクマド、サフレ」一名「アルー、ブーキー」氏も亦殂せり

千八百五十七年第六月廿八日（安政四巳年閏五月七日）午後「リホイド」（地名）の副王「ラシア、アリ」氏殂せり

千八百五十六年（安政三辰年）の後半年に爪哇尓おゐて越列機的爾麻屈涅地施（ヱレキテルマク子チス）の伝信機（テレカラーフ）を備ることを始めたり

千八百五十六年第十月（安政三辰年九月）にハ此伝信機を既に抜太比亜（バタヒア）より「ボイテンリルグ」（地名）まで達し、今年第六月（安政四巳年五月）にハ「サマラング」（地名）まで至りて此機を施したり

爪哇との交易ハ甚隆盛に至れり
爪哇と「マヂユウ」より収る出入の商税（ウンジヤウ）千八百五十六年（安政三辰年）中にハ、六百二十七万八千零ナギユルテン」一九（一ギユルデンハ凡六匁一分五厘に当る）に至れり
今年も亦昨年の如く爪哇及ひ外国所領気候の順和なる事を願へり、其故ハ「コレラ」病、熱病、疸瘡、「デセンテリイ」病多少流行して死する者少なからさるを以てなり
外国所領時々地震ある中に於て、殊ニ記すべきハ、今年第四月（安政四巳年三月）「子イラ」及ひ「ゴロート、バンダー」の地震、並に「チモル、デルリ（ポルトガル所領）」の地震也
和蘭海軍より再ひ印度諸海に向ひ、海賊を捕虜せんか為に出張せり
我海軍多くの海賊を捕へたれとも、彼等奴僕の苦を免るゝ者許多なるの幸を得たり
「ボル子ヲ」の西部「セレヘス」の東浜、並に「ハレムバング」及ひ「ラムホングセ、ジステリイテン」（共に地名）の騒擾ハ、和蘭の武威に由て全ク平定せり
「チモル」（地名）に於て一小侯と一属長讐敵となりし外ハ、和蘭所轄印度都て安静無事なり、「チモル」（地名）にある属長を鎮むるか為に使軍を送れり、同年の始め和蘭所轄印度の鎮台庁と「シユマタラ」島（東印度の地名）「アチイ」（府名）の高貴なる「シユルタン」（帝王の号）親和友愛及ひ貿易の条約を結ひたり

　貌利太尼亜所轄印度

一千八百五十六年（安政三辰年）の始メ、公共鎮台「ロルド」（尊称）「ダルホウシイ」（人名）先其職務を「ロルド」（尊称）「カンニング」（人名）に交附セし後英吉利に帰りたり

自立せし「オウデ」（国名）同年の始貌利太尼亜領に属入せり、但シ此事件ハ殖民の移住なくして落盛（成）せり○「ニサム」（国名）の領分なる自国の政府ハ、其時猶貌利太尼亜の所轄に属入せり（す）

「カルエッタ」（府名）の音信に、榜葛刺及ひ「マダラス」（共に国名）の欧羅巴勢ニ、「レギメント」（隊部の名）及ひ錫竜島（セイロン）（島名）覩銃手一分隊を、支那の戦場に送るへきことを報り、最後の新聞紙にてハ、榜葛刺に於て二十「レギスント」（隊部の名）の自国軍隊一揆を起したり

「ビユンヤブ」「オウデ」（共に国名）及ひ北西の国ハ安静なり

○榜葛刺及ひ孟具（ホンバイ）（共尓国名）の軍隊ハ実意に留在セり

○此地ハ都て安静なり

「テルヒ」府ハ土寇集り隠るゝ場所の中心なり

今年第五月三十日及ひ三十一日（安政四巳年五月八日九日）土寇伐撃せらるゝこと二回に至り、而して第六月八日（五月十七日）欧羅巴の軍勢に由て此府内尓撃返されたり○「デルヒ」府ハ欧羅巴の軍勢に攻囲せられて速に其敗衂を見るに至るへし

「子エミユク」（府名）の砦を自国の一官長土寇の為に開き与へたり

「ラホレ」（府名）の音信にてハ、「ハンシ」及ひ「ヒスサル」（共に府名）にて欧羅巴人を鏖殺セしなるへし

「ラホレ」（府名）にてハ一揆全く平治し、而して「メエリユット」（府名）の土寇ハ第五月三十日（安政四巳年五月八日）悉ク敗衂せり

貌利太尼亜所轄印度の属国

新嘉坡（シンガポール）

一千八百五十六年（安政三年辰）の末及ひ一千八百五十七年（安政四巳年）の始に於、支那人の内にて一、二の騒擾を起したり、然れと

も遂に其意を果さす、「ピナング」島にても亦支那人同年の始に於て騒乱を起さんと欲せり、然れとも速に平治せり

### 嘉望峰

此地ハ都て安静なり

此住民の安泰繁昌すること甚盛なり

### 豪斯多剌亜

金坑の産額連綿として夥多なり

「ヒクトリヤ」州より輸出せる黄金の額公共の報告にてハ、一千八百五十五年（安政二卯年）の内に二百六十七万四千六百七十七「オンス」（一「オンス」ハ我廿六銭【六】分八厘尓当る）にして、一千零六拾九万八千七百零八「ポンド、ステルリング」（一「ポンド、ステルリング」ハ凡我七十五匁尓当る）の銭価に等し○此州に於て黄金を産るの額数一千八百五十五年（安政二卯年）にてハ一千八百五十四年（安政元寅年）より増加すること一百分の三十五分に至れり

○南豪斯多剌里於て、近頃始メて公共運輸の為尓轍道を設け施せり

「タスマニア」（州名）にてハ銀及ひ銅を発明し、及ひ新南華麗（ワレス）（州名）にてハ新なる金坑を発明せり

### 支那

支那の北方及ひ西方に於てハ、寇賊打続きてて（衍）騒擾を為せり○広西州の都府ハ其手に属せし者許多なり、而して既に平治せし地方安イ（徽）に於てハ寇賊新に起れり

揚子江の南方の国も亦寇賊の為に劫掠せられたり

大に血戦して官軍利を失へり○賊長太平王近頃三万の軍勢を得たり、今年第四月（安政四巳年三月）の新聞紙にてハ、其軍勢を

率ひて「クワンシン」府及ひ「ヒユルギイン」地名の北面にある他の場所を掠劫せり
最後の報告にてハ、寇賊「サヒユウ、」及ひ「ユン、ピン」共に地名を押領して「ホ、ホウ」地名に攻入せり○四川地名の近傍に於て官軍公然の一揆を起り（セ欠カ）
上海及ひ夏（厦）門ハ今年第五月安政四巳年四月の新聞紙にてハ都て安静なり
「テク、コウ」地名にてハ寇賊打続きて騒擾を為せり、而して其威勢強大にして漸次に其領地を拡張せり
一千八百五十六年第十月安政三辰年九月広東の「マンダレイ」支那の重臣英吉利の旗を損傷し、而して之か為に希求せしことを拒ミて諾せす
此に於て英吉利人讐敵となれり、而して其地ニありし仏蘭西船之に加勢せり
英吉利人広東の河辺にある両三砦を掠奪せり」、広東府をは炸（ボム）を擲放して劫し、其前府に烈しき火災を起セり、之に由て支那人失亡すること許多なり
時々全無益なる講和をなせとも讐敵の意ハ常に止ます
外国人ハ広東より黄埔、香港及ひ瑪港の方へ避け行くことを要せり
支那人広東の商館を焼きて英吉利人の大害をなせり
香港に於て支那人麪包の内に砒石を和して、貌利太尼亜の住民を毒殺せんことを謀れり、然れとも此悪謀成就せす
一千八百五十七年第六月十日安政四巳年五月十九日の報告にてハ、英吉利船と支那船と一、二の戦争を為して支那人利を失へり○
英吉利人数艘の支那船を破没せり
最後の音信にてハ広東饑饉に罹れり

英吉利人ハ其勢を愈張拡し、而して鋭気を以て此軍を必行せんと欲し、是に依て莫大之軍兵英吉利国より至るを待てり、其数風説にてハ五万と云へり

此内外の擾乱に因て貿易を碍ること甚し

報告拠れハ、高麗国王自己よりして外国諸民交易の為に其領国沿海の地に諸港を開けり

大貎利太尼亜幷愛倫（イールラント）

千八百五十七年第四月十四日（安政四巳年三月二十日）英吉利の女王嫡女を誕せり

魯西亜との戦争ハ英吉利の貿易に障害となることなし

輸出の額ハ千八百五十年千八百五十一年及ひ千八百五十二年（嘉永三年より同五年まで）と比較して計するに二千万「ボンド、ステルリング」（前出）を増益せり

外国への輸出増益して所領地への輸入減少せしことハ較著なる機変とす○外国への輸出ハ六千九百万「ポント、ステルリンク」にして、旧来斯の如き高に及しことなしとす○所領地への輸入ハ是と相反して僅かに千六百五十万「ボンド、ステルリング」の高なり、然るに千八百五十三年（嘉永六丑年）の輸入ハ之に増こと七、八百万ポント、ステルリンク」に及へり

輸出の総高千八百五十六年（安政四巳年）の初七箇月間ハ尚更に夥しとす

此年英吉利より波是（ペルシア）へ向けて使軍を差せり、是波是人千八百五十三年に裁定せし条約に背き、中部亜細亜の要阨「アツガニストン」に属せる【「へ】ラット」を押領したる故なり○「アブーツシル」の都府ハ抜取られて波是人ハ敗走するに至れり、是に於て波是国王使節「ヘリユック、カン」を巴里斯（レイス）（仏朗西の都府）に遣はし、其地ニて千八百五十七年第三月

四日（巳年二月九日）英吉利国との和睦を定めたり、英吉利国の政府にて新グレナダ」（西印度の島の名）と通交の誼を破れり○第十二月三日（巳十月十八日）西印度にての海軍場の指揮使に命を下し、新クレナダ」の諸港を絶ち切らしむ○英吉利国の希望する所ハ、新グレナダ」の政府より英吉利臣民に対して捧くへき税貨の事件を諾するにあり

英吉利国の隊船ハ魯西亜と和を結し以来、軍艦六十一艘並に大砲千百九十四坐、人衆一万三千六百九十一員を減汰せり○其陸軍も亦減せりとす

英吉利国と支那と千八百四十二年（天保十三寅年）に裁定せる条約を永続せさるに因て争論を起し、遂尓戦争となれり（支那の部を見よ）

### 瑞典諾爾勿萎亜、太尼亜

「ラップマルケン」地（瑞典の属国）饑饉にて怖るへく荒廃せり

太尼亜にてハ国王と其宰相との間に大なる争論を成せり、近日の報告に拠れハ方今太尼亜にてハ宰官あることなし

### 北義（ベルキー）

千八百五十六年第七月二十一日二十二日二十三日（辰年六月廿日廿一日二十二日）「ブリユセル」地にて国王「レヲポルト」即位ゟ第二十五年の賀儀を挙行せり

### 仏朗機（フランス）

千八百五十六年（安政三辰年）此領内の或地方洪水尓因て大尓荒蕪を受たり

数多の人衆土地の流蕩家屋の破損に依て、多少の利益を得へき望を失ひし者此土より離散せり

大都督（原名「マール シカルク」）「ヘルスヒール」ハ魯西亜にて「セバストポル」（地名）を抜し者にして、国帝より「マラコッフ」（地名）の

「ヘルトフ」爵名に任せらる

仏朗機と「ハムヒユルグ」と、学業及ひ術芸ニ因て発明製造せる両国所有の物件を、相交換すへき盟約を決せり

巴里斯の「アールツ、ビスコツプ」僧官の名「モンセイグニウル」褒号「シボウ、」人名「ルキル」と称せる前住の「ブリーストル」僧官の名に殺されたり○其下手人ハ死刑に処せられたり

其後嗣として「トウルス」地名のカルシナール、アノールツヒスコツプ僧官の名「モンセイグニウル」「モルロツト」人名を命せり

近日の人口計数に拠れハ、仏朗機の人口男子一千七百八十万零百六十九人、女子一千八百六十六万九千百九十五人となり

## 窩々所甸礼畿

窩々所甸礼幾（畿）の女帝千八百五十六年第七月十二日辰年六月十一日に女子を誕せり、此皇女を法灌の日に「ゴイルラ、リユドヒカ、マリアー」と名付たり

窩々所甸礼畿の「アールツ、ヘルトフ」官名甲利（カフレル）ロデヱーキ」人名と沙吉仙の皇女「マルガレタ」と第十一月四日十月七日に婚姻を結へり

窩々所甸礼畿海軍の新に設置せる部局ハ、其本団を「トリースト」地名に置かるへしとす

其一隊ハ「ヱー子ン」国に屯せり、是レ国帝の命令を直チに伝んか為めなり

## 孛漏生

孛漏生の海軍ハ当時大砲四十八門及ひ三十八門の「レガツト」船種の名二艘と各十二門の蒸気「コルヘツト」二艘、外に

猶帆船「ルヘット」一艘及ひ「スクー子ル」二艘より成れり

「ダントシグ」にて猶螺旋機の「コルヘット」三艘方に制造（製）中在り

孛漏生の皇子英吉利の女王の長女に婚姻を契約せり

蘸徹節（ズエッチユルラント）

「子ウフカーテル」の州ハ孛漏生王「ホルスト」の名目にて隷する所なるに、徒党を結んで此地を王の直隷となさんと謀る者あり○然とも此党其共和政府の為に撃れたり

欧羅巴洲の諸大国自ら此事を受任せり、然るに先兆する所、此事件ハ孛漏生王をして「子ウフカー子ル」の諸事を使令することなからしむるに至るへし

伊斯把泥亜

伊斯把泥亜に於てハ、国命に従はす一揆起りて争乱打続き行はる、当今の報告にてハ女王の方勢盛なりとす

意太里亜

「ナーペルス」意太里亜都府の名の士（王）を除くか為に其政事を変革し、其国民を緩に治せんことを英吉利及ひ仏蘭西に於て勉強したり

一千八百五十六年第十二月八日安政三辰年十一月十一日「ミリイレ、パラーデ」陣列備立の規式を云ふの節、一兵卒「ナーペル」の王を殺害せんとせしに、其策叶はす、其者死刑に行はれたり

窩々所甸礼畿の「アールツ、ヘルトグ」大諸侯「ヘルジナンド、マキシミリアーン」なる者確定して王国「ロムパルデー

ス、ヘチアーンス」意太里亜中の国名の公共鎮台に任せられたり

### 尼勒祭亜（ギリシア）

魯西亜と戦争中、尼勒祭亜国内両三所に備たる仏蘭西の軍勢本国に帰陣せり
尼勒祭亜国社中の形状引続て和平ならす

### 魯西亜及ひ都児格（トルコ）

千八百五十六年第三月三十日（安政三辰年二月廿四日）巴里斯に於て、仏蘭西、英吉利、沙爾地尾亜、都児格、魯西亜の和睦友親を結ふ条約に姓名を手記せし事ハ、既尓昨年記載せしか如し
爾後四月廿七日（安政三辰年三月廿三日）巴里斯に於て和睦条約の証書を交換せり
此条約の時に於て、魯西亜帝よりも、今魯西亜の所轄に属する都児格領の諸部落を都児格帝に返す事を約す、又同盟軍よりハ「セバステポル」「バラクラハ」「カミシ」「エウパトリア」「ケルツ」「エニーカーリ」「ソウカウム、カレ」の街衢、及ひ港口自余同盟軍に属する諸地を返し与へんことを約条せり、繁栄なる都児格の都府（ポルテ）は、欧羅巴の公裁並に世人の思慮に由て生する利益を共にすることを約し、且此国の独立不羈ハ依然として尊崇せらる
此条約ハ全篇三十四ヶ条にして、掠略の意を制し、万民の安危に関る誓約を諸人に示す正証なれハ、後来強盛なる邦国より親和破り得さるの誠実なる中心友愛の情を表するなり
又第四月十三日（安政三辰年三月九日）巴里斯に於て英吉利、窩々所旬礼儀及ひ仏蘭西条約を為せり、是（れ）を都児格の安泰を誓ふ為なり

### 魯西亜

魯西亜帝より独逸学校教導の形状を知らしめんか為め、其国に差遣されたる学士帰国せ者、速に魯西亜公学の趣向改

正せらるへしとす
疵傷を得るを以て永く軍伍に要し難き首将及ひ軍将ハ、其練熟妙巧なるを以て「カデッテン」（士官見習）を教導く為め、武学館の頭とすへし
其他魯西亜政府尓てハ、専ら貨幣出納の項を改革及ひ陸軍並に海軍を改整せんことを務む
魯西亜政府尓てハ、再ひ諸学探索の為、其国の高貴なる海軍首将の一員を其頭に任し、繞海の羈行を成さしめんとす
○魯西亜人の繞海羈行を発起せるハ此度にて三十九回とす
此国に於て公商（政府に租税を出し交互尓貿易すを云）に左祖する者と、方今成立てる定法を守る事に左袒する者と争論発れり○諸人此地尓ても亦当然尓公商の行ハれん事を期望せり○其他察すへき要事ハ、只「モスコウ」（魯西亜旧都）鎮台庁のミに於て既に一千四百八十五処の工作廠を建て、作業者十一万七千六百七十七名をして事に従しめ、毎年一億千万「ギュルゲン」の価値に褒（ノボ）れり
支那尓於て魯西亜の貿易ハ共に盛なり、一説に此事に付き両国新に評議結定せる事ありと云ふ
支那の北方黒竜（アミユル）河辺なる魯西亜の居城「ニコライノフ」を尤も肝要なる所とす
魯西亜新帝第二世歴山（アレキサンドル）王即位の大儀ハ、第九月（安政三辰年八月）「モスコウ」（同前）に於て取行れり○此時張開せる華飾綺麗なる事、諸大国の名代幷に魯西亜の時官及ひ庶民に由て炫耀を極めたり
此折国帝より詔書を下せり、其詔は就中戦争に由て甚た困難せし海岸の諸州に許多の憐恤を加へたり
和蘭国王の叔父「フレデレツキ」公名代として来り、特異の饗礼を受たり
近頃官府の告諜に拠れハ、千八百五十五年中魯西亜惣領（「ポーレン」（魯西亜領の西部）を除く）に於てハ、貴族七万人、紳士（ビルケル）

三百五十万人、士民（トフエーケ子フーレン）（人に養れて農業する者を云）一千八百八十万人、農民（フレーフーレン）（己か為に農業する者を云ふ）二万六千六百五十八人、官民（コローンブーレン）十四万五千人及ひ「ヨーデン」（宗旨の名）法徒十九万人あり○此国の市邑ハ六百二十三ヶ所なり

魯西亜の大豊瑟督（ボルスト）（官名）「コンスタンテーン」（人名）国帝那波列翁（仏蘭四帝を云ふか）を訪問し、数多の慇懃の待遇を受たり○亦女王「ヒキトリア」英吉利女王殿下をも訪問せり

### 阨日多（エキプテ）

阨日多の副王近日国中の政事に肝要なる改正を為せり

「シエエス」の窄隘なる地峡を塹通し、地中海を西紅海と合し、以て欧羅巴と亜細亜との貿易を盛にせんと謀れり

英吉利の諸船是に依て五十日中ニハ支那へ【至】ることを得へし

### 亜墨利加

「ベウブラ」一名「メキシコ」に於て前任（センヤク）の大統領「サンタ、アウナ」氏を兼摂政治に復し、前位に登らしめんと欲して騒擾を起したれとも、遂に其意達すること能者す

門徒等一揆を起んと手入れを成したれとも、大統領の「コモンホルトロ」（人名）の力を竭せし取捌を以て、其初発に於て消沮したり

「メキシコ」領「クエルルロ」（地名）の南方に於て、床を成したる過多の金鉱の地を発明せり

「ブラシリ」幷に「アルケンテイン」共和政治、「パラギユアイン」の三ヶ国の間に親和貿易及ひ航海の条約を成せり

「ユラギユアイ」領に於て民を主宰セる官と大統領「ペレイラ」（人名）との間に不和を生セり、其不和ハ恐くハ右共和政治及ひ「プラシリ」の間の好き交通を破るに至るへし

共和政治の「ホリフイアに於て種々の人其大統領たらんことを欲するよりして、国の平穏の障となること度々是あり

「セーリー」国は当今平穏なり

「トン、マンユエル、モント」（人名）同所五ヶ年間の大統領の任に挙らる

北亜墨利加合衆国及ひ「サルヂニー」国ニ和親貿易航海の条約を決せり

「ビユカナン」君北亜墨利加合衆国の大統領に撰挙されたり、此の人ハ「スラーフル子イ」（人を贖ふて奴僕に仕ふをい）の連綿を護る人の敵なり、其大たる談伴ハ、スラーフル子イ（前出）を廃するを主とする「コロ子ル」（官名）「ツーモント」（人名）なり

伊斯巴泥亜に属したる南北亜墨利加の諸種の亜墨利加共和政治の間に於て、相議して「フレイボイトルス」（戦争の時に当りて政府の命を以て敵国の商船抔押領する人いふ）を禁し、且一般貿易を成さん事を約す、此に於て新「クレナダ」（地名）「ギユアテマラ」（同上）「メキシコー、ペーリユー」（同上）「ポリヒア」（同上）「コルタ、リカ」（同上）及ひ「フヱ子シユエラ」（同上）等各使節を出し、華盛頓に於て名判セしむ

此条約を行はんか為に「ポリヒア」（前出）一名「リーマー」に於て会合あるへし

北亜墨利加の「フレイボイトル」（前出）「ワルケル」（人名）なる者中央亜墨利加の「ホンケユサス」（地名）及ひ「キヱアテマラ」（地名）を押領せんとせしに、度々其の住民に追散らされて遂に其意を達せす

海軍

近世の告書に拠れハ、支那及ひ東印度出張の欧羅巴海軍左の如し

副章[以]の部を見るへし

和蘭海軍同所出張左の如し

安政四丁巳年（一八五七）江戸訳

副章[呂]の部を見るへし

北亜墨利加海軍支那及ひ東印度海出張左のことし

副章[波]の部を見るへし

[以]の部

| | | | |
|---|---|---|---|
| アコイン船号 | 英吉利 | 大砲十二門 | 船将ア・ウ・ア・ホー・ト |
| アルリカドル同上 | 同上 | | |
| ビユストルド同上 | 同 | 同二門 | 同スズコルリンソン |
| ビツテルニ同上 | 同 | 同六門 | 同ハ・ハベアミス |
| ユルキユツタ同上 | 同 | 同八十四門 | 同ア、ム官名シルムセイモウル<br>カヒタン官名ウインクホルレ |
| カミルラ同上 | 同 | 同十六門 | 同ク・フ・コルフ井レ |
| コミユス同上 | 同 | 同十四門 | 同ル・エンキンフ |
| コロマンドルス同上 | 同 | 同三門 | 同ス・ドングラス |
| コロイスル同上 | 同 | 同十七門 | 同セフユルラウエス |
| エルク同上 | 同 | 同十二門 | 同イ・スセ・ハミルトン |
| エンコウントル同上 | 同 | 同十四門 | 同カヒタン官名グラトオコルグハン |

| | | | | |
|---|---|---|---|---|
| フユレイ | 同上 | 同 | 同六門 | 同セトレクキー |
| ヘルキユレス | 同上 | 同 | 同 | |
| ホンクコンク | 同上 | 同 | 同四門 | 同ロイテナント官名エフテント |
| ホル子ット | 同上 | 同 | 同十七門 | 同セ・セ・フヲルセイト |
| インソレクシゾレ | 同上 | 同 | 同六門 | 同イ・コルベット |
| ミンテン | 同上 | 同 | 同四門 | 同ハラエルリスマストルコユエイー |
| ナンキン | 同上 | 同 | 同五十門 | 同カピタン官名ホン・ク・ステワルト |
| ピキユエ | 同上 | 同 | 同四十門 | 同シルスウヱニスルリン |
| ニゲル | 同上 | 同 | 同十三門 | 同カピタン官名ホンアアコクウ子 |
| ラセホルレ | 同上 | 同 | 同十二門 | 同エ・ク・ハルナルト |
| ラレイグ | 同上 | 同 | 同五十門 | 同コムトレ官名ホンフケフブル |
| サムプリン | 同上 | 同 | 同六門 | 同グスハント |
| サラセン | 同上 | 同 | 同六門 | 同イリターツマストルユニユイト |
| シルセフヲルへス | 同上 | 同 | 同三門 | 同キエルメ |
| スパルタン | 同上 | 同 | 同廿六門 | 同シルウ井ンハテス |
| スタルリンク | 同上 | 同 | 同三門 | 同アイフ井ルレルス |
| スタウンク | 同上 | 同 | 同二門 | 同ルウイルトマン |

| | | | |
|---|---|---|---|
| セイビルレ | 同上 | 同　同四十門 | 同コムドレホムセグイブエルリヲット |
| カフリシインセ | 同上 | 同 | 同コルリール |
| カテイナット | 同上 | 同　同六門 | 同シエルアルク |
| ヤルセアン | 同上 | 同 | 同ラモツテ |
| ニシユス | 同上 | 同　同十二門 | 同シーレー |
| フ井ルキニー | 同上 | 同　同五十門 | 同リールアドミラトル官名キユエリンフラス |
| アセリナ | 同上 | ボルトカル　同六門 | 同イエスカルニコー |
| モンデクス | 同上 | 同　同二十門 | 同コムタフアレス |
| ヨルゲニアン | 同上 | イスハニヤ　同四門 | 同フデフリオ子ス |

呂の部

| | | | |
|---|---|---|---|
| パレムバング | 船号 | フレガツト船 | 船将セイベルクホイス |
| ボレアス | 同上 | コルフヱツト船 | 第一等コロ子ル官名アフツク |
| バタフイア | 同上 | 蒸気船 | 同アフアンツセトルフ、アンレイン |
| デハーイ | 同上 | ブリツキ船 | 第一等コロ子ル官名イフアンマウリツキ |
| ペイラデス | 同上 | アトフ井スブリツキ船 | 同グドアアムプト |
| レムバンダ | 同上 | 螺旋機船 | 同セイグストルムフアンスガラーフヱサンテ |

セイルプ　同上　同
サパルーア　同上　同
バンダ　同上　同
ランシール　同上　同
パタンク　同上　同
第十四番カノテールボート
メテユサ　号船　螺旋コルフヱット船
ブリンセスアメリヤ　同上　同
モンクラトー　同上　螺旋スクー子ル船
アムストルダム　同上　蒸気船
メラピー　同上　同
テツトナー　同上　同
プーニキス　同上　同
シユリナーメ　同上　同
サマラング　同上　同
セレベス　同上　同
アドミフールファンキンスベルゲン　同上

同イアフアンデコロイスセビラール
同ムハヤンセン
同ハアモツドルマン
同イイブテヨンゲオウドラート
同プフアンブリーシツユイキリス
第二等助役ルプストロイク
船将次官グフアヒコス
同ウハアウヱスセリンキ
第一等助役イアンテレアル
船将次官アアテツリース
同イイウヱステロウエンフアンメーケレン
同アドスカラルクソン
第一等助役フルツウマークル
同イカソアンオムメン
同エムセバーク
同グラムベルト

オンリユスト　同上　同　同アアアガイマンス

波の部

サンヤシントー　大砲十三門　コモトーレ官名イアルムストロンクヘンレイハベル

千八百五十七年第七月廿日安政四巳閏五月廿九日第二号和蘭所轄印度公共鎮台の決定に附属す

鎮台庁秘史

姓名不詳奉つる

安政五戊午年正月

手塚律蔵
市川斎宮
浅井雄次郎
西　周助　謹訳
山内六三郎
木村宗三

（中表紙）

別段風説添書

千八百五十七年第十二月当巳十二月十二日出嶋尓於此の別段風説書を長崎鎮台江捧し（く）
此の書ハ当夏落手せし故尓猶早く捧へきなり、然る尓事務甚多忙なるを以て大に遅滞せり

日本尓て和蘭の全権
ドンクルキュルシユス

手塚津蔵
市川斎宮
浅井雄三郎
西　周助　謹訳
山内六三郎
木村宗三

安政五戊午年正月

安政四丁巳年（一八五七）江戸訳

# 研究篇

各論一

# 江戸時代の海外情報

## ――鷹見泉石の情報活動――

片桐一男

### はじめに

せっかくの機会に、江戸時代、特に、いわゆる禁教・鎖国下の日本人が持ち得た海外情報がいかなるものであったか、考えてみたい。

そのために、一ではきわめて概括的な概観を、二では具体例として鷹見泉石の情報活動を取りあげてみる。

### 一　江戸時代の海外情報

日本人が持ち得た海外情報として、まず、定期的に得られた海外情報と、不定期に得られた情報とに大別して、次のように項目をたててみる。そのうえで、各項目について、実例もしくは現状の研究動向を知るための主要参考文献をあげ、今後の研究の資としておきたい。

㈠　定期情報

1　唐風説・唐風説書

2　阿蘭陀風説・阿蘭陀風説書

㈡　不定期情報

1　来日外国人からの情報

シドッチ

ラナルド・マクドナルド

海軍伝習のオランダ人教官団によってもたらされた海外情報

2　漂流帰還人による情報

3　書物・地図による情報

㈢　海外情報の利用・活用

## ㈠　定期情報

禁教・鎖国下においても、長崎一港は、毎年、唐船とオランダ船の来航・入港を許す貿易港であった。換言すれば、幕府は長崎一港において貿易を定期的に継続していた。

来航した唐船とオランダ船から、一船ごとに海外情報を得て、長崎奉行が唐通事・阿蘭陀通詞の和訳文を幕府の老中へ申達した。

唐船によってもたらされた海外情報を唐風説といい、唐通事によって訳出し、調製された書類を唐風説書（とうふうせつがき）と呼んでいる。オランダ船によってもたらされた海外情報をオランダ風説といい、阿蘭陀通詞によって訳出・調製された書類を阿蘭陀風説書（オランダふうせつがき）と呼んでいる。

1　唐風説・唐風説書

唐風説書を最も多く収録している史料が『華夷変態』である。唐風説書について、まずあげるべき研究文献としては、浦廉一「華夷変態解説―唐船風説書の研究―」（『華夷変態』上冊、一九五八年、東洋文庫、所収）。

2　阿蘭陀風説・阿蘭陀風説書

オランダ風説書については、板沢武雄『阿蘭陀風説書の研究』（一九三七年、日本古文化研究所）、日蘭学会・法政蘭学研究会『和蘭風説書集成』上・下巻（一九七七〜七九年、吉川弘文館）をあげ、続行の調査研究は本書『オランダ別段風説書集成』（二〇一九年、吉川弘文館）参照。

㈡　不定期情報

不定期に得られた海外情報として、来日外国人からの情報として、漂流や漂流を装って来日した外国人によって、あるいは日本人が海外へ漂流し、幸いにも救助され、海外体験を積んで、無事帰還を果たしてもたらされた海外情報があげられる。輸入品・流入品を通じてもたらされた海外情報知識も重要である。

1 来日外国人からの情報

**シドッチ** イタリアの宣教師シドッチ Giovanni Battista Sidotti（1668~1715）が、宝永五年（一七〇八）に屋久島に上陸、日本潜入を試みたが、捕えられ、長崎で訊問を受け、次いで江戸へ護送、江戸小石川に監禁され、新井白石の訊問を受け、牢死した。新井白石の『西洋紀聞』『采覧異言』をあげることができる。

**ラナルド・マクドナルド** アメリカ合衆国オレゴン州アストリアに白人とインディアンの混血児として生を享け、一八四七年（弘化四）の秋、捕鯨船プリマス号に乗り込み、日本へ向かった。翌四八年（嘉永元）北海道焼尻島に上陸したのち利尻島野塚へ上陸した。松前藩により長崎へ護送され、大悲庵に七ヵ月監禁された。この間、森山栄之助らの阿蘭陀通詞に英語を教授した。四九年の四月、アメリカ軍艦プレブル号にひき渡され、五三年帰国した。著書に『日本回想記』がある。

富田虎男『マクドナルド』（一九七九年、刀水書房）

**海軍伝習のオランダ人教官団によってもたらされた海外情報** 安政二年（一八五五）、長崎に開設され、同四年第二次海軍伝習で来日したオランダ人教官団によってもたらされた海外情報・海外知識があげられる。第一次のペルス・ライケン Pels Rijcken、第二次のカッテンデーケ Ridder Huyssen van Kattendyke を筆頭に、直接教育（授業・実習）に従事した教官団が注目される。

教官団としては、直接教科の教育に従事した、

スカラウエン（A. A. 's Graauwen）

エーフ（C. Eeg）

デ・ヨング（C. H. Parker de Yonge）

シキンケンベルフ（J. J. Schinkelenberg）

ポンペ（Pompe van Meerdervoord）

アンブグローフ（C. J. Umbgrove）

ウィッヘルス（H. C. Wichers）

ファン・トローイエン（Van Troijen）

などが注目される（水田信利『長崎海軍伝習所の日々』一九六四年、平凡社、片桐一男『勝海舟の蘭学と海軍伝習』二〇一六年、勉誠出版）。

2　漂流帰還人による情報

日本人で海外へ漂流、幸運にも救助され、外国で体験を積んで、無事帰還を果たした者として、大黒屋光太夫・磯吉・津太夫・中浜万次郎の名をあげることができる。このほかにも、いろいろあげることができるであろう。鎖国下の日本人が不可抗力による漂流・海外体験・見聞体験のうえ帰還してもたらした貴重な情報である。漂流全般については、鮎沢信太郎『漂流』（一九五七年、至文堂）をあげることができる。

### 3　書物・地図による情報

長崎来航の唐船から書物を大量に輸入したことはよく知られている。漢訳洋書のうちキリスト教関係書物の輸入を厳禁するために、すなわち禁書流入を未然に防ぐために、長崎の聖堂の祭酒向井元成が舶載書物の改役に従事したことも想起させられる。

来日するオランダ船が持ち渡った貿易品としては、オランダ東インド会社の会計に属す本方荷物（もとかたにもの）Compagnie Goederenと個人貿易の脇荷物（わきにもの）Cambang Goederenがある。しかし、両者の積荷目録には書物や地図は見えていない。書物や地図が日本人の外国知識に大きな影響を及ぼしている。すると、本方荷物・脇荷物以外に注意してみなければならない。オランダ商館員が日常生活に使用した使い捨て品、会社・個人による献上物や進物などが注目される。

杉田玄白らが訳読に取り組んだオランダ解剖書『ターヘル・アナトミア』がどのようにして日本にもたらされたか。旧幕時代に蒐集・保管されていた三千冊余りの蘭書が上野の図書館書庫で発見され、これを契機に蘭学資料研究会ができ、国立国会図書館の古典籍室に蘭書が落ち着いてある。蘭学者の間で「コーランテントルク」と呼び慣わされていた地理書をはじめ、鷹見泉石の「新訳和蘭国全図」の参考にされた「ウエイカンドの地図」や「スチーラー地図」（ハンド・アトラース）なども思い出される。ロシア使節レザーノフが将来し、阿蘭陀通詞を通じて日本に贈呈された「ロシア国全図」などと、あげていったらきりがない。

## ㈢　海外情報の利用・活用

輸入された海外情報、唐風説書・オランダ風説書の利用・活用が、まず、幕府の対外政策検討の資とされたことは、第一の目的であった。

対外事件を専管する老中・外国奉行をはじめとする幕府の海防掛、などの有司による閲覧・利用が考えられる。ペリー来航時の老中筆頭阿部正弘のもとに集まった海外情報・知識はいかなるものであったか、注目させられる。さかのぼって、アヘン戦争情報の頃の水野忠邦、さらに、レザーノフが長崎来航したときのロシア人専管老中土井利厚とその近従のもとに集められた海外情報、さらにさらに、ラックスマン根室来航時に、対応に苦慮した松平定信のもとに集まった海外情報などなど、注目の事件はつきない。

諸侯についても、対外事件にかかわった藩主をはじめ、沿岸防備を命ぜられた諸侯。すすんでは、ペリー来航、開鎖論の喧しい世相に直面させられた諸侯・家臣。

幕府の対外政策・貿易制度・仕来りを利用し、したたかに活用して自己の商活動に活用した商人も出現している。大坂の大薬種問屋武田長兵衛のもとには、長崎にもたらされる貿易品のリストとともに海外情報風説書も集められていた。今日の杏雨書屋に続いている注目点の一つである。このような観点で探索してみたら具体例は多いことであろう。

オランダ商館長一行が江戸の定宿として毎回宿泊した日本橋の長崎屋源右衛門方には、江戸の蘭方医や蘭学者が集まった。目的が海外の珍しい情報や蛮品の入手にあったことは明白である。長崎屋は海外情報・知識と文物流入の窓口で、流入口であったと同時に発信口でもあったのである。それゆえ杉田玄白も平賀源内も訪問を繰り返したのである。

知識人としては、アヘン戦争情報に接して心昂らせた長崎町年寄にして西洋砲術の雄、高島四郎太夫・秋帆、田原藩の蘭学家老で洋風画をよくした渡辺崋山、蛮社の高野長英・小関三英ら、崋山に情報を提供した古河藩の蘭学家老鷹見泉石、松下村塾の吉田松陰をはじめ幕末の志士には大小となく海外情報、外国知識が入っていた。すでに紹介したことであるが、山口藩士秋良貞温・貞臣父子のもとに寄せられた志士たちの書状にも風説書が散見されていた、と思い出される（防府市右田、加藤家蔵「秋良文庫」）。

国学者平田篤胤をはじめとする、在地の大庄屋連中にいたるまで流布がみられたのである。

## 二　鷹見泉石の情報活動

### ㈠　鷹見泉石の略経歴

泉石は、天明五年（一七八五）六月二十九日、下総国古河城下（現、茨城県古河市）に生まれた。父は古河藩世臣鷹見十郎左衛門忠徳。母は曽我氏。

天明五年〜寛政七年（一七九五）、十一歳まで、古河に育つ。

寛政八年六月二十日、十二歳、江戸藩邸に移り、古河藩第十代藩主土井利厚に近侍。当時、利厚は奏者番・寺社奉行。

泉石は、翌年、調役給仕、寛政十一年十五歳で大小姓、享和元年（一八〇一）十七歳で御部屋附、大小姓近習番となった。同年利厚は京都所司代、翌二年老中となった。同三年、泉石は、給人打込席、部屋住料十人扶持、翌文化元年（一八〇四）二十歳のとき小納戸格取次となった。この年、ロシア使節レザーノフが、九月六日、長崎に来航。利厚が専管老中となったため、泉石は対外応接の来歴を急遽調査することを命ぜられた。

文化四年、魯寇事件を抱えながら、父の病没に遭い、家督を継いだ。翌文化五年二十四歳で目付、同十年、物頭から用人にすすんだ。さらに翌十一年三十歳で家老相談に加わり、十三年三十二歳の年、公用人兼帯となった。このころから、藩政に加えて、幕政にも、かかわりを深めていくこととなった。

文政五年（一八二二）、古河藩は一万石の加増を受けて八万石の藩となった。泉石も、三十石の加増を受けて、計二百八十石取りとなった。

その七月八日、藩主利厚病死。泉石は、新葬御用掛を務め、次いで、新藩主利位家督御用役も務めた。そのあと、御内用勤となる。

文政十年、泉石四十三歳。用人上席となり、次いで御政治相談役となる。さらに番頭格、三百石を給され、月番加役を仰せ付かった。

天保四年（一八三三）、利位が大坂城代となると、泉石も藩主に従って大坂に赴いた。在任中の同八年、大塩の乱が起きた。家老泉石は陣頭に立って鎮定。主君利位の直書頂戴、小刀拝領、帰府して、藩主に代って浅草の誓願寺に参詣、乱の鎮定を報告した。その帰路、渡辺崋山の許に立ち寄り、正装の姿を描いてもらった。肖像は、やがて完成、のち、肖像画の白眉として国宝に指定され、万人の眼を集め続けている。

藩主利位は、乱鎮定の同年、その功により京都所司代に、翌年には西丸老中に進んだ。泉石も京都に赴き、次いで帰府、さらに翌年、老中付きで内用役を仰せ付かり、いよいよ、ますます、繁忙を極めた。

ときの首席老中水野越前守忠邦は天保改革を推し進め、利位は海防掛を専管する老中となった。泉石の、蓄積された蘭学知識が、ますます、生かされることとなり、海岸御人数調御用掛をつとめた。同十四年、家慶将軍日光社参に際して、古河は泊城、泉石も大役を果たした。

水野忠邦が老中職を失脚すると、藩主利位が首席老中に就任、拡大に努められてきた泉石の人脈が、いよいよ、ものをいうことになる。そのころであろうか、「土井の鷹見か、鷹見の土井か」という、世間の声が聞こえたのは……。弘化二年（一八四五）、泉石は五十石の加増にあずかった。

これよりさき、天保十五年五月、江戸城本丸焼失、老中利位普請役、上納金、難問題続出。藩内と身内にも事情が生じ、利位、老中辞任。弘化三年、泉石も、家老職を免ぜられ、古河に退隠。泉石六十二歳の九月二十八日、隠居した。泉石と号し、蘭学、ことに『新訳和蘭国全図』の完成に没頭した。このころから眼病の治療に悩まされもしたが、蘭学趣味を楽しみ、諸公から、蓄積された蘭学知識を求められ、ことに、北地の任に赴く士は古河に立ち寄り、泉石から北方事情の教授を受けたものであったという。

嘉永六年（一八五三）、ペリー来航、開国を迫る外圧に直面して、苦慮する天下をみて、退隠の身の泉石、黙して座すことかなわず、筆の穂先の乱れも構いなく、一気に書き記したのが『愚意摘要』の一文である。天下の進路を具体的に示した確論。長年にわたり蓄積された蘭学知識、世界のなかのトクガワ・ニッポンを見詰める泉石の熱情が、行間に迸っている。

安政四年（一八五七）の正月、妻、小谷氏死去。翌五年、七十四歳の泉石、妻女の後を追うかのごとく、七月十六日、古河は長谷町の楓所、可琴軒で永遠（とわ）の眠りについた。維新のニッポンをみることはなかった。

## (二)　海外情報の必要

鷹見泉石が、弱冠二十歳の文化元年の秋九月、ロシア使節レザーノフが長崎に姿を現したことによって、途轍も無い役務に遭遇した。

古河藩士の子として生を享けた泉石は、十二歳の寛政八年に江戸藩邸に移り、藩主土井利厚に近侍していた。文化元年のこのとき御小納戸格御取次の役を、藩主のそば近くで務めていた。その藩主利厚が老中のなかでも、ロシア人取扱いを専管することとなったために、近侍する泉石に対ロシア政策の実務が振りかかってきたのである。

専管老中の威光を背にして、指示を請けて、実務に当たることとはいえ、それまで全く目を向けたことのない対外世界、それも大国ロシアを相手にしたむずかしい幕府の外交事務の使い走り、お膳立てを命ぜられたのである。青年泉石にとって、天下の外交にかかわる途轍も無い難問題であったわけである。

このときを境に、泉石の目が対外関係の諸事に、ことに北方ロシアに向いていったのである。

具体的には、ロシアおよびロシア人を知ることである。対外関係のことを知ることである。世界のなかの日本および日本人を知ることである。

そこでどうしたか。参考になる前例を知ることである。長崎に来ている外国人、オランダ商館の人と唐商たちに聞くことである。幕府の出先機関である長崎奉行に報告を求めることである。来日の外国人と直接に関係をもつ通訳官すなわち阿蘭陀（オランダ）通詞（つうじ）と唐通事（とうつうじ）に問いただすことであった。幕府の秘庫に保管蓄積されている情報を収集・精査することであった。

ここにおいて注目された資料が、年々の定期海外情報である阿蘭陀風説書と唐風説書とであった。

右のような体験を積んだ泉石が、天保の後年に遭遇したのが、隣国で起きたアヘン戦争であった。手本としていたアジアの大国中国がイギリスに敗れて、厳しい国際条約を吞まされた戦争であった。他山の石としなければならないことであった。

今度はどうしたか。右の経験に学ぶとともに、通常の風説書に加えて、より詳細な情報「別段風説書」の入手に努めることであった。

## (三) 海外情報の入手――残存泉石資料から

鷹見泉石の手許には、長崎奉行が老中（幕府）に申達した情報が泉石にまで披見させられているもの、長崎の阿蘭陀通詞や長崎奉行所の手附が報じたもの、出島のカピタンの報じたもの、沿海に位置する諸侯からの通報、ときには海外新聞や新作の著作から抜粋して翻訳したものや、漂流記事・入津記事・書翰などなど、まとまっていない断片的なものまで、さまざまなものがみられる。泉石が海外情報を入手するのに、いかに手広く情報網をもっていたか、知ることができる。江戸の天文台・昌平坂学問所・医学館などにも泉石は知己を得ていた。新元会、オランダ料理の試食会等に身分を超えて出席、商人とも親交の機をもったが、泉石にとっては情報収集のよい機会であったのである。

以下、残存泉石資料にめぼしい海外情報関係の文書を紹介してみよう。
①「当丁卯年は天下御一統（後略）」という書き出しの「下書」文が三点も残っている。
「丁卯」は文化四年（一八〇七）。文化の魯寇事件の報を受けて、泉石が「上書」を試みようとしたらしく、「五月

十七日」の日付を持つ推敲文と思われる。関連の下書きかと思われるものも二点ほどある。泉石の心をよほど昂ぶらせた大事件と思われる。このような上書の下書が作成され、推敲されていることの前提として、魯寇事件に関する北方情報を泉石が大量に収集していたことが察せられる。

現に泉石資料には「北寇秘録」「蝦夷地一件」「魯西亜人モウル存寄申上書面」など北方関係の書写本を多数みることができる。

上書下書の内容は異国船防禦のためには大砲を備えた大軍艦の製造が急務であると力説。当時では、薩州侯の軍艦だけが堅牢なもので、他の諸藩ではできていない現状で難しい、としている。そのための資金調達にも論を及ぼしている。

②「覚　風説書　弐番船風説書　両船積荷物差出シ　脇荷物差出シ」一紙。

③「覚　風説書　弐番船風説書　本方荷物差出シ　脇荷物差出シ」

右の②は文政八年（一八二五）、③は文政十年の文書である。両文書にみえる「覚」はオランダ船の長崎来航時に行われる検問書類である。「風説書」はオランダ船の一隻ごとにもたらされる海外ニュース。「荷物差出シ」はオランダ船の輸入した品物の目録で、いわゆる「積荷目録」である。「覚」「風説書」「積荷目録」は入港手続き上、重要な秘密書類とされていた。これらが一紙にまとめて認められている例を他に見ない。③には特に、当年の出島のオランダ商館に在留している商館員の名歳一覧が付いている。長崎でオランダ船入港時の検問事項、出島のオランダ商館が管理する蔵や商館員の名歳を知ることのできる機密性の高い文書で、阿蘭陀通詞によって泉石に知らされた機密情報といってよい。

④「千八百十年（文化七）魯西亜開板
欧邏巴風説書中ゟ抜書　和蘭陀国改革之始末通弁書」

が所蔵されている。右の表題からしてロシアで一八一〇年（文化七）出版されたヨーロッパの風説書から抜き書きしたもので、内容は「オランダ国の改革の始末をロシア語通詞村上貞助がロシア人に聞き糺しながら反訳したものであるという。したがって、ロシアで一八一〇年に刊行された新聞もしくは雑誌のようなものから通詞村上貞助によって説明、二年後の文化九申（一八一二）に報告された海外情報である。

「申六月但馬守帰府之節持参」と注記されているから、但馬守が帰府の際に持参して報告されたものと判明する。右の報告が、土井侯に報じられ、さらに土井侯から泉石に下されたものか。それとも帰府の際に但馬守から直接泉石に報らされたものか。いずれかであろう。前者の可能性が高いと考えられる。

⑤「天保十五辰年七月和蘭陀本国船長崎入湊ニ付、臼杵様より御聞繕之留（マヽ）」

天保十五年、すなわち弘化元年（一八四四）の七月二日に、オランダ国王ウイルレム二世が派遣した軍艦パレンバン号が長崎に来航。使節コープスはヨーロッパの形勢を告げて、国書を長崎奉行伊沢政義に呈し、開国を促した。このときの軍艦が例年の商船に比して巨大で堅牢にみえたので沿海諸侯からの急報が続いた。その一つであったわけである。巨大堅牢振りについては、次のように報じられている。

（前略）阿蘭陀本国之船長三拾三間位、横拾間位、深サ之義長サ同様之由、乗組人数三百人余、是迄通商之船は船底銅ニ而張有之候処、此節入津之蘭船は色黒く相見へ候ニ付、鉄ニ而張可有之哉と申事ニ御座候

巨大堅牢な軍艦に驚いた様子が伝わってくる。

⑥「此節咬𠺕吧頭後ゟ御聞ニ達候様申越候義左ニ奉申上候」

カピタンのヨフセフ・ヘンリイ・レビスゾーンJoseph Henry Levyssohnが弘化四年丁未（一八四七）に報じた海外情報である。端裏書には「新聞二款」とあるから、レビスゾーンが見た「新聞」から抜き書きして報じたものとわかる。通詞目付・大小通詞が「未六月廿六日」付で訳文を報じたものである。内容は、イギリス・フランス・北アメリカの動向を報じ、これらの諸国が日本に来航するらしいと予告し、対日貿易を望んでいると報じた重大情報である。

⑦「弘化四未年入津之阿蘭陀船風説書」と題した一綴の報告。

カピタンのヨフセフ・ヘンリイ・レイソンが報じ、「未六月廿六日」付で通詞目付・大小通詞が訳文を報じた「風説書」。

同様にして報じられた二通の「別段風説書」である。オランダをはじめとするヨーロッパ各国ならびに印度・唐国の動向が報じられている。加えて「和蘭暦数一千八百四十七年第四月六日弘化四年未二月廿一日当ル広東ニ罷在候唐国奉行とホンコン各地に罷在候エケレス国奉行と申極候ケ条大意記」として、第一条から第七条の内容が報じられた生々しい海外情報である。

アヘン戦争後の「南京条約」の内容が報じられ、特に唐国がエケレス国に「二千九百六十一万八千二百八十五ホント」の賠償金を支払ったことを特報している。

⑧「此節入津之阿蘭陀人共風説探索仕候趣、御内含迄左ニ申上候」

「六月」（嘉永三年庚戌）付での萩原又作の報告である。端裏には「萩原又作上言」とあり、この萩原又作には「此者長崎奉行手附之内」と後筆で注記が付けられている。

内容は北アメリカ合衆国が諸国と通商している様子、松前より差し送られたアメリカ漂流人マクドナルドに関する情報などが含まれている。長崎奉行手附からの情報であることがわかる。

⑨「嘉永三年庚戌　別段風説書　司天台訳」

内容は北アメリカ人が全世界に航海して交易をしていること、近日、日本にも到り交易をしたい所存であるといっている様子をオランダ商館長レビスソーンが報じたもの。その江戸天文台での訳文である。泉石が天文台詰の訳員や役人とも親交のあった証拠である。

⑩「別段風説書　嘉永三年庚戌千八百五十」

「古かひたん　よふせふ　へんりい　れひそん」と「新かひたん　ふれでれつき　こるねへりす　ろふせ」が連名で報じた別段風説書で長崎訳と考えられる。内容は北アメリカが諸国通商、日本とも交易を望んでいるとの報。これは「ズターツセケレターリス（Staats Secretaris）」の「カライトン」からの報と伝えている。

⑪「嘉永五年壬子別段風説書　司天台訳」

北亜墨利加合衆国が交易取り決めのため、伯理璽天徳(プレジデント)の書翰を持って当国（日本）へ来航する予報。これには日本の港の一、二に入港許可や石炭置場の許可が付帯されている。

支那にいる北アメリカの軍船五艘の報、指揮官が「アウリツク」から「ペルリ」に変更になった報、五艘軍艦に四艘増加の報が予報されている。オランダのフレデリッキ・コル子リス・ローセと、ドンケル・キユレチウスの通報である。

⑫「子年阿部伊勢守より封書ニ而相達候風説書抜　一通」

内題には「当子年阿蘭陀別段風説書之内」とあり、端裏書には「松平薩摩守江」とある。

ペリー来航を受けて、老中筆頭阿部正弘が諸侯に諮問するために達した開鎖を問う風説書抜である。泉石は阿部正弘と相識の関係にあったが、この薩摩侯に宛てた一通が藩主土井侯経由で泉石にもたらされたものか、それとも、泉石に直接送付されたものかは未詳。

⑬「嘉永六丑年七月十八日　魯西亜船四艘長崎表江渡来ニ付、長崎奉行手附差出候書付」

「丑年七月」付で、長崎奉行手附の大井三郎助・馬場五郎右衛門・白石藤三郎が連名で「留守居中」へ提出した書類の写である。

七月十八日、ロシア極東艦隊司令長官プチャーチンがロシア遣日使節として四隻の艦隊を率いて長崎に来航し、高鉾島前に投錨したときの生々しい様子が報じられている。ペリー来航、アメリカの要求と比較検討し、ロシア使節の目的を検討した長崎奉行所手附らの論評である。長崎奉行所手附から留守居役へ、留守居役から長崎奉行へ、長崎奉行から幕府老中へ報じられ、やがて泉石へも廻されて検討を命じられたものであろうか。それとも、長崎奉行所役人にも知己を得ていた泉石であったから、直接、泉石宛に送付されてきたものか、未詳ではある。

⑭「松平薩摩守趣意書　攘夷論」

ペリーによってもたらされた国書が回達され、それに対する「嘉永六癸丑年七月廿九日」付の「松平薩摩守」と署名されている意見書の写である。回答を得た老中が泉石にも見せて検討させていることが察せられる。

⑮「極秘亜米利幹人告牒」

「外国人日本通商之企、亜墨利加人当今日本江志望之事を載たる公顕の告牒記之事」を報じたレビスゾーンの「ヤッパン（日本紀）」からの抄訳である。

⑯「上書下」

「北亜墨利加合衆国より之書翰和解御下ケ被遊拝見仕、存旨可申上旨被仰出候趣、恐入事奉畏（後略）」として嘉永七年（一八五四・安政元年）「七月廿五日」付で上書しようとした下書である。署名を入れるべき末尾に「姓名」と署名箇所を示すだけの下書になっている。泉石の「愚意摘要」の内容とも合っていない。アメリカ合衆国からの書翰を見せられて、分析・検討のうえ存念を回答しようとした下書である。藩としての公的回答案文だったのか、それとも、他藩某の回答下書であったものか、にわかに決し難い。

⑰「甲寅風説書」

内題には「別段風説書　嘉永七年」とある。

阿蘭陀国之事

和蘭支配印度領の事

シンガポールの事

ビルマの事

アウスタラリーの事

喜望峯之事

唐国の事

大フリタニヤ及ひイールランドの事

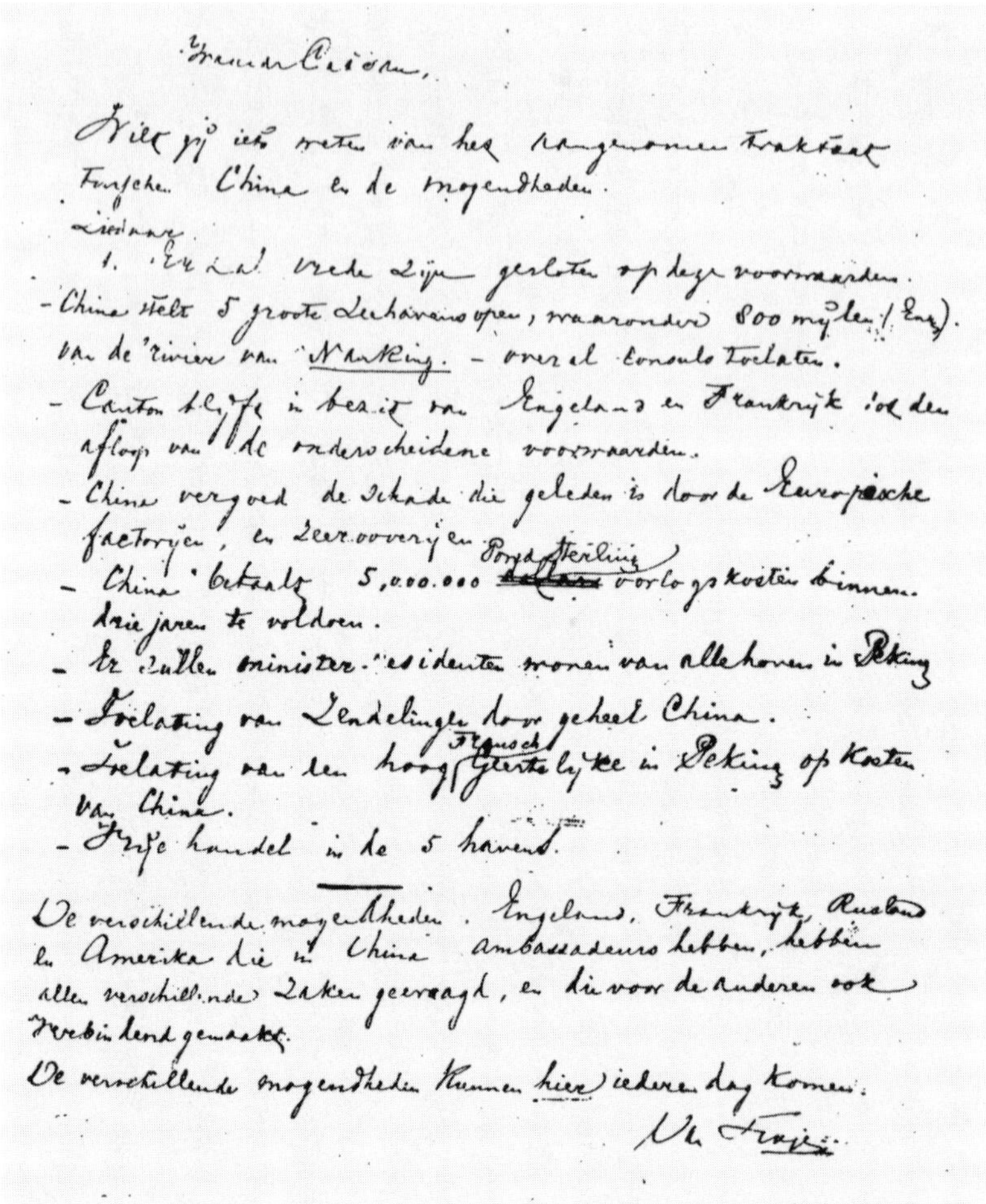

Waarde Caisen.

Wilt gij iets weten van het aangenomen traktaat tusschen China en de mogendheden.

Zie hier.

1. Er zal vrede zijn gesloten op deze voorwaarden.

- China stelt 5 groote zeehavens open, waaronder 800 mijlen (Eng). van de rivier van Nanking. - overal consuls toelaten.
- Canton blijft in bezit van Engeland en Frankrijk tot den afloop van de onderscheidene voorwaarden.
- China vergoedt de schade die geleden is door de Europesche factorijen, en zeerooverijen.
- China betaalt 5,000,000 ~~dollars~~ Pond Sterling oorlogskosten binnen drie jaren te voldoen.
- Er zullen minister-residenten wonen van alle hoven in Peking.
- Toelating van zendelingen door geheel China.
- Toelating van een hoog Fransch geestelijke in Peking op kosten van China.
- Vrije handel in de 5 havens.

De verschillende mogendheden. Engeland, Frankrijk, Rusland en Amerika die in China ambassadeurs hebben, hebben alle verschillende zaken gevraagd, en die voor de anderen ook verbindend gemaakt.

De verschillende mogendheden kunnen hier iedere dag komen.

Uw Troijen

Katsu Rintaro Sama

図１　勝海舟に宛てたファン・トローイェン書翰（書翰文と表書き）

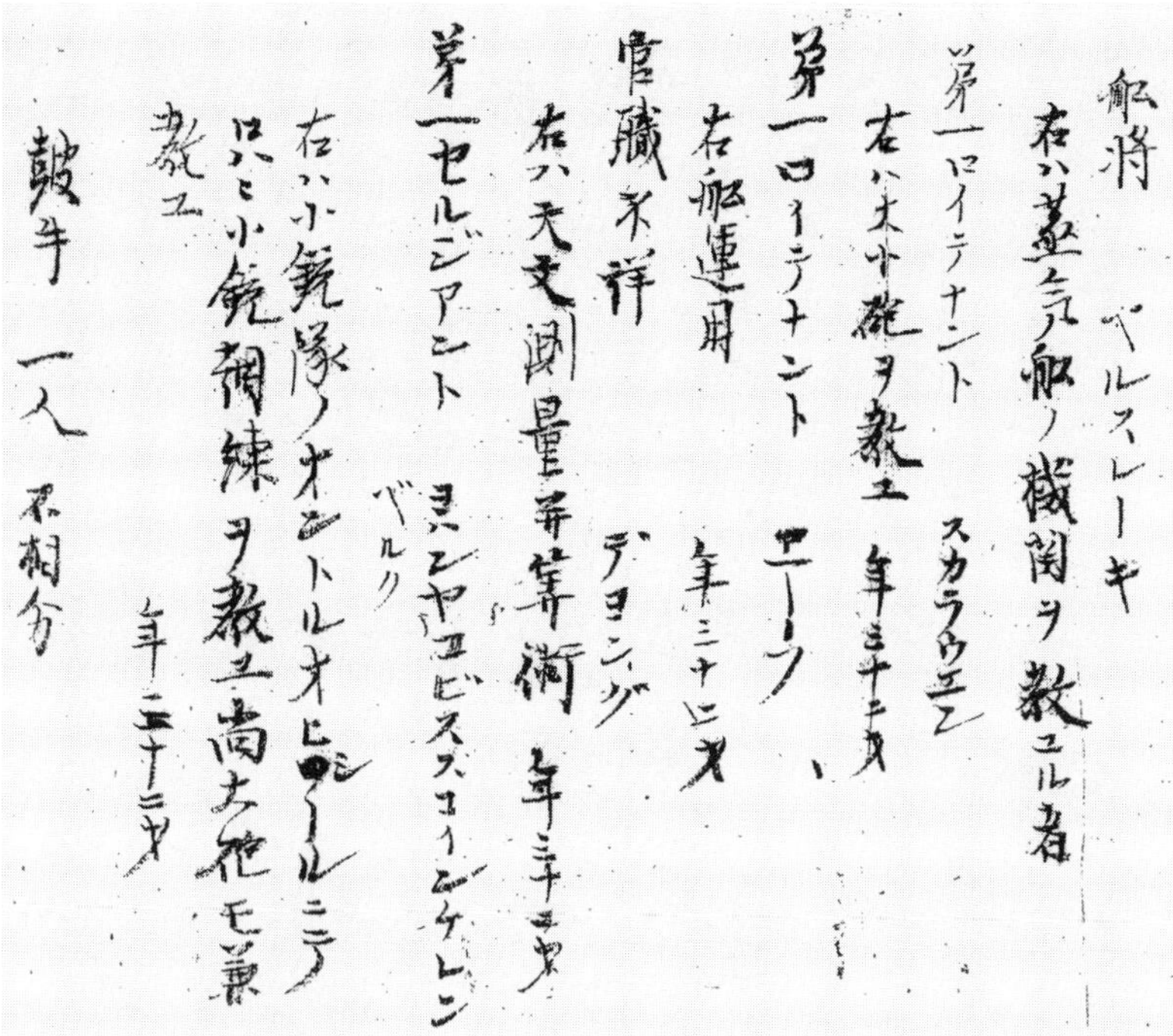
船将　ペルスレーキ
右ハ蒸気船ノ機関ヲ教ユル者
第一ロイテナント　スカラウエン
右ハ大中砲ヲ教ユ　年三十二才
第一ロイテナント　エーフ、
右船運用　年三十二才
官職不詳　デヨンク
右ハ天文測量算術　年三十五才
第一セルジアント　ヨンヤコビスコイルケレンベルク
右ハ小銃隊ノオンドルオヒシールニテ
只ヒ小銃稠練ヲ教ユ尚大砲モ兼
教ユ　年二十二才
鼓手　一人　不相分

図２　第１次長崎海軍伝習オランダ人教官氏名・担当科目・年令の覚書（勝海舟関係文書）

フランス国の事
ポルトガル国の事
イタリヤ国の事
トイツ国の事
キリシヤ国の事
魯西亜国トルコ国の事
亜墨利加州　ペーリューの事
メキシコの事
エクアドルの事
カリフオルニーの事
テキサスの事
海軍之事

から成り、カヒタン・トンクル・キュルシユスの報告蘭文を「寅七月」付で、通詞の西吉兵衛・志筑龍太・西龍太郎・楢林栄太郎らの和解で提出されたものである。

　そのあとに漢文と和文の唐船の船主によって

唐国騒乱の情報が付けられている。

さらに「七月廿二日己之刻　茂木村沖三里計之処ニ汐繋リ仕居候豊利船(マ、)より館内江差越候書翰之写」も附載されている。

⑱「安政二卯年ヨリ華夷入港記　坤」

安政二年（一八五五）・安政三年・安政四年の諸船長崎入港記事を収録している。「風説書（ヘンリーツテコルネリヤ船号）」「阿蘭陀国王江被遣候御品書」や海軍伝習の教官のこと、来航船の入津記事、出帆船の記事などである。「坤」とあるから、「乾」の巻があったかもしれない。

⑲勝海舟宛のファン・トローイェン書翰（図1）

勝海舟が長崎での海軍伝習受講中、オランダ教官の一人一等尉官ファン・トローイェンから報らされた「列強はそろそろここ〈日本〉へやってくる」という衝撃的なニュースも、海舟と昵懇の親交関係にあって、海軍伝習教官団の名簿と教授内容（図2）まで情報を得ていた泉石であったから、きっと、右の報を聞知していたに相異あるまい（片桐一男『勝海舟の蘭学と海軍伝習』参照）。

⑳「仏郎西書翰」

「乙卯三月、三月四日仏船ゟ差出候書面写シ」とある。乙卯は安政二年。

㉑「丙辰」

内題に「別段風説書　安政三丙辰年」

和蘭国

和蘭領印度の属地
貎利太尼亜領印度
支那
大貎利太尼亜幷イールランド
スウヱーデン　ノールウヱーゲン　デー子マルケン
仏朗西国
独乙国
伊斯巴泥亜国
ホルトガル国
伊太利亜国
キリーケンラント
都児格国
魯西亜国幷都児格国
亜墨利加州
海　軍

の内容で、「辰七月」付で品川藤岳衛・荒木熊八・西孝太郎・西吉十郎らの通詞の和解によって報じられている。

㉒「巳正月　評判記蘭人申上」

内題に「安政四巳二月和蘭陀人風聞書抜并長崎於出嶋甲比丹申出候書付」とある海外情報で、「巳二月」付で通詞の本木昌造の報告である。

### (四)　海外情報の扱い

#### 1　主君・老中への報告

鷹見泉石が八方手を尽して入手に努めた海外情報は、そもそも藩主にして幕府のロシア人取り扱い専管老中であった土井利厚および海防掛担当老中土井利位に呈上・報告するためのものであった。

〇広東へヱゲレス〻軍船参、奥州蝦夷地之御意有之

とあるように、アヘン戦争関係におけるイギリス軍の動向、および蝦夷地事情に関心の深い主君、

〇風説上ル（天保十一年九月二日の条）

〇内風説書写出来、晩ニ上ル（同年十月二十一日の条）

というふうに呈上・報告している。土井侯にまで上げられた海外情報風説書・別段風説書は幕府における協議、対外政策決定の資料とされたのである。

右は、たまたま、「泉石日記」にみえている直接的な具体例である。土井利厚の頃にも、右同様に、呈上・報告を行っていたのである。

## 2　渡辺崋山への教示

佐賀の鍋島家にはかつて「和蘭風説書」写本六冊があって、第一冊の巻頭に漢文の序文が付いていた。

　荷蘭上告文五巻附録一巻係鷹見泉石請長崎象胥所就日記中令抄写者泉石古河藩人壮歳好洋学適土井侯任閣老而身替公事故得有此挙泉石晩年以地学与余交厚頃者出

鷹見泉石は、手許に入った海外情報・風説書を親交のあった蘭学者や幕府有司に、惜し気もなく、披見せしめ、貸与している。そのことに対する礼状が、渡辺崋山や川路聖謨から来ている。

以下、披見・貸与の具体例をあげてみよう。

　其深秘寄示于余乃写一通蔵家（中略）抜閲一過乃題其首嘉永四年辛亥仲春逢谷病人儒書于楽忘居中南窓下（後略）

とみえる。これによれば、荷蘭上告文五巻、附録一巻は長崎の阿蘭陀通詞の役所にある記録から鷹見泉石が抄写させたもので、泉石が晩年に逢谷箕作阮甫にこの秘書を見せ、逢谷は別に写本一本を作り、嘉永四年（一八五一）仲春、楽忘居中の南窓下において本書の首に題言を書いた、というものである。もって、写本作成の経緯がわかる。本書の収録年数は寛文六年（一六六六）から文政九年（一八二六）までである。

学習院大学図書館は『荷蘭上告文』乾坤二冊を所蔵し、序文はないが、収録年数は同じく寛文六年から文政九年までで、初めの四十四葉は楽忘居という罫紙に書かれている。箕作阮甫作成本であることがわかる。

ところで、渡辺崋山と鷹見泉石との親交のあったことはすでによく知られているところであるが、風説書をめぐっても、その様子が窺える。例えば、天保七年（一八三六）十二月十八日付、崋山から泉石に送った書状に、

　今年風説書之義被仰下、定而此節は御入手とは奉存候得共、愚釈相添、呈進仕候

といい、また同じく「五月八日」の日付をもつ一翰には、

風説書　五巻　追〻留観難有御庇蔭不浅奉拝謝候、則返上仕候（後略）

ともいっている。文面から、崋山が泉石よりしばしば風説書を借覧した機会のあった様子が窺える。

田原町の崋山文庫は上下二冊の「風説書」写本を所蔵している。崋山の自筆本でなく、何人の書写にかかわるものか写本自体からは何も手懸りは見出せない。その収録内容は、

〔上巻〕

・寛延元辰年（一七四八）から文政九戌年（一八二六）までの風説書

・蘭船三艘分の乗船員名簿

・寛文六午年（一六六六）から延宝五巳年（一六七七）までの風説書

〔下巻〕

・延宝六午年から延享四卯年（一七四七）までの風説書

収録年度の順序からすれば、「上」の最後についている寛文六年～延宝五年度分が「下」の前半に移って、「上」「下」が逆になるべきものである。この乱れはいかなる事情によって生じたものであろうか。

全体を一度に書写したものであれば、その写本のもととなった本が乱れていないかぎりかかる乱れは生じそうもない。ばらばらに書写したものが製本する段階で乱れてしまったものかとも考えられるが、「上」の方には白紙が三丁もついたままになっている。したがって、書写後製本したものとは考えにくい。そこで考えられることは、乗船員名簿の八丁を除いた風説書の部分のみでいえば、

寛延元年～文政九年
寛文六年～延宝五年
延宝六年～延享四年

この順序で三度に分って書写する機会があったのではあるまいか、ということである。入手・書写の決して容易でない性質の史料であるだけに、順序を追って、全部一度に書写できるということは困難なことであったであろうから、かかる推察は全く無理なこととも思われない。それどころか、ここに有力な傍証が存在する。

泉石は重要な書状を認めた場合に、よく下書き、もしくは控を作成した。そのような書状の下書の一通に、次のような一節がみえる。

（前略）和蘭風説書、寛文六年ゟ之一冊延宝迄ハ、是又助次郎へ御頼遣申候、先日申上候、仕候得共、六代来、荒崎陽此手之書後写呉候儘ニ付、誤多、旁御用立之程無覚束奉存候、書抜差上候（後略）

誰に宛てた書状の文面か、宛名の記載がなく不明ではあるが、「寛文六年ゟ之一冊延宝迄ハ」とは、ちょうど、崋山文庫本「風説書　上」の後半部分に当たるではないか。してみると、泉石自身、長崎の阿蘭陀通詞から、何回かに分けて書写してもらったらしいことが明白な文面である。少なくとも寛文六年から延宝までの写本一冊は、通詞の石橋助次郎の斡旋にかかるものであったわけである。このようにして、泉石は寛文六年から文政九年までの風説を蒐集し得たものと考えられる。泉石の手中に入った風説書が順次崋山に貸し出されたことは、前述の様子からして、その可能性は高い。鍋島本風説書・学習院本荷蘭上告文・崋山文庫本風説書がいずれも寛文六年度分から文政九年度分までを収録していることは、右の情況からして無関係とみるよりは、むしろ密接な関係にあり、とみるほうが順当であろう。

3　川路聖謨への教示

蝦夷地に関する調査・研究は泉石畢生の事業である。川路聖謨左衛門尉の書状がこれを雄弁に物語っている。

先達ては度々の御細書千万忝候、不相替とは乍申、国家の為御苦心の程、感歎致候義に御座候、蝦夷の事など三十年余も御教示、則被御遣候御書面を其懸の人々へも拝見為致候、僕が蝦夷の事は鷹見翁の御伝と申して物語り候義に御座候、其余海防の御確論、是又別段と感服候、且宗次の封の尖眉拝戴めづらしきものにて一段忝存候、此品は先達て西洋人よりの贈物に御座候、彼地の野菜物に御座候、わざと御うつりに奉呈候、御笑美被下度候、調役中の懇意、当時は

尊翁御一人計時々の御文通に御座候、其頃の同役いづれも寂寥屈指数可申候、書余尚万縷可申上候、頓首

二月十九日

幕末の名士川路聖謨が三十年余も蝦夷地のことについて泉石より教示を受け、「僕が蝦夷の事は鷹見翁の御伝と申して物語」ったとあるは頗る注目に値する。同時にこの度もまた川路を感服せしめたほどの海防論を認め送った様子が窺える。

4　名村五八郎への教示・貸与

箱館開港を念頭において、安政元年（一八五四）三月、村垣範正・堀利熙らが樺太見分に出立したが、これに先

立って小通詞末席の名村五八郎が樺太へ向け出立、現地に残されていたロシア書翰の翻訳に当たったのである。

右の名村五八郎が出立に先立って鷹見泉石を訪れ、「蝦夷地図」一枚を借用している。日付が「寅三月廿六日」と明記されている。寅は「安政元甲寅」に当たっていて、前後関係においても、矛盾しない。

これを『鷹見泉石日記』で確認することができる。嘉永七年（一八五四・安政元年）三月二十五日の条に、来訪の記事がみえる。翌二十六日の条には、泉石が名村五八郎に「サカレン備州図、蝦夷図、魯西亜字学書等」を見せ感心され、そのうえで、名村五八郎がどれも借りたいところであるが、まず「蝦夷北蝦夷地」のところが必用であるから、借りたいという意向であったので貸したところ、念のためということで「書付」をくれた、と明記している。この「書付」が泉石資料に伝存している「借用書」である（図3）。

このように名村五八郎が泉石から北辺のことについて教示を受け、蝦夷地図一枚の借用までしていることがわかる。

泉石資料中にこの借用書が遺されているということは、名村五八郎から鷹見泉石に、結局、この地図が返却されないまま今日に到っているということを示している。

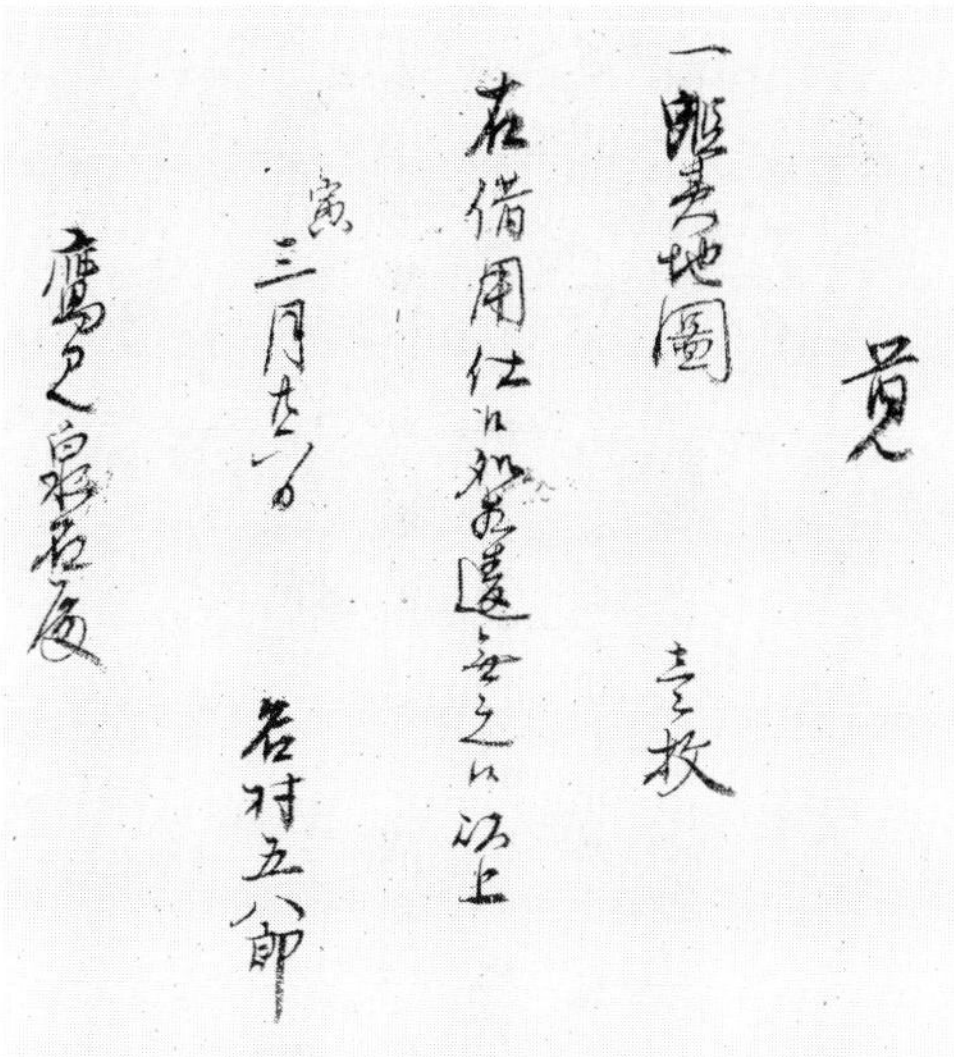
覚
一　蝦夷地図　壱枚
寅　三月廿六日　名村五八郎
鷹見泉石様

図3　名村五八郎の借用書

## おわりに

主君の古河藩主にして海防掛に任じる老中土井侯に近侍した江戸詰家老鷹見十郎左衛門忠常・泉石のもとに、八方手を尽して集められた海外情報と、その利用・活用の様子は以上の通りである。

この集積された海外情報と世界知識が、鷹見泉石において「新訳和蘭国全図」と、「蝦夷北蝦夷地図」に結実し、「愚意摘要」に表明された群を抜く卓見・先見を生む原動力になったものと考えられる。

蘭方医の多かった蘭学史上の蘭学者群の中で、藩政と幕政に深くかかわった武家としても鷹見泉石は注目される存在と考えられる。

各論二

# オランダ別段風説書

## ――その公的回覧と私的書写――

佐藤隆一

## はじめに

開国と攘夷をめぐり激論が展開され、未曾有の混乱のなかで揺れ動いた幕末期の日本においては、常にその政治的決断を急がれた政権担当者たる幕府にとって、またこれらの問題をめぐり白熱した議論を戦わせた諸大名勢力や有識者たちにとって、最も信憑性のある海外情報源はすでに江戸初期から幕府に風説書というかたちで送り続けてきたオランダ人による情報であったことは論を待たないであろう。

なかでも、アヘン戦争発生時期の天保一一年（一八四〇）より通商条約締結時期の安政六年（一八五九）までおよそ二〇年近くの間、通常の風説書とは別の特別報道版というべき、オランダ人たちがバタヴィア政庁で海外情報を蘭文にまとめあげて作成して長崎に送り、通詞や蘭学者たちが日本語に翻訳した別段風説書は、日本の開国・近代化への架け橋というべき情報源となったといっても過言ではない。

そこで本稿は、オランダ別段風説書の海外情報文書としての性格とその扱われ方を時系列に見て行き、特に開国・近代化への岐路となったペリー来航期においてどのように変化したのかに着目しながら、分析・検討を試みたい。

## 一　オランダ別段風説書の成立

江戸初期から厚い信頼をおく海外情報として扱われたオランダ風説書であるが、ロシア・イギリス・アメリカ・フランスなどの異国船が日本列島沿岸各地に頻繁に渡来して危機感が深まる一九世紀前半期の情勢のなかで、中央政府たる幕府においてはその運用面において不都合になるような、次の問題点が生じていた。

①オランダ・清両国船が発着する長崎は幕府の直轄地であり、かつ海外情報受信・発信の最重要拠点でありながら、代々港の業務に携わる地元町役人の裁量権が余りにも絶大であり、中央権力たる幕閣の力が十分に及ばず、江戸から派遣される長崎奉行も、当地における実務経験の浅さから「郷に入っては郷に従う」姿勢を取らざるを得ず、幕府直轄による管理が行き届きにくいという特殊な地域であった。例えば、老中に就任する前の溜間詰時代の松平定信は、将軍への意見書のなかで「とにかく長崎は日本の病の一ツのうちにて御座候」と述べて、実態にかんがみてその扱い難さを問題視している(1)。

②オランダ人がもたらした情報を日本語に翻訳して作成されるオランダ風説書であるが、オランダ人が自国にとって不利益・不都合な情報は、たとえ重要な内容であっても風説書情報にはあえて加えないことがあった(2)。また、

通詞たちが自らの立場を危うくしたり、長崎の町の不利益になりかねない内容は削除するなどの行為が行われる実態も多々あった[3]。当時、有識者の間では対外的危機が深まるこの時期にこのような情報操作が行われること自体が大問題と認識されていた。

③オランダ風説書は、長崎奉行による厳重な管理のもとにおかれ、江戸の老中へ送られてからも機密文書として扱われる原則になっていた。しかし、長崎で翻訳を行う通詞をはじめ、特定個人の裁量により私的な書写が行われ、機密であるべきはずの風説書やこれに関連する情報が民間に漏洩する実態があった[4]。

これらの弊害にかんがみて、天文方見習の渋川六蔵が天保一〇年（一八三九）七月に老中水野忠邦に具体的な改革案の意見書を提出する一方、オランダ東インド総督はアヘン戦争の発生を受けて一八四〇年五月二六日（天保一一年四月二五日）に英字新聞などの刊行記事をもとに別段風説書（Apart Nieuws）として日本に報告するよう指令している。その結果、一八四〇年七月二九日（天保一一年七月一日）に長崎に到着したオランダ船が初めて別段風説書を提出した[5]。

さて、史上稀にみる長期安定政権となった江戸幕府は、海外情報の収集・管理において朝廷や諸大名よりも圧倒的に優位な立場にあり、直轄地長崎にもたらされるオランダ風説書および唐風説書は、幕府の独占管理のもとにあった。しかし、前述のように、実際には通詞ら長崎地役人の裁量により長崎に聞役をおく諸大名や各地の蘭学者らに風説書の内容が漏洩する場合がみられた。特に、アヘン戦争が発生し、その情報が別段風説書というかたちでもたらされるようになると、人々が強い関心を示した。

次に紹介する史料は、安政元年（一八五四）のオランダ別段風説書写本（第一五号）の末尾に記された「極秘々々」

という標題のある興味深い奥書である。(6)

別段風説ハ崎陽にて和解致、和解計を江府へ差出し候処、田口加州勤中前浜松侯御好ニ而本書を添差出候事ニ相成、内藤房州勤中松平河州より福山侯へ申上、一枚タリ共他へ不洩様本書ハ役所ニ而開封、於御役所通詞四、五人、手附用人立合翻訳致させ、草稿ハ鎮台の手元へ取上、清書二冊　一冊江府上　一冊鎮台控　二冊之外無之定ニ相成、其頃薩州・佐賀・筑州ゟ心得之為表向借用いたし度旨申越、江府へ伺候処、かしつけ者決而不相成、御固筋にて入用之処も有之ハ、写を被遣へしとの御下知

すなわち、

①従来、別段風説書は長崎で翻訳し、和解の文だけを幕府へ提出してきた。

②しかし、田口喜行（加賀守）が長崎奉行在任中、老中水野忠邦（浜松藩主、越前守）の意向によりオランダ語の原文を添えて差し出すことになった。

④さらに内藤忠明（安房守）が長崎奉行在任中、勘定奉行松平近直（河内守、長崎表御用）より老中阿部正弘（福山藩主）へ建言をした結果、次のような定めとなった。すなわち、オランダ語の別段風説書の原文は一枚たりとも外部へ漏洩しないように長崎奉行所で開封し、奉行所内で手附用人を立ち合わせて通詞四、五人に翻訳させ、草稿は取り上げて長崎奉行所で保管し、和文の清書二冊のうち一冊は幕府へ提出し、もう一冊は控として長崎奉行所で保管し、これら二冊の他は清書を作成しない定めとした。(7)

④その頃、薩摩・佐賀・福岡三藩より心得のために別段風説書清書を借用したい旨を願い出たが、幕府は清書の貸し付けは決して許さず、ただ海岸防備のためにこれを必要とする藩もあることなので、入用部分の写しを遣わす

ようにとの下知があった。

この奥書は、ペリー来航以前における幕府のオランダ別段風説書の管理の在り方の大原則とその例外を説明している注目すべき史料である。

## 二　薩摩藩によるオランダ別段風説書の書写

薩摩藩は、幕末期の藩主島津重豪（しげひで）が「蘭癖大名」と呼ばれるほど蘭学に執心し、また安永期にはオランダ通詞今村家に扶持を与えており、天明期には内通詞松村元綱を任用するなど、オランダへの関心が極めて深かった(8)。幕府が独占管理をし、他見が禁じられていたはずの風説書も、同藩では内々に書写することがたびたび行われていたようである(9)。

島津家文書『嘉永雑録』のなかにある天保一三年（一八四二）別段風説書の「長崎御附人奥四郎ゟ差出候書付」と標題のある奥書(10)には、薩摩藩が長崎において内々に風説書を書写した事情が具体的に記されている。

まず、書写に至る経過については、

此節入津之阿蘭陀人ゟ於唐国エゲレス人共戦争一件ニ付、当時御役所ゟ御尋向有之候別段風説書を以極内申出候、書面和解高島四郎太夫江内々願入写取申候ニ付、早速御国許江も差上越申候、

とあり、オランダ人が長崎奉行に提出して翻訳されたアヘン戦争情報が詳細に記された別段風説書を、薩摩藩は長崎町年寄高島四郎太夫（秋帆）へ内々に願い入れて書写をし、早速薩摩の国許へもこれを送った旨が記されている。続

けて、イギリス人の頭取の者よりオランダ人へ、アヘン戦争が鎮静化した後にはイギリス人が長崎表へ赴いて通商を要求し、これが免許されない場合は次の手立てがあるという意向を中国において示したとのことなので、その旨も長崎奉行所に話しておいたとのことが付け加えられている。

しかし、アヘン戦争情報についてこの奥書は、

然処、右一件者御役所之儀者極々御秘密ニ而、一切他へ不相洩様掛御役人共へ厳敷被申附置、和解下書迄も御取揚候旨高嶋ゟ承得申候、

とあるように、長崎奉行所内においては機密事項であり、他へは一切情報を漏らさないよう役人たちへ厳重に通達されており、風説書和文の下書までも取り上げられてしまう徹底ぶりを高島より伝えられた旨が記されている。ただし、前掲のオランダ人たちが知らせた内容の書面は、前月（七月）二七日に宿継で薩摩藩国許へ送達されており、これは和文に翻訳された二冊と清国の地図であり、地図に朱印の押してあるところはイギリス人が占領した場所であるとの補足が加えられている。

奥四郎はこの奥書の結びとして、

右一件ニ付此節御内用有之益満新十郎へ出崎被仰付、去月十八日着崎仕候間、早速ゟ尚又申談、高嶋ハ勿論御内用頼通詞中山作三郎身へ何歟頼入等も仕事ニ御座候、左候而委細之儀ハ書面迄ニ而ハ難解意味合も御座候処、近々中御発駕ノ上新十郎事御道中迄も罷越、委細将曹殿へ申上置候筋ニ談合仕置申候処、御同人ゟ御聞取に被成下儀と奉存候、此段為御含申上越置候、以上

とあるように、アヘン戦争情報一件については特使として薩摩藩士益満新十郎を長崎に派遣し、七月一八日に着崎し

た益満は早速高島はもちろん藩の御内用頼通詞中山作三郎へも頼み込み情報収集をしているとする。よって、送付した書面だけでは理解しきれない意味合いもあるために、新十郎が薩摩の国許まで赴いて家老島津久徳（将曹）へこの一件の委細を報告した模様であることを報告している。これによって、薩摩藩が高島秋帆ら長崎における人脈を駆使して海外情報収集をした様子がよくわかる。

## 三　「御内密」と表記されたオランダ別段風説書

少なくとも、後述するペリー艦隊が浦賀に来航して黒船騒動となる嘉永六年（一八五三）以前の段階までは、オランダ人がもたらした詳細な海外情報を長崎で厳重な管理体制のなかで通詞が翻訳して作成したオランダ別段風説書は、一枚たりとも他への漏洩は許さないという大原則があった。しかし一方で、海岸防備で重要な役割を負った藩などには特例として書写を黙認するという、一見矛盾する運用がなされていた。では、このような私的な書写が行われていた実態とはどのようなものであったのだろうか。

まず紹介するのは、宮内庁書陵部所蔵のアヘン戦争情報を記載した天保一五年（弘化元、一八四四）のオランダ別段風説書写本である。(11)

この写本の表表紙の標題には「御内密申上候別段風説書」と貼紙があり、これは製本をする段階で記入されたものであろう。二枚目の表紙には「秘密之昼（マヽ）天保十五歳在甲辰夏五月上浣謄畢　御内密申上候別段風説書」とあり、こちらが書写段階に記された標題と考えられ、この写本が天保一五年五月上旬に秘密裏に書写されたものであるという事情が記されている。

続けて、書写後に右側に入れた朱書についての断り書きがある。これは、「──……」が「諸国入合の地ノ印」、「─○─」が「唐エゲレスノ外余国の印」、「──」が「唐国の印」、「……」が「イギリスノ印」というものである。この写本の本文中、例えば「亜瑪港」には「──……」が、「唐国」には「──」が、「エゲレス人」には「……」と、それぞれ朱書が施されている。次の行には「地名人名蘭語故不詳故方角里数等画面ニ不出」とあり、オランダ語の地名・人名で不詳なものも多く、図面にはとうてい記すことができないと、翻訳における難しいいきさつも記されている。

この別段風説書記事の小見出しとして、「和蘭歴数一千八百四十年（天保十一子年ニ当ル）より一千八百四十一年（同十二丑年ニ当ル）迄唐国にてエゲレス人之阿片商法停止方ニ付記録いたし候事」とあり、書写された内容は三年前の天保一二年にオランダ人がもたらした長崎訳の別段風説書であることがわかる。

次に、佐賀県立図書館所蔵の同じ弘化元年度のオランダ別段風説書写本(12)を取りあげてみたい。この写本も前掲の写本と同じく、表表紙は現在の製本の段階で作成されたものと考えられ、二枚目の表紙に「弘化元年辰七月　四　御内密申上候別段風説書写」とあり、こちらが書写の段階で記された標題であると考えられる。この写本の本文につながる小見出しには「和蘭歴数千八百四十三年（天保十四年卯年ニ当ル）より千八百四十四年（天保十五辰年ニ当ル）迄唐国ニおいて阿片一件ニ付差起候儀を記録いたし候事」とあり、本史料集第五号―一と同じく弘化元年七月付の長崎訳の別段風説書で、こちらは前年度から当該年度にかけての風説の内容が記されている。

さて、次に彦根城博物館所蔵の嘉永二年度の江戸訳のオランダ別段風説書写本(13)の標題には「江戸堀田原翻訳　土浦

巨凹　嘉永二年己酉　御内密別段風説書」とある。江戸の堀田原[14]にあった幕府天文方で翻訳され、「土浦巨凹」という変名を用いた土浦藩家老大久保要が書写したものである。大久保がどのような人脈ルートをたどって別段風説書を書写したかは詳らかではないが、ここでも「御内密」という言葉が使われている。この嘉永二年の写本を含め、同博物館所蔵の四点の別段風説書に大久保要の印と考えられる「大久保亮之記」の判が押してある。これは大久保が風説書の写本を照合して訂正・加筆した証拠として、自らの別称を用いた印を押した跡であると考えられる。随所に変名を用いたり、写本の表紙に「御内密」と記したりすることは、大久保が別段風説書の私的な書写と写本の管理に相当神経質になっていたことがうかがえる[15]。

次に、市立米沢図書館所蔵の嘉永三年のオランダ別段風説書写本[16]には、

嘉永三年庚戌別段風説書　　長崎和解

上書　当六月十一日入津之阿蘭陀船ヨリ　御内密申上候風説書

という標題があり、六月一一日に入津したオランダ人による風説内容を長崎で翻訳した「御内密申上候風説書」であると明記されている。

以上、紹介した弘化元年から嘉永三年までの四点の別段風説書写本は、いずれも標題に「御内密」という文字が記されている。これらは、長崎において厳重な管理体制のなかで通詞が翻訳し作成した別段風説書は一枚たりとも他への漏洩は許さないという、幕府による大原則を前提として、それでも特別に「御内密申上候」という事情で私的な書写を認められたとする表示であろう。よって、風説書写本の閲覧をその事情に通じた人々の間に限定し、いたずらに世間に流布させず、万一査察が行われた場合も弁解が可能であろうとする前提で、このような表示が行われたものと

考えられる。

## 四　ペリー来航予告情報をもりこんだオランダ別段風説書

オランダ別段風説書にみえるアメリカ合衆国に関わる記事は、アヘン戦争情報としての天保・弘化期の写本にその情報が散見するが、オランダ人がより注目を深めてアメリカについて記載しはじめたのは、嘉永元年（一八四八）の別段風説書にアメリカ・メキシコ戦争に関する情報をもりこんでからである。さらに、嘉永二年の写本（本書史料番号第十号―一）にはメキシコから獲得したカリフォルニア地方で金鉱が発見された記事が収載され、翌三年の写本（同第十一号―一・二）ではアメリカ艦隊が通商を求めて来日するであろうとの風説があることを伝えている。

嘉永五年六月五日に長崎に着任したオランダ商館省ドンケル＝クルティウスは、アメリカ合衆国政府が日本への使節派遣を計画しているとの情報を、次の1～3の文書を提出して幕府に伝えた。

1　別段風説書（嘉永五年版のアメリカ関係記事）……このたびアメリカ海軍が大統領から将軍に宛てた国書を携え、数人の日本人漂流民を連れて来航し、貿易のために日本のいくつかの港を開き、適切な一港に石炭貯蔵所を設営することを求めるであろうこと。また、すでに中国海域にはアメリカのフリゲート艦サスケハナ号など五隻の軍艦があり、これらの艦隊は使節を江戸に送ることを命じられている。最近の情報によれば、アメリカ艦隊はオーリック提督から遠征指揮官ペリーへと司令官が交代し、さらに蒸気船ミシシッピ号など四隻を増強するであろうこと。

2　バタヴィア総督の公文書（嘉永五年八月に長崎奉行に提出）……この公文書については、長崎奉行牧義制（よしのり）（志摩守）が江戸の老中阿部正弘ら幕閣へ、これを受け取るか否かを打診したところ、幕閣は当初、わが国厳禁の祖法を破ることになるので受け取るわけにはいかないと返答しながらも、事の重大性にかんがみて、風説書と同様の扱いで受け取るならば先例と齟齬することはないであろうとして、これを受け取るものの返書は出さない方針をとった。

3　日蘭通商条約の草案（嘉永五年九月に長崎奉行に提出）……オランダ東インド総督ドイマル＝ファン＝トゥィストが作成したもので、幕府がアメリカより先にオランダと通商条約を締結して開国すべきであるとする意向に基づいて、その内容案が記されている。

幕府は、未曾有の事態に接して、情報の漏洩を防ぐべくこれら三つの文書を厳重に管理しながらその対策を協議しはじめた。なかでも、1の別段風説書は、前掲のようにその情報漏洩を固く禁じるという大原則がありながらも、実際には様々なルートから私的な書写が行われることになる。しかし、この年幕府は民間へ情報が流れて世情不安が深まることによる混乱を恐れ、別段風説書の秘密管理を強化した。ただ一方で、危機感を深めた老中阿部正弘は、海岸防備のうえで特に重要な役割を担う薩摩藩主島津斉彬、福岡藩主黒田斉溥（なりひろ）、江戸湾防備の会津・彦根・川越・忍の四藩、さらに浦賀奉行などへは、今回風説書内容を特に厳重に秘密化する事情を説明したうえで、特例として別段風説書の内容を伝えている。

では、これらの一例として阿部正弘が島津斉彬に書き送った書状「子年阿部伊勢守より封書ニ而相達候風説書抜一通」(17)の内容を紹介したい。

この書状は前掲の標題のある厳重な封書のかたちをとっており、いずれも嘉永五年の別段風説書からの抜書とこれに関する若干の解説の内容が記されており、風説書情報の発信源別に次の三つの節から成っている。

①嘉永五年のオランダ別段風説書中のアメリカ艦隊来航に関わる記事。

②「長さき⿱来ル」とある別段風説書の抜書内容。

③「辰⿱来ル」とある別段風説書の抜書内容。

まず①の別段風説書記事においては、アメリカ大統領が日本へ使者を派遣して幕府への書翰と日本人漂流民を送り届けるとともに、アメリカが日本の港の二、三か所を開港させて、そのうちの都合のよいところに石炭貯蔵所を設営し、カリフォルニア・清国間の船往来の寄港地を確保したい旨が記されている。また当時の説として、その使者を江戸に派遣する命令を下したこと、その使者の任は当初予定したオーリックからペリーに交代したこと、清国沿岸にあるアメリカの蒸気船を数隻増強したことなどが続けて記されている。

これらの風説書記事の内容について、阿部正弘は島津斉彬へ次のように伝えている。

先右之趣者密々為心得申達候事故、世上江流布致し候而ハ只々人気ニ而已相拘不可然筋ニ付、其段厚相含御備向之儀者随分無油断可被申付置候、乍然事ヶ間敷用意等致し候儀者無之様可被取計候事

風説書の内容は秘密裏に心得のために知らせるものであり、世上へ流布することになれば人心の混乱につながりかねず困った事態を招くので、そのことをよく含んで海岸の備え向きは油断なく執り行うこと。しかしながら、大騒ぎをして防備をすることはかえって人心の動揺を招きかねないので、そのようなことがないよう取り計らうことが伝えられている。

続く②の封書は標題に「子和蘭風説秘書　長さき〻来ル」とあり、別段風説書に関わる三つの記事内容が記されている。

まず一つ目は差出人が長崎のオランダ通詞岩瀬弥七郎・品川藤兵衛両名であり、江戸の幕閣に宛てたものであると考えられる。新しいオランダ商館長ドンケル＝クルティウスがオランダ領ジャワで「レグトル」（rechter　裁判役、具体的には高等法院の評議官）を勤めた者であること。また、長崎にもたらされる蘭書の内容は、幕府の下知のない場合、決して他へ漏洩させないように伝えられている。

二つ目は「手覚書」と標題のある別段風説書の抜書記事であり、アメリカ艦隊の軍艦は来年（嘉永六）三月頃北アメリカから四隻、清国から四隻の計八隻が多分江戸近海に来航するはずであり、これら八隻に乗込の歩卒は二〇〇〇人ほどで、彼らは幕府に通商を願うために渡来する目的をもち、「尤上陸対戦之用意も仕合候由」とあるように、拒否した場合は一戦をも辞さない強硬な構えであり、日本に四、五か所石炭貯蔵所を設けて諸方に通船の弁利を得たいことを要求する含みがあるとする。

三つ目は「極秘書」と標題のある、これも別段風説書の抜書記事であり、二つ目と同様の記事に加え、来るべきアメリカ艦隊が要求する内容は「蘭人之如き商法ニ無之、馬頭を開き諸国之船々呼集メ候心組」とあるように、オランダ人との長崎貿易とは違う一港に数か国の船を呼び集める目論見であると記している。

③は「子年　辰〻来ル　風説書抜」とある、これも別段風説書の書抜である。「辰」というのは誰をさすのか、今のところ未詳である。その内容は、このたび長崎のオランダ商館長がコルネルス＝ロフセからドンケル＝クルティウスに交代したこと、クルティウスは以前オランダ領インドにおける大裁判所の評議役であったこと、アメリカが日本

に使節を送るのは通商関係を開く目的であり、これにあたり将軍宛の大統領の書翰と日本人漂流民を送り越す由であること。

このように、阿部正弘はペリー来航予告情報の到来という火急の事態に、秘密管理が原則であるなかでの特例として、一大名の立場にあるものの自藩が海防上重要な役割を負った島津斉彬に別段風説書の抜書部分を伝えて適切な対応をするように勧めており、大原則とは別のところで老中裁量により情報伝達が行われた典型的な例といえる。

## 五　ペリー来航とオランダ別段風説書

前節で紹介したペリー来航予告に関する嘉永五年（一八五二）の諸情報に接し、未曾有の危機感にさいなまれていたにもかかわらず、翌六年六月三日の第一回ペリー来航を迎えるまで、老中阿部正弘を筆頭とする幕閣は種々議論を重ねたものの、具体的な対応策を見出し得ることなく、いたずらに時間を過ごす結果となった(18)。この間、幕閣は別段風説書をはじめとするペリー来航に関わる情報を前掲の島津斉彬ら特定の人物に伝えたほかは厳重に秘密化したため、黒船来航による衝撃はかえって甚大なものとなった。

六月三日のペリー艦隊の浦賀水道への来航を受けて、将軍家慶が病床にあるなか、阿部正弘は御三家の前水戸藩主徳川斉昭に米艦渡来の報を告げてその処置・意見を問うたところ、斉昭はこれを衆議にかけて決断すべきであると主張した。同月九日にペリー一行は久里浜に上陸して大統領フィルモアの国書を提出し、幕府は明春に回答すべきことを約束したため、一二日に江戸湾を退去した。これを受けて幕府は、二二日に三奉行（寺社・勘定・町）・大小目付および海防掛に対し、来るべき米艦の再来と諸外国船渡来に対する措置について議論するように命じた。また、二六日には評定所一座に、二七日には溜詰諸侯にそれぞれ米国国書を提示して意見を求めている。

前掲のように、これまで幕府による厳しい秘密管理下にあったオランダ別段風説書も、未曾有の国難に直面して、対外問題への対応の基本方針が従来の幕閣の独断による決定から広く意見聴取をしたうえでの衆議による解決を目指す方針へと転換したことにより、幕府は進んで直属の諸機関や遠国奉行、諸大名らへ公的な閲覧を認めるようになる。

第一回ペリー来航の直後、前記の三奉行らへの諮問の開始と時を同じくして、阿部正弘は改めて三奉行に当年の別段風説書を回覧させている。この風説書は標題に次のように記されている(19)。

嘉永六年丑六月

蘭人風説書

当年入津仕候阿蘭陀船持渡候別段風説書壱冊カヒタン指出候間、和解為仕出来ニ付、各横文字和解共指上申候

当長崎奉行

大沢豊後守

嘉永六丑七月阿部伊勢守殿ゟ為心得見置候様被仰聞三奉行へ御渡

当年に長崎に入港したオランダ船が持ち渡った別段風説書一冊を商館長が長崎奉行に差し出して当地で翻訳が行われ、蘭文・日本文ともに江戸の老中に提出したという長崎奉行大沢安宅の報告内容に続き、同年七月に老中阿部正弘が米艦渡来問題に関する衆議を控えてこの風説書を「為心得留置候様」に三奉行に回覧するよう命じたという説明がなされている。嘉永六年七月のこの文面こそが、オランダ別段風説書の公的な回覧が行われたことを意味する最初の

記述と考えられる。

こうして、オランダ別段風説書の公的閲覧が行われて以来、その内容は幕府の諸役人や諸大名一般や公家勢力、さらには民間へと広く知られるに至った。

ここに、その事実を端的に示す史料がある。それはペリー来航時に相州備場に動員された幕府の甲府勝手小普請佐藤駿河守組の上原昌邦（平蔵）が丹念に書き残した海岸防備に関わる詳細な記録「嘉永七年　北亜米利加使節一件書類」[20]のなかの一節である。

これによれば、嘉永七年（安政元、一八五四）正月一一日にペリー艦隊の七隻の軍艦が浦賀沖に再来すると、幕府は急ぎ江戸湾沿岸の警備を強化するが、正月二〇日には寄場へ、二二日には小普請へ動員の触を出したとある。上原はこの触により備場に動員されるが、冬場のことで、日々暖をとるための薪の不足が大きな問題となった。この記録には、正月二一日には山の手牛込揚場にある薪はすでにことごとく買い上げられ、薪は一本もないような状況になった。近所の者も薪がなくてはかなわないとして、所々で炭や薪を買い込む者もあり、手回り兼ねる者は困り果てるありさまであったとある。このような事態について上原は、

此等の用意、去々子年蘭人の風説書知る人ハ少く、去夏の異国船已来用意せしもの有、其時買込過てさせる事なく過、今年ハ少したくわへるも有り、

とあるように、海岸防備の陣中で必要な薪類の用意については、幕府の情報統制により一昨年の嘉永五年のオランダ風説書の内容（ペリー来航予告情報）を知る人が少なかったために調わず、昨年夏の第一回ペリー来航以来用意しようとする者が続出し、その時に買い込み過ぎたまま時が過ぎ、今年は少し蓄えのある者もいるとする。ここでは、第

一回ペリー来航までは、上原のような小普請組の面々はオランダ別段風説書の内容を知る由もなく、実際に黒船が来航して初めて危機意識を深め、慌ててその対応に追われていたことがわかる。

## 六　大坂湾防備とオランダ別段風説書

さて、嘉永六年（一八五三）六月のペリー来航の衝撃は、京都の朝廷を守護すべき大坂湾防備関係者をはじめ、京坂地域の人々へ大きな危機感を与えるに至った。同年一一月に将軍宣下のために江戸へ下った武家伝奏三条実万（さねつむ）らは、京都守護の問題を急務とすべき旨を幕府に伝え、御所にある孝明天皇を守るべく幕府にその対策を練るよう要請した。その結果、幕府も大坂・京都ラインの防備の強化をはかるべく対応に乗り出している。

そこで、江戸の老中は大坂湾やその周辺に異国船が渡来した場合、その対応を司るべき大坂城代土屋寅直（ともなお）に近年の主要な海外情報を知らせるべく、オランダ別段風説書を公的に閲覧させている。

ここにあげるのは、土浦藩士屋家文書中の安政元年（一八五四）のオランダ別段風説書写本[21]であるが、その表紙および風説書本文の前の冒頭文には次のような記事がある。

（表紙）

| |
|---|
| 寅八月十八日宿次ニ被仰越候<br>阿蘭陀ヨリ差出候風説書和解写 |

八月十八日宿次到来

（封）
土屋采女正様

阿部伊勢守
牧野備前守
松平和泉守
久世大和守
内藤紀伊守

当秋阿蘭陀船より差出候別段風説書和解一冊差遣候間、為心得見置候様可被致候、此段申遣候

八月十二日

内藤紀伊守
久世大和守
松平和泉守
牧野備前守
阿部伊勢守

土屋采女正様

これは老中一座が大坂城代土屋寅直に、今秋オランダ船が差し出した別段風説書の翻訳和解文を二冊差し遣わすので、心得のために読んでおくようにと命じたもので、これも別段風説書の公的閲覧の一例である。

この別段風説書の日付の約一か月後の嘉永七年（安政元）九月一八日には、前年に長崎に来航後ここを出港して各地を航行していたロシア使節プチャーチン一行を乗せたディアナ号が突如として大坂湾天保山沖に来航して大騒動となった。彼らは長崎での通商条約交渉が待たされるだけで埒が明かなかったため、日本全国の主である天皇が住む京都に近い大坂へ船を進め、日本人たちが聖域としているこの地域の近海に不意に異国人が現れたことに恐れおののき、早々にロシア側の提案条件に応じるであろうと考えたようである。[22] この目論見は、日本側が小船を集めてこれを阻止しようとしたためにディアナ号があきらめて退去する結果となったが、改めて京都の朝廷を守護するための大坂湾を中心とする海岸防備がより現実的な重要性を増してきた。

よって、老中一座は翌安政二年にも大坂城代の土屋へオランダ別段風説書の公的回覧を行わせている。土屋寅直の大坂城代時代の公務の記録である「大坂城代土屋氏御用留」[23] には、老中一座の風説書回覧命令とこれに対する土屋の返書の内容が次のように記録されている。

当秋阿蘭陀船より差出候別段風説書差進候間、為心得見置候様可被致候、此段申進候、以上

十月九日

内藤紀伊守
久世大和守
牧野備前守
阿部伊勢守

土屋采女正様

（貼紙）
「別段風説書　一冊」

別紙覚書之通承附致し可被相返候、以上

十月九日

内藤紀伊守
久世大和守
牧野備前守
阿部伊勢守

土屋采女正様

（中略）

去九日之御別紙拝見仕候、当秋阿蘭陀船より差出候別段風説書和解壱冊被遣之、為心得見置候様可仕旨被仰下奉得其意候、以上

十月十九日

土屋采女正

御老中四人様

老中四名は、オランダ人が提出し翻訳されたうえで長崎奉行より江戸に提上された別段風説書を心得のために読んでおくように命じた。これに対し、大坂城代土屋は老中宛の返書でその通りに心得る旨を答えている。これは、老中の裁量により必要と思われる機関に別段風説書の公的閲覧を命じる際の文書のやりとりといえよう。

## 七　オランダ別段風説書公的閲覧の展開

さて、ペリー来航を機に老中の厳重な秘密管理のもとにあったオランダ別段風説書はそれまでと違い、老中の命により外交・防衛上重要と目される役方への公的閲覧が行われるようになった。翌安政三年（一八五六）に提出された別段風説書は、老中の命により実に多方面の役方への閲覧が行われている。次にあげる記録『海外事類雑纂』[24]に書写された別段風説書の表紙の次の二枚目の表書には、次のように記されている。

(朱書)「辰　　評定所一座
　　　　林大学頭
八月十九日　海防懸　江
伊勢守殿早川庄次郎を以　大目付　御渡
　　　　浦賀
　　　　下田　奉行
別段風説書　箱館　」

「辰
八月十九日
一覧仕候
評定所一座」

この安政三年にオランダ人がもたらした別段風説書は、老中阿部正弘が奥右筆早川庄次郎（久丈）を通じて、評定所一座（寺社奉行四名・町奉行二名・公事方勘定奉行二名）、林大学頭（復斎、儒者）、海防掛、大目付、浦賀奉行、下田奉行、箱館奉行、目付へ回覧を命じている。さらに、下には評定所一座が閲覧を済ませた旨の八月一九日付の記載がある。

同じように、同年のもう一つの別段風説書写本[25]には、その最後尾の奥書に老中一座が駿府を預かる主要な役職者三名に別段風説書の回覧を命じ、三名はこれを承知した旨が次のように記されている。

風説書被遣候内請　坪内伊豆守
村上信濃守
貴志孫太夫

御別紙拝見仕候、当秋阿蘭陀船ゟ差上候御別段風説書和解一冊被遣候間、為心得一覧仕、当地之面々江も相達可申旨被仰下奉畏、則申聞候、以上

十月十六日　右三人性名

堀　備　中　様
阿　伊勢守様
牧　備前守様
久　大和守様
内　紀伊守様

この写本の奥書には、老中一座が駿府城代坪内伊豆守（保之）・駿府定番村上信濃守（常要）・駿府町奉行貴志孫太夫（忠美）の三名に当年の別段風説書を閲覧させ、さらに当地の面々へも回覧させるように通達したことに対し、三名がこれを承知した旨の記述である。これは、前節で紹介した大坂城代土屋寅直が公的閲覧を承知した旨を老中に返

書した文面と同種の内容であろう。

ところで、同じように老中一座が別段風説書の公的な閲覧を行わせるにあたり、当地の面々へも回覧するように指令した例として、安政五年正月一〇日付で（前年の一八五七年来航のオランダ人が提出した蘭文別段風説書を翻訳）、脇坂安宅ら三老中が大坂城代土屋寅直へ命じた別段風説書本文に添えた次の文面がある。(26)

午巳年阿蘭陀船より差出候別段風説書和解為心得差遣候、尤其地之面々江も被相達候様ニ被存候、以上

二月九日　脇坂中務大輔
内藤紀伊守
久世大和守

土屋采女正様

ここに記された「其地之面々」とは、おそらくは大坂城代の配下にある大坂定番・大坂町奉行・堺奉行といった要職にある者を指していると考えられる。なぜなら、前掲「大坂城代土屋氏御用留」の嘉永六年一一月五日の条には、

今度長崎表江渡来之魯西亜船より差出候書翰之和解二冊為心得差遣候間、被得其意、米倉丹後守（昌寿・大坂定番）・米津越中守（政路・大坂定番）・其地町奉行・堺奉行江も及通達候様ニと存候、以上

十一月五日　内藤紀伊守
松平伊賀守
松平和泉守
牧野備前守

土屋采女正様　　阿部伊勢守

とあり、老中一座が大坂城代土屋寅直にプチャーチン一行が提出した書翰の和訳を遣わすので、自ら目を通すとともに、配下の大坂定番・大坂町奉行・堺奉行へも回覧するように通達しているからである。

続いて、同年の別段風説書の諸大名への公的回覧の例をあげてみたい。ここにあげる文書(27)は、老中阿部正弘が江戸城柳の間の諸大名に回覧を命じたもので、別段風説書写本が外側と内側の二枚の包紙で包装されており、外側の包紙には「阿部伊勢守御渡　和蘭陀風説書」と記され、内側の包紙には次のように記されている。

阿部伊勢守様ゟ柳之間御上江御渡ニ相成候和蘭国ゟ差上候別段風説書幷御順達書之写藤堂佐渡守様ゟ御使者を以
御順達ニ付、六郷筑前守様江御順達之事
安政三丙辰年十月十九日　　松前崇徳（崇広）

これによると、老中阿部が別段風説書および順達書の写しを柳の間の大名へ、松前崇広（蝦夷松前藩主）から藤堂佐渡守（高聴、伊勢久居藩主）→六郷筑前守（政殷、出羽本荘藩主）の順で回覧するようにとの指示内容が記されている。これら三藩は、位置する地方の違いはあれ、いずれも外様大名で本領が海辺か海に近いところにあり、幕府は異国船来航に備えての心得として別段風説書の閲覧を順番に行うように指示したものと考えられる。

果たして、江戸城における別段風説書の閲覧が全ての大名を対象に行われたものか、それとも一部の大名に限られたものであったのかは判然としない。しかしながら、ペリー来航以降多くの大名が登城する節に別段風説書を短期間かつ円滑に回覧させるために、殿席ごとに大名の順番を決めて行う方式がとられた点は注目すべきである。

## まとめにかえて

本稿は、未曾有の危機的状況といわれた幕末期の二〇年近くの時期において、最も信憑性のある海外情報とみなされたオランダ別段風説書の扱われ方の変遷を考察し、次のような諸点が明らかになった。

①アヘン戦争情報伝来期からペリー来航までの時期には、幕府は別段風説書の内容の漏洩を一切禁止する大原則を立てて厳重な管理体制をしいていた。しかし、海防上重要とみなした特定の諸大名らには特例としてその書写を認める場合があった。一方、諸大名の側からも長崎町役人などの人脈をたどって、私的な書写を行う場合もあった。

②こうして済し崩し的に私的な書写が行われたが、漏洩禁止の大原則があるために、写本の標題にはよく「御内密申上候別段風説書」の表記がなされた。これは書写した者が大原則にもかかわらずに特別に書写を認められたとして、風説書写の閲覧をその事情に通じた人々に限定し、世間への流布を防ぐとともに、万一露見したり査察を受けたりした場合に嫌疑をかけられることを避けるための表示であったと考えられる。

③しかし、ペリー来航への対応に窮した幕府は、従来の独断から、広く意見を聴取して衆議によりその決定を行うという政策転換を行った結果、別段風説書の扱われ方も大きく変化する。

④すなわち、老中が三奉行・大坂城代・評定所一座などの諸機関への公的閲覧を命じ、別段風説書は公開された海外情報となり、その書写には規制が加えられることはなくなり、その情報内容は広く世に知れ渡ることになった。

ペリー来航以前と比較すると、好対照な海外情報の扱い方であるといえよう。

⑤その後、幕府が進める開国・通商政策の在り方に激しく抵抗すべく、尊王攘夷運動が全国的な展開をみせる。しかし、王政復古のクーデター後成立した明治政府は、それまでの攘夷の国是を撤回し、幕府が締結した万国対峙の通商条約を継承する方針をとった。ここに、別段風説書が日本の開国・近代化への確かな架け橋となったことは明らかであろう。

註

(1) 辻善之助『田沼時代』(岩波文庫三三―一四八―一、一九八〇年)二一八頁。

(2) 例えば、フランス革命後にオランダ本国がフランスに併合されて、オランダ国王ウィルレム五世はイギリスへ逃亡し、ナポレオン一世の弟ルイ＝ナポレオンがオランダ国王となったことについて、文化六年(一八〇九)の風説書には「フランス国王之弟ロウデウエイキ・ナアポウリユムと申者阿蘭陀国江養子仕国王に相立申候」とあり、オランダにとって屈辱的であったこの事実を曲げて、虚偽の記述をしている。『和蘭風説書集成』下巻(日蘭学会・法政蘭学研究会編、吉川弘文館、一九七九年)、一二六～一二八頁。

(3) フランス革命やナポレオン戦争によりイギリス・オランダ両国が対立していた一七九七年(寛政九)からしばらくの間、オランダはやむなくアメリカの傭船を利用して長崎における日本との貿易を行っていたものの、このことは一八〇七年(文化四)までオランダ風説書には記載されなかった。これはまさしく、長崎貿易において利益を共有する商館長らオランダ人とオランダ通詞ら当地の日本人双方による、嫌疑を恐れての情報操作の一例といえる。松本英治『近世後期の対外政策と軍事・情報』(吉川弘文館、二〇一六年)三三三～三三五頁。

(4) 田原藩家老渡辺崋山は、オランダ通詞を介してたびたび風説書を入手していた古河藩家老鷹見泉石からしばしば風説書を借用・閲覧することがあった。また、日本人漂流民の送還のために天保八年(一八三七)江戸湾に渡来し、浦賀奉行方の砲撃を受け、鹿児島湾でも薩摩藩の砲撃を受けて退去した米艦モリソン号に関わる機密情報を、翌九年に尚歯会の席上で評定所役人を通じて知った渡辺崋山と町医者高野長英は、崋山は『慎機論』を、長英は『戊戌夢物語』をそれぞれ書き上げて幕府の姿勢を批判したために、両名は蛮社の獄で幕府に捕われの身となった。『和蘭風説書集成』上巻、五六～六〇頁。佐藤昌介『洋学史研究序説』（岩波書店、一九六四年）二三九～二四二頁。

（5）別段風説書作成・提出に至る詳細については、本史料集の総論一を参照されたい。

（6）東京都立中央図書館所蔵、特別買上文庫二八〇五「嘉永六年甲寅蘭人風説書全」。

（7）実際には長崎奉行所に加え、出島の通詞部屋にも別段風説書の控は保管されていた。『和蘭風説書集成』上巻（法政蘭学研究会編、日蘭学会発行、一九七六年）、二〇～二一頁。

（8）木村直樹『〈通訳〉たちの幕末維新』（吉川弘文館、二〇一一年）二八～二九頁。

（9）このことに関連して、翻訳を担当したオランダ通詞の役所には風説書の控があり、これを通詞と私的な関係をもつ者が書写する例がかなりあったようである。『和蘭風説書集成』上巻、五六～六〇頁。

（10）東京大学史料編纂所所蔵・島津家文書『嘉永雑録』（文書番号八一―三―三一）。

（11）宮内庁書陵部所蔵・文書番号は図書寮三二九一六―二五三―三二八「御内密申上候別段風説書」（天保一五年、一八四四）。

（12）佐賀県立図書館所蔵・文書番号は一〇―一二三「弘化元年　御内密申上候別段風説書写」（弘化元年七月、一八四四）。

（13）彦根城博物館所蔵・文書番号は三〇四一四「江戸堀田原翻訳　土浦巨凹　嘉永二年己酉　御内密別段風説書」（嘉永二年、一八四九）。

（14）「堀田原」は、山形藩主堀田氏（後の佐倉藩主）が屋敷を構えていた浅草の南冨坂町・福富町・新福富町・須賀町・猿屋町などをさし、享保一七年（一七三二）の大火で焼失後幕府に上地を命じられて空地となり、堀田原という俗称が付けられたところである。『台東区史』上巻（台東区役所編、一九五五年）、八一六・八一八・八三〇頁。

（15）本来は土浦藩文書であるべき同藩家老大久保要関係文書が、なぜか幕末期には政敵となっていた彦根藩の井伊家文書中に相当数存在することについては、現段階では不明な点が多い。オランダ風説書写本をめぐる両藩の関係については、拙著『幕末期の老中と情報』（思文閣出版、二〇一四年）第九章「彦根・土浦両藩とオランダ風説書」を参照されたい。

（16）市立米沢図書館所蔵・水野家文書・文書番号八〇「嘉永三年庚戌別段風説書」。書写をした水野道益（みちます）（杏穏（きょういん））は米沢藩の藩医で、慶応元年の同藩分限帳に「天保弐年七月家督　一百三拾石　御医者　六十六　水野道益」と記されている。

(17) 東京大学史料編纂所所蔵・島津家文書、文書番号八二―四―三（嘉永五年、一八五二）。

(18) 阿部正弘ら幕閣がペリー来航を目前にして議論を重ねたものの具体的な策を見出せずに時間が経過し、来航時にその対応に苦慮して大混乱におちいった経過については、青木美智男「幕府はペリー来航の予告になぜ無策だったか」（『争点日本の歴史』近世五、新人物往来社、一九九一年）が詳しい。

(19) 茨城県立歴史館所蔵・資料番号一六二「嘉永六年六月蘭人風説書」。ほぼ同じかたちで同年の老中より三奉行へ回覧を命じる記事がみられる別段風説書写本に、国立国会図書館所蔵・オランダ別段風説書「阿蘭陀船より持渡候別段風説書和解出来ニ付差上候儀申上候書付　大沢豊後守」（文書番号　勝海舟関係文書四九、嘉永六年六月）がある。

(20) 函館市立中央図書館所蔵・上原昌邦文書（本稿では北海道立文書館所蔵の「マイクロリーダー本」を使用）

(21) 国文学研究資料館所蔵・土浦藩士屋家文書・オランダ別段風説書（嘉永七年＝安政元年、一八五四）（文書番号二九Ｄ七二六）。

(22) 新異国叢書一一『ゴンチャローフ日本渡航記』（高野明・島田陽翻訳、雄松堂出版、一九六九年）六一六頁。

(23) 大阪市立中央図書館所蔵『大坂城代土屋氏御用留』（安政二年八～一〇月の冊子）。

(24) 国立国会図書館古典籍資料室所蔵『海外事類雑纂』。

(25) 国立国会図書館所蔵『朝暾集』二十五。

(26) 国文学研究資料館所蔵・土屋家文書「阿蘭陀ヨリ差出候別段風説書写」（安政五年正月一〇日、一八五八）。これは、前年の一八五七年来航のオランダ人が提出した蘭文別段風説書を、江戸の蕃書調所の面々が翻訳したものである。

(27) 北海道立文書館・中島良信氏所蔵文書・オランダ別段風説書（文書番号Ｆ―ニ　三四六〇〔一〕）。

各論三

# 徳川慶勝筆写の嘉永四・五年別段風説書と黒田斉溥の嘉永五年対外建白書

## ──別段風説書と雄藩大名の海外情報の認識再考──

岩下哲典

### はじめに

本報告の目的は、幕末雄藩大名にして御三家筆頭の尾張藩主徳川慶勝が筆写した嘉永四（一八五一）・五年の別段風説書「阿蘭陀機密風説書」（徳川林政史研究所所蔵「慶勝手元文庫」、本稿で慶勝本という場合は本史料を指すこととする）および嘉永五年に別段風説書を引用して幕府の取るべき対外政策を建白した、同じく雄藩大名・福岡藩主黒田斉溥の「阿風説」（徳川林政史研究所所蔵「慶勝手元文庫」、本稿で黒田本という場合は本史料を指すこととする）を最近の研究状況に照らしながら、再考することである。加えて、慶勝・黒田の両者が注目した嘉永五年の別段風説書への朱書きの新史料を検討素材に加えて、当時の別段風説書をめぐる状況を知る一助としたい。

嘉永五年の別段風説書は「ペリー来航予告情報」として、幕末、ペリー艦隊と阿部正弘政権による「開国」の直前における日本政治社会の最も重要な極秘でインパクトの大きな情報であった。[1] したがって、「阿蘭陀機密風説書」に所載される情報は、阿部政権や幕藩藩主層のみならず、藩士・知識人にも大きな影響を及ぼし、その海外認識に与えた影響は小さくない。まして、福岡藩主黒田斉溥は、嘉永五年の別段風説書を引用して、慶勝などの支援を受けながら、ただ一人、ペリー来航直前に対外建白書を阿部正弘に提出したのである。まさに別段風説書が、政治史上最も重視された時期なのである。

それゆえに、本稿が、別段風説書集成としての本書（本稿掲載本）の、嘉永四・五年を利用する際に参考となることがあれば幸いである。

ところで、岩下が、慶勝の海外認識の重要資料として、「阿蘭陀機密風説書」に注目したのは、一九八七年（昭和六二）の「尾張藩主徳川慶勝直筆写本『阿蘭陀機密風説書』の研究」[2] であった（以後、拙著A）。その翌年、一九八八年には「ペリー来航直前における黒田斉溥の対外建白書『阿風説』の基礎的研究」[3] で、福岡藩主黒田斉溥のペリー来航直前の対外建白書「阿風説」を詳細に紹介した（以後、拙著B）。

慶勝本と黒田本の両者には、単に同じ機関、同じ文庫に所蔵される以上に、歴史的に密接な関係があり、その後、一九九七年（平成九）には、それまで発表してきた嘉永五年の別段風説書、すなわち「ペリー来航予告情報」をまとめて「嘉永五年・長崎発『ペリー来航予告情報』をめぐって」[4] として発表した。さらに、二〇〇〇年には、これまでのペリー来航予告情報関係論文およびアヘン戦争など対外関係情報を扱った論文をすべて収録して『幕末日本の情報活動』雄山閣出版を上梓することができた(5)。

ところで、ペリー来航は、これまでも世の注目を集め、二〇〇三年には、神奈川県立歴史博物館で特別展「ペリー来航一五〇周年記念　黒船」(6)が行われ、また、二〇〇六年には拙著『予告されていたペリー来航と幕末情報戦争』(7)が刊行された。さらに、二〇一四年には、ペリー来航一六〇年を期して拙著『解説　大槻磐渓編「金海奇観」と一九世紀の日本』(8)を出すことができた。また、慶勝その人も、二〇一六年一〇月一三日にはＮＨＫＢＳプレミアム「英雄たちの選択」で「明治維新　知られざるデザイナー　尾張藩主徳川慶勝」が放映された。岩下も制作に協力し、スタジオでトークもした(9)。

このような状況の中で、二〇一六年には、慶勝研究およびペリー来航期の政治史関係で注目すべき業績があった。すなわち九月、藤田英昭氏が、論文「徳川慶勝の政治指導と尾張徳川家」(10)で、慶勝を扱い、拙著を批判的に継承をされた。また、同年一一月、嶋村元宏氏が「開国への決断―阿部正弘の選択―」(11)で、拙著に論及された部分があった。さらに、同年六月、片桐一男氏が『勝海舟の蘭学と海軍伝習』(12)を出版され、「一　蘭学への道」および「三　ペリー来航と建言」で、嘉永五年の別段風説書に関わる重要な指摘をされた。

そこで、本稿ではまず、藤田氏、次に嶋村氏、そして片桐氏の文献を紹介したうえで、「阿蘭陀機密風説書」（慶勝本）および「阿風説」（黒田本）を再び考察することで、前段で述べた目的を果たしたいと思う。

## 一　藤田英昭・嶋村元宏・片桐一男氏の論考によせて

まず、二〇一六年（平成二八）九月発表の藤田英昭「徳川慶勝の政治指導と尾張徳川家」に言及したい。同論文は、「はじめに」のあとに「1天保期の家督相続と言路」「2慶勝の家督と家中運営」「3慶勝の政治手法（竹腰正富の上書年寄衆の解任と登用　ペリー来航後の対外建白書）」「むすびにかえて―その後の慶勝と尾張家」で構成されている。尾張藩内の構造の実態を捉えながら、慶勝の動向を研究し、慶勝の政治主導の再検討を行った意欲的な論考である。

さらに、藤田論文では、慶勝は「対外強硬論者」であり、その対外建白書は、付家老の成瀬・竹腰の順に「熟覧」させており、付家老のもとで建白したものであり、かつ「自身の裁量で政治指導を発揮していたとはいえず」「調和を欠かないようにと用意周到に行動」していたとする。また、慶勝は「直情径行で血気盛んな性格」であり、「話し方が軽率で耳障り」で、「『内乱』を惹起させかねない」と周囲から考えられ、「敬して遠ざけられ」、本人は「疎外感」を感じていたという、興味深い慶勝論を展開された。本稿でも参考にしながら再考してみたいと思う。

次に、二〇一六年一一月発表の嶋村元宏「開国への決断―阿部正弘の選択―」である。嶋村論文は、「はじめに」「1弘化期の選択と決断（阿部政権　オランダ国王の開国勧告　徳川斉昭との交流　琉球問題とアメリカ・ビドル艦隊への対応　異国船打払令復活評議）」「2嘉永期の選択と決断（島津斉彬の襲封とペリー来航予告情報　ペリー来航への対応　ロシアへの対応と大号令　日米条約の締結）」「3安政期の選択と決断」「おわりに」で成り立っている。嶋村氏は「ペリー来航予告情報を前に『避戦』を選択した阿部正弘は、世情を不安定にする中途半端な対応よりも、特段の対応をとらないという決断をすることで、来航しなかった時の保険をかけた」と阿部政権を従来の位置付けからさらに進めて評価した。ただし、老中阿部正弘による薩摩藩主島津斉彬・福岡藩主黒田斉溥・佐賀藩主鍋島斉正への別段風説書回達や黒田の建白書、また黒田建白の一部実現たる御三家への別段風説書回達、阿部独自の交代大名の延期政策（伊予宇和島藩主伊達宗城や黒田の江戸留め置き）、島津独自の施策であるところの中渋谷屋敷入手には言及されていない。これらは、阿部政権のペリー来航直前の重要施策であり、開国への決断に果たした役割は大きいと思うがいかがであろう。本稿で詳しく述べたい。

最後に、二〇一六年六月の片桐一男『勝海舟の蘭学と海軍伝習』の「一　蘭学への道」および「三　ペリー来航と建言」を紹介する。[13]「一　蘭学への道」では、福岡藩の蘭学者永井青崖に入門した経緯を、蘭学に関心を有する商人清水卯三郎の証言から考察している。また有名な『ズーフ・ハルマ』二部の海舟による書写を、その奥書の写真版と釈文から分析する。なぜ海舟が『ズーフ・ハルマ』を筆写したのかに関して従来の研究は全く等閑視してきたが、本書では海外事情研究のため、具体的には「キンスベルゲン」の書を読むためと明確にした。そして、キンスベルゲンがオランダ海軍提督であること、同人の書を海舟はオランダ語で読んだことを推察された。海舟はそれを読んで、嘉永五年（一八五二）三月、ペリー来航五ヵ月前に「鰌行私言」を執筆し、英雄の推挙、兵制改革、言路開通を主張しているのである。そもそも拙稿等『幕末日本の情報活動』によれば、ペリー来航直前に建白書を提出したのは福岡藩主黒田斉溥のみであると思われるが、海舟もアメリカへの警戒心から建白書を認めたと考えられる。「鰌行私言」が幕府に提出されたとすれば、実に興味深いが、片桐氏によれば提出は不明であるとされる。いずれにしても、海舟も黒田と同様、ペリー来航予告情報をペリー来航以前に知り、対応策を建白しようとした可能性がある。今後注目すべきことがらであると思われ、海舟がペリー来航予告情報をどのように入手していたかを検討することが必要である。

## 二　慶勝本と黒田本の意味

拙著Ａでも指摘したが、「阿蘭陀機密風説書」は、藩主自らが筆写している別段風説書であることが、大きな特徴である。これまで見つかっている、オランダ風説書および別段風説書の写本で、藩主が筆写した現物は、「阿蘭陀機密風説書」だけである。嘉永四年（一八五一）の別段風説書は、一〇〇ヵ条が、慶勝によって筆写されており、海外情報を熱心に摂取しようとした藩主慶勝のなみなみならぬ熱意を感じる。一部に、省略した箇条もあり、むしろ慶勝の人となりがうかがえて興味深い。また、拙著Ａで明らかにしたことであるが、回達経路が明確なのも「阿蘭陀機密風説書」の大きな特徴である。嘉永四年の部分である「別段風説書」は、伊達宗城より借用して筆写したものである。また、同五年の「当子年阿蘭風説」は、阿部正弘から島津斉彬に回達された写本が、慶勝のもとに届いたものの写本である。さらに慶勝は実父で、前高須藩主の松平義建を経由して、水戸前藩主で隠居中の斉昭に密かに伝達したのである。斉昭は、このペリー来航予告情報（別段風説書）を姻戚関係にある、京都の公家鷹司政通にまで伝達していた。(14) さらに、「阿蘭陀機密風説書」は、慶勝がペリー来航後に建白した意見書の参考になったことも明らかで、尾張藩の海防施策にも寄与した写本と考えられる。

また、嘉永五年六月、長崎奉行にもたらされた別段風説書は、ペリー来航直前の予告情報の伝達経路全体図の中で考えると、情報がもたらされた直後から、薩摩藩島津氏の間断ない情報収集が行われた。そして、本来この情報（別段風説書）に接しえない越前福井藩主松平慶永や水戸斉昭・伊達宗城などが注目し、かつ阿部正弘による、前代未聞の、長崎海防担当の福岡黒田・佐賀鍋島、琉球を事実上支配する薩摩島津の三外様大名への情報伝達が行われ、情報を伝達された黒田が、これまた前代未聞の来航前建白書（「阿風説」、黒田本）を提出したことがわかっている。

したがって、嘉永五年の別段風説書は、すぐれて政治的な情報であり、その所載された政治情報が最も重要視されたのが、嘉永五年の「ペリー来航予告情報」であった。つまり、別段風説書の中で、最も高度な政治情報となったのが、嘉永五年の写本であったということができよう。

## 三　ペリー来航後における徳川慶勝と来航直前の黒田斉溥の対外認識

そこで、慶勝と斉溥の対外認識を再論する。

まず、慶勝は、来航後の対外建白書で、ペリーのもたらしたアメリカ合衆国大統領の親書に書かれた要求、すなわち通商要求に対して「程能御断り」するのがよいとした。いわゆる「鎖国」は「御祖法」であり、戦争もやむを得ない。しかし、国際的な信義は守らねばならないし、相手も守るべき国際上の信義があるはずである。したがって、信義を尽くす中で時間を稼ぎ、軍事力を整備すべきと主張した。なお、慶勝は、大統領親書への返事の草案を想定して建白したように思われる。

一方、黒田は、別段風説書を引用した後の第一の建白部分（一印）で、まず、アメリカの「願立」は「御祖法ニ触れ、不容易事柄ニ付、御許容難相成」、すなわちアメリカの通商要求は「祖法」に抵触し、許容ができないと、幕府の対外政策上の問題点に触れる。「彼が貪欲迚も限りハ有之間敷」、アメリカの要求は限りがなく、さりとて「余り御手荒成ル御会釈ハ事を求るに相当」、手荒なことをすると戦争になってしまう。したがって、「辞を順に致し、信義を正し、程能御断りニ相成候より外ニ御取計方無御座哉ニ奉存候」、言葉に気を付け、信義に基づいて、正当な理由を付けて断るよりほかはないとする。ここには、はじめに紹介した慶勝の対外認識と全く軌を一にするものである。そして、「如何様なる野心夷賊たりとも、理不尽に無名之師を発し、有名之国を攻伐候事ハ有之間敷奉存候」、すなわち、どのような野心がある夷狄たりとも、理不尽に戦争をして、大義名分のある我が国を攻めるようなことはないのではないか、と西洋国際社会への期待を述べている。「承知不致」、わが国の事情を理解せずに、軍艦で日本をうかがうのなら、是非にもおよばない。その際には、「一戦」交えるしかない。注意すべきは、ロシアとの対応で、先年ロシアが通商を願ったのに、アメリカと通商を結べば、ロシアに対し「大信義」を失うことになる。折角の来簡なのに「気之毒」だが、拠なく、子細を賢察されたいとする。また、アメリカから誤って漂流してきた場合は、良く調査して、貴国の漂流民であると判明した場合は、オランダ船で送還するので安心されたい。以上のように返事をし、また先方の大軍を待ち受ける用意をしておくよう、諸大名に触れるべきである。そして「警衛之御予備ニ御極」、あらかじめ警備を十分にして、その手を尽くすべきである、と建白するのである。ここにも、慶勝と同じ意識、同じくアメリカへの返事の文面を想定して意見書をしたためたといえる。

さらに、第二建白（二印）では、これまで交誼のあったオランダに相談して、戦艦・大砲の輸入をすべきとしている。そして「諸大名へも銘々勝手次第造船之義被仰出候様仕度奉存候」、すなわち諸大名に軍船建造の自由を許可したらどうか、と幕府と諸藩による積極的な海軍創設を提言しているのである。もちろん、その仕事はアメリカ帰りの中浜万次郎に諮問して、行わせよとも建白している。そして、もしペリーが来航した時、外様大名に警備が多く加役され、譜代・旗本が少ないのは、「不平」が積もることになる。一般に西国・東国の大名は海防に尽力しているので、なるべく加役を緩和されたほうがよい。またロシアに対する松前の押さえとして仙台伊達氏に相談されたらいかがか、と幕府の対諸大名政策にまで踏み込んだ内容であった。

以上のように、ペリー来航以前の嘉永五年一二月に、ペリー来航予告情報（別段風説書）を引用しながら、当時としては考えうる現実的な対内外政策を幕府に建白したのが福岡藩主黒田斉溥であった。その背景には慶勝と共通の対外認識があったことが理解される。

しかし、黒田の対外建白書は、幕府有司の忌憚に触れて、全く無視された。このことから、慶勝の建白書は、幕府に遠慮しながら、現状の日本ができる最善の方法の一つ、正当な理由をもってアメリカの要求を拒絶することを提案したものであった。それ以外のもう一つの政策は、アメリカとの条約締結であった。慶勝らは、幕府がオランダから提案された、日蘭通商条約草案(15)の存在は知らないので、慶勝・黒田らの提案は知りうる、想定しうる、最良の方策であった。そうした建白ができたのは、慶勝や黒田が、相当に面倒な海外情報の分析を数年にわたって行ってきたから、可能となったのである。つまり「阿蘭陀機密風説書」の筆写を自らしたことが、大名として最良の建白を為し得た要因であるといえよう。

なお、幕府は、日蘭通商条約草案を知っていたがゆえに、日米和親条約を締結しえたのであることを指摘しておきたい。やはりペリーの来航は突然の出来事ではなかったのである。

## 四　嘉永五年別段風説書関連の一写本
### 「和蘭告密御請取始末　全」の内容と朱書き

ここで、嘉永五年（一八五二）の別段風説書に関連する写本「和蘭告密御請取始末　全」[16]を紹介したい。「関連する」としたのは、嘉永五年別段風説書全文の写本ではなく、慶勝本の「当子年阿蘭風説」のように、同年の別段風説書の抄出本を収録し、さらに、バタビア総督公文書、日蘭通商条約草案など一連のペリー来航予告情報や文書の伝達経緯を記した記事等も収録されており、嘉永五年の別段風説書と関連が深いことによるものである。また、全編にわたり朱書きがなされているが、筆写者の名前は記されておらず、また伝来も不明である。そこで、まずは外形的な点、文面から知られることを書いておく。

本史料は、表紙を除いて墨付き三二丁、表紙には「和蘭告密御請取始末」と打付け書きされている。一丁目表には「嘉永五年壬子六月　和蘭告密書御請取始末」とあって、「伊勢守〻」と書かれていることから、ペリー来航予告情報の受取一件を阿部伊勢守正弘から入手したものの写しであることが理解される。阿部が回達したのは、海防掛・浦賀奉行、江戸湾防衛の四家（彦根・会津・川越・忍）、長崎防衛の佐賀・福岡藩、琉球を事実上支配した薩摩藩である。当該本は、海防掛の系統から漏洩したものと考えられる。全部で①〜⑮の、一五文書で成り立っており、以下、簡単に紹介しておく。

最初は長崎奉行牧志摩守義制が、阿部に提出した①「紅毛かびたん横文字指出候付、御内密奉窺候書付」である。

長崎オランダ商館長（カピタン）ヤン・ヘンドリック・ドンケル＝クルチウスが、「日本之御大切」の情報（バタビア総督公文書）をもたらしたので、受領を江戸まで伺ってほしいとの書状である。添付文書として、②「壱　子六月六日　紅毛新古かびたんゟ指出候封書横文字真之物一」および③「子六月十日夕通詞を以かびたん江相達候口上覚幷翌十一日かびたん再願横文字共三通」があった。特に③の中には「別段風説書之内」とあって嘉永五年のオランダ風説書のうちのペリー来航予告情報部分が抽出されている（慶勝本の「当子年阿蘭風説」と同一の内容）。それらには一一ヵ所の朱書きが施されている。これらの朱書きが重要なので、一括して後述したい。

次は④「子七月十日、於新部屋、備前守殿ゟ御直ニ上（中鉄）」とある、海防掛深谷遠江守・戸川中務少輔・井戸鉄太郎の上申書である。内容は、先の「日本之御大切」の情報（バタビア総督公文書）を、返信を必要としない風説書同様の取り扱いで受領したらよいとするものであった。本書にも一四ヵ所の朱書きがある。なお、「中鉄」は不詳。

その次には、⑤長崎奉行への老中指令書で、海防掛の趣旨（風説書同様の取り扱いで受領）を述べている。本文書にも二ヵ所の朱書きがある。そして、風説書差出の手続きで提出させよとの⑥「かびたん江再□尋之口上振　紅毛通詞江」で通詞への口上案が記される。さらに⑦「八月十七日付　通詞江申含口上案　通詞江口達覚」があり、返信不要の筆記であれば受け取るというものである。これは通詞がオランダ人に話す際の口上案で、これに対するカピタンの返事が⑧「答横文字和解　今十七日大通詞西吉兵衛・小通詞森山栄之助を以御口達之趣、奉承知、乍恐口上書を以、左之通御請申上候」と題された新旧カピタンの、返信は求めないとするもので、どのような手続きで受け取ってもらえるかとの伺い文書である。最初に戻って、初めて手続きが始まることになる。

ここからすると、幕府のスタンスは、あくまでもオランダ側からの自発的な提出を期待するもので、幕府から求めたものではないとの姿勢を貫いていることが理解される。幕府は、あくまでも華夷秩序の中心にいて、夷狄からの忠節を受け入れてやっているのだという考え方である。これは、風説書が制度化された一七世紀中ごろから幕府が一貫して取ってきた外交方針である。

そして次にあるのが、「表紙上書」に⑨「咬𠺕吧都督職之者筆記和解御内密　暦数千三百五拾弐年第六月廿五日（嘉永五子年五月八日）」と書かれた、バタビア総督公文書である。一〇ヵ条の一つ書きから成っている。内容は世界情勢、アメリカ情報を報じ、そのうえで日本のための「方便」があるとした。本文書にも四ヵ所の朱書きが認められる。

さらに⑩「子九月三日伊勢守海防掛一同江御直ニ返上、同五日御勘定奉行江御下ケ篤と評議いたし可申旨、尤御勘定方・御目付方・筒井肥前守ゟ銘々申上候様、咬𠺕吧頭役筆記相廻候」とあり、さらに「子八月」と書かれた、⑪牧志摩守のカピタン宛て書面が収録されそれにも二ヵ所の朱書きがある。その次に、海防掛である深谷遠江守・石河土佐守・松平河内守・筒井肥前守・戸川中務少輔・都筑金三郎・竹内清太郎の書面である、⑫「長崎奉行江被仰渡案」があり、そこにも一ヵ所朱書きがある。さらに⑬「子十一月十三日於新部屋、伊勢守殿、海防掛一同御渡壱冊壱通、翌十四日清太郎ゟ請取、十五日筒井肥前守江相廻ス、子九月十三日両通詞話合候ニ付、新かびたん指出候書面和解本書、通詞江下ケかびたん江戻ス」とあり続けて⑭「大通詞西吉兵衛・小通詞森山栄之助ゟ口上ニ而問合有之候儀ニ付、左ニ申上候」とある。その文面には、バタビア総督公文書にある「方便」とは何かを幕府が問わせたことに対してカピタンが「方便」を申し上げさせて欲しいと願ったもので、あくまでも幕府が依頼したものではなく、オランダ側からのお願いでというスタンスをとった文書である。こうして「方便」すなわち、九月に「表紙上書」⑮「甲比丹指出候封書和解　恭敬大尊君長崎御奉行（牧志摩守様・大沢豊後守様）江阿蘭陀かびたん謹而左ニ申上候」とする、日蘭通商条約草案の提出文が収録されているのである。これにも六ヵ所の朱書きが認められる。以上により、都合一五ヵ所の朱書が認められる。

ここからして、本書は、別段風説書の抄出本、バタビア総督公文書、日蘭通商条約草案の主要なペリー来航予告情報を収録し、その提出および伝達の経緯が判明する文書も収録し、なおかつ一五ヵ所の朱書きまでして分析した、つまりペリー来航予告情報をのちに見た人間が、後述するようにペリー来航後に、それらの情報をどのように考えたのかがわかる、重要な写本である。

そこで、一部の朱書きを分析してみる。

まず、朱書きをなした人物が推察される朱書きを書き出してみたい。まずは「鎮台之苦情、可察、外国人取扱之義ハかくこそあり度者也」が注目される。ここでは、長崎奉行の苦境を思いやっている。つまり、長崎奉行に同情する幕臣の姿が見て取れる。さらに「漂民送り之義、何故やみ候也、万次郎江尋度」からは、中浜万次郎に問い合わせが可能な幕臣・蘭学者なのかとも考えられる。また、「来春如此なるべし、可畏々々」および「果して延引して六月三日ニ入津せしなり」から、実際にペリー来航を知っていることになる。そして「此事何の西史ニ出候哉、一向覚えへ不申候」「西史ニハ一向見当不申候」からは、西洋の歴史書を参照することが可能な、幕臣・蘭学者・知識人かと思われる。「彼国ゟ実意ヲ以御一大事を御忠告仕候義を何故如此御咎メ被成候哉、更ニ合点不承候」「阿蘭陀王ゟ如此其人迄択越候上ハ、通商ハ御許し無之とも、来春之事惣而此者ニ為御取扱可然と被存候」「眼前、此節之御煩ひ実ニ蘭人申通御座候、一国ニ而さへ如此、況や数国来候ヲヤ」などからはオランダに信を置く蘭学者が想起される。「流石、名閣老之御文面丈、御実意も行届候様ニ拝見仕候」では阿部正弘の配慮を称賛している。このことから、阿部正弘に心理的に近い人物と考えられる。「此心入ニ而ハ来年御断之節、容易ニ納得仕間敷、扨々心配之事ニ御座候、去年之内ニ此程迄ニ申上候ヲ、当年迄一向其御用意なきハ如何之訳ニ候や、矢張蘭人申上候義を位下不被思召方〻之事と被存候」の朱書き文からアメリカは、容易に納得しないので、来年、つまり、嘉永七年に再来航した場合が心配だとする。昨年、つまり嘉永五年のうちに予告があったのに当年、嘉永六年まで何の用意もなかったのはなぜなのか、やはりオランダ人を格下に見ていたせいなのかと思うとあって、幕閣の無策に疑問を呈している。文言は、格下に見ていなかったではなく、見ていたと書こうとしたが、見ていなかったと書いてしまったのだろう。

以上から、嘉永六年のペリー来航後に長崎奉行や阿部正弘にシンパシーを持った人物で、蘭学者に近く、オランダにも信頼を置く人物が、今後の日本の対外政策を建白するために、各文書を入手し、本文を読んで朱書きをしたものと考えられる。また、海防掛に伝達された資料群であることから、著者は海防掛に繋がる人間と考えられる。

では、以下、主に本史料の「別段風説書之内」に施された朱書きを別段風説書本文（以下、本文）も一部引用しながら分析し、嘉永五年の別段風説書のペリー来航予告情報に言及したい。

まず、本文「一、新かびたん義ハ以前阿蘭陀頭取印度ニ有之候大裁判所之評議役ニ有之候」の部分に施された朱書き「阿蘭王之深意ニ而如此貴官之者を格下ケニ致、かひたんニ申付候事、後之文ニ而可知」である。これは、新カピタン、ドンケル＝クルチウスが、以前は東インド大裁判所の裁判官だった件に関して言及した部分である。オランダ国王の深慮で、格下の役職に任命されたことは後の文を見ればわかるとしたものである。実際オランダは、日蘭通商条約草案の提案と締結を目論んでいたが、政治家では諸国の不信感を醸成するとして法律家を派遣したといわれている。(17) 朱書きを行った人物は、オランダの意図を正確につかんでいたといえよう。なかなかの情報通である。

次に本文「一、右使節ハ共和政治之フレシデント（共和政治之司）ゟ日本ケイズル（帝之儀）江書翰幷日本漂民送り越候由ニ有之候」に対して、「フレシデント」の脇に「書翰中伯理爾天徳作ル」「漢訳之方、大統領ニ作ル」として、ペリーがもたらした漢文の書簡では「伯理爾天徳」、日本側の漢文翻訳では「大統領」と表記していたことを朱書きしている。プレジデントの早い時期の翻訳例としても興味深い。

また本文「一、右使節ハ日本湊之内、二、三ヶ処、北アメリカ人交易之為、開き度、且日本湊之内、都合宜所江石炭を貯へ置、カリフヲルニー（地名）と唐国と蒸気船之通路ニ用度願立候由ニ有之候」の部分には、「使節之本意、如此時ハ一ヶ所も御許しなき時ハ如何様難題可申や」として、万が一、一ヵ所も開港許可がない場合はどのような難題を申してくるかもしれないと懸念を示している。さらに「但し、此義計ハ如何様申候而も御許無之義与奉存候」として、どのようにいってきても通商は決して許してはならないとしている。オランダに信義を置いていても、通商は不可とはっきりいっている。海外情報に通じていても、通商は拒絶する立場も十分にありえる。また、先の本文「蒸気船之通路ニ用度願立候由ニ有之候」に対して、以前、人物推定に引用した「漂民送り之義、何故やみ候也、万次郎江尋度者」の朱書きがなされている。アメリカ漂流民の救助を目的に日本に使節が来航するとした万次郎情報との齟齬を指摘し、万次郎に確認したいといっているのである。単に誰かを通じて万次郎に聞くのではなく、実際に万次郎に聞きたいとしているようにも思われ、本史料の筆写者を考えるうえで参考になろう。

本文「シユスリカン」に対して「書翰ニハシスケハンナトあり」として、サスケハナ号の名前を訂正している。「書翰」はもしかしたら、先述した合衆国大統領書翰ではなく、誰かからの書翰である可能性も指摘しておく。

さらに本文「一、一説ニ右船之使節を江戸ニ指越候命を受候由ニ有之候」には「来春如此なるべし、可畏々々」と、江戸近くに来航したことを「可畏々々」と感想を漏らしている。

また、本文「一、当時之説ニ而ハ船将アウリッキ（人名）使節之任を船将ペルレイ（人名）ニ譲り」とした部分に「アウリッキ事、何故ヘルレイニ譲り候哉、事情不相分候」と朱書きがある。アメリカ海軍東インド・中国・日本艦隊の司令官がオーリックからペリーに交代したのは、当然にして日本と条約交渉を行うためであるが、この人事交代は、ある程度推測はできても日本においては、その理由を十分には補足できない情報であった。さらに、別段風説書本文には、艦隊の構成艦名が記されているが、「シスシスシッピー」の部分に「此度渡来之使節ヘルレイハシユスケハンナ（船号）ニ罷在候由」と朱書きしている。ペリーが最初に渡来した時の旗艦はサスケハナ号だったので、入手した情報は正確である。ただし「由」とあるところから、筆写者は実際に浦賀までペリー艦隊を見に行ったわけではなさそうである。

本文「一、風聞書ニハ上陸囲軍之用意を致し諸道具積入有之由ニ承、右船は第四月下旬（当三月初旬ニ当ル）前ニハ出帆難成、若ハ今少し延引可致由ニ有之候」の部分に「此度使節船之由ニナントイム之陸戦ホウリソワル二挺載有之由、夫等之事ニ候哉」と朱書きがなされている。「ナントイム」の陸戦で使用されたホーイッスル砲二挺が積まれているとの、別情報をつかんでおり、それは本当なのかとしている。こうした別情報の出所は不明だが、筆写者は、西洋の軍事情報にも多少通じていたことが理解される。またこの本文の「今少し延引可致由」に先に引用した「果して延引して六月三日ニ入津せしなり」が朱書きされ、実際の浦賀来航日を明記しているのである。

以上からして、筆写者は、別段風説書本文の重要部分に関して朱書きで注記し、内容を深く理解しようとしていることがわかる。風説書の単なる読者レベルではなく、幕臣あるいは雄藩大名の家臣等、幕府の対外政策に建白すべく情報を収集し分析した人物の、ペリー来航予告情報の収集と分析・考察が垣間見られる史料であることを指摘しておきたい。

なお、こうした分析を黒田はすでに来航前に行っており、慶勝らもそれに続いていた。黒田ら先進的な藩主たちは、のちに一橋派へとつながっていく。要するに海外情報の収集と分析と活用は、一夕一朝に獲得できるものではなく、定期的な海外情報を定点観測することで得られるものなのである。それが長崎防衛担当者として黒田がなすべき仕事であり、ペリー来航後は、軍役として幕府に奉仕するためにそうしたことが行われた。

まとめると、来航後にも予告情報は、建白書提出という現実政治への対応の重要資料として求められ、分析されたのである。もちろん、事前に入手して対応策を考えていた、慶勝や黒田の先見性・先駆性は強調してもしすぎることはない。それが、そのあとの政治史に大きな役割を果たしたことも忘れるべきではない。

## おわりに

以上の考察をもとに、別段風説書と幕末政治および慶勝・黒田、そして人名は知れないが、別段風説書・バタビア総督公文書・日蘭通商条約草案など一連のペリー来航予告情報に朱書きした人物などについてまとめておきたいと思う。

別段風説書とは、オランダ商館が必要と認めた時、長崎奉行に提出する、特別な風説書（世界のニュース）である。(18)

これまで、一八四〇年のアヘン戦争を契機に提出し始めたとされていたが、一八〇四年レザーノフの長崎来航でも、オランダ商館から提出された事例があった(19)。

そうした、オランダ風説書・オランダ別段風説書の研究の中でも、「阿蘭陀機密風説書」は、尾張藩主徳川慶勝本人が筆写し、題名を命名して記し、蔵書目録に書き上げて手元文庫に保管していた、貴重な別段風説書であり、特筆すべき史料である。そのうえ内容が、ペリー来航直前の世界情報（嘉永四年の別段風説書全文）とペリー来航予告情報そのもの（嘉永五年の別段風説書抄出本）であり、前者は伊達宗城から、後者は島津斉彬から伝達されたもので、後者は水戸斉昭から京都の鷹司政通にまで伝達されており、まさに政治情報そのものでもあった。彼らはのちに一橋慶喜を将軍に擁立しようとするグループを形成した点でも、幕末政治史に海外情報が重要なファクターとなった点でも重要である。

そして、ペリー来航直前に御三家に正式に別段風説書が伝達された要因ともなったのが次に述べる黒田の上書である。すなわち、ペリー来航予告情報を老中阿部正弘から回達された、福岡藩主黒田斉溥は、焦燥感から来航半年前に、御三家への海外情報（別段風説書）回達と中浜万次郎による海軍創設の建白書を阿部に提出した。外様大名が、幕府の政治向きに発言した前代未聞の建白書は、別段風説書を引用して建白の正当性を主張しながら、海外情報の開示と海軍創出を主張し、なおかつ黒田が無能と考える幕府吏僚への激烈な批判を展開したため、結果として吏僚から無視されてしまった。しかしながら、阿部により御三家への情報回達は、実現した。だからこそ阿部は、こうした有識の外様大名の意見書は有用と判断した。それが、来航後の諸大名・旗本等幕臣、その他陪臣などへの意見諮問と彼らによる八〇〇通以上の意見具申に繋がったことは、特筆されてよい。ある意味、黒田の建白書は、阿部による幕府吏僚層へのブラフ（ゆさぶり、脅し）であった可能性があろう。このままでは、政治的な権限は、外様大名を頼みとする阿部政権に握られて、外様大名が幕政に容喙してくるかもしれない、ならば自分たちは外様大名よりももっと阿部にすり寄ろうとする吏僚が出てきても不思議ではない。建白政策・意見諮問政策は阿部の政治的求心力を高める方策だったと思われる。その実験過程が、黒田のペリー来航直前の建白書だったのである。そしてそれは、外様大名の中でも、海外情報に関心を有し、対外問題に一定の定見を持つ雄藩大名の英知を幕府政治に活かすことだった。

したがって、それ以後の政治史は、外様や家門など雄藩を含む諸大名等の英知をいかに糾合・統合・総合していくか、すなわち、老中・旗本中心の、従来型の幕府政治と、諸大名等を取り込んだ、新しい合議政体の形成を模索することになる。ところが、安政五年の阿部の突然の死とその後の井伊直弼の強権政治は、その方向を、外様大名を排除して、幕府独裁に向かわせるもので、かえって幕府の命脈を断つことを早めたといえないことはない。

ところで、ペリー来航後、アメリカ合衆国大統領親書は、諸大名に公開され、意見聴取の姿勢が為政者に在れば、意見表明することが可能であり、幕府政治の刷新を期待させるものとなったのである。しかし、そもそも、「建白政治」というのは、この時期独自のものではなく、はるか以前の、一七世紀初頭、八代将軍徳川吉宗の目安箱にもその端緒的な事例がある。目安（意見書）により、江戸の町医師小川笙船が、無料の医療施設開設を建白して、医療を真に必要とする貧しい庶民を療養する小石川養生所が建設されることになり、小川が開設と運営の責任者に抜擢された。

ここに見られるのは、建白には、建白した人間の義務と責任も伴うのである。対外問題が顕在化した弘化・嘉永期、対外建白が相次いでなされたが、実は義務が忘れられていた。ペリー来航以前の旗本たちの意見書には、当事者としての真剣さがあまり見られないし、ペリー来航後の諸大名の中の無定見な意見書、例えば幕府の方針に従うのみなどの意見は、建白すれば、何らかの軍役・海防負担を恐れたとしかいいようがない、無気力な意見書で、それもいささか多く、目立っていた。だからこそ、有識の雄藩大名は、意見と義務および責任（政治参加・軍役拠出）をいずれはきちんと果たそうとしたのだと思われる。黒田の意見書は義務・責任を果たそうとする意欲が多く垣間見られるものである。

義務・責任を果たすために、後に慶喜を擁立しようとする雄藩大名たちは、自らの藩においては財政と人材登用の藩政改革を推進した。そして、こぞって大老井伊直弼を詰問したが、みな隠居・謹慎を命じられた。しかし、井伊亡き後、慶喜や慶永・慶勝らは復権することができ、新しい政治の枠組みを模索しはじめる。しかしながら、新しい政権と将軍家茂は、孝明天皇の思いと長州の攘夷運動の突出に苦しみ、ついには第一次長州戦争が政治日程に上る。そこで征長軍総督に就任したのが慶勝であった。彼は家茂から全権委任を取り付け、長州三家老の首実検で解兵、その余勢で、新たな政権構想を模索した。ところが、慶勝を良く思わない幕府内の強硬派から忌避された。慶勝はその後も公武周旋するも、いわゆる大政奉還を迎え、王政復古以後、新政府側に立って、勤王誘因に勤めた。慶勝の尾張藩が、新政府側に着くことで、新政府軍の三河・遠江・駿河、美濃・信濃の通行を容易にした。まさに、江戸城総攻撃を最も容易にしたのが、皮肉にも将軍家に近い御三家筆頭尾張藩だったのである。慶勝の尾張藩が、こうして歴史の大きな流れに抗うことなく、ある意味、道を誤らなかったのは、慶勝が記録することで冷静に物事を見ていたからだろう。ここには最終的には慶勝の主導権を見るのである。そうした慶勝の原点としての「阿蘭陀機密風説書」と黒田建白書が慶勝の手元文庫に存在し、それが唯一の写本であることをことさら挙げるのは、いささか我田引水のきらいもないではないが、慶勝が黒田の建白書提出を支援していたことも、尾張藩の進路におおいに関係があろうと考えている。こうした点もさらに課題として今後、幕末維新史を見ていきたいと思う。

嘉永五年、一八五二年、ペリー来航の一年前、オランダからの情報リークによって、雄藩大名たちが目覚め、幕政意見書を書いて提出し、それを支援していたこと、また幕府内部にもそれを歓迎したことが、まさに日本の近代の始まりでもあり、そのきっかけが、別段風説書だったことは強調しておきたく思う。

なお、「和蘭告密書受取始末　全」を歴史上、いかに位置付けるかも、今後の課題とさせていただきたいと思う。また、黒田が建白書の中で海軍創設に土佐漂流人中浜万次郎を招請して担当させようとしたこと、また、ペリー来航二年前に帰国した中浜万次郎がもたらした、海外情報を、プレ・ペリー来航予告情報として位置付けることも課題としておきたい。情報は、別段風説書にかぎらず、不定期情報としての漂流民の情報に関しても注目すべきと指摘したのは、片桐一男氏であるが、その指摘はまさに当を得たものである[20]。

註

（1）岩下哲典『幕末日本の情報活動』普及版、雄山閣、二〇一八年参照。同書は、最初『幕末日本の情報活動』雄山閣出版、二〇〇〇年として出版し、二〇〇八年に『〔改訂増補版〕幕末日本の情報活動』雄山閣として刊行した。なお、研究史的には各論文の初出を参照されたい。最古の論文は一九八七年である。

（2）大石慎三郎・徳川義宣編『金鯱叢書』第一四輯、財団法人徳川黎明会、一九八七年。

（3）洋学史研究会（片桐一男会長）編『洋学史研究』第五号、一九八八年。

（4）岩下哲典・真栄平房昭共編『近世日本の海外情報』岩田書院、一九九七年。

（5）『幕末日本の情報活動』により二〇〇一年には、同論文により博士号を青山学院大学から授与された。

（6）嶋村元宏編集『黒船』神奈川県立歴史博物館、二〇〇三年。

（7）洋泉社、二〇〇六年。

（8）雄松堂書店、二〇一四年。

(9) それ以前から、ＮＨＫでは総合放送「堂々日本史」「金とく」「歴史秘話ヒストリア」などでも慶勝やその写本は取り上げられていた。いずれも製作段階で関わらせていただいた。
(10) 明治維新史学会編『明治維新の政治と人物』（明治維新史論集①）有志舎、二〇一六年。
(11) 小林和幸編『近現代日本　選択の瞬間』有志舎、二〇一六年。
(12) 勉誠出版、二〇一六年。
(13) 片桐氏の著作『勝海舟の蘭学と海軍伝習』は、二〇一六年一二月に洋学史研究会例会で岩下が紹介をし、二〇一七年の『洋学史研究』第三一号に新刊紹介として収録している。あわせて参照されたい。
(14) 沼倉延幸「関白鷹司政通とペリー来航予告情報」『青山史学』第一三号、一九九二年。
(15) 拙著『幕末日本の情報活動』および西沢美穂子『和親条約と日蘭関係』吉川弘文館、二〇一三年参照。
(16) 家蔵の購入史料である。
(17) フォス・美弥子翻訳・解説『幕末出島未公開文書』新人物往来社、一九九二年。
(18) 松方冬子『オランダ風説書と近世日本』東京大学出版会、二〇〇七年、同『オランダ風説書』中央公論新社、二〇一〇年、同編『別段風説書が語る一九世紀―翻訳と研究―』東京大学出版会、二〇一二年参照。
(19) 松本英治「レザノフ来航予告情報と長崎」片桐一男編『日蘭交流史　その人・物・情報』思文閣出版、二〇〇二年、のち同『近世後期の対外関係と政治・軍事』吉川弘文館、二〇一六年に収録。
(20) 片桐一男「鎖国時代のもたらされた海外情報」日本歴史学会編『日本歴史』第二四九号、一九六九年。


主な参考文献（著者五十音順、本文・註で引用した文献を除く）

家近良樹「歴史手帳　島津斉彬と西郷隆盛」『日本歴史』第四八二号、二〇一八年。
岩下哲典『江戸の海外情報ネットワーク』吉川弘文館、二〇〇六年。
同　『津山藩』現代書館、二〇一七年。
岩田みゆき『幕末の情報と社会変革』吉川弘文館、二〇〇一年。

同　　　『黒船がやってきた』吉川弘文館、二〇〇五年。
西川武臣『ペリー来航』中央公論新社、二〇一六年。
松尾千歳『島津斉彬』戎光祥出版、二〇一七年。

各論四

# 《別段風説書》はいかに参照されたか
## ――神奈川県立歴史博物館所蔵「阿部家資料」を事例として――

嶋村元宏

### はじめに

書面、九箇条十箇条之儀、九箇条目、東方ニ所領無之と之儀は、西洋ゟ東洋国々之事をさして申候儀ニ而、当時右国々ニ所領無哉は難計候処、十箇条目、他邦ニ所領を得候儀、相禁候と之儀は、別紙一印書抜之通、去ル申年和蘭甲必丹差上候別紙風説書之内、合衆国メキシコと戦争之上、メキシコ之地カリホルニーを掠取、別紙二印之通、寅年別段風説書ニも、償銀之代り、メキシコ領メシルラタルと申地を取候趣も相見候間、申立之趣は、全偽と相聞申候、(1)

来日から一年以上におよぶ下田での滞在ののち出府を許された初代駐日総領事タウンセンド・ハリスは、安政四年(一八五七)一〇月二六日、西丸下の老中役宅において、老中首座堀田正睦との会談に臨み、いわゆる「日本の重大事件」、すなわち日本のおかれた危機的状況を脱するために速やかに自由貿易の開始を求める演説を行った。その演説を受け、堀田正睦は、ハリスとの会談内容を二八日には評定所一座ならびに海防掛以下の諸有司に示し、それぞれの意見を上申するよう命じた。(2)

冒頭の引用史料は、川路聖謨などの海防掛を兼ねた勘定奉行と勘定吟味役グループから出された上申書において、ハリスの演説中の「一合衆国之所置は、外国と違ひ、東方ニ所領之国も無之候間、新ニ東方ニ所領を得候儀ハ、相願不申候」(3)とする部分について、申年(嘉永元年〔一八四八〕)ならびに、寅年(嘉永七年)のオランダ別段風説書の記述を根拠に、ハリスの発言は全くの偽りであると断じたものである。勘定奉行・同吟味役グループは、演説内容を一七二項目に分け検討しているが、(4)「西洋之事績を記し候諸書、幷和蘭人申立候風説書其外見合可相成書類等取調」(5)たうえで上申書を作成している。(6)オランダ別段風説書などの海外情報書を活用した注目すべき事例である。

本来、別段風説書をはじめとする海外情報書は、当時の人々にとって活用することを目的として収集されたものであることは言を俟たない。しかしながら、これまでの別段風説書を対象とした研究の多くは、その成立や内容について深められてきているようである。例えば、はじめて別段風説書そのものを研究対象として扱った安岡昭男は、別段風説書の成立について明らかにするとともに、各年次の内容を紹介している。(7)また、別段風説書の内容を理解するために、和文テキストに加え蘭文テキストの翻刻・翻訳作業が必要であるとする立場から研究を進めた金井圓・松方冬子の研究があるが、(8)(9)いずれも別段風説書が当時如何に活用されたかという視点を含むものではない。

そこで本稿では、これら従来の別段風説書研究では扱ってこなかった、当時の人々が如何に別段風説書を読み取ろうとしたのかを明らかにすることにより、別段風説書の「活用」の一事例を示すことを目的としたい。具体的には、別段風説書に書き込まれた記載に注目し、書き込みを加えた者がどのように別段風説書を参照したのか、換言すれば、如何に「活用」したのかを見ていくことにしたい。

作業としては、まず本稿で検討の対象とする神奈川県立歴史博物館が所蔵する「阿部家資料」[10]に含まれる別段風説書について、その作成者も含め確認する。次に、各書き込みについて全体像を把握し、最後に記述者が如何なる視点で別段風説書と向き合っていたかを明らかにする。

## 一　神奈川県立歴史博物館所蔵「阿部家資料」中の別段風説書

今回検討の対象とする別段風説書は、現在神奈川県立歴史博物館[11]が所蔵する「阿部家資料」と称する資料群に含まれる嘉永三年（一八五〇）・嘉永四年・嘉永五年の三ヵ年分である。はじめに、これらの史料について確認しておきたい。

まず、「阿部家資料」とは、ペリー来航時に老中首座であった阿部正弘の家に伝わった、天保八年（一八三七）刊の斎藤正謙『鲁西亜紀略』から明治八年（一八七五）刊の福沢諭吉『文明論之概略』を含む全四九件からなる資料群である。神奈川県立博物館時代の昭和五一年（一九七六）から五九年にかけて所蔵者であった故阿部正道から受け入れたものであるが、ご本人の強い意向により、神奈川県立博物館はペリー来航・開国に関する資料を中心に所蔵することになった[12]。

この「阿部家資料」中の嘉永三年（図1）・嘉永四年（図2）・嘉永五年（図3）の別段風説書[13]のうち、嘉永三年と

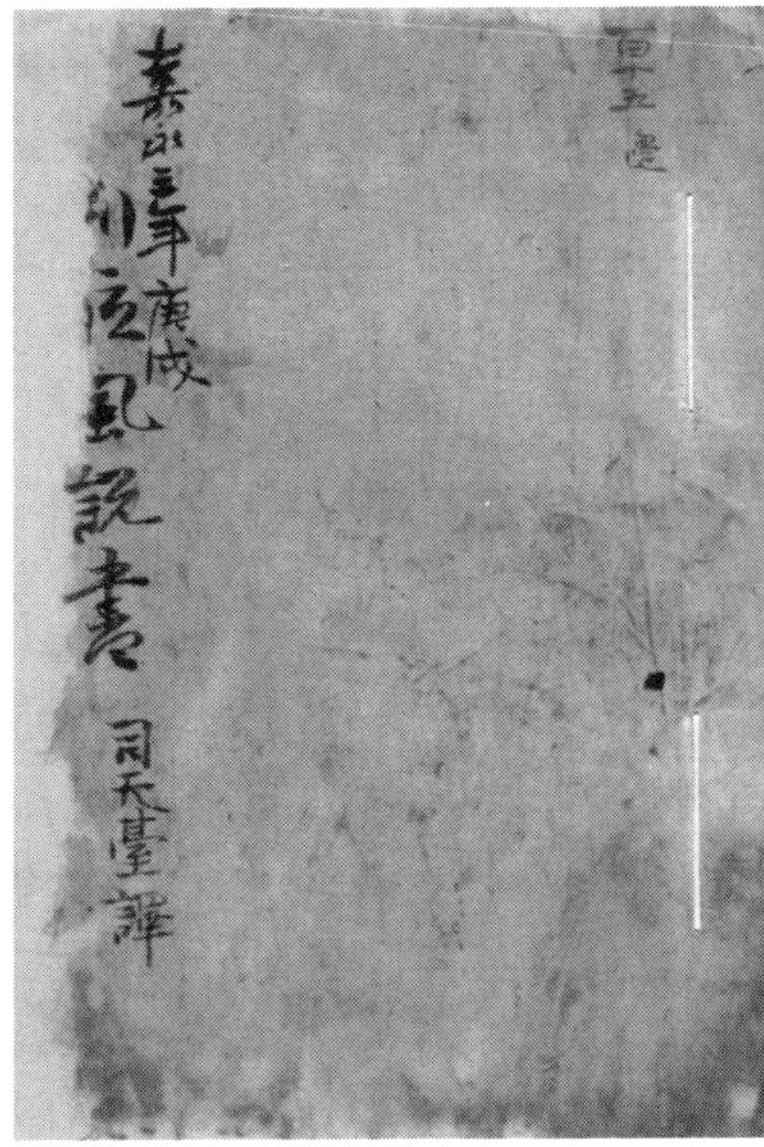


図１　嘉永三年別段風説書 表紙

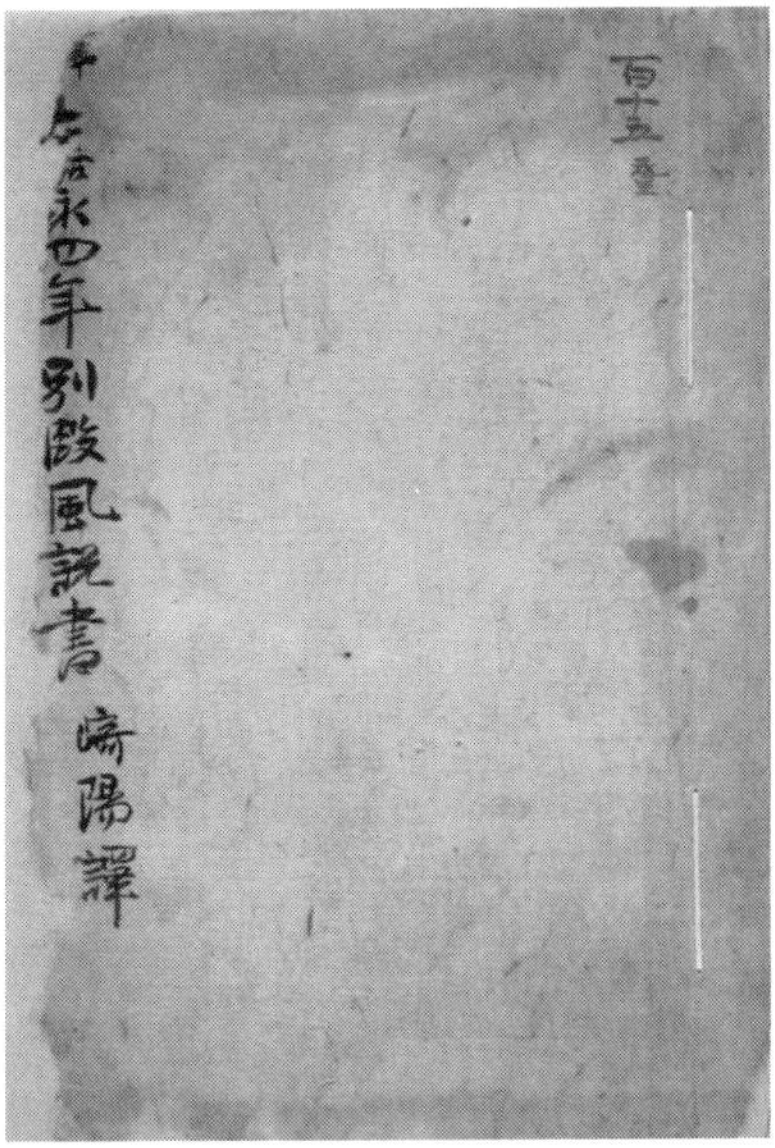


図２　嘉永四年別段風説書 表紙

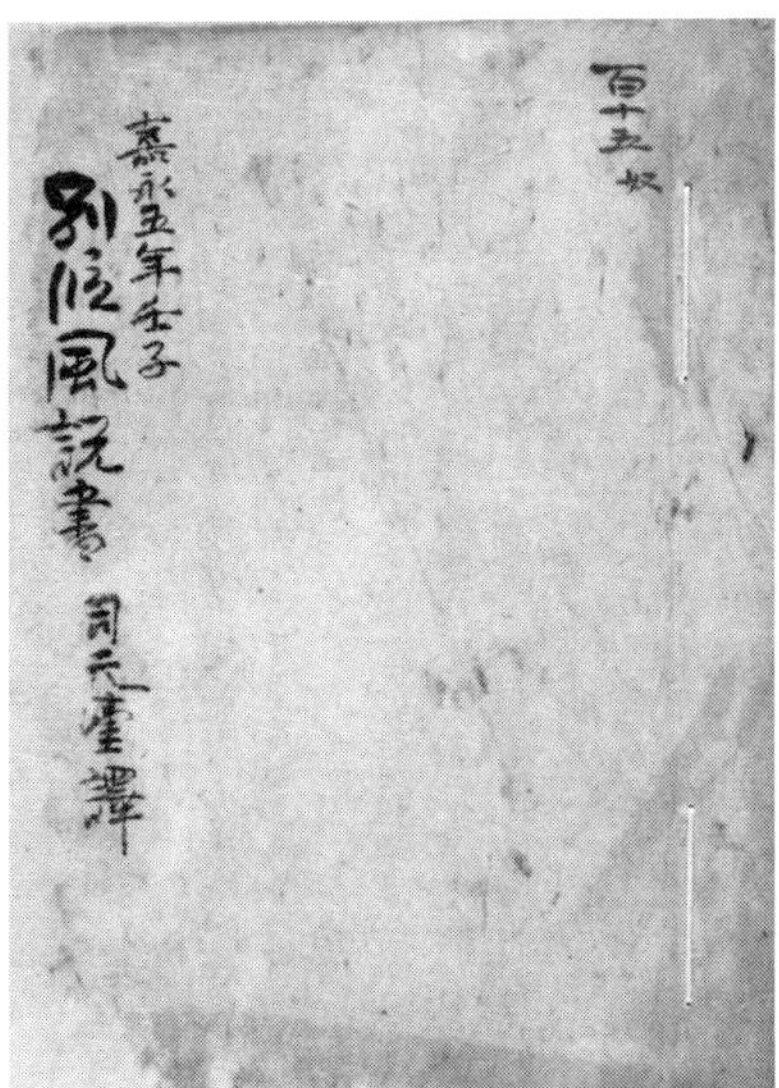


図３　嘉永五年別段風説書 表紙

嘉永五年は江戸浅草の天文方で翻訳された司天台訳で、嘉永四年は長崎で訳された崎陽訳の写本である。(14)

表紙にはそれぞれ、「嘉永三年庚戌／別段風説書　司天台訳」、「辛〔亥〕嘉永四年別段風説書　崎陽訳」、「嘉永五年壬子／別段風説書　司天台訳」とあり、嘉永三年と嘉永五年とは、表題の書き方も同じであるが、崎陽訳である嘉永四年のみ表記の仕方が異なっている。

さらに注目すべきは、右上部に朱で分類記号のようなものが記載されている点である。嘉永三年版には「百十五辺」、嘉永四年版には「百十五登」、嘉永五年版には「百十五奴」とあり、共通の数字である「百十五」に、「辺（へ）」、「登（と）」、「奴（ぬ）」と、いろはが付されていることがわかる。「阿部家資料」中これ以外に、「百十五」の分類番号をもつ資料に、「嘉永五年壬子和蘭領東印度総督某贈長崎鎮台書簡和解・和蘭甲必丹答書和解」と「嘉永五年壬子咬噹吧都督職之者筆記和解・甲必丹差出候封書和解」がある。前者は、開国を勧めるオランダ国王ヴィレム二世の意向を伝えるオランダ東インド総督からの書簡の翻訳文と、別段風説書に掲載されているペリー来航に関する記事とこの東インド総督書簡が関連することを説明したオランダ商館長ドンケル・クルティウスからの書簡の翻訳文を収めたものであり、「百十五遠」の朱書きがみられる。一方後者は、いわゆる通商条約草案とそれに関連してクルティウスから提出された書簡の翻訳文で、「百十五」まではみえるが、その下の文字は判読不能である。すなわち、別段風説書を含むオランダから提出された情報書が「百十五」として分類され、いろは順に整理されていたと考えられる。

そう考えた場合、「阿部家資料」中に含まれていない「百十五」の「い」から「ほ」まで、および「ち」「り」を推測のうえ、一覧にしてみると以下のようになろう。

い……嘉永元年　別段風説書　崎陽訳

ろ……嘉永元年　別段風説書　司天台訳
は……嘉永二年　別段風説書　崎陽訳
に……嘉永二年　別段風説書　司天台訳
ほ……嘉永三年　別段風説書　崎陽訳
へ……嘉永三年　別段風説書　司天台訳
と……嘉永四年　別段風説書　崎陽訳
ち……嘉永四年　別段風説書　司天台訳
り……嘉永五年　別段風説書　崎陽訳
ぬ……嘉永五年　別段風説書　司天台訳
る……嘉永五年　咬噹吧都督職之者筆記和解・甲必丹差出候封書和解
を……和蘭領東印度総督某贈長崎鎮台書簡和解・和蘭甲必丹答書和解

すなわち、阿部家には、嘉永年間五年分の崎陽訳と司天台訳、ならびにペリー来航予告に関わるバタビア総督からの海外情報書一式がそろっていたと考えられる(15)。

次に、一連の海外情報書を筆写した人物について確認しておきたい。

作成者については、昭和五一年から神奈川県立博物館が受け入れた時点においては不詳であった。その後、いずれの本文にもみられる独特の筆跡から、石川和助（関藤藤蔭）であることが判明している(16)。

石川和助は、医師関藤正信の四男として文化四年（一八〇七）備中笠間に生まれ、その後文化九年に医師石川順介の養子となり石川姓となった。文政一一年（一八二八）二一歳にして京都に出て、頼山陽の門人となり、天保一四年福山藩儒者に登用されている。そして、政弘が老中となったのを機に、弘化元年（一八四四）江戸へ移り、正弘のもと徳川斉昭の幕政復帰の周旋や情報収集活動を行っている。さらに、正弘亡き後も正教・正外・正桓の三人の歴代藩主に仕えている。そして、最終的には、広島を経て慶応二年（一八六六）には正外とともに福山へ戻るが、廃藩置県により正桓が明治四年に東京へ移ると、翌年和助も東京へ移り家政を務めるなど、正弘存命中より明治に至るまで阿部家とは密接な関係にあった。

正弘の老中就任後からペリー来航前後の期間においては、正弘の側近として活動していることからも、これらの別段風説書は、阿部正弘の命を受けた石川和助が、原書から書き写したものといえよう。

## 二　朱書きが意味するもの

まず、誰によって朱書きがなされたかということであるが、本文同様石川和助と考えられなくもないが、断定することはにわかにはできない。本文のような特徴的な筆跡ではなく、石川和助以外の人物による可能性を否定することができないからである。現時点では、不詳としておきたい。

さて、今回対象とする三冊の内、本文において朱書きの部分が他を圧倒して多いのは、嘉永四年（一八五一）の別段風説書である。嘉永三年の別段風説書は、先に確認した表紙の分類記号以外、本文中への記載は全くみられない。嘉永五年の別段風説書は、六ヵ所にコメントが付されているだけである。[17]それに対し、嘉永四年の別段風説書に対する朱書きの量は、他の二つの史料と比べものにならないほどの朱による書き込みがなされている。

嘉永四年の別段風説書は、墨付き表紙共二三丁全一二七条からなり、朱書きは、以下の三種類に大別される。

（1）「スウェーデン」に「雪際亜」といった、カタカナで表記された外国の国名や地名に当てた漢字や漢字の読み仮名。

（2）全一二七条を国や事件の内容ごとに五四に区切った記号としてのイロハ（カタカナで四七文字、ひらがなで「い」から「と」までの七文字を合わせた五四文字を使用）。

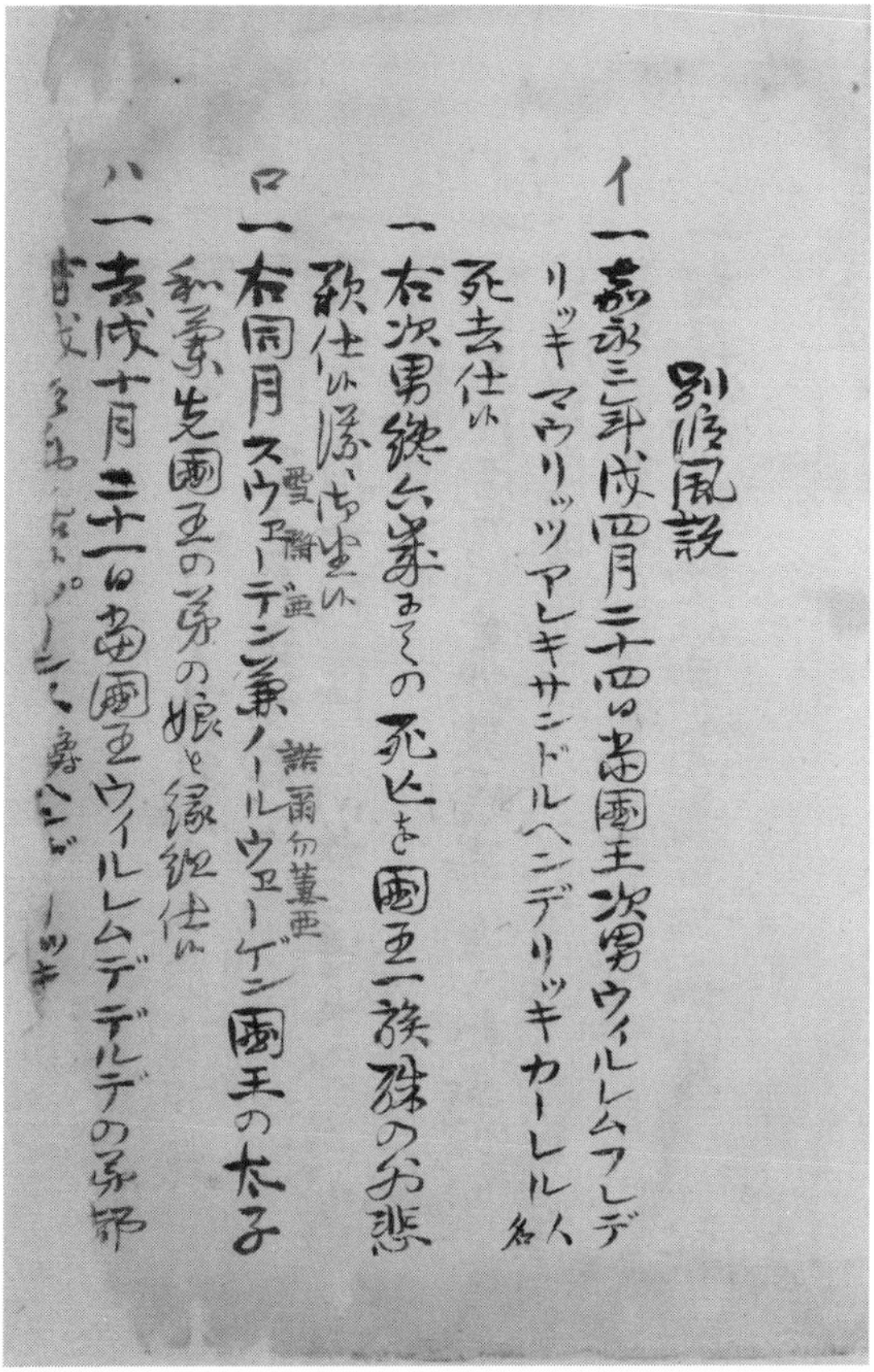


図４　嘉永四年別段風説書 本文

（3）本文の用語に関する詳細な解説や司天台訳との差異。

以上を踏まえ、今回対象とする史料の内、多くの朱書きを有する嘉永四年の別段風説書の（3）について、具体的に朱書きの記述をみながら検討していきたい（①～㉟は、図版の部分と一致する）。

嘉永四年，別段風説書（崎陽訳）における朱書き位置一覧

| 丁 | | 条の位置 | 註の位置 | 内容区分記号の位置 | 丁 | | 条の位置 | 註の位置 | 内容区分記号の位置 |
|---|---|---|---|---|---|---|---|---|---|
| 1 | 表 | | | | 8 | 表 | | | |
| | 裏 | | | | | 裏 | 39 | | レ |
| 2 | 表 | 1 | | イ | | | 40 | | ソ |
| | | 2 | | | 9 | 表 | | | |
| | | 3 | | ロ | | 裏 | | | |
| | | 4 | ① | ハ | 10 | 表 | | | |
| | 裏 | 5 | ② | ニ | | 裏 | | | |
| | | 6 | | ホ | 11 | 表 | | | |
| | | 7 | | | | 裏 | 41 | ⑭⑮⑯ | ツ |
| | | 8 | | | 12 | 表 | 42 | | |
| 3 | 表 | 9 | | | | | 43 | | 子 |
| | | 10 | | ヘ | | 裏 | 44 | | |
| | | 11 | | ト | | | 45 | | |
| | | 12 | | | | | 46 | | |
| | 裏 | 13 | ③ | | | | 47 | | |
| | | 14 | | | | | 48 | | |
| | | 15 | | | | | 49 | | |
| | | 16 | | | 13 | 表 | 50 | ⑰ | ナ |
| 4 | 表 | 17 | | チ | | | 51 | | |
| | | 18 | ④ | | | | 52 | ⑱ | ラ |
| | | 19 | | | | | 53 | | |
| | 裏 | 20 | ⑤ | | | 裏 | 54 | | |
| | | 21 | | リ | | | 55 | ⑲ | |
| | | 22 | | | | | 56 | | |
| | | 23 | ⑥ | ヌ | | | 57 | | |
| | | 24 | | | 14 | 表 | 58 | ⑳㉑ | |
| 5 | 表 | 25 | ⑦⑧ | ル | | | 59 | | ム |
| | | 26 | | ヲ | | | 60 | | |
| | 裏 | 27 | | | | | 61 | | |
| | | 28 | ⑨ | ワ | | 裏 | 62 | | |
| | | 29 | ⑩ | | | | 63 | ㉒ | ウ |
| 6 | 表 | 30 | ⑪ | | | | 64 | | |
| | | 31 | ⑫ | | | | 65 | ㉓ | 井 |
| | | 32 | | カ | 15 | 表 | 66 | | |
| | 裏 | 33 | | ヨ | | | 67 | | |
| | | 34 | ⑬ | | | | 68 | | ノ |
| | | 35 | | | | | 69 | | オ |
| 7 | 表 | 36 | | | | 裏 | 70 | ㉔ | |
| | | 37 | | | | | 71 | | |
| | | 38 | | タ | | | 72 | ㉕ | ク |
| | 裏 | | | | | | 73 | | |

| 丁 | | 条の位置 | 註の位置 | 内容区分記号の位置 | 丁 | | 条の位置 | 註の位置 | 内容区分記号の位置 |
|---|---|---|---|---|---|---|---|---|---|
| 15 | 裏 | 74 | ㉖ | ヤ | | | 101 | | |
| 16 | 表 | 75 | | マ | 20 | 表 | 102 | | シ |
| | | 76 | | | | | 103 | | |
| | | 77 | ㉗ | ケ | | | 104 | | ヱ |
| | | 78 | | | | | 105 | ㉜ | ヒ |
| | 裏 | 79 | ㉘ | フ | | | 106 | | |
| | | 80 | ㉙ | コ | | 裏 | 107 | | モ |
| | | 81 | ㉚ | エ | | | 108 | ㉝ | セ |
| 17 | 表 | 82 | | | | | 109 | ㉞ | ス |
| | | 83 | | テ | | | 110 | | い |
| | 裏 | 84 | | ア | 21 | 表 | 111 | | |
| | | 85 | | | | | 112 | | |
| | | 86 | ㉛ | | | | 113 | | |
| 18 | 表 | 87 | | | | | 114 | | |
| | | 88 | | | | 裏 | 115 | | |
| | | 89 | | | | | 116 | | ろ |
| | | 90 | | | | | 117 | ㉟ | |
| | 裏 | 91 | | サ | | | 118 | | は |
| | | 92 | | キ | | | 119 | | |
| | | 93 | | | 22 | 表 | 120 | | に |
| | | 94 | | | | | 121 | | ほ |
| 19 | 表 | 95 | | ユ | | | 122 | | |
| | | 96 | | | | | 123 | | |
| | | 97 | | | | 裏 | 124 | | へ |
| | 裏 | 98 | | | | | 125 | | と |
| | | 99 | | メ | | | 126 | | |
| | | 100 | | ミ | | | 127 | | |

※この表は，朱書きされた，条・註・内容区分記号の位置を示したものである．条の位置は，一つ書きが始まる丁を示した．註の位置の番号は，画像並びに釈文の番号と一致する．註の位置は，条に合わせたため，実際に記載されている丁とずれているものもある．

※図版に、本文の各条の頭に付したイロハや、一つ書きの「一」が見えているが、注釈とは異なるため、枠内には示さなかった。

①

□ヘシ奪ノ義□（ニ）□（非）ス

②

年々風説書毎ニ
和蘭国ニ限り静
謐と称ス、信シ難シ

③

オーフルエイスル、司天
訳ニ云ク、和蘭十一
州ノ一ト是ナリ

④

其跡明有之ノ一語、司天
訳ト全ク同シカラス、司天訳
修理明白ナリ、但、原語如
何ヲシラス

① ②

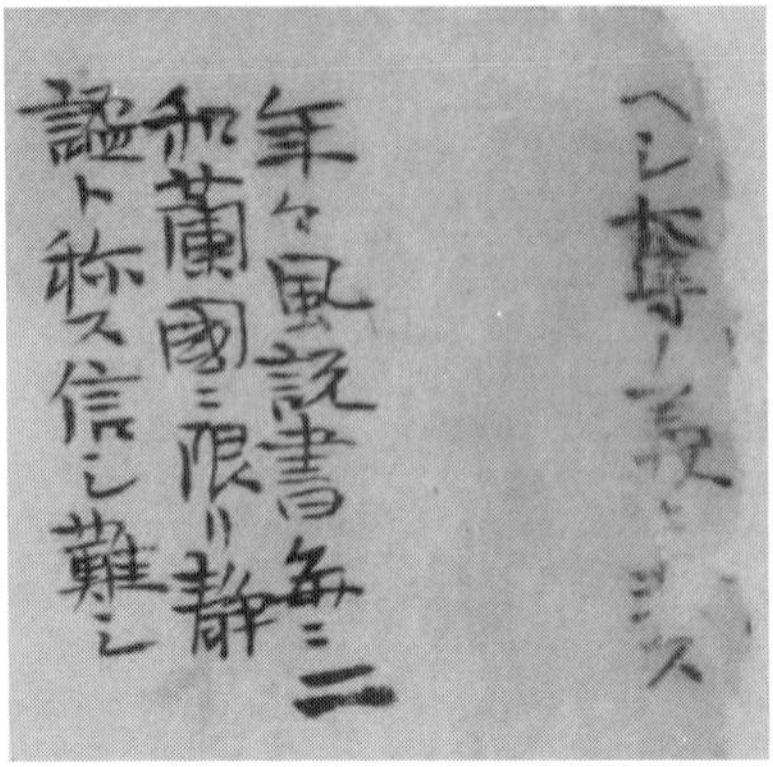

③

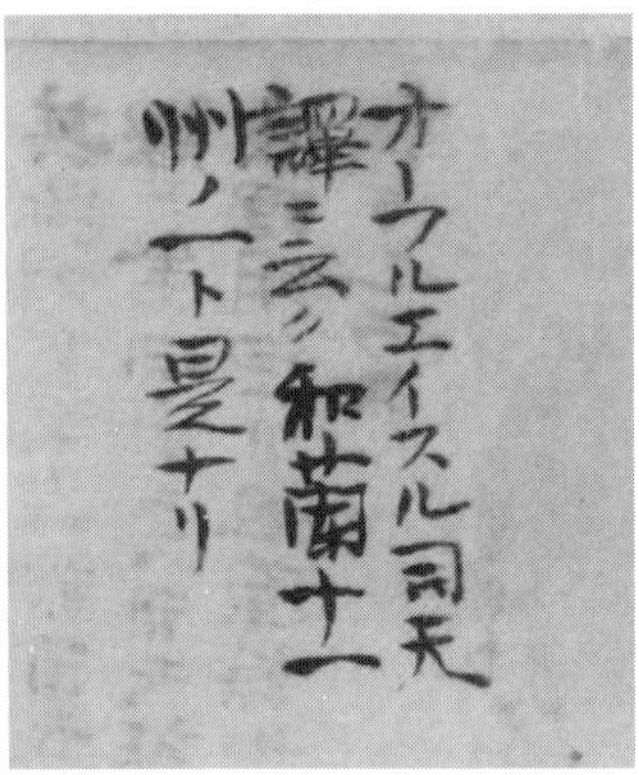

④

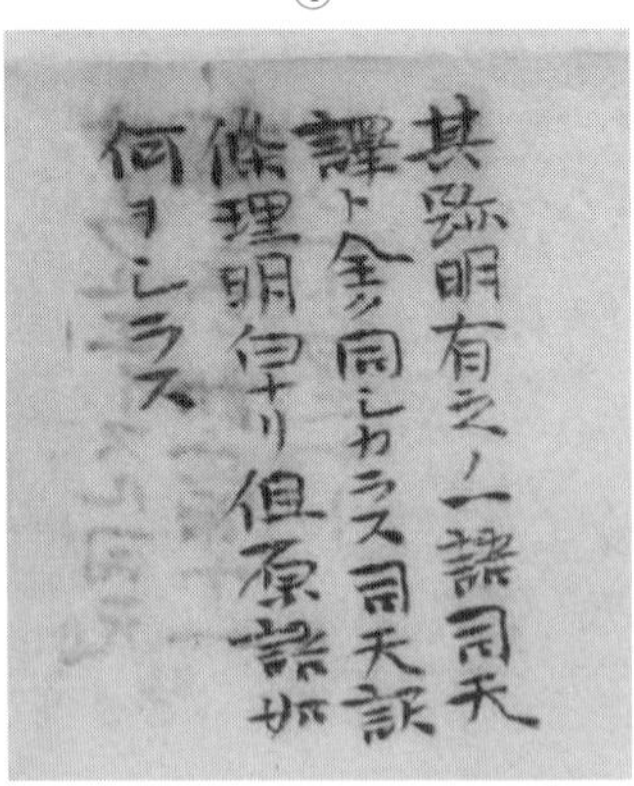

⑤

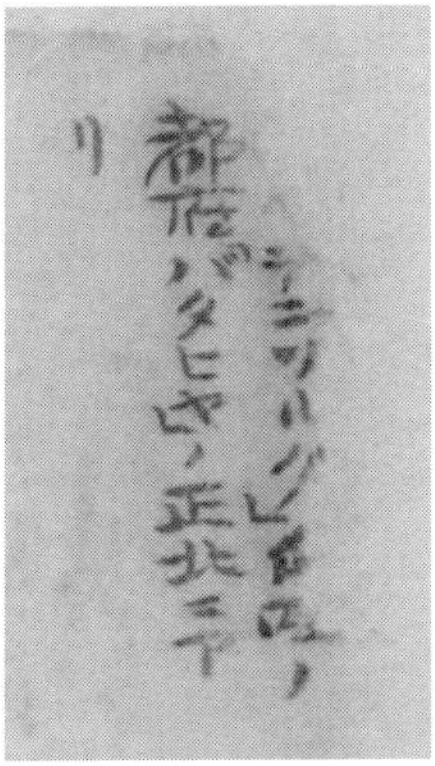

⑤

［　］（ボイ）テンソルグ」瓜哇ノ
都府「バタヒヤ」ノ正北ニア
リ

⑥

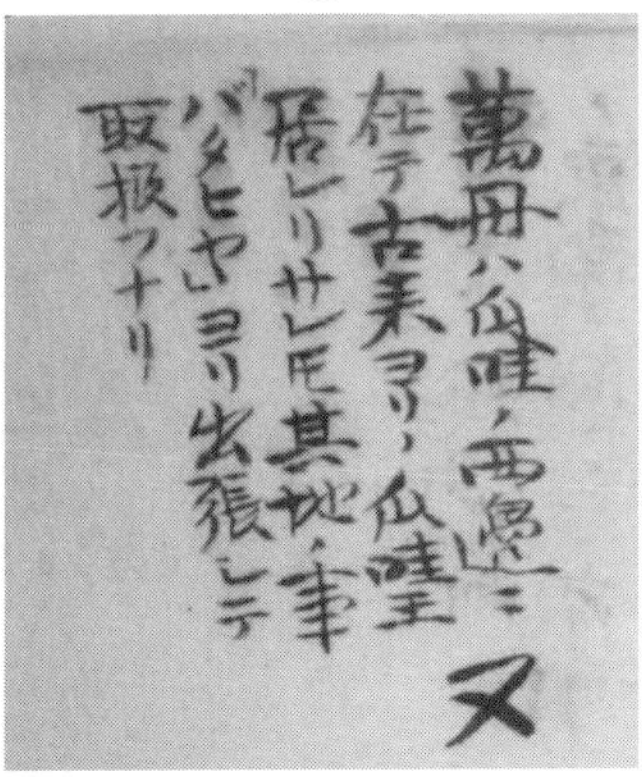

⑥

万丹ハ瓜哇ノ西辺ニ
在テ古来ヨリノ瓜哇王
居レリ、サレ圧其地ノ事
「バタヒヤ」ヨリ出張シテ
取扱フナリ

⑧　⑦

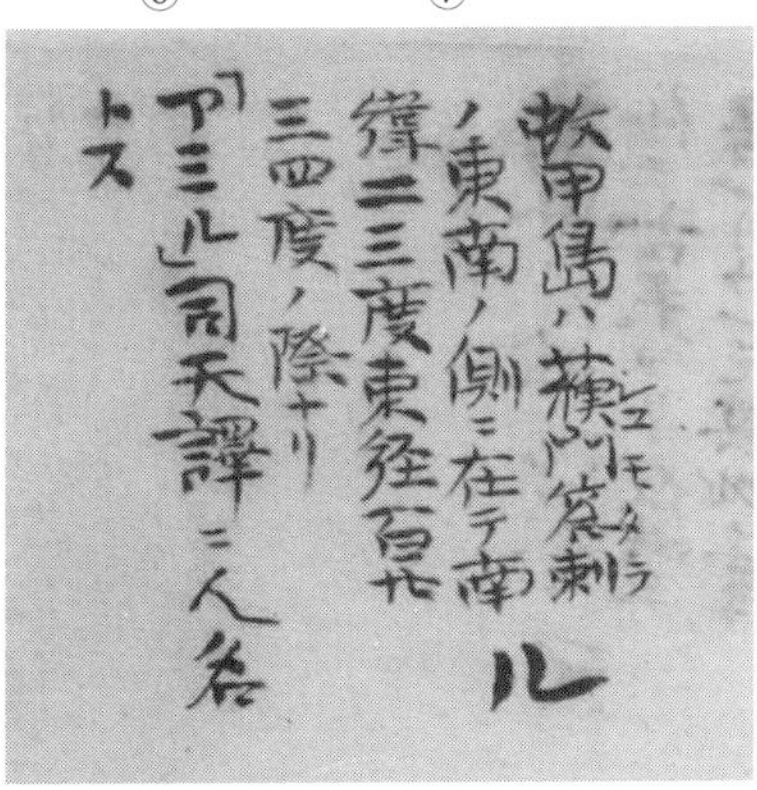

⑦

蚊甲島ハ蘊門答剌（シユモタラ）
ノ東南ノ側ニ在テ南
緯二三度東経百廿
三四度ノ際ナリ

⑧

「アミル」司天訳ニ人名
トス

⑨

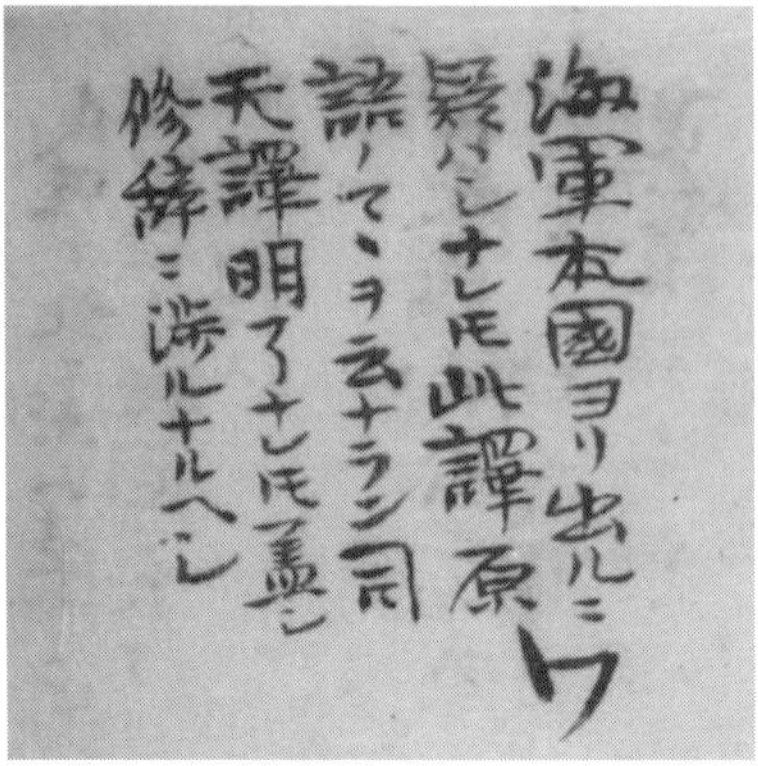

⑨

海軍本国ヨリ出ルニ
疑ハシ、ナレトモ、此訳原
語ノマ、ヲ云ナラン、司
天訳明了ナレトモ、蓋シ
修辞ニ渉ルナルヘシ

⑪ ⑩

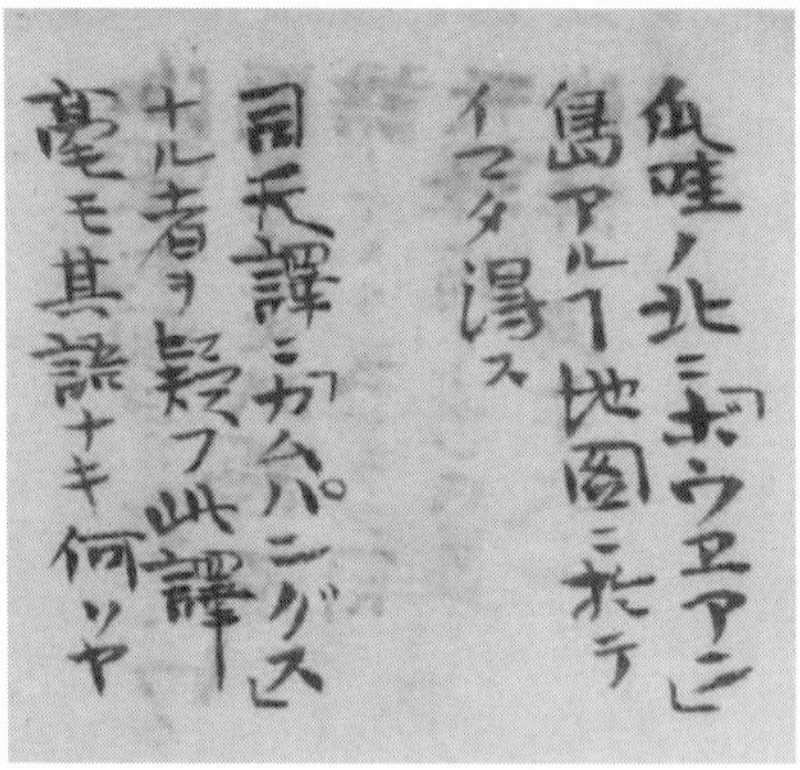

⑩

瓜哇ノ北ニ「ボウヱアン」
島アルコト地図ニ於テ
イマタ得ス

⑪

司天訳ニ「カムパングス」
ナル者ヲ疑フ、此訳
毫モ其語ナキ、何ソヤ

⑫

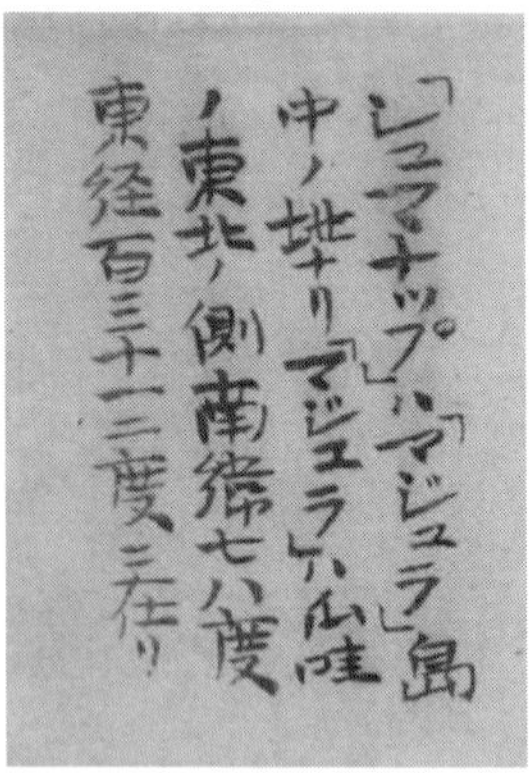

⑫

「シュマップ」ハ「マジュラ」島
中ノ地ナリ、「マジュラ」ハ、瓜哇
ノ東北ノ側南緯七八度
東経百三十一二度ニ在リ

⑬

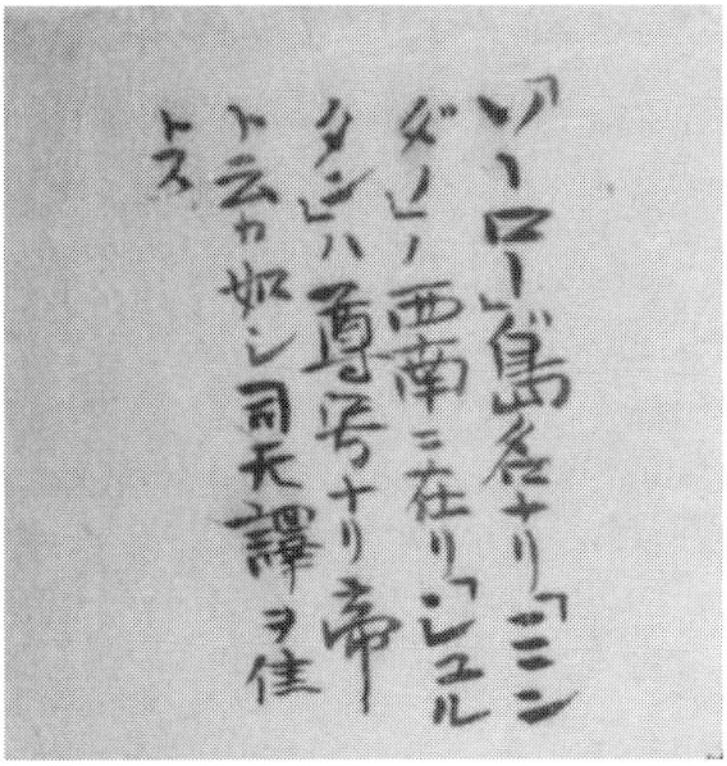

⑬

「ソーロー」ハ島名ナリ、「ミン
ダノ」ノ西南ニ在リ、「シュル
タン」ハ尊号ナリ、帝
ト云カ如シ、司天訳ヲ佳
トス

⑭　⑮

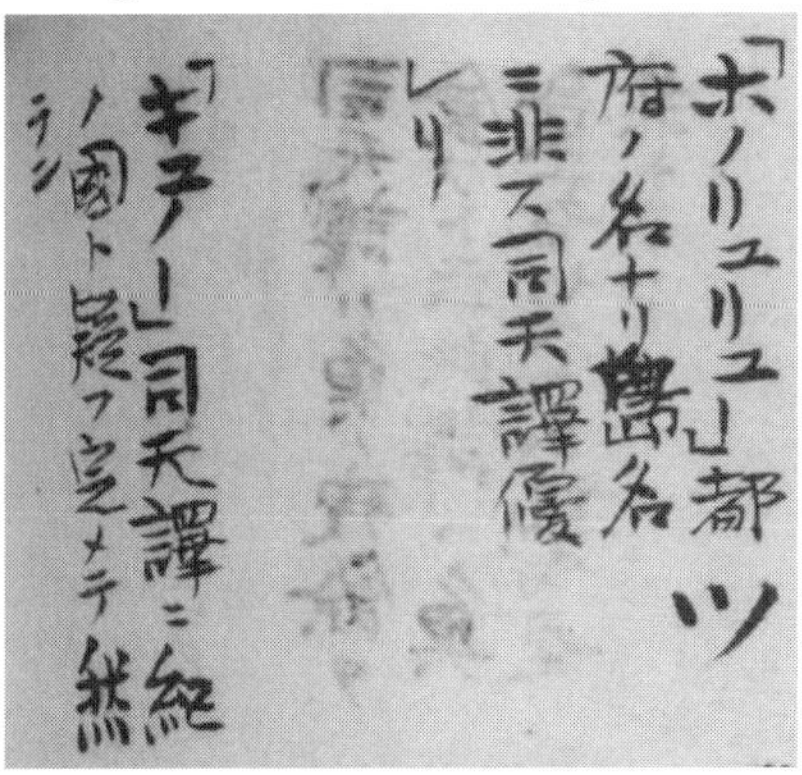

⑭

「ホノリュリュー」、都
府ノ名ナリ、島名
ニ非ス、司天訳優
レリ

⑮

「キュノー」、司天訳ニ、紀
ノ国ト疑フ、定メテ然
ラン

⑯

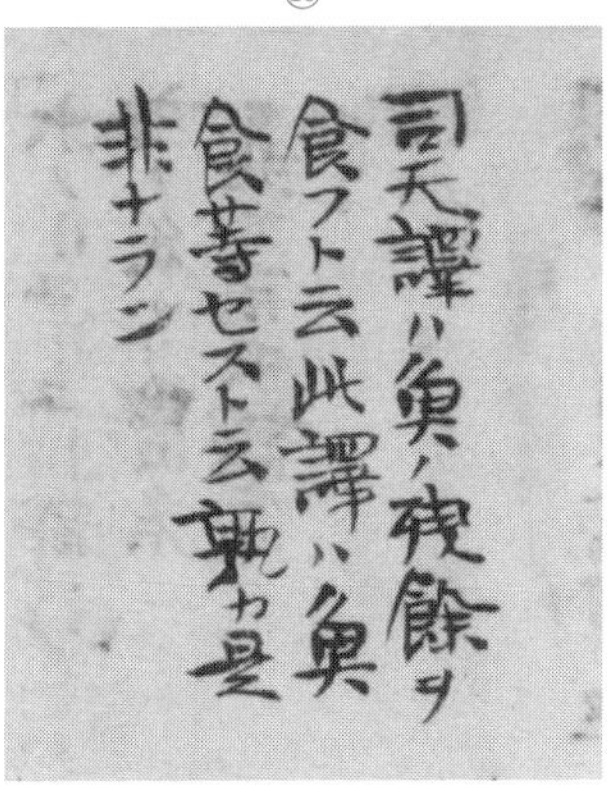

⑯

司天訳ハ、魚ノ残余ヲ
食フト云、此訳ハ魚
食等セスト云、孰カ是
非ナラン

⑰

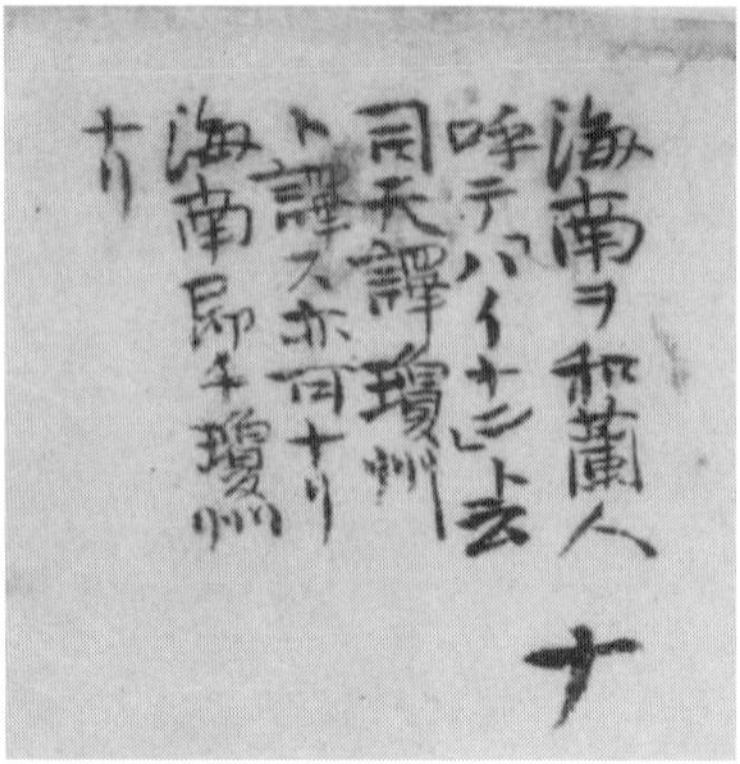

⑰

海南ヲ和蘭人
呼テ「ハイナン」ト云、
司天訳瓊州
ト訳ス、亦可ナリ、
海南即チ瓊州
ナリ

⑱

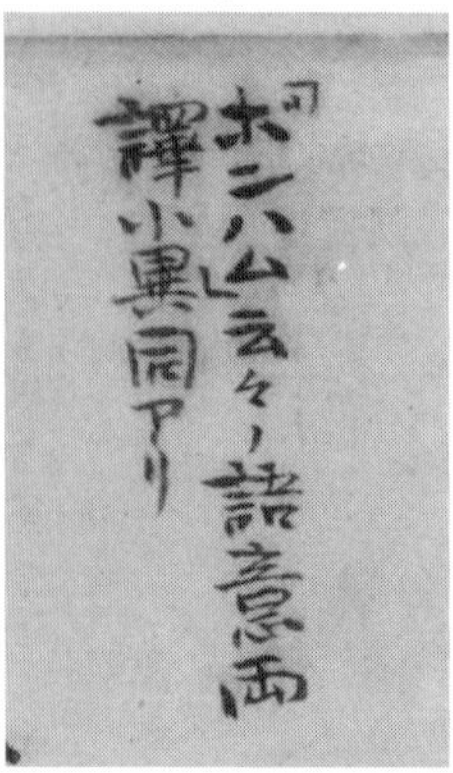

⑱

「ボンハム」云々ノ語意、両
訳小異同アリ

⑲

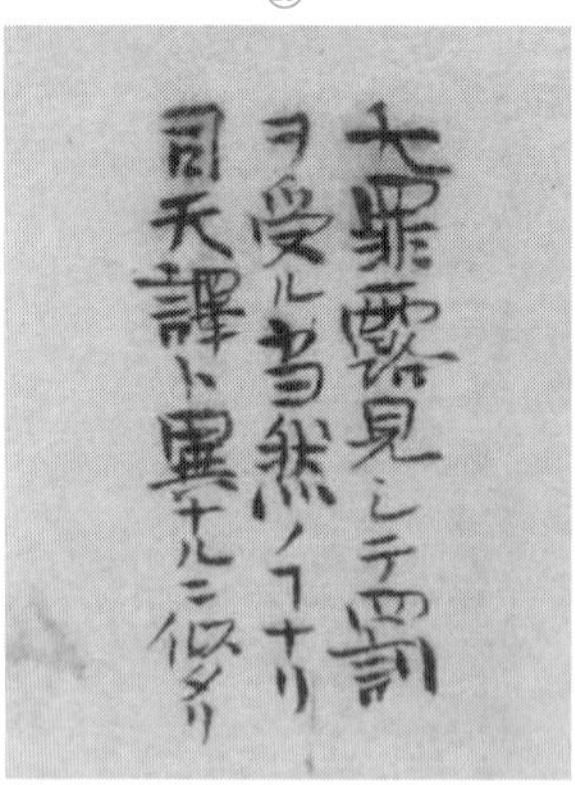

⑲

大罪露見シテ罰
ヲ受ル、当然ノヿナリ、
司天訳ト異ナルニ似タリ

⑳　㉑

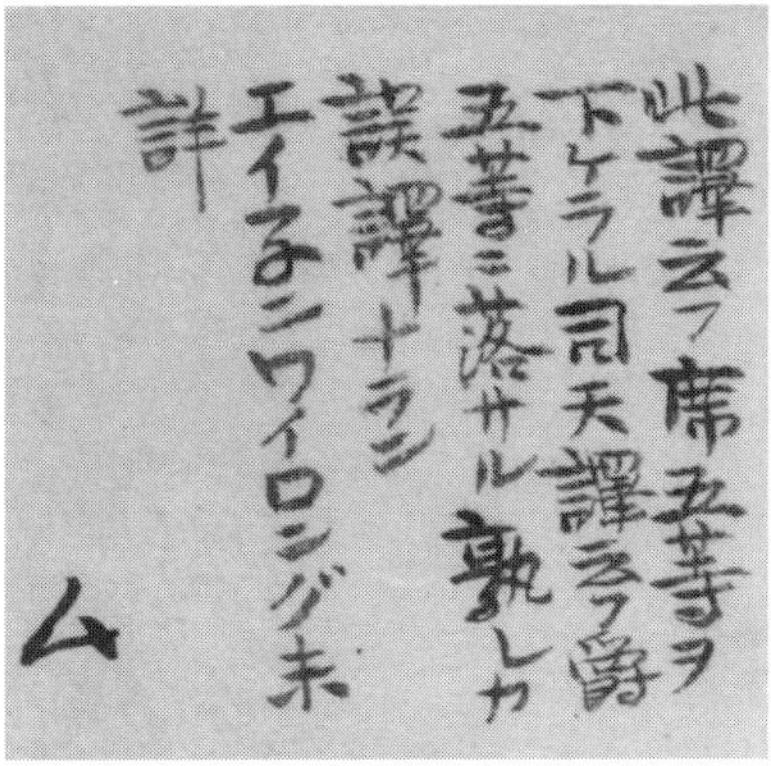

⑳
此訳云フ、席五等ヲ
下ケラル、司天訳云フ、爵
五等ニ落サル、孰レカ
誤訳ナラン

㉑
エイ子ンワイロング未
詳

㉒

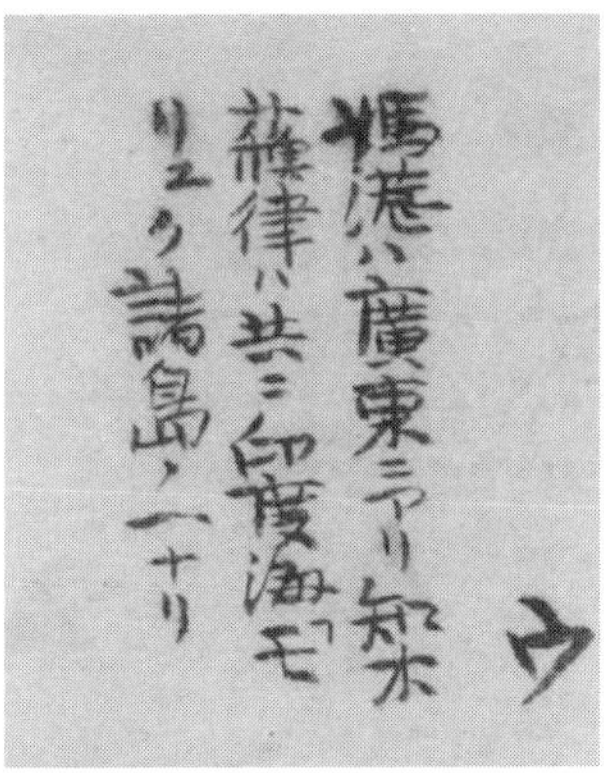

㉒
嫣港ハ広東ニアリ、知木
蘇律ハ共ニ印度海「モ（マヽ）
リュク諸島ノ一ナリ

㉓

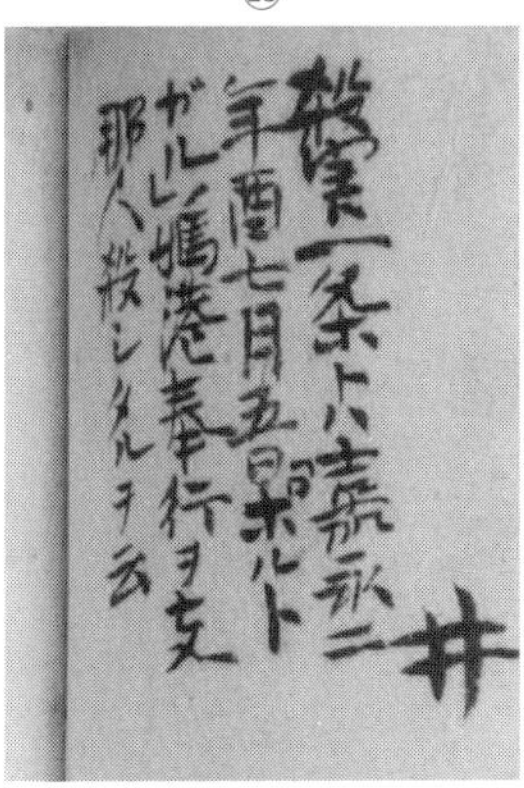

㉓
殺害一条トハ、嘉永二
年酉七月五日「ポルト
ガル」ノ嫣港奉行ヲ支
那人殺シタルヲ云

㉔

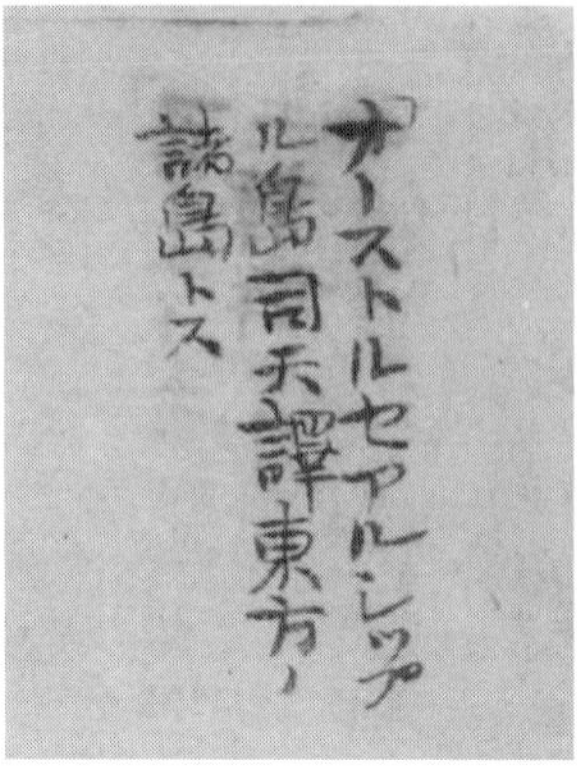

㉔

（マヽ）
「オーストルセアルシップ
ル島、司天訳東方ノ
諸島トス

㉕

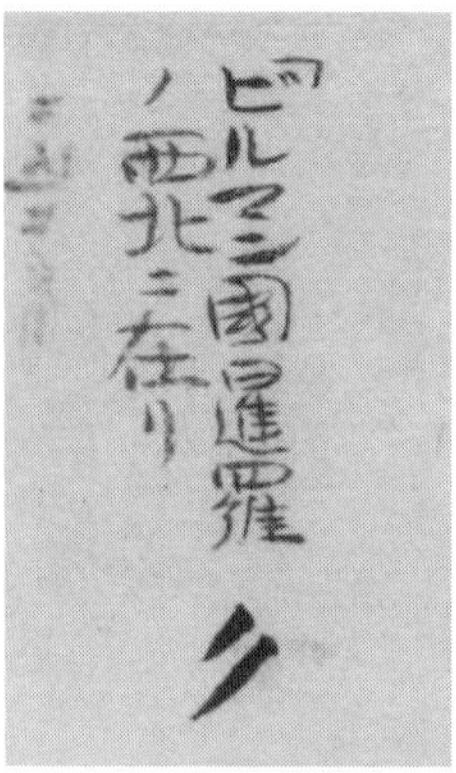

㉕

「ビルマン」国暹羅
ノ西北ニ在リ

㉖

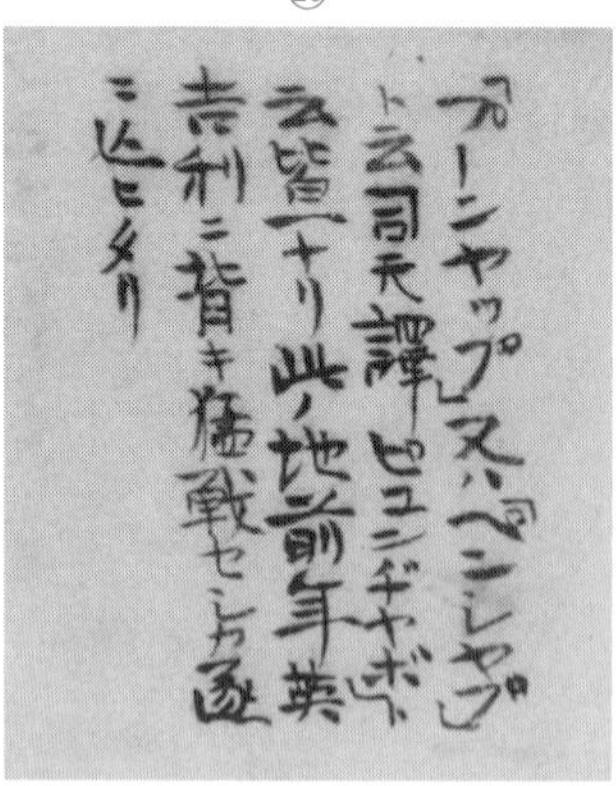

㉖

「プーンヤップ」又ハ「ペンシヤプ」
ト云、司天訳「ピュンチヤボ」ト
云、皆一ナリ、此地前年英
吉利ニ背キ、猛戦セシカ、遂
ニ亾ヒタリ

㉗

「マウリティユス」所在司
天訳詳ナリ

㉗

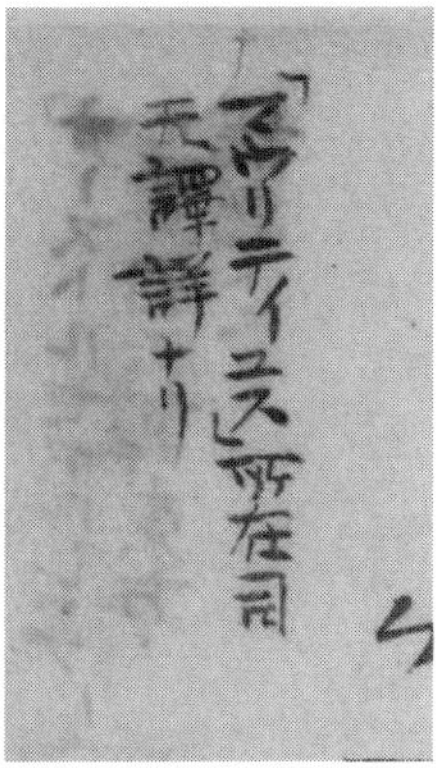

㉘

政ハ跡ノ字ノ誤
ナラン

㉙

喜望峰東北沿海ノ
地総テ「カッフルランド」ト云、
其土ノ野人ヲ指テ「カッ
フル」ト云モ其義ノミ

㉘　㉙

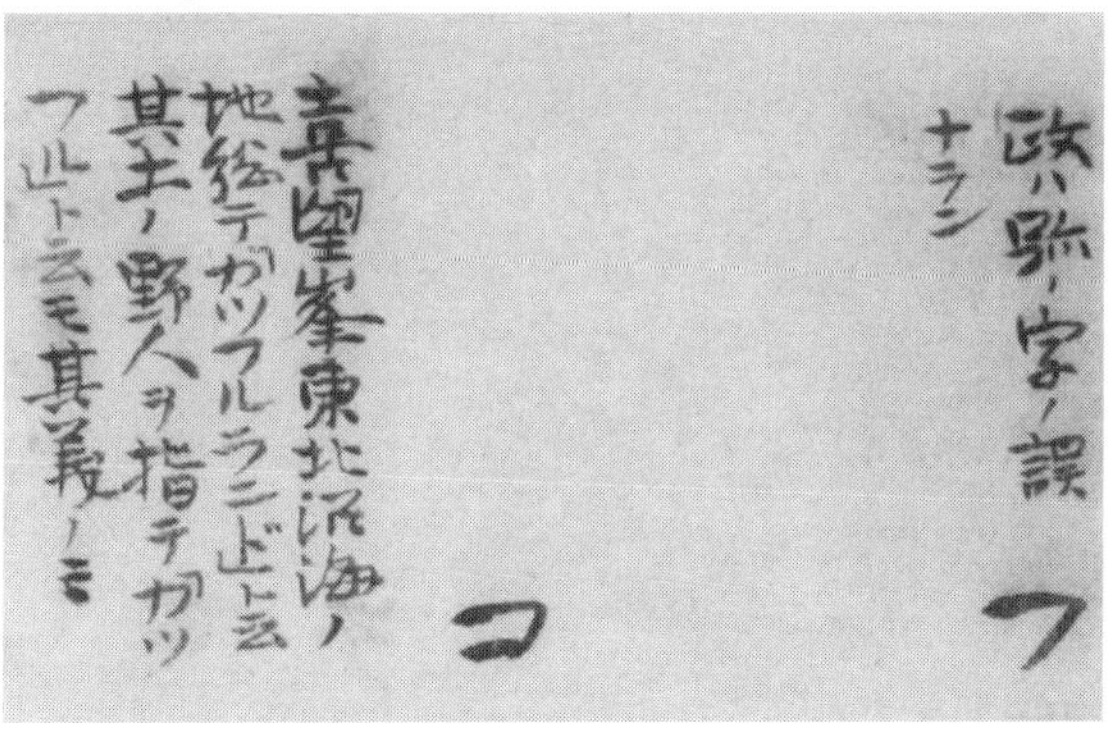

㉚

「クラレモノト」、払郎西国
中把里斯ノ南方ニ在ル
一府ナルニ似タリ、サレトモ、
両訳トモニ英国中トス
レハ、蓋シ英ニ同名ノ地
アルカ

㉚

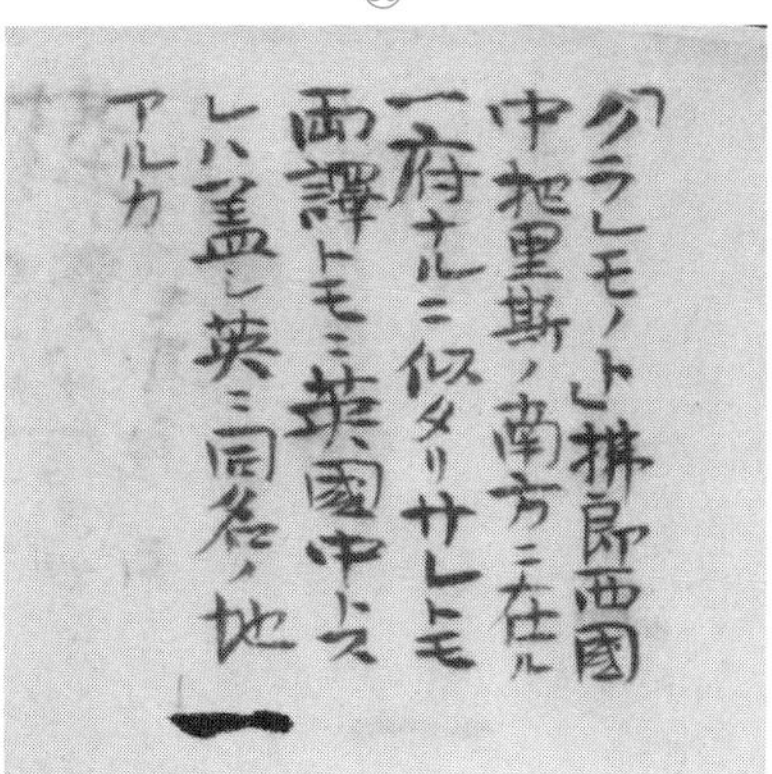

㉛

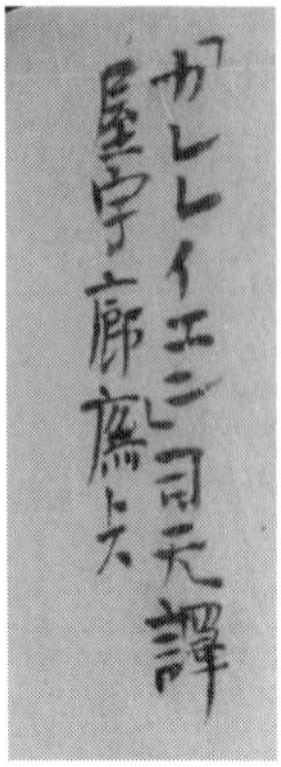

㉛

「カレレイエン」、司天訳
屋宇廊廡トス

㉜

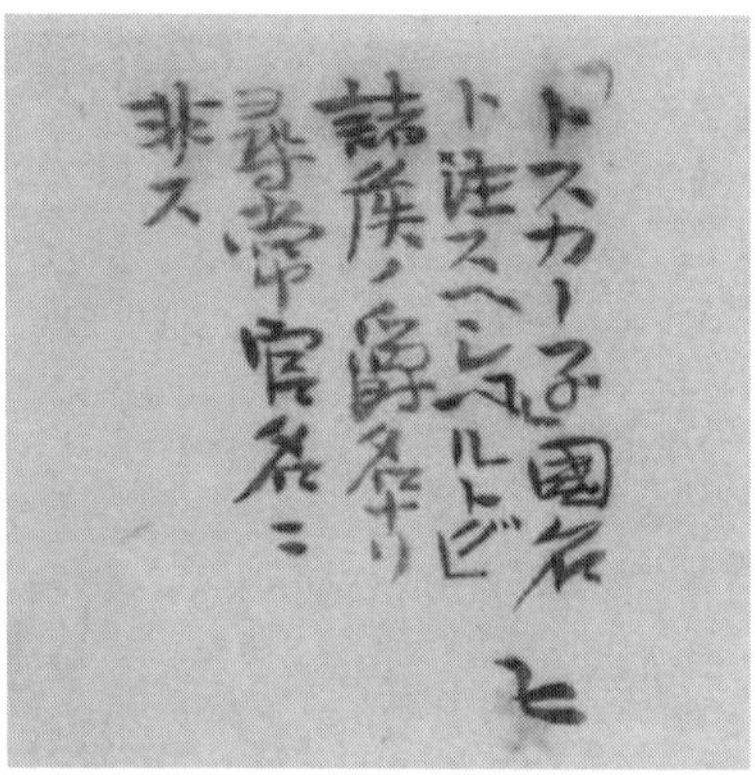

㉜

「トスカー子」、国名
ト注スヘシ、「ヘルトグ」、
諸侯ノ爵名ナリ、
尋常官名ニ
非ス

㉞ ㉝

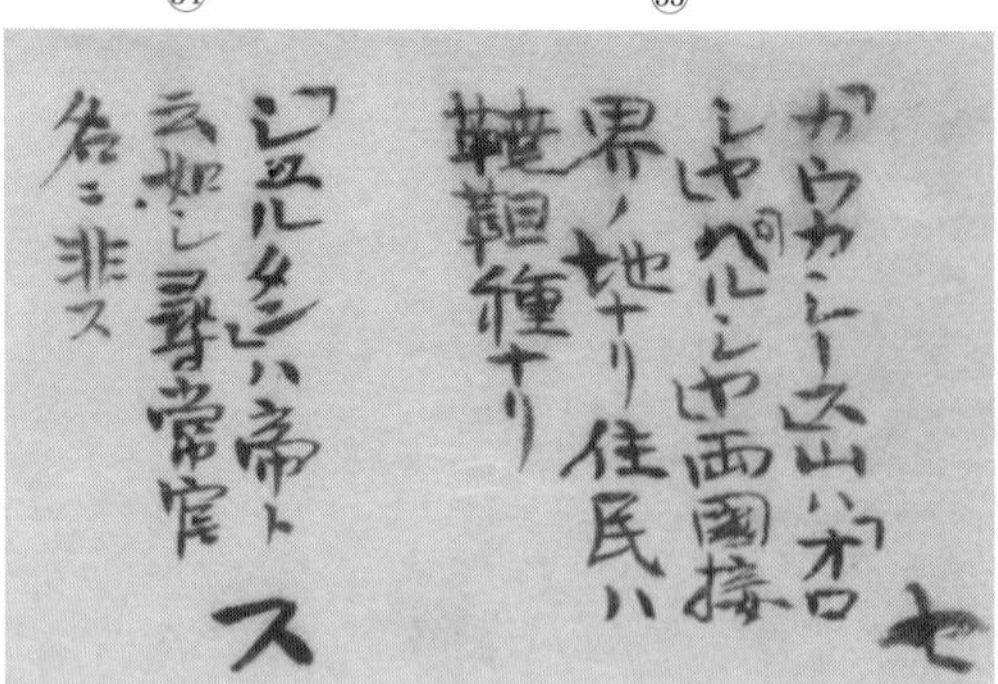

㉝

「カウカシース」山ハ「オロ
シヤ」「ペルシヤ」両国接
界ノ地ナリ、住民ハ
韃靼種ナリ

㉞

「シュルタン」ハ帝ト
云如シ、尋常官
名ニ非ス

㉟

両訳小異同アリ

㉟

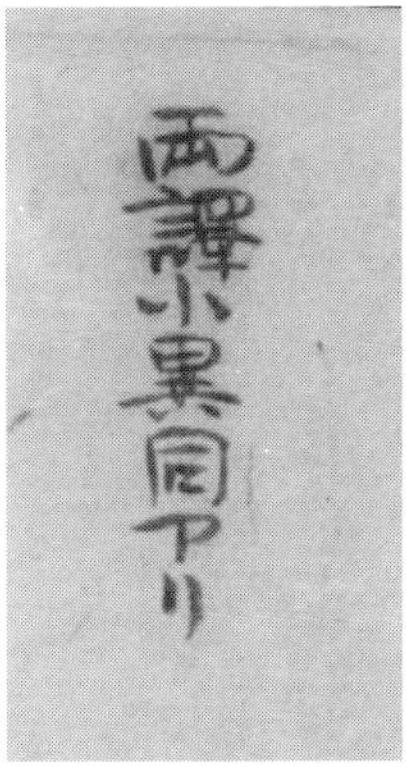
両譯小異同アリ

まず、「年々風説書毎ニ和蘭国ニ限り静謐と称ス、信シ難シ」（②）とあることから、この朱書きの主は、この嘉永四年の別段風説書を読む以前に、すでに他年次の別段風説書も読んでいることが判明する。前節で確認したように、阿部家には嘉永元年から嘉永五年までの崎陽訳と司天台訳の両方が揃っていた可能性が高いことを推測したが、この記述もそのことを裏付けることになろう。また、他のヨーロッパ諸国が騒乱にあえいでいるなか、オランダだけが平穏を保っていることに疑いの目を向け、別段風説書によってオランダが伝える情報そのものの信憑性を問題としているようにみえる。

また、嘉永五年の別段風説書の朱書きからも、確認できたことであるが、「司天訳ニ云ク」（③）、「司天訳ト全ク同シカラス」（④）などとあるように、司天台訳と比較しつつ、崎陽訳に校訂を行っている。細かな訳し方の違いにも目を向けており（㉟）、さらに意味が変わるような訳の場合には、「「ソーロー」ハ島名ナリ、「ミンダノ」ノ西南ニ在リ、「シュルタン」ハ尊号ナリ、帝ト云カ如シ、司天訳ヲ佳トス」（⑬）、「「ホノリュリュー」、都府ノ名ナリ、島名ニ非ス、司天訳優レリ」（⑭）のごとく、両訳に対し優劣をつけている。しかしながら、「原語如何ヲシラス」（④）と自らが記述しているように、原語表記を確認したうえで下した判断ではなく、他の翻訳書を基準にしたものと考えられる。

最後に、全体を通覧してみて判明することは、地理的情報に特に目を向けているということである。人名については⑧に、海軍の動向については⑨に、殺人事件については㉓に、爵位・官名・職名のなどの各国の階級に関することについては、⑬・⑳・㉜・㉞にみえるほどで、その他はすべて地理的なものである。

示された都市や地域の場所を解説し、あるいは崎陽訳では「ホノリュリュー」を島名として訳していることに対し島名ではなく都市名であるとする司天台訳を採用したり（⑭）、「蚊甲島ハ蘊門答剌ノ東南ノ側ニ在テ南緯二三度東経百廿三四度ノ際ナリ」（⑦）と、経度と緯度を具体的に示していることからもわかるように、この朱書きの主はすでに地理的知識を持ち、地図・地理書を始めとする海外情報書の翻訳書を座右に有している人物と考えられよう。

## おわりに

これまで、別段風説書の成立やその内容に注目した研究が進められるなか、別段風説書そのものではなく、「別段風説書」という情報に接した当時の人がどのようにその情報を扱っていたのかということを、朱書きに注目することで検討した。

その結果、朱書きの主を具体的に特定することはできなかったが、阿部家にあった嘉永元年（一八四八）から嘉永五年までの崎陽訳と司天台訳を通覧していたこと、崎陽訳と司天台訳とを比較し、司天台による訳を優としつつ崎陽訳の校訂を行ったことが判明した。また、当然、オランダ語原文のテキストを参照することはできなかったものの、翻訳地理書などを参照していたことも記載内容から理解できた。地理学に関心を持つものが、別段風説書を通じてこれまで蓄積してきた知識の確認を行ったようにも思えるのである。

なお、地理学に関心を持つ朱書きの主が、いかなる地理書・地図あるいは地球儀を参照し、別段風説書の校訂を行ったかについては、まったく検討することができなかった。朱書きされた地名などを手がかりに、どの地理書・地図・地球儀を参照したかを確認することは可能であろう。阿部家旧蔵史料群を保管している機関の内、北海道立文書館と神奈川県立歴史博物館では、参照したと思われる地理・地誌に関する資料を所蔵していないことから、現在整理途中である福山市保管分からそれらを見いだすことができれば、さらに研究を進めることになると思われる。今後の課題としておきたい。

註

(1)『大日本古文書　幕末外国関係文書』(東京大学出版会、一九七二年〜、覆刻)十八、二五九頁。
(2) 同前、一三〇頁。
(3) 同前、一〇六頁。
(4) 同前、八七号文書。
(5) 同前、二五七頁。
(6) 嘉永元年ならびに嘉永七年のオランダ別段風説書のほか、下田におけるハリスからの聞き取りや、フランス・ロシアなどこれまでに日本を訪れた外国人に尋問をした際の記録、魏源『海国図志』、豊田功『靖海全書』などを参照している。同前、二八七〜三〇七頁参照。
(7) 安岡昭男「和蘭別段風説書とその内容」『法政大学文学部紀要』第一六号。
(8) 金井圓「嘉永五(一八五二)年の和蘭別段風説書について」『日蘭学会会誌』一三巻二号。
(9) 松方冬子『別段風説書が語る一九世紀—翻訳と研究—』東京大学出版会、二〇一二年。このほか、一連の業績を参照。
(10)「史料」ではなく、「資料」とするのは、博物館では歴史分野だけでなく、考古・民俗・美術分野のすべての「モノ」を総称する必要があることがその理由であるが、本稿では別段風説書を歴史史料と位置づけて論じることから、「阿部家資料」中にあっても、ここの資料については「史料」を用いる。
(11) 昭和四二年(一九六七)人文・自然両分野をもつ総合博物館として開館した神奈川県立博物館が、平成七年(一九九五)、自然分野と分離独立し、神奈川県立歴史博物館となった。
(12)『阿部家資料』については、嶋村元宏「備後福山藩阿部家旧蔵資料群について」(『神奈川県立博物館研究報告—人文科学—』第四五号を参照。なお、神奈川県立歴史博物館が受け入れた資料以外の内、阿部正精・政弘時代を主とした、寛政二年（一七九〇）から明治五年（一八七二）までの蝦夷地関係資料一三四点（複製一七点を含む）は北海道立文書館へ寄託されており、藩政資料を中心とするこのほかの資料群は、絵画資料の一部を除き、二〇一一年までにすべて福山市へ寄贈されている。

（13）『阿部家資料』中の三ヵ年次分の別段風説書の内容については、嶋村元宏「〈史料紹介〉阿部家旧蔵『別段風説書』について―ペリー来航前夜の世界情勢―」『神奈川県立博物館研究報告―人文科学―』第二一号、参照。

（14）嘉永五年の司天台訳は、本資料以外現存が確認されていない。安岡前掲論文、参照。

（15）安岡昭男は、「司天台訳は現在［一九七六年―嶋村］まで確認した範囲では、嘉永二（一八四九）・三・五年度分が伝存するが、「司天訳」との記載のない嘉永元年分別訳（「石室秘稿」）と、嘉永四年分の別訳（鍋島文庫本）が加えられれば嘉永年間五年分は連続する」（「和蘭別段風説書について」『蘭学資料研究会　研究報告』第三〇六号、六頁）としていた。なお、本書においても、嘉永元年から嘉永五年までの両訳のテキストを収めている。

（16）西村直城による資料解説（『阿部正弘と日米和親条約』広島県立歴史博物館展示図録、第三一冊、二〇〇四年）五七頁。

（17）嘉永五年（一八五二）の別段風説書にみられる朱書きは、以下のように、いずれも上部余白に記されている。

①与西訳稍異
②与西訳稍異
③与西訳不同
④両訳不全同
⑤飲料崎訳作飲食
⑥両訳不同

なお、「西訳」とは、長崎で訳された崎訳を指すものと思われる。

〔付記〕本稿で使用した画像はすべて神奈川県立歴史博物館が所蔵するものである。
画像の掲載にあたり行った画像処理作業は、神奈川県立歴史博物館学芸部中村茉貴氏の協力を得た。

各論五

# 別段風説書のなかのヨーロッパ

## ――一八四八年革命を中心に――

割田聖史

## はじめに

本書『オランダ別段風説書集成』によって、別段風説書が一覧できるようになり、筆者のような西洋史の研究者にも参照が容易となった。一九世紀半ばの日本に、ヨーロッパに関してどのような情報が伝わっていたのかを明らかにすることができるようになったのは西洋史研究にとっても重要である。

別段風説書のヨーロッパに関する記述は、Apart Nieuws の原文および別段風説書の長崎訳、江戸訳と三つの形で存在する。本稿は、原文・長崎訳・江戸訳におけるヨーロッパ情報、特に一八四八年革命に関する記述を比較・検討し、オランダからどのような情報が伝えられ、それがどのように翻訳され、理解されたかについて考察する。

オランダ語の Apart Nieuws 原文から現代の日本語への翻訳およびその解説は、すでに松方冬子によってなされている。[1]本稿では、オランダ語の Apart Nieuws の引用部分に関しては、松方の翻訳を参照している。オランダ語原文については、すでにさまざまな論考において翻刻されており、それらを参照した。[2]また、東京大学史料編纂所所蔵のマイクロフィルムにある Apart Nieuws の原史料も適宜参照した。別段風説書（長崎訳・江戸訳）については本書史料篇による。

## 一　Apart Nieuws のなかのヨーロッパ情報

一八四〇年にアヘン戦争が勃発したことで、江戸幕府はその情報を必要とした。そこで幕府がオランダに対してその情報提供を要求し、Apart Nieuws が提出されることとなった。これが、別段風説書として翻訳された。Apart Nieuws の内容は、一八四〇年から一八四五年まではアヘン戦争関連に限られていたが、一八四六年からは世界情勢全般へと変化した。つまり、Apart Nieuws のヨーロッパに関する記述は一八四六年以降に限られており、一八四八年革命に関する情報は、Apart Nieuws におけるヨーロッパ情報のうちでも初期のものといえるだろう。同時に、「通常の」風説書にはヨーロッパ情報が無くなったため、オランダから提出されたヨーロッパ情報は、別段風説書に一本化されたといえる。

一八四六年以降の Apart Nieuws の構成を見ていくと、常に先頭に置かれるのは、「オランダ」の状況、特に王室関連情報である。その次には、「オランダ領東インド」の情報が配される。この後に配置されるのは、アジアの情報である。これは、イギリスなどの他の植民地情報を含んでいる。また、オーストラリア、南洋諸島、アメリカ合衆国などの情報がこの次に配されることもある。ヨーロッパの情報は、これらの地域の後となる。

このような情報の配置は当時のヨーロッパの新聞と類似している。一九世紀のプロイセン領ポーランドの一部であるポーゼン州で発行されていた『ポーゼン大公国新聞（*Zeitung des Großherzogthums Posen/Gazeta Wielkiego Księstwa Poznańskiego*）』を例にして、Apart Nieuws の情報の配置の意味について考えてみたい(3)。

ポーゼン州は、ドイツ語話者とポーランド語話者が存在していたため、『ポーゼン大公国新聞』には、『ドイツ語版』『ポーランド語版』の双方の言語による版があった。それぞれ編集は別であり、相互の翻訳・参照ということはほとんどない。これに対し、他の新聞からの記事の転載は非常に多い。このことは、ドイツ語およびポーランド語の情報となる他の新聞およびそれぞれの言語を基盤とする情報網があったことを意味している。

『ドイツ語版』『ポーランド語版』の紙面はともに、「国内」「国外」「雑報」「その他」という順番で記事が配列されている。記事の内容はほとんど政治的なものである。この場合、「国内」はプロイセン国内である。これに対して、「国外」は、一八四〇年代初頭は、『ドイツ語版』『ポーランド語版』ともに、「ロシア・ポーランド」「フランス」「イギリス」…（ヨーロッパの諸国）…「ドイツ」…（ヨーロッパ外の諸地域）という配列であった。この配列順は、一八四三年に検閲が緩和された以降も『ポーランド語版』では変化しなかったのに対し、『ドイツ語版』では、「ドイツ」「フランス」「イギリス」「ロシア・ポーランド」の順へと変化している。つまり、新聞の自由度が広がった際に『ドイツ語版』がこの選択をしたということは、編集者からみて、「より近い」「より重要」と考えられる順に配列されているということが分かる。

一八四〇年代当時の新聞はおおよそこのような紙面構成をとっていたと考えられる。

編集する側から見て「より近い」「より重要」な記事から先頭に配置するという点から類推すると、Apart Nieuwsでは、オランダおよびオランダ領東インドが「国内」情報となる。そして、アジア、ヨーロッパの順に「国外」情報が配されていることから、この順が「より近い」「より重要」とされていたといえるだろう。この配置から、Apart Nieuwsは、オランダ本国の視点よりもむしろバタフィアからの視点を持っていたといえる。

さらに、情報の密度でいえば、ヨーロッパよりも、オランダ領の東インド、アジアの情報がより詳細である。作成された日付などの情報はないが、ヨーロッパ情報よりもアジア情報の方が新しい日付の事件が報告されていることから、アジアにより近いところで情報を得ていることも推測できる。

ただし、ヨーロッパ情報がどのように入手されていたかについては、少なくともApart Nieuwsの内容そのものからは明らかにはならない。新聞ならば引用元が記されていることが多いが、Apart Nieuwsには引用元の出典が示されていないためである。オランダ領東インドやアジアに関しては、バタフィアで新聞などから情報を直接入手していたと考えられるが、ヨーロッパ情報に関しては明確ではなく、情報の流通については今後も課題であろう。

## 二　一八四八年革命

この節では、「一八四八年革命」と呼ばれる諸事件について確認しておきたい。

まずは、その前提となるウィーン体制について概観する。一八一五年のウィーン会議によって、ヨーロッパは、イギリス、フランス、オーストリア、プロイセン、ロシアの五大国による指導体制が成立した。これをウィーン体制と呼び、それを主導したのは、オーストリアの宰相メッテルニヒであった。体制の主要な特徴は、諸国の王侯をフランス革命以前の状態に復するという「正統主義」およびヨーロッパの勢力均衡であった。これは、フランス革命とナポレオン体制への反動であり、自由主義的な運動は抑圧された。特に、「ドイツ」地域では、諸君主の連合体であるドイツ連邦が成立し、統一国家としてのドイツを創設する試みは弾圧された。

このウィーン体制の終結期について、通説では、一八四八年の革命もしくは一八五三年から一八五六年のクリミア戦争とされている。Apart Nieuws は、ウィーン体制末期の情報を日本に伝えたといえるだろう。

次に一八四八年革命について簡潔に確認しておく。

一八四八年革命は、イギリス、フランス、オーストリア、プロイセン、ロシアのうち、フランス、オーストリア、プロイセンを含むヨーロッパ全域に影響を及ぼした革命である。イギリスでは大きな騒乱は起こらなかったが、男子普通選挙を求めて一八三〇年代後半から続いていたチャーティスト運動が一つの頂点を迎えていた。また、ロシアは、国内で騒乱は起こらなかったが、ヨーロッパの革命と対峙するために軍隊を送り込んでいる。オランダは、例外的にこれらの革命的諸事件にほとんど巻き込まれずに、責任内閣制を確立するなどリベラルな改革を進行させた。

一八四八年革命と呼ばれることとなる諸事件は、一八四八年二月にフランスから始まった。

フランスでは、一八三〇年の七月革命の結果、ルイ・フィリップを国王とする七月王政（オルレアン朝）が成立した。この七月王政は立憲君主制をとったが、参政権は限定的で、実質的に上層ブルジョワジーのみが支配権を握っていた。そのため、中産層やこの時期に形成されてきた労働者層の不満が高まり、一八四八年には当時の首相ギゾーへの批判が高まっていた。一八四八年二月二二日にパリで大規模なデモが起こり、ギゾーは罷免され、国王ルイ＝フィリップは退位しイギリスへ亡命した。こうして王制が崩壊した。これがフランスの二月革命である。

その後、四月の国会選挙で、穏健共和派、保守派が多数を占めたことで、ブルジョワとプロレタリアートの対立が大きくなった。その結果、六月二二日に、パリ民衆が蜂起した（六月蜂起）。この蜂起をカヴェニャック将軍が鎮圧し、その後、カヴェニャック将軍が行政権の長となった。この間、ナポレオンの甥であるルイ・ナポレオンがフランスへ戻り、九月に国会議員となり、一二月には大統領に当選する。その後、一八五一年一二月二日のクーデターで権力を掌握し、一八五二年一二月二日には皇帝ナポレオン三世として即位した。

次に、一八四八年革命期の「ドイツ」に関してみておく。

一八四八年革命当時、統一国家「ドイツ」は存在しなかった。統一国家「ドイツ」は、当時のドイツ連邦を構成した諸領邦の君主たちには望まれていなかったが、市民層には求められていた。この「ドイツ」創設の動きがフランクフルト国民議会であり、「ドイツ」憲法を制定することを目的としていた。フランクフルト国民議会は一八四八年五月に開催され、「ドイツ」統一が目指されたが、最終的にはこの試みは失敗した。

他方、各領邦では、革命に伴う蜂起による圧力で自由主義政権が成立し、それぞれの憲法制定が目指された。「ドイツ」統一の動きと各領邦の国民国家化の動きが同時に進行したといえるだろう。そのため、「ドイツ」の革命は複雑な動きをとった。個別の領邦の動きを確認する紙幅はないため、プロイセンとオーストリアの革命とその結果を概観する。

プロイセンでは、三月一八日にベルリンで軍隊と民衆が衝突した。事態を収拾するため、国王フリードリヒ・ヴィルヘルム四世が譲歩し、憲法制定や自由主義的な改革を認め、三月末には自由主義内閣が成立した。また、国王は、プロイセンは「ドイツに解消する」と宣言し、統一ドイツを目指すことを示した。

この間、プロイセン領であるポーゼン州でも蜂起が起こった。ポーゼン州はかつてポーランドであったことからポーランド系住民が多く、彼らが「ドイツ」に統一されることを望まなかったため、蜂起が起こったのである。この蜂起は、五月に軍事衝突が起こった結果、国王軍に鎮圧された。

ベルリンではプロイセンの憲法を策定するためにプロイセン国民議会が開催された。しかし、六月以降内閣が相次いで交替し、一一月にブランデンブルク内閣が成立すると反革命が本格化した。一二月五日にプロイセン国民議会は解散し、欽定憲法が発布され、プロイセンの革命状況は収束した。

オーストリアでは、三月一四日にウィーンで革命が起こり、メッテルニヒがイギリスに亡命した。その後はプロイセンと異なり、議会などは開設されず、四月に皇帝が欽定憲法を発布した。この憲法に対する反対から、再度憲法の発布を要求する運動が起こり、五月に皇帝から承認を得た。しかし、皇帝はインスブルックに逃亡し、ウィーンは革命派が権力を握った。

この間、オーストリア帝国下にあったハンガリー王国でも三月から革命が起こっており、自由主義改革が行われていたが、次第に国家的独立や共和政を目指すものとなっていった。ただし、この運動はハンガリー王国内での権力で優勢を誇るマジャール人中心のものであり、ハンガリー内にいるクロアチア人などの他の国民にとっては抑圧的なものとなった。クロアチアでは三月以降反マジャール闘争が展開しており、クロアチアは皇帝権力を支えるものとなった。イェラチッチを指導者とするクロアチア軍が九月にハンガリーに侵攻すると、皇帝はイェラチッチを支持し、そのためにハンガリーに対して軍を派遣しようとした。皇帝のこの行動に反対して、ウィーンでは一〇月に革命が起こり、ウィーンの運動は一層急進的になった。

皇帝側は、ヴィンディシュ＝グレーツを総司令官とした軍をウィーンに差し向けた。ハンガリー側も革命ウィーンを救援するために駆けつけたが、クロアチア軍も合流したヴィンディシュ＝グレーツ軍に敗れた。そして、一〇月三一日、ウィーンは皇帝側に掌握された。ハンガリーの革命運動はその後も抵抗を続けたが、一八四九年ロシア軍に降伏した。

この他にも、オーストリア帝国においては、ボヘミアにおけるチェコ人をはじめとしたスラヴ系の諸国民の運動があり、プラハでは一八四八年六月にスラヴ人会議が開催された。

このように、一八四八年革命は、フランスやドイツだけでなく、イタリアやハンガリーの国家形成・独立運動、さらにポーランド人・チェコ人・クロアチア人といったスラヴ系諸国民の運動が展開したため、「諸国民の春」と呼ばれるのである。

## 三　別段風説書のなかの一八四八年革命

この節では、Apart Nieuws（と松下による現代語訳）および別段風説書（長崎訳・江戸訳）における一八四八年革命の情報について、比較検討していきたい。一八四八年革命に関しては、一八四八年と一八四九年の Apart Nieuws とその翻訳に集中的に記述されている。そこで、両年の Apart Nieuws における一八四八年革命に関する記述（とその現代語訳）に対して長崎訳・江戸訳がどのように訳を付けているかを比較する。フランスと「ドイツ」に関して記述が多いため、この二地域についての記述を中心に比較を行う。
全体的な所感としては、ヨーロッパに関して、原文と比較した場合、長崎訳・江戸訳は、ほとんどの情報を削除することなく翻訳しているといえる。ただし、一部では内容を理解していないところが見受けられる。この比較では、この点についても考察する。

①一八四八年[4]（第九号—一・二）

一八四八年のApart Nieuwsはすでに、革命の初期を伝えている。これは、嘉永元戊申年（一八四八）の長崎訳・江戸訳に訳されている。

ヨーロッパ情報の配列は、一八四七年の状況（ポルトガル、スイス）に続いて、一八四八年の情報として、フランス、「ドイツ」（オーストリア、プロイセン、バイエルン、シュレスヴィヒ＝ホルシュタン）、イタリア（シチリア、ローマ、ロンバルディア、ヴェネツィア）となっている。

まず、フランスについてみていく。フランスについて最初に以下のように述べられている。

Sedert den laatsten tijd heeft in Frankrijk eene geheel omwenteling in het staatsbestuur plaats gevonden.[5]

「最近になって、フランスでは国家支配における完全な革命が起きた[6]」

長崎訳では、「近来「フランス」国中国政ノ事ニ付大ニ騒乱仕候」（本書二九八頁）、江戸訳では「近来ニ及ひ仏郎西ニて全く政事の変化これ有り候」（本書三〇七頁）と訳されている。

omwentelingという言葉は、現在は、「革命」と訳される言葉である。しかし、オランダ語で「革命」を指す語としては、revolutie（ドイツ語ではRevolution）という言葉もある。ドイツの事例で見るならば、当時Revolutionにあたる言葉は、変革を要求する側が用いる言葉であった。原文は、revolutie という語を避け、omwenteling を使っていることから、原文を書いた著者は、revolutie を嫌悪し、国家の維持する側の立場であることが予測できる。長崎訳では「騒乱」、江戸訳では「変化」と正しく訳されている。ただし、この当時の日本側は、「革命」という概念を理解していなかったためであると考えられる。

情報としては、これに続いて、二月二二日に、首都パリで激しい反乱と国王の亡命について記されている。そして、民衆は、王政ではなく、共和政を望んでいることが述べられている。

続いて、「ドイツ」についての叙述を見ていく。その冒頭では、

Ook in Oostenrijk, Pruissen en in vele andere deelen van Duitschland, zijn sedert dien tijd oproeren uitgebroken, waarvan echter de uitslag nog niet naauwkeurig bekend is, allen hadden ten doel om aan de bevolking meer invloed op de uitoefening van de regering te gevens of om het lot der armen of weinig bemiddelden te verbeteren.[7]

「オーストリア、プロイセン及びドイツのほかの多くの地方でも、近来暴動が勃発した。しかし、その結果は、まだ詳しくは知られていない。どの場合も、国民に政治の執行上もっと大きな発言力を与えるか、貧しいかあまり裕福でない（人々の）運命を改善するという目的を持っていた[8]」

〔長崎訳〕

一「オーステンレイキ」国「プロイスセン」国其他「ドイツ」国ノ内ニモ同時ニ騒乱相発申候、併其模様巨細ニハ相分不申候得共、諸人ノ目当トイタシ候ハ、土人等国政ノ事ニ携リ困窮ノ者等ヲ救可申趣意ニ候（本書二九八頁）

〔江戸訳〕

一此頃窩々所甸礼畿、孛漏生其他独逸部中の諸地尓も一揆相起り申候得とも、いまた委細尓容子相分り不申候、一揆の趣意ハ政道の宜からすして人民困窮せるを救ハんかため尓御座候（本書三〇七頁）

ここでは、「ドイツ」の革命の性格が述べられている。一八四八年革命は、政治の自由化・民主化を目指す政治革命と下層民衆の生活の改善を目指す社会革命的要素が双方が絡まりあっていた。社会革命的な要素（「人民」「土人」を困窮から救う）は、具体的で理解しやすいため、双方の訳において適切に理解されているようにみえる。これに対し、政治革命的な要素（政治の民主化）は抽象的なため、理解できていないのではないかと思われる。

情報としては、これに続いて、バイエルン国王ルートヴィヒの退位とマクシミリアン二世の即位、シュレスヴィヒ＝ホルシュタインをめぐる争い、イタリア情勢が述べられている。

②一八四九年（第十号―一・二）

一八四九年には、一八四八年半ば以降のヨーロッパ情報が伝えられている。[9] その配置は、フランス、「ドイツ」（フランクフルト国民議会）、オーストリア（ハンガリー情勢含む）、ロンバルディア、ヴェネツィア、シュレスヴィヒ＝ホルシュタインの順である。

フランスに関してはまず、「財産を全市民に均等に分配し、あるいは全所有物を放棄してしまうことさえ望む党派[10]」が、一八四八年六月にパリにおいて蜂起を起こしたことについて述べられる（六月蜂起）。この記述の「党派」は私たちの術語では「社会主義」とされるものであろう。原文と別段風説書の訳をみておく。

In Frankrijk bestaat eene partij, die de bezittingen gelijkelijk onder alle burgers verdeeld of wel alle eigendom afgeschaft wenscht te hebben.[11]

〔長崎訳〕

一フランス国ニ於テ徒党ヲ結ヒ、都テ国民自己ノ財宝所有ト申儀ヲ相企(止)メ国中上下平等ニ配分致シ度企有之候（本書三一五頁）

〔江戸訳〕

一仏蘭西尓て一組の一揆起り、大小府民の金貨を平等に分ち、一個々々の所持せる私利を止めんと謀る（本書三二六頁）

このように、翻訳としては適切に行われている。しかし、この partij（「徒党」「一揆」）が、当時のフランスにおいてどのように位置付けられているかについて理解していたのかは計りがたい。

この後の記述は、①この蜂起をカヴェニャック将軍が鎮圧し、政権を握った。②その後、一二月には、ルイ・ナポレオン・ボナパルトが大統領に選出された。ここにはルイ・ナポレオンに対する評価が添えられている。「皇帝ナポレオンは、かつてヨーロッパの大部分を彼の領土として服属させたが、セント・ヘレナ島に追放されたまま一八二一年に死去した。しかしながらルイ・ナポレオン公は、伯父のような征服心を持っておらず、ただその国の統治だけにとどめるつもりであるように見える」[12]。③フランスの多くの地域では、王政を再び望む声が強いことが指摘されている。②のルイ・ナポレオンについての評価は興味深いものであり、この評価をするものの立場がみえるといえる。③については、一八四八年の記述とまったく反対の評価を含んでいるが、この理由は明確には記されていない。

次に、「ドイツ」の記述では、フランクフルト国民議会の議論が紹介されている。当時、統一国家としての「ドイツ」は存在しない。にもかかわらず、一八四八年革命の際には、「ドイツ」を創設し、その憲法を作るべく議会が開設された。それがフランクフルト国民議会である。しかし、「ドイツ」統一は困難であり、その状況について以下のように記されている。

In Duitschland, hetwelk sedert lang in vele staten gescheiden is, bestaat bij velen het verlangen om een vereenigd rijk, onder éénen algemeenen vorst of Keizer, te vormen.

Dit ondervindt echter groote moeyelijkheden, daar de onderscheidene staten verschillende belangen hebben, en de vorsten dier staten bovendien niet gaarne de opperheerschappij van éénen erkennen.(13)

「長い間多くの邦国に分かれてきたドイツでは、一人の普遍的な君主すなわち皇帝のもとに、統合された国家を構成したいという要望が多くの人々のもとにあった。しかしながらこれは大変な困難に遭遇した。様々な邦国が異なる利害を持ち、さらにそれらの邦国の君主たちは、一つの主権をすすんで認めようとはしなかったからである」(14)

〔長崎訳〕

一ドイツ国政先年ヨリ諸邦ニ分別ノ処、一国一政ノ帝王相定度ト諸人ノ存立ニ候

一右一条ハ容易難整候、其次第ハ「ドイツ」国政(諸)政(と)司各其旨趣有之、殊ニ何レモ政権ヲ一人ニ帰候儀ヲ不相好候

（本書三二一 六頁）

〔江戸訳〕

一従来久しく数国尓分れたる独逸国尓於て、其同盟の制を革(アラタ)め一帝総統の国と成さんと望む者多し

但し、諸国の君主一人の統制を受くることを好されバ、此一挙ハ大に行ハれ難かりし（本書三三七頁）革命期の「ドイツ」情勢の理解のためにまず重要なのは、統一的な国家としての「ドイツ」が存在していない、ということを理解することである。訳をみると、双方の訳ともに、ドイツが分裂状態であり、「統一」が求められていることは適切に理解されているといえる。

この後、Apart Nieuws には、以下のような情報が示されている。①「オーストリアの大公」が「国家の統治者（rijksbestuurder）（ドイツ語の原語では Reichsverweser であり、「帝国摂政」と訳される場合が多い）」に選ばれた（六月二八日）。②フランクフルト国民議会の議論の結果、プロイセン国王をドイツ皇帝に選出することとなった（一八四九年三月二九日）が、プロイセン国王はこの申し出を拒否した（四月三日）。①に関しては、その機能については理解していない。また、①と②の期間はかなり開いており、また実質的には別の事柄であるにもかかわらず、きわめて短い情報しか書かれていないことから、フランクフルト国民議会については、同時代のヨーロッパ人にとっても理解が難しかったのではないかと考えられる。当然のことながら、長崎訳・江戸訳でも誤解されている。

続いて、オーストリア情勢について記述がある。オーストリアでは、①一八四八年一二月二日、オーストリアの皇帝フェルディナント一世が退位し、甥のフランツ＝ヨーゼフが皇帝となった。②すでに一八四八年五月一八日には、フェルディナント一世はその首都であるウィーンから退去していた。この後、ウィーンは革命派のもとにあったが、一〇月にクロアチア軍と連合した皇帝軍によって奪還された。③ハンガリー軍が革命ウィーンを支援するために進撃したが、皇帝側の将軍ヴィンディシュ＝グレーツにより撃破された。皇帝軍はさらにハンガリーへ進撃し、戦闘がまだ続いている。④ロシア皇帝がモルダヴィア（Moldavië）（「マルタノイー」〈長崎訳〉、「モルダヒー」〈江戸訳〉）とワラキア（Walhachije）（「ワルヲセイエ」〈長崎訳〉、「ワルラシー」〈江戸訳〉）[15]により、オーストリア皇帝を支援しようとしている。⑤オーストリア皇帝フランツ＝ヨーゼフは、オーストリア帝国憲法を発布した。

この後、オーストリア領であったロンバルディアとヴェネツィアについての記述、そこからイタリアの情報へと入っていく。サルデーニャ国王カルロ＝アルベルトによるロンバルディア侵入とそれをオーストリアの将軍ラデツキーが撃退したこと、カルロ・アルベルトから息子ヴィットーリオ＝エマヌエーレに国王が代わったことが記される。それに続いて、ローマ、ナポリの情報、そして、シュレスヴイヒ＝ホルシュタインでのデンマークとドイツの間の戦闘について記されている。ヨーロッパ情報の最後には、食糧不足の改善とコレラの蔓延について述べられている。

一八四八年革命は、政治的・軍事的には一八四九年にはほぼ終結した。そのため、Apart Nieuws および別段風説書において、革命およびそれに対する反革命に関する記述は実質的に一八四九年で終わっている。

その後の「ドイツ」統一の試みについて、Apart Nieuws および別段風説書においては、翌一八五〇年に、フランクフルト国民議会による「ドイツ」統一の失敗、プロイセンによるドイツ統一の動き（連合政策）とそれにオーストリアが参加しないであろうことが記述されている。そして、一八五一年の記事には、この時点において、プロイセン主導の「ドイツ」統一が失敗したことが記されている。

## おわりに

以上、簡潔にではあるが、別段風説書に記述されている一八四八年革命の情報について原文・長崎訳・江戸訳を比較してきた。ここでは、その比較の結果と今後の課題について列挙しておく。

まず、Apart Nieuws がバタフィアで作成され、日本に来ていることはすでに明らかにされている。Apart Nieuws の内容（情報の日付など）からもそのことは裏付けられる。しかし、Apart Nieuws を作成した際のヨーロッパに関する情報源が何だったのかは不明であり、これは今後の課題となりうる。

一八四八年革命の情報は、早くも一八四八年の Apart Nieuws で知らされていた。一八四八年の情報は、革命の初期であり、実質的に「騒乱が起こった」という記述に限定されていた。一八四八年後半以降の情報は一八四九年に知らされた。そこでは、複雑なヨーロッパの政治状況の理解を必要とする情報が多くなっていた。フランスの情報では「社会主義」の存在という階級的な問題、「ドイツ」に関しては統一問題とその失敗が記されている。これらの情報について、別段風説書の長崎訳・江戸訳ともに訳は適切に行われていると考えられる。しかし、その背景を理解していたのかという点については疑問である。

また、例えば、シュレースヴィヒ＝ホルシュタイン問題、オーストリア帝国内におけるハンガリーの革命、それに対するクロアチアの反革命など、当時のヨーロッパ人にとっても複雑な情報の記述も多い。ヨーロッパの諸事情を理解するための背景、また、中東欧や北欧の事情（地理的知識も含め）について、どのような知識が前提として存在し、それらがどこから得られていたのかということは大きな課題たりえるだろう。

さらに、Apart Nieuws の段階で、プロイセンの革命の動向の詳細はなく、また、ポーランドやチェコといったスラヴ系諸国民の運動についての言及は一切ない。Apart Nieuws が作成される際に、日本に伝えるべき情報がどのような基準で選択されていたのかについても検討されなければならないだろう。

本稿は、別段風説書のなかの一八四八年革命に関する記述に関して、わずかな検討を加えただけである。本『オランダ別段風説書集成』を一読すれば明らかなように、ヨーロッパに関して最も情報が豊富なのは、一八五三年に始まるクリミア戦争についてである。クリミア戦争はじめ、別段風説書におけるヨーロッパ像全体についての分析は今後の課題である。

註

(1) 松方冬子編『別段風説書が語る一九世紀 翻訳と研究』(東京大学出版会、二〇一二年)。

(2) オランダ語の原文は以下で翻刻されている。以下は原文の年代順で示す。西澤美穂子・松方冬子「一八四〇(天保一一)年の別段風説書蘭文テキスト」(『日蘭学会会誌』第三四巻一号、二〇一〇年三月)、松方冬子「幻の一八四五年別段風説書とその情報源(上)(下)」(『日蘭学会会誌』第二六巻二号・第二七巻一号、二〇〇二年三月・一〇月)、矢森小映子「一八四六(弘化三)年の別段風説書蘭文テキスト」(『洋学』一七号、二〇〇八年)、松方冬子・矢森小映子「一八四七(弘化四)年の別段風説書蘭文テキスト」(『日蘭学会会誌』第三三巻一号、二〇〇八年一二月)、松方冬子「一八四八(嘉永元)年の別段風説書蘭文テキスト」(『科学研究費補助金基盤研究(B)(2)「近世日本関係欧文文書群の史料学的研究」研究成果報告書』二〇〇七年三月)、矢森小映子・松方冬子「一八四九(嘉永二)年の別段風説書蘭文テキスト」(『論集きんせい』二九号、二〇〇七年六月)、矢森小映子・松方冬子「一八五〇(嘉永三)年の別段風説書蘭文テキスト」(『東京大学史料編纂所研究紀要』一九号、二〇〇九年三月)、金井圓「嘉永五(一八五二)年の和蘭別段風説書について」(『日蘭学会会誌』第二六巻二号、一九八九年三月)、松方冬子「一八五三(嘉永六)年の別段風説書蘭文テキスト」(『科学研究費補助金基盤研究(B)「近世日本関係欧文文書群の史料学的研究」(研究課題番号一五三二〇〇七七)成果報告書』二〇〇七年三月)、西澤美穂子・松方冬子「一八五四(安政元)年の別段風説書蘭文テキスト」(『論集きんせい』三〇号、二〇〇八年五月)、松方冬子「一八五六(安政三)年の別段風説書蘭文テキスト」(『古文書研究』六九号、二〇一〇年五月)、松方冬子「一八五七(安政四)年最後の別段風説書蘭文テキスト(上)(下)」(『日蘭学会会誌』第三一巻一号・第三二巻一号、二〇〇六年一二月・二〇〇七年一二月)。

(3) 割田聖史『プロイセンの国家・国民・地域　一九世紀前半のポーゼン州・ドイツ・ポーランド』(有志舎、二〇一二年)第五章参照。
(4) 一八四八年のApart Nieuwsの原文および現代語訳については、松方冬子「一八四八(嘉永元)年の別段風説書蘭文テキスト」(二〇〇七年三月)を参照。
(5) 松方冬子「一八四八(嘉永元)年の別段風説書蘭文テキスト」一〇三頁。
(6) 松方冬子編『別段風説書が語る一九世紀』一八九頁。
(7) 松方冬子「一八四八(嘉永元)年の別段風説書蘭文テキスト」一〇四頁。
(8) 松方冬子編『別段風説書が語る一九世紀』一九〇頁。
(9) 一八四九年のApart Nieuwsの原文および現代語訳については、矢森小映子・松方冬子「一八四九(嘉永二)年の別段風説書蘭文テキスト」を参照。
(10) 松方冬子編『別段風説書が語る一九世紀』二〇一頁。
(11) 矢森小映子・松方冬子「一八四九(嘉永二)年の別段風説書蘭文テキスト」九頁。
(12) 松方冬子編『別段風説書が語る一九世紀』二〇二頁。
(13) 矢森小映子・松方冬子「一八四九(嘉永二)年の別段風説書蘭文テキスト」一〇頁。
(14) 松方冬子編『別段風説書が語る一九世紀』二〇二頁。
(15) 日本語訳では、この部分は、「モラヴィアとワルシャワ」となっているが、これは誤りである。矢森小映子・松方冬子「一八四九(嘉永二)年の別段風説書蘭文テキスト」一〇〜一一頁。松方冬子編『別段風説書が語る一九世紀』二〇三頁。モルダヴィアは現在ルーマニア東北部からモルドヴァ、ウクライナに及ぶ地域。ワラキアは現在ルーマニア南部。

各論 六

# 江戸のインテリジェンス

## ——武器と凶器——

篠原 進

### はじめに——塩田武士『歪んだ波紋』の衝撃

猖獗を極める。こんな禍々しい形容を用いたくなるほどに当世の情報社会を席巻する、インターネット。塩田武士『歪んだ波紋』[1]は、そうした現況を前提に情報という武器が歪められ、今や凶器と化したメディアの病巣を鋭くえぐった小説である。

歪んだ情報。すなわち「誤報」や「虚報」をキーワードとしてそれぞれに完結しながら互いに絡み合う、五つの短編。調査報道の困難さに窮し記事を捏造する記者とその上司（「黒い依頼」）、それらの「歪んだ情報」がもたらす報道被害（「共犯者」）、息子の犯罪を揉み消そうと画策する辣腕弁護士と、彼に弱味（ちなみに、この「弱味」という言葉ほど情報の内包する陰陽の二面を明示するものはない。すなわち握られた者にとっての弱味〔凶器〕は同時に、握った者の強味

〔武器〕を意味するのである）を握られ、陰謀に加担する警察と記事をボツにする新聞記者（「ゼロの影」）、顔を覆うモザイクを悪用して偽（にせ）の目撃者さえも仕立て上げてしまうテレビ局のやらせ体質（「Dの微笑」）。そして、如上のすべてをひっくり返してしまう結末（「歪んだ波紋」）。

第四の権力と呼ばれて久しいマスコミ。そんな新聞、雑誌、テレビといった、いわゆる「レガシー・メディア」を放逐し、今や第五の権力と化した「ウエブ・メディア」。ところが、それさえも「フェイクニュース」が「悪貨が良貨を駆逐するように」侵食し、情報社会の虚無化が静かに進行しているというのだ。

「できるだけ広く浅く。薄っぺらい網を投げ掛けて、大漁を目指すのがテレビというメディア」。「（汗を流し自らエビデンスを求める努力もせず）他人の仕事の成果を横取りし、安全圏から世論のご機嫌取りに終始するテレビのワイドショー」。なるほど、テレビを代表とするレガシー・メディアの凋落ぶりは顕著だ。ただそれは、「日本人が先進国の中で最も軟派記事を好」み、「政治への参加意識の低さや玉虫色の決着を好む国民性」を有していることの裏返しであり、「いい年をした大人ですら「緩さ」や「楽しさ」を追い求め」「心地のいい情報に包まれやすい現代」の等身大の戯画（カリカチュア）だと言うのである。

神戸新聞社（本書では「近畿日報」という地方紙）の記者でもあった著者は、次のように述べている。

　ジャーナリズムって、つまりは情報の取捨選択と真贋の見極めだと思う。僕たちの体をスマホだとすれば、そこにジャーナリズムというアプリを入れるという感覚。それがあれば混沌とした事象のモザイクがサァーッと消えるというイメージ。その捉え方が正しければ、報道小説っていうジャンルが成り立つのでは、と思います。[2]

前世紀まで情報の巨大な発信基地として君臨した、レガシー・メディア。そんな牧歌的な時代も遠く去り、今、誰もが掌(てのひら)にスマートフォンという小さな基地を持つことが可能となったのだ。ウラを取るといったしんどい作業を飛ばしSNSで瞬時に全世界へと発信、拡散される幾千万の衝撃的な画像。インスタグラムに代表されるごとく、視覚に偏向した第二次情報革命の時代。一目瞭然。なるほど、百聞は一見にしかずとも言う。ただ、ネット上の「絵」は加工も容易で「フェイク」の可能性を常に孕む危険性と背中合わせでもあったのである。「情報」という武器が、凶器へと一変する時代。武器と凶器。情報の抱える二面。それは最初の情報革命に直面した江戸のインテリジェンス（情報活動）が先取りした課題でもあった。

## 一　「オランダ風説書」「別段風説書」が伝える「外」の情報

「世界中の情報を二〇〇年以上にわたり定期的に報じ続けたメディアは、風説書だけ」。こう断じた松方冬子はそれを武器として徳川政権へとすり寄ったオランダの戦略について以下のように述べる。

一五六八年以降の戦争でスペインから独立したオランダが一六〇二年に設立した世界初の株式会社、その名もオランダ東インド会社。そこから江戸期の日本に伝えられた「(かなりバイアスのかかった）情報」、いわゆる『オランダ風説書』は日本との貿易を独占するための武器であり、カトリックの侵入を防ぐ装置ともなっていた。それは通常の風説書（一六四一〜一八五七）と別段風説書（一八四〇〜五七）に大別できる。オランダ共和国はとりわけ情報の流通が活発で、ニュースは文字通り「商品」だったと。

情報の世紀と呼ぶべき一七世紀、ヴェネチアで手書き新聞が発行されたのを契機に、一六〇九年のドイツでは新聞が印刷され、一六一八年にはオランダ最初の定期刊行新聞が、週一回、二回と刊行。アムステルダムの新聞社はイタリア、ボヘミア、南ドイツ、スペイン、ケルン、パリ、イギリス、北欧、オランダの情報を流した。一六四五年にはアムステルダムに九つの印刷所が出来。一六六〇年代にはバタフィア（ジャカルタ）で印刷が開始された。しかし、一七八〇〜八四年の第四次英蘭戦争に敗れたオランダは海運、貿易、金融などの諸分野で壊滅的な打撃を蒙ることとなり、オランダ東インド会社は一七九九年に解散する。

そんな中、一八四〇年七月に最初の「別段風説書」が出されるが、その情報源は「シンガポール・フリー・プレス」「フレンド・オブ・チャイナ」「カントン・プレス」「ホンコン・レジスタ」「チャイニーズ・レポジトリー」といった新聞だった。内容は専ら一八四〇年に起きたアヘン戦争の記事であったが、一八四六年以降は世界各国の一般的な時事情報に変わって行ったと。(3)

幕府が収集した「外」の世界の情報について、近世文学専攻の私が述べることは何もない。「外」については本書の各稿をお読み戴くこととして、何倍何十倍もの資料が残る「内」の情報収集について述べよう。

## 二　仮名草子・浮世草子と情報

「敵を知り己を知れば百戦殆からず」。孫子の兵法を挙げるまでもなく、戦国時代に情報は不可欠で敵の戦力を精査分析する情報戦は、ソフトな戦争と呼ぶべきものだった。元和偃武（一六一五年）以後、それは面目を一新して立ち現れることとなる。

八文字屋刊の浮世草子『渡世商軍談』（江島其磧作・正徳三年〈一七一三〉）。その書名がいみじくも示すごとく、新たな戦場は商取引の場にあったのだ。こんな話が載る。

大坂長堀、材木屋の番頭孫八と質屋の手代彦右衛門。一〇月末伊勢参宮の帰途、彼らは宇治山田で一里先の街一帯が火に包まれるのを目撃することとなる。翌朝、宿の男が、今、四、五〇両手元にあれば一、二日で二〇〇両に増やすことが出来るのにと嘆くのを耳にする。被災した太夫の宿では伊勢参宮の人々を迎える年末までが書き入れ時で、仮囲いするための女竹を被災した御師たちは喉から手が出るほど欲しがっているというのだ（巻三の一「手代は道連の目をぬけ参りの働き」）。それを聞いた孫八は機先を制すべく仮病を装い、被災者用の古着や道具を大坂で調達しようと企図する。だが彦右衛門はそれに先んじ、大坂よりも一三里近い京都でそれらの物資を調達済みであった。ともあれ二人は三〇両ほどの元手で四〇〇両もの買い入れをし、一軒あたり七、八〇両、一〇軒に売り払い、瞬く間に大金を手にすることとなる（同二「手代が心底割ては見られぬ竹の買込」）。

利益に直結する情報。商人にとって情報は不可欠であり、スピーディな対応が巨利を得る秘訣でもあったことを端的に示す一例だ。だが、それを戦略化するためには少し時間が必要であった。その推移を江戸のビジネス書に探ってみよう。

最初は致富への道を説く、仮名草子『長者教』（寛永四年〈一六二七〉）。かまだや（鎌田屋）、なば屋（那波屋）、いづみや（和泉屋）という三人の長者の許を賢き童が訪れ、長者になる方法を聞くという枠組みで、成功者の心構えが披瀝される。「にわかに分限（富裕者）にならんと思ふは、貧のもとひ」「人はただ才覚、始末して生業守るなり」。才覚（工夫）と始末（倹約）を中核とする精神論。その「才覚」に情報収集能力は含まれず、「雑談無益」とさえ述べてもいる。ただ、成功者との接触は許容され（これを情報収集と考えることも可能である）、「福の神十人弟子」として、「蓄え」や「朝起き（早起き）」など一〇項目が示され、「貧乏神」のそれとして「女房去り（離縁）」や「公事（裁判沙汰）」が挙げられているのが目新しい部分であろうか。

それから半世紀、西鶴は「大福新長者教」と副題する『日本永代蔵』（貞享五年〔一六八八〕）を著し、上記の趣向を「長者丸（長者になる薬）」へと改変して以下のように記した（巻三の一「煎じやう常とはかはる問薬」）。

すなわち朝起（早起き）、家職（家業に専念）、夜詰（夜なべ仕事）、始末、達者（健康）。この五つをそれぞれ一定の法則に従い調合することで、長者に成ることが出来ると言うのだ。

だがそれを妨げる毒薬が、その何倍もある。美食、淫乱、絹物を不断着、（中略）鞠、楊弓、香会、連俳、座敷普請、茶の湯好き、花見、舟遊び、日風呂入、夜歩行、博打、碁、双六（中略）などなど。

なるほど、ここにも「情報」への言及はない。しかし、それは西鶴の意識に上っていなかったことを意味しない。米相場や為替相場が熱を帯びる中、情報収集は既に自明の商行為となっていたからである。情報の世界に身分差はなく、鮮度と精度が総て。「小判市も（貧民からのし上がった）此男買い出せば俄かにあがり」（巻一の三「浪風静に神通丸」）とあるごとく、発信者の出自などは埒外だったのだ。

『世間胸算用』（巻二の一「銀壱匁の講中」元禄六年〔一六九三〕）にこんな話がある。

大坂の富裕者が集まる、大黒講。彼らは「諸国の大名衆への御用銀の借入れの内談（大名方への融資の相談）を酒宴、遊興よりは増したる世の慰みと思ひ定めて」、「毎月身代僉議（貸付先の財務状態の意見交換）」をしている。二八人全員が二〇〇〇貫目以上（現代の米価を基準にすると約二〇億円）の富裕者で、各々が融資先の財政状態の吟味に忙しい。

見せかけだけの盛大な婚礼に欺かれ不覚にも二〇貫（約二〇〇〇万円）もの金を貸してしまった北浜の某。失意の彼に報酬を約束させ回収の手管（てくだ）を指南する仲間（何でも金がかかるのだ）。それに従い、金を取り戻した某。その先に西鶴は読者を唖然とさせる後日譚を準備しているのであるが、それについては措く。

当面の問題は、情報収集の「場」のことである。上記の場合は大黒講であったが、この他にも江戸時代には数え切れないほどのネットワーク（情報網）があった。恵比寿講、頼母子講、無尽講。それに念仏講をはじめとする宗教グループ。連歌、俳諧などあらゆる場で情報が飛び交うのだ。寄合は単なる酒宴の場ではなく、情報収集に不可欠な実利的場だったのである。それは現代も同様で、数多くの経済団体の他、高級会員制倶楽部、同窓会などあらゆる局面で情報が交差するのである。

『日本永代蔵』の四半世紀後に上梓された『日本新永代蔵』（正徳三年）は、二代西鶴を名乗り西鶴の弟子と目される北条団水の遺作である。情報小説的側面を有する本書で団水は、情報こそが商売成功の秘訣であることを明示する。[4]

朝水を汲むため堺の聾井戸に集う多くの使用人たち。朝の開放的な気分の中、彼らの口は軽く、内容も多彩だ。多くの薬種を買い込む親方のこと、金銀の売買のこと、為替の動向などなど。情報の宝庫と呼ぶべきその場所で丹念に情報を収集する隠居の栄斎（巻四の二）。彼は北村六右衛門という成功者で、[5]「聾井戸」[6]も実在していた。[7]

もう一つ挙げよう。大坂高麗橋筋と今橋筋に挟まれた浮世小路。そこは奉公人たちが集う、秘密の遊び場。ここもまた、情報の宝庫。壁に耳を付け、近く将軍家で大きな祝事があることを聞き込み、献上品の定番である宝尽くし、獅子牡丹、唐菊の巻物を即座に買い占め巨万の富を得る津山の岡屋某（巻三の四）。そして、大坂今橋の支店で参勤交代の西国大名から入用銀の情報を得て成功した、江戸の浅田屋（巻四の四）。

情報は紛れもなく武器なのだ。ちなみに、本節の冒頭部分で触れた『渡世商軍団』も本書と同年（一七一三年）の刊。ビジネスに不可欠な武器として情報が位置付けられているのである。

## 三　情報という凶器

握った者にとっては武器となる情報も、握られた者には凶器となる。ウラの取れない（取る気もない）、アングラ情報。それは〈うわさ〉という形で不断に飛び交っていた。ブラウン運動のように、江戸の街に浮遊する情報の巨大な塊(かたまり)。江戸のノイズ。それについては既に述べたことがあるので[8]省略に従うべきであるが、該書が特殊な出版物で入手困難という事情も考慮して、本稿の文脈に沿う形で一部を反復することとする。ただし『近世百物語』については新しく稿を起こし、『家乗』に関しては大幅に加筆した。

江戸期というのはすべてのものを金銭に換算し、コマーシャルベースにのせた時代であった。情報についてもそれは例外でない。情報を商品化したものとして良く知られているのが「かわら版」であるが、当時はこの名称を用いず、専ら「読売」とか「絵双紙」と呼ばれていた[9]。そのメディア史的な意味については、研究も備わっているし[10]、今さら言わない。ただ当時刊行された、『人倫訓蒙図彙(じんりんきんもうずい)』（元禄三年〔一六九〇〕）が「絵双紙売(えさうしうり)」について、こう記していることは看過できない。

世上にあらゆるかはつたる沙汰、人の身の上の悪事、万人のさし合(あい)をかへりみずに哥につくり、浄瑠璃に節付(ふしつけ)て、つれぶしにてよみうる也。愚(ぐ)なる男女老若(なんにょろうにゃく)の分(わかち)なく、辰巳(たつみ)あかりのそそり者（甲高い声をあげて騒ぎ回る浮か

れ者)、是をかい取て楽となす、誠に游民のしわざ。なきに事かかぬ商人也

ちなみに該書は、「天皇」「大臣」から「物吉(乞食)」に至る五五七の職種(含、身分)を絵入りで紹介したもの。ほぼ身分順の配列で、「絵双紙売」は後ろから二三四番目。情報を売る仕事を、当時の人々は白眼視していたのだ。世間の変事やスキャンダルを、当事者の迷惑も省みず商品化した絵双紙。当然ながら買う者も品性を問われるし、こうした職業はなくても困らないと言うのである。挿絵には編笠姿の二人が描かれているが、そういえばどこか後ろめたそうだ。

ゲーテやニーチェは新聞を嫌い[11]、江戸の教養人も建前としては、世間の異事奇聞に触れることを避けた。だが、本音は違う[12]。それゆえ、「よき人はあやしき事をかたらずといへど、予がごときの愚かなるは其たぐひにはあらじ」(『新御伽婢子』序)という措辞が反復されることとなるのである。下劣という批判を承知で、江戸人たちはニュースや〈うわさ〉を好んだ。なぜか。日野龍夫は言う、それは見知らぬ「もう一つの世界」を垣間見せてくれるロマンであったからだと。また言う、閉鎖社会に生きる人々にとってそれは、「(自分の生きる)世界の論理が万能でないことを教え」、「その安定を動揺させ、この世界の論理を相対化するだけの力を備えていた[13]」と。

そのことは「知らしむべからず」を基本政策とする当局にとって、危険な毒であることを意味していた。〈うわさ〉を「もっとも古いマスメディア」と呼んだカプフェレは、それが内包する反体制的性格についてこう書いている。「うわさは必然的に、非公式的なものである。中央からはずれて、時には中央と対立して、うわさは公式の現実に異議を唱えて、別な現実をさまざまに提示するのである[14]」と。体制にとって、情報は凶器なのだ。古今東西、非民主的な国の政治家や役人が情報公開に消極的で、発信を制限しようとするのはそうした理由による。

明暦三年（一六五七）、京都所司代（牧野親成）は「奇異・妖怪等の邪説」への禁令を出す[15]。また、一六年後（寛文一三年）の五月には、出版取締令も出されることとなる。

御公儀之義は不及申、諸人迷惑仕候儀、其外何にても珍敷事を新板に開候は、両番所え其趣申上げ、御差図を受、御意次第に可仕候[16]。

ちなみに、「書物を媒介とした社会的コミュニケーションの展開に幕府が強い関心を示し、統制強化にのり[17]」出した五代将軍の綱吉の時代には、そうした傾向が顕著になり、貞享元年（一六八四）一一月、「小哥はやり事」や絵草紙類さえも取り締まりの対象となる[18]。もちろん、こうした禁令の実効性については疑問が多いし、摘発された事例（筆禍）も多くはない。ただ、それが表現者の意識の底に潜行して抑止効果をもたらしたことは確かで、その後ろめたさが絵草紙売の「深編笠」に象徴されているのだ。「深編笠」を被る、江戸のメディア。だが、そこに暗さはない。西鶴をはじめとする江戸の表現者たちはそうした制約を逆手にとり、「知る人は知る」〈ぬけ〉という暗示的な手法を駆使して、しなやかでのびやかに表現活動を続けていたのである。

江戸人がどれほど〈うわさ〉を好み、情報を希求したかについては、『日本随筆大成』『近世風俗見聞集』『燕石十種』『未刊随筆百種』などに収録された膨大な随筆類や『世間咄風聞集』『鸚鵡籠中記』『馬琴日記』といった記録に就けば、明白だ。

その一例として、大草安房守（庭仙）の手になる『近世百物語』（成立年未詳）を挙げよう。写本一〇巻一〇冊（早稲田大学図書館本）。山崎美成の主人でもあった彼が「天保（一八三〇～四四）」「弘化（一八四四～四八）」「嘉永（一八四八～五四）」という元号のみならず、詳細な日付入りで残した「奇事怪談」（巻一〇の一二）の百物語。全巻の構成は

以下の通り。巻一（一一話）、巻二（一二話）、巻三（一一話）、巻四（一六話）、巻五（九話）、巻六（一話）、巻七（九話）、巻八（一〇話）、巻九（八話）、巻一〇（一二話）。

一五人の子沢山（巻一の一）、鼠小僧（巻二の一）、「前の物を御貰ひ申度候」と夫の陰部を斬る妻、江戸版の阿部定事件（巻二の五）、蜃気楼（巻三の六）、猫八の芸（巻四の二）、巨大な陰茎（巻四の四）、国定忠二（次）（巻四の六）、天才幼児（巻四の一四）、仏罰で犬に変じた下僕（巻五の七）、文政九年五月一四日に相州鹿島に来航したアメリカ船（巻八の二）、文政一三年のおかげ参り流行（巻八の八）、天狗小僧寅吉（巻九の二）、万両の借金をする中村歌右衛門（巻一〇の五）など。

ちなみに、根岸鎮衛『耳嚢』（文化一一年〔一八一四〕）には九三五話（長谷川強校訂『耳嚢』上・中・下、岩波文庫、一九九一年）の異事奇聞が収納されている。情報を希求する思いは、尽きることがないのだ。

## 四　江戸のクロニクル——紀州藩『家乗』の世界

前節に示したごとく、現存の資料は中・後期のものが圧倒的に多いが、前期の資料がないというわけでもない。その一例を、『紀州藩石橋家家乗』[19]に見よう。全五巻の構成は以下の通り。（巻一）寛永一九年〜寛文九年。（巻二）寛文九年〜延宝三年。（巻三）延宝四年〜天和三年。（巻四）貞享元年〜元禄三年。（巻五）元禄四年〜元禄一〇年。

本書は紀州藩家老の三浦家に儒医として仕えた石橋生庵が、寛永一九年（一六四二）から元禄一〇年（一六九七）までの五六年間に記した克明な日記（一七冊）で、尾形仂の要を得た紹介も備わっている。[20]内容は政治、経済、社会、宗教、学芸、読書、芸能など多岐に亙り、「今日の新聞の紙面さながら[21]」で、情報源も在府・在京の同僚、他藩出仕の親戚、知友、書肆、巷説まで幅広い。

御三家の一つでもある紀州徳川家の始祖は家康の一〇男頼宣。彼の母は三浦為信の異父妹。そうした縁で三浦家は、家康から「伝」として彼を支えることを命ぜられた。生庵は、補佐役の補佐役というところだろうか。ちなみに、頼宣以後は光貞の治世（寛文七年〔一六六七〕〜元禄一一年）となる。

生庵の許には毎日のように来客があり、彼は諸方面からもたらされた最新の情報を精緻に書き留めている。ただ、そこに個人の感想を付加することはなく、自身についても身体の不調に触れる程度の抑制的で半ば公的な「日記」となっている。唯一の例外が俳諧についての記録で、以下次の諸点に絞って紹介して行きたい。㈠俳諧、㈡書籍、㈢災害情報、㈣事件・社会批評など、㈤情報源。

## ㈠ 俳　諧

①「訪梅翁　日暮帰」（延宝四年九月一一日）。

②「借貞徳百句、宗因百句、同千句、犬子集、絵合、続鏡、悔草、言葉寄便船集、御傘、小夜中山、増山之井〜」（延宝五年一一月一一日）。

③「西山宗因礼申スアツハレ御年ソウロウヤ」（延宝六年一月二四日）。

④「元日三物」「右板行而売之　引附発句夥不堪煩故略之」とあるが、「似船」や「梅盛」の名が散見。

⑤「大矢数　紀子千八百韻　南京洛人　惣本寺高政点」（延宝六年一〇月二八日）。

⑥「借誹諧蒙求　俗前一時軒岡西惟中延宝年中作」（一二月一〇月）。
⑦「写俳諧蒙求」（一二日）。
⑧「沽芝談林歳旦　予歳旦一句入之」（延宝七年一月九日）。
⑨「ツツリ道理此徳川ノ世々ノ春　淮水　水野隠居公」（一二日）。
⑩「開百物語会席于二階始カ于初夜終于三更」（二四日）。
⑪「歳暮　クルクル年カヘキレハセストルシヤマテ　宗因下四句同～アラ玉ノメデタキハタウコカシトシモ　西鶴」（二月八日）。
⑫「侍読浮世物語」（三月四日）。
⑬「写了　守武千句」（五月二四日）。
⑭「余子作吠誹諧愚評之序」（一二月一〇日）。

①の「梅翁」は西山宗因（一六〇五～八二）を指す。大坂天満宮連歌所の宗匠だったこともあり、彼にとっての俳諧は連歌の余技と考えられてきたが、そうした定説が今大きく書き替えられようとしている（尾崎千佳「宗因における出家とその意味」『近世文藝』一〇八号、二〇一八年七月）。延宝四年（一六七六）当時の彼はその地位を宗春に譲り、談林俳諧のリーダーとして諸国を飛び回っていた時期。その行動範囲は紀州藩の一武士である石橋家にまで及んでいたのだ。その熱に動かされ、西鶴をはじめ多くの者が彼の許に馳せ参じたが、生庵も例外ではなかった。

一挙に昂じた、生庵の俳諧熱。彼は即座に必要な文献を入手する。②の「貞徳百句」は『貞徳百韻独吟自注』（万治二年〔一六五九〕）のことだろうか。松永貞徳は貞門派のリーダーで、談林に先んじ俳諧を広めていた。「宗因百句」は『落葉集』全五冊中の一冊『宗因十百韻』（寛文一一年〔一六七一〕）、「同千句」はそれを含む『宗因千句』（同一三年）。『犬子集』（寛文一〇年）は貞門派の重鎮松江重頼が編んだ俳諧撰集。「絵合、続鏡」については未詳。また、「悔草」も北条団水の俳諧撰集『悔草』（元禄五年〔一六九二〕）があるものの、時代が合わない。「言葉寄便船集」は貞門派七俳仙の一人、高瀬梅盛の手になる俳諧作法書・付合集の『便船集』（寛文九年）。彼は後に『俳諧類船集』（延宝四年）で付合語を集成する。『御傘』（慶安四年〔一六五一〕）は貞徳の俳諧式目書。「小夜中山」は重頼が編んだ俳諧撰集『小夜中山集』（寛文四年）。「増山之井」は歌学者で歌人、貞門派の俳人でもあった北村季吟の手になる季寄『山之井』（正保五年〔一六四八〕）を寛文三年に改訂増補した『増山之井』を指す。

注目したいのは当時俳諧を学ぼうとする者がどんな本を参考にしたかが示されていることである。その選択は極めて妥当で、生庵は俳諧修業の王道を歩むこととなる。③は季吟を発句とする歳旦に載る、宗因の句。④の梅盛については既述。富尾似船は貞門から談林に転じた京都の俳人。

延宝五年五月二五日、西鶴は大坂生玉本覚寺で一日一夜一六〇〇句独吟を成功させ、『俳諧大句数』と題して上梓した。その四ヶ月後の九月二四日、大和多武峰西院の月松軒紀子が奈良中院町極楽院で一八〇〇句独吟を成功させ、翌六年五月惣本寺菅野谷高政の点と序を添え『俳諧大矢数千八百韵』として刊行する。そうした経緯を念頭に⑤を見ると、その情報が五ヶ月後には届いていたことが分かる。

⑥の『俳諧蒙求』（延宝三年）は俳論書。著者の岡西惟中は西鶴と並ぶ談林派の俊英。俳諧の原点を解き明かすところからその本質に迫る該書は入門書としても最適で[22]、生庵は早速それを書き写している（⑦）。そんな努力が報いられ、彼の歳旦吟が談林の俳書に入集（⑧）。⑨「淮水」を号す「水野隠居公」とは、水野重仲を指すのであろうか。ちなみに紀州徳川家の家老だった彼は、元和五年（一六一九）当時で三万五〇〇〇石。安藤直次に次ぐナンバー2の

重鎮でもあった。[23]もしそうなら、和歌山藩の最高レベルにまで俳諧が浸透していたことになる。

⑪には宗因と西鶴の歳旦吟が書き留められ、『守武千句』（天文九年〔一五四〇〕ころ）の書写も終えている⑬。ちなみに、該書は山崎宗鑑と並び俳諧の祖とされた伊勢の神官荒木田守武の手になるもの。二人に共通するのは「滑稽」を俳諧の本質としていることである。

だが、⑭を契機に俳諧についての記述が急減ずる。熱が冷めたのだろうか。その一方で「百物語」怪談会が開かれ⑩、『浮世物語』（寛文五年〔一六六五〕）を殿に「侍読」している⑫のは注目して良い。前者は知識人が避ける「怪力乱神」そのものであり（「子は怪力乱神を語らず」『論語』述而七）、後者は浅井了意作の限りなく浮世草子に近い俗文学（仮名草子）だからだ。雅俗の境界線が曖昧になり、越境も珍しくなっていた。

## (二) 書籍

俳諧への傾斜は、漢籍中心だった生庵の読書生活を大きく変えることになる。

①「唐詩八匁」。②「犬徒然」。③「三教指」。④「借信長記」。⑤「買食物本草価八銭五分」。⑥「貞和集十二銭」。⑦「土佐日記抄三匁五分」。⑧「家兄借清少納言七冊」。⑨「買十八史略　価十匁」。⑩「侍読　釈昼霊怪」。⑪「償二十六匁一分　于書肆次兵衛」。⑫「侍読一休関東記」。⑬「還剪灯余話」。⑭「侍読新御婢子」。⑮「借好色一代記八巻」。⑯「侍読諸艶大鏡　好色二代男」。⑰「侍読秀吉記」。⑱「借江戸（名所）記」。⑲「侍読好色昼（狐）」。⑳「大畜集」。㉑「拝借江戸鹿子　六巻記江戸詳」。㉒「拝納江戸鹿子」。㉓「借俳諧或問」。㉔「侍読小夜嵐十冊」。㉕「借武道伝来記」。㉖「侍読伝来記」。㉗「侍読桜陰比事五冊」。㉘「与兵衛来借博物志四、宇治拾遺」。㉙「侍読好色三代男」。㉚「借永代蔵」。㉛

「借宗祇（諸国）物語」。㉜「還花（の）名残」。㉝「侍講剪灯新話」。㉞「侍講有読浮舟巻詩」。㉟「源氏物語了」。㊱「有源氏読了之談」。

①は明の李攀竜が編纂した『唐詩選』を指すのだろうか。それは八匁（約八〇〇〇円）と、かなり高い。②『犬徒然』（元和五年〔一六一九〕）は近衛信尋作の仮名草子。③「三教指」は空海の処女作『三教指帰』。④で借りた『信長記』（元和八年）は小瀬甫庵の手になる織田信長の軍記。⑤の名古屋玄医『食物本草』（寛文一一年〔一六七一〕）は本草学の専門書で、⑥「貞和集」は仏教書。ただ前者を「八銭五分（五分は約五〇〇円）」、後者を「十二銭（一八〇円）」と記すのは一考の余地がある。というのは、⑦北村季吟『土佐日記抄』（寛文元年）「三匁五分（約三五〇〇円）」、中国の史書⑨『十八史略』を「十匁（約一万円）」と記すからである。この「銭」を次節①にある「白銀」と考えれば（三分に該当）、各々二九〇〇円、三六〇〇円相当となる。⑧で兄に借りた「清少納言」が歌集の『清少納言集』を指すのか、『枕草子』なのかは不明であるが、ともかく生庵は書肆に「二十六匁一分（約二万六一〇〇円）」⑪を支払うほどの読書家だったのである。

⑩の「霊怪」は一見池田委斎の版本『霊怪艸（あやしぐさ）』（延宝五年跋〔一六七七〕）とも考えられるが、寛文一二年の条にあるのでこれは写本『霊怪艸』（明暦年間〔一六五五～五八〕）と見るのが妥当。いずれにせよ、ここで「怪力乱神」の典型である怪異に目が向けられ、主人に「侍読」までしているのは注目して良い。⑫『一休関東記（咄）』（寛文一二年）は一休宗純の逸話を集めた咄本。⑬で返却した『剪灯余話』は中国の怪異譚。前者は『一休咄』、後者は『剪燈新話』の続編的な性格を持つ。当然、正編も読了していると見るのが自然だろう。ちなみに、⑭「新御婢子」は『剪燈新話』に拠ることの多かった浅井了意『伽婢子』（寛文六年）に倣った西村市郎右衛門の怪異小説集『新御伽婢子』

(天和三年〔一六八三〕)。

その『新御伽婢子』が上梓される前年(天和二年)、仮名草子界に激震が走った。⑮『好色一代記(男)』の登場だ。宗因に学んだ生庵もその名を知る西鶴の「転合書(てんごうがき)」。二年後の五月二六日にそれを借りたのを手始めに、生庵は⑯『諸艶大鑑(好色二代男)』(貞享元年〔一六八四〕)を「侍読」(七月一一日)。㉕『武道伝来記』(貞享四年)を借りて、㉖「侍読」(元禄二年〔一六八九〕)。『本朝桜陰比事』(同)も侍読(㉗)。㉚『(日本)永代蔵』を借りて、翌日に返却している(元禄五年八月三日)。生庵にとって兄弟子でもある西鶴は気になる存在だったのだ。ちなみに㉙『好色三代男』(貞享三年)、㉛『宗祇(諸国)物語』(同二年)、㉜『花(の)名残』(天和四年)の三作は前述の西村市郎右衛門が手がけたもの。㉜のような古風な作風だった彼も西鶴ブームに追随し、㉙を上梓した。西鶴と似て非なるクオリティに、精読者(リズール)の生庵は気付いただろうか。

⑰「秀吉記」というのは小瀬甫庵の『太閤記』(寛永二年序〔一六二五〕)のことだろうか。ちなみに、該書は危険な要素を孕んでもいた(後述)。⑱『江戸(名所)記』(寛文二年)も㉑『江戸鹿子』(貞享四年)も江戸のガイドブック。活気溢れる江戸という都市空間への好奇心が垣間見える。⑲「好色昼」というのは『好色夜之昼狐』を指すのだろうか。⑳「大畜集」は未詳。㉔『小夜嵐(物語)』「十冊」の上梓は元禄一一年。それを元禄二年一月二八日に読んでいるというのは解せない。別本があったのだろうか。㉓積翠『俳諧或問』は蕉門俳諧について述べたもの。従来成立年未詳とされた文書を元禄二年の一月二一日に読んでいるのであるから、成立もこのころだろうか。与兵衛に借りた㉘『博物誌』は生庵が専門とする本草学の本。『宇治拾遺物語』は一三世紀前半に成立した説話集。㉞にあるように『源氏物語』は、「侍読」でなく「侍講」で、扱いが異なる。それを読了した後には、談論風発の至福の時間(とき)が待ち受け

ていた（35）（36）。

### ㈢　災害情報

生庵の許に集められた情報の中、とりわけ多いのは災害や事件についてのものだ。以下、主なものを見よう。

①中京焼数十町（寛永一九年）。天下大飢饉　米価白銀七八十匁也（同二〇年）。

②洛西愛宕炎上（同）。

③地震箱根坂崩（慶安元年四月）。

④江戸大地震（同）。

⑤「武州川越大霰降、人馬多死」（同五月一〇日）。

⑥九州大風（同三年八月一六日）。諸国大洪水（同九月一日）。

⑦「正月十八日巳刻時分より本郷　火事出来。〜埋没死人、凡六万二百零三人　右二月一九日　朽木民部家定之云。〜今度焼失町凡八百九十町、家屋都六万二千零二十軒」（明暦三年）。

⑧酒井修理太夫下屋敷から出火。牛込、番町、麹町、屯田馬場、柴、金杉橋迄焼申。「右石橋氏告自武州」（寛文八年二月一日）。

⑨「去月二十三日大坂津風雨之記」。「漂死之男女三百八十三人不知死生之人百十二人〜」（同一〇年九月二六日）。

⑩「去十一日京都霰降申候〜」。「伏見より大坂迄堤数千所切候」（延宝二年六月）。

⑪京大坂大水（同一四日）。

⑫「今度京都大洪水事卯月ノスヘヨリ長雨フリ五月雨ニツツキ五日ノヒルヨリ大雨六日マテタヘスフリ」「京ノ町ノ中ヘ水ハセ入小河通室町東洞院上ヨリ大道川トナリ往来タヘハテタリ」「大路ハ人ノ乳タケ腰タケナリ。二条河原ノ向フノ石垣三条マテ皆クツレ家モ七八宇流レ頂妙寺二王門幷ニ寺家七八宇ナカレケル〜」「右板行而売之」（同四年六月一日）。

⑬武江下町大火（同五年一月二六日）。

京都の火事（①②）、箱根（③）江戸（④）の地震、川越の大霰（⑤）、九州の大風（⑥）、諸国の洪水（同）と、災害のニュースが尽きることはない。⑦はいわゆる「明暦の大火」。二日間に亙り江戸城をはじめ八〇〇町を焼き尽くし、死者は最終的に一〇万人に及んだと言う。振袖火事の別名もあるが、それに言及してはいない。ちなみに、これを題材としたルポルタージュに浅井了意『むさしあぶみ』（万治四年〔一六六一〕）がある。⑧⑬も江戸の火事。京、大坂の風雨と霰、洪水（⑨⑩⑪）。そして、⑫京都の大洪水。この災害について記したという本は未詳であるが、西鶴はその洪水で流失した頂妙寺の仁王の腕を鬼の腕と誤解しての騒動を文学化している[24]（『懐硯』巻一の一、貞享四年）。

## ㈣　事件・社会批評

①「七月誅奸人由比正雪于駿州其徒党丸橋以下数人磔于武州品川」「天下之制法興道ニして上下困窮仕候事」（慶安四年七月）。

②江城大下馬落書（万治四年二月二八日）

一　危き物　蛛舞の綱渡り　当御代　井戸のはたの童
一　定めなき物　二八月の風　いのち　当御代の御法度
一　はやり物　日本堤行道　武具の破損　若隠居
③「松前蝦夷蜂起事」（寛文九年七月二〇日）。
④「鎌倉団右衛門と申者ノ妓児ニ上村吉弥と申美男御座候。是に烏丸通ノ呉服ノすわい女、彼美男ニ恋慕仕女ノ方より此児をかい一座ヲ送盃の取かわし仕、其座にて彼女思入ノ通有の儘ニ候へと、吉弥早速此女の志ヲとけさせ候所ニ、此遣ひはなれやらす、或時ハ道具なとを遣し、或夕暮ニハおりを贈り、寒月は呉服ヲ取遣迄、何かと取遣跡ニ無秘、親方ノ手前ニ六貫目の引負出来、此中獄ニ入申」（同一一年四月一六日）。
⑤「八坂祇園前の遊女共不残被追放、此辺寂敷成申由承候。芝居日々ニ新ニ成望」（同一一年四月一六日）。
⑥百家長「威　酒井雅楽殿」。「理学　伊藤源吉」。「朱学　山崎可衛門」。「絵　狩野探幽」。「菓子　二口屋野登」。「談儀　北野見性房」。「奢　那波屋一家」。「うそつき　松波丹後」。「弓　星野勘左衛門」。「説経　日暮小太夫」。「歌舞妓　上村吉弥」。「饅頭　塩瀬」。「太皷　かくら庄左衛門」。「傾城　嶋原　外藻」。「俳諧　天満宗因」。「情張　日蓮宗」。「悪人　赤塚雲庵」。「富貴　本願寺」。「押柄　野間三竹」。「虚言　公家衆」。「文盲第一　浄土坊主」。「物しりたて　大徳寺坊主」「右書肆伊兵衛告」（同一三年五月三日）。
⑦「長崎へ入津スルゑけれす舟壱ノ荷物ノ覚　エチレス四十年不渡今度始渡商売ノ許与ヲ請候ト云」（同一三年五月二五日）。
⑧天下名物。「碩学　弘文院春斎」。「談儀　にんくう」。「野郎　藤田皆之介」。「傾城　利生」。「はいかい　かねと

よ」。「金持　河村瑞軒」。「すりきり物　芝田和泉」。「牢人あつめ　小坂助六」。「盗人宿　川合善兵衛」。「にくき物　徳山五兵衛」。「古筆目利　中山茂兵衛」。「かる口物　石尾七兵衛」。「はなし坊主　細井佐次右衛門」。「からくり　はりま」。「こはき物　稲葉美濃」。「にせ物目利　渡部大隅」。「大奢物　酒井雅楽頭」。「丑九月　右岩田兄告」（同一三年一〇月一二日）。

⑨「当五月十二日長崎へ入津仕候舟　当年二番船　福州の船頭上官口上」「呉三桂の勢三百六拾万人にて北京ヲ責申筈」「右水見老人告」（延宝二年七月一日）。

⑩「末次平蔵長崎より唐船に庶具之類色々隠シ積渡シ申候所ニ彼舟難風ニ相日本之地へ又吹返し浦之者不審成舟参候とて、注進仕御吟味被成候へとも右之通具ニ申由　夫平蔵召捕只黒田右衛門殿へ御預ケ被成候由」。

⑪「長崎末次平蔵闕所珍宝之覚」。「伊藤氏告」（同四年六月九日）。

⑫「当世耳目にふれ申候廿五類凡夫のさた」

一　悪人は　牧野備前守　林相模守

一　過たるは　大名ノ火消　牧野備後守加増

一　多き物は　門々の訴訟百姓　牢人

一　うるさき物は　隠し目付　三ほうかうじん

一　定まらぬ物　当家の仕置　下馬札

一　めいわくなからいたす物　諸大名のいたす祝儀　寄合衆の小ふしん

佐谷氏告（同九年）。

⑬「下馬落書　朝夕ニカワルシオキノ下馬ノ札下ヨリミレハ馬下トコソヨメ　石橋氏告」（同九年三月一四日）。

⑭「昨日石川六兵衛夫婦見放逐云」（同九年五月二八日）。

⑮「石川六兵衛落首　世ノ中ノ金ハスナカト石川ヤナカレト思フ罰ハアタレリ　岩根氏告」（同九年六月二日）。

⑯公儀御触状

一　鶴やと申かんはん幷暖簾ニも鶴附候儀可相止　自今染物其外諸事鶴ノ紋附儀無用之事

一　女衣類ニも鶴ノ類附候自今無用　但有合候分不苦候事

一　諸士家ノ紋ニ而鶴附候儀も不苦候事

（貞享五年四月八日）。

①はいわゆる「慶安の変（由井正雪の乱）」。関連資料は多いが、『老媼茶話拾遺』（寛保二年〔一七四二〕巻一の三～五を引こう。駿河油（由）井の正雪は紺屋の子。一三歳で浪人高松半平に師事、前掲の『太閤記』を読み謀反の志を抱き詐術を用いて信頼を勝ち取り、旗本たちに楠正成流の軍法を指南。「平家物語の評判廿四冊」を作る。紀州大納言（頼宣）の後楯を公言して、家光死去の混乱に乗じて謀反を企てる。豊臣秀次の末裔と豪語する丸橋忠弥も、それに加担。城の水を抜き、二つの塩硝蔵に放火。福原一鬼が操る猿が大名屋敷に火を放ち、町々に配した忍びが江戸の町を大混乱に陥れるという反乱計画。決行日を七月二六日とするが、直前に奥村八郎右衛門の裏切りもあって、一味は鈴ヶ森で処刑されるという結末だ。

日記には本件の顚末が詳細に記されている。なぜなら、右のごとく「紀伊大納言殿之御名」が示され、その関与が疑われていたからだ（当時、生庵は一〇歳なので後に加筆したと考えられる）。お家断絶の危機を孕む重要事件。真偽はともかく、この一件はインテリジェンスの精度が藩の存廃に関わるほど重要な時代となったことを藩の上層部に痛感させた。生庵がそうした情報収集戦略の一翼を担うことになった理由もそこにあるのではないだろうか。

③は一六六九年のシャクシャイン事件。⑦は四〇年ぶりにイギリス船が長崎に入港した一件。⑨はその続報。「福州の船頭上官」が伝える中国の戦況。外国の状況を伝えるルートは「オランダ風説書」に限らないのだ。⑩⑪は長崎外町の代官だった豪商、末次平蔵の闕所事件。⑭⑮の石川六兵衛は江戸の豪商。彼も驕りを咎められ闕所となっている（戸田茂睡『御当代記』）。五代将軍綱吉はこれを契機に贅沢禁止令を出し、西鶴も「衣装法度桜に嘆く生まれ時」という句を詠んだ。ちなみに、⑯のいわゆる「鶴字法度」を契機に、西鶴は「西鵬」と改名している。

注目したいのは②⑥⑧⑫⑬である。いわゆる「大下馬落書」。江戸城大手門の下馬所は「下馬評」という言葉が残るごとく、さまざまな情報の飛び交う無法地帯であった。江戸版の東京ウォーカー、当世のブランド尽し。塩瀬の饅頭や二口屋の菓子を評判する一方で、芸事や医者の案内ともなっていたのである。だが、写本ならではの〈毒〉が挟み込まれていることも忘れてはならない。家綱を補佐した「下馬将軍」酒井雅楽頭（忠清）や当世の僧侶、町人たちへの批判。こうしたアングラ情報は、政治の変わり目ごとに増幅され、「百家長」「天下名物」と称する評判記も適宜人物名を入れ替えて、改訂版が出ることになる。ついでに言えば、『西鶴諸国はなし』（貞享二年）は「大下馬」の別名を持つ。

④の「上村吉弥」は⑥の「吉弥結び」の初代（延宝期の若女方）と同一人物かは不明。⑤に言う遊女追放は団水が『好色破邪顕正』（貞享四年〔一六八七〕）中巻で触れた事件と関係があるのだろうか(25)。疑問は尽きないが、惜く。

ところで、上記の⑥⑧⑨⑪⑫⑬⑮には情報源が記されている。それを確認しておこう。

## ㈤ 情報源

①「自武州之羽書来云」（明暦四年正月一六日）。②「自武州之羽書来其書曰」（同一二月二八日）。③「自武州羽書」（万治三年一月二一日）。④「自江州之羽書　角田氏告」（寛文二年五月二三日）。⑤「右飯満田氏告」（同八年）。⑥「石橋氏告自武州」（同）。⑦「右醒井氏告」（同）。⑧「右竹内氏告」（同）。⑨「右三品鏡氏告」（同）。⑩「右三首庄氏之詠告自武州」（同九年）。⑪「右佐々木氏告」（同）。⑫「寄書于根来氏」（同）。⑬「右池村市郎兵衛告」（同一一年）。⑭「右鏡氏告自武州」（同）。⑮「右祐生告自洛」（同四月一六日）。⑯「右緒方氏告」（同）。⑰「右多賀氏告」。⑱「右酒井氏告自武州」（同）。⑲「右緒方氏告」（同一二年）。⑳「右与次郎告」（同一三年）。㉑「右書肆伊兵衛告」（同五月三日）。㉒「右岩田助之丞告」（同）。㉓「書肆伊兵衛来」（同七月一二日）。㉔「伊兵衛告」（同）。㉕「右　伊兵衛告」（同八月一日）。㉖「右岩田兄告」（同一〇月一二日）。㉗「落書　習庵告」（同一一月一八日）。㉘「已上両事書肆伊兵衛告」（同一三年）。㉙「右庄三郎告」（延宝二年三月一日）。㉚「右二件書肆伊兵衛告」（延宝二年六月）。㉛「右水見老人告」（同七月一日）。㉜「右二事展順告自武州」（同一二月二九日）。㉝「右伊藤氏告」（同四年三月二三日）。㉞「伊藤氏告」（同六月九日）。㉟「佐谷氏告」（同年）。㊱「石橋氏告」（同九年三月一四日）。㊲「岩根氏告」（同六月二日）。

紙幅が尽きたので、各情報源についての説明は省く。和歌山に住む一儒医の「日記」。彼は単なる記録魔だったのか、それとも職務の一環だったのだろうか。正確なことは分からない。はっきりしているのは、当時全国各地（三〇〇諸藩）に生庵のような人物が無数におり、右のごとき情報網を駆使して情報の収集が不断になされていたということだ。

「オランダ風説書」「別段風説書」を介して得た、海外の情報。幕府はそれをどう受け止め、政策に生かしたのか。重要な問題であるが、本稿の範囲を超えるので触れない。ただ、既に見たごとく海外情報を幕府が独占していたとは言えず、イギリス船やアメリカ船の長崎、相州来航、そして三藩乱（一六七三年）に至る呉三桂の進攻ぶりなども翌年には幕府の外に漏れ出しているのである。

鎖国中にあっても、海外への関心が薄れたわけではない。八代将軍の吉宗が亡くなり監視の眼が緩んだ宝暦・明和期（一七五一～七二）、長崎遊学でまだ見ぬ世界への興味をかき立てられた平賀源内は『風流志道軒伝』（宝暦一三年〔一七六三〕）を手掛ける。これを契機に、遊谷子『和荘兵衛』（安永三年〔一七七四〕）をはじめとする異国遍歴小説が簇出することになるのだ。

なるほど、冒頭で少し長めに紹介したごとく、インターネットの普及は全世界の情報入手方法をいとも容易なものへと一変させ、それは日毎に加速の度合いを強めてもいる。それに比すれば、これまで紹介してきた江戸期の情報収集事情も遠い過去の遺産（レガシー）なのかも知れない。ただ、問題は情報量の多寡ではない。塩田武士が述べたごとく、溢れるほどの情報の中から必要なものを選び出す眼と真偽を見極める知性が今こそ不可欠で、それを「武器」にするか「凶器」にするかは、私たちに突き付けられた極めて普遍的な課題なのである。

註

（1）塩田武士『歪んだ波紋』講談社、二〇一八年。
（2）『サンデー毎日』二〇一八年八月一九日号。
（3）松方冬子『オランダ風説書　「鎖国」日本に語られた「世界」』中公新書、二〇一〇年。
（4）拙稿「目さむる夏の青み哉―団水2」『青山語文』四八号、二〇一八年三月。

(5)『新修大阪市史』第三巻、大阪市史編纂所、一九八九年。
(6)『和泉名所図会』巻二。
(7)江本裕『近世前期小説の研究』若草書房、二〇〇〇年。
(8)拙稿「江戸のモザイク―〈うわさ〉が癒しの文学となるとき」富士ゼロックス30周年記念出版『ドキュメントの時代』一九九七年。
(9)平井隆太郎「かわら版の謎をさぐる」『太陽コレクション・かわら版』平凡社、一九七八年。
(10)小野秀雄『かわら版物語―江戸時代マス・コミの歴史』雄山閣出版、一九六七年。林美一『珍版・稀版・瓦版』有光書房、一九六六年など。
(11)清水幾太郎『流言蜚語』ちくま学芸文庫、二〇一一年。
(12)加藤徹『怪力乱神』中央公論新社、二〇〇七年。
(13)日野龍夫『江戸人とユートピア』朝日新聞社、一九七七年。
(14)J・Nカプフェレ『うわさ―もっとも古いメディア』古田幸男訳、法政大学出版局、一九九三年。
(15)今田洋三『江戸の禁書』吉川弘文館、一九八一年。
(16)『御触書寛保集成』町屋敷之部、岩波書店、一九八九年。
(17)註(15)と同。
(18)同右。
(19)和歌山大学紀州経済史・文化史研究所編『紀州藩石橋家家乗』清文堂出版、一九八四年。
(20)尾形仂「一儒医の日記から(一~三)」『文学』一九八二年一一月~八三年一月。
(21)同右。
(22)拙稿「八わりましの名をあげて―惟中という陰画―」『青山語文』四四号、二〇一四年三月。
(23)『和歌山県史』近世、和歌山県史編纂委員会、一九九〇年。
(24)拙稿「午後の『懐硯』」『武蔵野文学』四三号、一九九五年一二月。

（25）拙稿「凡俗の人・団水」『青山語文』四七号、二〇一七年三月。

# あとがき

本書は、二〇一六年度・二〇一七年度青山学院大学総合研究所人文科学研究部門研究プロジェクト『別段風説書の研究』の研究成果として刊行されるものである。まず、本研究プロジェクトを企画するにいたった経緯を簡単に述べておきたい。

本研究プロジェクトは偏に青山学院大学名誉教授片桐一男先生の熱意によって企画されたものである。片桐先生は蘭学・洋学史研究の第一人者として現在でも活躍されており、『阿蘭陀通詞の研究』をはじめとして多数の研究成果を挙げられているが、その中で、多くの研究者から嘱望されているにもかかわらず、いまだに全体を見通せる史料集が存在していない、どうしても個人の力の及ばない研究として『別段風説書集成』の編纂を挙げられ、その完成を願っておられた。片桐先生は、『和蘭風説書集成』の編纂にも携わり、ある程度の史料が集まっていたこともあって、あと一歩のところで出版にいたらなかったことを大変心残りに思っておられたようである。

そこで、二〇一五年頃に相談を受け、本学総合研究所の研究プロジェクトをご紹介し、青山学院大学にとっても本学史学科教員が携わるにふさわしい研究プロジェクトであると考え、岩田が研究代表者となりスタートした。しかし、研究所の規定により、研究期間は二年間に限定され、当初はどこまでできるのか不安もあったが、片桐先生からの片桐文庫の提供と調査研究協力、本学教員・学院高等部教諭、本学卒業生で大学教員・博物館学芸員・高等学校教諭として活躍する研究者をはじめ、史料の閲覧・利用をご許可いただいた全国各地の史料保存機関・史料所蔵者、史料の翻刻・校正にご助力いただいた蘭遊会の方々、大学院生などのご協力を得て、なんとか完成にこぎつけることができた。片桐先生の熱意にどれほどお応えできたかはわからないが、このような魅力あるプロジェクトに携わることができ、心から感謝申し上げる次第である。また、ご協力いただいた皆様にも心から感謝申し上げたい。略儀ながら、本書の最後にお名前を列記し謝意に代えたい。

さて、本書は史料篇と研究篇で構成されている。史料篇では、天保一一年から安政四年までの別段風説書二五点、参考史料四点を収録した。別段風説書には長崎訳と江戸訳があるが、その両方を掲載し、参考史料も併せて、比較検討の材料とした。これらの史料の解題として総論を二つ設け、総論一は佐藤隆一、総論二は岩田みゆきが担当した。総論一では、オランダ別段風説書の成立・研究史の流れ、その活用と内容、オランダ別段風説書の終焉について、その概要を解説した。ここでは、オランダ別段風説書に見られる主な事件や、国名について各年ごとに一覧表にし、読者の便宜を図っている。総論二では本書史料篇の作成にあたり実施した別段風説書の所在調査とその結果について現状を報告した。また、膨大に残された写本の中からの選択基準や、各年の別段風説書についての書誌的特徴について、できるかぎりの情報を提供し、今後の研究に資することとした。

研究篇には、六本の論文を掲載した。いずれもプロジェクトの研究会での報告をもとに執筆されたものである。片桐論文は、まず江戸時代の海外情報について広く全体を見通し、「定期情報」としての唐風説書・オランダ風説書と「不定期情報」としての来日外国人・漂流帰還人・書物・地図などからの情報に大きく分類し、幕府だけでなく、諸藩・藩士・商人・学者・知識人・大庄屋など、幅広い層で利用・活用されたことを指摘している。また、具体例として古河藩家老鷹見泉石の情報活動について、泉石が入手した海外情報の紹介、入手した情報の利用・活用の実態を検討し、あらためて注目すべきことを指摘している。佐藤論文は、オランダ別段風説書の扱われ方の変遷について、その私的書写の段階から公開的閲覧の段階にいたるまでの諸段階を、諸史料をもとに時系列的に明らかにしている。岩下論文は、すでに岩下氏によって深く研究がなされてきた尾張藩主徳川慶勝が書写した嘉永四年・五年の別段風説書と、福岡藩主黒田斉溥が幕府への建白書に引用した嘉永五年の別段風説書について、新たな研究動向を踏まえ、さらに新史料を交えて再検討を試みたものである。嶋村論文は、嶋村氏が勤務する神奈川県立歴史博物館が所蔵する阿部家資料の中の嘉永期の別段風説書について、朱書での書き込みを詳細に検討することによってその意味を考察し、当時の人々が別段風説書をどのように読み込み、活用しようとしていたのかを明らかにしている。

片桐論文・佐藤論文・岩下論文・嶋村論文が、オランダ風説書・オランダ別段風説書をはじめとする江戸時代の海外情報を専門的に研究する日本近世史の研究者によるものであるのに対して、西洋史を専門とする立場からオランダ別段風説書に取り組んだのが、割田論文である。割田論文は、「諸国民の春」とも呼ばれている「一八四八年革命」について、別段風説書の中に記載されているヨーロッパ情報を詳細に検討し、ニュースソースの問題、複雑なヨーロッパ情勢に関する日本側の理解度とその前提となる知識の問題、情報をもたらしたオランダ側の情報の選択の問題など、多くの課題を指摘している。日本文学の立場から江戸時代の情報社会について取り組んだのが篠原論文である。篠原論文は、「情報」が江戸時代、政治・経済・文化・外交諸側面においてすでに「武器」「凶器」として存在していたことを多様な史料から指摘し、特に江戸時代前期から情報を希求した事例として『紀州藩石橋家家乗』を紹介している。

以上紹介したように、研究篇掲載の諸論文は、日本史にかぎらず西洋史・日本文学など他分野の研究者をも含めて、それぞれが抱えてきた問題関心をもとに執筆されたものである。なお、本プロジェクトでは六回の公開研究会を行ったが、松本英治氏には第五回研究会において「風説書から別段風説書へ―長崎における情報操作から考える―」というテーマでご報告いただいた。また、最後に付した「参考文献」は、佐藤隆一氏のご努力によるものであることを付言しておきたい。

これらの諸論文でも別段風説書について多くの切り口・課題を見せてくれているが、史料篇に掲載された別段風説書を一覧しただけでも、国際情勢・情報・外交・政治・経済・文化・科学技術・翻訳など、多様な分野にまたがるさまざまなアプローチが可能な素材であり、多くの写本の存在も含めて、まだまだ解明すべき問題が多くあるように思われる。さらに、日本の近世史を世界史的に位置づける上でも、重要で多様な問題が内包されていることは明らかである。本書がそのための素材となれば幸いである。

二〇一八年十二月

岩田みゆき

# 参考文献

## 刊行史料


日本史籍協会編『鈴木大雑集』一～五（日本史籍協会、一九一八～一九年）
東京大学史料編纂所編『大日本古文書　幕末外国関係文書』一・七・一二・一四（東京大学出版会、一九七二年）
勝部真長・松本三之介・大口勇次郎編『勝海舟全集』一・開国起原一（勁草書房、一九七七年）
進士慶幹編『新令句解・蠹余一得㈠』（『内閣文庫所蔵史籍叢刊』三、汲古書院、一九八一年）
福井保編『鈴木大日記』（『内閣文庫所蔵史籍叢刊』一一、汲古書院、一九八一年）
南和男編『文政雑記・天保雑記㈢』（『内閣文庫所蔵史籍叢刊』三四、汲古書院、一九八三年）
南和男編『弘化雑記・嘉永雑記』（『内閣文庫所蔵史籍叢刊』三五、汲古書院、一九八三年）
南和男編『安政雑記』（『内閣文庫所蔵史籍叢刊』三六、汲古書院、一九八三年）
杉本勲・酒井泰治・向井晃編著『幕末軍事技術の軌跡―佐賀藩史料「松乃落葉」―』（思文閣出版、一九八七年）
大口勇次郎監修・針谷武志編集解説『向山誠斎雑記』全四七巻（ゆまに書房、二〇〇一～〇四年）
古河歴史博物館編『鷹見泉石日記』全八巻（吉川弘文館、二〇〇一～〇四年）
長崎県立長崎図書館編『安政二年萬記帳　オランダ通詞会所記録』（『郷土史料叢書』一、長崎県立長崎図書館、二〇〇一年）
木部誠二『添川廉斎―有所不為斎雑録の研究―』（無窮舎、二〇〇五年）
木部誠二『有所不為斎雑録の史料にみる日本開国圧力―与力聞書とオランダ国王開国勧告史料―』（汲古書院、二〇一三年）
安積艮斎著・村山吉広監修・安藤智重訳注『洋外紀略』（明徳出版社、二〇一七年）
木部誠二『福山藩蝦夷見分「観国録」と有所不為斎雑録の北方関係史料』（添川廉斎遺徳顕彰会、二〇一七年）

## 研究論文

武藤長蔵「長崎出島和蘭商館長の風説書」（『商業と経済』二二―二、一九四二年）
沼田次郎「オランダ風説書について」（『日本歴史』五〇、一九五二年）
小西四郎「阿片戦争の我が国に及ぼせる影響」（『駒沢史学』創刊号、一九五三年）
佐々木正哉「阿片戦争以前の通貨問題」（『東方学』八、一九五四年）
森　睦彦「阿片戦争情報としての唐風説書―書誌的考察を主として―」（『法政史学』二〇、一九六二年）
岩生成一「和蘭風説書の研究と現存状態について」（『日本歴史』一八一、一九六三年）
片桐一男「阿蘭陀風説書についての一考察」上・下（『日本歴史』二二六・二二七、一九六七年）
波多野善大「アヘン戦争」（『中華帝国の崩壊』〈『世界歴史シリーズ』二〇〉、世界文化社、一九六九年）
佐々木正哉「西洋近代文化の移入」（『中華帝国の崩壊』〈『世界歴史シリーズ』二〇〉、世界文化社、一九六九年）
佐々木正哉「アヘン戦争初期の軍事と外交・上」（『軍事史学』一八、一九六九年）
安岡昭男「和蘭別段風説書とその内容」（『法政大学文学部紀要』一六、一九七〇年）
佐々木正哉「イギリスと中国：アヘン戦争への過程」（『西欧文明と東アジア』平凡社、一九七一年）
森岡美子「弘化年間における日蘭国書往復について―幕府側の諸問題―」（『日本歴史』三〇一、一九七三年）
森岡美子「弘化年間における日蘭国書往復について―長崎奉行伊沢美作守の任務―」（『長崎談叢』五四、一九七三年）
片桐一男「鷹見泉石の蘭学攻究」（『大倉山論集』一一、一九七四年）
森岡美子「ウィレム二世の開国勧告に関するオランダ側の事情について―鎖国日本に対して寄与すべきオランダの役割―」（『史学雑誌』八四―一、一九七五年）
安岡昭男「和蘭別段風説書について」（『研究報告』三〇六、蘭学資料研究会、一九七六年）
小野正雄「開国」（『岩波講座日本歴史』一三・近世五、岩波書店、一九七七年）
佐藤昌介「弘化嘉永年間における幕府の対外政策の基調について―水野忠邦の再入閣・再辞職をめぐる一考察―」（石井孝

編『幕末維新期の研究』吉川弘文館、一九七八年）
藤田　覚「天保改革と対外的危機―天保十四年印旛沼工事をめぐって―」（『日本史研究』一九三、一九七八年）
藤田　覚「天保改革期の海防政策について―対外的危機と天保改革―」（『歴史学研究』四六九、一九七九年）
藤田　覚「天保十四年英艦渡来情報について」（『論集きんせい』四、一九八〇年）
芳　即正「島津斉彬の海外情報源」（『斉彬公史料』月報二、鹿児島県、一九八〇年）
佐藤昌介「国際的環境と洋学の軍事科学化」（中山茂編『幕末の洋学』ミネルヴァ書房、一九八四年）
山口宗之「ペリー来航予告をめぐる若干の考察」（『九州文化史研究所紀要』三〇、一九八五年）
三谷　博「開国前夜―弘化・嘉永年間の対外政策―」（近代日本研究会編『年報近代日本研究』七、山川出版社、一九八五年）
吉田昌彦「西南雄藩と中央政局」（『九州と明治維新』二〈『九州近世史研究叢書』一三〉、国書刊行会、一九八五年）
向井　晃「『籌辺新編』―佐賀鍋島藩入手の海外情報について―」（『西南諸藩の洋学―佐賀・鹿児島・萩藩を中心に―』〈トヨタ財団助成研究報告書〉一九八五年）
永積洋子「通商の国から通信の国へ―オランダの開国勧告の意義―」（『日本歴史』四五八、一九八六年）
岩下哲典「尾張藩主徳川慶勝自筆写本『阿蘭陀機密風説書』の研究」（『金鯱叢書』一四、一九八七年）
藤田彰一「阿蘭陀別段風説書の漏洩」（『洋学史研究』四、一九八七年）
横山伊徳「日蘭和親条約副章について」（『東京大学史料編纂所報』二二、一九八七年）
岩下哲典「ペリー来航直前における黒田斉溥の対外建白書『阿風説』の基礎的研究」（『洋学史研究』五、一九八八年）
金井　圓「嘉永五年の和蘭別段風説書について」（『日蘭学会会誌』二六、一九八九年）
向井　晃「海外情報と幕末の九州」（杉本勲編『近代西洋文明との出会い』思文閣出版、一九八九年）
岩下哲典「ペリー来航予告情報の伝達と幕府の対応」（『史友』二一、一九八九年）
片桐一男「幕末の海外情報」（近代日本研究会編『年報近代日本研究』一二、山川出版社、一九九〇年）

針谷武志「鷹見泉石と海防問題―天保期を中心に―」（『泉石』一、一九九〇年）

後藤重巳「幕末期における長崎情報の伝達―特に豊後岡藩の事例―」（『別府大学史学論叢』二〇、一九九〇年）

青木美智男「ペリー来航予告をめぐる幕府の対応について」（『日本福祉大学経済論集』二、一九九一年）

岩下哲典「開国前夜の政局とペリー来航予告情報」（『日蘭学会会誌』一五―二、一九九一年）

青木美智男「幕府はペリーの来航になぜ無策だったか」（青木美智男・保坂智編『争点日本の歴史』五・近世編、新人物往来社、一九九一年）

田中　彰「『黒船』来航から岩倉使節団へ」（『開国』〈『日本近代思想大系』一〉岩波書店、一九九一年）

沼倉延幸「関白鷹司政通とペリー来航予告情報」（『青山史学』一三、一九九二年）

梶　輝行「長崎聞役と情報」（『歴史手帖』二〇―四、名著出版、一九九二年）

岩下哲典「ペリー来航予告情報と長崎」（『歴史手帖』二〇―四、名著出版、一九九二年）

横山伊徳「日本の開港とオランダの外交―オランダ外務省文書試論―」（荒野泰典・石井正敏・村井章介編『外交と戦争』〈『アジアのなかの日本史』二〉東京大学出版会、一九九二年）

横山伊徳「幕末・維新の国際情勢―オランダから見た日本―」（板野潤治・宮地正人・高村直助・安田治・渡辺治編『維新変革と近代日本』〈『シリーズ日本近現代史』一〉岩波書店、一九九三年）

前田　勉「幕末日本のアヘン戦争観―古賀侗庵を起点にして―」（『日本思想史学』二五、一九九三年）

石崎康子「幕臣小笠原貢蔵の生涯―小笠原文書『小伝』から―」（横浜開港資料館・横浜近世史研究会編『一九世紀の世界と横浜』山川出版社、一九九三年）

高部淑子「一九世紀後半の情報活動と地域社会」（『歴史学研究』六六四、一九九四年）

嶋村元宏「〈史料紹介〉阿部家旧蔵『別段風説書』について―ペリー来航前夜の世界情勢―」（『神奈川県立歴史博物館研究報告　人文科学』二一、一九九五年）

岩下哲典「阿片戦争情報の新・考察―幕府における情報の収集・分析、鷹見家史料から―」（『泉石』三、一九九五年）

小野正雄「大名のアヘン戦争認識」（『岩波講座日本通史』一五、岩波書店、一九九五年）
沼倉延幸「開国前後、長崎における海外情報の収集伝達活動について―熊本藩・五島藩長崎聞役（留守居）の活動を中心に―」（『書陵部紀要』四七、一九九五年）
永用俊彦「近世後期の海外情報とその収集―鷹見泉石の場合―」（岩下哲典・真栄平昭編『近世日本の海外情報』岩田書院、一九九七年）
小暮実徳「ファン・デル・シェイスの『オランダ日本開国論』―その書誌的説明と本書の一八五二年までの問題点への検討―」（『日蘭学会会誌』二一―二、一九九七年）
岩下哲典「アヘン戦争情報の伝達と受容―天保一〇年から一三年まで―」（明治維新史学会編『明治維新と西洋国際社会』吉川弘文館、一九九九年）
片桐一男「海外情報の翻訳過程と阿蘭陀通詞」（『青山学院大学総合文化研究所人文学系研究センター研究叢書』一四、二〇〇〇年）
横山伊徳「東アジアの緊張と日蘭関係一九世紀」（L・ブリュッセイ、W・レメリンク、I・スミッツ編『日蘭交流四〇〇年の歴史と展望』日蘭学会、二〇〇〇年）
小暮実徳「幕末期のオランダ対日外交の可能性―オランダの対外政策の基本姿勢を理解して―」（『日蘭学会会誌』二五―一、二〇〇〇年）
小暮実徳「幕末オランダ対日外交政策への一視点―『オランダ日本開国論』の手書き原稿から考察した―」（洋学研究誌『一滴』八、津山洋学資料館、二〇〇〇年）
鳥井裕美子「安政二年の長崎―通詞体制の崩壊―」（記念シンポジウム実行委員会編『江戸時代の日本とオランダ―日蘭交流四〇〇年記念シンポジウム報告―』（洋学史学会、二〇〇一年）
鳥井裕美子「安政二年の対外交渉と通詞」（長崎県立長崎図書館編『安政二年萬記帳　オランダ通詞会所記録』〈『郷土史料叢書』一〉長崎県立長崎図書館、二〇〇一年）

佐藤隆一「彦根・土浦両藩と阿蘭陀風説書」（片桐一男編『日蘭交流史―その人・物・情報―』思文閣出版、二〇〇二年）
高部淑子「日本近世史研究における情報」（『歴史評論』六三〇、二〇〇二年）
片倉日龍雄「幕末期佐賀藩の海外情報収集と対応―『籌辺新編』をめぐって―」（『幕末佐賀科学技術史研究』一、二〇〇五年）
松方冬子「オランダ東インド総督・評議会による日本関係の決定・決議―日本商館文書の窓からオランダ東インド政庁一般書記局文書をのぞく―」（『科学研究費補助金基盤研究（A）（2）「前近代東アジアにおける日本関係史料の研究」研究結果報告書』二〇〇七年）
松方冬子「中国のアヘン問題に対するオランダの対応―一八三九年と一八四三年―」（『日蘭学会通信』一二〇、二〇〇七年）
福岡万里子「幕末の日蘭関係と諸外国―仲介国としてのオランダ―」（松方冬子編『日蘭関係史を読みとく』上、臨川書店、二〇一五年）
西澤美穂子「蒸気船の発達と日蘭関係」（松方冬子編『日蘭関係史を読みとく』下、臨川書店、二〇一五年）

研究書

板澤武雄『阿蘭陀風説書の研究』（古文化研究所、一九三七年）
田保橋潔『増訂近代日本外国関係史』（刀水書院、一九四三年）
板澤武雄『日蘭文化交渉史の研究』（吉川弘文館、一九五九年）
佐藤昌介『洋学史研究序説―洋学と封建権力―』（岩波書店、一九六四年）
佐々木正哉『鴉片戦争の研究』資料編（近代中国研究委員会、一九六四年）
堀川哲男『林則徐』（人物往来社、一九六六年）
佐々木正哉『鴉片戦争前中英交渉文書』（巌南堂書店、一九六七年）
佐々木正哉『清末の秘密結社』資料編（近代中国研究委員会、一九六七年）

佐々木正哉『清末の排外運動』資料編・上（巌南堂書店、一九六八年）
北島正元『水野忠邦』（『人物叢書』吉川弘文館、一九六九年）
坂野正高『近代中国外交史研究』（岩波書店、一九七〇年）
永積　昭『オランダ東インド会社』（近藤出版社、一九七一年）
石井孝編『幕末維新期の研究』（吉川弘文館、一九七八年）
増田　渉『西洋東漸と中国事情』（岩波書店、一九七九年）
佐藤昌介『洋学史の研究』（中央公論社、一九八〇年）
山脇悌二郎『長崎のオランダ商館』（『中公新書』五七九、中央公論社、一九八〇年）
佐々木正哉『清末排外運動の研究』（『近代中国』一二、巌南堂書店、一九八二年）
科野孝蔵『オランダ東インド会社―日蘭貿易のルーツ―』（同文館出版、一九八四年）
片桐一男『阿蘭陀通詞の研究』（吉川弘文館、一九八五年）
加藤祐三『黒船前後の世界』（岩波書店、一九八五年）
金井　圓『日蘭交渉史の研究』（思文閣出版、一九八六年）
岡田芳政他編『阿片問題』（『続・現代史資料』一二、みすず書房、一九八六年）
A・ボードウァン（フォス美弥子訳）『オランダ領事の幕末維新―長崎出島からの手紙―』（新人物往来社、一九八七年）
加藤祐三『黒船異変―ペリーの挑戦―』（『岩波新書』、岩波書店、一九八八年）
菱谷武平『長崎外国人居留地の研究』（九州大学出版会、一九八八年）
藤田　覚『天保の改革』（『日本歴史叢書』三八、吉川弘文館、一九八九年）
ドンケル・クルチウス（フォス美弥子編訳）『幕末出島未公開文書―ドンケル・クルチウス覚え書―』（新人物往来社、一九九二年）
金井　圓『近世日本とオランダ』（放送大学教育振興会、一九九三年）

河内八郎編『徳川斉昭・伊達宗城往復書翰集』（校倉書房、一九九三年）
宮地正人『幕末維新期の文化と情報』（名著刊行会、一九九四年）
石井寛治『情報・通信の社会史』（有斐閣、一九九四年）
井上裕正『林則徐』（『中国歴史人物選』一二、白帝社、一九九四年）
大谷敏夫『清代政治思想と阿片戦争』（同朋舎出版、一九九五年）
山田豪一編著『オールド上海阿片事情』（亜紀書房、一九九五年）
姫野順一編『海外情報と九州―出島・西南雄藩―』（九州大学出版会、一九九六年）
三谷博『明治維新とナショナリズム―幕末の外交と政治変動―』（山川出版社、一九九七年）
岩下哲典・真栄平房昭編『近世日本の海外情報』（岩田書院、一九九七年）
木原溥幸『幕末期佐賀藩の藩政史研究』（九州大学出版会、一九九七年）
山本博文『長崎聞役日記―幕末の情報戦争―』（『ちくま新書』一八七、筑摩書房、一九九九年）
岩下哲典『幕末日本の情報活動―「開国」の情報史―』（雄山閣出版、二〇〇〇年）
青山忠正『明治維新と国家形成』（吉川弘文館、二〇〇〇年）
新村容子『アヘン貿易論争―イギリスと中国―』（汲古書院、二〇〇〇年）
保谷徹編『幕末維新と情報』（『幕末維新論集』一〇、吉川弘文館、二〇〇一年）
山室信一『思想課題としてのアジア―基軸・連鎖・投企―』（岩波書店、二〇〇一年）
片桐一男編『日蘭交流史―その人・物・情報―』（思文閣出版、二〇〇二年）
村岡健次『近代イギリスの社会と文化』（ミネルヴァ書房、二〇〇二年）
吉沢誠一郎『天津の近代―清末都市における政治文化と社会統合―』（名古屋大学出版会、二〇〇二年）
井上勝生『開国と幕末変革』（『日本歴史』一八、講談社、二〇〇二年）
秋山勇造『明治のジャーナリズム精神―幕末・明治の新聞事情―』（五月書房、二〇〇二年）

三谷　博『ペリー来航』（『日本歴史叢書』六二、吉川弘文館、二〇〇三年）
星山京子『徳川後期の攘夷思想と「西洋」』（風間書房、二〇〇三年）
神奈川県立歴史博物館編『ペリー来航一五〇周年記念　黒船』展図録（二〇〇三年）
J・A・ファン・デル・シェイス（小暮実徳訳）『シェイスオランダ日本開国論』（雄松堂出版、二〇〇四年）
横井勝彦『アジアの海の大英帝国―一九世紀海洋支配の構図―』（『講談社学術文庫』一六四一、講談社、二〇〇四年）
井上裕正『清代アヘン政策史の研究』（京都大学出版会、二〇〇四年）
松浦章・内田慶市・沈国威編著『遐邇貫珍の研究』（関西大学東西学術研究所、二〇〇四年）
岩田みゆき『黒船がやってきた―幕末の情報ネットワーク―』（『歴史文化ライブラリー』一九一、吉川弘文館、二〇〇五年）
岩下哲典『予告されていたペリー来航と幕末情報戦争』（洋泉社、二〇〇六年）
井上勝生『幕末・維新』（『岩波新書　シリーズ日本近現代史』一、岩波書店、二〇〇六年）
前田　勉『兵学と朱子学・蘭学・国学―近世日本思想史の構図―』（『平凡社選書』二二五、平凡社、二〇〇六年）
松方冬子『オランダ風説書と近世日本』（東京大学出版会、二〇〇七年）
真壁　仁『徳川後期の学問と政治―昌平坂学問所儒者と幕末外交変容―』（名古屋大学出版会、二〇〇七年）
松　浦　章『海外情報からみる東アジア―唐船風説書の世界―』（清文堂出版、二〇〇九年）
木村直樹『幕藩制国家と東アジア世界』（吉川弘文館、二〇〇九年）
本馬貞夫『貿易都市長崎の研究』（九州大学出版会、二〇〇九年）
松方冬子『オランダ風説書―「鎖国」日本に語られた「世界」―』（『中公新書』二〇四七、中央公論新社、二〇一〇年）
吉沢誠一郎『清朝と近代世界』（『岩波新書　シリーズ中国近現代史』一、岩波書店、二〇一〇年）
勝盛典子『近世異国趣味美術の史的研究』（臨川書店、二〇一一年）
松方冬子『別段風説書が語る一九世紀―翻訳と研究―』（東京大学出版会、二〇一二年）
木村直樹『〈通訳〉たちの幕末維新』（吉川弘文館、二〇一二年）

西澤美穂子『和親条約と日蘭関係』（吉川弘文館、二〇一三年）
佐藤隆一『幕末期の老中と情報―水野忠精による風聞探索活動を中心に―』（思文閣出版、二〇一四年）
麓　慎一『開国と条約締結』（『日本歴史叢書』七〇、吉川弘文館、二〇一四年）
新村容子『アヘン戦争の起源―黄爵滋と彼のネットワーク―』（汲古書院、二〇一四年）
小暮実徳『幕末期のオランダ対日外交政策―「国家的名声と実益」への挑戦―』（彩流社、二〇一五年）
松方冬子編『日蘭関係史を読みとく』上・下（臨川書店、二〇一五年）
諸田　實『「新聞」で読む黒船前夜の世界』（日本経済評論社、二〇一五年）
西川武臣『ペリー来航―日本・琉球をゆるがした四一二日間―』（『中公新書』二三八〇、中央公論新社、二〇一六年）
奥　武則『幕末明治新聞ことはじめ―ジャーナリズムをつくった人々―』（『朝日選書』九五二、朝日新聞出版、二〇一六年）
松本英治『近世後期の対外政策と軍事・情報』（吉川弘文館、二〇一六年）
片桐一男『江戸時代の通訳官―阿蘭陀通詞の語学と実務―』（吉川弘文館、二〇一六年）
片桐一男『鷹見泉石―開国を見通した蘭学家老―』（中央公論新社、二〇一九年）

## 研究協力機関一覧

北海道立文書館・函館市中央図書館・東北大学附属図書館・宮城県図書館・市立米沢図書館・筑波大学附属図書館・茨城大学図書館・茨城県立歴史館・古河歴史博物館・青山学院大学図書館・宮内庁書陵部・宮内庁宮内公文書館・国立公文書館・国立国会図書館・国文学研究資料館・静嘉堂文庫・東京大学史料編纂所・東京都立中央図書館・尊経閣文庫・早稲田大学図書館・徳川林政史研究所・神奈川県立歴史博物館・福井県立図書館・真田宝物館・静岡県立中央図書館・公益財団法人江川文庫・名古屋市蓬左文庫・彦根城博物館・滋賀大学経済学部附属史料館・京都大学図書館・杏雨書屋・山口県文書館・九州大学附属図書館・佐賀県立図書館・公益財団法人鍋島報效会・長崎歴史文化博物館

## 協力者一覧（五十音順・敬称略）

青木令卓・伊東七美男・岩井康平・逢坂恵美子・小野沢由美・桂誠一郎・白石広子・高山みな子・田中朝子・谷川優月・千葉響・堤恵美・中川典子・野田誉人・平野昌子・松方冬子・松永春香・松本英治・箕作有俊・向井達夫

# 執筆者紹介（生年　最終学歴　現職　主要著書・論文）

片桐一男（かたぎり　かずお）

一九三四年生

一九六七年、法政大学大学院人文科学研究科日本史学専攻博士課程単位取得済　文学博士

現在、青山学院大学名誉教授・風説書研究会会長・公益財団法人東洋文庫研究員

『杉田玄白』（『人物叢書』）吉川弘文館、一九七一年

『阿蘭陀通詞の研究』吉川弘文館、一九八五年

『阿蘭陀宿長崎屋の史料研究』雄松堂出版、二〇〇七年

『蘭学家老鷹見泉石の来翰を読む』蘭学篇、岩波ブックセンター、二〇一三年

『江戸時代の通訳官―阿蘭陀通詞の語学と実務―』吉川弘文館、二〇一六年

『鷹見泉石―開国を見通した蘭学家老―』中央公論新社、二〇一九年

岩田みゆき（いわた　みゆき）

一九五八年生

一九八五年、お茶の水女子大学大学院人文科学研究科修士課程修了　博士（人文科学　お茶の水女子大学）

現在、青山学院大学文学部教授

『幕末の情報と社会変革』吉川弘文館、二〇〇一年

『黒船がやってきた―幕末の情報ネットワーク―』（『歴史文化ライブラリー』一九一）吉川弘文館、二〇〇五年

「幕末の対外情報と在地社会―『風説留』から見る―」明治維新史学会編『講座明治

維新』一、有志舎、二〇一〇年

佐藤隆一（さとう　りゅういち）

一九五六年生
一九八七年、青山学院大学大学院文学研究科史学専攻博士課程単位取得済退学　博士（歴史学　青山学院大学）
現在、青山学院高等部教諭
『幕末期の老中と情報—水野忠精による風聞探索活動を中心に—』思文閣出版、二〇一四年
「文久期オランダ人による日本情報—朝幕関係および洋銀引替問題を中心に—」横浜開港資料館・横浜近世史研究会編『一九世紀の世界と情報』山川出版社、一九九三年
「幕末期井伊政権による水戸風聞探索」『茨城県史研究』八三号、一九九九年
「長野義言が伊勢国堀内家にもたらした情報」佐々木克編『幕末維新の彦根藩』サンライズ出版、二〇〇一年

岩下哲典（いわした　てつのり）

一九六二年生
一九九四年、青山学院大学大学院文学研究科博士後期課程満期退学　博士（歴史学　青山学院大学）
現在、東洋大学文学部教授
『江戸の海外情報ネットワーク』（『歴史文化ライブラリー』二〇七）吉川弘文館、二〇〇六年
『予告されていたペリー来航と幕末情報戦争』（『新書』y）洋泉社、二〇〇六年
『幕末日本の情報活動—「開国」の情報誌—』普及版、雄山閣、二〇一八年（初版二〇〇〇年）

嶋村元宏（しまむら　もとひろ）

一九六五年生
一九九二年、青山学院大学大学院文学研究科史学専攻博士前期課程修了
修士（歴史学　青山学院大学）
現在、神奈川県立歴史博物館学芸部主任学芸員
「開国への決断—阿部正弘の選択—」小林和幸編『近現代日本選択の瞬間』有志舎、二〇一六年
「日米・日露和親条約における最恵国条項—「信義」と「公平」—」『品川歴史館紀要』三〇、二〇一五年
「ペリー来航に関わる情報収集活動とその伝播について—画像資料を中心に—」『神奈川県立博物館研究報告　人文科学』四一、二〇一四年
「幕末通商条約をめぐるアメリカの対日政策—アジアにおけるT・ハリスの外交活動を中心に—」『青山史学』二三、二〇〇五年

割田聖史（わりた　さとし）

一九七二年生
二〇〇三年、青山学院大学大学院文学研究科史学専攻博士後期課程単位取得済退学　博士（歴史学　青山学院大学）
現在、青山学院大学文学部教授
『プロイセンの国家・国民・地域—一九世紀前半のポーゼン州・ドイツ・ポーランド—』有志舎、二〇一二年
「『失われた地域』—一九世紀ポーゼン（ポズナン）市のバンベル（バンベルガー）をめぐって—」伊藤定良・平田雅博編『近代ヨーロッパを読み解く—帝国・国民国家・地域—』ミネルヴァ書房、二〇〇八年
「異化と統合のはざまで—帝都ベルリンのポーランド人—」久留島浩・趙景達編『国民国家の比較史』有志舎、二〇一〇年

篠原　進（しのはら　すすむ）

一九四九年生

一九七八年、青山学院大学大学院文学研究科博士課程単位取得済退学　文学修士

現在、青山学院大学名誉教授

『ことばの魔術師西鶴』（共編）、ひつじ書房、二〇一六年

『新選百物語』（監修）、白澤社、二〇一八年

「二つの笑い―『新可笑記』と寓言―」『国語と国文学』八五―六、二〇〇八年

「ミネルバの梟の行方―『世間狙』と『妾形気』のあいだ―」『文学』一〇―一・二、二〇〇九年

「ポーゼン州のドイツ語―歴史的地域の失われた言葉を考える―」平田雅博・原聖編『帝国・国民・言語―辺境という視点から―』三元社、二〇一七年

青山学院大学総合研究所叢書

オランダ別段風説書集成

二〇一九年(平成三十一)三月三十一日　第一刷発行

編　者　風説書研究会

発行者　吉川道郎

発行所　株式会社　吉川弘文館
郵便番号一一三―〇〇三三
東京都文京区本郷七丁目二番八号
電話〇三―三八一三―九一五一(代)
振替口座〇〇一〇〇―五―二四四番
http://www.yoshikawa-k.co.jp/

印刷＝亜細亜印刷株式会社
製本＝誠製本株式会社


ISBN978-4-642-01583-7

日蘭学会・法政蘭学研究会編

# 和蘭風説書集成 上・下巻

〈オンデマンド版〉　A5判／上巻＝一二五〇〇円　下巻＝一五〇〇〇円

鎖国下の江戸幕府がヨーロッパから入手できた唯一の海外情報―本邦の新聞の始まりともいえる、〝オランダ風説書〟校註決定版。国内はむろんオランダから収集した二千点近い根本史料に基づき、十余年の歳月を費して完成。

上巻　寛永十八年～寛延三年まで初公表を含め百五十通を収録。参考史料・解題・所在目録・伝存年表を付して完璧を期した。　四五八頁

下巻　和文史料、寛延三年～安政五年・蘭文史料一六四一年～一八五八年及び英文要旨・索引(人名・船名・地名)・参考史料・所在目録補正表・底本一覧を付す。五二〇頁

（表示価格は税別）　吉川弘文館